DAS HANDBUCH DES TAUCHSPORTS

Delius Klasing
EDITION NAGLSCHMID

Deutsche Bearbeitung über MTi-Press, Stuttgart
(Autoren der Originalausgabe in Klammern)

Kapitel 1: Michael Jung (Daniella Mattei)
Kapitel 2: Dr. Friedrich Naglschmid und Dagmar Andres
(Michel Tavernier und Jaqueline Grouard)
Kapitel 3: Gerti Gagsteiger (Patrice Pomey und Patrick Grandjean)
Kapitel 4: Helmut Göthel (Alain Couté und Nicolas Bailly)
Kapitel 5: Werner Scheyer (Brigitte Hamaide und Jean-Pierre Malamas)
Kapitel 6: Dr. Friedrich Naglschmid (Yvette und Michel Tavernier)
Kapitel 7: Stephanie Naglschmid (Jean-Pierre Malamas)
Kapitel 8: Dr. H. J. Roggenbach (Bruno Grandjean)
Kapitel 9: Werner Scheyer (Pierre Letellier)
Kapitel 10: Dr. Friedrich Naglschmid (René Beretz)
Kapitel 11: Dagmar Andres und Dr. Friedrich Naglschmid (Jean-Pierre Beurier)

ISBN 3-7688-0945-5

© 1993 by Editions Vigot, Paris
Titel der französischen Originalausgabe:
ENCYCLOPEDIE DE LA PLONGEE
veröffentlicht bei Editions VIGOT, Paris, Frankreich

Die Deutsche Bibliothek – CIP-Einheitsaufnahme

Das Handbuch des Tauchsports / [dt. Bearb.: Michael Jung...
Aus dem Franz. von Régine Günther und Friedrich Naglschmid].
– Bielefeld: Delius Klasing, 1996
Einheitssacht.: Encyclopedie de la plongee <dt.>
ISBN 3-7688-0945-5
NE: Jung, Michael [Bearb.]; Günther, Régine [Übers.]; EST

Die Rechte für die deutschsprachige Ausgabe liegen beim
Verlag Delius, Klasing & Co., Bielefeld
Aus dem Französischen von Régine Günther (Kapitel 1, 2, 3, 4, 5, 7, 8 und 9)
und Dr. Friedrich Naglschmid (Kapitel 6, 10 und 11)
Schutzumschlaggestaltung: Buchholz/Hinsch/Hensinger, Hamburg
Druck: Kunst- und Werbedruck, Bad Oeynhausen
Printed in Germany 1996

Alle Rechte vorbehalten! Ohne ausdrückliche Erlaubnis des
Verlages darf das Werk, auch nicht Teile daraus, weder reproduziert,
übertragen noch kopiert werden, wie z. B. manuell oder
mit Hilfe elektronischer und mechanischer Systeme inklusive
Fotokopieren, Bandaufzeichnung und Datenspeicherung.

INHALT

VORWORT 9
Dr. Friedrich Naglschmid

1. DAS TAUCHEN IM LAUFE DER ZEIT 11

Die Taucher der Antike	12
Der Traum der Renaissance	14
Die Arbeiter des Meeres	17
Das große Abenteuer des Tauchgeräts	19
Die Eroberung der Tiefe	28

2. BEGRIFFE DER MEERESKUNDE 33

Physikalische Eigenschaften des Meerwassers	35
Die Gezeiten	38
Die Meeresströmungen	43
Klimatologie der Ozeane	46
Die Wetterbedingungen in den wichtigsten Tauchgebieten	48

3. ARCHÄOLOGIE 65
Meeresarchäologie · Binnengewässer-Archöologie

Meeresarchäologie

Ursprung und Entwicklung	67
Technische Aspekte	71
Die Wracks	75

Binnengewässer-Archäologie
Geschichte   83
Erhaltung und Prospektion   88
Die Ausgrabung   91
Einige Ergebnisse: die Siedlungen   96
Einige Ergebnisse: die Boote   101

4. MEERESBIOLOGIE   105
Das Tierreich · Das Pflanzenreich · Das Plankton

Das Tierreich
Stamm Schwämme   106
Stamm Nesseltiere   109
Stamm Rippenquallen   114
Stamm Igelwürmer   116
Stamm Plattwürmer   118
Stamm Ringelwürmer   120
Stamm Stachelhäuter   125
Stamm Weichtiere   131
Stamm Gliederfüsser   145
Stamm Moostierchen   152
Stamm Chordatiere   154

Das Pflanzenreich
Algen   171
Seegräser   178

Das Plankton   184

5. DIE TAUCHAUSRÜSTUNG   189

Flossen, Maske, Schnorchel   190
Lampe   193
Anzug, Bleigewichte   194
Tarierweste   197
Tiefenmesser, Uhr, Computer   199
Die Atemregler   201
Flaschen   211
Messer und Zubehör   214

6. DIE UNTERWASSERAUFNAHME   217

Die Techniken	219
Die Objektive	227
Die echten Unterwasserkameras	240
Die Unterwassergehäuse	244
Der Selbstbau von Unterwassergehäusen	248
Künstliche Beleuchtung	251
Die Technik der Unterwasseraufnahme	256
Die Nachbearbeitung	263
Die Pflege und Lagerung der Ausrüstung	268

7. APNOE   271

Mensch und Apnoe	272
Tiere und Apnoe	276
Geschichte der Apnoe	282
Apnoe heute	285

8. MEDIZIN UND TAUCHEN   287

Die medizinische Überwachung des Sporttauchens	288
Physiopathologie der Dekompressionsunfälle	293
Ursachen und Symptome der Dekompressionsunfälle	300
Die Entwicklung einer Tauchtabelle	310
Der Lungenüberdruck	319
Die barotraumatischen Unfälle des Ohrs	324
Erste Hilfsmaßnahmen bei Tauchunfällen mit autonomem Gerät	330

9. DEKOMPRESSIONSTABELLEN — 339

Der Taucher ist ein Unterwassermensch — 340
Wie wird eine Tauchtabelle entwickelt? — 342
Die Löslichkeit von Gasen in Flüssigkeiten — 347
Welche Tabellen stehen heute zur Verfügung? — 357

10. KINDER UND TAUCHEN — 367

Kind und Tauchen — 370
Die Ausrüstung — 374
Die Pädagogik — 378
Die praktische Organisation des Kindertauchens — 382

11. TAUCHEN UND RECHT — 289

Rechtliche Grundlagen des Tauchens in Deutschland — 390
Technische Sicherheitsbestimmungen — 393
Versicherungen — 395
Naturschutzrecht — 397
Äquivalenz der Brevets der einzelnen Verbände — 398

LITERATURVERZEICHNIS — 403

VORWORT

Eisgipfel und tropische Regenwälder, Wüsten und Meere, Vulkane, Schluchten und Höhlen sind die Extreme, die den modernen Menschen in ihren Bann schlagen. Im Spannungsfeld zwischen Neugier und Angst, zwischen Faszination von Erlebtem und im Extremfall Geleistetem begegnen wir der Natur, erfahren uns selbst und bleiben doch stets auf der Suche nach neuen Grenzen. So brachten die ersten Pioniere des Tauchens Eindrücke aus der Welt unter Wasser mit, die zu einem wahren Aufbruch in die Tiefe führten. Millionen schnorcheln und tauchen heute in ihrer Freizeit und in ihrem Urlaub. Noch viel mehr, Junioren wie Senioren, geben Sporttauchen als die von ihnen am meisten begehrte sportliche Aktivität an.

Das Sporttauchen wurde damit zu einer der großen Faszinationen im aktiven Sportgeschehen. Begeisternd an diesen Zahlen ist die Tatsache, daß alle diesen Sport aktiv ausüben wollen, das heißt aktiv die Welt unter Wasser mit all ihren Schönheiten und Erlebnismöglichkeiten kennenlernen wollen.

Dabei sind es ganz verschiedene Motive, die die neuen Neptunsjünger unter Wasser locken:

Manche treibt der sportliche Ehrgeiz unter die Wasseroberfläche, andere genießen die Schwerelosigkeit im weiten Blau des Meeres, wieder andere lassen sich von der einzigartigen Schönheit der Riffe faszinieren. Ein Quentchen Abenteuer und Mystik ist ebenfalls immer dabei, und ich meine, wir Taucher sollten uns dessen nicht schämen. Ganz egal aber, welche Motive es sind, die zum Tauchsport führen, am Anfang eines Taucherdaseins hat immer eine fundierte, international anerkannte tauchsportliche Ausbildung zu stehen, die allerdings frei von Mystik und Abenteuer ist.

Das hier vorliegende „Handbuch des Tauchsports" ist das informative Grundlagenwerk für alle, die sich für das moderne Sporttauchen und die Welt unter Wasser begeistern. Gegliedert wurde dieses Handbuch in die wichtigsten Grundlagengebiete des Sporttauchens: Geschichte des Tauchens, Meeres- und Wetterkunde, UW-Archäologie, Biologie der Meerestiere, Tauchtechnik, Dekompression und Tauchtabellen, Apnoe- und Kindertauchen, Tauchmedizin und wichtigste Rechtsfragen sowie Film, Video und Foto.

Erfahrene und international anerkannte Fachleute führen in verständlicher Form in die jeweiligen Themen ein und erläutern *die wichtigsten Hintergründe, so daß man aus dem Verständnis der Zusammenhänge eine sichere Begleitung für das eigene Tauchen erhält. Dieses Buch ist von aktiven Tauchern für Taucher geschrieben. Sein auf den international betriebenen Tauchsport ausgerichtetes Konzept ist verbandsüberschreitend und konzentriert sich auf das für den Anfänger und aktiven Sporttaucher wirklich notwendige Wissen. Eingebunden in dieses Konzept sind wesentliche Grafiken, Tabellen und Abbildungen, die sich ebenfalls auf die wichtigsten Fakten und Zusammenhänge konzentrieren.*

Dieses Handbuch ist somit ein persönlicher Begleiter, der Ihnen Anregung, Wissen, Hintergründe und Zusammenhänge vermittelt und Ihnen so die Möglichkeit bietet, sich zusammen mit einer fundierten Ausbildung den Lebensraum unter Wasser zu erschließen und ihn begreifen zu lernen. Die Vielseitigkeit der Themen in diesem Buch orientiert sich an den wichtigsten Aktivitäten innerhalb des Sporttauchens, die sich von den heimischen Binnengewässern, in die kalten Nord- und Südmeere, vor allem aber in die warmen tropischen und subtropischen Meere erstrecken. Literaturangaben, wichtige Adressen und Hinweise werden Ihnen helfen, für Sie interessante Kontakte zu den Einzelthemen zu erhalten.

Autoren, Herausgeber und Verlag verband bei der Erstellung dieses Handbuches der Wunsch, einen echten Begleiter für den modernen Sporttaucher zu schaffen, der verdeutlicht, daß „Tauchen mehr als nur ein Sport ist". Daß Sporttaucher aus diesem Erkennen und Erleben heraus die Verantwortung im aktiven Gewässerschutz aufgenommen haben, bringt ihr Motto „Sporttaucher sind fair zur Natur" zum Ausdruck, der sie als kenntnisreiche Bewunderer aufs engste verbunden sind.

Dr. Friedrich Naglschmid
Vizepräsident des Verbandes
Deutscher Sporttaucher e.V.
Präsident Förderkreis Sporttauchen e.V.

1. DAS TAUCHEN IM LAUFE DER ZEIT

*Das Erdetreiben, wie's auch sei,
Ist immer doch nur Plackerei;
Dem Leben frommt die Welle besser;
Dich trägt ins ewige Gewässer
Proteus-Delphin.*

Goethe: Faust – Zweiter Teil

Die Geschichte des Tauchens erzählt von Neugier, Mut, Geldgier und Vernunft.
Aber am Anfang war nur der Traum, bis der Mensch sich von den verrücktesten Vorstellungen löste und zu einer vernünftigen Erforschung der Realität überging.
Der Traum ist in allen antiken Mythologien gegenwärtig, sei es in Skandinavien oder in Griechenland.
Er ist zunächst eine Möglichkeit, eine ungestillte Neugier zu befriedigen; da man nicht unter Wasser eindringen kann, baut man sich einen Kristallpalast, dessen Zimmer mit Algen und Korallen geschmückt sind und in dem auf goldenen Thronen die Enkelinnen des Ozeanos, die wundervollen, unzähligen Nereiden, weben, spinnen oder singen. Aber wenn an bestimmten Abenden das Meer „weinrot" wird, wie Homer sagte, von der Farbe dieses herben, dicken, dunklen griechischen Weins, kann der Traum auch zum Alptraum werden. Die Griechen wissen es. Sie haben den Gott Poseidon mit zahlreichen Söhnen versehen, alle unehelich und alle besonders grausam. Wir wollen nur zwei nennen, die in den Abenteuern des Odysseus auftauchen, den ungeheuerlichen Zyklopen Polyphem und Lamos, den furchtbaren, menschenfressenden König, der die Stadt der Lestrygonen, das heutige Bonifacio, gegründet hat.
Einen sollten wir noch unbedingt erwähnen: Skiron, den Wegelagerer. Auf der Küstenstraße in der Nähe von Megara hielt er die Reisenden auf, zwang sie, ihm die Füße zu waschen, und als die Unglücklichen sich fügten, stürzte er sie mit einem gewaltigen Fußtritt ins Meer hinab, wo sie von einer Riesenmeeresschildkröte gefressen wurden.
Es ist bei den Legenden, die sich um den Namen Poseidon ranken, offensichtlich: Die Griechen sahen im Meer eher eine bösartige Kraft, aber gerade das hat vielleicht ihren Mut angespornt, wie die Geschichte der Schiffahrt und des Tauchens zeigt.

DIE TAUCHER DER ANTIKE

Wir finden drei Tauchertypen. Zunächst natürlich die Fischer, die einige Meter in die Tiefe tauchen, um Muscheln zu sammeln oder Fische zu jagen. Sie sind mit einem Dreizack bewaffnet, und ihre Technik ist Jahrtausende alt (Abb. 1.1). Und dann gibt es solche, die eine seltenere oder wertvolle Ware suchen.

Fischende Taucher

Sie verdienen Respekt und Achtung. Bis in eine Tiefe von zwanzig oder dreißig Metern tauchen sie hinab und bringen die schon zu Homers Zeiten so begehrten Schwämme zurück. Einige sind auf „die Blume des Meerestaus" spezialisiert, wie es in einer schönen Übersetzung von Pindar heißt, von Dioskorides auch der „Steinbaum" genannt: die Edelkoralle oder Rote Koralle. Vom 4. Jahrhundert v. Chr. an entdeckt man im Mittelmeer westlich von Griechenland Perlenaustern, und die Taucher von Akarnanien machen den Tauchern aus Indien, deren Ernte unter großen Kosten importiert wurde, starke Konkurrenz. Diese Tauchgänge fanden in Apnoe statt und dürften sich nicht sehr vom traditionellen Tauchen unterschieden haben. Wir besitzen Berichte von Aristoteles, von Plinius dem Älteren und von Oppian aus Kilikien, also vom 4. Jahrhundert vor bis zum 2. Jahrhundert nach Chr. Alle schildern den Tauchvorgang übereinstimmend. Zunächst hyperventilieren die Taucher und lassen sich dann, mit einem großen Stein beschwert und an ein Seil gebunden, Olivenöl im Mund und kleine, mit demselben Olivenöl getränkte Schwammpfropfen in den Ohren, in die Tiefe sinken (bis zur Entdeckung der Antibiotika war Olivenöl ein oft benutztes Heilmittel gegen Ohrenentzündungen). Auf dem Grund angekommen, läßt der Taucher das Öl aus seinem Mund entweichen, um „die Gewässer zu beleuchten, wie eine Fackel die Dunkelheit erhellt und es erlaubt, mitten in der Nacht etwas zu sehen"[1]. Wenn er mit der Suche fertig ist, zieht der Taucher am Seil, um nach oben zurückgeholt zu werden. Die polynesischen Perlentaucher und die koreanischen oder japanischen Ama machen es nicht anders.

Militärtaucher

Die Militärtaucher, die Ahnen der Kampfschwimmer, stellen die dritte, von griechischen oder lateinischen Autoren am häufigsten zitierte Taucherkategorie dar. Ihre Aufgabe war es, den Rumpf feindlicher Boote zu durchbohren, die Ankertaue oder die Ketten abzuschneiden, die hafenschützenden Pfähle bei Meeresbelagerungen einzurammen oder herauszureißen und schließlich Botschaften oder Lebensmittel zu transportieren.

Thukydides, der zuverlässigste aller griechischen Historiker (4. Jahrhundert v. Chr.), erzählt zum Beispiel[2], wie die von den Athenern belagerten Spartaner sich „von Tauchern versorgen ließen, die unter Wasser schwammen und hinter sich an einer Leine Lederschläuche zogen, die mit Honig-Mohnköpfen und zer-

1.1 *Griechische Münzen*

stoßenen Leinsamen gefüllt waren". Derselbe Historiker erwähnt auch die Taucher von Tyros, welche die Aufgabe hatten, die Anker der Galeeren Alexanders des Großen zu kappen[3]. Der Vielschreiber Varro erklärt die Etymologie des Namens der römischen *urinatores*. *Urinare* bedeutet im Lateinischen tauchen, und dieses Wort hängt mit dem Wort *urna* (= Urne, große Vase, um Wasser zu schöpfen, und nicht mit *urina* = Harn!) zusammen. Die römischen *urinatores* zeichneten sich während des Bürgerkriegs zwischen Caesar und Pompejus aus. Sie werden mehrmals von Lukan beschrieben, dem römischen Dichter, der keine Zeit hatte, den Kampf der Helden zu Ende zu erzählen, da Nero ihn mit sechsundzwanzig Jahren zwang, sich das Leben zu nehmen.

Die Überlegenheit der Taucher griechischer Herkunft scheint außer Zweifel zu sein: Die römischen *urinatores* wurden in Griechenland angeworben; außerdem wird sie in allen Berichten antiker Autoren bestätigt, wie auch im folgenden.

Die Belagerung von Byzanz

194 n. Chr. belagert Septimius Severus drei Jahre lang Byzanz. Römische Soldaten umzingeln die Stadtmauer, Galeeren versperren den Hafen. Die Byzantiner versuchen sich mit allen Mitteln zu wehren. Eines Nachts schicken sie ihre Taucher aus, um die Ankerseile zu kappen. Wir haben schon gesehen, daß dies öfter bei Meeresbelagerungen gemacht wurde. Es war aber nicht immer sehr wirksam, da die Schiffe nur abtrieben und lediglich bei schlechtem Wetter in wirkliche Gefahr gerieten. Zum besserem Verständnis muß man wissen, daß römische Schiffe mit Segel und Ruder ausgerüstet waren. Das Segel war schwer zu handhaben; die Geschwindigkeit wurde durch die drei, vier oder fünf Reihen Ruderer erreicht (Abb. 1.2). Die ungefähr fünfzig Meter langen Schiffe fuhren entlang der Küste und hatten neben den Ruderern bewaffnete Fußsoldaten und ihre Offiziere an Bord. Sie waren also sehr schwer beladen und nicht sehr bequem. Aus diesen Gründen biwakierten die Soldaten nachts an Land und verließen sogar manchmal das Schiff für die Mittagsmahlzeit. An Bord blieben nur einige Wachen. Die Taucher brauchten nur während dieser Stunden aktiv zu werden und den Dreizack der speziell zu ihrer Entdeckung beauftragten Posten zu vermeiden.

Aber zurück zur Belagerung von Byzanz. Diese Nacht begnügen sich die Taucher nicht damit, die Ankerseile zu kappen; sie befestigen auch Haken am Rumpf und binden Trossen daran. Vom Hafen aus ziehen die Byzantiner mit diesen Trossen die mit Lebensmitteln beladenen Schiffe zu sich. Cassius Dio[4] berichtet: „So sah man die Schiffe sich bewegen, von selbst und aus eigenem Antrieb, ohne daß sie von Rudern oder vom Wind geschoben wurden und [...] diese Fahrzeuge schienen selbständig aus der kaiserlichen Flotte zu desertieren."

Diese römischen *urinatores* und die griechischen *colymbétai*, die gezwungenermaßen lange Strecken schwimmen und schweres Material transportieren mußten, versuchten natürlich, ihre Arbeitsbedingungen zu verbessern. Man weiß, daß sie manchmal Taucherglocken benutzten. Aristoteles gebraucht das griechische Wort für Kessel (lébés), um zu erklären: „Wenn man einem Taucher einen umgedrehten Kessel hinunterläßt, erleichtert man ihm das Atmen. Dieser Kessel hält die Luft und füllt sich nicht mit Wasser, wenn man ihn senkrecht hält."[5]

Diese Werkzeuge dienten den Tauchern sicherlich auch bei ihrer offiziellen oder inoffiziellen Schatzsuche. Die Stadt Rhodos hatte ein Gesetz zu diesem Thema erlassen: Der Taucher, der in fünfzehn Ellen Tiefe (7,50 m) einen Fund gemacht hatte, konnte die Hälfte davon behalten; bei acht Ellen (4 m) erhielt er ein Drittel, bei einer Elle (50 cm) nur ein Zehntel. Diese Tauchtechniken bleiben mehrere Jahrhunderte lang unverändert, und man muß bis zur Renaissance warten, bis es wirkliche Neuerungen zu verzeichnen gibt.

1.2 *Basrelief einer Triere mit Ruderern. Griechenland, 5. Jahrhundert v. Chr.*

DER TRAUM DER RENAISSANCE

Über ein Jahrtausend nach dem Fall des Weströmischen Reiches hat sich das Tauchen nicht weiter entwickelt. Vermerkt werden lediglich ab und zu die Heldentaten einiger bemerkenswerter Apnoe-Taucher. So belagert das Heer von Philippe Auguste 1203 die Insel der Andelys, die durch Pfahlreihen, die ein Anlanden verhindern sollen, verteidigt werden. Aber ein Mann aus Nantes transportiert in irdenen Töpfen „eine Art Feuerwerk", mit dem er dieses uralte Verteidigungsmittel in Brand steckt[6]. Dieses, wie der Name zeigt, den Griechen zugeschriebene Griechische Feuer, denn darum handelt es sich, ist seit der Antike in verschiedenen Formen bekannt; Philippe Auguste bringt es bei seiner Rückkehr von den Kreuzzügen ins Abendland, wie die geschilderte Anekdote belegt. Im allgemeinen wird es von Booten aus geworfen; dennoch werden die Militärtaucher es dank ausgeklügelter Transporttechniken sehr schnell übernehmen. Sie sind darin die Nachfolger der *urinatores*, die die Schiffskiele durchbohrten, und die Vorreiter unserer modernen Minenleger.

Bei Seeschlachten waren Taucher immer gefragt

Ein anderes berühmtes Kriegsgeschehen im Mittelmeer belegt das Fortbestehen dieser Art von Seekämpfen über Jahrhunderte hinweg. 1421 ist Bonifacio, eine genuesische Zitadelle an der Südspitze des gegen seine ligurischen Besetzer rebellierenden Korsika, vollkommen isoliert. Es widersetzt sich heldenhaft der Flotte von Alphonse V., dem König von Aragonien, der gekommen ist, um dem Korsen Vincentellu von Istrien Beistand zu leisten. Dieser hat gerade die genuesischen Truppen im gesamten Hinterland der Insel vernichtet. Die stolze Zitadelle, letztes Bollwerk der genuesischen Interessen, wehrt sich allein von der Höhe ihrer uneinnehmbaren Klippen aus. Alphonse V., dem Istrien die Lehensherrlichkeit über die Insel für seine Hilfe gegen die genuesische Herrschaft angeboten hat, befehligt persönlich dreizehn große Schiffe und dreiundzwanzig Galeeren. Ohne Mühe nimmt er den Hafen ein, der am Ende eines Engpasses liegt. Er versperrt die Einfahrt, indem er fünf große Schiffe Deck an Deck vertäut, und postiert seine katalonischen Bogenschützen am Fuß der Mauer. Dann wartet er auf die Übergabe der Stadt. Die Hungersnot, denkt er, wird zwangsläufig die genuesischen Siedler unterwerfen, die keine Möglichkeiten haben, sich zu versorgen. Die gefährliche, nach dem Aragonenkönig benannte Treppe ist noch nicht in die über das Meer hinausragende Kreideklippe eingemeißelt, und auf der anderen Seite, am Fuße der Befestigung, wachen die Soldaten des Königs. Zu dieser Zeit schickt die Durchlauchteste Republik Genua eine Flotte zur Verstärkung ihrer treuen Verbündeten, der es aber nicht gelingt, die Blockade zu durchbrechen. Eine Seeschlacht bahnt sich an, während der ein genuesischer Taucher die Ankertaue der fünf Schiffe, die die enge Einfahrt zum Hafen versperren, durchschneidet. Die Schiffe treiben ab, das Chaos ist

*1.3 Holzschnitt: Végèce,
„De la chose militaire"
(Vom Militärwesen), XV. Jahrhundert.*

vollständig, und die genuesischen Galeeren schlüpfen durch, um die so lange erwarteten Lebensmittel zu liefern. Aber die Flotte von Aragonien und Katalonien hat sich schnell wieder gefangen, die Sperre wird neu errichtet, und die Genuesen stecken in der Falle. Also benutzen sie wieder eine Kriegslist. Sie schicken gegen ihre Feinde eine Galeere, die „mit brennbarem Material, Talg, Pech und künstlichem Feuer vollgestopft ist"[7], und können wieder auf die hohe See zurückkehren.

Die Techniken und Methoden haben sich also im 15. Jahrhundert nicht weiter entwickelt. Man muß wirklich auf das nächste, große Jahrhundert der wissenschaftlichen, künstlerischen und literarischen Erneuerung warten, damit die Welt des Tauchens sich endlich ändert.

Die geheimnisvolle Erfindung des Leonardo da Vinci

Im 15. Jahrhundert, in der Zeit der Renaissance, ereignen sich zahlreiche politische, religiöse und wissenschaftliche Umwälzungen. Die Gelehrten sind wieder frei, alte Texte nachzuschlagen oder zu übersetzen, ohne falsche Vorwände vorschieben zu müssen. Die wissenschaftliche Beobachtung macht Fortschritte, die Grenzen der bekannten Welt erweitern sich. Es ist also nicht verwunderlich, daß die noch unentdeckte Welt unter Wasser Wissenschaftler und Techniker anzieht.

Der berühmteste unter ihnen, Leonardo da Vinci, entdeckt im Lauf seiner Arbeiten „eine Möglichkeit, so lange unter Wasser zu bleiben, wie man ohne Essen auskommt". Er weigert sich aber, sie bekanntzumachen. „Questo non publico o divolgo, per le male nature delli omini, li quali userebbono li assassinamenti nè fondi dè mari col rompere i navili in fondo e sommergerli insieme colli omini che vi son dentro."

Aus der Sicht von Leonardo da Vinci würde also die böse Natur des Menschen ihn dazu führen, Schiffe zu zerstören und mit allen Menschen an Bord zu versenken, weshalb wir die geniale Erfindung des Schöpfers der geheimnisvollen Mona Lisa wohl niemals kennenlernen werden; wahrscheinlich ein Unterseeboot! Der Maler veröffentlicht dagegen zahlreiche Skizzen von technischen Verbesserungen, die er nicht für revolutionär genug hält, um sie geheimzuhalten. Er stellt sich einen Beatmungsapparat vor, der aus zwei langen Schläuchen besteht, die den Taucher mit der Oberfläche verbinden, wo sie an ein schwimmendes Schutzsystem befestigt werden (Abb. 1.4). Ein derartiger Apparat kann nur bis höchstens 0,50 m Tiefe funktionieren! Hat Leonardo ihn testen lassen? Man weiß es nicht. Er hat auch schon eine Vorstellung von anderen Einzelheiten, die einige Jahrhunderte später eine praktische Anwendung finden werden: eine Boje, Schwimmflossen – für die Hände, nicht für die Füße (Abb. 1.5) – ein Tauchanzug, ein Helm mit Bullaugen... und große Stacheln, um sich vor den Fischen zu schützen (Abb. 1.6). Alle

1.4 *Atemapparat, gezeichnet von Leonardo da Vinci*

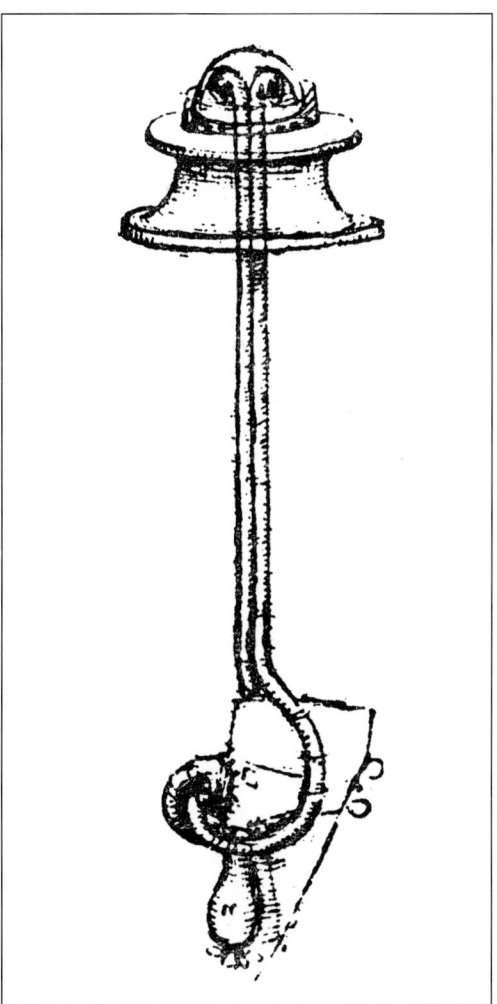

1.5 *Die Schwimmflossen von Leonardo da Vinci*

1.6 *„Seeigelhelm" von Leonardo da Vinci*

diese Zeichnungen zeugen vom großen Interesse des Malers für das Vordringen unter Wasser, aber seine Welt ist noch die des Traumes. Der Mensch des 15. Jahrhunderts möchte in der Luft fliegen oder unter Wasser tauchen, aber sein Jahrhundert kennt die physikalischen Gesetze noch nicht, die erst im 17. Jahrhundert entdeckt werden.

DIE ARBEITER DES MEERES

Das System, das dagegen schon im 16. Jahrhundert eine große Entwicklung erfährt, ist die Tauchglocke. Aristoteles berichtet, Alexander der Große habe sie während eines – sagenhaften oder wahrhaftigen – Tauchvorgangs „im Tiefsten des Meeres" ausprobiert. Wie dem auch sei, 1538 findet in Toledo vor Kaiser Karl V. ein Versuch statt, der in ganz Europa bekannt wird.

Hier der Bericht von Johannes Taisnier, der 1562 in Köln ein kleines Buch veröffentlicht, das es verdient, für immer im Gedächtnis behalten zu werden, *Opusculum perpetua memoria dignissimum*. „Ich war bei dem Experiment anwesend, das 1538 in den schnellen Gewässern des Tajo in der spanischen Stadt Toledo in Anwesenheit Kaiser Karls V. in frommem Gedenken zusammen mit ungefähr 10.000 Zuschauern stattfand. Zwei Griechen waren in eine sehr große Vase gekrochen, die mit der Öffnung nach unten zeigte und mit Tauen verankert war. Balken und Bretter waren im Innern montiert, und auf diese setzten sie sich mit einer brennenden Kerze in der Hand. Um die Öffnung der Vase herum waren Bleigewichte so verteilt, daß alle Punkte gleichzeitig in Kontakt mit dem Wasser kamen. Auf diese Weise blieb die Luft beim Eintauchen der Vase im Innern und verschaffte sich kraftvoll Platz gegen das Wasser. Nur nach einem langen Aufenthalt liefen die Passagiere Gefahr naß zu werden, nämlich dann, wenn die Luft, durch die Atmung aufgebraucht, sich in dichten Säften auflöste. Wenn aber die Vase rechtzeitig hochgezogen wurde, blieben die Passagiere trocken und die Flamme hell."

Die überschwengliche Begeisterung für die Taucherglocke

Dieses Verfahren ruft außergewöhnliche Begeisterung hervor. Zahlreiche Erfinder versuchen, es zu verbessern, und es wird sowohl für Unterwasserarbeiten als auch für die Bergung von Schiffen und die Suche nach Schätzen benutzt oder sogar für das Korallensammeln, wie es 1609 der Venezianer Buonaiuto Lorini vorschlägt. Die vorher erwähnte Vase wird dabei manchmal durch ein mit Eisenringen verstärktes Faß, manchmal durch ein Eisengefäß ersetzt, das einer echten Glocke sehr ähnelt. Der Apparat ruht auf drei Füßen, die nicht ganz Manneshöhe haben, damit der Taucher ohne Schwierigkeiten unten durchschlüpfen kann. Der Taucher füllt seine Lunge mit Luft, verläßt die Glocke, um einige Zeit zu arbeiten, und kehrt dorthin zurück, wenn ihm die Luft fehlt. Mit Hilfe einer derartigen Glocke brachte ein Amerikaner, William Phipps, nach dreijährigen hartnäckigen Nachforschungen auf den karibischen Inseln eine unglaubliche Ladung aus einer mit Mann und Maus über einem Korallenriff gesunkenen spanischen Galione an die Oberfläche zurück: vierunddreißig Tonnen Silber, Goldbarren und Schmuckstücke! Der Abenteurer wird vom König von England 1687 in den Adelsstand erhoben und zum Gouverneur von Massachusetts ernannt.

Die Verbesserungen des Verfahrens im Zeitalter der Aufklärung

Der gravierende Nachteil bei Taucherglocken sind die häufigen notwendigen Unterbrechungen der Arbeit, um die Luft zu wechseln. In zehn Metern Tiefe füllen sie sich zur Hälfte mit Wasser und lassen den Arbeitern nur wenig Spielraum. Am Ende des 17. Jahrhunderts, 1691, schlägt Denis Papin in einem kleinen Werk mit dem Titel „Manière de conserver la flamme sous l'eau, inventée par M. Denis Papin, professeur de mathématiques à Marbourg" (Methode, die Flamme unter Wasser zu erhalten, erfunden von Herrn Denis Papin, Mathematiklehrer in Marbourg), eine bedeutende Verbesserung vor. Man müßte mit großen Lederblasebälgen und einem Schlauch Preßluft in die Glocke blasen. „Falls die Lederblasebälge nicht stark genug sind, um den Apparat so zu drücken, wie es bei großen Tiefen notwendig wäre, könnte man diese Schwierigkeit beheben, indem man Pumpen benutzt, um die Luft zu pressen." So würde die Luft ständig erneuert, das Wasserniveau würde sinken und die Arbeiter könnten lange arbeiten, ohne wie früher dauernd im Wasser zu hängen, was sie besser vor der Kälte schützen würde.

Halley, Astronom und Taucher

Fünfundzwanzig Jahre später interessiert sich der für seine Untersuchungen der Kometen berühmte englische Astronom Edmond Halley aus persönlichen Gründen (welche, weiß man nicht) für die Arbeit unter Wasser. Er kritisiert die Taucherglocke und schlägt vor, den Hauptnachteil zu beseitigen, nämlich eine Luft, die nach kurzer Zeit nicht mehr zu atmen ist. Er läßt nacheinander zwei kleine, mit Preßluft gefüllte und mit einem Hahn versehene Fässer hinunter. Der Taucher braucht nur diesen Hahn zu öffnen, um wieder frische Luft zu haben.

Halley schreibt sogar in einem Artikel, *"The art of living under water"* (Die Kunst, unter Wasser zu leben): „Ich bin selbst eine der fünf Personen gewesen, die bis zu 10 Faden (etwas mehr als 18 Meter) getaucht sind; wir sind eineinhalb Stunden unten geblieben, ohne unpäßlich zu sein. Ich hätte auch länger bleiben können; die Glocke war so gut vom Wasser abgeschirmt, daß ich vollständig angezogen auf einer Bank im unteren Teil saß."

Halley stellt sich auch eine Miniglasglocke vor, in die ein Taucher den Kopf bis zu den Schultern schieben kann; sie ist mit der Hauptglocke durch einen Schlauch verbunden und erlaubt es dem Arbeiter, sich ein wenig zu entfernen und dabei die Preßluft des Apparats zu atmen (Abb. 1.7). Das Problem besteht darin, den Kopf absolut gerade zu halten; man sollte also nur auf einem vollkommen geraden Boden ohne jegliche Strömung tauchen! In diesem Zusammenhang muß man bemerken, daß bis zum 20. Jahrhundert alle Zeichnungen, die Menschen darstellen, die sich unter Wasser bewegen, diese Personen stehend und auf einem festen, geraden Boden ohne Hindernisse laufend zeigen. Erst mit der Aqualunge und ihrer Verbreitung ändert sich das Bild des Tauchers beim Publikum, und man erlaubt ihm eine wassergerechtere und weniger „irdische" Haltung.

Luft für die Arbeiter des Meeres

Aber kommen wir zu unseren Meeresarbeitern zurück. In der zweiten Hälfte des 18. Jahrhunderts gibt es eine weitere Verbesserung für die Glocke. Sie ist das Verdienst eines Schotten mit Namen Spalding. Er hat die Idee, die Glocke mit einem auf dem Meeresgrund liegenden Ballast durch Seile zu verbinden, die vom Inneren der Glocke aus zu betätigen sind. So können die Arbeiter die Tiefe des Geräts selbst regulieren. Dieses Verfahren wird sehr lange von seinem Erfinder benutzt, bis eines Tages, als er mit seinem Sohn bei einer Schiffsbergung arbeitet, die Mitarbeiter zwei leblose Körper an die Oberfläche zurückholen. Dieser Tod ist ein Geheimnis geblieben. Ersticken, Dekompressionsunfall? Gleichzeitiger Schlaganfall, diagnostizieren die damaligen Ärzte.

Der englische Ingenieur Smeaton liefert eine weitere entscheidende Verbesserung der Taucherglocke: Die frische Luft wird mit einer Pumpe und einem Schlauch direkt von der Oberfläche in die Glocke gepreßt; ein Zwischenbehälter fängt die Unregelmäßigkeiten der Pumpe auf, ein Klappenventil verhindert den Austritt der Luft aus der Glocke durch den Schlauch. Die Luft zirkuliert also ununterbrochen von der Oberfläche in die Glocke und entweicht nach unten. Dieses System wird lange Zeit im 19. Jahrhundert dazu benutzt, versunkene Schiffsladungen zu bergen und zahlreiche Hafenarbeiten zu erledigen, bis vorteilhaftere Systeme, der hydropneumatische Taucherkasten einerseits und das Tauchgerät andererseits, erfunden werden.

1.7 *Die Glocke von Halley; Stich aus dem Buch von Louis Figuier, Les Merveilles de la science (Die Wunder der Wissenschaft), Paris, 1870*

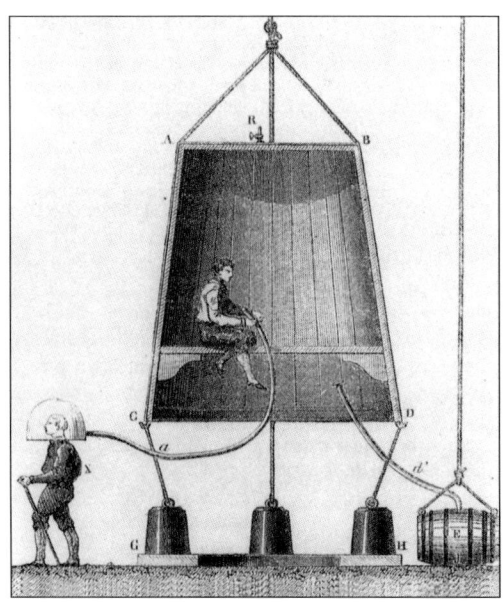

Das Tauchen im Laufe der Zeit

Die Erfindung des hydropneumatischen Taucherkastens

Der hydropneumatische Taucherkasten ist ein riesiger Stahlschacht, so groß, daß mehrere Arbeiter gleichzeitig darin arbeiten können. Er steht auf dem Grund, wo die Arbeiten stattfinden müssen, und es wird dauernd Luft hineingepumpt, um das Wasser herauszupressen, das immer wieder hineinsickern will. Die Benutzer arbeiten also im Trockenen. Diese Erfindung verdankt man einem französischen Ingenieur, Triger, der sie ab 1845 in einem Kohlebergwerk unter dem Wasserspiegel der Loire testet.

Die Vorteile gegenüber der Glocke sind einleuchtend. Die Arbeit wird unter denselben Bedingungen wie an der frischen Luft erledigt, es gibt keine gewaltigen Transporte und auch keinen zeitlichen Zwang mehr; aber bald wird eine hohe Rechnung für diesen Fortschritt bezahlt werden. 1862 sterben in Lorient zwei Arbeiter, ein Ingenieur ist gelähmt – einige Stunden nach Verlassen des Taucherkastens. Es geschehen überall mehr oder minder ernsthafte Unfälle. Der Zusammenhang ist offensichtlich: Es handelt sich um eine neue, durch diese Art von Arbeit verursachte Krankheit; man nennt sie „die Caissonkrankheit" und, wie die Ärzte Pol und Watelle damals schreiben: „Man zahlt nur am Ausgang." Der Erfinder Triger ahnt 1867 die Gründe des Übels: ein zu schnelles Auftauchen der Arbeiter; er fordert, eine siebenminütige Pause einzuhalten. Die wissenschaftliche Erklärung wird erst zehn Jahre später gefunden, durch die Arbeiten von Paul Bert über die Kompression und Dekompression von Gasen im Blut.

DAS GROSSE ABENTEUER DES TAUCHGERÄTS

Das Wort Skaphander erscheint zum ersten Mal 1775 in einem vom Abbé de la Chapelle geschriebenen *Traité du scaphandre* (Abhandlung über das Tauchgerät). Etymologisch ist es von zwei griechischen Wörtern abzuleiten: Es bedeutet Bootsmensch oder Menschenboot.

Ein Skaphander ist also ein Gerät, das dank der Erfindung des Abbés einen Mensch in ein Boot verwandeln kann. Wie? Mit seinen Badekleidern versehen, muß man nur eine Korkweste anziehen, die man mit Schleifen an seiner Hose festbindet. In einem sehr hohen, unter dem Kinn gebundenen Hut kann man Nahrung und Schießbedarf verstauen. „Eine Hose mit Bügeln, um in tiefstem Wasser gehen zu können, recht einfache Flossen, um die Fortbewegung zu unterstützen, machen aus dem Skaphander einen vollwertigen Apparat" (Abb. 1.8). Besonders für Frauen ist dieses Gerät empfehlenswert: „Man sinkt mit dem Skaphander nur bis zum Busen ins Wasser und hält sich aufrecht, als ob man auf festem Boden stehen oder gehen würde; deshalb, wenn sie in der Öffentlichkeit zur Körperertüchtigung des Schwimmens gehen oder von dort kommen, kann der Kopf der Frauen genauso schön geschmückt bleiben, als ob sie gerade mit ihrer Toilette fertig wären." Schließlich ist er überall einsetzbar: zum Spazierengehen, um einen Fluß hinunterzufahren, bei der Jagd in den Sümpfen, bei der Rettung im Meer...

Der Begriff Skaphander wird fast ein Jahrhundert lang in Vergessenheit geraten, um dann 1856 von Cabirol wieder aufgegriffen zu werden; später wird er aber allgemein Verwendung finden und sich durchsetzen.

Die Pioniere des 18. Jahrhunderts

Die geschilderte Szene verdeutlicht eine Tendenz, die schon am Anfang des 18. Jahrhunderts sichtbar wird. Sie läuft der Entwicklung entgegen, die zu den Fortschritten bei der Taucherglocke geführt hatte. Diese erlauben es zwar, unter Wasser zu arbeiten, aber die Geräte sind sperrig und teuer, benötigen ein oder zwei Boote und eine sorgfältige Lehrzeit. Aber frei tauchen, nur durch einen Panzer geschützt, das war der Traum der Renaissance, und es ist auch der Traum des Jahrhunderts der Aufklärung. Einige Namen säumen den Weg dieser langsamen Eroberung.

Das Faß von Lethbridge
Der erste dieser Pioniere ist ein Engländer, John Lethbridge, der 1715 ein zwei Meter langes, innen und außen mit Eisenringen verstärktes Faß erfindet, in dem er auf dem Bauch liegen kann. Durch ein Bullauge aus drei Zentimeter dickem Glas kann er alles unter dem Faß beobachten. Seine Arme steckt er durch zwei Löcher. An ein Seil gehängt, wird das mit 250 Kilo beschwerte Faß alle dreißig Minuten an die Oberfläche zurückgeholt, um die Luft zu wechseln. Dafür braucht man den Deckel nicht abzuschrauben und auch nicht aus dem Gerät zu steigen; zwei Stöpsel sind zu diesem Zweck vorgesehen. Die tatsächliche Arbeitszeit beträgt ungefähr sechs Stunden am Tag. Es ist besser als alles, was früher erreicht wurde. Nach verschiedenen Versuchen legte der Erfinder die maximale Tiefe bei etwa 20 Metern fest. Lethbridge arbeitet erfolgreich in allen Meeren der Welt, an englischen, französischen, spanischen, afrikanischen und indischen Küsten. Er arbeitet gut geschützt in seinem Faß und ist, seine Arme ausgenommen, vor dem Wasserdruck verschont. Die Luft, die er atmet, ist die der Oberfläche; die von der Hydrostatik ausgelösten Probleme werden von ihm nicht angegangen, oder besser, sie werden vermieden.

Die Hydrostatergatische Maschine von Fréminet
Noch eher verdient ein anderer Mann, ein Franzose, den Titel „Pionier des Tauchens". Es handelt sich um einen Pariser, einen gewissen Fréminet, der um 1770 ein originelles Gerät erfindet, das aus einem versteiften, mit Talg eingeschmierten Lederanzug, einem mit einem Bullauge ausgerüsteten Kupferhelm und einem Preßlufttank besteht, den der Taucher selbst bewegen kann. Zwei Schläuche verbinden den Tank mit dem Helm. Einer bringt Preßluft durch einen Balg, der mit Hilfe einer aufgezogenen Feder funktioniert, die sich in etwa einer Stunde entspannen soll. Der andere Schlauch erlaubt die Rückführung der ausgeatmeten Luft in den Tank, wobei theoretisch „die Kälte des Wassers" sich positiv auswirken müßte. Und diese sogenannte „hydrostatergatische Maschine" funktioniert! Fréminet taucht zum ersten Mal in Paris in der Seine in fünf Metern Tiefe. Er setzt seine Versuche und Arbeiten in Le Havre und Brest fort und taucht bis in eine

1.8 *Der authentische „Skaphander" des Abbé de La Chapelle, 1775*

Tiefe von 17 Metern. 1776 ändert er seine Maschine: Der Tank, immer mit demselben Prinzip der Feder, wird auf dem Rücken des Tauchers festgemacht, und da ein Schlauch den Tank mit der Oberfläche verbindet, wird ohne Unterbrechung neue Luft angesaugt.

Der Panzeranzug von Klingert
Immer noch im 18. Jahrhundert treffen wir einen dritten Pionier, dieses Mal einen Deutschen mit Namen Klingert. Sein Taucher ist mit einem eisernen Panzer bekleidet, der die Brust vor dem Wasserdruck schützt. Der Rest des Körpers, die Arme und Beine ausgenommen, steckt in einem Lederanzug, der an den Ellbogen und am Knie eng geschnürt ist. Den Kopf schützt ein Helm, der an zwei Schläuche angeschlossen ist. Durch diese bekommt der Taucher Luft, die von einer Druckpumpe an der Oberfläche befördert wird (Abb. 1.9).

1797 moniert der erste Benutzer sogleich zwei Fehler, obwohl er von den wirklich guten Arbeitsmöglichkeiten unter Wasser angetan ist. Da die Pumpe von menschlichen Armen betätigt wird, ist der Luftstrom alles andere als regelmäßig. Wenn zuviel Luft in den Anzug strömt, muß der Taucher sich am Grund festhalten, um nicht im wahrsten Sinne des Wortes an die Oberfläche gesaugt zu werden, wenn es zuwenig Luft gibt, hat der Lederanzug die unangenehme Eigenschaft, sich schmerzhaft in die Haut zu drücken. Außerdem schmerzen in der Tiefe die Schnüre sehr, die den Eintritt des Wassers in den Anzug verhindern.

Daraufhin verbessert der Ingenieur seine Erfindung und fügt einen riesigen Holztank hinzu. Auf ihn kann sich der Taucher einerseits stützen, gleichzeitig dient er als Luftvorrat und Ballast. Er kann seine Tiefe selbst regulieren und braucht die Unregelmäßigkeiten der Pumpe nicht mehr zu fürchten. Dieser Apparat wird in Deutschland wie auch in Frankreich sehr gut aufgenommen. Aber wir sind kurz vor dem 19. Jahrhundert, und das Abenteuer des Skaphanders wird eine blitzartige Entwicklung erfahren.

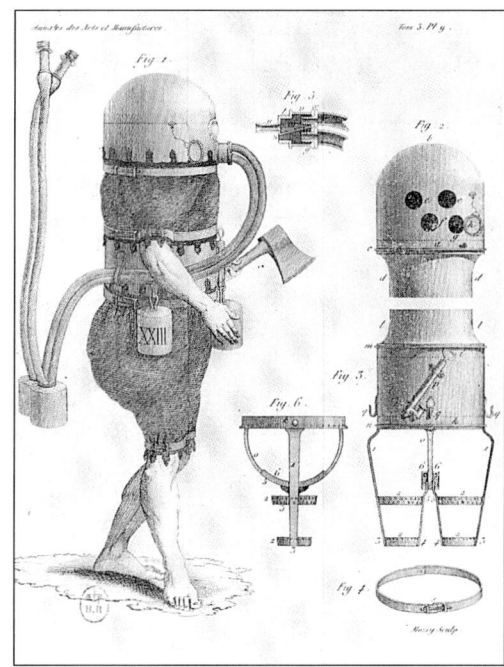

1.9 *Der Panzeranzug des Deutschen Klingert, 1797 in der Oder getestet*

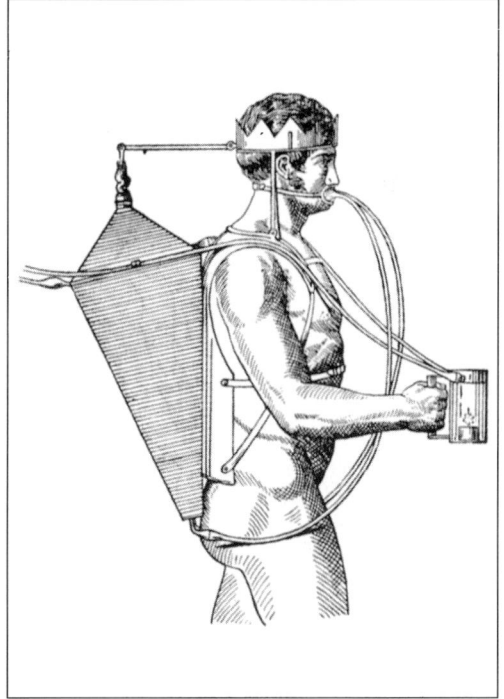

1.10 *Der Apparat von Frederik Drieberg „Der Wassermolch", Anfang des 19. Jahrhunderts*

Die entscheidenden Fortschritte des 19. Jahrhunderts

Ganz am Anfang des Jahrhunderts meldet sich ein weiterer deutscher Erfinder: Frederik Drieberg. Er baut „die neue Tauchmaschine", die er „Wassermolch" nennt (Abb. 1.10). Es handelt sich um eine „künstliche Lunge, die den Lungen des Tauchers die ganze Arbeit abnimmt, die sie hätten, um viel Luft zu bekommen"[8]. Der Taucher trägt keinen Schutzanzug, aber auf dem Rücken einen Blasebalg, der durch einen Schlauch mit der Oberfläche verbunden ist. Zwei Schläuche verbinden den Mund mit dem Balg-Tank. Auf dem Kopf hat er eine Krone. Von dieser aus wird der Blasebalg durch eine steife Stange betätigt. So atmet der Taucher Preßluft mit Hilfe seiner eigenen Kopfbewegungen.

Aber diese primitive Maschine ist schnell vergessen. Entscheidende Fortschritte werden dieses Mal in England gemacht.

Von der Glocke bis zum Bullaugenhelm: der *Standard Diving Apparatus*

1819 kommt August Siebe, ein nach England emigrierter Sachse, auf die Idee des Astronomen Halley zurück. Dieser hatte – wir haben es schon erwähnt – die Taucher mit kleinen Einzelglocken ausgerüstet. Siebe verzichtet ganz auf die Hauptglocke und versorgt seine Unter-Glocken-Taucher mit Luft durch eine Pumpe direkt von der Oberfläche. Das Originelle daran ist die Reduzierung des Systems zu einem Bullaugenhelm. Dieser ist an einen tarierten Kittel gebunden, der den Taucher vor der Kälte schützt. Die Luft strömt in Höhe des Gürtels frei aus. Man darf sich aber nicht bücken, sonst würde Wasser in den Helm eindringen: Es ist also unmöglich, ohne Einschränkung zu arbeiten.

Ungefähr zeitgleich erfinden zwei Brüder, Charles und John Deane, nach demselben Prinzip einen verglasten Helm, der durch eine Pumpe mit frischer Luft versorgt wird, um auch bei nicht atembarer Luft einschreiten zu können, bei einem Brand zum Beispiel. Wenig später machen sie ihre Erfindung auch für Eingriffe unter Wasser einsatzbereit, indem sie dem Helm einen wasserundurchlässigen Anzug hinzufügen.

Alle Historiker sind sich darin einig, daß die Konkurrenz zwischen den Brüdern Deane und Siebe sehr hart war. Man weiß aber über das Leben und die Arbeiten der ersten sehr wenig, die von Siebe angemeldeten Patente nachzuprüfen, ist dagegen sehr leicht. Zu vermuten ist, daß es einen erbitterten Kampf zwischen den drei Erfindern gegeben hat, aus dem Siebe als Sieger hervorging.

In der Tat entwickelt der sächsische Emigrant 1839 nach zahlreichen Versuchen den *Standard Diving Apparatus*. Dieser Tauchapparat wird sogleich von der britischen Marine übernommen und in die ganze Welt verkauft. Der Helm ist mit einem tarierten Anzug verbunden, der den ganzen Körper des Tauchers bedeckt. Schuhsohlen aus Blei tragen zusätzlich zur Stabilisierung bei. Die Luft wird durch einen Schlauch, der mit einem Rückschlagventil versehen ist, in den Helm gepreßt und fließt aus der Kleidung durch ein Entlüftungsventil, das der Benutzer selbst regulieren kann. Dieser kann also so lange, wie er will, im Wasser bleiben, seine Tiefe je nach Wunsch verändern und alle Bewegungen machen, die er will... oder fast. Der Erfolg ist riesig!

Das Unterseeboot des Hutmachers

Aber jetzt betritt ein seltsamer Hutmacher aus Bordeaux, Joseph-Martin Cabirol, die Szene. Von der soeben gemachten Entdeckung der Vulkanisierung des Kautschuks begeistert, stürzt er sich in die originellsten Erfindungen: zuerst eine Boje, dann „einen mit Kautschuk gefütterten Hut, der extrem kleine Saugknöpfe hat und wasser- und schweißfest ist", und zu guter Letzt einen Bojenhut! Von Patent zu Patent kommt der Hutmacher zum „Unterseeboot Cabirol"! Ein pompöser Name für ein ungeheuerliches Gebilde von Bojen und Schläuchen, das einen maskierten Taucher wie einen miesen Helden aus einer billigen Krimiserie ausstaffiert (Abb. 1.11). Obwohl Cabirol viele Mißerfolge zu verdauen hat, beschäftigt er sich weiter mit Unterwassertauchen und stellt 1855 bei der Weltausstellung in Paris eine verbesserte Ausführung des Tauchapparats von Siebe vor. Um das neue Produkt auf den Markt zu bringen, benutzt er die Bezeichnung des Abbé de La Chapelle und nennt seine Kombination: Skaphander Cabirol. Dem Hutmacher aus Bordeaux ist es also zu verdanken, daß sich dieser Begriff endgültig durchsetzt.

Die Kombination Pumpe-Helm-Anzug wird der französischen Marine vorgestellt und sogleich angenommen. In der Praxis ist es eine wahre Folterkammer. Ein unglücklicher Mensch in dicker Wollkleidung und mit einem

Das Tauchen im Laufe der Zeit

gepolsterten Kissen auf den Schultern wird in einen Anzug aus starkem Gummituch gezwängt. Dieser Anzug muß zudem durch eine Hose aus rauhem Tuch geschützt werden, damit er sich nicht zu schnell abnutzt. Das Oberteil ist aus Leder, um darauf so eng wie möglich einen steifen, kupfernen Aufbau befestigen zu können, der den 15 Kilo schweren Helm trägt. Dieser Helm ist mit vier, hinter Gittern geschützten, Glasscheiben ausgestattet; von diesen kann nur die vordere herausgenommen werden. An den Füßen: Schnürstiefel mit Bleisohlen; auf dem Rücken und auf der Brust: zwei Gewichte, je 18 Kilogramm schwer, im Gürtel: einen Dolch und ein Seil, mit dem man sich mit einem Mitarbeiter an der Oberfläche verständigen kann – einem intelligenten, betont die Gebrauchsanweisung! Die Luft wird durch drei Öffnungen an der Rückseite des Helms hineingepumpt; dieses System erlaubt es, den „Gefangenen" atmen zu lassen und gleichzeitig den Dunst von den Scheiben wegzublasen. Hinten sitzt auch das Entlüftungsventil, dessen Öffnung unter Wasser reguliert werden kann. Schließlich befindet sich in Mundhöhe ein unentbehrlicher Nothahn.

Der Anzug ist in der Tat oft zu vollgepumpt, so daß der Taucher kräftig an die Oberfläche gezogen wird. Da die Luft nach oben drückt, „werden die Beine und der Schritt gequetscht". Das Aufdrehen des Hahns läßt diese Schmerzen und diese Bedrohung schnell verschwinden. Noch dazu kann sich der Taucher unmöglich bücken! Will er das, bildet sich eine Lufttasche in seinem Rücken und lähmt seine Bewegungen. Auch in diesem Fall löst das Aufdrehen des Hahns alle Probleme. Manchmal ist andererseits der Wasserdruck in der Tiefe stärker als der Luftdruck im Anzug und preßt die Hose kräftig an die Beine des Unglücklichen. Wenn er den Hahn zudreht und ein Bein nach dem anderen hebt, wird wieder ein Druckausgleich hergestellt, und das Blut kann von neuem in den unteren Gliedmaßen zirkulieren.

In einer derartigen Montur sind sowohl Ab- wie auch Aufstieg höchst gefährlich. Beim Abstieg muß man dieses Gewicht, das zusammen mit dem Taucher etwa 200 Kilo ausmacht, so stark wie möglich bremsen. Der Druckausgleich zwischen beiden Ohren ist sehr schwierig und schmerzhaft herzustellen. Was das Aufsteigen betrifft, bleibt es Ihrer Phantasie überlassen, wie das Verlassen des Wassers und das „Ausschirren" ausgesehen hat. Ein ganzer Trupp von Helfern war notwendig. Das zusätzliche Problem der Entsättigung wird nicht einmal erwähnt – es wird allerdings irgendwie vermutet, denn es wird empfohlen, beim Verlassen des Wassers den Helm nicht sofort zu öffnen, sondern den Taucher mehrere Minuten lang weiter mit Luft aus der Pumpe zu versorgen. Man versteht auch, warum die Anweisungen besonders empfehlen, „den Untergetauchten mindestens alle zwei bis drei Minuten anzurufen"!

Wir sind in der Mitte des 19. Jahrhunderts, und dieser schwerfüßige Skaphander wird sich trotz aller Nachteile, trotz aller Toten und aller Unfälle ungefähr hundert Jahre lang behaupten. Und dabei hatten drei Männer aus dem Aveyron bemerkenswerte Erfindungen gemacht, die schon ab 1870 entscheidende Fortschritte erlaubt hätten.

Vom Gasregler zum Helmtauchanzug

Am 14. April 1860, fünf Jahre nach der Weltausstellung, bei der der Cabirol-Skaphander so erfolgreich war, meldet ein Bergingenieur aus

1.11 *Das „Unterseeboot" von Cabirol, 1848. Es wurde kein Erfolg...*
Obwohl der Hutmacher aus Bordeaux sogar einen Hut vorgesehen hatte, um den Trichter bei Regen zu schützen!

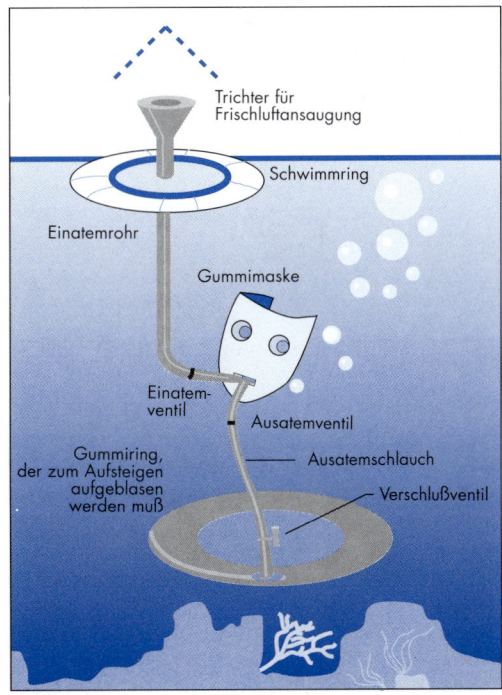

1.12 *Der Skaphander von Denayrouze, mit einer Handradpumpe*

1.13 *Tauchgerät mit Vierscheibengesichtsmaske und Gummianzug*

dem Aveyron, Benoît Rouquayrol, ein Erfindungspatent an. Es handelt sich um einen Gasregler, den er „als Grundlage für einen Atemapparat benutzen will, den er Rettungsapparat nennt, und der auch im Wasser und in nicht atembarer Luft eingesetzt werden kann".

Der Ingenieur möchte einen Apparat entwickeln, der es erlauben würde, sogar nach einer Grubengasexplosion in Grubenstollen vorzudringen und den Arbeitern sofort zu Hilfe zu kommen, die bei diesen furchtbaren Unfällen so oft verunglückten. Auch in überschwemmten Stollen könnte man sich mit diesem Apparat bewegen. 1863 ist er fertig. Er besteht aus einem Tank mit einem sehr langen, an eine Luftpumpe angeschlossenen Schlauch, mit dem man bis zum Ende der Stollen gehen kann. Über dem Tank befindet sich ein „Topf" (so wird er bezeichnet), dessen Deckel eine Membran ist, die auf der oberen Seite dem Umgebungsdruck und auf der unteren Seite dem Innendruck des Behälters ausgesetzt ist. Der Druckausgleich wird automatisch durch ein Ventil reguliert.

Im selben Jahr hält sich ein junger Kapitänleutnant, Auguste Denayrouze, ein Freund von Rouquayrol, zur Zwangserholung in ihrem gemeinsamen kleinen Marktflecken im Aveyron auf. Er arbeitet verbissen, um die Erfindung seines Freundes zu fördern und sie in einen Unterwasserapparat zu verwandeln. 1864 beweisen Versuche in verschiedenen französischen Häfen die Überlegenheit des Reglers gegenüber dem Skaphander von Cabirol. Zwei Gründe zählen besonders: die sehr große Handlichkeit und das Abstellen der Erschütterungen im Helm, die von den immer wiederkehrenden Pumpenschlägen verursacht wurden und sehr störend waren. Rouquayrol erfindet sogar einen geschlossenen Tank, der es erlaubt, eine halbe Stunde lang in einer Tiefe von weniger als 10 Meter ohne Verbindung mit der Oberfläche zu arbeiten. 1865 kommt der Erfolg: Die französiche Marine übernimmt dieses System an Stelle des Cabirol-Skaphanders.

Dieser von einem Bergingenieur und einem Marineoffizier entwickelte Atemapparat ist ganz sicher der Vorläufer des modernen Tauchgeräts. Mit ihm kann man den Rumpf eines Schiffes kontrollieren, eine begrenzte Arbeit auf dem Meeresgrund erledigen und frei und ohne Zwänge im Wasser spazierengehen.

Jahrelang wird sich der Erfindungsgeist der zwei Freunde austoben: Sie werden verschiedene Reglertypen für mittlere oder große Tiefen (mehr als 40 Meter) entwickeln, und auch Kompressoren, die bis zu zwölf Taucher auf einmal mit Luft versorgen können. Aber sehr schnell werden die Grenzen dieser Fortschritte sichtbar: zu geringe Reichweite des unabhängigen Tanks, zu wenig Schutz gegen die Kälte, Störung durch den Nasenkneifer... Man muß zurück zum Skaphandersystem, das für umfangreiche Unterwasserarbeiten einfach praktischer ist. Die zwei Partner entwickeln mit Hilfe des jüngeren der Brüder Denayrouze, des zwanzigjährigen Polytechnikers Louis, einen Skaphander, der dem von Cabirol wesentlich überlegen ist: Man kann ihn mit einer Lampe sowie mit einer Art Telefon ausstatten, durch das man direkt mit dem Taucher verbunden werden kann. Dieser Skaphander (Abb. 1.12) erfährt einen bemerkenswerten kommerziellen Erfolg; er wird nicht nur von der Kriegsmarine benutzt, sondern auch von den Schwamm-, Korallen- und Perlenfischern.

Der junge Louis Denayrouze leitet persönlich die Schwammfischerei vor den griechischen Inseln, wodurch der Skaphander im ganzen östlichen Mittelmeerraum bekannt wird.

Das Unternehmen entwickelt sich auf spektakuläre Weise, und seine Filialen reichen bis Ceylon, Australien, Mexiko und zu den Antillen...

Aber Wagemut schließt Risiken nicht aus

Dennoch ist die Benutzung des autonomen oder nichtautonomen Helmtauchanzugs bei weitem nicht ohne Risiko, vor allem für die traditionellen Taucher, die es gewöhnt sind, in Apnoe zu tauchen und sehr schnell wieder aufzusteigen. Um sich den Wagemut und den Abenteuergeist dieser Pioniere der Unterwassertechnik besser vorstellen zu können, muß man die Briefe lesen, die Louis Denayrouze während seiner ersten Fischereisaison seinem in Frankreich gebliebenen Bruder schickt. Wir entnehmen den folgenden Auszug dem sehr informativen Buch, das der Kapitän zur See Jacques Michel Benoît Rouquayrol und den Brüdern Denayrouze gewidmet hat.[9]

„Am dritten Tag der Fischerei haben die Unfälle angefangen. Ich war an Bord, als man mir einen armen Teufel brachte mit einem Kopf, violett und schwarz, doppelt so groß wie normal. Ich hielt ihn für verloren, aber mit Schröpfköpfen und Blutegeln habe ich ihn gerettet. Er hatte nur einen Blutstau im äußeren Bindegewebe, der sich nicht bis zum Gehirn ausgeweitet hatte. Ich muß zugeben, daß für mich diese Aufregung sehr groß war. Seitdem sind vier Männer im Skaphander gestorben, die allerdings nicht zu uns gehörten. Aber da man wußte, daß wir Medikamente hatten, brachte man sie immer an Bord. Es war zutiefst schauerlich: ein Mann pro Woche ungefähr. Ich war überzeugt, daß das Sterben unsere Männer verschonen würde, aber vor einer Woche ist einer gestorben. Es war ein wunderbarer junger Mann, dem ich einige Male den Kopf gewaschen hatte, weil er es mit den Vorschriften nicht allzu ernst genommen hatte. Armer Teufel!"

Die Vorschriften? Sie sind 1870 noch sehr empirisch! Die Erfinder Rouquayrol und Denayrouze raten in ihren Anweisungen, „langsam aufzutauchen", aber die griechischen Taucher, Erben jahrhundertealter Traditionen, sind sehr schwer zu überzeugen! Der Wissenschaftler Louis Denayrouze seinerseits glaubt fest an die Notwendigkeit genauerer Normen. Am Ende des Krieges von 1870 wird er mit Paul Bert an der Sorbonne arbeiten. Jeder weiß, daß dieser erst 1878 *La pression barométrique* (Der Luftdruck) veröffentlicht, in dem er die giftige Wirkung von reinem Sauerstoff in einer Tiefe von mehr als 7 Meter sowie die Auflösung des Stickstoffs im Blut unter dem Einfluß des Wasserdrucks nachweist. Paul Bert erklärt letztlich, wie und warum eine zu schnelle Dekompression die schon erwähnte „Caissonkrankheit" und den geheimnisvollen Tod von so vielen Tauchern verursacht. 1896 veröffentlicht der Engländer Haldane die ersten Tauchtabellen, oder wie man fast ohne Risiko aus einer Tiefe von 60 Metern wieder auftauchen kann.

Aber kommen wir zu den Erfindungen der drei Männer aus dem Aveyron zurück. 1872 hat ein professioneller Taucher die Wahl zwischen einem sehr schweren Helmtauchanzug und einem sehr leichten Tauchapparat, der auch autonom sein kann. Die Entscheidung scheint klar zu sein; dennoch wird der autonome Apparat von 1905 an nicht mehr produziert und gerät in Vergessenheit, während die Firma, die den Helmanzug herstellt, erst 1965 schließt!

Das 20. Jahrhundert entdeckt das autonome Tauchgerät wieder

Dem 20. Jahrhundert gebührt das Verdienst, das autonome Tauchgerät wiederentdeckt zu haben – der Ausdruck ist berechtigt. Das Wort Skaphander oder Tauchgerät bezeichnet nicht mehr einen ungeheuerlichen Anzug aus Kupfer und Gummi wie im 19. Jahrhundert, sondern eine Einheit aus einem Tank und einem Lungenautomat, die dem Benutzer dieses Gefühl von Freiheit gibt, von dem die erwähnten Pioniere so sehr geträumt hatten.

Ein maskierter Taucher im Aquarium des Trocadero
Alle Einzelheiten dieser Entdeckung sind in die Geschichte des Tauchens eingegangen. 1925 ist der Korvettenkapitän Yves Le Prieur, der schon Gelegenheit hatte, mit dem schweren Helmanzug Tauchversuche zu machen, von der Vorführung eines Schweißbrenners für Unterwasserarbeiten in einem Pariser Schwimmbecken sehr beeindruckt: Der Arbeiter trägt ein von dem Ingenieur Fernez erfundenes Tauchgerät ohne Helm: eine wenig bequeme Brille, eine Nasenklemme, ein Mundstück, das durch einen Schlauch mit einer Pumpe an der Wasseroberfläche verbunden ist; keine Bekleidung, keinen Helm, keine Bleisohlen: Das Tauchgerät ist höchst einfach, der Organismus aber leidet unter den sehr schmerzhaften Druckveränderungen.

Yves Le Prieur, der den seit 1905 nicht mehr verkauften Tauch-Regler-Apparat von Rouquayrol-Denayrouze nicht kennt, hat die Idee, dem Tauchgerät von Fernez einen Tank hinzuzufügen, der den Taucher von der lästigen Abhängigkeit von der Pumpe befreien würde. Er führt 1926 im Schwimmbad von Les Tourelles in Paris einen aufsehenerregenden Tauchgang vor, im Badeanzug und mit einer kleinen Dreiliter-Preßluftflasche, die ihm ein bißchen mehr als zehn Minuten Unabhängigkeit erlaubt. Das Tauchgerät Fernez-Le Prieur ist geboren, es wiegt zehn Kilo, und lobende Artikel in den damaligen Zeitungen begrüßen sein Erscheinen. Aber Kapitän Le Prieur ist sich der Mängel seines Geräts bewußt und bringt entscheidende Verbesserungen an. 1933 kreiert er ein neues System: „das autonome Tauchgerät Le Prieur". Eine Maske, die das ganze Gesicht bedeckt, ersetzt die unbequeme Brille, die Nasenklemme und das Mundstück. Die Luft kommt gleichmäßig mit leichtem Überdruck hinein und entweicht an den Seiten; der Luftinhalt des Tanks ist verdoppelt. Im Juni 1934 führt Yves Le Prieur im Aquarium des Trocadero einen Tauchgang durch, der Begeisterung auslöst (Abb. 1.14). Zwölf Monate später wird der erste Tauchclub gegründet, „Le Club des scaphandriers".

Flossen, Maske und Schnorchel: Die Ausrüstung ist vollständig
Andere sehr wichtige Erfindungen bringen das ersehnte Ziel, die Freiheit bei Unterwasserstreifzügen, in greifbare Nähe. Es handelt sich zunächst um die Schwimmflossen, die seit Leonardo da Vinci in Vergessenheit geraten waren und vom Kommandanten von Corlieu 1935 neu geschaffen wurden.
1938 meldet Maxime Forjot in Nizza ein Patent für eine Gummimaske an, mit einer Glasscheibe, die Nase und Augen bedeckt. Diese Maske setzt sich durch und ersetzt die Brille, die ab einer Tiefe von 6 bis 7 Metern auf die Augäpfel drückte und erhebliche Blutungen unter der Bindehaut verursachte.

1.14 Der Kommandant Prieur „taucht" 1934 im Aquarium des Trocadero mit seinem „autonomen Tauchgerät".

Im Dezember 1939 meldet, ebenfalls in Nizza, Alec Kramarenko, Mitglied einer Gruppe russischer Adeliger, die seit 1917 im Exil lebt, ein Patent für ein Atmungsrohr mit einem Ventil an, das den Eintritt des Wassers verhindert.

Schwimmflossen, Maske und Schnorchel: Die Ausrüstung des Unterwasserjägers ist vollständig. Man kann sich also unter Wasser bewegen und alle Wunder des Meeres in geringer Tiefe beobachten. Vor allem, und das ist die eigentliche Revolution dieses 20. Jahrhunderts, der Spaziergang unter Wasser ist jedem zugänglich. Das Meer ist nicht mehr der geheimnisvolle Tummelplatz, der nur einigen herkömmlichen Tauchern und gepanzerten Helmtauchern vorbehalten ist. Es ist für jeden offen.

Um die Eroberung vollständig zu machen, fehlt nur noch ein kleines Tauchgerät, so leicht wie das von Le Prieur, aber viel praktischer. Diesen letzten entscheidenden Fortschritt steuert Cousteau bei.

Und Cousteau erschloß die Welt des Schweigens

Jacques-Yves Cousteau, ein junger, in Toulon stationierter Kapitänleutnant, ist von der Unterwasserjagd begeistert. Er freundet sich mit dem Kapitänleutnant Philippe Taillez, der gerade ein Unterwassergewehr entwickelt hat, und mit Frédéric Dumas an, einem geachteten Jäger. Zu dritt werden sie die verschiedenen Erfindungen Cousteaus ausprobieren und Unterwasserfilme drehen.

1938 erprobt Cousteau zuerst eine angepaßte Version des Tauchgeräts der Kampfschwimmer mit reinem Sauerstoff. Kampfschwimmer benutzen einen Apparat mit geschlossenem Kreislauf, der keine Blasen erzeugt, damit sie unentdeckt bleiben. Sie atmen reinen Sauerstoff, und die verbrauchte Luft wird mit sodiertem Kalk in einer Patrone gereinigt, die das Kohlendioxid zurückhält. Allerdings ist die Bewegungstiefe auf 7 Meter begrenzt. Cousteau taucht also zuerst mit diesem Typ von Tauchgerät. Zweimal erleidet er in etwa 18 Metern eine Hyperoxiekrise, bekommt Zuckungen, ertrinkt fast und wird knapp gerettet.

Der Krieg und seine Folgen werden die Lösung bringen. 1942 arbeitet Cousteau mit dem Ingenieur von Air Liquide, Emile Gagnan, zusammen, der auf Gasdruckminderventile spezialisiert ist. Die Benzinrationierung zwingt die Techniker dazu, eine neue Energie für die Autos zu finden; es ist die Zeit der Holz-Vergaserautos. Nach mehreren Versuchen ist der Lungenautomat Cousteau-Gagnan fertig entwickelt; er kommt dem schon vergessenen Regler von Rouquayrol-Denayrouze sehr nah. Dieser Lungenautomat erlaubt es, Luft aus Preßluftflaschen zu atmen, die dem Umgebungsdruck angeglichen ist. Die Luft wird nur nach Bedarf geliefert. Das Tauchen in der nächsten Umgebung ist endlich frei und einfach geworden.

Begeistert von diesen Erneuerungen dreht Cousteau mit seinen Freunden zwei Filme: *Par dix-huit mètres de fond* (In achtzehn Metern Tiefe), der Dumas bei der Verfolgung von Zackenbarschen zeigt, und *Epaves* (Wracks), in dem sich seine Freunde zwischen zerfallenen, schweigenden Gerippen von versunkenen Schiffen bewegen.

Am Ende des Krieges führt Cousteau diesen letzten Film dem Generalstab vor, um ihn von der Notwendigkeit zu überzeugen, eine Unterwasser-Forschungsgruppe zu gründen: die GRS, später Gers (Groupe d'études et de recherches sous-marines) mit Philippe Taillez, jetzt zum Korvettenkapitän befördert, als Direktor. Diese Gruppe beteiligt sich aktiv an der Entminung der Mittelmeerküsten und beweist mit ihrer Arbeit endgültig die Überlegenheit des autonomen Tauchgeräts gegenüber dem schwerfüßigen Tauchanzug, von denen die französische Marine 1944 200 Exemplare bei der Firma Rouquayrol-Denayrouze und Nachfolger bestellt hat. Zur Gers, unter dem Vorsitz von Taillez, zählt auch Kapitänleutnant Cousteau, der Erster Offizier ist, und Dumas als ziviler Staatsangestellter. Diese drei Männer haben, im wahrsten Sinne des Wortes, außergewöhnliche Arbeit für die Entwicklung sowohl der zivilen wie auch der militärischen Unterwasseraktivitäten und für die Erforschung des Meeres geleistet. Ihrer Leidenschaft, ihrem Mut und ihrem Erfindungsgeist ist es zu verdanken, daß das Tauchen heute so populär geworden ist und man anfängt, das geheimnisvolle Leben im Wasser kennen und schätzen zu lernen.

Wir sind in der Mitte des 20. Jahrhunderts. In einer Zeitspanne von weniger als hundert Jahren sind die Europäer – Engländer, Franzosen und Deutsche – weit in die Geheimnisse des Meeres eingedrungen. Diese Eroberung brachte mehr Freiheit und mehr Sicherheit mit sich.

Freiheit: Man hat die gewaltigen Taucherglocken, die zwei Schiffe benötigten, um ins Wasser gebracht zu werden, das komische Faß von Lethbridge oder sogar die großartigen

Helmtauchanzüge der Gebrüder Carmagnole (Abb. 1.15) weit hinter sich gelassen.
Sicherheit: Paul Bert hat in seinen Studien das Prinzip und die Bedingungen der Sättigung und Entsättigung von Inertgasen im menschlichen Organismus deutlich gemacht, sowie die Giftigkeit reinen Sauerstoffs. Die Forscher brauchen nur noch auf seinen Spuren weiterzumachen.
Man ahnt freilich, daß Freiheit und Sicherheit dem Menschen nicht genügen können. Das Abenteuer würde verschwinden! Ein anderes Unterwassergebiet bleibt geheimnisvoll, es ist noch zu entdecken, mit seinen Risiken im Gefolge: die Tiefe.

1.15 *Gelenkskaphander der Gebrüder Carmagnole (560 Kilo), 1882*

DIE EROBERUNG DER TIEFE

Die Gers-Gruppe stellt sich sogleich die Frage: Wie tief kann man mit einem autonomen Tauchgerät und ein oder zwei mit Luft gefüllten Flaschen tauchen? Dumas, ein bemerkenswerter Mann, ist schon bis in eine Tiefe von 62 Metern getaucht und hat dabei den Tiefenrausch erlebt, den amerikanische Physiologen in den dreißiger Jahren als eine Art Narkose erklärt hatten, die dem Stickstoff zuzuschreiben ist. Die Gruppe beschließt, etappenweise die maximale Tauchtiefe mit einem Preßlufttauchgerät zu erkunden.
Erst 65 Meter, dann 90. Alle schaffen es, hinunterzutauchen und, wenn auch ungelenk, unten auf dem Grund zu unterschreiben, aber alle spüren ein mehr oder minder heftiges Unwohlsein.
Man muß das nächste Ziel angehen: 120 Meter! Ein tariertes Seil, Brettchen ab 60 Meter, ein Tau, um die Taucher anzuschnallen, Sicherheitsmaßnahmen an Bord; alles ist vorbereitet. Das Los, das den Maat Maurice Fargues bestimmt, als erster zu tauchen, erscheint zunächst günstig. Denn Fargues hat behauptet, daß er bei 90 Meter praktisch nicht gelitten habe. „Nach Erreichen einer Tiefe von 120 Metern in 3 Minuten 10 Sekunden beantwortet er die Signale nicht mehr. Wird augenblicklich zurückgeholt. Der Torpedomeister Pinard taucht ihm entgegen und stellt bei 60 Metern fest, daß der Maat Fargues bewußtlos ist, sein Mundstück und seine Brille weggerissen sind. Konnte trotz aller Bemühungen nicht mehr ins Leben zurückgerufen werden." So lautet der Tauchbericht vom 17. September 1947, den der Korvettenkapitän Taillez unterzeichnet. Man braucht nicht lange darüber nachzudenken, um drei Dinge zu verstehen. Die angepeilte Tiefe wurde erreicht, die Stickstoffnarkose hat ihre tödliche Wirkung gezeigt, die Trauer der Gruppe ist unermeßlich.
Seit dieser schmerzlichen Erfahrung ist das Limit des Tauchens mit Luft bei 90 Metern festgelegt. Aber wie kann man tiefer tauchen? Man muß – das ist offensichtlich – die Stickstoffnarkose vermeiden. Warum den Stickstoff nicht durch ein anderes Gas ersetzen, das mit dem Sauerstoff ein synthetisches Gemisch bilden würde? Den Forschern bieten sich zwei Möglichkeiten: Helium und Wasserstoff.

Als erste versuchen es die Amerikaner mit Helium. 1937 dringen Taucher im Atlantik bis in eine Tiefe von 73 Meter vor, wobei sie ein Helium-Sauerstoffgemisch atmen. Sie befreien dreiunddreißig Mitglieder der Mannschaft des Unterseeboots Squalus und bergen das Wrack innerhalb von vier Monaten. 1948 taucht ein Engländer mit einem Helium-Sauerstoffgemisch 164 Meter tief! Er kommt lebend wieder hoch.

Am Ende des Krieges hat auch die schwedische Marine Tests durchgeführt, bei denen sie Wasserstoff statt Stickstoff benutzt. Die Gefahren sind sehr groß, denn Wasserstoff bildet mit dem Sauerstoff eine explosive Mischung. Unter unendlichen Vorsichtsmaßnahmen schafft ein Ingenieur einen Tauchgang bis 160 Meter Tiefe.

Schließlich der letzte Versuch im Meer, der es wert ist, in Erinnerung behalten zu werden: Einem Mathematiker, dem Schweizer Hannes Keller, gelingt 1963, nachdem er mit seinem Freund, dem Arzt Albert Bühlmann, die Tauchtabellen neu berechnet hat, in amerikanischen Gewässern ein Tauchgang bis in 300 Meter Tiefe.

Tiefer tauchen und länger unten bleiben

Die schweren Unfälle, die alle diese Versuche begleitet haben, bringen die Forscher dazu, einen anderen Weg einzuschlagen. Die großen amerikanischen, englischen und französischen Forschungszentren werden mit Überdruckkammern ausgerüstet, die es erlauben, Scheintauchgänge in sehr großer Tiefe zu simulieren. Jeder Tauchgang wird streng kontrolliert und registriert. Diese Fortschritte sind vor allem den Militärs zu verdanken: der Gers in Toulon, dem Experimental Diving Unit in den USA und dem Royal Naval Laboratory in Großbritannien; festzuhalten ist aber, daß die Zusammenarbeit mit den Zivilen sehr eng ist, wie mit dem *Centre d'études marines avancé* von Cousteau in Marseille und der *Comex*, einer maritimen Expertisegesellschaft, die von dem Ingenieur Henri Delauze gegründet wurde, ebenfalls in Marseille.

Der Hauptbeweggrund für diese waghalsigen Versuche ist nicht nur die bloße Eroberung der Tiefe, es ist auch der Wunsch, auf dem Kontinentalsockel, also bis etwa 500 Meter Tiefe, effizient zu arbeiten. Die Ölkrise der 70er Jahre treibt diese Forschung entschieden voran. Sie möchte zwei parallele Probleme lösen: wie man tiefer tauchen und wie man länger unten bleiben kann. Die Tiefe ist in der Tat umgekehrt proportional zur Tauchzeit; dagegen sind die Dekompressionsstufen um so länger, je größer die Tiefe ist. Wenn ein Arbeiter eine Stunde lang in 100 Metern Tiefe arbeiten soll, muß er acht Stunden Dekompression erdulden. Für 300 oder 400 Meter Tiefe sind also ganze Tage oder Nächte notwendig. Deshalb versucht man, nicht nur die Tiefe, sondern auch die Zeit in den Griff zu bekommen.

Häuser unter dem Meer

Jetzt denkt man daran, die Reaktionen des Organismus nach einem langen Aufenthalt in der Tiefe zu beobachten. Da die Dekompressionszeit nach einem Tauchgang mit Gasgemisch in großer Tiefe gewaltig ist, versucht man sich in Richtung des sogenannten Sättigungstauchens zu orientieren. Eine Kompression am Anfang, eine einzige Dekompression am Ende und dazwischen ein Tauchgang, der mehrere Tage oder Wochen dauern kann. Die Taucher würden nach der Arbeit und während der für ihr Unterwasservorhaben notwendigen Zeitspanne in einem eingetauchten oder nicht eingetauchten Senkkasten bleiben, der mit Luft versorgt wird, die dem Umgebungsdruck angepaßt ist. Theoretisch ist die Dekompressionszeit nach einem Tauchgang immer dieselbe, unabhängig von der Tauchzeit, wenn der Organismus vollkommen mit Inertgas gesättigt ist. Aber man muß es ausprobieren.

In Frankreich werden im September 1962 zwei Versuche gestartet. Es sind die legendären „Häuser unter dem Meer".

Bei Villefranche-sur-Mer läßt der Amerikaner Link den Taucher Robert Stenuit vierundzwanzig Stunden lang auf offener See in 60 Meter Tiefe; *a man in the sea* atmet ein Helium-Sauerstoffgemisch.

Bei Marseille setzt Cousteau auf offener See seine zwei Aquanauten, André Falco und Claude Wesly, in nur 10 Meter Tiefe aus, aber acht Tage lang! Falco und Wesly atmen Luft und verlassen tagsüber ihr „Diogenes" getauftes Haus, um kleine Arbeiten in bis zu 25 Metern Tiefe zu erledigen. Am Ende der Woche sehen die beiden ersten Menschen, die unter Wasser gelebt haben, die Sonne des Vieux-Port wieder. Sie sind in die Geschichte eingegangen. Diesem Versuch „Précontinent I" folgen noch weitere, aber nach einigen Jahren wird dieser

Weg aufgegeben. Der Taucher ist zu sehr von seiner Behausung abhängig, er kann sich nicht davon entfernen. Es wäre besser, ihn in einem Schacht hinunterzulassen, in dem er das Atemgemisch bekommen würde und den man am Ende des Tages wieder hochziehen könnte, wobei man ihn unter dem Druck der Tiefe halten würde.

Die Häuser unter dem Meer haben bewiesen, daß auch eine sehr lange Sättigung keine besonderen Probleme aufwirft.

Die Atemcocktails und die Grenze von 500 Meter
Man muß also weiter hinuntersteigen: 180, 240 Meter und schließlich 1966 ein denkwürdiger Tauchgang: In der Nähe von New York verbringen zwei Taucher der Ocean-System-Gesellschaft zwei Tage und zwei Nächte in 195 Metern Tiefe! Sie bekommen schwere Anfälle, wie sie schon bei weniger tiefen Tauchgängen festgestellt wurden, die aber zum Glück wieder vollkommen vergehen. Es handelt sich um eine neue „Caissonkrankheit", der die Comex-Ärzte Fructus, Brauer und Naquet 1968 einen Namen geben: das Hochdrucknervensyndrom.
Bemerkenswert ist, daß diese Eroberung der Tiefe, wie die des Alls, ausschließlich zivilen oder militärischen Wissenschaftlern zu verdanken ist: Ärzten, Ingenieuren, Technikern. Die Taucher selbst kommen oft aus einer dieser drei Kategorien. Wissenschaft und Mut treffen zusammen.
Um die unheilvollen Auswirkungen des Hochdrucknervensyndroms auszumerzen, versuchen die Ärzte andere Mischungen. Man gibt den Helium-Sauerstoffcocktail auf und erprobt das Trimixgemisch: Sauerstoff-Helium-Stickstoff. Mehrere Versuchsjahre sind notwendig. Im Jahr 1975: 307 Meter durch den Gismer, 327 durch die Comex, 340 durch die US Navy: alles reelle Tauchgänge. 1981 erfolgen neue Versuche im Überdruckinstitut Gismer im Marinearsenal von Toulon: mit Trimix 450 Meter zwölf Tage, mit Heliox 610 Meter. In den 80er Jahren nehmen die Schweden die Nachkriegsversuche wieder auf, wobei sie ein Wasserstoff-Sauerstoffgemisch benutzen. Die Technik hat sich entwickelt, die Explosionsgefahr ist schon bekannt und wird besser beherrscht. Das Gemisch wird Hydrox genannt. Bei der Comex läuft die Versuchsserie Hydra (Abb. 1.16). Kein Nervensyndrom, weniger Müdigkeit. Die Versuche sind erfolgreich.

Zusammenfassend kann man sagen, daß ein Taucher für Sättigungsaufenthalte, die bis zu 70 Tage dauern können, bis 500 Meter Tiefe und ein bißchen mehr vordringen kann. Natürlich sind diese Tauchgänge wie am Ende des 19. Jahrhunderts ausschließlich für Berufstaucher reserviert und erfordern eine sehr zuverlässige Unterstützung. Die heutigen Taucher sind genauso abhängig von der Oberfläche wie die des vergangenen Jahrhunderts, aber diese sind die Pioniere dieses langsamen Eindringens unter Wasser, von dem die Menschheit seit so langer Zeit träumt.

Etwa fünfhundert Meter sind heute für die Menschen die Grenze ihrer direkten Unternehmungen auf dem Meeresgrund. Dennoch haben sie es geschafft, wesentlich tiefer vorzudringen, bis zum tiefsten Grund der Ozeane, allerdings ohne ihre Tauchmaschine zu verlassen. Gehen wir einige Jahrzehnte zurück.

Den Meeresboden sehen

Ein amerikanischer Naturforscher, William Beebe, träumt 1930 davon, die Fauna der tieferen Meeresböden aus der Nähe zu beobachten. Zusammen mit dem Ingenieur Otis Barton baut er eine Kugel von 1,38 Meter Innendurchmesser, mit 3,75 Meter dicken Wänden und drei Bullaugen aus Glas. Die zwei Freunde tauchen mehrere Jahre lang mit ihrer Bathysphäre und steigen von 240 Meter bis auf 750 Meter hinunter, eine Tiefe, die sie am 22. September 1932 erreichen. Die Beobachtungen des Wissenschaftlers, wie er sie der Wissenschaftsakademie in Washington vorträgt, können einen zum Träumen bringen: „...Ich sah eine schwimmende Formation von grünen Lichtern, fast so breit wie ein Daumen, die direkt auf das Bullauge zukam, dagegen stieß und in zahlreichen Funken explodierte, die langsam erloschen, ohne daß irgendein verbindendes Gewebe zu sehen war... Ich sah Quallen, bei denen jede Einzelheit durch viele grüne Lichter, die das Gewebe durchdrangen, hervorgehoben wurde und bei denen sich die Nahrung abzeichnete, die sie vor kurzem zu sich genommen hatten... Ich sah gewisse Fische, die ohne jegliche Lichtquelle durch und durch leuchteten; wahrscheinlich bedeckte irgendein phosphoreszierender Schleim ihre Epidermis..."[10]

1948 baut Barton eine andere Bathysphäre, den „Benthoskop"; was er mit ihm beabsichtigt, besagt schon sein Name: den Tiefseeboden sehen. Er taucht auf offenem Meer vor Santa Barbara in Kalifornien bis 1.360 Meter hinunter und stellt fest, daß das Leben unter Wasser in etwa 700 Metern Tiefe am intensivsten ist.

Von der Bathysphäre zum Bathyskaph

Aber dank der Genialität von Auguste Piccard, einem Professor für angewandte Physik (Abb. 1.17), sind Menschen noch tiefer hinuntergetaucht.

Der Schweizer Professor wird mit Unterstützung des belgischen nationalen Fonds für wissenschaftliche Forschung, der französischen Marine und der Taucher der Gers, allen voran die Kapitäne Cousteau und Tailliez, mehrere Versuche zum Erfolg führen, vor allem die der „FNRS 3" und der „Trieste". Bei den ersten Versuchen taucht Piccard mit Professor Théodore Monod, später mit seinem Sohn Jacques. Am 28. September 1953 setzen Piccard und sein Sohn ihren Bathyskaph „Trieste" auf hoher See vor Italien in 3.150 Metern Tiefe auf den Meeresgrund.

Am 15. Februar 1954 erreichen Georges Houot und Pierre Willm mit dem in Toulon gebauten Bathyskaph FNRS 3, den Professor Piccard zwischenzeitlich aufgegeben hatte, 4.050 Meter und setzen auf sehr feinem, weißem Sand auf. Die zwei Männer sind zutiefst gerührt: „Die Erde ist da, vor unseren Augen, und läßt uns die Wassersäule vergessen, die uns von der Oberfläche trennt; 50.000 Tonnen möchten unsere Kabine zerdrücken, aber es kümmert uns wenig!... Wir haben sie wiedergefunden, diese sichere, stabile, treue Erde! Sie hat uns von dem unbestimmten Angstgefühl befreit, das auf uns seit Beginn des Tauchgangs und trotz unseres Trainings lastete. Ohne daß einer von uns es laut zugegeben hätte, der Abstieg war eine sehr beeindruckende Sache; die Mauern der Dunkelheit, zwischen denen wir Meter für Meter versanken, verbargen eine feindliche Welt. Dieses Stück Boden, das wir wahrnehmen, kommt uns so vor, als ob es uns gehörte. Es ist unwichtig, daß es sich auf dem Grund des Wassers befindet!"[11]

Bis zum Meeresboden

1958 erlebt die „Trieste" ein neues Abenteuer. Von den Amerikanern gekauft und von Jacques Piccard und dem Kapitänleutnant Don Walsh gelenkt, setzt der umgestaltete Bathyskaph seine beiden entzückten Passagiere weich auf den tiefsten Grund des Marianengrabens. Der tiefste Punkt aller Ozeane. Zehntausendneunhundertsechzehn Meter! Ja, 10.916 Meter, am 22. Januar 1960. Und nicht Poseidon drückt seinen buschigen Kopf gegen das Bullauge, sondern ganz einfach ein völlig unbeeindruckter Fisch. Es gibt Leben, bis in die größten Tiefen

1.16 *Versuchstauchgang bei der Comex vor der Hydra VIII (520 Meter)*

1.17 *Professor Piccard, der, wie auf diesem Bild zu sehen ist, mit beiden Händen gleichzeitig arbeitet, zeichnet die Pläne seines Mesoskaphs. März 1954, Abschiedsvorlesung an der Freien Universität Brüssel.*

der Meere, weit weg von jeglichem Sonnenlicht, fern von jeglicher Wärme.
Der Bericht über diese beiden Erfahrungen läßt zwei Gedanken entstehen. Es gibt natürlich ein tiefverwurzeltes Verlangen nach Abenteuer und Wissen im Herzen und im Geist des Menschen, aber auch gleichzeitig eine instinktive Verbundenheit mit der Erde, das tiefsitzende Gefühl, nur ihr zu gehören.
Wo stehen wir heute, kurz vor der Jahrtausendwende? Der Mensch kann monatelang unter dem Meer bleiben, er hat sich im Schutze seiner Maschine bis auf 10.916 Meter Tiefe hinuntergewagt. Von einem Unterseeboot ausgespuckt, erkundet er schwimmend die Unterwasserwelt 600 Meter unter der Oberfläche. Wir könnten glauben, am Ende des langen Weges angekommen zu sein, der mit dem Senkkasten von Aristoteles angefangen hatte, aber wir wissen sehr wohl, wir sind erst am Anfang. Dieser Traum ist immer noch nicht ausgeträumt: einmal auf dem Meeresgrund leben, an den Quellen trinken, verschüttete Minen entdecken, die Sprache der Säugetiere und der Fische verstehen, ihnen ihre prachtvollen Farben stehlen und ... Meerjungfrau werden.

ZITATE

[1] Oppianos, *Alieutika*.
[2] Thukydides, *Der peloponnesische Krieg*, Buch IV 26.
[3] Thukydides, *Der peloponnesische Krieg*, Buch VII.
[4] Cassius Dio, *Römische Geschichte*, LXXIV.
[5] Aristoteles, *Probleme*, XXXII 5.
[6] Montgéry, *Les annales maritimes et coloniales*
[7] F.M. Accinelli, *Storia veridica della Corsica*, Manuskript aus dem XVIII. Jahrhundert, in den Archiven von Genua aufbewahrt.
[8] Frederik Drieberg, *Mémoire sur une nouvelle machine à plonger*, zitiert von Cl. Riffaud in: *La grande aventure des hommes sous la mer*. Albin Michel, 1988.
[9] Jacques Michel, *Trois inventeurs méconnus*. Editions Musée Joseph Vaylet, 1980.
[10] Zitiert von Pierre de Latil und Jean Rivoyre in *A la recherche du monde marin*. Plon, 1954.
[11] Houot und Willm, *Le bathyscaphe à 4.500 mètres au fond de l'océan*. Editions de Paris, 1954.

2. BEGRIFFE DER MEERESKUNDE

Auch wenn der Urknall schon vor 12 bis 15 Milliarden Jahren stattgefunden hat, unser Sonnensystem ist erst viel später entstanden, vor nur ca. 6 Milliarden Jahren. Zu dieser Zeit verdichtet sich nach und nach der Ur-Nebel, größer als unser jetziges Sonnensystem. Seine Temperatur steigt, vor allem im Zentrum. An den Rändern begünstigt die niedrigere Temperatur die Bildung von festem Material, das sich bei gewaltigen Zusammenstößen zusammenballt und die Planeten formt.
Währenddessen kondensiert sich der Kern des Nebels weiter, seine Temperatur steigt bis 11 Millionen Grad.
Bei dieser Temperatur löst der Wasserstoff, der in erster Linie den Kern des Nebels bildet, heftige Kernfusionsreaktionen aus. Die Sonne ist geboren. Der heftige Wind, der aus den Kernprozessen entsteht, befreit das Sonnensystem von den leichten Gasen und dem Meteorstaub (trotz dieses Reinigungsprozesses fallen heute noch 5 bis 6 Tonnen Meteormaterial pro Tag auf die Erde).
Nach und nach ballen sich geschmolzenes Eisen und Nickel im Herzen der Erde zusammen. Die leichteren Elemente finden sich am Rande wieder und bilden einen Mantel, der sich auf der Oberfläche verfestigt.

Die Umgestaltung des Mantels löst eine heftige vulkanische Aktivität aus, durch die Sauerstoff und Wasser, das aus der Kombination von Wasserstoff und Sauerstoff entsteht, an die Oberfläche der Erde geschleudert werden. Der Sonnenwind hat an Kraft verloren, und beide Elemente sind schwer genug, um vom Erdgravitationsfeld festgehalten zu werden.
Die Oberfläche der Erde wird immer kälter, das Wasser kondensiert. Regen fällt jahrelang (oder jahrhundertelang) und füllt die ozeanischen Becken.
Während dieser großen Erdumwälzungen (Vulkanausbrüche, sintflutartige Regenfälle) löst das Wasser große Mengen von Mineralsalzen aus dem Erdmantel und spült sie in die Ozeane. Die Staub- und Wasserdampfwolken werden kleiner und zerreißen, die Sonne strahlt vor etwa drei Milliarden Jahren zum ersten Mal auf den blauen Planeten.
Es ist bis heute nicht möglich, den genauen Zeitpunkt der Geburt der Ozeane festzulegen. Die Plattentektonik (Kontinentalverschiebung) bringt alle 150.000 bis 200.000 Jahre eine Erneuerung der Sedimente des Meeresgrunds mit sich. Die ersten organischen Elemente erscheinen wahrscheinlich während der stürmischen Zeitspanne, in der das Wasser sich noch in gasförmigem

Zustand befindet. Dieses organische Material verdichtet sich in den Ozeanen im Verlauf ihrer Entstehung. Ihre hohe Temperatur und ihr Salzgehalt begünstigen die Bildung von komplexeren organischen Ketten, die nach und nach zum Erscheinen von Einzelstrukturen führen werden, die fähig sind, sich zu vervielfältigen.

Der Weltozean bildet eine zusammenhängende Wasserfläche, die 97 % der Wasserreserven unseres Planeten ausmacht. Der Rest tritt in Form von Eis (2 %), Süßwasser und Dampf (1 %) auf. Der Ozean bedeckt 71 % der Erdoberfläche mit einer Tiefe von durchschnittlich 4.000 Meter.

Der Anteil an Wasserfläche ist sehr unregelmäßig: 81 % in der Südhemisphäre, 61 % in der Nordhemisphäre.

Zwischen dem 35. und dem 70. Breitengrad der Südhemisphäre nimmt der Ozean 95 % der Oberfläche ein.

Die Teilung der Weltozeane in mehrere ozeanische Becken hat zahlreiche Kontroversen hervorgerufen, die noch nicht ganz ausgeräumt sind. Einige Länder sind mit der Namensänderung nicht einverstanden, nach der der Nördliche Eisozean in Nördliches Eismeer, verbunden mit dem Atlantik geändert werden soll (Tabelle 2.1).

Die durchnittliche Tiefe der Ozeane beträgt ungefähr 4.000 Meter, so daß nur 1 % ihres Volumens für Sporttaucher erreichbar ist.

Diese Zahl muß noch stark verkleinert werden, da die Taucher sich selten außerhalb des Kontinentalsockels (Gebiet am Rand der Küste, dessen Tiefe weniger als 200 Meter beträgt) wagen, der nur 5 % der Fläche der Ozeane ausmacht. Zum Glück lebt in diesem Gebiet fast 60 % der Meeresfauna.

Tabelle 2.1 *Geographische Merkmale der Ozeane*

	Fläche in Millionen km²	Durchschnittliche Tiefe in Meter	Maximale Tiefe in Meter	Fläche des Kontinentalsockels in Millionen km²
Arktischer Ozean	15	1.000	4.600	8
Atlantischer Ozean	91,5	3.300	9.100	
Indischer Ozean	76	3.900	7.400	3
Pazifischer Ozean	178,5	4.300	11.000	8,4

Begriffe der Meereskunde

PHYSIKALISCHE EIGENSCHAFTEN DES MEERWASSERS

Der Salzgehalt

Das Wasser der Ozeane enthält eine große Menge von mineralischen Verbindungen. Auch wenn fast alle Elemente im Wasser vorhanden sind, finden sich nur einige wenige in meßbarer Menge in Form von Salzen (Natrium-, Magnesium-, Kalzium- und Kaliumchlorid, -sulfat, -karbonat: Tabelle 2.2). Der Anteil an Salzen beträgt beim Meerwasser im Durchschnitt 35 Gramm pro Kilogramm Wasser (35 ‰), wobei das Natriumchlorid 78 % des Salzgehaltes stellt. Dieser ist am Äquator und an den Polen geringer (34 ‰). *Die Ostsee* hat einen schwachen Salzgehalt (7 ‰) nahe dem des Süßwassers (von 1 bis 5 ‰).
Beim Salzgehalt kann es größere örtliche Abweichungen geben:
– fast Null bei den großen Flußmündungen,
– über 40 ‰ in den Gebieten, in denen die Wasserbewegungen begrenzt sind und die Verdunstung hoch ist (Rotes Meer, Persischer Golf).
Die Durchschnittsdichte des Meerwassers beträgt d = 1,028. Sie ist wenig von der Temperatur und dem Salzgehalt abhängig. So ändert sich die Tarierung eines ausgerüsteten Tauchers um weniger als ein Kilogramm von einem Meer zum anderen (mit Ausnahme *der Ostsee*). Wenn der Taucher dagegen von Süß- zu Meerwasser wechselt, differiert die Tarierung allerdings um 2 bis 3 Kilogramm.
Schwere Elemente wie Gold befinden sich in Salzform in den Ozeanen. Ihre Förderung, wovon schon mehr als ein Mensch geträumt hat, erweist sich als besonders schwierig und bis jetzt nicht rentabel. Um ein Kilogramm Gold zu gewinnen, muß man 250.000 m³ Meerwasser behandeln (das entspricht ungefähr 1.000 Schwimmbädern), die ein Substrat von fast 9 Tonnen ergeben.

Die Schallausbreitung

Die Schallgeschwindigkeit im Wasser (1.500 m/s im Durchschnitt) ist ungefähr 5mal größer als in der Luft. Sie ist wenig abhängig von Salzgehalt, Temperatur und Tiefe (weniger als 5 %). Diese hohe Ausbreitungsgeschwindigkeit wird auf Schiffen genutzt, um die Wassertiefe zu messen. Das Prinzip des Echolots ist einfach: Eine Sonde sendet ein Signal in Richtung Boden. Nach dem Auftreffen kommt dieses zur Sonde zurück. Die Zeit zwischen Start und Ankunft des Signals ist proportional zu der zurückgelegten Entfernung.
Das Echolot erlaubt es, das Unterwasserrelief zu erkennen und die besten Tauchgebiete auszusuchen (Abhänge, Hochplateaus, Wracks). Die Kenntnis der Änderung der Wassertiefe ermöglicht auch, den eingeschlagenen Weg zu kontrollieren. Diese Technik erweist sich besonders bei Nebel als nützlich.

Der Wärmegehalt

Der spezifische Wärmegehalt eines Körpers ist die Energie, die notwendig ist, um die Temperatur von einem Gramm Materie um ein Grad zu erhöhen. Diese Größe entspricht der Fähigkeit eines Elementes, thermische Energie zu speichern. Der Wärmegehalt des Meerwassers (C = 4,185 J/g/°C) ist 27mal größer als der der

Tabelle 2.2 *Konzentration der Hauptmineralsalze in den Ozeanen in Gramm pro Kilogramm Wasser*

Salze	Konzentration in ‰
Natriumchlorid $NaCl$	27,3
Magnesiumchlorid $MgCl_2$	3,6
Magnesiumsulfat $MgSO_4$	1,8
Kalziumsulfat $CaSO_4$	1,4
Kaliumsulfat K_2SO_4	0,9

Luft. Der Ozean ist daher ein guter Energiespeicher und stellt ein thermisches Steuerrad dar, das die Klimaschwankungen reguliert. In den von Tauchern gewöhnlich aufgesuchten Tiefen (von 0 bis 40 m) ändert sich die Wassertemperatur von einer Gegend zur anderen mehr als durch die Jahreszeiten (siehe „Die meteorologischen Bedingungen der Haupttauchgebiete").

Die Eigenschaft des Wassers, Wärme zu entziehen, stellt einen großen Nachteil für den Taucher dar. Im Kontakt mit dem Wasser verliert dieser seine Energie schneller als im Kontakt mit der Luft. Es ist deshalb notwendig, bei Wassertemperaturen unter 27 bis 28 °C eine isothermische Kleidung zu tragen, die den Wärmeaustausch verringert.

Die optischen Eigenschaften

In einem homogenen Medium breiten sich die Lichtstrahlen geradlinig aus. Beim Übergang von einem Medium in ein anderes werden sie gebrochen oder reflektiert (Abb. 2.1). Der Quotient „n" zwischen dem Sinus des Einfallswinkels „x" und des Brechungswinkels „ß" ist konstant: sin x / sin ß = n (n: Brechungszahl des Wassers im Vergleich zur Luft, n = 4/3).

Der Übergang von der Luft in das Wasser
(Abb. 2.1.a)

Unabhängig vom Einfallswinkel gibt es immer einen gebrochenen Lichtstrahl (Refraktion). Der Reflexionseffekt ist schwach. Um 12 Uhr Sonnenzeit dringen 98 % der Lichtintensität durch, in welchem Zustand sich das Meer auch befindet. Eine Stunde vor Sonnenuntergang beträgt der Durchtrittsgrad 75 % bei ruhiger See und 85 % bei gering bewegter See.

Der Übergang vom Wasser in die Luft
(Abb. 2.1.b)

Wenn der Einfallswinkel geringer als 48,5° ist, wird der Lichtstrahl gebrochen. Ist er größer, ist die Reflexion total. Dieses Phänomen zwingt zu einiger Vorsicht beim Nachttauchen. Wenn ein Taucher unter Wasser einem Schiff an der Oberfläche seine Anwesenheit signalisieren will, muß er den Strahl seiner Lampe in einem Winkel von weniger als 48,5° zur Oberfläche ausrichten, sonst wird das Licht von der Oberfläche aus nicht wahrgenommen.

Das Sehen im Wasser

Das Auge ist ein komplexes optisches System, das aus drei Elementen besteht:
– die Iris begrenzt die Lichtmenge, die in das Auge eintritt;
– die Kristallinse (konvergente Linse) formt auf dem Empfänger, der Retina, das Bild eines Gegenstandes;
– die Retina empfängt das Bild, das durch den Sehnerv zum Gehirn geführt wird.

Unter Einwirkung der Muskeln kann sich die Brechkraft verändern. Diese Angleichung erlaubt es, ein scharfes Bild zu bekommen, unabhängig von der Entfernung zwischen dem Auge und dem beobachteten Gegenstand (=Akkomodation). Die Verformung der Linse ist allerdings begrenzt. Wenn das Auge sich unter Wasser befindet, erlaubt der schwache Unterschied des Brechungskoeffizienten zwischen dem Wasser und der Linse keine korrekte Akkomodation:

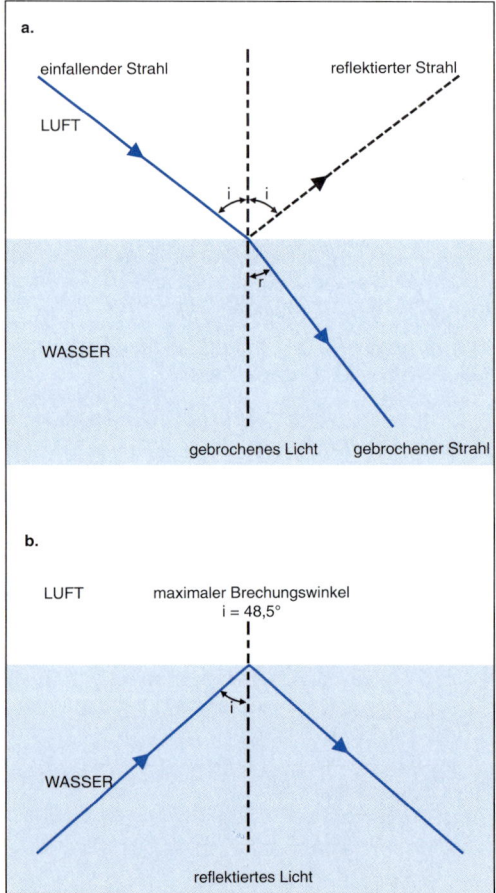

2.1 *Schema des Prinzips der Wege eines Lichtstrahls zwischen Wasser und Luft*

Das Sehen ist verschwommen. Deshalb ist es notwendig, eine Luftschicht zwischen Auge und Objekt zu schieben. Dies geschieht mit der Maske. Der sich daraus ergebende Plandiopter Luft/Wasser (der Einfluß der Scheibe ist in dem Fall nicht nennenswert) gibt durch Refraktion ein Bild von genau gleicher Größe wie der beobachtete Gegenstand, der aber näher erscheint (Abb. 2.2). Das Verhältnis zwischen Gegenstand und Bild ist durch zwei Parameter festgelegt:
– der Abbildungsmaßstab G ist ein objektiver Parameter wie G = Größe des Bildes/Größe des Objekts. Hier G = 1;
– die Vergrößerung g hängt von der Position des Beobachters ab, also g = Tangente des Winkels, unter dem das Bild beobachtet wird/Tangente des Winkels, unter dem das Objekt ohne Optik beobachtet würde, also $g = (D_r + d) / (D_s + d)$.

Die Entfernung d zwischen Auge und Maskenscheibe ist im allgemeinen klein im Vergleich zu den Entfernungen Scheibe/Objekt und Scheibe/Bild:
$(D_r + d) \approx D_r$ und $(D_s + d) \approx D_s$,
also $g \approx (D_r / D_s) = n$.

Wenn das Auge sich von der Scheibe entfernt (Aquarium, Schiff mit Glasboden), wird die Entfernung d manchmal groß im Vergleich zu D_r und D_s: $(D_s + d) \approx d$ und $(D_r + d) \approx d$, die Vergrößerung nähert sich 1.

Der Plandiopter ist kein perfektes optisches System, das heißt, er gibt von einem punktförmigen Objekt ein nicht punktförmiges Bild. Dieser Fehler wird von dem Auge nicht registriert, bei Aufnahmen mit Weitwinkelobjektiven aber festgestellt (siehe Kapitel 6 „Die Unterwasseraufnahme").

Die Farbübertragung

Die Sonnenstrahlung enthält eine sichtbare Komponente, die sich von Rot bis Violett über Gelb, Grün und Blau erstreckt. Die Strahlungsübertragung im Wasser variiert je nach Farbe, die durch ihre Wellenlänge charakterisiert ist und im allgemeinen in Nanometer ausgedrückt wird.

Diese Übertragung wird entweder durch den Übertragungskoeffizienten oder durch den Parameter D1/2 ausgedrückt, der der Entfernung entspricht, an deren Ende die Intensität einer Farbe mit einem Faktor 2 absorbiert wird (Tabelle 2.3). Diese Variation der Übertragung je nach Wellenlänge verschlechtert die Wieder-

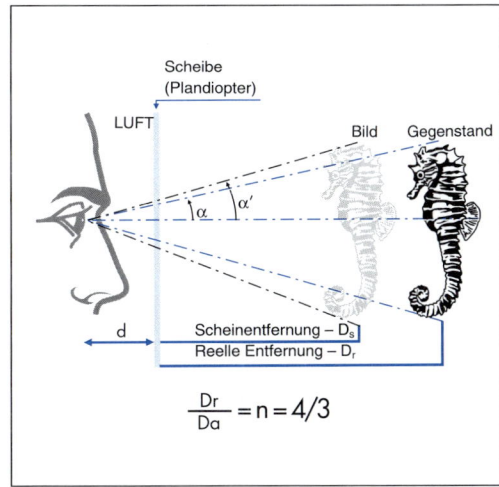

2.2 *Schema der Übertragung eines Bildes durch einen Plandiopter*

	rot	**gelb**	**grün**	**blau**	**violett**
Wellenlänge in Nanometer	650	580	540	480	430
D1/2 filtriertes Meerwasser	2,5 m	8,5 m	16 m	30 m	30 m

Tabelle 2.3 *Tiefe, bei der die Lichtintensität einer Farbe um die Hälfte (D1/2) absorbiert wird – bei filtriertem Meerwasser (Salzgehalt 35 ‰). Bei nicht filtriertem Wasser halbiert sich D1/2 ungefähr.*

gabe der Farben. In 2,5 m Tiefe im klaren Wasser des offenen Meeres sieht ein Taucher in der Nähe eines Objekts, das Rot und Blau enthält (D1/2 # 1,3 m), die Intensität der blauen Farbe fast unverändert, die der roten Farbe dagegen ist um den Faktor 4 vermindert (also 2 Blendenwerte in der Fotografie).

In Küstengewässern reflektieren die vorhandenen Schwebstoffe (Sedimente bei Flußmündungen, Plankton) die Lichtstrahlen in zufälligen Richtungen. Dieses Streuungsphänomen vermindert zudem die Lichtübertragung sowie den Kontrast, der die relative, von zwei Objekten ausgestrahlte oder reflektierte Lichtstärke charakterisiert. Die Streuung, die mit der Konzentration der Schwebstoffe zunimmt, beeinflußt in entscheidender Weise die Sichtweite im Wasser. Diese variiert von einigen Zentimetern bis zu etwa sechzig Meter. Die Schwebstoffkonzentration ist abhängig von der Niederschlagsmenge (Sedimente) und der Wassertemperatur (Plankton). Die Gewässer der offenen See sind im allgemeinen von einem schönen Blau. Durch Schwebstoffe verändert sich die Farbe des Wassers von braun-grün (Sedimente) bis gelb-grün (Plankton). In bestimmten warmen Meeren oder in Küstengebieten färbt sich das Wasser manchmal rot. Dies ist die Folge eines Überflusses an einzelligen Organismen (Dinoflagellaten), die dem Roten Meer seinen Namen gegeben haben. Andere Einzeller (Leuchtalgen, *Noctiluca*) können, durch die Wasserbewegung (Schwimmer, Wellen) aktiviert, für das Meeresleuchten im Wasser verantwortlich sein.

DIE GEZEITEN

Art des Phänomens

Gezeiten treten in allen Meeren und Ozeanen auf. Sie machen sich in Form von Strömungen und periodischen Bewegungen des Meeresniveaus bemerkbar. Taucher müssen die lokalen Auswirkungen kennen, um bei ihren Tauchgängen ein Maximum an Sicherheit zu haben.

Die Arbeiten von Newton haben gezeigt, daß die Gezeiten eine Folge der Anziehungskraft der Gestirne auf die Masse der Ozeane sind. Nach dem Gesetz der Anziehungskraft üben zwei Körper eine Anziehungskraft (F) proportional zu ihren Massen (M und M') aufeinander aus und umgekehrt proportional zum Quadrat ihrer Entfernung (D):

$$F = M \times M'/D^2$$

Durch die Anziehungskraft entsteht an dem Punkt der Erde, an dem das Gestirn im Zenit steht, ein „Wasserberg" = Flut. Auf dem entgegengesetzten Punkt geschieht durch die Fliehkraft, die hier überwiegt, das gleiche. Das Wasser wird vom Erdmittelpunkt weg, nach oben gezogen.

Die einzig nennenswerten Anziehungskräfte, die sich auf Ozeane der Erde auswirken, sind die des Mondes und der Sonne.

Obwohl die Anziehungskraft proportional zur Masse des Gestirns ist und die Masse des Mondes wesentlich kleiner ist als die der Sonne, ist die Entfernung zur Sonne so groß, daß ihre Wirkung nicht einmal die Hälfte der Wirkung des wesentlich näheren Mondes erreicht.

Die Gezeiten sind ein periodisches, komplexes Phänomen, das von drei Komponenten beherrscht wird:
– die Tagesrotation (der Tagesumlauf) der Erde,
– die Variation der relativen Positionen des Mondes und der Sonne,
– die Größe und die Formen der ozeanischen Becken.

Während einer Schwingung erreicht die Wasserhöhe eines bestimmten Punktes ein Maximum (Hochwasser) und ein Minimum (Niedrigwasser).

Begriffe der Meereskunde

Tidenhub und Gezeitenfolge

Wenn Sonne und Mond in Opposition oder Konjunktion stehen (Abb. 2.3), addieren sich ihre Anziehungskräfte, der Tidenhub der Gezeiten ist dann am größten (Springflut oder Springtide). Wenn der Mond dagegen im rechten Winkel zur Sonne steht, heben sich ihre Anziehungskräfte gegenseitig auf (Abb. 2.4), der Tidenhub der Gezeiten ist minimal (Nipptide).

Die Vorherrschaft der Mondanziehung ist in erster Linie dafür verantwortlich, daß die Gezeiten in den meisten Gebieten, verglichen mit dem Vortag, mit einer 50minütigen Verspätung eintreffen, da die Zeitspanne zwischen zwei Monddurchgängen auf dem Meridian eines Ortes 24 Stunden und 50 Minuten beträgt.

Das Mondflutintervall und der Ablauf der Gezeiten

Die Gravitation allein reicht nicht aus, um die Ausschlagstärke und den Rhythmus der Gezeiten zu erklären. Sie hängen auch von der Größe der ozeanischen Becken, ihrem Relief und dem Verlauf ihrer Küsten ab. Die Zeitspanne zwischen der Kulmination des Mondes und dem Einsetzen des Hochwassers nennt man mittleres Mondflutintervall. Die Gezeiten verschieben sich von einem Tag zum anderen abhängig vom Standort des Mondes, der Sonne und den geographischen Bedingungen. Diese Schwankungen sind regelmäßig und im voraus bekannt. Die Variationen des Mondflutintervalls können für zwei nahe Punkte sehr stark und für entfernte Punkte schwach sein: 8 Stunden zwischen den zwei westlichen Endpunkten des Ärmelkanals (Le Conquet, Scilly Insel), aber nur zwei Stunden zwischen der Bretagne und der marokkanischen Küste, obwohl sie fast auf derselben Länge liegen.

Eine andere Art der Verspätung, das Alter der Gezeiten, hat seinen Grund in der Viskosität des Wassers. Diese Verspätung variiert von einem Punkt zum anderen: 1 bis 2 Tage an den Küsten Europas, 1 Tag an den atlantischen Küsten der USA. An den amerikanischen Küsten des Pazifiks ist sie nahezu nicht spürbar.

Der Tidenhub

Der mittlere Höhenunterschied zwischen einem Hochwasser und den beiden benachbarten Niedrigwassern einer Tide heißt Tidenhub. Der schwächste (weniger als 1 Meter) wird in den fast geschlossenen Meeren, wie der Ostsee, dem Mittelmeer, dem Roten Meer und auf den kleinen Inseln inmitten der Ozeane wie in Polynesien gemessen. Ausnahmen sind allerdings die Sackgassen, wie das Ende der Adria oder der Golf von Suez (1,80 m), mit einer breiten Öffnung zum Rest des Meeres. Die durchnittlichen Tidenhübe (1 bis 2 Meter) werden hauptsächlich auf den geraden Küsten beobachtet. Starke Tidenhübe (mehr als 2 Meter) treten oft an den

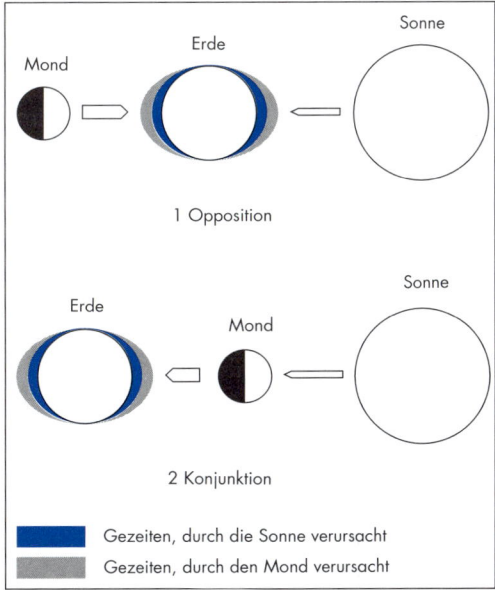

2.3 *Stellung der Gestirne bei Springflut*

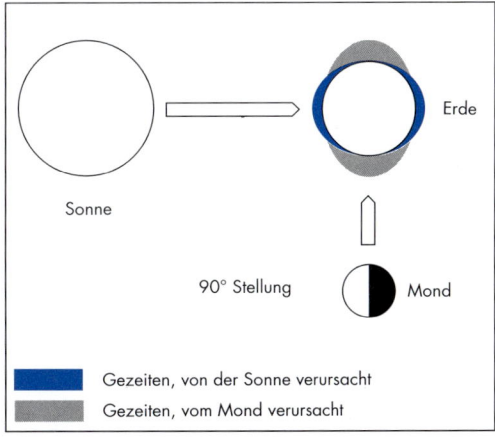

2.4 *Stellung der Gestirne bei Nipptide*

von einem breiten vorgelagerten Kontinentalsockel gesäumten Küsten auf, in Meeresengen oder in sackgassenartigen Golfen. Die stärksten Tidenhübe (Abb. 2.5) sind in der Fundybucht in Kanada (ungefähr 19 Meter), in der Severnmündung in Großbritannien und in der Bucht von Mont-Saint-Michel in Frankreich (ungefähr 15 Meter) zu beobachten.

Der Tidenhub ist von der Konjunktion des Mondes und der Sonne und den lokalen geographischen Gegebenheiten abhängig. Seine Stärke kann den unerfahrenen Seefahrer überraschen und ihm einige Unannehmlichkeiten bereiten.

Informationen über den Tidenhub und den Verlauf der Gezeiten erlauben dem Taucher, die Wasserhöhe, die er antreffen wird, vor dem Tauchgang zu berechnen. Eine einfache Rechnung ergibt die Variation der Wasserhöhe bei halbtägigen Gezeiten (siehe weiter „Die Gezeiten in der Welt") mit einer Genauigkeit, die für den Taucher genügt:

1. Stunde der Gezeiten	1/12 des Tidenhubs
2. „ „ „	2/12 „ „
3. „ „ „	3/12 „ „
4. „ „ „	3/12 „ „
5. „ „ „	2/12 „ „
6. „ „ „	1/12 „ „

Die Gezeitenströmungen

An weich abfallenden Küsten verursachen die aufsteigende Phase (Flut) und die absteigende Phase (Ebbe) der Gezeiten die Bildung von Gezeitenströmen. Ihre Geschwindigkeit kann 12 Knoten erreichen, also fünfmal so schnell sein wie ein guter Schwimmer. Sie betreffen die gesamte Masse des Wassers, von der Oberfläche bis zum Grund. Deshalb stellen sie für Taucher ein Risiko dar, das sie bei der Organisation ihres Tauchganges in Betracht ziehen müssen.

Im allgemeinen sind die Gezeitenströme bei Springtide stärker als bei Nipptide. Sie ergeben sich aus mehreren Ursachen:
– die Verengung der Einfahrt einer Bucht, entweder durch einen Engpaß oder durch ein Ansteigen des Meeresgrundes oder beides zusammen; die Strömung erreicht auf diese Weise mehr als 10 Knoten bei Springflut, z. B. im Fromveur in Frankreich, der Fahrrinne zwischen Ouessant und Molène;
– der große Unterschied im Verlauf der Gezeiten zwischen zwei nahen Gebieten; dies geschieht in der Meerenge von Messina, wo die Unterschiede zwischen den Gezeiten des Tyrrhenischen und des Ionischen Meeres 6 Stunden bei 3 Kilometer Entfernung betragen.

2.5 *Tidenhübe in der Welt*

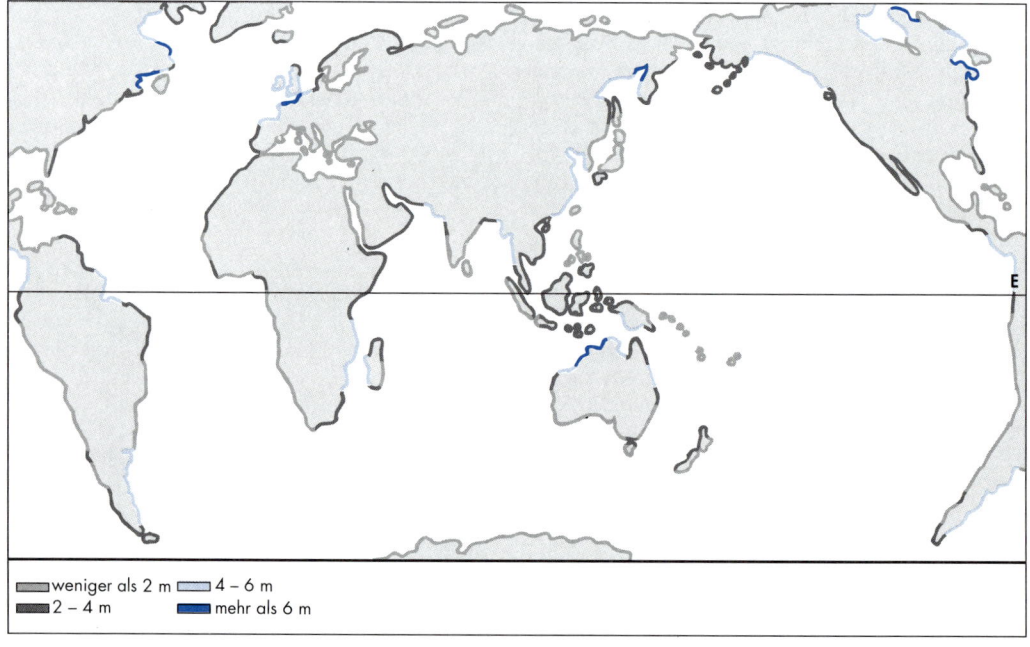

Begriffe der Meereskunde

Die Gezeitenströmungen haben eine Umlaufzeit, die mit den lokalen Gezeiten zusammenhängt. Sie sind im allgemeinen umkehrbar (entgegengesetzte Richtung je nach Flut oder Ebbe).
Die Stärke der Gezeitenströmungen ändert sich je nach dem Zeitpunkt der Gezeiten. Sie erreicht ihr Maximum bei Hoch- oder Niedrigwasser und verringert sich nach und nach vor der Umkehr der Strömung bis zum völligen Stillstand. Der Stillstand ist bei Niedrigwasser länger als bei Hochwasser und stellt den günstigsten Zeitpunkt zum Tauchen dar.
In den von Tauchern oft aufgesuchten Kleininselgebieten gibt es nicht immer diesen Hin- und-Her-Effekt. Im Gegenteil, oft können sich während der Springflut drehende Strömungen ohne Stillstand bilden.
Die Gezeitenströmungen werden an der Oberfläche von meteorologischen Bedingungen beeinflußt; wenn der Wind in derselben Richtung wie die Gezeitenströmung bläst, verstärkt er sie; in der Gegenrichtung schwächt er sie und wühlt in diesem Fall das Meer auf, auch bei schönem Wetter.
Die Gezeitenströmungen wurden oft für die große Schiffahrt studiert. Diese Studien berücksichtigen aber nicht die Mikrovariationen, die in Ufernähe in den Gebieten stattfinden, in denen Taucher sich bewegen. Deshalb müssen diese immer vor Ort Informationen (beim Hafenmeister, bei Fischern...) über das Vorhandensein und die Stärke dieser Gezeitenströmungen einholen.

Die Gezeiten in der Welt

Die Größe der ozeanischen Becken und die Gesetze der Ausbreitung von Schwingungen bestimmen die drei Gezeitentypen (Abb. 2.6).

Die Halbtagesgezeiten: Es gibt zweimal Flut und zweimal Ebbe am Tag. Die Ausschlagstärke der beiden Gezeiten ist sehr ähnlich. Es ist der meist verbreitete Gezeitentyp an fast allen Küsten des Atlantischen und Indischen Ozeans. Die Mehrheit der sehr starken Gezeiten ist diesem Typ zuzuordnen (Abb. 2.7.a).
Die Ausschlagstärke wird vom Gezeitenkoeffizienten bestimmt, der in übereinstimmender Regelung von 20 bis 120 variiert:
  20: schwächste Nipptide
  45: durchschnittliche Nipptide
  70: durchschnittliche Gezeiten
  95: durchschnittliche Springflut

2.6 *Gezeitentypen in der Welt*

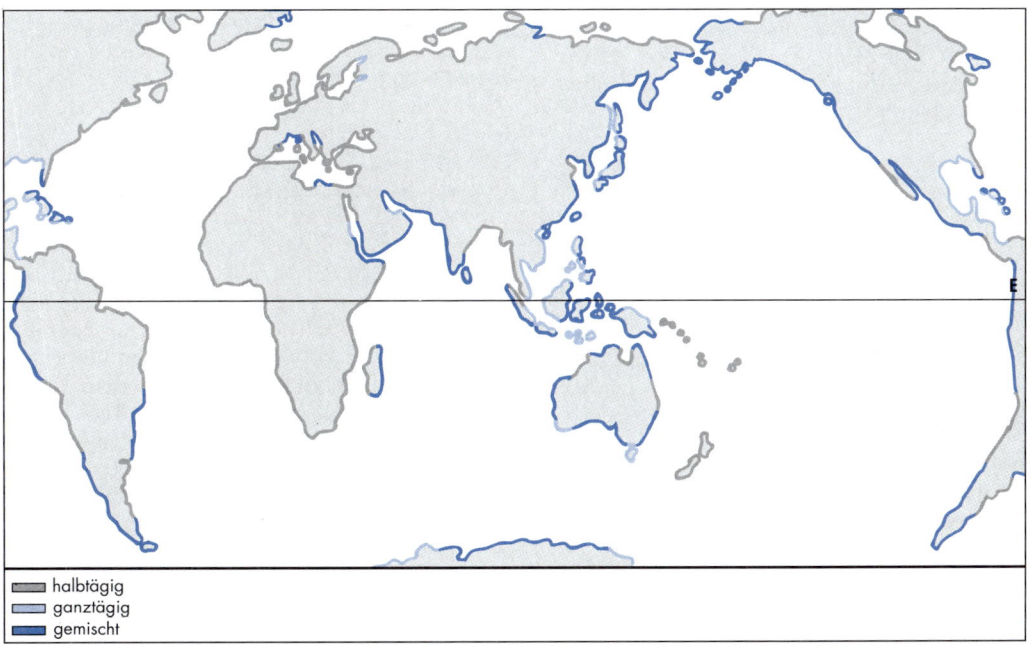

100: Tag-und-Nacht-gleiche Springflut
120: außergewöhnliche Tag-und-Nacht-gleiche Springflut
Je nach vorliegendem Gezeitenkoeffizienten ändert sich der Tidenhub in einem Gebiet.

Die Ganztagesgezeiten: Es gibt eine Flut und eine Ebbe pro Tag. Dieser Gezeitentypus ist wenig verbreitet und verursacht im allgemeinen keine großen Tidenhübe. Er ist häufig anzutreffen an den Küsten von Vietnam (Chinesisches Meer) und im Karibischen Meer (Abb. 2.7.b).

Die gemischten Gezeiten: Dieser Typus ist besonders kompliziert (Abb. 2.7.c). Es kann zweimal Flut und zweimal Ebbe am Tag geben, wobei manchmal die zwei Fluten fast gleich stark und die zwei Ebben sehr unterschiedlich sind, wenn es nicht gerade umgekehrt ist... Diesen Gezeitentypus trifft man vor allem an den amerikanischen und asiatischen Küsten des Pazifischen Ozeans und im Indischen Ozean an. In diesen Gebieten sind die Ausschlagstärke und die Folgen der Gezeiten viel schwieriger vorauszusagen. Die Taucher müssen sich vor Ort erkundigen.

Die lokalen Auswirkungen

Die Gezeiten in den Flußmündungen breiten sich in denselben periodischen Abläufen aus wie die Gezeiten, aus denen sie hervorgegangen sind. Die Ausbreitungsgeschwindigkeit verlangsamt sich mit der Wassertiefe und dem Vorhandensein von Hindernissen. Der Einfluß der Gezeiten erschöpft sich an dem Punkt, der die Grenze des maritimen Teils des Flusses bildet. In bestimmte große Flußmündungen, wie die des Amazonas, können mehrere Gezeiten eindringen, eine nach der anderen.

Die Sprungwelle ist ein Phänomen großer Flußmündungen. Es handelt sich um eine plötzliche Anhebung des Wasserspiegels während der Flut, die mehrere Meter Höhe erreichen kann (6 Meter für den Amazonas) und die sich sehr schnell stromaufwärts fortbewegt in Form einer gefährlichen Brandungswelle.

Jedes ozeanische Becken besitzt seine eigene Serie von Gezeitenabfolgen, die durch seine Größe und seine Form bestimmt wird. Wenn eine dieser Perioden sich einer der Anziehungskraftkomponenten des Mondes oder der Sonne nähert, entsteht eine Resonanz, die die Höhe der Gezeiten vergrößert. Die Auswirkungen dieser Resonanz sind den Bewegungen einer Schaukel ähnlich: Mehrere kleinere Impulse, gezielt in einem bestimmten Moment der Pendelbewegung gegeben, schaffen es, der Schaukel eine sehr große Ausschlagstärke zu verleihen, wenn sie mit der Pendelbewegung phasengleich sind. Mit dieser Resonanz kann man die beachtliche Verstärkung der Gezeiten in bestimmten Gegenden (z. B. im hinteren Teil der Adria) erklären.

Es gibt auch Schwankungen des Gezeitenniveaus, die atmosphärische Gründe haben:
– Der Wind, der in Richtung Küste bläst, läßt den Wasserspiegel steigen; im Gegensatz dazu bewirkt der Wind vom Land ein Absinken.
– Die Luftdruckschwankungen haben ebenfalls einen nicht unwesentlichen Einfluß: Der Meeresspiegel sinkt bei steigendem Luftdruck und er steigt, wenn der Luftdruck sinkt. Diese Luftdruckgezeiten kann man in Meeren beobachten, in denen die Schwerkraftgezeiten schwach sind. Im Mittelmeer können die Luftdruckgezeiten von derselben Größenordnung sein wie die Schwerkraftgezeiten (0,50 m).

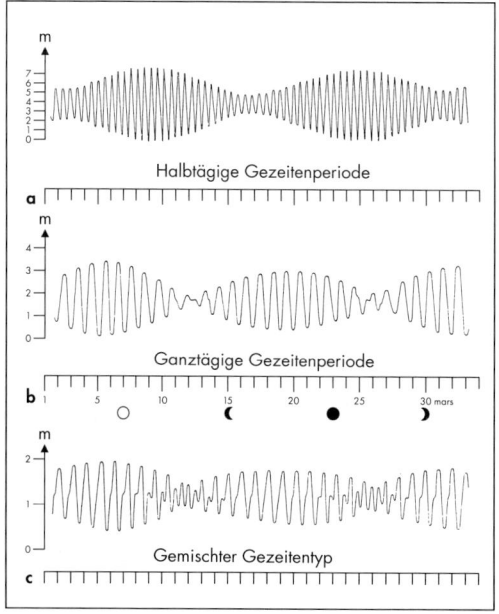

2.7 *Variation des Tidenhubs je nach Typus*

DIE MEERESSTRÖMUNGEN

Die Meeresströmungen sind mit großen Flüssen vergleichbar, die vor allem an der Oberfläche der Ozeane in ziemlich festen Bahnen ständig fließen. Sie unterscheiden sich vom umgebenden Gewässer durch ihre deutlich wärmere oder kältere Temperatur.

Die Ursachen

Abgesehen von den Auswirkungen der Gezeiten haben die Meeresströmungen ihre Ursache im Wind und in der unterschiedlichen Dichte des Wassers.

Die Oberflächenströmungen sind hauptsächlich durch den Wind verursacht. Er übt auf der Oberfläche des Meeres eine Reibungskraft oder „Windspannung" aus, die das Wasser an die Oberfläche zu ziehen sucht. Die darunterliegende Schicht wird nach und nach durch die Wasserreibung mitgerissen, jedoch mit geringerer Geschwindigkeit. Die Bewegung des Meeres wird, von jeher von der Corioliskraft beeinflußt, die in der Erdrotation begründet liegt. Die Strömungen fließen in der nördlichen Hemisphäre nach rechts, in der südlichen nach links.

Wenn Wassermassen mit unterschiedlicher Dichte in Berührung kommen, neigt die dichtere dazu, unter die weniger dichte zu fließen. Diese sowohl auf- wie absteigenden Bewegungen sind selbstverständlich der Corioliskraft unterworfen. Wenn sie auch meistens ziemlich schwach sind, darf der Taucher nicht vergessen, sich vor Ort über das Vorhandensein solcher Strömungen zu erkundigen.

Ihre Verteilung (Abb. 2.8)

Die Strömungen in den Polarzonen

Die Gewässer des Südlichen Eismeers sind sehr kalt und können ab dem 55. Breitengrad an der Oberfläche gefrieren. In den eisfreien Gewässern fließt ein großer Strom von Westen nach Osten, in seiner Richtung wird er kaum beeinflußt von der südlichen Spitze Südamerikas. Diese langsame Bewegung ist den starken Westwinden zuzuschreiben, die ununterbrochen in diesen Breiten wehen. In der nördlichen

2.8 Die Meeresströmungen

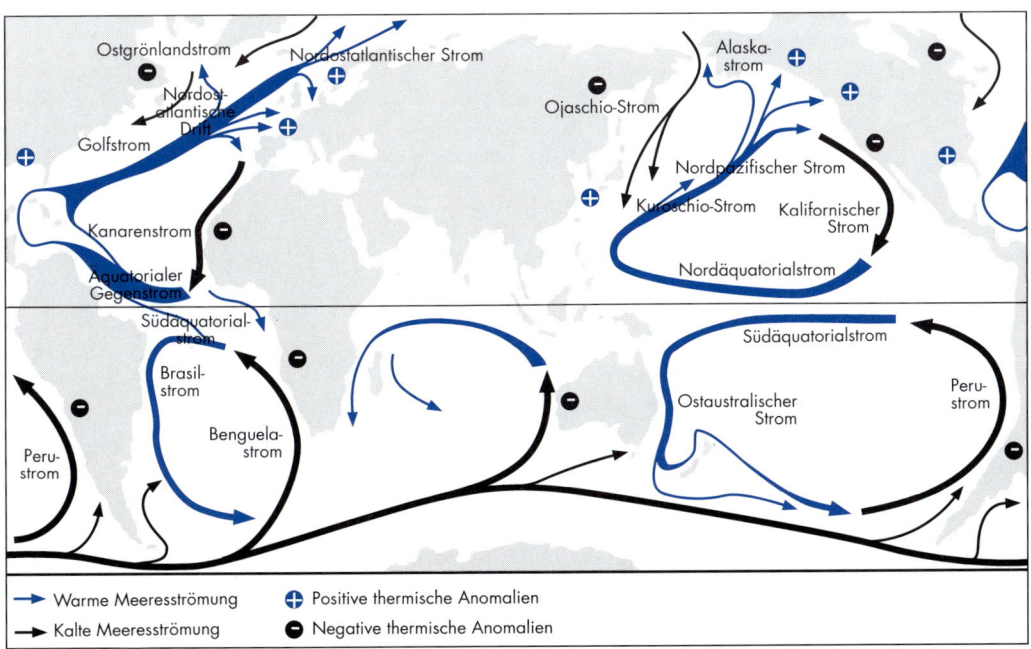

Hemisphäre ist die Lage wegen der Verteilung der Ozeane und Landmassen viel komplexer. Die Ostküsten werden von kalten Strömungen aus dem Nördlichen Eismeer gestreift: dem Labradorstrom im Nordatlantik und dem Oya Shivo im Nordpazifik. Die Westküsten dagegen umspülen wärmere Gewässer, die aus gemäßigten Zonen kommen: der Norwegenstrom im Nordatlantik und der Alaskastrom im Nordpazifik.

Die Strömungen in den gemäßigten Zonen

In der nördlichen Hemisphäre fließen zwei große, warme Ströme von Südwesten nach Nordosten:
- im Nordatlantischen Ozean der Golfstrom und seine Verlängerung, der Nordatlantische Strom, von den Küsten des Golfs von Mexiko und Florida bis zu den Küsten Norwegens;
- im Nordpazifischen Ozean der Kouro Shivo von den Philippinen bis nach Alaska.

Diese Strömungen sind stark und schnell. Der Golfstrom zum Beispiel kann bis 220 Kilometer pro Tag auf hoher See – z. B. bei der amerikanischen Küste – zurücklegen, also 2,5 m pro Sekunde (ein Taucher bewegt sich mit weniger als 1 Meter pro Sekunde...). Seine Temperatur beträgt 27,5 °C vor den Küsten Floridas, während die Durchschnittstemperatur des Wassers in dieser Breitenregion ansonsten 24 °C beträgt.

Diese zwei großen Strömungen werden zum großen Teil von starken Winden hervorgerufen, die in mittleren Breiten blasen.

In der südlichen Hemisphäre überschreiten die warmen Strömungen (der Brasilstrom im Südatlantischen Ozean und der Ost-Australische Strom im Südpazifischen Ozean) nicht den 45. Breitenkreis: Sie werden von den Kaltwassermassen aus den antarktischen Zonen aufgehalten.

In den gemäßigten Zonen haben sie wichtige klimatische Auswirkungen: Die Westküsten der Kontinente haben milderes Klima (Bretagne, Irland, norwegische Küste...) als die Ostküsten.

Die Strömungen zwischen den Wendekreisen

Zwischen den Wendekreisen spielen die Passatwinde eine große Rolle, regelmäßige Winde von Nordosten in der nördlichen Hemisphäre und von Südwesten in der südlichen. Die von ihnen beeinflußten Zonen sind durch die ruhige Äquatorialzone getrennt.

2.9 *Die Winde im Januar*

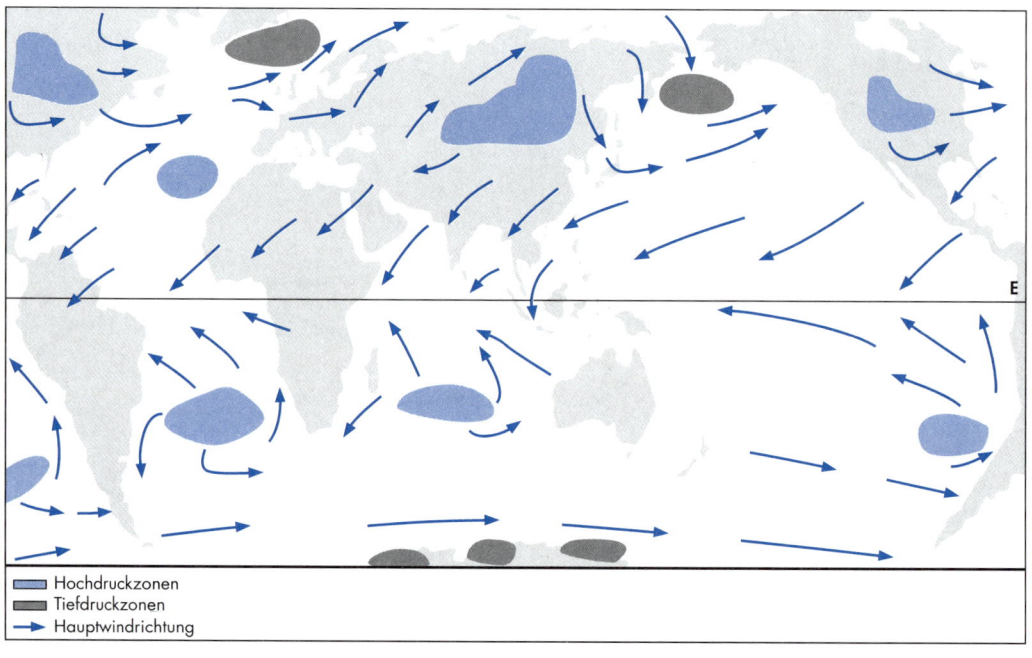

Der Kreislauf der Meeresströmungen ist dem atmosphärischen Kreislauf sehr ähnlich und besteht in jeder Nord- und Südhälfte der zwei großen Ozeane aus einem ausgedehnten Kreis, der sich im Uhrzeigersinn im Norden des Äquators und in der entgegengesetzten Richtung im Süden dreht (Abb. 2.9: Winde im Januar und Abb. 2.10: Winde im Juli).

Den Passatwinden im Nordosten der nördlichen Hemisphäre entspricht der Nordäquatorialstrom, den Passatwinden im Südosten der südlichen Hemisphäre der Südäquatorialstrom. Diese zwei Ströme, die sich während ihrer Passage in der Nähe des Äquators erwärmen, tragen zur Entstehung des Kouro Shivo und des Golfstromes in der nördlichen Hemisphäre sowie des Brasilstromes und des Ostaustralischen Stromes in der südlichen Hemisphäre bei. Die Nord- und Südäquatorialströme verursachen einen regelrechten Wassermangel entlang der östlichen Küsten der Ozeane. Dieser wird durch eine Wasserzufuhr aus den gemäßigten Zonen behoben und vor allem dadurch, daß kaltes Wasser aus der Tiefe wieder aufsteigt, die sogenannte Auftriebsströmung (Abb. 2.11).

Deshalb sind die Westküsten der Kontinente in den tropischen Breitenkreisen von kalten Strömen gesäumt (Kanarenstrom im Nordatlantik und Kalifornienstrom im Nordpazifik, Benguelastrom im Südatlantik und Humboldt- oder Perustrom im Südpazifik). Diese kalten, sehr planktonreichen Ströme fördern die Vermehrung der Fauna (Fische, Vögel). Im Norden des Indischen Ozeans ist der Kreislauf der Meeresströme wegen der saisonbedingten Umkehrung der Monsunwinde wesentlich komplexer.

2.11 *Die Auftriebsströmung*

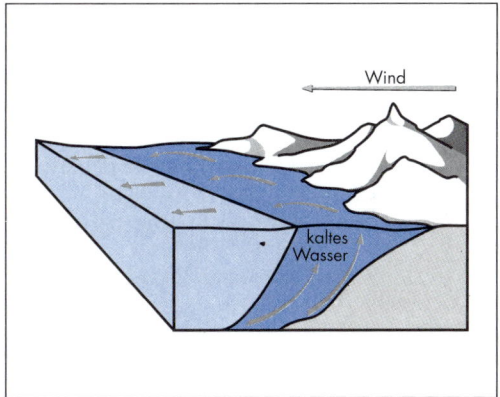

2.10 *Die Winde im Juli*

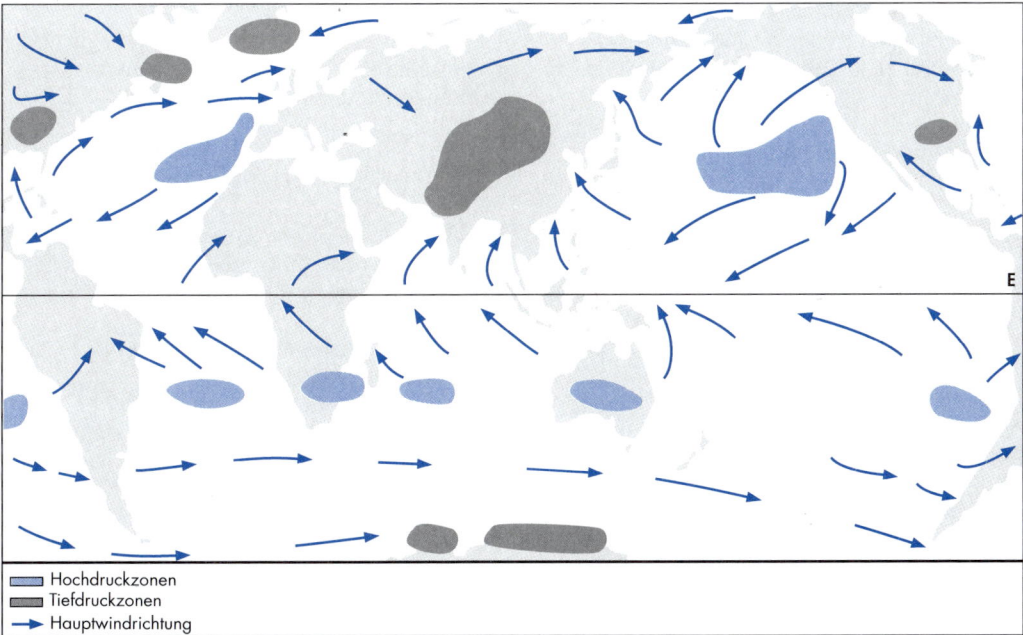

KLIMATOLOGIE DER OZEANE

Die Temperatur

Die Temperatur der Ozeane stellt für die Klimaentwicklung einen entscheidenden Faktor dar. Der Wärmeaustausch, der ihre Temperatur bestimmt, verläuft auf zweierlei Art:
- Der Ozean erwärmt sich vor allem, indem er an seiner Oberfläche die Sonnenbestrahlung und in der Tiefe die thermische Strahlung aus dem Erdinneren absorbiert. Es gibt daneben weniger wichtige Erwärmungsursachen: die kinetische Energie, die bei gewaltigen Gezeitenströmen entsteht, und die Kondensation des Wasserdampfes an der Oberfläche (Temperaturschwankungen von einigen Zehntel Grad).
- Der Ozean kühlt ab durch Strahlung in die Atmosphäre und Verdampfung, vor allem, wenn das Wasser wärmer als die Luft und diese nicht wasserdampfgesättigt ist. Der Wind fördert diese Verdampfung, durch die Wärme absorbiert wird. Die Luft erwärmt sich im Kontakt mit dem Wasser, wird leichter und vor allem unbeständiger als die Schicht, die über ihr liegt. Turbulenzen entwickeln sich, und das Risiko von Niederschlägen, die von der Kondensation (Abkühlung durch den Kontakt mit kälteren Schichten) verursacht werden, nimmt zu.

Die durchschnittlichen Temperaturen der Ozeane sind vom Breitenkreis abhängig, jedoch sinkt die Temperatur nicht gleichmäßig vom Äquator bis zu den Polarzonen. Am Äquator beträgt die durchschnittliche Wassertemperatur 27 bis 28 °C; die Temperatur sinkt langsam aber regelmäßig bis zu den Wendekreisen, wo sie zwischen 22 und 25 °C beträgt. Nach dem 45. Breitenkreis kühlen die Temperaturen schneller ab, bis sie im nördlichen Eismeer und in der Antarktis etwa –1,7 °C erreichen.

Die Oberflächentemperatur der Ozeane ist in der nördlichen Hemisphäre im Durchschnitt höher als in der südlichen, wo die Ozeane auf weiter Fläche mit dem sehr kalten Wasser des südlichen Eismeers in Berührung kommen.

Der Pazifik ist wärmer als die anderen Ozeane. Dieses Phänomen kommt daher, daß der Anteil an tropischem und äquatorialem Wasser größer ist als bei den anderen Ozeanen. Der Atlantik hat in diesen Zonen eine reduzierte Fläche aufgrund der herausragenden Gebiete von Afrika und Südamerika. Die höchsten Oberflächentemperaturen werden in den fast geschlossenen Meeren und in der Nähe der Küsten registriert: 32 °C im Golf von Mexiko und 34 °C im Roten Meer.

Die Wassertemperatur der Ozeane erfährt Tages-, Jahres- und Zufallsschwankungen, die immer wesentlich schwächer als die Schwankungen der Lufttemperatur sind.

Die Temperaturschwankung des Oberflächenwassers zwischen Tag und Nacht beträgt im Durchschnitt nur 1 °C in der Mitte der Ozeane. Sie ist ein bißchen größer in der Nähe der Küsten, vor allem bei geringer Wassertiefe. Die Tagesschwankungen sind größer bei klarem Himmel und ruhigem Wetter als bei bedecktem Himmel.

Von einer Jahreszeit zur anderen beträgt die Jahresschwankung der Temperatur der Ozeane weniger als 5 °C in tropischen Gegenden und den Polarzonen und weniger als 10 °C in den gemäßigten Zonen.

In der nördlichen Hemisphäre wird die höchste Oberflächentemperatur des Meeres im August erreicht und die niedrigste im Februar (in der südlichen Hemisphäre ist es das Gegenteil). Diese Extremwerte haben einen Monat Verspätung gegenüber der Lufttemperatur, weil die Ozeane sich langsamer erwärmen und abkühlen als das Land.

Den zufälligen Temperaturschwankungen folgen oft Stürme, die das oberflächige Wasser mit dem kälteren tiefen Wasser mischen.

Die tropischen Stürme

Taucher, die tropische Gewässer bevorzugen, müssen sich unbedingt über diese tropischen Stürme erkundigen, die nach ihrer Stärke eingeteilt sind.
- Tropische Wirbelstürme: Windstärke 12 auf der Beaufortskala (120 km/h und mehr).
- Tropische Stürme: Windstärke 8 bis 12.
- Tropische Depressionen: Windstärke unter 8.

Die tropischen Stürme, oft von sintflutartigem Regen begleitet, richten meist in den Küstenzonen verheerende Zerstörungen an. Auf dem Meer bedeuten der Wind und die Wellen, die daraus entstehen, eine Gefahr für die Schiffahrt und die Taucher. Zum Glück sendet der Wetterdienst in den Zonen, die von derartigen Stür-

Begriffe der Meereskunde

men heimgesucht werden, spezielle Durchsagen im Rundfunk, um die Bevölkerung zu warnen. Die tropischen Wirbelstürme entstehen hauptsächlich zwischen dem 5. und dem 30. Breitenkreis und zu zwei Dritteln in der nördlichen Hemisphäre. Die Entstehung eines tropischen Sturmes oder Wirbelsturmes setzt eine Wassertemperatur von mindestens 26,5 °C voraus (die großen tropischen Wirbelstürme entstehen bei 29 °C und mehr). Je wärmer die Luft ist, um so mehr Wasserdampf kann sie enthalten und um so größer ist die bei der Kondensation freigesetzte Energie.

Daher treten die Wirbelstürme bevorzugt an den westlichen Rändern der Ozeane am Ende des Sommers und am Herbstanfang auf, wenn die Oberflächentemperatur des Wassers ihren höchsten Punkt erreicht, und sind dann besonders gewaltig. In der Nähe des Äquators sind tropische Wirbelstürme seltener: Die Corioliskraft, die notwendig ist, um den Anfangswirbel zu erzeugen, fehlt in dieser Zone. Die Wirbelstürme tendieren dazu, sich entlang gebogener Strecken zu bewegen; die besonders gefährdeten Regionen sind allgemein bekannt (Abb. 2.12). Jeder Wirbelsturm legt gewaltige Entfernungen in mehreren Tagen zurück, er kann seine Richtung ändern, seine Stärke kann in Folge von lokalen klimatischen Bedingungen zunehmen. Wenn die Wirbelstürme mittlere Breitenkreise erreichen, überleben sie nur kurz, weil die Meerestemperatur dort zu niedrig ist. Über dem Festland lösen sie sich sehr schnell aufgrund von Feuchtigkeitsmangel auf.

Wirbelstürme werden je nach Region mit unterschiedlichen Namen versehen:
– Orkan (hurricanes) im Golf von Mexiko, im Nordatlantik und im Nord-Ostpazifik;
– Taifun im westlichen Pazifik;
– Baguios auf den Philippinen;
– Willy-willies in Australien.

Seit dem Zweiten Weltkrieg, nach den amerikanischen Kampfhandlungen im Pazifischen Ozean, ist es Brauch, den Wirbelstürmen Vornamen zu geben. Am Anfang waren es weibliche Vornamen, seit den 70er Jahren wechseln männliche mit weiblichen Vornamen ab. Diese Vornamen werden für jede Jahreszeit in alphabetischer Ordnung beginnend mit dem Buchstaben A im voraus zugeteilt.

2.12 *Strecken der tropischen Stürme*

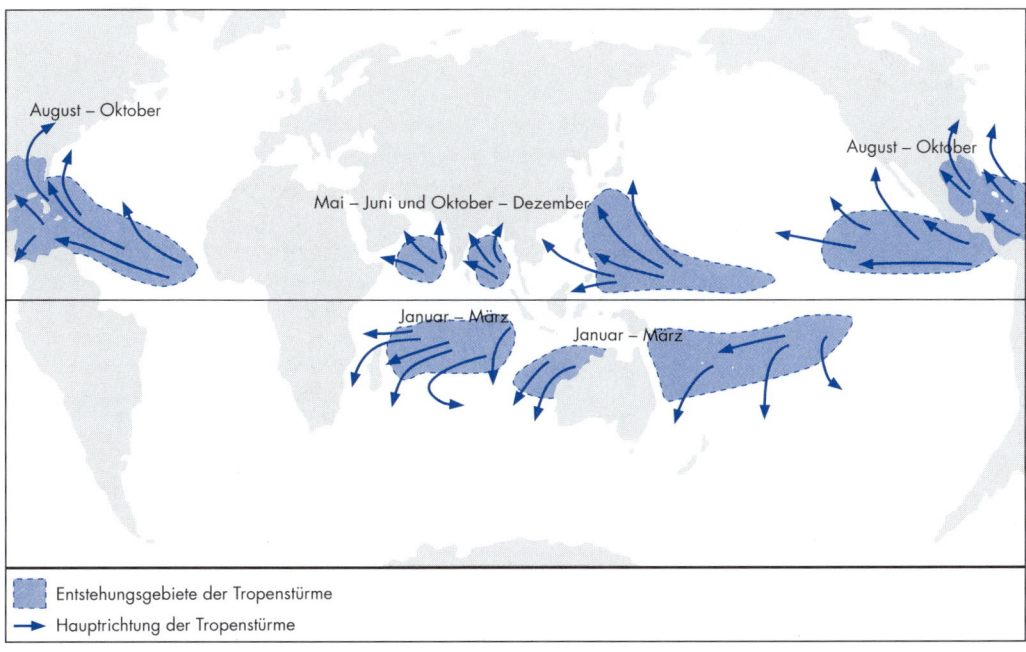

DIE WETTERBEDINGUNGEN IN DEN WICHTIGSTEN TAUCHGEBIETEN

Bei der Vorbereitung einer Reise müssen die Taucher die durchschnittlichen Wetterbedingungen der Zone, in die sie fahren, in Betracht ziehen (Luft- und Wassertemperatur, Niederschläge, Sonneneinstrahlung, Sturmgefahr....).

Diese Parameter gibt es für die wichtigsten Weltgegenden, eingeteilt nach ihrer Lage in den Ozeanen:

– westlicher Atlantischer Ozean (S. 49 bis 51),
– östlicher Atlantischer Ozean (S. 52 bis 53),
– Mittelmeerbecken (S. 54 bis 56),
– Indischer Ozean und Rotes Meer (S. 57 bis 59),
– Pazifischer Ozean (S. 60 bis 62).

Die durchschnittlichen Wetterbedingungen werden nach Wetterbeobachtungen erstellt, die in einer Region mehrere Jahre lang durchgeführt wurden. Der statistische Charakter dieser Informationen erlaubt es, die Wahl einer für das Tauchen günstigen Periode zu erleichtern, gibt aber keine Garantie für die Wetterbedingungen, die man tatsächlich antreffen wird.

Begriffe der Meereskunde

WESTLICHER ATLANTISCHER OZEAN

KARIBISCHE INSELN	J	F	M	A	M	J	J	A	S	O	N	D
Maximale Temperatur	28	28	29	29	30	30	30	31	31	30	30	29
Minimale Temperatur	19	19	19	21	22	23	23	23	23	22	21	20
Niederschläge in mm	90	60	70	115	160	145	205	190	245	245	210	145
Regentage >1 mm	15	11	10	11	14	14	18	17	18	18	17	17
Sonnenstunden/Tag	7	8	8	8	8	8	7	8	7	7	7	7

Martinique, Guadeloupe, ...
- Günstigste Zeit: Dezember bis April.
- Regen möglich von Juni bis November.
- Ost- oder Atlantikküsten (Luv) niederschlagsreicher als die Westküste oder die Karibischen Inseln (Lee).
- Orkangefahr von August bis Oktober.
- Wassertemperatur: 23 bis 28 °C.

ARGENTINIEN	J	F	M	A	M	J	J	A	S	O	N	D
Maximale Temperatur	27	27	24	21	16	12	12	14	17	19	23	26
Minimale Temperatur	13	13	11	8	4	2	1	2	4	7	8	12
Niederschläge in mm	6	14	17	11	19	11	15	13	15	17	13	14
Regentage >1 mm	3	4	4	3	5	5	5	4	5	4	3	4
Sonnenstunden/Tag	10	10	8	7	5	4	5	6	7	9	10	10

Valdes
- Günstigste Zeit: Dezember bis März.
- Wassertemperatur: Maximum 18 bis 19 °C.
- Oft sehr starke Winde.

BAHAMAS	J	F	M	A	M	J	J	A	S	O	N	D
Maximale Temperatur	24	25	26	27	29	30	31	31	31	29	27	25
Minimale Temperatur	17	17	18	20	21	23	24	24	23	22	20	18
Niederschläge in mm	35	45	45	80	115	160	150	135	165	165	85	40
Regentage >1 mm	6	6	5	6	11	14	16	16	17	15	9	9
Sonnenstunden/Tag	7	8	8	9	9	8	9	8	7	7	8	7

Nassau
- Günstigste Zeit: November bis April.
- Regen möglich zwischen Juni und Oktober (im allgemeinen am Ende des Tages oder in der Nacht).
- Gefahr von Orkanen zwischen September und Oktober.
- Wassertemperatur: 21 bis 29 °C.

BELIZE	J	F	M	A	M	J	J	A	S	O	N	D
Maximale Temperatur	27	28	29	30	31	31	31	31	31	30	28	27
Minimale Temperatur	19	21	22	23	24	24	24	24	23	22	20	20
Niederschläge in mm	135	60	40	55	110	200	165	170	245	305	225	185
Regentage >1 mm	12	6	4	5	7	13	15	14	15	16	12	14
Sonnenstunden/Tag												

- Günstigste Zeit: Januar bis April.
- Gefahr von Orkanen in den Monaten September und Oktober.

BERMUDAS	J	F	M	A	M	J	J	A	S	O	N	D
Maximale Temperatur	20	19	20	22	24	27	30	30	29	27	24	21
Minimale Temperatur	15	14	15	16	19	22	24	24	23	21	19	16
Niederschläge in mm	105	95	110	105	115	95	110	145	145	160	115	115
Regentage >1 mm	13	12	11	8	7	8	10	12	12	13	11	13
Sonnenstunden/Tag	5	5	6	8	8	9	10	9	8	6	6	5

- Günstigste Zeit: April bis September.
- Wassertemperatur: 20 bis 27 °C in dieser Zeit.

WESTLICHER ATLANTISCHER OZEAN

BRASILIEN	J	F	M	A	M	J	J	A	S	O	N	D
Maximale Temperatur	30	30	30	29	28	27	26	26	27	28	29	29
Minimale Temperatur	23	23	23	23	22	22	21	21	21	22	22	23
Niederschläge in mm	75	115	165	280	295	225	205	115	95	100	115	125
Regentage >1 mm	10	12	15	18	21	20	20	16	13	11	12	11
Sonnenstunden/Tag	8	8	8	7	6	6	6	7	7	8	8	8

Salvador de Bahia
- Günstigste Zeit: November bis April.
- Wassertemperatur: 25 bis 28 °C.

KUBA	J	F	M	A	M	J	J	A	S	O	N	D
Maximale Temperatur	26	26	27	29	30	31	32	32	31	29	27	26
Minimale Temperatur	18	18	19	21	22	23	24	24	24	23	21	19
Niederschläge in mm	70	45	45	60	120	165	125	135	150	170	80	60
Regentage >1 mm	6	4	4	4	7	10	9	10	11	11	7	6
Sonnenstunden/Tag	6	7	8	7	6	6	6	6	5	5	6	6

- Günstigste Zeit: November bis April.
- Regen möglich von Mai bis November.
- Gefahr von Orkanen von September bis Oktober.
- Wassertemperatur: 25 bis 29 °C.

CURAÇAO-ARUBA-BONAIRE	J	F	M	A	M	J	J	A	S	O	N	D
Maximale Temperatur	29	29	29	30	30	31	31	31	32	31	30	29
Minimale Temperatur	24	24	24	25	25	25	25	26	26	25	25	24
Niederschläge in mm	70	30	14	12	18	25	35	50	30	65	100	85
Regentage >1 mm	8	4	2	2	2	3	5	5	3	6	9	8
Sonnenstunden/Tag	9	10	9	9	7	9	10	10	9	9	8	8

- Günstigste Zeit: Dezember bis April, aber auch die anderen Monate sind angenehm, wenn man die Hitze nicht fürchtet.
- Regen möglich in den Monaten November bis Dezember.
- Wassertemperatur: im allgemeinen über 27 °C.

USA	J	F	M	A	M	J	J	A	S	O	N	D
Maximale Temperatur	4	4	9	15	21	26	28	27	24	18	12	6
Minimale Temperatur	-3	-2	1	6	12	17	20	19	16	10	4	-1
Niederschläge in mm	90	75	105	90	90	85	100	120	90	85	90	85
Regentage >1 mm	9	8	9	9	9	8	8	8	6	6	7	8
Sonnenstunden/Tag	5	6	7	7	8	10	10	7	8	7	6	5

Neu-England
- Günstigste Zeit: Juli bis August.
- Wassertemperatur: 16 bis 19 °C in dieser Zeit.

USA	J	F	M	A	M	J	J	A	S	O	N	D
Maximale Temperatur	24	25	27	28	30	31	32	32	31	29	27	25
Minimale Temperatur	14	15	16	19	21	23	24	24	24	22	18	15
Niederschläge in mm	50	50	60	100	160	190	170	180	240	210	70	45
Regentage >1 mm	5	5	5	6	8	11	14	13	15	12	7	6
Sonnenstunden/Tag	8	8	8	9	9	9	9	8	7	7	7	7

Florida
- Günstigste Zeit: November bis April; große Hitze und Schwüle von Juni bis September.
- Orkangefahr in den Monaten September bis Oktober.
- Wassertemperatur: 24 bis 28 °C.

Begriffe der Meereskunde

WESTLICHER ATLANTISCHER OZEAN

GUYANA	J	F	M	A	M	J	J	A	S	O	N	D
Maximale Temperatur	29	29	29	29	29	30	30	31	32	32	31	30
Minimale Temperatur	23	23	23	23	23	22	22	22	21	21	22	22
Niederschläge in mm	340	275	300	350	320	410	180	70	30	45	120	245
Regentage >1 mm	19	16	16	16	21	20	15	8	4	5	10	19
Sonnenstunden/Tag	5	5	6	6	5	6	8	8	9	9	8	6

Cayenne
- Günstigste Zeit: August bis November.
- Starke Regenfälle möglich von Dezember bis Juli.
- Wassertemperatur: um die 27 °C.

HAITI	J	F	M	A	M	J	J	A	S	O	N	D
Maximale Temperatur	31	31	32	32	32	33	34	34	33	32	31	31
Minimale Temperatur	20	20	21	22	22	23	23	23	23	22	22	21
Niederschläge in mm	30	35	75	155	190	110	65	135	165	160	80	45
Regentage >1 mm	3	5	7	11	13	8	7	11	12	12	7	3
Sonnenstunden/Tag	9	9	9	8	8	9	9	8	7	7	8	8

- Günstigste Zeit: Dezember bis März.
- Regen möglich von April bis Oktober.
- Wassertemperatur: 26 bis 29 °C.

MEXIKO	J	F	M	A	M	J	J	A	S	O	N	D
Maximale Temperatur	28	29	31	32	33	33	32	32	32	30	28	27
Minimale Temperatur	19	19	20	22	23	23	23	23	23	22	20	19
Niederschläge in mm	30	25	17	20	85	135	130	150	185	95	35	35
Regentage >1 mm	3	3	2	2	4	10	11	10	13	7	4	4
Sonnenstunden/Tag	5	5	6	6	7	6	6	6	6	5	5	5

Yucatan
- Günstigste Zeit: März bis Mai sowie November bis Januar.
- Gefahr von Orkanen (hurricanes) zwischen August und Oktober.
- Wassertemperatur: 22 bis 28 °C.

ÖSTLICHER ATLANTISCHER OZEAN

AZOREN	J	F	M	A	M	J	J	A	S	O	N	D
Maximale Temperatur	17	17	17	18	20	22	25	26	25	22	20	18
Minimale Temperatur	11	11	11	12	13	15	17	18	17	16	14	12
Niederschläge in mm	120	100	105	65	60	40	25	30	80	105	120	100
Regentage >1 mm	14	13	13	10	9	7	5	6	9	12	13	14
Sonnenstunden/Tag	3	3	4	5	5	5	6	7	6	4	3	3

- Günstigste Zeit: Juni bis September.
- Regen und Stürme möglich von November bis April.
- Wassertemperatur: 18 bis 23 °C.

SÜDAFRIKA	J	F	M	A	M	J	J	A	S	O	N	D
Maximale Temperatur	26	26	25	22	19	18	17	18	19	21	23	25
Minimale Temperatur	16	16	14	12	10	8	7	8	9	11	13	15
Niederschläge in mm	12	8	17	45	85	80	85	70	45	30	17	11
Regentage >1 mm	2	2	3	6	9	9	10	10	7	15	3	2
Sonnenstunden/Tag	11	10	9	7	6	6	6	6	7	9	10	11

- Günstigste Zeit: November bis März.
- Wassertemperatur: um die 20 °C in dieser Zeit.

KANARISCHE INSELN	J	F	M	A	M	J	J	A	S	O	N	D
Maximale Temperatur	21	21	22	23	24	26	28	29	28	26	23	22
Minimale Temperatur	14	14	15	16	17	19	21	21	21	19	16	16
Niederschläge in mm	40	35	30	15	5	1	0	0	3	30	50	60
Regentage >1 mm	5	4	3	2	1	1	0	0	1	3	6	6
Sonnenstunden/Tag	6	7	7	8	10	11	11	11	8	7	6	6

Teneriffa
- Günstigste Zeit: April bis Oktober.
- Wassertemperatur: 17 bis 23 °C.

KAPVERDISCHE INSELN	J	F	M	A	M	J	J	A	S	O	N	D
Maximale Temperatur	25	25	26	26	27	28	28	29	29	29	28	26
Minimale Temperatur	20	19	20	21	21	22	24	24	25	24	23	22
Niederschläge in mm	2	0	0	0	0	0	0	95	115	30	8	2
Regentage >1 mm	1	0	0	0	0	0	0	8	7	3	1	1
Sonnenstunden/Tag												

- Günstigste Zeit: Juni bis Oktober.
- Wassertemperatur: 23 bis 26 °C.

ELFENBEINKÜSTE	J	F	M	A	M	J	J	A	S	O	N	D
Maximale Temperatur	31	32	32	32	31	29	28	28	28	29	31	31
Minimale Temperatur	23	24	24	24	24	23	23	22	23	23	23	23
Niederschläge in mm	26	40	120	170	365	610	200	35	55	225	190	110
Regentage >1 mm	3	4	7	9	16	19	10	6	9	13	13	7
Sonnenstunden/Tag	6	7	7	9	6	4	4	4	4	6	7	6

- Günstigste Zeit: Dezember bis April.
- Starke Regenfälle im Mai und vor allem im Juni möglich.
- Wassertemperatur: 26 bis 29 °C.

Begriffe der Meereskunde

ÖSTLICHER ATLANTISCHER OZEAN

SPANIEN	J	F	M	A	M	J	J	A	S	O	N	D
Maximale Temperatur	12	12	14	15	17	20	21	22	21	18	15	13
Minimale Temperatur	7	7	8	10	11	14	16	16	15	12	10	8
Niederschläge in mm	120	90	80	85	90	65	55	85	115	135	125	160
Regentage >1 mm	16	14	13	13	14	13	11	14	14	14	15	18
Sonnenstunden/Tag	3	4	5	6	6	6	7	6	5	4	3	2

Nordatlantik
- Günstigste Zeit: Juni bis September.
- Wassertemperatur: maximal 20 °C in dieser Zeit.

FRANKREICH	J	F	M	A	M	J	J	A	S	O	N	D
Maximale Temperatur	9	9	11	12	15	18	20	20	18	15	11	10
Minimale Temperatur	4	4	5	6	8	10	12	13	11	9	6	5
Niederschläge in mm	135	95	85	70	70	55	60	80	90	105	140	150
Regentage >1 mm	18	14	14	9	9	9	11	10	13	13	16	19
Sonnenstunden/Tag	2	3	4	6	7	7	7	6	5	4	2	2

Bretagne
- Günstigste Zeit: Juni bis September.
- Wassertemperatur: 15 bis 18 °C in dieser Zeit.

MADEIRA	J	F	M	A	M	J	J	A	S	O	N	D
Maximale Temperatur	19	18	19	19	19	22	24	26	24	23	22	19
Minimale Temperatur	13	13	13	14	16	17	19	19	19	18	16	14
Niederschläge in mm	80	85	70	45	20	5	2	2	30	80	95	95
Regentage >1 mm	7	6	7	4	2	1	0	1	2	7	7	7
Sonnenstunden/Tag	5	6	7	7	7	7	8	8	8	6	5	5

- Günstigste Zeit: Juni bis September.
- Wassertemperatur: 18 bis 23 °C.

MAROKKO	J	F	M	A	M	J	J	A	S	O	N	D
Maximale Temperatur	20	22	22	22	24	24	26	27	27	26	23	20
Minimale Temperatur	9	9	11	12	15	16	18	18	17	15	12	8
Niederschläge in mm	50	30	25	16	5	1	0	1	6	20	30	40
Regentage >1 mm	5	4	5	3	2	1	0	1	1	3	4	6
Sonnenstunden/Tag	8	8	9	10	10	10	9	9	8	8	7	7

Atlantik
- Günstigste Zeit: Mai bis Oktober.
- Wassertemperatur: 18 bis 21 °C in dieser Zeit (aufgrund des Kanarischen Stromes).

PORTUGAL	J	F	M	A	M	J	J	A	S	O	N	D
Maximale Temperatur	14	15	17	20	21	25	27	28	27	22	17	15
Minimale Temperatur	8	8	10	12	13	15	17	17	16	14	11	8
Niederschläge in mm	110	75	110	55	45	16	3	4	13	60	95	105
Regentage >1 mm	11	8	11	7	7	2	1	1	4	7	9	11
Sonnenstunden/Tag	5	6	7	9	10	11	12	12	9	7	6	5

- Günstigste Zeit: Juni bis September.
- Wassertemperatur: 19 bis 21 °C in dieser Zeit.

MITTELMEERBECKEN

ALGERIEN	J	F	M	A	M	J	J	A	S	O	N	D
Maximale Temperatur	15	16	17	20	23	27	28	29	27	23	19	16
Minimale Temperatur	9	9	11	13	15	18	21	22	21	17	13	11
Niederschläge in mm	115	75	60	65	35	14	2	4	30	85	90	120
Regentage >1 mm	11	9	9	5	5	2	0	1	4	7	11	12
Sonnenstunden/Tag	5	6	7	8	10	10	11	10	9	6	5	5

- Günstigste Zeit: Mai bis Oktober.
- Regen möglich von November bis Februar.
- Wassertemperatur: 20 bis 25 °C.

ZYPERN	J	F	M	A	M	J	J	A	S	O	N	D
Maximale Temperatur	18	17	19	23	28	32	34	34	32	28	23	19
Minimale Temperatur	7	8	8	11	15	19	22	22	20	16	13	9
Niederschläge in mm	110	65	50	18	13	3	0	0	4	35	55	110
Regentage >1 mm	8	5	6	3	2	1	0	0	1	2	5	8
Sonnenstunden/Tag	5	6	7	8	10	12	12	12	11	9	6	5

- Günstigste Zeit: Mai bis November.
- Wassertemperatur: 20 bis 27 °C in dieser Zeit.

SPANIEN	J	F	M	A	M	J	J	A	S	O	N	D
Maximale Temperatur	13	14	16	18	21	25	28	28	25	21	16	13
Minimale Temperatur	6	7	9	11	14	18	21	21	19	15	10	7
Niederschläge in mm	30	40	50	45	55	40	30	50	80	85	50	45
Regentage >1 mm	5	5	8	9	8	6	4	6	7	9	6	6
Sonnenstunden/Tag	5	6	6	7	8	9	10	9	7	5	5	4

Costa Brava
- Günstigste Zeit: Juni bis Oktober.
- Wassertemperatur: 20 bis 25 °C in dieser Zeit.

FRANKREICH	J	F	M	A	M	J	J	A	S	O	N	D
Maximale Temperatur	13	14	15	17	21	25	27	28	25	22	17	14
Minimale Temperatur	4	4	5	7	10	14	16	16	14	11	7	5
Niederschläge in mm	75	65	55	50	50	20	10	16	50	90	95	90
Regentage >1 mm	9	9	7	7	7	3	1	2	4	7	9	10
Sonnenstunden/Tag	4	5	7	8	10	11	12	11	9	7	5	4

Mittelmeerküste – Korsika
- Günstigste Zeit: Juni bis September.
- Wassertemperatur: 20 bis 24 °C in dieser Zeit.

GRIECHENLAND	J	F	M	A	M	J	J	A	S	O	N	D
Maximale Temperatur	13	14	15	20	25	30	33	33	29	24	19	15
Minimale Temperatur	6	7	8	11	16	20	23	23	19	15	12	8
Niederschläge in mm	60	35	35	25	25	15	6	7	15	50	55	70
Regentage >1 mm	10	6	6	4	4	1	1	1	2	6	8	9
Sonnenstunden/Tag	4	5	6	8	9	11	12	12	9	7	5	4

- Günstigste Zeit: Juni bis September.
- Wassertemperatur: 20 bis 27 °C.

Begriffe der Meereskunde

MITTELMEERBECKEN

ISRAEL	J	F	M	A	M	J	J	A	S	O	N	D
Maximale Temperatur	18	19	22	25	28	29	31	32	31	29	26	20
Minimale Temperatur	9	10	11	14	17	20	23	24	22	19	15	11
Niederschläge in mm	180	145	25	18	3	1	1	0	0	13	70	170
Regentage >1 mm	13	11	7	4	1	0	0	0	0	2	7	11
Sonnenstunden/Tag	8	8	9	10	11	12	12	12	11	10	8	7

- Günstigste Zeit: Mai bis Oktober.
- Wassertemperatur: 17 bis 27 °C.

ITALIEN	J	F	M	A	M	J	J	A	S	O	N	D
Maximale Temperatur	16	16	17	20	24	27	30	30	28	25	21	18
Minimale Temperatur	8	8	9	11	14	18	20	21	19	16	12	10
Niederschläge in mm	70	45	58	50	19	9	2	18	40	75	70	60
Regentage >1 mm	12	8	8	6	3	2	0	2	4	8	8	10
Sonnenstunden/Tag	5	5	6	8	9	10	11	10	8	7	5	4

Süden
- Günstigste Zeit: Mai bis Oktober.
- Wassertemperatur: 20 bis 25 °C in dieser Zeit.

MALTA	J	F	M	A	M	J	J	A	S	O	N	D
Maximale Temperatur	14	15	16	18	22	26	29	29	27	24	20	16
Minimale Temperatur	10	10	11	13	16	19	22	23	22	19	16	12
Niederschläge in mm	90	60	40	15	12	2	0	8	30	65	90	110
Regentage >1 mm	12	8	5	2	2	0	0	1	3	6	9	13
Sonnenstunden/Tag	5	6	7	9	10	11	12	11	9	8	6	5

- Günstigste Zeit: April bis Mitte Oktober.
- Wassertemperatur: 18 bis 25 °C in dieser Zeit.

TUNESIEN	J	F	M	A	M	J	J	A	S	O	N	D
Maximale Temperatur	15	16	18	21	23	29	32	32	29	25	20	16
Minimale Temperatur	7	8	9	11	14	18	20	21	20	16	12	8
Niederschläge in mm	70	45	40	40	25	10	6	11	35	50	55	70
Regentage >1 mm	9	7	7	5	4	2	1	1	4	6	7	9
Sonnenstunden/Tag	5	6	7	8	10	11	12	11	9	7	6	5

- Günstigste Zeit: Mai bis Oktober.
- Wassertemperatur: 17 bis 25 °C in dieser Zeit.

TÜRKEI	J	F	M	A	M	J	J	A	S	O	N	D
Maximale Temperatur	12	13	16	21	26	30	33	33	29	24	19	14
Minimale Temperatur	5	5	7	10	14	18	21	21	17	14	10	7
Niederschläge in mm	135	105	70	45	40	9	3	2	16	50	85	140
Regentage >1 mm	10	8	7	5	4	2	0	0	2	6	6	11
Sonnenstunden/Tag	4	6	6	8	10	12	12	12	10	7	5	4

Mittelmeerküste
- Günstigste Zeit: Mai bis Oktober.
- Wassertemperatur: 20 bis 25 °C im Süden.

MITTELMEERBECKEN

TÜRKEI	J	F	M	A	M	J	J	A	S	O	N	D
Maximale Temperatur	11	10	12	15	19	23	26	26	23	20	17	13
Minimale Temperatur	5	4	5	8	13	17	20	20	17	14	10	7
Niederschläge in mm	90	70	60	55	55	50	35	45	80	110	100	80
Regentage >1 mm	10	9	10	9	8	8	8	5	8	8	9	10
Sonnenstunden/Tag	3	3	4	5	7	8	7	7	5	5	4	3

Schwarzes Meer
- Günstigste Zeit: Juni bis September.

RUSSLAND	J	F	M	A	M	J	J	A	S	O	N	D
Maximale Temperatur	10	10	13	16	21	24	26	27	25	20	17	13
Minimale Temperatur	3	4	5	9	13	16	19	19	16	12	10	6
Niederschläge in mm	200	125	130	115	93	100	60	100	105	90	143	183
Regentage >1 mm	14	11	11	11	9	8	6	7	7	7	9	12
Sonnenstunden/Tag	3	4	4	6	7	9	10	9	8	6	4	3

Schwarzes Meer
- Günstigste Zeit: Juni bis August.
- Wassertemperatur: 25 bis 26 °C im August.

Begriffe der Meereskunde

INDISCHER OZEAN UND ROTES MEER

AUSTRALIEN	J	F	M	A	M	J	J	A	S	O	N	D
Maximale Temperatur	29	29	27	24	21	18	17	18	19	21	24	27
Minimale Temperatur	17	17	16	14	12	10	9	9	10	12	14	16
Niederschläge in mm	8	10	20	45	130	180	170	145	85	55	20	13
Regentage >1 mm	2	2	4	6	10	12	14	14	12	9	5	3
Sonnenstunden/Tag	10	10	9	7	6	5	5	6	7	9	10	10

Süd-Westen (Perth)
- Günstigste Zeit: Oktober bis Mai.
- Regen möglich von Juni bis September.

KOMOREN	J	F	M	A	M	J	J	A	S	O	N	D
Maximale Temperatur	30	30	31	30	29	28	28	28	28	29	30	31
Minimale Temperatur	23	23	23	23	21	20	19	18	19	20	22	23
Niederschläge in mm	425	275	245	340	230	160	295	135	110	85	130	200
Regentage >1 mm	17	13	14	14	8	10	9	8	8	9	9	13
Sonnenstunden/Tag	6	6	7	6	7	8	8	7	7	8	8	7

- Günstigste Zeit: April bis Oktober und vor allem August und September.
- Regen und Wirbelstürme möglich von November bis März.
- Wassertemperatur: 25 bis 28 °C.

DJIBOUTI	J	F	M	A	M	J	J	A	S	O	N	D
Maximale Temperatur	29	29	31	32	34	38	41	39	36	33	31	28
Minimale Temperatur	23	24	25	26	28	30	31	29	29	27	25	23
Niederschläge in mm	12	11	25	12	5	1	2	8	8	10	20	13
Regentage >1 mm	3	2	2	1	1	0	1	1	1	1	2	2
Sonnenstunden/Tag	8	7	9	9	11	10	8	9	10	10	9	9

- Günstigste Zeit: Oktober bis April; große Hitze und Sandstürme (khamsin) von Juni bis September.
- Wassertemperatur: 26 bis 30 °C und mehr!

KENIA	J	F	M	A	M	J	J	A	S	O	N	D
Maximale Temperatur	32	32	33	31	29	29	28	28	29	30	31	32
Minimale Temperatur	23	24	24	24	23	21	20	20	21	22	23	23
Niederschläge in mm	25	15	60	200	320	110	90	65	70	85	95	60
Regentage >1 mm	5	3	7	15	19	14	14	15	12	10	9	9
Sonnenstunden/Tag	8	9	9	7	6	7	7	8	8	9	9	9

- Günstigste Zeit: August bis März.
- Regen und starke Winde möglich von April bis Juli.
- Wassertemperatur: 25 bis 29 °C.

MADAGASKAR	J	F	M	A	M	J	J	A	S	O	N	D
Maximale Temperatur	31	31	31	31	31	29	29	31	32	32	31	31
Minimale Temperatur	23	23	23	22	20	19	17	18	19	20	22	23
Niederschläge in mm	465	425	285	140	60	50	35	40	49	95	190	360
Regentage >1 mm	20	16	13	7	3	3	3	3	3	5	10	14
Sonnenstunden/Tag	7	7	7	8	9	8	9	9	10	10	9	7

Nord-Westküste (Nosy-Be)
- Günstigste Zeit: April bis Oktober.
- Starke Regenfälle und sogar Wirbelstürme möglich von November bis Februar.
- Wassertemperatur: 25 bis 28 °C.

INDISCHER OZEAN UND ROTES MEER

MADAGASKAR	J	F	M	A	M	J	J	A	S	O	N	D
Maximale Temperatur	30	30	29	28	27	25	24	25	26	27	29	29
Minimale Temperatur	23	23	22	21	19	18	17	17	17	18	20	22
Niederschläge in mm	420	440	530	405	305	300	255	210	135	90	185	260
Regentage >1 mm	19	18	19	19	17	20	20	20	14	11	12	16
Sonnenstunden/Tag	7	7	6	7	6	6	5	6	7	7	8	8

Ostküste
- Günstigste Zeit: Mai bis September.
- Wirbelstürme möglich zwischen Januar und März.
- Wassertemperatur: 25 bis 28 °C.

MALAYSIA	J	F	M	A	M	J	J	A	S	O	N	D
Maximale Temperatur	32	33	33	33	32	32	32	32	31	32	31	32
Minimale Temperatur	23	23	23	24	23	23	23	23	23	23	23	23
Niederschläge in mm	95	80	140	190	270	195	190	295	400	430	300	145
Regentage >1 mm	6	5	8	11	12	9	10	11	15	19	18	9
Sonnenstunden/Tag	8	8	8	7	6	7	7	6	5	5	6	7

Westküste
- Günstigste Zeit: Dezember bis März und Juni bis Juli.
- Starke Regenfälle und Wind möglich zwischen August und November.
- Wassertemperatur: 28 bis 29 °C.

MALEDIVEN	J	F	M	A	M	J	J	A	S	O	N	D
Maximale Temperatur	30	30	31	31	31	30	30	30	30	30	29	30
Minimale Temperatur	23	24	25	26	26	25	25	25	25	25	24	23
Niederschläge in mm	45	18	25	60	180	295	225	200	160	185	140	85
Regentage >1 mm	4	2	2	5	11	20	17	15	13	13	9	5
Sonnenstunden/Tag	7	7	7	7	6	5	5	5	6	6	6	7

- Günstigste Zeit: November bis April.
- Monsunregen möglich von Juni bis September.
- Wassertemperatur: 28 °C das ganze Jahr.

MAURITIUS	J	F	M	A	M	J	J	A	S	O	N	D
Maximale Temperatur	30	29	29	28	26	24	24	24	25	27	28	29
Minimale Temperatur	23	23	22	21	19	17	17	17	17	18	19	22
Niederschläge in mm	235	240	385	205	175	115	130	85	85	55	80	170
Regentage >1 mm	18	18	21	16	19	16	16	16	13	9	10	13
Sonnenstunden/Tag	8	7	6	7	6	6	6	6	7	8	8	8

- Günstigste Zeit: Mai bis Dezember.
- Wirbelstürme möglich von Januar bis März.
- Wassertemperatur: 22 bis 27 °C.

ROTES MEER	J	F	M	A	M	J	J	A	S	O	N	D
Maximale Temperatur	21	23	26	31	36	38	39	40	37	33	28	23
Minimale Temperatur	10	11	12	14	18	24	26	26	25	21	16	12
Niederschläge in mm	2	5	5	3	0	0	0	0	0	2	9	25
Regentage >1 mm	1	1	2	1	0	0	0	0	0	1	2	3
Sonnenstunden/Tag	7	8	8	9	10	11	11	11	10	9	9	7

Israel – Ägypten
- Günstigste Zeit: März bis Mai und Oktober bis November, große Hitze im Sommer.
- Wassertemperatur: 22 bis 27 °C.

Begriffe der Meereskunde

INDISCHER OZEAN UND ROTES MEER

REUNION	J	F	M	A	M	J	J	A	S	O	N	D
Maximale Temperatur	29	30	29	28	27	26	25	24	25	26	27	28
Minimale Temperatur	23	23	23	22	20	18	18	17	18	19	20	22
Niederschläge in mm	265	215	290	160	80	75	70	50	45	45	95	150
Regentage >1 mm	13	11	12	9	9	10	12	11	7	7	9	10
Sonnenstunden/Tag	8	8	7	7	7	7	7	7	7	7	7	7

- Günstigste Zeit: Mai bis November.
- Wirbelstürme möglich in den Monaten Januar und Februar.
- Wassertemperatur: 25 bis 27 °C.

SEYCHELLEN	J	F	M	A	M	J	J	A	S	O	N	D
Maximale Temperatur	29	29	30	31	30	29	28	28	29	29	30	29
Minimale Temperatur	24	25	25	25	25	25	24	24	24	24	24	24
Niederschläge in mm	310	300	180	190	100	50	65	110	125	220	230	305
Regentage >1 mm	11	7	9	7	6	4	4	4	4	7	9	11
Sonnenstunden/Tag	5	6	7	8	8	8	7	8	8	7	7	5

- Günstigste Zeit: Ende April bis Ende Juni und Mitte September bis Mitte November, oft unruhiges Meer in den Monaten Juli bis August.
- Monsunregen möglich von Dezember bis März.
- Wassertemperatur: 22 bis 29 °C.

THAILAND	J	F	M	A	M	J	J	A	S	O	N	D
Maximale Temperatur	31	32	33	33	31	31	31	31	30	31	31	31
Minimale Temperatur	23	23	24	25	25	25	25	24	24	24	24	24
Niederschläge in mm	35	40	75	125	295	265	215	246	325	315	195	80
Regentage >1 mm	4	3	6	15	19	19	17	17	19	19	14	8
Sonnenstunden/Tag	9	9	9	8	6	6	6	6	5	6	7	8

Phuket
- Günstigste Zeit: Dezember bis April.
- Wirbelstürme möglich in den Monaten September bis Oktober.
- Wassertemperatur: 27 bis 30 °C.

PAZIFISCHER OZEAN

AUSTRALIEN	J	F	M	A	M	J	J	A	S	O	N	D
Maximale Temperatur	29	29	28	26	23	21	20	22	24	27	28	29
Minimale Temperatur	21	20	19	16	13	11	9	10	13	16	18	19
Niederschläge in mm	160	160	145	95	70	65	55	50	50	60	95	130
Regentage >1 mm	10	11	11	9	8	7	6	5	6	7	8	9
Sonnenstunden/Tag	8	7	7	7	7	7	7	8	8	8	8	9

Ostküste (Brisbane)
- Günstigste Zeit: Oktober bis Februar.
- Regen möglich zwischen Dezember und März.
- Wassertemperatur: 23 bis 28 °C.

KANADA	J	F	M	A	M	J	J	A	S	O	N	D
Maximale Temperatur	6	7	10	14	17	20	23	22	19	14	9	7
Minimale Temperatur	0	1	3	5	8	11	13	12	10	7	3	2
Niederschläge in mm	210	160	150	90	70	65	40	45	85	175	200	245
Regentage >1 mm	18	14	13	11	9	9	6	6	9	13	16	18
Sonnenstunden/Tag	2	3	4	6	8	7	9	8	6	4	2	1

Vancouver
- Günstigste Zeit: Juni bis August.

CHINA	J	F	M	A	M	J	J	A	S	O	N	D
Maximale Temperatur	25	26	28	30	31	31	31	31	30	30	27	25
Minimale Temperatur	17	19	21	23	25	25	25	25	24	22	19	17
Niederschläge in mm	11	7	2	28	150	195	150	190	290	190	55	40
Regentage >1 mm	3	2	3	4	10	14	14	16	19	12	6	5
Sonnenstunden/Tag	4	3	3	3	5	5	7	7	7	7	6	5

Insel Hainan
- Günstigste Zeit: November bis April.
- Regen möglich von Mai bis Oktober; Taifune möglich von Juli bis Oktober.
- Wassertemperatur: 22 bis 29 °C.

USA	J	F	M	A	M	J	J	A	S	O	N	D
Maximale Temperatur	18	18	18	19	20	22	24	24	24	23	22	19
Minimale Temperatur	7	7	9	11	13	15	17	17	16	14	11	9
Niederschläge in mm	70	75	45	30	3	3	0	0	5	10	30	60
Regentage >1 mm	5	4	4	3	1	1	0	0	1	1	2	4
Sonnenstunden/Tag	7	8	9	9	9	10	12	11	10	9	8	8

Kalifornien (Süd)
- Günstigste Zeit: Juli bis Oktober.
- Wassertemperatur: maximal 20 °C wegen des Kalifornien-Stromes.

FIDJI-INSELN	J	F	M	A	M	J	J	A	S	O	N	D
Maximale Temperatur	30	30	30	29	28	27	26	26	26	28	29	30
Minimale Temperatur	23	23	23	23	22	21	20	20	21	21	22	23
Niederschläge in mm	305	295	420	220	105	105	55	65	85	60	130	210
Regentage >1 mm	16	16	19	15	10	10	7	7	8	7	11	12
Sonnenstunden/Tag	7	6	6	6	7	7	7	8	7	7	7	8

- Günstigste Zeit: Juni bis Oktober.
- Regen möglich von November bis April.
- Wassertemperatur: 24 bis 28 °C (mehr in den Lagunen).

Begriffe der Meereskunde

PAZIFISCHER OZEAN

USA	J	F	M	A	M	J	J	A	S	O	N	D
Maximale Temperatur	26	26	26	27	28	29	29	29	30	29	28	26
Minimale Temperatur	19	19	19	20	21	22	23	23	23	22	21	20
Niederschläge in mm	95	85	75	35	25	8	11	25	25	45	55	75
Regentage >1 mm	8	8	8	6	6	4	6	6	5	7	8	9
Sonnenstunden/Tag	7	8	9	9	9	10	11	10	9	8	7	6

Hawaii
- Günstigste Zeit: Mai bis September.
- Stürme möglich im Winter und Orkane (selten) im Sommer.

INDONESIEN	J	F	M	A	M	J	J	A	S	O	N	D
Maximale Temperatur	29	29	29	30	30	30	30	31	31	31	30	29
Minimale Temperatur	23	24	23	23	23	22	21	21	21	22	23	23
Niederschläge in mm	685	535	425	150	90	75	35	10	15	45	180	610
Regentage >1 mm	23	20	18	10	8	6	4	2	2	5	11	22
Sonnenstunden/Tag	5	6	6	8	8	8	9	10	10	10	9	5

Sulawesi
- Günstigste Zeit: Mai bis Oktober.
- Starke Regenfälle möglich zwischen Dezember und Februar.
- Wassertemperatur: 28 bis 29 °C.

MALAYSIA	J	F	M	A	M	J	J	A	S	O	N	D
Maximale Temperatur	28	29	30	31	31	31	31	31	31	31	30	28
Minimale Temperatur	22	23	23	23	23	23	22	22	22	22	22	23
Niederschläge in mm	390	230	205	140	155	150	165	170	160	220	335	515
Regentage >1 mm	19	12	15	15	16	14	15	15	16	18	22	22
Sonnenstunden/Tag	5	7	7	7	7	7	7	7	6	6	5	5

Ostküste
- Günstigste Zeit: April bis September.
- Regen möglich von November bis Februar.
- Wassertemperatur während des ganzen Jahres: 28 bis 29 °C.

MEXIKO	J	F	M	A	M	J	J	A	S	O	N	D
Maximale Temperatur	31	31	31	31	32	32	32	33	32	32	32	31
Minimale Temperatur	22	22	22	23	24	25	25	25	25	24	24	23
Niederschläge in mm	8	1	0	1	40	275	280	220	385	155	35	11
Regentage >1 mm	0	0	0	0	2	10	11	10	13	8	1	1
Sonnenstunden/Tag	9	9	9	8	7	7	7	7	6	7	9	9

Westküste
- Günstigste Zeit: November bis April in Acapulco und Mai bis November in Südkalifornien.
- Starke Regenfälle von Juni bis Oktober in Acapulco möglich.
- Wassertemperatur: 27 bis 29 °C in Acapulco, maximal 21 °C an der Westküste von Südkalifornien.

NEUKALEDONIEN	J	F	M	A	M	J	J	A	S	O	N	D
Maximale Temperatur	29	29	28	26	24	24	23	23	24	25	27	28
Minimale Temperatur	23	23	23	21	20	19	17	17	18	19	21	22
Niederschläge in mm	105	115	150	115	90	100	95	70	50	45	45	75
Regentage >1 mm	9	10	12	11	11	11	10	8	7	5	5	7
Sonnenstunden/Tag	8	8	6	7	6	6	6	7	7	9	9	9

- Günstigste Zeit: Juni bis Oktober.
- Wirbelstürme von Januar bis März möglich.
- Wassertemperatur: 22 bis 28 °C.

PAZIFISCHER OZEAN

NEUSEELAND	J	F	M	A	M	J	J	A	S	O	N	D
Maximale Temperatur	23	23	22	19	17	14	13	14	16	17	19	21
Minimale Temperatur	16	16	15	13	11	9	8	8	9	11	12	14
Niederschläge in mm	80	95	80	95	125	135	145	115	100	100	90	80
Regentage >1 mm	7	7	8	10	14	14	16	14	13	11	10	8
Sonnenstunden/Tag	8	7	6	5	4	4	4	5	6	6	7	7

- Günstigste Zeit: Dezember bis Februar.
- Wassertemperatur: 14 bis 20 °C.

PHILIPPINEN	J	F	M	A	M	J	J	A	S	O	N	D
Maximale Temperatur	32	32	33	34	34	34	34	34	33	33	33	32
Minimale Temperatur	19	19	20	20	21	22	21	21	21	21	20	20
Niederschläge in mm	105	70	55	55	120	175	195	155	185	200	165	140
Regentage >1 mm	14	11	11	8	12	16	17	16	17	19	15	16
Sonnenstunden/Tag	5	5	7	7	6	5	5	5	5	6	5	5

- Günstigste Zeit: April bis August.
- Starke Regenfälle und Taifune zwischen Juni und Oktober möglich.

POLYNESIEN	J	F	M	A	M	J	J	A	S	O	N	D
Maximale Temperatur	30	30	30	30	29	28	28	28	28	29	29	30
Minimale Temperatur	23	23	23	23	22	21	21	20	21	22	23	23
Niederschläge in mm	365	240	205	130	120	70	75	50	60	95	170	220
Regentage >1 mm	15	13	13	9	8	6	7	5	6	8	11	15
Sonnenstunden/Tag	7	7	7	8	7	7	7	8	8	7	7	6

Tahiti
- Günstigste Zeit: März bis Mai und September bis November.
- Orkane möglich zwischen Dezember und Februar.
- Wassertemperatur: 27 bis 29 °C.

Begriffe der Meereskunde

Windstärke nach Beaufort	Beschreibung des Windes	Geschwindigkeit in km/h	Durchschnittliche Höhe der Wellen in Meter
0	Windstille	< 1	0
1	Leiser Zug	1 – 5	0,1
2	Leichte Brise	6 – 11	0,2
3	Schwache Brise	12 – 19	0,6
4	Mäßige Brise	20 – 28	1
5	Frische Brise	29 – 30	2
6	Starker Wind	39 – 49	3
7	Steifer Wind	50 – 61	4
8	Stürmischer Wind	62 – 74	5,5
9	Sturm	75 – 88	7
10	Schwerer Sturm	89 – 102	9
11	Orkanartiger Sturm	103 – 117	11,5
12	Orkan	> 118	> 14

Tabelle 2.4 *Beaufortskala der von der Windgeschwindigkeit abhängigen Windstärke.*

Seegangsbezeichnung	Wellenhöhe in Meter
ruhige spiegelglatte See	0
ruhige gekräuselte See	0 – 0,1
schwach bewegte See	0,1 – 0,5
leicht bewegte See	0,5 – 1,25
mäßig bewegte See	1,25 – 2,5
grobe See	2,5 – 4
sehr grobe See	4 – 6
hohe See	6 – 9
sehr hohe See	9 – 14
außergewöhnlich schwere See	14

Tabelle 2.5 *Beschreibung des Meereszustandes nach der Wellenhöhe.*

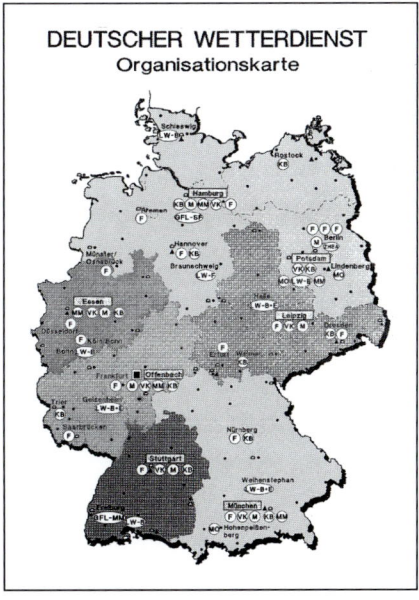

2.13 *Organisationskarte des Deutschen Wetterdienstes.*

Die Wettervorhersage

Die Wettervorhersage wird nach thermodynamischen Modellen erstellt, die auf meteorologischen Messungen basieren (feste Stationen, Schiffe, Ballonsonden, Satelliten), und gibt zuverlässig die Wetterbedingungen für den nächsten Tag und die Tendenzen für die vier bis fünf folgenden Tage bekannt.

Die Windbedingungen und der Meereszustand, die im Wetterbericht angekündigt werden, sind Extrembedingungen, die eintreffen können.

Die angegebene Windrichtung gibt darüber Auskunft, woher der Wind weht. Seine Geschwindigkeit wird entweder in km/h (oder in Knoten: 1 Knoten = 1,852 km/h) oder nach der Beaufortskala angegeben (Tabelle 2.4). Der Meereszustand (Höhe der Wellen) wird ebenfalls mit festgelegten Bezeichnungen angegeben (Tabelle 2.5). Wenn der Wind seit längerer Zeit bläst, gibt es einen starken Zusammenhang zwischen seiner Geschwindigkeit (Windstärke) und der Wellenhöhe.

Die Wettermeldungen können bei den speziellen Einrichtungen eingeholt werden.

In Deutschland

Die Wetterberichte werden erstellt und veröffentlicht vom Deutschen Wetterdienst in Offenbach.

Diese Informationen werden an die Wasserschiffahrtsämter weitergegeben und können dort oder bei den regionalen Wetterdienstzentralen abgerufen werden:
– Beim Rundfunk: Viele nationalen und lokalen Stationen senden Wetterberichte. An Bord kann man diese Berichte mit VHF Radio empfangen.
– Per Fernsehen: Fast alle stündlich gesendeten Nachrichten beinhalten eine Wetterübersicht.
– Alle größeren Tageszeitungen drucken Wettervorhersage und Wetterkarten ab.
– Per Telephon: Die Vorhersage ist von einem Anrufbeantworter abzurufen, die Telefonnummer ist im örtlichen Fernsprechbuch zu ersehen.
– Per BTX.

Im Ausland

In jedem Land gibt es einen Wetterdienst, der die Vorhersage für die Küstengegenden bekannt gibt. Wie man an diese Berichte kommt (Tageszeitungen, Radio, Telefon usw.), steht in einer Zeitschrift (Referenz: Nr. 9-TP4, Bd. D), die vom Weltwetterdienst (OMM, Genf) herausgegeben wird.

Aufpassen! Die Aufteilung der Küsten kann von einem Land zum anderen verschieden sein. So benutzen England und Spanien, die auch die französischen Küsten mit Wettervorhersagen abdecken, eine andere Aufteilung der Küstenzonen als der Deutsche Wetterdienst.

Um die Sicherheitsbedingungen zu vergrößern, müssen die Wettermeldungen ergänzt werden durch:
– das Studieren der Seekarten,
– die Auskünfte der örtlichen Seeleute (Strömungen und Auswirkungen des Mikroklimas).

NÜTZLICHE ADRESSE
Deutscher Wetterdienst
Frankfurter Straße 135
63067 Offenbach
Telefon: 0 69/80 62-0

3. ARCHÄOLOGIE

Meeresarchäologie
Binnengewässer-Archäologie

Die Meeres- und Binnengewässer-Archäologie haben als gemeinsamen Nenner ihre Aktivitäten unter Wasser. Die englische Bezeichnung „archaeology underwater" (Unterwasserarchäologie) umfaßt alle archäologischen Unternehmungen, sei es in den salzigen, offenen Gewässern des Meeres oder in den süßen, geschlossenen Seen und Flüssen. Sie ist nur ein Zweig der allgemeinen Archäologie und darf nicht als unabhängiges Fach betrachtet werden. Ihre Ziele, Prinzipien und Methoden sind von denen der Landarchäologie nicht zu trennen.

Allein die Umgebung, in der die archäologische Tätigkeit ausgeübt wird, unterscheidet sie. In diesem „Unterwassermilieu" herrschen physikalische Gesetze, die dem Menschen nicht vertraut sind und sogar feindlich sein können. Daraus entstehen ungewöhnliche Arbeitsbedingungen, die spezielle Techniken erfordern. Deshalb wird die Unterwasserarchäologie hauptsächlich als Techniken der Archäologie definiert, die es erlauben, das Forschungsterrain bis in die Meeres-, Seen- und Flußgründe auszuweiten. Dabei erschließen sich der Archäologie oft Betätigungsfelder, die auf dem Festland kein Gegenstück haben.

So ähnlich sie sich auch sind, so unterscheiden sich die Meeres- und Binnengewässerarchäologie jedoch in einigen Punkten. Auf technischer Ebene können die Arbeitsbedingungen im Meer und in den Seen oder Flüssen sehr unterschiedlich sein. Ergeben sich im Meer zum Beispiel hauptsächlich Probleme mit der Tiefe, ist es in Seen und Flüssen vor allem die Sicht. Die unterschiedliche Rechtslage in Binnengewässern und im offenen Meeresgebiet macht einen weiteren Unterschied und zwingt dazu, beide Tätigkeiten anders zu organisieren. Aber es ist vor allem die Beschaffenheit der jeweiligen Grabungsstätten, die beide Tätigkeitsfelder stark unterscheidet, da die versunkenen Grabungsstätten sehr verschiedenartig sein können: Ist die Meeresarchäologie doch in erster Linie eine Archäologie der Wracks, *die sich hauptsächlich dem Studium der Wirtschaftsgeschichte und der Schiffsarchitektur widmet. Die Schiffsladungen geben Auskunft, welche Ware auf dem Meer transportiert wurde, während die Überreste der Schiffsrümpfe viele interessante technische Details liefern.*

Die Binnengewässerarchäologie beschäftigt sich dagegen überwiegend mit der Erforschung von Siedlungen am Rande von Seen, wobei die bekanntesten die Pfahldörfer sind, aber auch mit der Archäologie der Wasserstraßen. Die Unterwassergrabungsstätten, See- und Flußfundgegenstände inbegriffen, die in einem geschlossenen und streng begrenzten Raum lokalisiert sind, pflegen enge Wechselbeziehungen mit ihrem Umfeld zu haben. Dagegen sind die Wracks im offenen Meer isoliert zu betrachten ohne direkte Beziehung zu ihrem Unterwasserumfeld. Schiffe sind geschlossene, homogene Fundstätten, die – aus welchem Grund auch immer – zu einem gewissen Zeitpunkt an ihre jetzige Fundstelle kamen. Sie sind sozusagen „Zeitkapseln" in fremder Umgebung.

Es sind diese bedeutenden Unterschiede, die dazu geführt haben, den allgemeinen Begriff der „Unterwasserarchäologie" aufzuschlüsseln und sowohl auf wissenschaftlichem Gebiet, wie auch, was die Organisation betrifft, in Meeres- und Binnengewässerarchäologie zu scheiden. Bisweilen ist auch der Begriff „Schiffsarchäologie" in der Literatur zu finden, wobei dann nur das Objekt definiert ist, nicht jedoch das Umfeld, denn Wracks können natürlich in Meeren, Flüssen, Seen und sogar an Land gefunden werden.

Es gibt in allen Bereichen Europas großartige Funde, Fundstätten und auch Museen oder historische Darstellungen zum Thema Unterwasserarchäologie. Für jeden Interessierten sind all diese regional und überregional bedeutenden Archäologiedokumente wichtige Informationsquellen für Zahlen, Daten und Fakten, aber auch Anregung und Studiengrundlage, um beim nächsten Tauchgang noch rücksichtsvoller, weil kompetenter, diesen „Unterwasserschätzen Europas" zur Entdeckung und wissenschaftlichen Auswertung zu verhelfen.

Archäologie · Meeresarchäologie

MEERESARCHÄOLOGIE

URSPRUNG UND ENTWICKLUNG

Mehrere außergewöhnliche Entdeckungen am Anfang dieses Jahrhunderts haben den unglaublichen Reichtum des auf dem Meeresgrund liegenden Erbes enthüllt und die Geburt der Meeresarchäologie gekennzeichnet. Die erste Entdeckung wurde 1900 aus Griechenland gemeldet. Schwammtaucher, die mit Helmtauchanzügen nach Schwämmen suchten, entdeckten bei einer Zwischenlandung vor der kleinen griechischen Insel Antikythera, einer kleinen Insel an der Ostseite des Peloponnes, in 60 Meter Tiefe ein mit Bronze- und Marmorstatuen beladenes antikes Wrack. Während des folgenden Winters wurden mit Genehmigung der griechischen Behörden etwa vierzig Statuen und Statuenteile geborgen. Darunter befanden sich solch bemerkenswerte Stücke wie die Büste eines Philosophen oder der berühmte „Jüngling von Antikythera", eine Originalbronzestatue aus dem 4. Jahrhundert v. Chr. Erst viele, viele Jahre später wurde ein Bronzeinstrument, das von dem Wrack geborgen wurde, identifiziert: Es handelte sich um ein astronomisches Gerät, mit dessen Hilfe die Schiffsleute wohl navigieren konnten. Es stammte aus Rhodos und war im Jahre 80 v. Chr., wohl kurz vor Untergang des Schiffes, neu nach den Gestirnen eingestellt worden. Nur sieben Jahre später entdeckten wiederum griechische Schwammtaucher vor Mahdia, einem Fischereihafen an der Ostküste Tunesiens, in einer Tiefe von 39 Metern ein anderes mit Architekturteilen, Marmor- und Bronzekunstwerken beladenes Wrack. Sechs Kampagnen wurden 1908 bis 1913 organisiert, um den Hauptteil der Ladung des Schiffes, das im ersten Viertel des 1. Jahrhunderts v. Chr. gesunken ist. Bemerkenswert ist, daß sich damals bereits ständig ein Archäologe an Bord befand, der zwar nicht tauchen konnte, aber die Berichte der Taucher auswertete und ihnen entsprechende Anweisungen gab. Der gesamte Fundkomplex wurde wissenschaftlich bearbeitet, veröffentlicht und in einem Museum der Öffentlichkeit zugänglich gemacht.

Die Bergung des Schiffsfundes von Mahdia bildete somit den Auftakt zu einer ganz neuen Forschungsdisziplin, der Unterwasserarchäologie. Den Reichtum des Meeres an antiken Statuen belegten aber bereits vorher viele Einzelfunde: So zogen z. B. Fischer 1812 vor der italienischen Küste bei Piombino den „Apoll von Piombino" aus dem Meer, und 1926 bargen griechische Fischer den sogenannten Gott aus dem Meer, ein Meisterwerk des 5. Jahrhunderts v. Chr., vor dem Kap Artemision. Ein antikes Relief aus Ostia, auf dem dargestellt ist, wie Fischer mit ihrem Netz auch eine Heraklesstatue aus dem Wasser ziehen, belegt, daß solche Einzelfunde bereits in der Antike gemacht wurden.

Die ersten Grabungen im Meer

So außergewöhnlich diese Entdeckungen auch waren, es handelte sich noch um nichts anderes als um die Bergung von Objekten, und man kann noch nicht wirklich von archäologischen Ausgrabungen sprechen. So schenkte man zum Beispiel in Antikythera der Keramik im Wrackbereich keinerlei Beachtung und vernachlässigte in Mahdia die Untersuchung der Schiffsreste selbst. Der schwere Helmtauchanzug und die damit verbundene Unbeweglichkeit der Schwammtaucher hätte dies auch gar nicht erlaubt.
Erst die Entwicklung eines autonomen Tauchgerätes durch den Ingenieur Emil Gagnan und Jean Jacques Cousteau in den Jahren 1942–43 läutete die Geburtsstunde der Unterwasserarchäologie, so wie wir sie heute verstehen, ein. Erst mit der Entwicklung der sog. Aqualunge stand der Menschheit ein Gerät zur Verfügung, mit dem sich der Mensch in dieser ihm fremden Umgebung frei bewegen konnte. Der gewaltige Erfolg dieses autonomen Tauchgerätes trug bald – zunächst insbesondere an der französischen Küste – seine Früchte.
Ab 1947 konnte jedermann die Aqualunge kaufen. In allen Küstenstädten entstanden Tauchclubs, und in den nächsten zehn Jahren wurden viele antike Wracks entdeckt, aber auch fast alle geplündert und zerstört. Schon 1948 entdeckten Sporttaucher des „Club alpin sous-marin"

(Alpiner Unterwasserclub) ihr erstes Wrack vor Antheor. Sie nannten es Christienne A. Frederic Dumas, Mitarbeiter Cousteaus, sah sich das Wrack 1950 an, aber als er zehn Jahre später wieder an der Stelle hinabtauchte, war das Wrack verschwunden. Die Taucher des Clubs hatten einen Teil der Amphoren gehoben, den Rest nahmen sich Touristen als Andenken. Viele Wracks, vor allem vor der französischen Küste, aber auch anderswo, teilten dieses Schicksal. Bevor die Archäologen etwas von ihnen erfuhren, waren die Wracks bereits ausgeraubt, zerstört oder sogar gesprengt.

Aus der Gruppe von Tauchern um Cousteau ging die G.E.R.S. (Groupe d'etudes et recherches sousmarines = Studien- und Forschungsgruppe unter Wasser) hervor, die der französischen Marine angeschlossen war. Sie unternahmen verschiedene Projekte. So kehrten sie zum Beispiel 1948 an das Wrack von Mahdia zurück, um erstmals Vermessungen an dem Wrack vorzunehmen.

Einige Jahre später, 1952, wurde in 40 Metern Tiefe an der Grand Conglou in der Nähe von Marseille die erste Ausgrabung unter Wasser gestartet, die ausschließlich von Tauchern mit Preßluftgeräten ausgeführt wurde. Die Arbeiten wurden von Kapitän Cousteau und seiner Mannschaft unter der wissenschaftlichen Kontrolle von Professor F. Benoit, dem damaligen Leiter der Altertumsforschung in der Provence, durchgeführt. Zum ersten Mal wurde der Airlift oder Luftabsauger eingesetzt, ein Saugrohr, in dem eingeleitete Luft aufsteigt und durch den Sog aufgewirbeltes Sediment mit sich reißt. Während der fünf Ausgrabungsjahre wurde ein großer Teil des Materials aus der Fundstätte an die Oberfläche gebracht: Amphoren, Keramik, Rumpfteile. Leider mangelte es den Grabungen an Genauigkeit und methodischem Vorgehen, was die Deutung der Stätte sehr fragwürdig machte. Der wissenschaftliche Streit zwischen den Archäologen, der über die verschiedenen Datierungen des Materials entbrannte, endete erst 1980 endgültig, als festgestellt wurde, daß in Wirklichkeit die Wracks von zwei Schiffen übereinander lagen, die in einem Zeitraum von einem Jahrhundert an genau derselben Stelle gesunken waren, das erste ganz am Anfang das, zweite am Ende des 2. Jahrhunderts v. Chr.

Etwa zur gleichen Zeit startete auch in Italien ein erstes unterwasserarchäologisches Unternehmen. Der Archäologe Nino Lambdoglia hatte von Amphorenfunden vor der italienischen Riviera erfahren und ließ die Stelle zunächst von Helmtauchern begutachten. Es handelte sich um einen etwa 30 Meter Amphorenberg, der vor Albenga lag. Dutzende von Amphoren wurden geborgen. Was Lamboglia aber viel mehr interessierte war die Frage, ob sich unter den Amphoren die Reste eines Schiffes befanden. Ein Spezialgreifer fraß sich durch die Amphoren, und tatsächlich wurden auch Holzreste herausgezogen. Sofort ließ der Archäologe die Unternehmung stoppen. Er wollte eine richtige Grabung unter Wasser.

Der Weg zu ernsthafteren Ausgrabungen

Die Erfahrungen bei Grand Conglou in Frankreich wie auch in Albenga in Italien machten aber die Notwendigkeit exakt durchgeführter Grabungen deutlich. 1955 fand die erste Unterwasserarchäologie-Konferenz statt. 1957 gelang Kapitän Philippe Taillez am Wrack der Titan die erste fotografische Erfassung eines Wracks mit einem Fotomosaik. Vor allem Nino Lambodoglia legte damals, sich seiner Fehler am Wrack von Albenga voll bewußt, die methodischen Prinzipien der Unterwassergrabung fest. Sie waren von den Methoden der Landausgrabungen inspiriert. 1958 und 1959 legte er bei Grabungen am Wrack von Spargi vor Sardinien erstmals ein Gitternetz an und schaffte auf diese Weise die erste planimetrische Vermessung eines Wracks. Noch immer tauchten aber keine Archäologen, und in Fachkreisen war der Sinn und Zweck derartiger Unternehmungen sehr umstritten, und häufig stieß man sehr rasch an die Grenzen des Möglichen. Soweit es möglich war, legte man noch immer lieber an „Land" oder unter trockenen Bedingungen frei.

So wurde zum Beispiel um die 1957 bei Skudelev im dänischen Roskilde-Fjord entdeckten fünf Wikingerschiffe eine Spundwand gebaut, aus deren Inneren man das Wasser hinauspumpte, um die Schiffe auf diese Weise mit landarchäologischen Methoden freizulegen. Ein weiteres Beispiel ist die *Wasa*, das Flaggschiff des schwedischen Königs Gustav II. Adolphs, das 1628 bei seiner Jungfernfahrt im Hafen von Stockholm gesunken war. Durch seine unermüdliche Suche war es dem Historiker Anders Franzen schließlich gelungen, das Schiff zu entdecken. Besonders günstige äußere Bedingungen (Kälte, Dunkelheit, nicht zu salzhaltiges Wasser) haben das Schiff hervorragend

Archäologie · Meeresarchäologie

erhalten, so daß es aufrecht in 33 Metern Tiefe tief in den Schlamm des Hafens eingesunken stand. Mit Hilfe von Marinetauchern wurde die Wasa untertunnelt und mittels Hebetrossen und Pontons zunächst meterweise versetzt und schließlich 1961 gehoben. Das gesamte Schiff wurde mitsamt seiner Schlammfüllung in ein Trockendock verbracht und dort von Archäologen im Inneren sorgfältig freigelegt. Ein Jahr später gab es auch in Deutschland das erste Wrack. Beim Ausbaggern eines Hafenbeckens in Bremen wurden die Reste eines Holzschiffes freigelegt, wie sich später herausstellte, einer mittelalterlichen Kogge, dem typischen Schiff der Hanse. Das Schiff lag im Uferrandbereich, Teile davon waren jedoch auch mit Wasser bedeckt. Da sich die Arbeit mit Helmtauchern sehr schwierig gestaltete, mußte man andere Wege finden. Mit Hilfe einer riesigen Taucherglocke konnten Archäologen und Arbeiter den Grund der Weser Stück für Stück nach Resten absuchen. All diese Funde steigerten das Interesse an der Unterwasserarchäologie.

Die letzte Etappe in Richtung der modernen Unterwasserarchäologie wurde in den sechziger Jahren erreicht, als die Archäologen anfingen, selbst zu tauchen, um Unterwassergrabungen zu leiten und deren Methoden zu entwickeln. Der erste war George Bass, ein junger amerikanischer Archäologe, der 1960 extra das Tauchen lernte, um an einem bronzezeitlichen Wrack beim Kap Gelidonia an der Südküste der Türkei zu arbeiten. Natürlich klappte nicht sofort alles, aber im Laufe der Zeit und mit wachsender Erfahrung, die an verschiedenen Wracks vor der türkischen Küste von dem amerikanischen Team gesammelt werden konnten, wurden die Techniken immer mehr verfeinert. Die Berichte der verschiedenen Projekte lesen sich wie ein Lehrbuch über die Entwicklung unterwasserarchäologischer Techniken. 1961–64 führte Georg Bass am byzantinischen Wrack vor Yassi Ada erstmals eine Ausgrabung, die unter Wasser mit Methode ausgeführt wurde. Sowohl Ladung wie auch die Reste des Rumpfes wurden genau aufgenommen und dokumentiert. Die Methode der Stereofotografie erlaubte es, außer der Ladung auch die Kabine mit dem Bordmaterial und das Schiff selbst zu rekonstruieren sowie die Eigenheit der Bauweise dieses kleinen Schiffes aus der ersen Hälfte des 7. Jahrhunderts n. Chr. zu verdeutlichen. Die Untersuchung eines griechischen Wracks an derselben Fundstelle fand nach 1967 statt. Im selben Jahr startete auch die Freilegung der *Kyrenia,* eines griechischen Wracks des 4. Jahrhunderts v. Chr. vor der Nordküste Zyperns, das ebenfalls von einem amerikanischen Team freigelegt wurde. Mit zu den bedeutendsten Unternehmungen der Amerikaner gehört jedoch das Wrack von Ulu Burun, die Reste eines Schiffes aus dem 14. Jahrhundert v. Chr., das in langjährigen Kampagnen sorgfältig freigelegt wurde und dessen vielfältigen Funde ein neues Licht auf viele Bereiche der Bronzezeit werfen.

In dieser Zeit haben sich in vielen Ländern eigene Institute für Unterwasserarchäologie herausgebildet, und die ersten Gesetze zum Schutz des kulturellen Erbes unter Wasser wurden verabschiedet.

Auch in Frankreich war die Unterwasserarchäologie natürlich weitergegangen, obwohl erst in den 70er Jahren wirklich methodische Grabungen durchgeführt wurden, als man 1973–74 in der kleinen Bucht von Gerbal in Port Vendres ein Wrack untersuchte. Damals wurde der antike Rumpf auseinandergenommen, geborgen und konserviert. Dieses Jahrzehnt wird aber vor allem die Zeit der Grabungen am Wrack von La Madrague de Giens (Hyères) bleiben, die zwischen 1972 und 1982 unter der Leitung von A. Tchernia und P. Pomey durchgeführt wurden. Das Wrack, das in einer Tiefe von 20 Metern ruhte, war ein großes römisches Handelsschiff, das bei seinem Untergang circa 6.000 in drei Schichten aufeinandergestapelte Amphoren mit italienischem Wein sowie Keramik transportierte (Tafel IV.1). Die Ausmaße des Schiffes (35 Meter Länge und 12 Meter Breite) zwangen, die Ausgrabungsfläche in aufeinanderfolgende Quergräben zu unterteilen. Mit Hilfe eines Rahmens wurden stereofotogrammetrische Aufnahmen gemacht. Um die Datenverarbeitung des aufgenommenen Materials zu gewährleisten, wurde ein analytisches Erfassungssystem installiert. Besondere Sorgfalt wurde dem Studium der Art des Ladens des Schiffes gewidmet, wobei festgestellt wurde, daß ein Teil der Fracht bereits in der Antike von Apnoetauchern, sogenannten Urinatores, geborgen worden war. Ebenso genau wurde der guterhaltene Rumpf untersucht. Das Wrack konnte aufgrund seiner Größe zwar nicht geborgen werden, aber Teilentnahmen erlaubten es, die Technik des Zusammenbaus und die Form des Schiffskörpers in allen Einzelheiten zu rekonstruieren.

Etwa zur selben Zeit wurde vor der Küste Englands die *Mary Rose* gehoben, das Flaggschiff

König Heinrich VIII., die 1545 bei einer Schlacht vor der Isle auf Wight gesunken war. Von Sporttauchern entdeckt, wurde das Wrack in vielen Kampagnen unter der Leitung von Margarete Rule freigelegt, gewissenhaft dokumentiert und schließlich geborgen. Wie schon für die *Wasa,* die Hansekogge, die *Kyrenia* oder die Wikingerschiffe, wurde auch für die *Mary Rose* ein eigenes Museum geschaffen, so daß das Ergebnis der sorgfältigen archäologischen Arbeit für jedermann sichtbar ist.

Das Mittelmeer ist somit nicht mehr das einzige Operationsfeld der Unterwasserarchäologen und die Antike nicht mehr das einzige untersuchte Zeitalter. Wichtige Grabungen werden im Ärmelkanal und an der Atlantikküste, an der Ostseeküste und im Baltischen Meer durchgeführt. Auch in Überseegebieten, an den Küsten Amerikas, Australiens, Asiens und Afrikas, werden unterwasserarchäologische Projekte durchgeführt. Es werden nicht mehr die erstbesten Wracks gegraben, sondern die Auswahl wird nach genauen wissenschaftlichen Kriterien getroffen. Die Methoden werden ständig verbessert, und die Genauigkeit und Effektivität von sorgfältig geplanten und unter Wasser durchgeführten Grabungen steht den Ergebnissen von Landgrabungen in nichts mehr nach. Die Entwicklung immer feinerer technischer Geräte macht Grabungen aber auch immer häufiger überflüssig. Sehr oft genügt ein sorgfältiger Survey, das heißt die genaue Untersuchung aller oberflächlich liegenden Funde und Befunde, um Fragestellungen zu lösen.

Die Organisation der Meeresarchäologie

Da das Tauchen an der französischen Mittelmeerküste geboren wurde und sich dort weiterentwickelt hatte, wurde sich Frankreich sehr schnell des Reichtums und der Bedeutung seines archäologischen Unterwassererbes bewußt. Schon 1961, vorangetrieben von F. Benoit, wurde Frankreich eines der ersten Länder, das sich eine Rechtsgrundlage zum Schutz der Wracks „von archäologischer, historischer oder künstlerischer Bedeutung" gab. Dieses Gesetz, das eine allgemeine Regelung für Wracks liefert, betonte das Eigentumsrecht des Staates an Wracks, deren Besitzer unbekannt sind, schrieb die Meldung aller neuentdeckten archäologischen Wracks vor und unterwarf jeglichen Eingriff auf einer zusammenhängenden Fundstätte einer vorherigen Genehmigung. Andere Länder folgten. Die Gesetzgebung in jedem Land ist etwas anders, eines ist jedoch allen gemeinsam: Die unter Wasser liegenden Objekte – seien es Einzelfunde, Schiffswracks oder Bauten – sollen geschützt werden. Für jeden Taucher sollten sie daher zunächst einmal tabu sein, zumal der Laie sehr häufig nicht unterscheiden kann, was archäologisch gesehen bedeutsam ist und was nicht. Es ist zunächst grundsätzlich nichts dagegen einzuwenden, daß Sporttaucher an Wracks tauchen, an freigegebenen Schiffen können sie dies mit aller Ausführlichkeit tun. In der Zeit von 1960–1980 wurden im Mittelmeer die Grabungen von Dr. Wilms-Posen, Dr. Naglschmid und Gerhard Kapitän (Marzamemi und Cap Ognina) zu ersten Anfängen, Sporttaucher in die Unterwasserarchäologie mit einzubeziehen und so durch Aufklärung und Einbindung zum Schutz des Unterwassererbes beizutragen. Grundsätzlich sollte jedoch nichts von einer Fundstelle mitgenommen werden. Glaubt man, ein unbekanntes Wrack entdeckt zu haben, kann man sich an jedes archäologische Museum oder Universitätsinstitut, an Denkmalbehörden, entsprechende unterwasserarchäologische Institutionen oder auch an die Polizei wenden, um den Fund zu melden. In Deutschland sind grundsätzlich zunächst einmal die jeweiligen Landesdenkmalämter für Funde sowohl an Land als auch unter Wasser zuständig. Sie haben 1993 eine eigene Kommission für Unterwasserarchäologie gegründet, in der Angestellte der Landesdenkmalämter freiwillig mitarbeiten. In Deutschland waren bis vor wenigen Jahren die unterwasserarchäologischen Tätigkeiten nach einem Fehlschlag Anfang der siebziger Jahre, bei dem zwei Archäologen bei einer Unternehmung im Mittelmeer tödlich verunglückten, auf Aktivitäten in den Alpenseen beschränkt. Im Bereich der Nordsee waren und sind wegen der starken Gezeitenschwankungen und Strömungen keine größeren Funde zu erwarten. Ganz anders ist die Sachlage an der Ostseeküste, in deren nicht so salzhaltigem und viel ruhigerem Wasser sich im Wasser liegende Fundstellen sehr gut erhalten haben, unter anderem auch deshalb, weil es zu DDR-Zeiten verboten war, dort zu tauchen. Dementsprechend bildete sich sehr bald nach der Maueröffnung in Mecklenburg-Vorpommern ein privater Tauchverein, der sich um das kulturelle Erbe vor der deutschen Küste kümmerte. Heute wird die Küste systematisch abgesucht und inventarisiert. Doch auch im Mittel-

Archäologie · Meeresarchäologie

meerbereich sind wieder deutsche Taucher aktiv. Mitglieder der „Deutschen Gesellschaft zur Förderung der Unterwasserarchäologie e.V." starteten 1992 in Zusammenhang mit der Bonner Ausstellung der Funde vom Wrack von Mahdia erneut eine Untersuchung der noch an der Fundstelle verbliebenen Reste. Vor allem Hinweise auf das Schiff selbst sollten gesammelt werden. Die Untersuchung dauert noch an. Doch auch an anderen Unternehmungen im Mittelmeer, Nord- und Ostsee beteiligten sich Mitglieder dieses Vereines, der sich unter anderem zum Ziel gesetzt hat, unter den Sporttauchern aufklärerisch tätig zu sein und diese junge Disziplin der Unterwasserarchäologie publik zu machen.

TECHNISCHE ASPEKTE

Da die Meeresarchäologie in einer dem Menschen feindlichen und nicht natürlichen Umwelt stattfindet, in der eigene physikalische Gesetze herrschen, muß sie sich den besonderen Zwängen des Unterwasserumfeldes anpassen. Jeder Taucher ist daher darauf angewiesen, zum Atmen Luft zugeführt zu bekommen. Dies kann durch die Mitnahme von Preßluftgeräten geschehen, durch Luftzufuhr via Schlauch vom Boot aus oder in größeren Tiefen auch durch besondere Gemische. Der Hauptzwang dabei ist die Begrenzung der Tauchzeit, die dem Taucher häufig nur einen sehr kurzen Aufenthalt an seiner Arbeitsstelle erlaubt. Daraus ergibt sich eine ganz besondere Arbeitsplanung mit Mannschaften, die sich an der Grabungsstätte nach einem genauen, im voraus festgelegten Arbeitsprogramm abwechseln. Neben den Verständigungsschwierigkeiten muß man auch die reduzierte Sicht in Betracht ziehen, die dazu führen kann, daß eine Grabungsstätte niemals während der Dauer der Ausgrabungen in ihrer Gesamtheit überblickt werden kann, wenn sie eine gewisse Größe erreicht, auch wenn die Helligkeitsbedingungen gut sind. Alle diese Zwänge führen dazu, Methoden und Techniken einzusetzen, die bei gleich guten Ergebnissen schnell und effizient sind. Diese Techniken unterscheiden sich je nach Art der Aktivitäten.

Die Prospektion

Die Unterwasserprospektion mit dem Ziel, Grabungsstätten zu orten, trifft auf zahlreiche Schwierigkeiten und ist oft auf die Verwendung komplexer Methoden angewiesen. Das Suchen durch autonome Taucher, auch wenn sie von der Oberfläche aus geschleppt werden, leidet unter zu großer Abhängigkeit und sehr eingeengtem Blickfeld. Es kann deshalb nur innerhalb begrenzter Zonen durchgeführt werden und eignet sich eher für Entdeckungsreisen als für das gezielte Prospektieren im eigentlichen Sinn.

Die verschiedenen optischen Systeme mit mechanischem Antrieb (Unterwasser-Fernsehen, Beobachtungssystem usw.) lösen das Problem der Abhängigkeit, vor allem in großer Tiefe, sind aber weiterhin der Sichtbegrenzung unterworfen. Deshalb zieht man komplexe Systeme vor, die mehrere Ergänzungsapparate verwenden, wie den Magnetometer, der es erlaubt, die durch die Wracks verursachten magnetischen Unregelmäßigkeiten festzustellen (auch bei den antiken Wracks durch Amphoren, deren eisenoxidreicher Ton eine Restmagnetisierung besitzt, die zur Ortung ausreicht, wenn die Gesamtmasse groß genug ist), und das Flächenecholot (*side scan sonar*), das entlang seiner Route einen Strahl von Ultraschallwellen aussendet, die vom Boden zurückgeworfen werden und auf einem Empfänger ein akustisches Bild der Unregelmäßigkeiten des Grundes aufzeichnen.

Aber um effizienter zu sein, benötigen diese von der Oberfläche gezogenen Maschinen hochentwickelte Positionsbestimmungssysteme von sehr großer Genauigkeit, die diese Suche sehr kostspielig machen. Man nimmt sie nur ausnahmsweise in Anspruch, wenn das gesuchte Ziel besonders wichtig und das Suchgebiet begrenzt ist. Genaue Nachforschungen in Archiven oder die Befragung von Fischern ist also immer notwendig, wenn die Suche erfolgreich sein soll.

Die Probleme, die sich bei der Erforschung einer bekannten Stätte ergeben, sind von anderer Art. Der sichtbare Teil einer Stätte ist im allgemeinen sehr begrenzt; es ist also nützlich, die gesamte Fundstätte zu erforschen, um ihre Ausdehnung feststellen und die Ausgrabung unter den besten Bedingungen beginnen zu können. Das Sondieren mit einer einfachen Metallstange ist eine elementare Technik, die gute Ergebnisse liefert. Man neigt jetzt immer mehr dazu, verfeinerte Methoden einzusetzen, die den Magnetometer verwenden, der in Zusammenarbeit mit dem Metalldetektor eine gute Kennzeichnung der Stelle liefert. Schließlich wurde vor kurzem die Methode der Widerstandsmessung, die bei der Archäologie an Land geläufig ist, auch im Unterwasserbereich mit vielversprechenden Ergebnissen erprobt.

Die Ausgrabung

Die verschiedenen Phasen der Grabung bei einer unterseeischen Fundstelle sind dieselben wie bei einer Grabung an Land. Man muß zuerst die vergrabenen Aufbauten und Gegenstände freilegen, dann verschiedene Messungen durchführen, die für die Registrierung der Merkmale einer Fundstelle und der Beziehungen der Gegenstände zueinander und zu den Aufbauten notwendig sind. Zuletzt muß man die Objekte und eventuell die Aufbauten, die man erhalten möchte, auseinandernehmen und nach oben bringen. In Ausnahmefällen, wenn bestimmte Bedingungen zusammentreffen, ist es manchmal möglich, sich von den Zwängen einer Ausgrabung auf dem Meeresgrund frei zu machen:
– indem man die Fundstelle abgrenzt und den Innenbereich trockenlegt, wie 1962 im Fall der Wikingerschiffe von Skudelev im Fjord von Roskilde in Dänemark;
– indem man das Wrack wieder flottmacht, wie zwischen 1957 und 1961 bei der Bergung des königlichen schwedischen Schiffes *Wasa*, das 1628 im Hafen von Stockholm in einer Tiefe von 33 Metern sank und dessen Erhaltungszustand bemerkenswert ist.
In den meisten Fällen findet die Ausgrabung aber unter Wasser statt.

**Ein bemerkenswertes Gerät:
der Luft- oder Wasserabsauger**
Die Befreiung der Fundstelle von Sedimenten, die sie bedecken, geschieht mit einem Gerät, das heute gebräuchlich ist: das Luft- oder Wasserabsauggerät.
Das Luftabsauggerät besteht aus einem halbsteifen, senkrechten Schlauch, der auf dem Grund befestigt ist und in den man durch das untere Ende Preßluft einläßt. Das plötzliche Nachlassen des Drucks im Schlauch bewirkt einen starken, aufsteigenden Luftstrom, dessen Saugkraft um so größer ist, je größer der Druckunterschied (das heißt der Niveauunterschied zwischen dem Ein- und dem Ausgang des Absauggeräts) ist. Die Sedimente werden an der Oberfläche oder unter Wasser in einer gewissen Entfernung der Grabungsstätte wieder ausgeworfen, nachdem sie durch den Filter eines Trichters, der vorsichtshalber am Ausgang des Schlauches befestigt ist, gegangen sind. Die Handhabung dieses Gerätes ist wegen seiner gewaltigen Kraft heikel, wenn man auf einer empfindlichen archäologischen Schicht oder auf einem zerbrechlichen Rumpf arbeitet. Deshalb gibt man dem Druckwasserabsauggerät den Vorzug, das den Vorteil hat, weniger gewaltsam und in jeder Tiefe mit derselben Leistung zu arbeiten. Es besteht aus einem steifen, einige Meter langen Schlauch, dessen Y-förmiger Kopf einen schrägen Eingang hat. Man schickt in der Achsenrichtung des Schlauchs einen starken, gepreßten Wasserstrom, der durch Unterdruck einen Saugstrom in dem schrägen Kopf erzeugt, den man auch mit einem kleinen biegsamen Henkel ausrüsten kann, um die Arbeit zu erleichtern (Tafel I.1). Die Sedimente werden am Ausgang des Trichters in einigen Metern Entfernung zur Arbeitsstelle wieder ausgeworfen. In bestimmten Fällen kann man auch direkt ein Wasserstrahlrohr verwenden, am besten mit einem Strahlverteiler, um die Stärke besser kontrollieren zu können. Aber auch in diesem Fall muß mit großer Sorgfalt vorgegangen werden.

Die Unterwasservermessungen
Die Methoden der Unterwasservermessungen sind von der Beschaffenheit der Fundstellen abhängig. Die klassischen metrischen Verfahren wie die Triangulation, d. h. die Messung von Winkeln und Entfernungen, benötigen zahlreiche Messungen, was bei der meist begrenzten Tauchzeit oft von Nachteil ist. Deshalb verwendet man sie nur innerhalb von begrenzten Zonen oder wenn die Zahl der zu vermessenden Punkte gering ist. Dagegen werden die fotografischen Verfahren, die eine effektive Nutzung der Tauchzeit erlauben und die von der Möglichkeit des Tauchers profitieren, sich in drei Dimensionen bewegen zu können, am meisten eingesetzt. Um die durch Wasserbrechung und optische Perspektive verursachten Verzerrungen zu korrigieren, ist es ratsam, über der Fundstelle ein geeichtes Gitternetz anzulegen und sich über die Regelmäßigkeit der Aufnahmen zu vergewissern, zum Beispiel mit Hilfe eines mit dem Gitternetz gekoppelten Gestells. Das heute bestentwickelte Verfahren ist die ste-

Archäologie · Meeresarchäologie

reoskopische Aufnahme, die mit Hilfe eines Auswerters dreidimensionale fotogrammetrische Aufnahmen ermöglicht, weil sie das plastische Binokularsehen wiedergibt. Die Aufnahmebedingungen im Meer erlauben nur eine annähernde Stereofotogrammetrie, auch wenn man Apparate von großer Genauigkeit mit einer korrigierten und geeichten Optik benutzt. Es ist notwendig, eine ausreichende Zahl von metrischen Visierlatten in Stellung zu bringen, um eine hohe Genauigkeit zu erreichen. Aber im Endeffekt ist das Verhältnis zwischen der Qualität der erzielten Aufnahmen, vor allem in der Flächenmessung, und der Arbeitsintensität unter Wasser weitgehend positiv und rechtfertigt den jetzigen Erfolg des Verfahrens. Das geläufigste stereoskopische Aufnahmesystem besteht darin, einen Apparat in regelmäßigen Abständen (Basis der Stereopaare) auf einem Rahmen zu bewegen, der in einem bestimmten Abstand von der Aufnahmebasis angebracht ist. Ein leichteres System wurde mit Erfolg von der DRASM für die Vermessung von begrenzten Zonen benutzt. Dabei wird der feste Rahmen ganz weggelassen; eine Tragplatte mit zwei Fotoapparaten wird in gleichmäßiger Höhe bewegt (Tafel I.2).

Bergung und Fundbehandlung

Das Hinaufschaffen der Gegenstände bringt keine besonderen Probleme. Zu den von der Oberfläche aus betätigten Hebesystemen kommen noch alle Möglichkeiten mit Ballons, die mit Preßluft gefüllt und direkt an Gegenstände oder Körbe befestigt werden und die den Vorteil sehr großer Handlichkeit bieten.
Sind die Gegenstände an der Oberfläche, müssen erhaltende Maßnahmen eingeleitet werden, um ihren Schutz zu gewährleisten, insbesondere im Fall von Metallgegenständen, vor allem eisernen, und von organischen Materialien, vor allem Holz. In beiden Fällen ist es angebracht, die Gegenstände im Wasser zu lassen und ihre Austrocknung zu vermeiden, bevor die notwendigen Erhaltungsmaßnahmen begonnen werden können. Für Metallgegenstände wird heute zumeist das von der EDF entwickelte Elektrolyse-Verfahren benutzt. Dabei gelingt es, die Korrosion zu stoppen und die Metalle, auch große Stücke, mit guten Ergebnissen zu stabilisieren, indem man die Chloride ausmerzt. Die Behandlungsverfahren wassergesättigter Hölzer sind noch komplexer. Auch wenn die durch die Sedimente geschützten Hölzer ihre Form behalten haben, so ist ihre Struktur dennoch stark beschädigt, und sie zeigen keinen mechanischen Widerstand mehr. Der Luft überlassen, verformen sie sich im Verlauf der Trocknung vollkommen. Von den verschiedenen, für die Härtung und die Erhaltung der Hölzer benutzten Konservierungen ist die älteste und am meisten verbreitete Methode die Imprägnierung mit Polyethylenglycol (PEG), die den Vorteil hat, daß große Holzflächen, wie die der antiken Wracks von Kyrenia, Marsala oder Toulon behandelt werden können. Dennoch verwendet man jetzt immer mehr das Verfahren der Vakuum-Gefriertrocknung, das hervorragende Ergebnisse liefert, sich aber nur für Stücke eignet, deren Ausmaße die der Behandlungskammer nicht überschreiten. Die Gefriertrocknung unter Luftdruck ist eine vielversprechende Methode, die von diesen Einschränkungen befreit, aber bisher nur an dem antiken Wrack der Bourse de Marseille erprobt wurde. Schließlich hat das Nuklearforschungszentrum von Grenoble eine Methode der Imprägnierung mit Harz und Polymerisation mit γ-Strahlen entwickelt, die sich sehr gut für zerbrechliche Stücke eignet.

Die Arbeitsbasis an der Oberfläche

Man darf nicht vergessen, daß mit Ausnahme von einigen Grabungsstätten, die in Küstennähe liegen, die meisten Grabungen im Meer eine schwimmende Basis benötigen, welche die für das Tauchen und die Unterwasserarbeiten unentbehrlichen Apparate bereitstellt und eine genügend große Arbeitsfläche bietet. Je nach Umfang der Ausgrabungen kann diese Basis an der Oberfläche aus leichten Booten, aus Schiffen wie dem *Archéonaute* oder aus festverankerten bzw. selbstfahrenden Pontons bestehen, die im allgemeinen den Vorteil einer breiten Arbeitsplattform bieten.

Fundstellen im Meer

Wenn man die Einschränkungen betrachtet, denen sie unterworfen ist, kann man die Meeresarchäologie nur durch die Bedeutung der Fundobjekte, die auf dem Meeresgrund liegen, rechtfertigen. Diese Überreste sind nicht nur besonders mannigfaltig, sie bringen auch Studienbedingungen mit sich, die an Land selten zusammentreffen. Das Versinken, aus welcher Ursache auch immer (Überschwemmung, Schiffbruch), läßt jede Grabungsstätte in der Zeit erstarren, indem sie es mit Sedimenten bedeckt. Es ist letztlich jedesmal das „Pompeji-Phänomen", das sich wiederholt. Die Wracks sind zudem insofern interessant, da sie homogene und meist geschlossene Einheiten bilden, in denen sich die vorhandenen Gegenstände, ob Bordausrüstung oder Ladung, in perfektem Synchronismus befinden.

Überschwemmte Fundstellen am Ufer
Zahlreiche Fundstellen, die ursprünglich an Land waren, sind heute vom Meer überschwemmt. Für die entferntesten Epochen handelt es sich um prähistorische Höhlen, die infolge großer Meeresverschiebungen nach der Eiszeit überschwemmt wurden. In Frankreich wurden Ende der 60er und Anfang der 70er Jahre mehrere Forschungsprojekte mit Hilfe des *Archéonaute* bei Villefranche-sur-Mer und in den Calanques von Cassis und Marseille durchgeführt, wobei derartige prähistorische Höhlen gefunden wurden. Die Höhle von La Tremie in den Calanques, die heute in einer Tiefe von 20 Metern unter Wasser liegt, zeigt Wohnungsspuren, die etwa 200.000 Jahre alt sind. Noch außergewöhnlicher ist eine Entdeckung jüngeren Datums (1991) in der Nähe der Spitze des Cap Mordiou: die nach dem Namen ihres Entdeckers Cosquer genannte Höhle, die mit Felsmalerei und Ritzzeichnungen geschmückt ist, welche bis ins Jung-Paläolithikum (gegen 18.500 v. Chr.) zurückreichen (Tafel II.1). Obwohl die Grotte zum großen Teil in Höhe des Wasserspiegels liegt, also wieder trocken ist, kann sie nur durch einen vollkommen überschwemmten Stollen erreicht werden, dessen Eingang sich in 37 Metern Tiefe öffnet. In jüngeren historischen Epochen, in denen die durchschnittliche Niveauschwankung des Mittelmeeres gering war (ungefähr 60 Zentimeter), wurden Überschwemmungen von Küstenansiedlungen vor allem von lokalen Tektonikerscheinungen ausgelöst. Das berühmteste Beispiel ist die römische Stadt Baiae im Golf von Neapel, die heute, infolge der allmählichen Senkung der Küste durch langsame Erdbewegungen im Lauf des 1. und 2. Jahrhunderts n. Chr., 20 Meter tief versunken ist. In Frankreich, wo die Küsten relativ stabil sind, ist nur eine wichtige Fundstelle bekannt, die große Hafenstadt Fossae Marianae mit den Überresten eines umfangreichen großstädtischen Gräberfeldes aus dem 1. bis 3. Jahrhundert unserer Zeitrechnung, die in den Gewässern des Golfes von Fos liegt.

Häfen und Liegeplätze
Die antiken Häfen sind durch ihre Lage, halb am Land, halb im Meer, besonders empfindlich gegenüber den Schwankungen des Meeresniveaus, auch wenn sie eine geringe Ausschlagstärke haben. Sehr wenige haben ihre ursprüngliche Anbindung ans Meer behalten. An den Küsten Frankreichs sind viele antike Häfen, wie die von Marseille, Toulon, Fréjus, infolge des Vorrückens der Uferlinie verschüttet. Andere wiederum kann man nur mit Hilfe der Meeresarchäologie aufspüren. Ein Beispiel dafür ist der kleine römische Hafen von Les Laurons in der Nähe von Martigues, der eine bemerkenswerte homogene Einheit bildet, wobei sein natürliches dreibogiges Becken und zahlreiche Überreste von Molen und Landungsbrücken erhalten sind. Die Liegeplätze, die zeitweiligen Ankerzonen der Schiffe oder die Schutzzonen bei schlechtem Wetter bilden wichtige Fundstätten unter dem Meer, da die Mannschaften zahlreiche Gegenstände wegwarfen, die sich im Lauf der Zeit an diesen Stellen angehäuft haben. Sie erlauben es nicht nur, den Verkehr auf den Meeresstraßen besser kennenzulernen, sondern geben auch durch den Reichtum des Materials kostbare Zeugnisse über die Schiffahrt und die Lebensbedingungen an Bord. Zahlreiche antike Ankerstöcke, die manchmal Inschriften tragen, kommen von diesen Stellen. Als weiteres Beispiel können wir den Quarantänehafen von Marseille anführen, der in der natürlichen Schutzzone der Insel von Pomègues liegt und wo sich hauptsächlich im Lauf des 17. und 18. Jahrhunderts Tausende von Gegenständen aller Art angehäuft haben, die von der Vielfalt des Verkehrs in Marseille zeugen.

Archäologie · Meeresarchäologie

DIE WRACKS

Wie interessant und reich diese manchmal außergewöhnlichen Fundstellen auch sind, die Schiffswracks bleiben die typischste Grabungsstätte im Meer, die auch bei weitem am häufigsten vorkommt. Dennoch zeigen die Wracks je nach Art ihrer Entstehung große Unterschiede untereinander.

Bei einem Schiffbruch sinkt das Schiff, nachdem es mehr oder weniger schwere Schäden erlitten hat, bis zum Meeresgrund, wo es dann fest liegt. Von diesem Moment an setzt ein zweifacher Vorgang ein. Unter dem Einfluß der Meeresumgebung werden die hohen Teile, die ganz im Wasser liegen, im Lauf der Zeit beschädigt. Die unteren Teile dagegen werden langsam von Sedimenten bedeckt. Nach und nach fallen die Aufbauten zusammen, und die Ladung breitet sich aus, während die langsame Sedimentablagerung fortschreitet. Am Ende treffen die beiden gegensätzlichen Entwicklungen zusammen, und das Wrack stabilisiert sich in einem Gleichgewichtszustand.

Im Laufe dieser Entwicklung spielt die Fracht eine wesentliche Rolle. Wenn sie aus Elementen besteht, die im Wasser erhalten bleiben, wie antike Amphoren aus gebrannter Erde, wird sie dazu beitragen, das Wrack zu schützen und durch ihre Masse seine Ortung zu erleichtern. Wenn sie dagegen aus verderblichem Material besteht, wie die Holzfässer aus dem Mittelalter, wird sie zerstört und wird kaum eine Schutzfunktion ausüben können. Ein derartiges Wrack wird nicht so gut erhalten und schlechter zu orten sein.

Außer der Ladung tragen viele andere Faktoren dazu bei, diesen Prozeß zu beeinflussen. Zunächst die Tiefe, die, wenn sie beträchtlich ist, das Wrack vor dem mechanischen Verschleiß durch die Dünung und vor allem vor der zerstörerischen Wirkung der Stürme schützt. Auch die Beschaffenheit des Grundes und der Küsten spielen eine Rolle. So sind flache, sandige oder lagunenartige Küsten ziemlich ungünstig für die Erhaltung oder die Ortung von Wracks. Welche Fracht auch immer sie transportierten, sie wird unvermeidlich von den Stürmen zerschlagen und zerstreut, und ihre kümmerlichen Reste werden am Ende vollkommen von den Sedimenten zugedeckt.

Dagegen bieten steile Küsten mit Sandboden oder Seegraswiesen viel günstigere Erhaltungs- und Ortungsbedingungen. Neben diesen natürlichen Faktoren, die für den Zustand der Wracks direkt verantwortlich sind, spielen für ihre Entdeckung auch menschliche Faktoren eine Rolle. Es sind manchmal Fischer, öfter aber Sporttaucher, welche die Wracks entdecken. Je attraktiver und überlaufener eine Küste ist, um so zahlreicher werden die Wracks entdeckt.

Wegen all dieser Faktoren ist das Vorkommen von Wracks je nach Gegend, Epoche oder Eigenart der Schiffe und ihrer Fracht sehr ungleich. So befinden sich fast 30 % der an den französischen Mittelmeerküsten bekannten Wracks in der Gegend von Marseille, da die Küste dort für die Erhaltung der Wracks günstig ist und die Tauchgründe sehr viel besucht werden. Dagegen haben die Sandküsten des Languedoc und die Umgebung von Narbonne, das einer der größten antiken Häfen war, bis jetzt nur sehr wenige Wracks zutage gebracht. Das Fehlen jeglicher Ladung erklärt, weshalb man nur so wenige Wracks von antiken Kriegsschiffen kennt, dagegen sind viele Handelsschiffe wegen ihrer Amphorenfracht gut erhalten. Schiffe, die lose geladenen Weizen transportierten, findet man dagegen kaum, obwohl sie in großer Zahl verkehrten. Die Beschaffenheit ihrer Fracht, bei der das Faß die Amphore ersetzt hatte, ist schließlich auch der Grund, weshalb mittelalterliche Schiffe nur selten und schwer entdeckt werden.

Trotz aller Unzulänglichkeiten und Fehler stellen die Wracks unvergleichliche archäologische und historische Zeugnisse dar. Sie bieten zudem – wir haben es schon unterstrichen – vorzügliche Studienbedingungen, bei denen das Schiff mit seiner Ladung, seiner Ausrüstung und seinem Bordmaterial eine theoretisch geschlossene und homogene Einheit bildet, deren Elemente alle in enger Wechselbeziehung stehen und alle zur selben Zeit verwendet wurden. In jeder Hinsicht verdienen Wracks unsere besondere Aufmerksamkeit.

Die Wracks und der Seehandel

Wenn man den Umfang des Seehandels berücksichtigt, der bis in unser Zeitalter eine bevorzugte Stellung in den Handelsbeziehungen einnimmt, liefern die Wracks zunächst grundlegende Daten für die Erforschung der Wirtschaftsgeschichte. In der Tat ergibt ein Wrack mit seiner Ladung ein zwar punktartiges, aber genaues Bild der Beschaffenheit und des Umfangs des Güteraustauschs an einem bestimmten Ort und zu einem bestimmten Zeitpunkt. Die Wracks stellen ein wichtiges Glied in der Wirtschaftskette zwischen der Produktion und dem Vertrieb dar, das es erlaubt, die komplexen Vorgänge der Vermarktung zu erkennen. Sie illustrieren, je nach Erhaltungszustand, die Vielfältigkeit der Produkte und die Frachtzusammensetzung und verraten manchmal die Ursprungsländer.

Ein Zeugnis über die Wirtschaftsgeschichte des Altertums
Die ältesten Zeugnisse für den Seehandel an den jetzigen französischen Küsten legen etruskische, massaliotische und griechische Wracks. Das Wrack von *Bon Porté* (Saint-Tropez) aus dem Ende des 6. Jahrhunderts v. Chr., das einige Jahre jünger ist als die etruskischen Wracks von *Love* (Antibes) und von *Esteou dou Miet* (Marseille), macht mit seiner Ladung aus massaliotischen sowie einigen griechischen und etruskischen Amphoren die herausragende Stellung der Händler aus Massalia (Marseille) in den Seehandelsbeziehungen deutlich.
Noch bemerkenswerter ist die Grabungsstätte an der Pointe Lequin in Porquerolles, wo die DRASM (L. Long) in mehreren Ausgrabungsjahren zwei archaische Wracks freigelegt hat, ein griechisches aus dem Ende des 6. Jahrhunderts v. Chr. und ein anderes aus Massilia (so hieß der Ort in röm. Zeit) aus dem Anfang des 5. Jahrhunderts; diese beiden Wracks sind teilweise von einem römischen Wrack aus der republikanischen Epoche (Ende 3., Anfang 2. Jahrhundert v. Chr.) und einem anderen aus der kaiserlichen Epoche kurz nach der Zeitwende überlagert. Die mit vier Schichten antiker Wracks überaus reiche Grabungsstelle der Pointe Lequin stellt ein schönes Beispiel des heute wohlbekannten Vorgangs der Schichtung der Wracks dar, die ihre Ursache darin hat, daß mehrere Schiffe an derselben Stelle Schiffbruch erlitten. Das an verzierter attischer und ionischer Keramik außerordentlich reiche griechische Wrack ist bis heute die ergiebigste bekannte Fundstätte von archaischer griechischer Keramik in Frankreich und eines der wichtigsten Zeugnisse über den Seehandel in diesem Zeitalter. Zu den ältesten Wracks ist auch das griechische Wrack von Plane 2, an der Einfahrt zum Hafen von Marseille zu zählen, das aus dem Ende des 5. Jahrhunderts v. Chr. stammt. Seine Bedeutung liegt unter anderem in den Ursprüngen seiner gemischten Fracht, die griechische Amphoren mit punischen und massaliotischen verbindet, aber auch mit attischer Keramik und einer bedeutenden Ladung von Kupferbarren.

Handelsströme und Schiffstypen
Andere Wracks zeugen von großen Handelsströmen, auf denen oft nur ein einziges marktbeherrschendes Produkt transportiert wurde, wie die vielen Schiffe bezeugen, die gegen Ende der römischen Republik (Ende 2., 1. Jahrhundert v. Chr.) während der großen Exportwelle von italienischen Weinen nach Gallien sanken. Das Wrack von La Madrague de Giens mit seiner Ladung von 6.000 Weinamphoren aus der Gegend von Terracina in Italien und einer zusätzlichen Ladung von campanischer Keramik sowie Gebrauchskeramik, belegt eindrucksvoll diesen bedeutenden Handel in den 70er Jahren v. Chr. Es unterstreicht mit seinen ursprünglichen Ausmaßen von 40 Meter Länge und seinem Ladegewicht von 400 Tonnen auch die Bedeutung, die die Reedereien diesem Verkehr beimaßen (Tafel IV.2).
Dieser ließ im 1. Jahrhundert unserer Zeitrechnung eine echte Spezialisierung der Schiffe entstehen. Jüngere Ausgrabungen haben „Tankerschiffe" ans Licht gebracht, die regelrecht auf den Transport von losem Wein spezialisiert waren. Ihr Laderaum war gefüllt mit großen, festgemachten, irdenen Krügen, den *dolia*, die bis 2 Meter Durchmesser erreichen konnten mit einer Kapazität von bis zu 2.000 Litern. Wracks von derartigen Schiffen wurden unter anderem beim Grand Ribaud vor den Inseln von Hyères und beim Petit Congloué in der Reede von Marseille gefunden.

Musterkollektion lokaler Produkte
Neben diesen Schiffen, die für den Transport eines einzigen Hauptprodukts bestimmt waren, zeugen andere vom Handel verschiedener Produkte einer einzigen Gegend. Ein solches aus Südspanien kommendes Schiff wurde in der Hafeneinfahrt von Port-Vendres gefunden. Die Untersuchung der Port-Vendres 2 genannten Fundstelle (D. Colls, B. Liou) hat ergeben, daß das Schiff eine Musterauswahl der Produkte der reichen südspanischen Provinz Betica und der benachbarten Gegenden transportierte: Öl, Wein, Salzlaken, Keramik, aber auch Zinn-,

Blei- und Kupferbarren. Das Siegel eines kaiserlichen Beamten, eines freigelassenen Messalinas, auf den Zinnbarren erlaubt die Datierung des Wracks in die Zeit des Kaisers Claudius, und die auf den Amphoren erhaltenen gemalten Zeichen belegen, daß mehrere Händler sich zusammengeschlossen hatten, um ihre Produkte mit demselben Schiff zu verschicken. Auch das Schiff des Wracks *Sud Pertudo II*, das in der Mündung von Bonifacio zur Zeit des Augustus auf 48 Meter Tiefe gesunken ist, kam aus Spanien. Es transportierte eine umfangreiche Ladung von Salzlakenamphoren, die in mindestens drei Schichten gestapelt waren, und von Bleibarren, die auf dem Boden des Laderaums angeordnet waren.

Lebendigkeit der Küstenschiffahrt
Auf den antiken Handelsschiffen findet man eine große Vielfalt an Ladungen; es beweist, wie mannigfaltig die Handelsbeziehungen waren und wie lebhaft die Küstenschiffahrt. Da sie für den Kleinhandel und die Verteilung der Produkte entlang der Küsten verantwortlich war, bildete die Küstenfahrt wahrscheinlich den Grundstock des allgemeinen Schiffslebens. Typisch für diesen Handel ist das Wrack der *Tradelière*, das in 50 Meter Tiefe auf offener See vor Cannes liegt. Nicht weniger als neun verschiedene Amphorenarten griechischer, punischer, italienischer, spanischer Herkunft bildeten einen Teil seiner Ladung, die auch Geschirr aus Terrakotta, Bechersätze, kleine tierförmige Vasen, Glasschüsseln und Tausende von Haselnüssen enthielt. Dieses Schiff kam mit seiner bunten Ladung wahrscheinlich vom östlichen Mittelmeer und erlitt in den Jahren 50 bis 10 v. Chr. an den französischen Küsten Schiffbruch. Manchmal erlaubt es die Beschaffenheit der Fracht die Route und die Anlegeplätze der Küstenschiffe ausfindig zu machen. So war es möglich, einen Teil der Reise eines kleinen, 13 Meter langen Schiffes festzulegen, das in der Bucht von Cavalière in der Nähe von Le Lavandou ungefähr im Jahr 100 v. Chr. gesunken war und dessen Ausgrabung von der DRASM (R. Lequément) durchgeführt wurde. Da numidische Münzen und punische Amphoren gefunden wurden, startete es seine Route wahrscheinlich in Afrika. Dann fuhr das Schiff nach Italien, wo es in Apulien, Campanien und Ligurien anlegte, um schließlich seine Reise frühzeitig an der Küste von Südgallien abrupt abzubrechen.

DIE VERSCHIEDENARTIGKEIT DER LADUNGEN

Einen wichtigen Teil des Seehandels bildeten die Lebensmittel. Dennoch zeigen die Wracks, daß auch viele andere Materialien auf dem Meer transportiert wurden.

Metalle
Unter anderem handelt es sich um Metallgegenstände und Rohmetalle. Die ältesten Funde dieser Art stammen aus den beiden bronzezeitlichen Wracks von Kap Jelidonya und Ulu Buvun an der türkischen Südküste, die ins 12. bzw. 14. Jhr. v. Chr. datiert werden und unter anderem Kupfer-, Zinn- und Bleibarren transportierten. Eine der eigenartigsten Fundstellen liegt in der Nähe von Rochelongue bei Agde. Sie enthielt fast 800 Kilogramm Kupferbarren von verschiedenen Größen, einige Zinnbarren und mehr als 1.700 bronzene Gegenstände: Werkzeuge, Waffen, Pferdegeschirrteile, Schmuckstücke und Spangen. Der gesamte Fund kann in die Mitte des 6. Jahrhunderts v. Chr. datiert werden. Aber worum es sich bei dieser Stätte wirklich handelt, ob um das überschwemmte Versteck eines Gießers oder das kleine Schiff eines Wandergießers, bleibt unklar, da überhaupt keine Schiffsspuren vorhanden sind. Wenn man jedoch das Wrack vom Kap Gelidonya betrachtet, das ähnliche Merkmale zeigt, spricht doch vieles für die zweite Hypothese. Die Wracks, die Rohmetalle transportierten, sind oft eindrucksvoll wegen ihrer Verkrustung. In dieser Hinsicht eines der bemerkenswertesten ist das Wrack von Bagaud 2 vor den Inseln von Hyères: Im Laufe der Untersuchung kam eine Ladung aus Eisen- und Zinnbarren zutage, die mit dem Namen von geheimnisvollen Kelten aus dem Ende des 2. Jahrhunderts v. Chr. abgestempelt waren Genauso bemerkenswert ist das Wrack von Ploumanac'h in der nördlichen Bretagne, welches das einzige wirklich erforschte antike Wrack an den Küsten von Ponant ist. Wahrscheinlich wurde es dank seiner Fracht, bestehend aus Hunderten von Bleibarren, geortet (Tafel II.2). Zahlreiche Zeichen mit den Namen von keltischen Stämmen aus Großbritannien auf den Barren bezeugen den Bleihandel mit diesem Land am äußersten Ende des Römischen Reiches.

Baumaterialien

Einen Eindruck von der Vielfalt des Seehandels geben andere Wracks mit gewöhnlicheren Ladungen. Zum Beispiel das Wrack des Dramont D (Saint Raphaël) mit seiner Ladung aus Mörtel aus einer italienischen Werkstatt des 1. Jahrhunderts oder das Wrack der Pointe de La Luque B (Marseille) mit seiner Fracht aus Öllampen aus dem 4. Jahrhundert; auch Baumaterialien wie Dachziegel wurden transportiert; mehrere Wracks entlang den Küsten Frankreichs, wie das Wrack der Calanque de L'Ane (Marseille) aus dem Ende des 1. Jahrhunderts n. Chr. hatten solche geladen. Auch Quadersteine wurden gefunden: Die Ladung eines untersuchten Wracks von Carry-le-Rouet in der Nähe von Marseille bestand aus 24 großen Blöcken von etwa einer Tonne, die aus den Steinbrüchen von Ponteau in der Nähe von Martigues stammten und für den Bau von Gebäuden in Marseille am Ende des 2. Jahrhunderts v. Chr. bestimmt waren, wie die zahlreichen in die Steine gravierten Steinbrecherzeichen belegen.

Kunstgegenstände

Die eindrucksvollsten Entdeckungen bleiben jedoch die Kunstgegenstände, die oft an Bord von Schiffen transportiert wurden. Eine Zwischenstellung nehmen Schiffsladungen wie die des Wracks von Mahdia, das die komplette Ausstattung einer oder mehrerer Villen barg, oder das Kirchenwrack von Marzameni auf Sizilien, das die Marmorausstattung einer byzantinischen Kirche geladen hatte. In beiden Fällen handelt es sich um Architektur, zugleich aber auch um Kunstgegenstände. Der Meeresarchäologie ist der größte Teil der Originalbronzen der griechischen Bildhauerkunst zu verdanken, da an Land die Bronze oft wieder verwendet wurde und Kunstgegenstände daher eingeschmolzen wurden. 1972 war die Bergung von zwei übergroßen bronzenen Kriegerstatuen (etwa 2,10 Meter) in Riace, Calabrien (Italien), in 8 Meter Tiefe eine der außergewöhnlichsten Entdeckungen. Man erkannte in ihnen Originale von bemerkenswerter Qualität aus dem 5. Jahrhundert v. Chr., und erst in jüngster Zeit gingen die Bronzefunde von Brindisi durch die Medien. Einzelfunde wurden bereits oben erwähnt. In Frankreich muß man den berühmten Jüngling von Agde erwähnen, der im Flußbett des Hérault entdeckt wurde, den Marmorkopf des Kaisers Augustus, den ein Fischer auf offener See vor der Camargue zutage förderte und dessen Ausmaße andeuten, daß er zu einer riesigen Statue gehörte, und die Ladung von Einrichtungsgegenständen aus Bronze aus dem Wrack von la Fourmigue C im Golfe Juan. Da das Wrack in 60 Meter Tiefe liegt, benutzte die DRASM die Techniken des Sättigungstauchens, um die Ladung, die gerade in Gefahr war, geplündert zu werden, zu retten. Außer einer Hauptfracht von Weinamphoren aus Italien enthielt das aus dem I. Jahrhundert v. Chr. stammende Wrack metallische Gegenstände aus Bronze, unter ihnen Bettelemente, zusammengesetzt aus damaszierten Teilen und Zierstücken, dekoriert mit Büsten von Silen oder der Artemis, jeweils begleitet von Maulesel- und Pferdeköpfen; oder auch einen großen Bronzeeimer, der unter den Henkeln mit Silenesmasken, echten Meisterwerken der hellenistischen Kunst, dekoriert war (Tafel III. 3).

MITTELALTERLICHE UND NEUZEITLICHE WRACKS

Immer öfter werden Wracks aus jüngerer Zeit Gegenstand von Ausgrabungen. Für das Mittelalter sind die sogenannten sarazenischen Wracks von Bataiguier (Cannes), von Agay (Saint Raphael) und von Plane 3 (Marseille) aus dem 10. und 11. Jahrhundert zu erwähnen, die ihre Erhaltung ihrer Fracht aus großen irdenen und keramischen Krügen verdanken. Außer diesen sind kaum mittelalterliche Frachten bekannt. Im modernen Zeitalter lenken die großen Schiffe der Indiengesellschaft die Aufmerksamkeit auf sich. Ihre Ladung liefert Informationen, die den Archiven oft unbekannt waren, zum Beispiel die 1746 bei Belle-Ile-en-Mer versunkene *Prince de Conty* oder die 1509 an der Küste von Gabun gesunkene holländische *Mauritius* (Tafel III.2); interessant sind auch mehr oder weniger bekannte oder anonyme Handelsschiffe wie die *Dorothea*, ein ehemaliges königlich-dänisches Schiff, das für den Handel wieder aufgerüstet wurde (1693, Villefranche-sur-Mer), der holländische Streamer *La galère de Livourne* (1714, Arles) mit seiner Blei-, Eisen- und Stahlladung, oder das holländische Wrack von Omonville-la-Rogue (Anfang des 18. Jahrhunderts) mit seiner Fracht aus Glasflaschen und -scheiben. Zeugen berühmter Schlachten sind die bereits erwähnte *Mary Rose* oder die *Kronau,* die 1676 bei einer Schlacht von Schweden gegen Dänen vor der Insel Oland explodierte und sank und heute von

Archäologie · Meeresarchäologie

schwedischen Unterwasserarchäologen unter der Leitung von Lars Einasson freigelegt wird. Das Interesse an den meist namenlosen kleinen Küstenschiffen dieser Epoche hat seinen Grund darin, daß sie die regionalen Handelsgepflogenheiten ans Licht bringen, die in herkömmlichen historischen Quellen oft nicht erwähnt werden. Dies ist der Fall bei den Wracks vom Kap Lardier (16. Jahrhundert, Saint-Tropez) und vom Port d'Alon (17. Jahrhundert, Bandol) mit ihrer Fracht aus Schiefer oder Platten aus gebrannter Erde oder den Wracks der Sardinaux (Sainte-Maxime) und des Plateaus des Chèvres (Marseille) mit ihren Keramiken aus Fréjus (Ende 16., 17. Jahrhundert). Schließlich können auch Wracks aus der zeitgenössischen Epoche wertvolle Informationen liefern und dürfen nicht unerwähnt bleiben. Die erstaunlich vielfältige Ladung des neapolitanischen Bricks *Il Ghiasone* (1834, Les Embiez) zeigt zum Beispiel zum ersten Mal auf archäologischer Ebene, daß es im 19. Jahrhundert tatsächlich einen Handel mit Ramschware gab.

Die Wracks und die Schiffsarchäologie

Auch wenn man ihre Informationen über die Wirtschaftsgeschichte außer acht läßt, sind Wracks für die Schiffsarchäologie von großer Bedeutung, da sie Materialreste liefern, die sehr lange Zeit gefehlt haben. Wenn das Wrack nicht zerschmettert wurde, kann man oft unter der Ladung der antiken Schiffe umfangreiche, homogene und gut erhaltene Rumpfreste wiederfinden. Meist beschränken sich diese Überreste auf den unteren Rumpfbereich; die oberen Teile und die Aufbauten sind zerstört. Manchmal, wenn das Schiff sich auf eine Seite gelegt hat, findet man Elemente der Schiffswand. Das Wrack von Les Laurons 2 (Martigues) aus dem Ende des 3. Jahrhunderts oder der *Kyrenia*, von denen außer dem Kielbereich auch eine ganze Seite und ein Teil des Decks erhalten sind, bleiben eine absolute Ausnahme. Ungeklärt sind oft die Bauzeit und der Bauort der Schiffe, die in den meisten Fällen unbekannt bleiben, da die Ladung im besten Fall über das Datum des Schiffbruchs und über den Verladehafen der Ware Auskunft gibt. Trotz dieser Einschränkungen haben die Wracks die Studien der Schiffsarchäologie dadurch grundlegend verändert, daß sie Anhaltspunkte liefern, die eine neue Interpretation der Texte und der Bilddokumente erlauben. Mit Hilfe der Wracks kann man heute die Schiffe unter drei Gesichtspunkten studieren:
– Technische Aspekte: das Schiff als Maschine.
– Funktionnelle Aspekte: das Schiff als Werkzeug.
– Soziale Aspekte: das Schiff als Lebens- und Arbeitsstelle einer Mikrogesellschaft.

Unsere Kenntnisse der antiken Schiffe wurden hauptsächlich durch das Studium der Handelsschiffe gefördert. Im Gegensatz dazu sind, wegen der fehlenden Frachten, Entdeckungen von antiken Kriegsschiffen überaus selten. Der bronzene Rammsporn von Athlit (Israel) ist ein Einzelfall, die zwei als punische Kriegsschiffe identifizierten Wracks von Marsala (Sizilien) bleiben eine Ausnahme.

Die Besonderheiten des Schiffbaus in der griechisch-römischen Antike

Abgesehen von den Besonderheiten jedes Schiffes weisen die Wracks eine gewisse Anzahl von Konstanten auf, die es erlauben, die grundsätzlichen Merkmale des griechisch-römischen Schiffbaus festzulegen. Die Struktur der antiken Schiffe erscheint schon sehr entwickelt, da sie alle Grundelemente (Kiel, zusammengesetzte Beplankungen, Spanten, Barkholz...) eines modernen Schiffes besitzen. Das Hauptmerkmal dieser Struktur ist eine sehr homogene Beplankung, die immer in Kraweelbauweise, d. h. bündigem Anstoß, zusammengesetzt ist.

Bei bestimmten Wracks, die mit zu den ältesten zählen, wie beim massilischen Wrack *Bon Porté* (6. Jahrhundert v. Chr.), dem etruskischen von Giglio, Italien (6. Jahrhundert v. Chr.) oder dem griechischen von Gela, Sizilien (Anfang des 5. Jahrhunderts v. Chr.), sind die Planken mit pflanzlichen Fasern aneinander befestigt. Diese archaische Methode, die in manchen Gegenden im gesamten Altertum fortbestand, wie die römischen Wracks von Commachio (Italien), von Nin (Dalmatien) oder von Cap Béar 3 (Port-Vendres) bezeugen, wurde mit der Zeit durch eine Verbindung aus in Zapflöcher gedübelte Holzscheiben ersetzt. Diese sehr alte Nut- und Federtechnik behauptet sich als das Hauptmerkmal des antiken Schiffbaus. Sie ist schon in der Bronzezeit am Wrack von Ulu Burun (gegen 1350 v. Chr.) in der Türkei und bei der großen Mehrheit der antiken Wracks zu finden.

Das Spantenwerk dagegen besteht meist aus Wrangen (mittlerer Teil des Spantenwerks über

79

dem Kiel) abwechselnd mit halben Spanten, die in der Kielebene aufhören, und zeigt weitaus weniger Gleichförmigkeit. Die verschiedenen Elemente jeder Spante (Wrange, Aufhänger) sind niemals miteinander und selten mit dem Kiel verbunden. Dennoch kann man vom 1. Jahrhundert v. Chr. an (zum Beispiel am Wrack von la Madrague de Giens), und später während des Imperiums (wie die Wracks der Bourse de Marseille, von les Laurons 2, von Saint-Gervais 3, der Pointe de La Luque B oder von Port-Vendres 1 bezeugen), einige mit dem Kiel verbundene Wrangen finden, die den Zweck haben, gewisse Verbindungen zu verstärken und die Stabilität des Rumpfs zu verbessern. Dennoch unterstreichen die Gleichmäßigkeit der Beplankung und die Sorgfalt, mit der sie angefertigt wurde (einige Schiffe besitzen eine doppelte Beplankung, andere eine Schutzverkleidung aus Bleifolie, wieder andere beides zusammen, wie das Wrack von la Madrague de Giens), wie wichtig sie genommen wurde im Gegensatz zur Nebenrolle, die das Spantwerk spielt.

Diese Merkmale erlauben es, den Ursprung des antiken Schiffbaus deutlich zu machen, der auf einem Bauprinzip beruht, das man Schalenbauweise nennt, bei dem die Beplankung die hauptstrukturierende Rolle spielt und die Form des Schiffes bestimmt. Das sorgfältige Studium von Wracks wie dem von *Kyrenia* oder dem punischen Schiff von Marsala, bei dem zahlreiche aufgemalte Zimmermannszeichen entdeckt wurden, hat den Bauvorgang verdeutlicht, die sogenannte Methode der „Erstbeplankung" (shell first). Bei dieser wird die Beplankung als erstes auf dem Kiel zusammengesetzt, während das Spantwerk erst später, hauptsächlich aus Festigkeitsgründen eingesetzt wird. Aber auch wenn die Methode das Grundprinzip des antiken Schiffbaus bleibt, lassen einige Wracks aus den letzten Jahrhunderten des römischen Imperiums vermuten, daß eine Entwicklung des Verfahrens hin zu einer aktiveren Rolle des Spantwerks stattgefunden hat. Am Ende der Antike und im Lauf des hohen Mittelalters kann man einen Wandel von der Bauweise „auf Beplankung" zur Bauweise „auf Spant" beobachten, die sich im Mittelmeer behaupten wird. Das byzantinische Wrack von Yassi Ada (Türkei) wie das Wrack von Saint-Gervais 2 (Fos-sur-Mer), beide aus der ersten Hälfte des 7. Jahrhunderts, bringen das beste Beispiel dieser Übergangsphase. Die Verbindung der Bretter der Beplankung ist nur noch zweitrangig (Yassi Ada) oder fehlt sogar vollkommen (Saint-Gervais 2), während das Spantenwerk eine immer wichtigere Rolle im Bau einnimmt. Das Wrack von Serce Liman (Türkei) zeigt ganz am Anfang des 11. Jahrhunderts eine voll auf Spant gebaute Struktur.

Die Frage nach der Tonnage antiker Schiffe
Die Untersuchung der Wracks trug genauso entscheidend dazu bei, die Tonnage antiker Schiffe festzustellen, eine Frage, die schon seit langem diskutiert wurde. Mehrere Wracks, insbesondere das von Mahdia, Tunesien, oder das bei der Isola delle Correnti (Sizilien, 350 Tonnen), zeugen von Frachten in der Zeit der römischen Republik und zur Kaiserzeit, die über 200 Tonnen schwer waren. Diese schon ansehnliche Tragfähigkeit übertrifft noch das Wrack von La Madrague de Giens, dessen Ladefähigkeit von 400 Tonnen seinen großen Ausmaßen entspricht: 40 Meter Länge auf 9 Meter Breite und 4,5 Meter Laderaumhöhe. Diese hohe Frachtkapazität könnte vom Wrack von Albenga noch übertroffen worden sein, dessen noch größere Fundstelle den Schluß zuläßt, daß seine Ladung ein Gewicht von etwa 500 Tonnen erreicht hat. Im Gegensatz zu diesen großen Einheiten, die dem Großhandel dienten, geben die Meeresausgrabungen auch über die Tragfähigkeit der kleinen, für die Küstenschiffahrt bestimmten Einheiten Auskunft. Die Wracks von *Kyrenia* (Zypern), la Chrétienne C (Saint-Raphaël), Cavalière (Lavandou) oder les Laurons (Martigues) stammen von kleinen Booten (10 bis 15 Meter Länge), deren Ladefähigkeit bei etwa 20 bis 30 Tonnen lag. Zwischen diesen beiden Extremen lassen zahlreiche Wracks von etwa zwanzig Meter langen Schiffen auf eine mittlere Tonnage von etwa 100 bis 150 Tonnen schließen.

Die Identifizierung der Schiffsarten
Wenn sie gut genug erhalten sind, belegen die Wracks die Mannigfaltigkeit der Rumpfformen und Schiffsarten. Zahlreiche Wracks, insbesondere während der letzten Jahrhunderte v. Chr., zeigen geklemmte Kielräume mit vorspringendem Kiel, manchmal verbunden mit einem sehr schlanken Heck, wobei der Achtersteven sich mit einer Art Abtriebsflosse verbindet (Marsala, Dramont, Cavalière, Madrague de Giens). Andere zeichnen sich durch flache Kielräume aus sowie durch Vor- und Achterstevenformen, die relativ symmetrisch sind (Les Laurons 2, Port-Vendres 1). Das bemerkenswerteste Beispiel liefert auch in diesem Fall das Wrack von

ARCHÄOLOGIE TAFEL I

1 Freilegen eines antiken Wracks mit Hilfe eines Druckwasserabsaugers.
2 Antikes Wrack von Carry-le-Rouet (Ende 2./Anf. 1. Jh. v. Chr.). Handliches Gerät für stereoskopische Aufnahmen, hier von einer Ladung Steinquader.

TAFEL II   ARCHÄOLOGIE

1 Cosquer-Höhle. Detailansicht von vorgeschichtlichen Wandmalereien; hier ein Pferd.
2 Antikes Wrack von Ploumanac'h mit einer Ladung Bleibarren. Setzen der Visierlatten für die fotometrische Vermessung.
3 Ansicht des „Archéonaute", des Forschungsschiffes für Unterwasserarchäologie der DRASM (Direction des recherches archéologiques sous-marines) des französischen Kultusministeriums.

ARCHAOLOGIE TAFEL III

1 Mittelalterliches Wrack von l'Aber Wrac'h (15. Jh.). Gesamtansicht des Schiffsrumpfes.
2 Wrack der Mauritius (1509) vor Gabun. Detailansicht einer Kanone.
3 Wrack von la Fourmigue C (1. Jh. v. Chr.). Bronzemaske des Silen.

TAFEL IV ARCHÄOLOGIE

1 Wrack von Madrague de Giens (1. Jh. v. Chr.). Gesamtansicht der untersten Amphorenlage, die sich im Wrack noch an ihrem ursprünglichen Platz befand. Darüber das Gitternetz für die stereofotografische Vermessung.
2 Wrack von Madrague de Giens (1. Jh. v. Chr.). Gesamtansicht des Wracks während der Ausgrabung. Man sieht einen Teil der Amphorenladung und des Schiffsrumpfes.

Archäologie · Meeresarchäologie

La Madrague de Giens, dessen Erhaltungszustand es erlaubt hat, nicht nur die Form des Unterwasserschiffes zu rekonstruieren, sondern auch genaue bildliche Vergleiche anzustellen. Die bemerkenswerte Tatsache, daß sich ein konkaver, nach hinten geneigter Vordersteven, verbunden mit einem sehr schlanken Achtersteven und einem sehr weit vorne stehenden Mastwerk erhalten hat, hat es zum ersten Mal erlaubt, ein Wrack mit einem unter anderem auf Mosaiken aus Ostia und Tunesien (Thémétra) bildlich dargestellten, bestimmten Schiffstypus zu identifizieren. Durch ihre Wracks erfahren wir, daß die antiken Schiffe wesentlich besser gearbeitet waren als man dachte und von ungeahnter nautischer Qualität. Dank der Meeresarchäologie hat sich das Bild des antiken Schiffes von Grund auf geändert.

Das Leben an Bord der antiken Schiffe

Häufig findet man in den Wracks auch Ausrüstungs- und Takelageteile (Lenzpumpe, Anker, Senkblei, Tampen...), Bordmaterial (Küchenutensilien, Geschirr, Werkzeuge, Waage, Angelblei usw.) und manchmal sogar persönliche Gegenstände der Mannschaft oder der Passagiere (Schmuck, Waffen, Siegel). Dieses zum Teil alltägliche Material gibt dennoch sehr nützliche Hinweise über die Lebens- und Arbeitsbedingungen an Bord. Durch seine Verteilung auf dem Wrack ist es möglich, die Kabinen- und Kombüsenzonen zu rekonstruieren und die Raumaufteilung auf den Schiffen kennenzulernen. Manchmal ist es dadurch möglich, die Herkunft der Mannschaft herauszufinden und, durch Zählung der Bordgeschirrteile, sogar ihre Größe. So konnte man beim Wrack von *Kyrenia* feststellen, daß der Mannschaft mindestens vier Matrosen angehörten.

Die moderne Schiffsarchäologie

Genauso wichtige Daten liefern neuere Wracks. Als erstes sollte man das mittelalterliche Wrack vom Aber Wrac'h in der Bretagne aus der ersten Hälfte des 15. Jahrhunderts erwähnen, denn Wracks aus dem Mittelalter sind eine Seltenheit. Wie bei der Bremer Hansekogge, handelt es sich dabei um ein Schiff, das in Klinkerbauweise gebaut wurde, d. h. die Planken überlappen einander teilweise. Dies ist typisch für die nordische Traditionsbauweise (Tafel III. 1).

Aus der Renaissance verdienen die Wracks von Villefranche-sur-Mer und von Calvi unsere besondere Aufmerksamkeit. Das erste, das als das Wrack der *Lomellina*, eines großen, 1515 gesunkenen genuesischen Handelsschiffes identifiziert wurde, war von 1982 bis 1990 Gegenstand umfangreicher Ausgrabungen. Wegen der Qualität seiner Überreste ist dieses Wrack zusammen mit dem der *Mary Rose* (Großbritannien) und des baskischen Walfischkutters von Red Bay (Kanada) eines der wichtigsten aus seiner Epoche: Seine Strukturen sind auf 40 Meter Länge, 12 Meter Breite und 7 Meter Höhe erhalten und besitzen immer noch Elemente vom untersten und vom ersten Deck; sehr interessant sind auch seine Ausrüstungs- und Artillerieteile. Das Wrack von Calvi scheint ein italienisches Handelsschiff aus dem Ende des 16. Jahrhunderts zu sein und ist besonders wegen der Seltenheit seiner Achtern-Überreste und vor allem wegen seiner einmaligen Hecktafel bedeutend. Die Wracks der *Mauritius* oder von Omonville-la-Rogue wurden schon wegen ihrer Ladung erwähnt, ihre für die holländische Bauweise dieser Zeit typische Schiffarchitektur ist aber genauso beachtenswert.

Obwohl die Untersuchungen der großen Schiffe des 18. Jahrhunderts oft enttäuschend sind, wenn man bedenkt, wie gut unsere Kenntnisse ihrer Bauweise sind, kann man doch ziemlich viel von den zur Zeit von den DRASM (M. L'Hour) durchgeführten Grabungen der Schiffe der Tourville-Flotte erwarten, die während des Kampfes von La Houge 1692 (Saint-Vaast-La-Houge) verlorengingen. Diese Wracks von Schiffen aus Werften der Levante und der Ponante dürften sehr viel über die verschiedenen Verfahren der Werften am Ende des 17. Jahrhunderts aussagen.

Zeitgenössische Wracks sind interessant, abgesehen von ihrer historischen oder symbolischen Bedeutung, wegen der technischen Daten, die sie über das Zeitalter des radikalen Wechsels der Kriegs- und Handelsmarinen liefern, z. B. das der *CSS Alabama*, des berühmten konföderierten, 1864 während des Sezessionskrieges auf offener See vor Cherbourg versenkten Kaperschiffes, oder das der *Columbian*, eines britischen, 1865 bei der Insel Molène (Ouessant) mit einer Ladung Faienzen aus Liverpool versunkenen Dampfers. Aber damit befinden wir uns schon im Bereich der industriellen Archäologie.

Die Zukunft der Meeresarchäologie

Die Meeresarchäologie ist eine noch junge technische Abteilung im Dienst der Archäologie, deren Geschichte eng mit der Entwicklung der Untersuchungstechniken auf dem Meeresboden verbunden ist und die heute einen vollwertigen Zweig der Archäologie darstellt. Nach und nach wurden ihre Betätigungsfelder festgelegt, ihre Strukturen festgesetzt und ihre Methoden verfeinert. Heutzutage haben die wissenschaftlichen Ziele Vorrang vor allen anderen Betrachtungen und sind dieselben wie die der allgemeinen Archäologie. Trotz mancher technischer Hindernisse behauptet sie ihren Platz wegen der außergewöhnlichen Bedeutung und den besonderen Untersuchungsbedingungen der Relikte im Meer, wobei die Wracks eine besondere Stelle einnehmen. Aber so wichtig und bemerkenswert die erreichten Ergebnisse auch sind, so bleiben sie doch begrenzt, wenn man sich das gewaltige archäologische Potential vorstellt, das auf dem Grund des Meeres ruht. Das wissenschaftliche Interesse an der Meeresarchäologie scheint also gesichert, um so mehr, als sich immer wieder neue Forschungsrichtungen etablieren. Dennoch belasten die technischen Zwänge mit ihren finanziellen Folgen (vor allem bei den Untersuchungen sehr tiefer Fundstellen) ihre Entwicklung. Um dagegen anzukämpfen, muß sie ständig nach vorne schauen und sich, so wie sie es bis heute geschafft hat, den neuen Techniken besser anpassen, die ihr erlauben werden, ihre Arbeitskapazität zu vergrößern und zukünftige Mitarbeiter auszubilden. Wenn sie sich diesen Erfordernissen der Zeit bewußt ist, wird die Zukunft der Meeresarchäologie gesichert sein.

BINNENGEWÄSSER-ARCHÄOLOGIE

GESCHICHTE

Die Binnengewässer-Archäologie wurde aus einem Begeisterungssturm wissenschaftlicher Neugierde geboren, der in der Mitte des 19. Jahrhunderts in der Schweiz mit der Entdeckung der Pfahldörfer losbrach.

Man weiß, daß die Flüsse im Alpenbereich ihren niedrigsten Stand im Winter haben, wenn die Zufuhr versiegt, erstarrt in Form von Schnee und Eis; dieses Phänomen war während des Winters 1853–1854 in der Schweiz ganz besonders ausgeprägt und hatte ein außergewöhnliches Absinken des Wasserspiegels der Seen zur Folge. Bedingt durch ihre geologische Entstehung laufen deren Ufer oft in ein ausgedehntes Plateau aus, das von einer relativ dünnen Wasserschicht bedeckt ist. Diese sogenannten Plateaus wurden in diesem strengen Winter langsam freigelegt. Als das Wasser zurückging, sah man hier und da große Mengen von Pfählen aus dem Boden ragen, dazwischen manchmal eine Art Kieselinsel, die die Fischer im Norden der Schweiz „Steinberg", in den romanischen Ländern „ténevrières" nannten.

Diese Erscheinungen wurden sicher in diesem Jahr zur selben Zeit in den meisten Schweizer Seen beobachtet, aber am Zürichersee fand die wissenschaftliche Erleuchtung statt. Auf dem Ostufer des Sees wollten Bauern des Dorfes Ober-Meilen das Sinken des Wasserspiegels ausnutzen, um die vom Wasser freigelegte Uferfläche auszutrocknen und ihre Weinberge zu vergrößern. Dafür schufen sie eine Art kleinen Polder, indem sie kleine Mauern in den See hineinbauten und die leeren Flächen mit Schlamm und Steinen aus der Umgebung auffüllten. Bald merkte man, daß, wenn man in den Zonen grub, wo die Pfähle aus dem Boden ragten, mit den Steinen und der Seekreide auch eine Menge Keramikstücke, Hirschholz, Stein- und Knochenwerkzeuge zum Vorschein kam. Der Dorfschullehrer Johannes Aeppli, von diesen Entdeckungen neugierig gemacht, alarmierte den Präsidenten der Altertumsforschungsgesellschaft von Zürich, Ferdinand Keller. Dieser hatte praktische Erfahrung und erkannte sofort das hohe Alter der Gegenstände. Aber, wenn diese Stätten wirklich die Überreste von prähistorischen Wohnstätten waren, konnte man sich ihre Lage und den Grund für einen derartigen Pfahlwald nicht erklären.

Ein Franzose lieferte Ferdinand Keller auf indirekte Weise eine Erklärung. Etwa zwanzig Jahre früher hatte der Seefahrer Dumont d'Urville von seinen Forschungsreisen erstaunliche Zeichnungen von Dörfern mitgebracht, die ganz auf Pfählen gebaut waren. Der Zusammenhang war bald hergestellt: Die unzähligen Pfähle aus dem Schweizer See konnten nur die Träger gewaltiger Plattformen sein, auf denen der Mensch der Jungsteinzeit oder der Bronzezeit sein Haus gebaut hatte und wo sich seine Familie und das Vieh befand, wie die entdeckten Gegenstände bezeugten! Diese Schlußfolgerungen wurden durch einige antike Texte, wie die Beschreibung des Prasias-Sees durch den griechischen Historiker Herodot im 5. Jahrhundert v. Chr. bekräftigt.

Unsere Ahnen, die Pfahldorfbewohner

Sehr schnell, schon Ende 1854, veröffentlichte Ferdinand Keller eine Abhandlung über das Thema *Die Keltischen Pfahlbauten in den Schweizer Seen,* die seine Zeitgenossen begeisterte und einen wahrhaftigen Forschungsenthusiasmus auslöste. Die „Pfahldörfer" waren geboren: Ein Jahrhundert lang sollten sie die Geister ohne Konkurrenz beherrschen.

Dabei war es nicht das erste Mal, daß prähistorische Überreste aus der Tiefe von Seen auftauchten. Bei Hafenarbeiten am Zürichersee waren 1843 in Männedorf, in Ober-Meilen sogar schon 1829, Gegenstände entdeckt worden, die man aber meistens wieder ins Wasser zurückwarf. Die Zeit war noch nicht reif... Es bedurfte der originellen These von Keller, damit das Phänomen schlagartig Interesse fand. Es bedurfte auch einer gewissen Empfänglichkeit des Geistes, die in den politischen Verhältnissen der damaligen Zeit zu suchen ist.

In der Mitte des 19. Jahrhunderts brauchte die Schweizer Eidgenossenschaft, die 1848 ihre neue Verfassung angenommen hatte, eine gemeinsame kulturelle Identität für die Kantone mit ihren verschiedenen, wenn nicht gegensätzlichen Sitten, Religionen und Sprachen. Die Entdeckung von Pfahldörfern (*palafittes* – vom italienischen *palo,* und *fitto* = „gepflanzt") im ganzen Territorium geschah genau zum richtigen Zeitpunkt. Um die „Pfahldorfbewohner" entwickelte sich ein Nationalgefühl, wie etwa zur gleichen Zeit in Frankreich um den gallischen Mythos. Ein halbes Jahrhundert lang waren diese Pfahldörfer das nationale Bindeglied, das sich schon in der Schule in die Herzen einprägte, sich im Erwachsenenalter dank immer wiederkehrender Erinnerung durch Feiern, Fasching, Romane und Bilder weiterentwickelte und 1867 im Schweizer Pavillon für die Weltausstellung in Paris seinen Höhepunkt erfuhr.

Ein Lauffeuer
Die Vereinnahmung des Begriffs „Pfahlbau" durch die Schweiz ist um so erstaunlicher, als man nach den ersten Entdeckungen sehr schnell feststellte, daß dieses Phänomen keineswegs nur auf die Eidgenossenschaft begrenzt war. Innerhalb weniger Jahre entdeckt man ähnliche Überreste in Süddeutschland, Österreich, Italien und in Frankreich. Robert Munro zählt in seinem 1908 erschienenen Werk „Les stations lacustres d´Europe aux âges de la pierre et du bronze" nicht weniger als 335 Sicdlungen, 42 Seen und Torfmoore „um die Alpen" auf.
In Frankreich beginnen schon 1856 die Beobachtungen am Lac d'Annecy und am Lac du Bourget, wo der Bau der Eisenbahnlinie des Mont-Cenis die Siedlung von Grésine aufschlitzt (die Auseinandersetzungen zwischen Archäologen und Baumeistern sind nicht neu !). 1860 wird zum ersten Mal eine mittelalterliche Siedlung gefunden, Les Grands Roseaux im See von Paladru, in der Nähe von Voiron (Isère). Der Archäologe Chantre aus Lyon führt zwischen 1866 und 1885 Ausgrabungen durch. Die Seen im Jura entgehen dem Forschungsenthusiasmus nicht: 1870 startet Le Mire die ersten Untersuchungsarbeiten im See von Clairvaux und 1889 Giraudot die ersten Beobachtungen im See Chalain. Man muß dann warten, bis Louis Schaudel 1903 die ersten Arbeiten im See von Aiguebelette in Savoyen beginnt und bis 1921, bis Hippolyte Muller 1921 die neolithische Siedlung von Les Baigneurs im See von Paladru entdeckt, sowie eine neue mittelalterliche Fundstelle in demselben See: die von Colletière.

Auf Muschelfang
Am Ende des 19. und am Anfang des 20. Jahrhunderts entwickelt sich in den meisten unserer Alpenseen eine „Antiquitätenfischerei", welche die Vitrinen der Sammler und der Museen füllen wird. So können sich die Gäste von Aix-les-Bains zwischen zwei medizinischen Anwendungen von einem Fischer an die Fundstelle im Lac du Bourget fahren lassen, wo sie ihr Glück mit Zangen oder Gelenkrechen versuchen dürfen. Dieses Herausfischen von Gegenständen, ob aus Neugierde oder Geldgier, verursacht manchmal irreparable Schäden an den größten Fundstellen, die durcheinandergebracht werden, wobei das archäologische Material ohne Gewinn für die Wissenschaft verstreut wird.

Für oder gegen die Pfahldörfer
Nach und nach lassen die Fortschritte in der Geologie und später in der Limnologie sowie die stratigraphische, d. h. schichtweise Untersuchung von Stätten durch den Schweizer Vouga und den Deutschen Reinerth in den Jahren 1920–1930 den Gedanken entstehen, daß das Niveau der Alpenseen nicht immer gleichbleibend war und daß die beobachteten Reste von Dörfern stammen, die sich während extremer und ausgedehnter Niedrigstwasserstände am Rand des Wassers angesiedelt hatten. Es ist der Anfang eines Wissenschaftlerstreits zwischen Befürwortern und Gegnern der Pfahldörfer. Die archäologische Welt entzweit sich, man dreht die Argumente des Gegners um, jeder bleibt bei seinem Standpunkt.
Erst in den 50er Jahren wird das Problem anscheinend geklärt: Mit der Veröffentlichung der Arbeiten des Schweizers Vogt (1954) und des Deutschen Paret (Le mythe des cités lacustres, 1958) tragen die Befürworter der These von der Bebauung am Ufer endgültig den Sieg davon.
Doch nicht ganz endgültig... Ab 1970 werden die Ausgrabungen in Binnengewässern im westlichen Europa allgemein wieder aufgenommen, oft unter dem Druck von Neubauten, jedoch durch beträchtliche Finanzmittel unterstützt. Neue Forscher betreten die Szene, die Beobachtungen verfeinern sich und neue Fragen werden gestellt. Um sie zu beantworten, entwickeln Anne-Marie und Pierre Pétrequin im Jahre 1975 eine neue Methode, die auf der Ethno-Archäologie basiert. Diese zielt darauf, die Dokumente der Binnengewässer-Archäologie unter Berücksichtigung der Beobachtungen

Archäologie · Binnengewässer-Archäologie

zu überdenken, die man bei zeitgenössischen Bevölkerungsgruppen gemacht hat, deren Lebensweise in gewissen Formen der Lebensweise unserer Ahnen aus der Vorgeschichte ähnelt, nämlich bei Fischern in Pfahldörfern Ostafrikas oder herumziehenden Bauern aus dem Hochland von Neuguinea.

Man stellt fest, daß es nicht nur eine einzige Erklärungstheorie geben kann, daß jede Ausgrabung unter anderem Blickwinkel in Angriff genommen werden muß und daß an derselben Fundstelle verschiedene Erklärungsmodelle gleichzeitig existieren können. Anders ausgedrückt, um Pierre Pétrequin zu zitieren: „Die neuen Schlußfolgerungen, die auf ethnographische Modelle zurückgreifen, geben allen Befürwortern der einen oder anderen Theorie über die Pfahldörfer Recht und Unrecht; im Verlauf der Lehrmeinungen und der Generationen hat jede der Gelehrtenrichtungen einen kleinen Teil der Wahrheit entdeckt, ihn aber als universelle Wahrheit betrachtet."

Entwicklung einer Methode

Man hätte erwartet, daß die Wissenschaftler die Antwort auf ihre Fragen direkt vom Grund der Seen geholt hätten. Dies war aber – mit einer Ausnahme bei einem Versuch im Genfer See 1854 – sehr lange Zeit nicht der Fall. Die Erinnerung daran hält ein nettes Bild fest (Abb. 3.1). Der Helmtauchanzug wurde für die Binnengewässer-Archäologie praktisch nie benutzt. Ohne Zweifel deshalb, weil seine Benutzung noch nicht so verbreitet war wie im Meer, wahrscheinlich auch wegen der weichen und trüben Beschaffenheit des Seebodens. Dies ändert sich erst mit dem Erscheinen der ersten autonomen Tauchgeräte, und schon ab 1938 benutzten einige Unerschrockene diese Ausrüstung für das Sammeln von Antiquitäten aus den Seen, wie Doktor Favre am See von Annecy oder Jean-Jacques Pittard im Genfer See. Aber das ist noch keine Archäologie.

3.1 *Mutige Vorreiter*

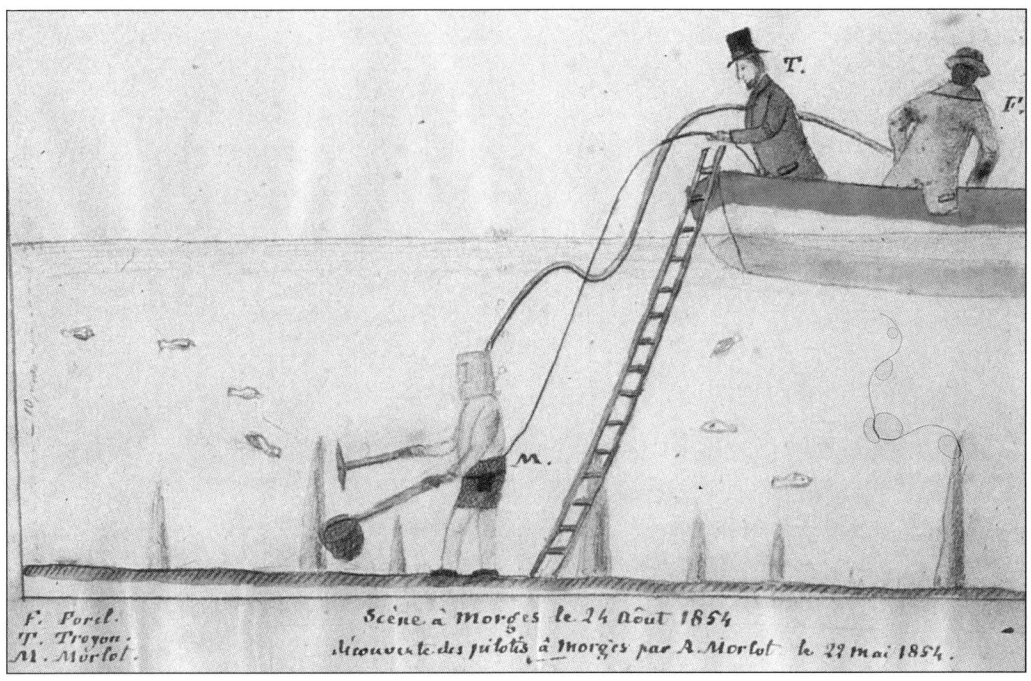

Eine junge Archäologie

Nach dem Krieg, vor allem ab 1953 und vorwiegend in den Jahren 1960 bis 1970, entwirft ein Amateur-Archäologe aus Lyon die Grundlagen einer wissenschaftlichen Methode zur Erforschung versunkener Fundstellen. Sein Verfahren, das darin besteht, unter Wasser mit derselben Genauigkeit wie der Prähistoriker an Land auszugraben, profitiert von der Verbreitung des neuen Tauchgeräts Cousteau-Gagnan. Wir können uns heute schwer vorstellen, welchen Fortschritt das bedeutete: vertrauenswürdig, leicht zu bedienen und verhältnismäßig billig, erlaubt es jedem Archäologen ein gefahrloses Erreichen der Fundstellen in einigen Metern Tiefe.

Zum ersten Mal wird der Archäologe die Fundstelle methodisch auseinandernehmen, statt die Gegenstände wahllos an sich zu nehmen; zum ersten Mal denkt man, daß die Umgebung genauso wichtig ist wie der Gegenstand selbst und daß man sich auch über sie Gedanken machen muß. Zwischen 1955 und 1970 wird Raymond Laurent die Topographie- und Ausgrabungsexperimente an den Seen von Le Bourget, Annecy und Aiguebelette vervielfachen.

Ein schwieriger Pionier

Leider hatte Raymond Laurent neben seinen Pionierqualitäten einen sehr schwierigen Charakter, und soweit man über sein Verhältnis zu den für die Archäologie verantwortlichen Behörden Bescheid weiß, war es nicht gerade ein Beispiel von bürokratischer Genauigkeit oder Freundlichkeit... Aus diesem Grund, obwohl die Grundprinzipien dieses Fachgebietes schon seit 1970 festgelegt sind, hatte die Unterwasser-Archäologie keinen besonders guten Ruf bei den Archäologen! Aimé Bocquet und Michel Colardelle in Frankreich konnten dieses Bild ändern. Der erste, Prähistoriker und der zweite, Spezialist des Mittelalters, nahmen 1972 die Erforschung der an der Südspitze des Sees von Paladru nur einige hundert Meter voneinander entfernt gelegenen neolithischen und mittelalterlichen Fundstellen von Les Baigneurs und von Colletière auf. Sie griffen wieder auf die Methoden und die Ausrüstung von Laurent zurück, paßten sie aber an, um den von dem großen Prähistoriker Leroi-Gourhan festgelegten theoretischen Prinzipien vollkommen zu genügen:

– Erforschung der archäologischen Schichten durch waagerechtes Abtragen der Erde.
– Genaue Lokalisierung der Überreste und der Strukturen in den drei Dimensionen.
– Sieben aller umliegenden Sedimente, um durch Beobachtung, Zählung und Analyse ein Maximum an Informationen über die Lebensart und die Umwelt des jeweiligen Zeitalters zu gewinnen.

Die Gründung des CNRAS

Bis 1980 wird die Archäologie unter Wasser in französischen Binnengewässern den Amateuren oder professionellen Forschern vollkommen überlassen. Diese Unabhängigkeit begünstigte eine vorteilhafte Zunahme der Versuche und der neuen Fachrichtungen, wie zum Beispiel die Entwicklung der Dendrochronologie und der Paläophytologie, sowie die Anpassung der Sedimentologie an die Unterwasserumgebung usw... Aber gleichzeitig ist man sich bewußt geworden, daß diese Fachrichtung eine sehr teure Disziplin ist und der Mangel an Erfahrung finanzielle Probleme mit sich bringt. Die Behörden erkannten die Notwendigkeit, eine Abteilung zu gründen, die imstande wäre, die Methoden zu kodifizieren, die teure Ausrüstung rentabel zu machen und die Forschungen aufeinander abzustimmen.

So wird 1980 das Nationale Zentrum für archäologische Binnengewässerforschung (CNRAS = Centre national de recherches subaquatiques) vom Kultusministerium gegründet, das hier exemplarisch vorgestellt werden soll. Ähnliches gilt jedoch auch in Deutschland und der Schweiz.

Weitere Zuständigkeiten

Es handelt sich um eine nach Annecy verlegte, zentrale Verwaltungsabteilung, die innerhalb der Abteilung Staatsvermögen in den Zuständigkeitsbereich der Unterabteilung Archäologie fällt. Sie unterscheidet sich durch ihren Zuständigkeitsbereich und ihre Verwaltungsbefugnisse vom „Départment des recherches archéologiques sous-marines" (DRASM).

Der Geschäftsbereich des CNRAS schließt das gesamte nationale Staatsgebiet (auch die Überseedepartemente) mit Ausnahme des Küstenbereiches ein. Die Grenze zwischen seinem Zuständigkeitsbereich und dem der DRASM entspricht der Grenze des staatlichen Meeresgebiets. So fallen die Küstenteiche in Südfrankreich (wo zahlreiche prähistorische Siedlungen gefunden wurden) und bestimmte Fluß-

teile (z. B. die Rhône abwärts von Arles) nicht in den Zuständigkeitsbereich des CNRAS.
Im Gegensatz zu der DRASM erteilt das CNRAS keine Ausgrabungsgenehmigungen. Das archäologische Vermögen, das in Seen, Teichen, Strömen oder Flüssen liegt, wird nach dem Gesetz vom 27. September 1941 geregelt, das besagt, daß diese archäologischen Ausgrabungen wie solche an Land behandelt werden. Es heißt, daß niemand an diesen Stellen „Ausgrabungen oder Sondierungen zum Zweck der Suche nach Bauten oder Gegenständen, die von prähistorischem, historischem, künstlerischem oder archäologischem Wert sein könnten, ohne vorherige Genehmigung" durchführen darf. In der Praxis braucht man sogar eine doppelte Genehmigung, denn das Urteil des Kultus- und Erziehungsministeriums hängt von der Erlaubnis des Besitzers des Grundes (Privatperson oder Aufsichtsbehörde) ab.

Verwaltungsgerichtliches Verfahren und Zuständigkeitsgebiet

Bei einer zufälligen Entdeckung „infolge von Arbeiten oder einer anderen Tätigkeit" muß der Entdecker „seine Entdeckung dem Bürgermeister der direkt betroffenen Gemeinde melden, der diese ohne Verzögerung an den Präfekt weiterleiten muß". Im Sinne einer guten wissenschaftlichen Effizienz ist es ratsam, diesen gesetzlich vorgeschriebenen Verwaltungsweg zu verdoppeln, indem man direkt das CNRAS oder die zuständige regionale Kulturabteilung benachrichtigt. In dieser Abteilung wird die regionale Unterabteilung Archäologie die Akten verwaltungstechnisch bearbeiten und die wissenschaftliche Verbindung mit dem CNRAS sicherstellen.
Dieses ist berechtigt, im überschwemmten Bereich einzugreifen („Bereich, wo die archäologische Forschung nur mit Hilfe des Tauchens möglich ist"). Man kann seine Dienste aber auch in Anspruch nehmen, um im „nassen Bereich" zu forschen, das heißt, in einem Bereich, „der für das Fortschreiten der Arbeiten trockengelegt werden kann". So beteiligen sich die Beauftragten des CNRAS regelmäßig an Sondierungsaufträgen im Torfmoor oder leiten die Rettung von Booten, die an Land wiederentdeckt und von dem Grundwasser geschützt wurden.
Wer kann die Hilfe des CNRAS beantragen? Theoretisch jeder Ausgräber, unter der Bedingung, daß er seinen Antrag auf dem normalen Verwaltungsweg stellt, das heißt über die regionale archäologische Abteilung. Der Abteilungsleiter leitet diese Akten weiter an das CNRAS, mit seiner Stellungnahme zu dem Antrag. In der Praxis sind es öfter die regionalen Abteilungen der Archäologie, die für sich selbst Rat oder Unterstützung beim CNRAS erbitten. Daneben kann der CNRAS auch direkt von der Unterabteilung Archäologie angesprochen werden.
Die Skala der Hilfeleistungen ist sehr breit gefächert und reicht vom technischen Rat über das Ausleihen von Ausrüstungen bis zum Zusammenstellen spezifischer finanzieller Mittel. Außerdem hat das CNRAS seine eigenen Forschungsprogramme, die sich hauptsächlich mit dem Inventar von Seesiedlungen und mit diachronischen Flußuntersuchungen befassen. Es spielt auch eine wichtige informative und pädagogische Rolle. Es empfängt automatisch „jedes Dokument im Zusammenhang mit archäologischen Forschungsunternehmen in überschwemmten Umgebungen". Es sichert die Veröffentlichung der Erkenntnisse durch Praktika oder Kongresse, um das Interesse der Archäologen an überschwemmten oder nassen Gebieten zu wecken.
Schließlich besitzt es seit einigen Jahren ein Labor zur Behandlung wassergesättigter Gegenstände. Jeder weiß, daß ein archäologischer Fund, der in einer mit Wasser gesättigten Umgebung gelegen hat, sehr zerbrechlich ist. Sein schönes Aussehen darf nicht täuschen: Wenn keine vorsorgliche, erhaltende Behandlung sogleich nach seiner Entnahme aus dem Wasser geschieht, ist seine Zerstörung unausweichlich. Das CNRAS hat eine spezielle Methode entwickelt, um kleine wassergesättigte Gegenstände (aus Holz, Knochen, Leder, Korbware usw.) zu behandeln, nachdem man zunächst einen Abdruck angefertigt hat.
Wir haben das Entwicklungsbeispiel Frankreichs herausgegriffen, da hier zentrale Regelungen getroffen werden konnten. Auch in Deutschland, Österreich und der Schweiz ist Bewegung in die Unterwasserarchäologie gekommen. Ansprechpartner ist hier die DEGUWA in Deutschland, die Kontakte auch zu Organisationen in anderen Staaten schaffen kann.

ERHALTUNG UND PROSPEKTION

Der Archäologe, der sich mit der Urgeschichte beschäftigt, betreibt als Hauptgrundlage seines Studiums die Untersuchung materieller Reste, die von Menschen aus einem bestimmten Zeitalter übriggeblieben sind. Auch von dem Moment an, wo schriftliche Zeugnisse vorliegen, wird die archäologische Praxis nicht überflüssig, denn die Texte geben selten vertrauenswürdige oder erschöpfende Antworten auf unsere Fragen.

Man muß sich aber bewußt sein, daß wir nur mit begrenztem und sozusagen von der Zeit ausgewähltem Material arbeiten; im allgemeinen bleiben nur einige Kategorien von Gegenständen bis in unsere Zeit erhalten: Keramik, Steinmaterial, Knochen, Metalle. Deshalb ist es oft schwierig, mit unseren Erkenntnissen bis in den Alltag vorzudringen; extreme Vorsicht ist daher auch angebracht, wenn man sich der Fragen des Kultes nähert.

Die Ausgrabungen in Seen, Torfmooren und Flüssen beantworten nicht alle Fragen, denn sie sind auf bestimmte geographische Gebiete und bestimmte Geschichtsabschnitte begrenzt, die im Vergleich zur allgemeinen Chronologie sehr gering sind. Dennoch erlauben es die Funde, durch Qualität und Quantität der erhaltenen Reste, einen neuen Blick auf Epochen zu werfen, die wir sonst nur in groben Zügen kennen.

Eine außergewöhnlich gute Erhaltung

Das erste, woran man denkt, wenn man diese Reste beschreiben will, ist sicherlich die Erhaltung der organischen Reste in den Binnengewässern, die fast einem Wunder gleicht. Man findet fast immer Überreste, die in den Fundstellen an Land von der Zeit zerstört wurden. Welchen Umständen ist diese Erhaltung zu verdanken?

Hauptsächlich der Tatsache, daß die Materialien in nassen Sedimenten, geschützt vor Licht und Sauerstoff, also in anaerober Umgebung, begraben wurden. Eine vollkommene Versenkung ist nicht einmal notwendig; dieser Typus von Lagerstätten findet sich auch in Grundwasser, Sümpfen und Torfmooren.

Der kostbare Widerschein des Lebens

Diese organischen Reste sind für uns ein kostbarer Widerschein des Lebens der Bewohner. Zu den Werkzeugen und den Familiengegenständen kommen die Überbleibsel des täglichen Lebens: Späne, Streu, Essensabfälle usw. Dieser „Abfalleimer" ist das Glück der Archäologen! Die sorgfältige Trennung und Deutung all dieser Elemente bringt erstaunliche Ergebnisse. Zum Beispiel hat die Analyse eines Probeblocks aus der Lagerstätte von Les Baigneurs 27.000 Samen von 81 verschiedenen Arten zutage gebracht. Man kann sich die Schwierigkeit vorstellen, eine derartige Menge von Informationen in den Griff zu bekommen. Aber die Ergebnisse lohnen die Mühe. An dieser Fundstätte konnte man nicht nur bestimmen, welche Getreidesorten angebaut wurden, sondern auch welches Unkraut daneben wuchs. Nach diesen Untersuchungen konnten die Spezialisten herausfinden, daß der Weizen im Frühjahr gesät und gejätet wurde. Dadurch, daß hoch wachsende Unkräuter zusammen mit den Ähren gefunden wurden, erkannte man, daß nur die Ähren geerntet und das Stroh sowie kleinere Unkräuter in der Erde gelassen wurden. Genauso beweist das Fehlen von Heu in der Siedlung, daß die Tiere im Unterholz grasten; der gesamte, mühsam anbaufähig gemachte Urwaldboden, der das Dorf umgab, war für den Ackerbau reserviert.

Gut überlegen, bevor man eingreift

Um solche Ergebnisse zu erzielen, müssen die Unternehmungen vollkommen systematisch durchgeführt und die Fragen von Anfang an richtig gestellt werden. Das langsame Fortschreiten der Arbeiten und die geringe Zahl an Mitarbeitern zwingt zu einer sorgfältigen Überlegung vor der Auswahl. Dagegen hat das Alter der Überreste wenig Einfluß auf die Methode. In erster Linie wird die Arbeitsweise von der Umgebung bestimmt. Man kann nicht in derselben Weise in einem ruhigen See wie in einem Fluß mit starker Strömung graben. Auch die Beschaffenheit der einhüllenden Sedimente ist von Bedeutung; in der Kreide der Seen ist eine stratigraphische Grabung leicht durchzuführen, in den sandigen Schichten der Flüsse stürzt alles zusammen.

Die Prospektion

Bevor man eine Lagerstätte untersuchen kann, muß sie erst gefunden werden! Man kann die Suche dem Glück überlassen, was zu zufälligen Entdeckungen führt. Werden die Flüsse ausgebaggert, so liefert dies nützliche Informationen, auch wenn die Methode sehr grob ist. Bei Auskiesungen im Bereich von Xanten wurden zwei römerzeitliche Lastkähne entdeckt. Auch die Bodenerosion steuert eine Anzahl von Entdeckungen bei. Es passiert z. B., daß ein Fluß, der Jahr für Jahr seine Windungen erweitert, einige Überreste aufdeckt. Der Arnon, ein Zufluß des Chers, hat auf diese Weise 1983 einen Einbaum in Massay, in der Nähe von Vierzon, freigelegt. Boote verschiedenen Alters tauchen regelmäßig auf den Sandbänken des Alliers oder der Loire auf, um bei der nächsten Überschwemmung wieder vom Sand verschüttet zu werden. Der kurioseste Fall aber ist sicher der des mittelalterlichen Einbaumes von Gueugnon (Saône et Loire), der im Arroux von einem verdienstvollen Fischer einfach beim Darüberlaufen entdeckt wurde!

Zuerst tauchen... in den Archiven

Dennoch zieht es der Archäologe in den meisten Fällen vor, seine Suche vorzubereiten. Die erste Etappe bei Unternehmungen der Binnengewässer-Archäologie besteht aus einem Eintauchen – in die Archive. Man muß eine Vielzahl alter und neuer Veröffentlichungen über das gewählte Thema oder Gebiet zusammenstellen und die Informationen sammeln. Man darf nichts vernachlässigen: Beurteilung der antiken Topographie, Luftaufnahmen, Feststellung der Verkehrswege, Tiefenkarten, alte Landkarten, Bilder, Notarakten, Schnapsrunden in der Fischerkneipe – alle Informationen können von Nutzen sein!

Nachdem alle Dokumente sortiert und die Lagekarten hergestellt sind, kann man das Prospektieren vor Ort angehen. In dieser Phase steht man vor einer Vielzahl an Möglichkeiten; die Entscheidung wird je nach wissenschaftlicher Problematik, Umgebungskriterien oder finanziellen Möglichkeiten getroffen.

Dann vor Ort prospektieren

Die Luftbildarchäologie wird wegen der geringen Sichtweite in der Binnengewässer-Archäologie selten verwendet. Dennoch konnten Schweizer antike Boote auf diese Weise orten und wundervolle Aufnahmen von überschwemmten Wohnstätten machen, die es erlauben, die räumliche Aufteilung der Dörfer in ihrer Gesamtheit zu verstehen. Auch Aufnahmen vom Ufer des Bodensees lassen deutlich die Pfahlreihen der ehemaligen Bauten erkennen.

Von der Wasseroberfläche aus kann man ein einfaches Echolot benutzen, um die Unregelmäßigkeiten des Grundes festzustellen, unter der Bedingung, daß es auch bei geringer Tiefe exakt arbeitet. So kann man in Seen überschwemmte, prähistorische Plattformen sichtbar machen und in den Flüssen die Furten, die als Übergang dienten. Man darf aber nicht erwarten, mit einer Kamera Wracks zu entdecken. Da diese meistens unbeladen waren, bilden sie keine Erhebungen auf dem Grund wie im Meer. Zu diesem Zweck ist der Flächenscanner geeigneter: Er zeichnet eine Art Schattenriß von allem, was auch nur wenig aus dem Grund herausragt. Leider kann er Baumstämme nicht von Einbäumen unterscheiden... Die Deutung der Bilder verlangt Erfahrung, und eine Überprüfung durch Taucher ist immer notwendig. Man könnte diesen Apparat durch ein ferngesteuertes Videogerät ergänzen, allerdings würden die trüben Gewässer seinen Einsatz erschweren.

Die Bestimmung der Sedimente verfeinern

Um die Beschaffenheit der Auffüllung über dem Boden festzustellen, kann man auch die Sedimentsonde benutzen. Louis Bonnamour hat damit Vertiefungszonen tektonischer Herkunft, die nach dem 14. Jahrhundert entstanden sind, im Bett der Saône entdeckt. Es wurden auch Versuche mit dem Protonenmagnetometer in den mit Sedimenten bedeckten Lagerstätten des Sees von Chalain und elektrische Bodenforschung im Genfer See gemacht. In beiden Fällen waren die Ergebnisse sehr positiv. Der Hauptnachteil bei diesen Systemen ist das langwierige Auslegen des Maßnetzwerks auf dem Boden. Mit den heutigen Möglichkeiten der durchlaufenden Datenerfassung dürfte man eine bessere Effizienz der Arbeit erreichen.

Selbstverständlich bleibt das Erkunden mit eigenen Augen die einfachste und billigste aller Methoden. Um zuverlässig zu sein, muß sie mit viel Methode – von Tauchern mit geübten Augen – praktiziert werden, denn im Süßwasser sind Unregelmäßigkeiten des Grundes vom Schlamm zugeschüttet und verwischt. Außerdem kommt es sehr oft vor, daß eine Lagerstätte absolut nicht erkennbar ist. In Seen können die

3.2 Kernbohrung

3.3 *Der offene Bohrkern zeigt einen Wechsel von sterilen weißen Streifen und archäologischen Schichten.*

regelmäßige Kreideablagerung oder durch Bäche angeschwemmtes Material eine Siedlung mit einer Sedimentschicht von ein oder zwei Metern bedecken. In den Flüssen verändern sich die Böden von Jahr zu Jahr, je nach Überschwemmung oder rückschreitender Erosion. Deshalb kann das Ergebnis einer Erkundung mit den Augen nicht als endgültig betrachtet werden, wenn sie nicht von einer genügend großen Anzahl von Kontrollsondierungen begleitet ist. Diese werden im allgemeinen mit dem Wasserabsauger durchgeführt, manchmal mit einem Löffelbagger von einem Ponton aus. In den weichen Kreidesedimenten der Seen benutzt man ein sehr einfaches Gerät, das es erlaubt, die Kontrollen sehr schnell zu vervielfachen: den Kernbohrer (Abb. 3.2). Er besteht aus einer durchsichtigen Röhre aus Plexiglas, mit einem Griff zum Hineindrücken und einem beweglichen Verschluß. Nach dem Prinzip einer Laborpipette wird er senkrecht bis zum Griff in das Sediment hineingedrückt, dann hermetisch geschlossen und anschließend vorsichtig wieder herausgeholt. So gewinnt man eine Sedimentsäule, die man sofort mit eigenen Augen analysieren kann; braune Schichten entsprechen organischen Ablagerungen, meist menschlicher Herkunft, und deuten auf eine archäologische Fundstelle hin (Abb. 3.3). Der Inhalt wird herausgepreßt, und das Verfahren kann wiederholt werden. Mit einigen Höhenmessungen kann die genaue Tiefe der Fundstelle in der Kreide festgelegt werden.

Archäologie · Binnengewässer-Archäologie

DIE AUSGRABUNG

An das Erkunden schließt die Ausgrabung an. Wie schon erwähnt, liegt der archäologische Reichtum von Binnengewässern meist nicht mitten in diesen Gewässern, sondern vor allem an den Ufern, in den Naßzonen und manchmal – wegen Veränderungen der Flußläufe – sogar mitten im Land. Kein Wunder, daß sich die Methoden der Landesarchäologie mit den spezielleren der Binnengewässer-Archäologie vermischen.

Anlagen und Boote

Die verschiedenen Anlagen – Brücken, Furten, Häfen, Mühlen (Abb. 3.4) – werden vermessen; eventuell werden sie auseinandergenommen und Probeaufnahmen gemacht. Holzproben werden systematisch für chronologische Untersuchungen entnommen, deren Bedeutung wir später bei den Ausgrabungen von Wohnstätten klären werden.

Was die Boote betrifft, ist das Prinzip ihres Studiums einfach und ähnelt sehr der Praxis im Meer. Das Boot wird in ein Vermessungssystem eingebunden, das nach den topographischen Gegebenheiten ausgerichtet ist. Diese einfache Konstruktion (Rechteck oder Quadrat) dient als Fixpunkt für alle notwendigen Maßaufnahmen zur Zeichnung des Plans und der Längs- und Querprofile. Dieses allgemeine Schema wird durch zahlreiche Einzelbeobachtungen ergänzt, was Verbindungsart (Verdübelung, Nägel usw.), Werkzeugspuren und Kennmarken, Benutzungsschäden, Ausbesserungen, Qualität der verwendeten Hölzer betrifft... Es können Tunnel gegraben, um die Böden zu begutachten, Löcher gebohrt, um die Dicke festzustellen und Proben an die Oberfläche gebracht werden, um die Bauart und die dendrochronologischen Muster zu untersuchen. Von einigen außergewöhnlichen Teilen kann noch unter Wasser ein Abdruck gemacht werden. Eine fotografische Erfassung ist in Flüssen unmöglich, kann aber manchmal in Seen vorgenommen werden. Diese Untersuchungen der Schiffsarchitektur werden durch Beobachtungen der näheren Umgebung ergänzt, soweit sie das Boot berühren. Daraus kann man die Ablagerungs- und Eingrabungsbedingungen bestimmen, die Art der Fließbewegungen vor und nach dem Festliegen des Wracks. Diese Auskünfte, zusammen mit den direkten Informationen über das Boot, erlauben es, unsere Kenntnisse über die klimatischen und hydrologischen Veränderungen sowie ihren Einfluß auf die damalige Wirtschaft zu verbessern.

Siedlungen

Wenn es sich um eine Siedlung handelt, ist das Erfassen komplexer, und zwei Methoden sind möglich: entweder das Wasser beseitigen, um die Voraussetzungen für eine Landgrabung zu schaffen, oder den Archäologen ins Wasser schicken... Beide Methoden haben Vorteile – die Wahl ist manchmal schwierig.

Die Ausgrabung einer Siedlung in Spundwandkammern
Das Prinzip der Ausgrabungen in Spundwandkammern, die man mit kräftigen Pumpen trockenlegt, ist relativ alt und wurde schon 1929 am Bodensee angewandt. Später, 1964,

3.4 *Fischerei im Lac du Bourget (datiert um 1515)*

wurde dasselbe System an der Ausgrabungsstätte von Auvernier-la-Saunerie, bei Neuchâtel, eingesetzt. In derselben Bucht haben Autobahnarbeiten in den 70er bis 75er Jahren eine ganze Reihe von prähistorischen Dörfern aus dem Wasser gebracht. Mit umfangreichen Dämmen konnte man für einige Zeit Polder austrocknen, in denen mehrere Grabungsmannschaften gleichzeitig arbeiten konnten. In noch jüngerer Zeit haben die Ausgräber von Bordeaux (Inselchen Saint-Christoly), Lyon (Boot am Tolozan-Platz) und Paris (Fundstelle von Bercy) durch gegossene Wände geschützt arbeiten können.

Abgesehen von den hohen Kosten, die die Wissenschaftler von den Baumeistern abhängig machen, hat dieses System den Nachteil, daß es eine starke Verdichtung der archäologischen Schichten verursacht und daher die Deutung schwieriger macht und das Risiko einer Beschädigung der Gegenstände erhöht.

Die Ausgrabung von Siedlungen durch Taucher

Die Ausgrabung durch Taucher hat gegenüber der Arbeit in Kammern zwei Vorteile: Erstens behalten die Schichten ihre Dichte und ihre Struktur (manchmal trotz eines allgemeinen Absinkens unter dem Gewicht von neuen Sedimenten); die Beobachtung sowie das Herausholen zerbrechlicher Gegenstände wird dadurch erleichtert. Zweitens sind die Kosten mit denen der Ausgrabung in Kammern nicht zu vergleichen. Die Unterwassertätigkeit ist eine leichte Archäologie, leicht zu organisieren und leicht durchzuführen.

Dagegen sind ihr einige Schwierigkeiten eigen, für welche die Umgebung oder der Taucher selbst verantwortlich sind. So hat die geringe Tiefe der Stätten, die eine lange Arbeitszeit ohne Dekopausen erlaubt, im Sommer eine rasche Erwärmung des Wassers zur Folge, Ursache der Fällung des ungelösten Kalziumkarbonats, der Vermehrung des Planktons an der Oberfläche und der Ohrenentzündungen bei den Tauchern! Zu diesen natürlichen Störungen kommen noch die vom geringsten falschen Flossenschlag aufgewirbelten Sedimentwolken hinzu, die auf die schon freigelegten Überreste zurückfallen und zu häufigen Säuberungsaktionen zwingen. Im Winter sind die Bedingungen umgekehrt: Die Gewässer sind wieder klar und rein, aber eiskalt (5°C in den Alpenseen).

Außerdem zeigt die Erfahrung, daß nach einer gewissen, je nach Person und Training unterschiedlichen Zeit, die geistigen Fähigkeiten des Tauchers (Gedächtnis, Unternehmungsgeist, Urteilsvermögen) schnell abnehmen. Die Ausgrabung beim Tauchen ist eine Frage der Konzentration: Wenn die Aufmerksamkeit abnimmt, zerbricht man Werkzeuge oder man macht Fehler. Deshalb ist es wichtig, vor dem Tauchgang den Ablauf der Tätigkeiten genau festzulegen, die Bewegungen zu vereinheitlichen und beim Austritt aus dem Wasser immer die Messungen zu kontrollieren: Zeit gewinnt man an der Oberfläche, man verliert sie unter Wasser. Aus diesem Grund werden bei der Planung schwierige Aufgaben an den Anfang des Tauchgangs gelegt.

Topographiemethoden

Eine dieser Aufgaben ist die Anlegung des Gitternetzes, denn von seiner Genauigkeit wird die Qualität der Arbeiten abhängen. Man hat oft versucht, im Wasser dasselbe System zu benutzen wie die Archäologen an Land, indem man steife Rechtecke versenkte oder sie auf dem Grund baute. Es mußte aber festgestellt werden, daß sich dieses System wegen der zahlreichen Verzerrungen schlecht für ausgedehnte Grabungen eignet. Außerdem ist das Landesmaß, im allgemeinen der Quadratmeter, zu groß, um die Elemente, die beim Sieben (Scherben, Splitter usw.) gefunden werden, mit genügender Genauigkeit wieder ihrem Platz zuzuordnen; daher sind die Verteilungskarten weniger exakt. Auf kleinen Flächen ist dieses System durchaus annehmbar, und man bemüht es selbst für Sondierungsarbeiten oder Bootsausgrabungen.

Das rechtwinklige, gleichschenklige Dreieck, das mit seinem rechten Winkel sowohl das Prinzip des Gitternetzes als auch die Triangulation in sich vereinigt, wurde selten benutzt. Die immer abgerundete Länge der Hypotenuse verursacht auf großen Flächen Schwierigkeiten bei den Berechnungen.

Letztlich ist es die von Laurent 1962 entwickelte **gleichseitige Triangulation**, die wegen ihrer veränderlichen Genauigkeit und ihres leichten Aufbaus für ausgedehnte Grabungen die besten Ergebnisse ermöglicht, auch wenn die Gewässer nicht so klar sind. Das Prinzip ist einfach: Ausgehend von einer Achse (im allgemeinen der größten Länge der Stelle) und einem Anfangspunkt (Punkt Null), beide willkürlich festgelegt, baut man durch aufeinanderfolgende Verschiebungen sich berührende gleichseitige Dreiecke, bis man die gesamte zu bearbeitende Fläche abgedeckt hat (Abb. 3.5 und 3.6). Diese Dreiecke werden gebildet von Schienen aus Duralumin, die an ihren Enden ein System von Klemmen haben. Je nach Bedarf werden sie auf die Röhren geschoben, die die Spitzen der Dreiecke bilden. Nur diese Eckrohre bleiben fest, die Schienen oder „Schablonen" werden nur dort installiert, wo gerade gegraben wird. So wird die topographische Ortung einer Fundstelle schnell, sicher und endgültig erledigt. Man kann gleichzeitig mehrere Ausgrabungszonen eröffnen, ohne Verwindungen bei einer neuen Abdeckung befürchten zu müssen.

Die Größe des Dreiecks wird je nach der Arbeitsart und den örtlichen Bedingungen ausgewählt: 10 Meter für eine schnelle Lagebestimmung der oben liegenden Überreste (die Schiene wird in diesem Fall durch ein Stahlseil ersetzt), 2 Meter in sehr dunklen Gewässern oder an steilen Hängen, 5 Meter im allgemeinen. Die Dreiecke werden nicht wie in der klassischen Gitternetzanlage durch eine Ziffer oder einen Buchstaben gekennzeichnet, sondern durch Zahlen (von der kleinsten bis zur größten), die man der jeweiligen Spitze zuordnet; man spricht zum Beispiel vom Dreieck 003/007/205. Die Zuweisung der Zahlen an den Spitzen richtet sich nach der Aufteilung der Fundstelle in vier Felder, ausgehend vom Nullpunkt und der Nullinie: Die Aufteilung wird durch eine zusammengesetzte Numerierung ergänzt; je nach Lage in jedem Feld wird sie „Linien" oder „Reihen" zugeordnet, auf die sie sich beziehen. Auf den ersten Blick scheint das Ganze kompliziert zu sein, man muß aber bedenken, daß der Taucher nur die zwei oder drei Dreiecke seiner Grabungszone im Gedächtnis behalten muß.

Ein 5 Meter langes Dreieck ist zu groß, um eine Größeneinheit zu bilden. Deshalb wird es in 25 kleine metrische Dreiecke von 0,43 m^2 Fläche eingeteilt. Man erreicht damit ein fast ideales Grabungsmaß, groß genug, um darin ungehindert arbeiten zu können, und klein genug, um aussagekräftige Lageplanstudien zu erhalten. Um die Ortung im Wasser innerhalb der metrischen Einheiten zu erleichtern, werden sie provisorisch mit Buchstaben von A bis Z (außer dem I) gekennzeichnet, vom Winkel mit der kleinsten Zahl bis zu dem mit der höchsten Zahl. Aber es handelt sich nur um eine Erleichterung für den Taucher; die Gegenstände, die aus jedem der metrischen Dreiecke kommen, werden, sobald sie ans Land gebracht werden, nach dem oben erklärten System klassifiziert.

Die Etappen der Ausgrabung

Wenn die Markierung installiert ist, muß man, wenn die Fundstelle nicht unbedeckt liegt, mit dem Abtragen des Abraums beginnen. Dies ist das einzige Mal, daß man Maschinen, Absauger oder elektrische Entschlammer einsetzt. Sobald man die archäologische Schicht erreicht, wird die Arbeit mit der Hand weitergeführt. Die Benutzung von Werkzeugen (Kellen, Messer) ist verpönt, da keiner der immer sehr zerbrechlichen Gegenstände beschädigt werden soll. Die archäologische Schicht wird mit großer Sorgfalt gesammelt und in Eimern abgelegt, die nach den metrischen Dreiecken und den Schichten gekennzeichnet sind. Zerbrechliche Gegenstände, die ein Anfassen nicht ertragen würden, werden mit dem gesamten sie umhüllenden Sedimentblock herausgeholt, der

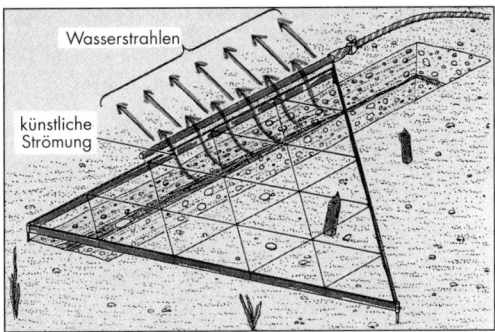

3.5 *Triangulationsprinzip*

3.6 *Anwendung des Triangulationsprinzips*

geschnitten und auf einer Blech- oder Plastikplatte gelagert wird (Abb. 3.7). An der Oberfläche werden sie dann mit allen notwendigen Vorsichtsmaßnahmen freigelegt.

Das Problem der Sicht
Bei diesen Aktivitäten werden unvermeidlich staubfeine Sedimente aufgewirbelt, die die Ausgrabungszone schnell verdunkeln. Um eine gute Sicht zu behalten, benutzt man ein System, das nach der Düse gebaut ist, die U. Ruoff am Züricher See in den 60er Jahren benutzte. Man nennt es „den Wasservorhang"; es handelt sich darum, eine künstliche Strömung zu erzeugen, indem man mittels eines Generators Wasser unter Druck in ein Rohr preßt, das am anderen Ende verschlossen und von Löchern durchbohrt ist. Die durch das Ausdrücken des Wassers erzeugte Strömung wird sorgfältig gesteuert, um die noch vorhandenen Schichten nicht zu schädigen, und man nimmt den schwebenden Schlamm mit und gibt dem Ausgräber wieder eine bessere Sicht. Er braucht in der Tat ein Minimum an Sicht, um einen Plan von allem, was er antrifft, im Maßstab 1:10 zu erstellen, wobei die Höhenangaben vom Niveau des Maßrahmens aus genommen werden. Er notiert auch so viele Informationen wie möglich über die Schicht, die er bearbeitet (Zusammensetzung, Dicke, allgemeine Wachsrichtung der Pflanzen...) und über das angetroffene archäologische Material (Erhaltungszustand, Lagerung, Holzarten, Querschnitt usw.). Im großen und ganzen verlangt man von ihm, alles zu registrieren, was er als einziger zu sehen bekommt: Man darf niemals vergessen, daß eine Ausgrabung ein Akt der Zerstörung ist, und muß alles tun, damit diese Zerstörung durch einen maximalen wissenschaftlichen Gewinn ausgewogen wird.

Die Fotografie (oder heute die Videotechnik) ist in den Binnengewässern keine gute Informationsquelle. Für gute Aufnahmen sind die Bedingungen meistens sehr ungünstig, und nur bei Nahaufnahmen oder bei der Makrofotografie kann man ein befriedigendes Ergebnis erhoffen. Deshalb wird sie nur als Ergänzung oder zur Illustration des Lageplans benutzt; niemals ist sie das dominierende System bei einer Ausgrabung.

Die Bergung und Behandlung der Gegenstände
Während der Ausgrabung werden die Eimer – einer nach dem anderen, um jede Verwechslung zu vermeiden – zur Oberflächenbasis gebracht, wo eine Mannschaft die heikle Aufgabe hat, alles, was aus dem Wasser kommt, zu registrieren, zu etikettieren und, wenn nötig, zu konservieren. Dabei muß gleichzeitig die Wasserfläche beobachtet und die Sicherheit der Taucher gewährleistet werden. Das Material wird dann zur Hauptbasis transportiert, wo es je nach Beschaffenheit verschiedene Wege geht, bevor es verpackt wird. Es hat sich gezeigt, daß ein Merkmal von Siedlungsgrabungen das Aufsammeln der gesamten Ablagerungen der archäologischen Schicht ist. Dieses umfangreiche Material muß sorgfältig mit Wasser durch ineinandergeschachtelte Siebreihen mit Maschen von 8 bis 1 Millimeter gesiebt werden. Diese Geduldsarbeit ermöglicht die Trennung aller Bestandteile, der natürlichen Teile (Steine, Ästchen, Blätter, Früchte, Samen usw.) und der von Menschen hergestellten Teile (Feuersteinsplitter, Scherben, Schmuckteile...). Jedes Teil wird isoliert, gezählt oder gewogen, dann vor der Untersuchung gelagert. Die zerbrechlichen Teile (Keramik-, Holz-, Leder-, Stoffgegenstände, Korbwaren usw.) werden sogleich einer ersten Konservierungsbehandlung unterzogen. Das übrige Verfahren ist dasselbe wie bei einer Ausgrabung auf dem Festland: Markierung und Zeichnung des Materials, Typusanalyse, Arbeit an den Plänen und die Lagebestimmung... Die darauffolgende naturwissenschaftliche Arbeit ist besonders wichtig: Botaniker, Pollen- und Sedimentspezialisten kommen zusammen, um aus den Siebergebnissen oder den extra für sie genommenen Bohrproben ein Bild der damaligen Umgebung der Siedlung zu rekonstruieren.

3.7 *Bergung eines zerbrechlichen Gegenstandes*

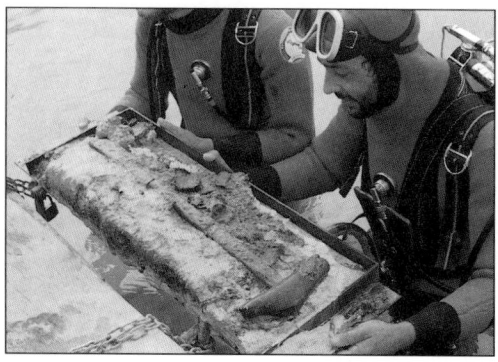

Die Zeitmaschine

Von allen sogenannten verwandten Wissenschaften muß man eine besonders hervorheben, deren Einfluß auf die Entwicklung der Kenntnisse seit zwanzig Jahren besonders groß war – gemeint ist die Dendrochronologie. Sie erlaubt es, die Periode festzustellen, während der ein Baum lebte, und das Jahr zu bestimmen, in dem er gefällt wurde (manchmal sogar die Jahreszeit, wenn die Probe noch eine Rinde hat).

Jeder hat schon bemerkt, daß ein abgesägter Baumstamm eine Serie von mehr oder minder breiten Ringen zeigt. Ein heller und ein dunkler Ring bilden zusammen einen *Jahresring*. Die hellen Teile kennzeichnen den Saftschub im Frühjahr, die dunkleren das abnehmende Wachstum im Sommer und Herbst. Die Breite der Ringe ändert sich entsprechend zahlreicher Faktoren, wobei das Wetter die Hauptrolle spielt. Die Jahresringe geben also durch ihre Beschaffenheit die lokalen Wetterveränderungen wieder: Bäume derselben Art, zum Beispiel der Eiche, die im selben geographischen Raum wachsen, werden alle in gleicher Weise auf die Veränderungen der Umgebung reagieren.

Relative und absolute Datierung

Die Aufzeichnung der Maße der Jahresringe in Form einer Kurve, die einer Temperaturkurve ähnelt, kann mit der Kurve anderer Bäume derselben Art und etwa desselben Alters verglichen werden. Die Wechselbeziehung zwischen einer gewissen Anzahl von typischen Spitzen (genannt „Signaturon") erlaubt eine Zeitbestimmung und eine Klassifizierung der Musterproben. So kann man innerhalb einer Einheit feststellen, in welcher zeitlichen Abfolge sie gewachsen und gefällt wurden. Man spricht in diesem Fall von relativer Datierung; der Archäologe weiß, in welcher Reihenfolge die Hölzer benutzt wurden, er kennt aber nicht das Datum der Benutzung.

Um diese zweite Ebene, die absolute Datierung, zu erreichen, greift man auf eine Referenzkurve zurück, die beim jetzigen Zeitalter anfängt und bis in die Vorgeschichte zurückgeht. Derartige Kurven wurden seit dreißig Jahren anhand von Tausenden von Proben gemacht, die von Hölzern jedes Zeitalters entnommen wurden. Es gibt sie für die deutsche und schweizerische Eiche, wodurch man mit Sicherheit bis zum Jahr 4089 vor unsere Zeitrechnung zurückgehen kann. Diese Kurven können als Basis für Datierungen in Mitteleuropa dienen. Regionale Referenzkurven für die Eiche und sogar für harzende Bäume werden zur Zeit in Frankreich in verschiedenen Labors erstellt. Wenn sie abgeschlossen sind, wird man imstande sein, die Mehrheit der archäologischen Hölzer zu datieren, unter der Voraussetzung, daß sie eine genügende Anzahl von Jahresringen aufweisen.

EINIGE ERGEBNISSE: DIE SIEDLUNGEN

Wir haben gesehen, wie die Ausgrabung einer gut erhaltenen Siedlung durchgeführt wird. Ich möchte jetzt am Beispiel von zwei Lagerstätten, einer neolithischen (Les Baigneurs) und einer mittelalterlichen (Colletières), einige Beiträge der Binnengewässer-Archäologie vorstellen. Es handelt sich natürlich nicht darum, die an diesen Stätten erzielten Ergebnisse aufzuzählen, sondern nur bestimmte Erkenntnisse hervorzuheben, für die die nasse Umgebung besonders vorteilhaft ist: Organisation der Wohnstätte; Wechselbeziehungen der Einwohner mit ihrer Umgebung durch den Landbau, die Viehzucht und die Jagd; Umfang und Herkunft des erhaltenen Materials.

Warum nur zwei Fundstellen? Und warum gerade diese zwei? Jede der laufenden Ausgrabungen systematisch vorzustellen, wäre dasselbe wie ein langweiliger Katalog. Außerdem können nicht an allen Fundstellen sämtliche vorgestellten Studien ausnahmslos durchgeführt werden. Zum Beispiel hat man in den Ausgrabungen am See von Sanguinet in der Gegend von Bordeaux nicht denselben Reichtum an organischen Materialien wiedergefunden wie in den Alpenseen. In anderen Fällen, wie an der Grabungsstätte des Gué-des-Piles in Chalon-sur Saône, sind wichtige Untersuchungen noch im Gange. Die zwei Grabungsstätten am See von Paladru sind also bis heute in Frankreich die einzigen, die in der Auswertung der Funde so weit fortgeschritten sind. Schließlich läßt ihre geographische Nähe – sie sind nur einige hundert Meter voneinander entfernt – die Verhaltensunterschiede dieser beiden auf demselben Boden angesiedelten, aber durch mehr als drei Jahrtausende getrennten Menschengruppen sichtbarer werden.

Andererseits wird sich der Leser wundern, daß auf das Problem der Niveauveränderungen der Seen nicht im einzelnen eingegangen wird, obwohl es die Ursache der hier vorgestellten Unternehmungen ist. Diese Auswahl ist wohldurchdacht. Natürlich sind Beobachtungen und Untersuchungen zu diesem Thema zahlreich. Aber je umfangreicher und genauer sie auf lokaler Ebene werden, um so stärker wird man sich der Schwierigkeiten bewußt, ein allgemein gültiges theoretisches Modell zu finden. Der Einfluß der ausschließlich klimatischen Erscheinungen wechselt je nach der lokalen Hydrologie, und die Feststellung des Anteils klimatischer und geomorphologischer Phänomene auf die Reaktionen jedes geographischen Beckens ist sehr kompliziert. Eine Zusammenfassung der Kenntnisse, geordnet nach geographischen Gebieten und chronologischen Perioden, würde den Rahmen dieses Kapitels sprengen. Die Phänomene der Transgression und des Sinkens des Wasserspiegels sind unbestreitbar, und wir verweisen für das Studium dieses heiklen Themas auf spezialisierte Veröffentlichungen, insbesondere die Arbeiten von M. Magny für Frankreich und B. Moulin für die Schweiz.

Die Grabungsstätte „Les Baigneurs"

Das neolithische Dorf „Les Baigneurs" (etwa 2.500 v. Chr.) liegt auf einer kleinen Seeplattform am äußersten südlichen Ende des Sees von Paladru vor dem heutigen Dorf Charavines. Es breitet sich auf einer Fläche von etwa 1.500 m² aus, wovon nur etwa ein Drittel untersucht wurde. Die rechteckigen Häuser (im Durchschnitt 5 auf 15 Meter) waren auf drei bis vier, etwa 1,5 Meter voneinander entfernten Pfahlreihen gebaut, die das Gerüst bildeten, auf dem das Gebälk befestigt war. Offensichtlich bestanden Dach und Mauer ausschließlich aus pflanzlichem Material (Äste, Schilf).

DIE ENTWICKLUNG DER WOHNSTÄTTE

Man beobachtet an derselben Stelle zwei archäologische Schichten, die zwei aufeinander folgenden Besiedlungen in weniger als einem Jahrhundert entsprechen. Es ist deshalb verständlich, daß die Fundstelle dem Archäologen wie ein breites chaotisches Pfahlfeld vorkam, in dessen Unordnung der Plan eines leicht außerhalb gelegenen Hauses deutlich lesbar war. Zum Glück hat sich herausgestellt, daß die Häuser der ersten Besiedlung aus Tannenholz gebaut waren, was eine sehr ausführliche Untersuchung der relativen Dendrochronologie und die genaue Bestimmung der Entwicklung der Siedlung zuließ.

Im ersten Jahr der Gründung wurde ein einziges, ost-west orientiertes Haus sehr nah am

Seeufer gebaut (Haus I). Im zweiten Jahr wurde ein ähnliches Haus parallel zum ersten und nur 1,20 Meter entfernt errichtet (Haus II). Zwei andere Häuser vom gleichen Typus schlossen sich in einigen Metern Entfernung an die beiden ersten an, aber mit einer anderen Orientierung (Häuser III und IV). Zur gleichen Zeit wurde ein Zaun auf der Landseite errichtet; der geringe Durchmesser der Pfähle läßt vermuten, daß er eher eine Einfriedung als ein Schutz war. Nach sieben Jahren Benutzung wurde das Haus I niedergerissen (wahrscheinlich infolge der Verrottung des Gebälks), aber nach demselben Plan an derselben Stelle wiedergebaut, nach weiteren zehn Jahren – zusammen mit Haus II – noch einmal. In den anderen Häusern ist eine Serie von Reparaturarbeiten zu erkennen (Ersetzen oder Verstärkung der Trägerpfähle). Nach etwa dreißig Jahren wurde das Dorf aufgegeben. Einige Häuser wurden verbrannt (freiwillig oder nicht). Die Gewässer des Sees steigen und bedecken die Siedlung mit einer Kreideschicht.

Nach dreißig bis vierzig weiteren Jahren ließen sich wieder Menschen an dem Ort nieder, bauten ein Haus an derselben Stelle wie das Haus I der ersten Besiedlung und benutzten sogar seine tonhaltige Herdzone als Basis für ihre eigene! Dieses Haus wurde aus Tannenholz gebaut, was eine dendrochronologische Analyse des Bauwerks zeigte. Die anderen wurden leider mit Hölzern gebaut, die für diese Art der Datierung untauglich sind: Ulme, Esche, Erle. Die Entwicklung dieser zweiten Besiedlung ist also weniger gut bekannt als die der ersten Besiedlung. Man vermutet aber, daß auch dieses Dorf zwanzig bis dreißig Jahre bewohnt war, bevor es endgültig aufgegeben wurde.

WELCHE EINWOHNER?
WELCHE LEBENSART?

Die Menschen, die sich am Ende des Sees von Paladru niedergelassen haben, kamen nicht aus dem Nichts; die graphischen Pollendiagramme zeigen für die Jahrhunderte vor der ersten Besiedlung das Abnehmen der Waldpollen parallel zur Zunahme von Getreidepollen. Waldzerstörung und Landbau sind der Beweis, daß sich schon Menschengruppen, von denen keine Spur gefunden wurde, in der Gegend niedergelassen hatten. Einzig die nasse Umgebung der Seeufer hat eine Momentaufnahme, einen Lebensabschnitt dieser Wanderbauern am Ende des Neolithikums erhalten.

Ackerbau und Sammeln

Zur Zeit ihrer Ankunft beherrscht der Wald alles: 95 % der gefundenen Pollen sind Baumpollen, hauptsächlich Tanne. Sobald die Menschen sich niederlassen, beobachtet man einen Rückgang der Tannenpollen, gefolgt von anderen Bäumen; die Waldpollen sinken bis 80 %, während die Getreidepollen von 0,25 % auf 2,5 % zunehmen. In der Zeit, in der die Siedlung verlassen ist, breitet sich der Wald wieder aus, und die Waldpollen steigen wieder bis 95 %. Die zweite Besiedlung wird durch eine starke Zerstörung des Waldes gekennzeichnet: Die Tannenpollen sinken von 35 % auf 10 %, die der Buche von 35 % auf 5 %. Dies sind die Zeichen umfangreicher Rodungen, mit dem Ziel, verstärkt Getreide anzubauen – Getreidepollen erreichen einen Spitzenwert von 19 %. Man weiß, daß dieses Getreide hauptsächlich aus Weizen (drei Sorten wurden identifiziert) und Gerste bestand. Man baute auch Flachs sowie Mohn an, dessen Samen man für Fladen oder Öl benutzte. Wahrscheinlich waren seine betäubenden Eigenschaften schon bekannt.

Das Sammeln war eine sehr wichtige Nahrungsergänzung. Man findet große Mengen von Haselnüssen, Bucheckern, Schlehen und einige Zentimeter große wilde Äpfel, die geschnitten und gedörrt wurden. Auch Walnüsse, Pinienkerne, Samen von wildem Wein, von Brombeeren sind vorhanden... Die Eicheln dienten wahrscheinlich als Schweinefutter, konnten aber auch, nach entsprechender Behandlung, von Menschen gegessen werden. Unter den in den archäologischen Schichten erkannten Samen können einige medizinische Pflanzen gewesen sein, so Majoran, Thymian, Heckenrose und Johanniskraut.

Sieht man die Vielfalt der verwendeten Sorten, ist man überrascht und beeindruckt, über welche bemerkenswerte Kenntnisse ihrer pflanzlichen Umwelt diese Bauern verfügten. Kenntnisse, die den modernen, entwurzelten Menschen verblüffen. Auch das Holz wurde je nach dem vorgesehenen Verwendungszweck sorgfältig ausgesucht: Buche zum Heizen, Eiche für die Einbäume, Ahorn für die Beilstiele, Eibe für Bogen und Löffel, Buchsbaum für Kämme.

Jagd und Viehzucht

Wir wissen leider weniger über die Fleischernährung der Dorfbewohner als über ihre pflanzliche Nahrung. Knochen sind an Grabungsstätten weniger gut erhalten. Die Knochen kleinerer Tierarten (Vögel, Kaninchen) sind wahrscheinlich vollkommen verschwunden. Dennoch läßt sich anhand der übriggebliebenen Mengen feststellen, daß die Jagd (hauptsächlich Hirsche und Wildschweine) eine größere Rolle spielte als die Viehzucht (ungefähr 60 zu 40 %).

Diese Beobachtung wird jedoch durch die Tatsache abgeschwächt, daß der Hirsch, der 30 bis 40 % der Überreste ausmacht, nicht nur wegen des Fleisches gejagt wurde, sondern auch – und vielleicht in erster Linie – wegen seiner Haut und seinem Geweih: unentbehrliches Material für die Herstellung von so wichtigen Werkzeugen wie Hacken oder die Scheiden für die Befestigung der Steine am Beilstiel. Diese Jagd war also mehr eine „gewerbliche" als daß sie der Ernährung diente. Ein Beweis dafür ist, daß sich unter den gezählten Resten fast nie Rehknochen finden.

Unter den gezüchteten Tieren (Schwein, Ziege, Schaf, Rind) dominiert bei der ersten Besiedlung das Schwein deutlich (ungefähr die Hälfte der Reste). Sein Anteil nimmt während der zweiten Besiedlungsphase zugunsten des Rindes ab, das dann etwa ein Drittel der Reste stellt.

Gegenstände und Werkzeuge

Das Bild unserer Kenntnisse über den Alltag der neolithischen Bauern von Charavines wird durch die große Zahl von Gegenständen ergänzt, die bei den Ausgrabungen gefunden wurden. Wir lassen das steinerne und keramische Material, das in jeder ähnlichen Ausgrabungsstelle gefunden wird, beiseite, um uns mit einigen Gegenständen zu befassen, deren Herstellung wirklich bemerkenswert ist.

Die Axtstiele aus Ahornholz, Symbol für die Rodung und die täglichen Arbeiten, sind wegen ihres ergonomischen Profils bemerkenswert. Sie sind 60 bis 80 Zentimeter lang, gerade oder leicht gebogen und enden immer in einer Erweiterung, die den Griff verbessert. Am Ende, mit dem gearbeitet wird, bildet der Stiel einen schweren, stabilen Kopf, der dazu geeignet ist, den Schlag zu unterstützen und den Stoß aufzufangen.

Messer aus Feuerstein, deren Griffe erhalten sind, sind ebenfalls extrem seltene Stücke, die sowohl wegen ihres ausgezeichneten Erhaltungszustandes wie auch wegen der Verschiedenartigkeit der verwendeten Techniken besonders interessant sind: einfaches Befestigen, indem eine sehr feine Wurzel fest um ein Polster aus pflanzlichen Fasern gewickelt wurde – oder ein komplexeres System, das eine Verleimung mit Birkenpech verwendet, in Kombination mit einem zusammengesetzten und gebundenen Griff oder ein ausgeklügeltes Umwickeln mit Weidenruten (Abb. 3.8).

Ein großer Einbaum aus Eiche (Länge: 8,50 m), ein Paddel aus Buche, ein 1,30 m langer Bogen aus Eibe, der in der Mitte noch die Spur seines aus Schnüren gefertigten Griffes trägt, lassen auf Schiffahrt, Fischerei und Jagd schließen.

Auch die Hausarbeiten sind mit Korbwaren- und Mattenresten und zahlreichen Holzlöffeln vertreten, die auf beiden Besiedlungsebenen gefunden wurden. Diese werden immer aus Eibe hergestellt, und zwar in zwei Ausführungen: Topflöffel mit einem deutlichen Winkel zwischen Löffelschale und Stiel; Mundlöffel, bei denen sich die Aushöhlung in der Achse des Stiels befindet. Man hat bemerkt, daß der linke Rand dieser Löffel oft deutlich abgenutzter war als der rechte: die Benutzer waren Rechtshänder (Abb. 3.9). Vergessen wir nicht die Küchenhilfen: Man hat mehrere Rührbesen wiedergefunden, die man aus der Spitze einer kleinen Tanne herstellte, bei der man einige Zentimeter der Astfänge behielt. Ein schnelles Drehen zwischen den Handballen brachte die erwünschte Wirkung in Milch oder Brei. Die Verwendung derartiger Rührbesen ist heute noch in Zentraleuropa und in Sibirien zu beobachten.

Schließlich darf man die Webkämme mit ihren Zähnen nicht vergessen, die mit einem Feuerstein fein aus einer Buchsbaumplatte ausgeschnitten wurden. Wenn auch der Boden wenig von den Webarbeiten erhalten hat, kann man sich doch denken, daß die Woll- oder Leinenkleidung mit Schnürsenkeln oder mit Nadeln

3.8 *Mit Griff versehene neolithische Messer.*

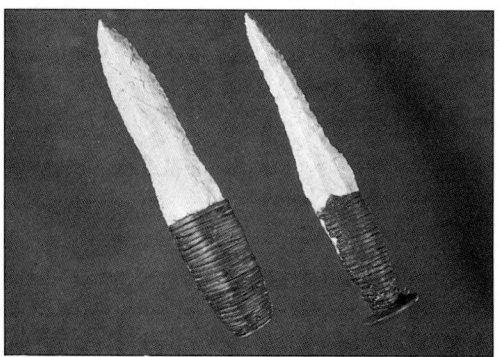

zusammengehalten wurden. Mehrere solche Exemplare, aus dünnen Ilexruten geschnitzt und mit versetztem Kopf, wurden gefunden.

Die Fundstelle von Colletière

Die Fundstelle von Colletière breitet sich auf einer Fläche von ungefähr 2.000 m², am äußersten südlichen Ende des Sees von Paladru am rechten Ufer aus. Die Ausgrabungen, mit denen wie bei Les Baigneurs 1972 begonnen wurde, sind noch im Gang.

Vier große Gebäude wurden geortet, parallel zum antiken Ufer aufgebaut, das vorher durch eine Reihe von dicken Pfählen und Geröll stabilisiert wurde. Auf der Landseite waren diese Gebäude von einem leichten Zaun umgeben, der anscheinend keine Schutzfunktion besaß. Zwischen dem Zaun und den Gebäuden lag ein etwa 800 m² großer Hof. Im Gegensatz zur Nachbarstätte war es hier nicht notwendig, die Dendrochronologie zu benutzen, um die Lage der Häuser zu bestimmen; es gibt nur eine einzige Besiedlung, und die Bauart ermöglicht eine leichte Lagebestimmung.

DIE GEBÄUDE

Das Gerüst der Häuser besteht aus großen senkrechten Eichenpfosten, eingesetzt in eine Basis aus waagerecht geschichteten Stämmen, die bis zu fünf einander folgende Ebenen erreichen können. Diese waagerechten in den Kreideschlamm des Sees eingerammten Stämme bilden sozusagen eine Art „schwimmende Sohle". Mauern und Wände bestanden aus einem mit Lehmerde verputzten Flechtwerk.

Die oberen Teile der Wohnstätte sind wenig bekannt: Es ist möglich, daß die Aufbauten beim Verlassen des Dorfes mitgenommen wurden. Die Dächer bestanden wahrscheinlich aus verderblichem Material (Stroh?). Eines ist sicher: Alle Gebälkverbindungen wurden ohne Nägel gefertigt, nur mit Dübeln und Zapfenlöchern, Schlitzen und Kerben.

Die ausgegrabenen Gebäude sind alle vom selben Typus, jedes bildet eine Wohn- und Produktionseinheit. Sie bestehen aus einem Aufenthaltsraum (Küchenreste um große Herde mit einer Haube für den Abzug, vielleicht auch zum Trocknen und Räuchern), Lagerräumen (Anhäufung von Gegenständen), Vorratsräumen (Wal- und Haselnußreserven), einem Stall (Reste von Streu und fossilem Kot) und einer Landwirtschafts- oder Handwerkszone.

Betrachtet man die erhaltenen Bauelemente, läßt sich vermuten, daß es noch ein Stockwerk gab (Wohnraum oder Speicher).

DIE AKTIVITÄTEN

Als die Menschen sich etwa im Jahr 1.000 in Colletière ansiedelten, war die Gegend eine Grenzzone, in der sie sich wie Pioniere verhielten. Anscheinend hat die frühere lokale, sporadische, gallo-romanische Besetzung die Walddecke nicht zerstört, oder sie hat sich wieder erholt. Die Bewohner von Colletière roden umfangreiche Flächen für ihre Siedlung, die Kultivierung der Böden und vielleicht auch für ihr Handwerk (Eisenherstellung).

Getreideanbau und Baumzucht

Angebaut wird hauptsächlich Getreide, wobei Roggen gegenüber Weizen und Hafer überwog. Hanf und Flachs wurden wegen ihrer Fasern angebaut. Gemüsesorten waren nicht sehr zahlreich: Linsen, Bohnen und hauptsächlich Erbsen. Man findet keine Spur von Sorten, die, wie wir wissen, schon seit der Karolingerzeit kultiviert wurden, wie Porree, Knoblauch, Zwiebel, Endivien, Sellerie, Rettich oder Pastinake. Es wird auch gesammelt, aber weniger vielfältig als bei der Stätte Les Baigneurs: Haselnüsse, Maronen, Vogelkirschen, Mispeln und Himbeeren.

Dagegen ist die Baumzucht gut entwickelt: Die Reste von Walnüssen, Äpfeln, Pflaumen und Kirschen sind zahlreich. Das Vorhandensein von Traubenkernen zeugt nicht unbedingt von Weinbau; er ist aber denkbar, da Fässer ent-

3.9 Fundstätte „Les Baigneurs": Kämme, Löffel und Nadeln.

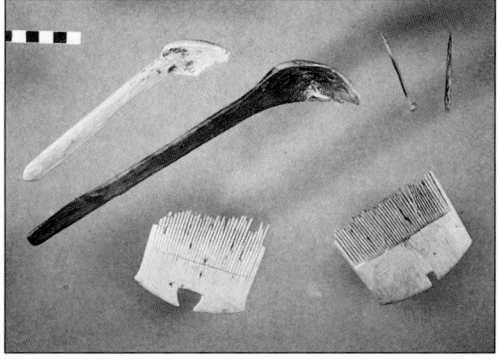

deckt wurden. Was die Bucheckern und die Eicheln angeht, so können sie – wie im Neolithikum – der Ernährung von Mensch wie Tier gedient haben.

Viehzucht, ein wenig Jagd und natürlich die Fischerei

Zum Viehbestand gehören hauptsächlich Schweine (70 % der Reste). Die gute Erhaltung

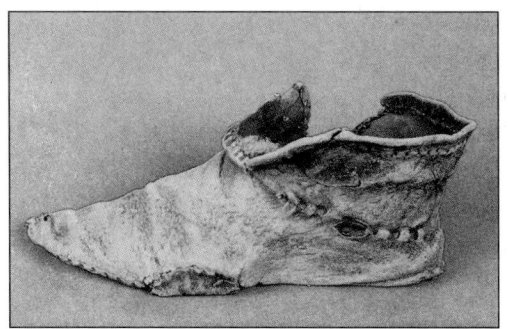

3.10 *Mittelalterlicher Schuh aus Leder.*

der Knochenreste erlaubt, im Gegensatz zur Nachbarstätte, die genaue Bestimmung der Größe und des Alters der Tiere. So hat man berechnen können, daß die Schweine nicht mehr als 70 bis 80 kg wogen und daß 50 % sehr jung geschlachtet wurden, zwischen drei und zwölf Monaten. Ziegen und Schafe (18 % der Reste) erfuhren dasselbe Schicksal zwischen sechs und zwölf Monaten. Sie sind ebenfalls kleinwüchsig (20–30 kg), wie das Rind, das nur 1,10 bis 1,20 Meter Widerristhöhe erreicht. Dessen Schicksal hängt davon ab, ob es für das Fleisch (Schlachtung zwischen achtzehn und dreißig Monaten) oder für die Milch (Schlachtung nach etwa vier Jahren) gezüchtet wurde. Es gibt auch Hühner und Hähnchen, aber nicht sehr zahlreich. Das Pferd, das edle Tier, wird niemals gegessen.

Was die Jagd betrifft, so ist sie eine Randaktivität geworden und stellt nur noch 1 % der Knochenreste dar. Hirsch, Reh, Wildschwein und Hase werden gejagt sowie die auf dem See, in den Feldern und den Wäldern der Umgebung lebenden Vögel.

Selbstverständlich in einer derartigen Umgebung ist das Fischen. Es wird durch einige Reste (Schuppen oder Wirbel) bezeugt, aber vor allem durch spezielle Werkzeuge (Harpune, Schwimmer von Netzen).

Handwerk und Spiel

Wie an der vorher beschriebenen Ausgrabungsstätte sind die organischen Gegenstände bemerkenswert gut erhalten. Man findet Leder in großer Menge, wahrscheinlich, weil es gegerbt wurde (und auch weil die Stätte viel jünger ist!). Neben zahlreichen Abfall- und Reststücken hatten die Ausgräber das Glück, ganze Schuhe zu finden (Abb. 3.10) und sogar den Spanner aus Holz, der sie in Form hielt. Ebenfalls aus Holz ist eine ganze Serie von gedrehten Schüsseln, die unversehrt oder in Faserrichtung zerbrochen gefunden wurden, sowie zahlreiche Löffel. Diese Holzbearbeitung, die sich überall erahnen läßt, ist dennoch wenig durch Werkzeuge belegt, die wahrscheinlich beim Verlassen des Dorfes größtenteils mitgenommen wurden. Man hat ein Hohleisen, einen Holzmeißel und sogar einen kleinen Hobel gefunden. Äxte werden entweder beim Fällen der Bäume oder in der Zimmerei eingesetzt; ihre Stiele sind jetzt gerade und unseren ähnlich.

Auch das Weberhandwerk liefert eine Menge von Gegenständen: Spulen, Ahornspindeln und

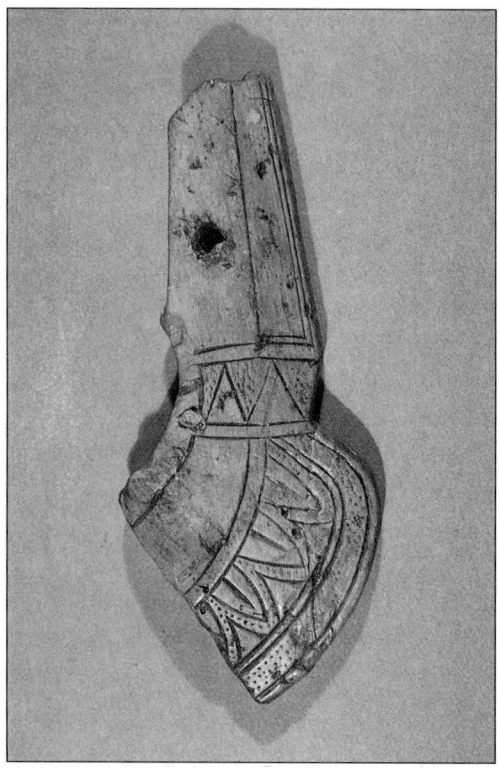

3.11 *Fundstätte von Colletière: Teil eines geschnitzten Holzsattels.*

Krempelkämme, größer und schwerer als die Kämme aus dem Neolithikum.
Noch außergewöhnlicher sind die Zeugnisse für die Spielaktivitäten der Bewohner von Colletière. Man hat zahlreiche Teile von Gesellschaftsspielen in erstaunlich frischem Zustand wiedergefunden (Spielmarken, Würfel aus Haselnußholz, Schachfiguren), sowie die Reste von ungefähr zwanzig Musikinstrumenten, sowohl Streich- (Leiersteg) wie Blasinstrumente (Flöten, Doppelflöten).
Bemerkenswert gut erhalten sind nicht nur organische Materialien: Auch das Eisen profitiert von der durch Süßwasser und anaerobe Bedingungen günstigen Umgebung. Die Metallgegenstände sind zahlreich: Mehr als 2.000 verschiedene Elemente wurden registriert, die mit landwirtschaftlicher oder militärischer Nutzung in Zusammenhang gebracht werden (Hufeisen, Nägel, Beile, Stockscheren, Sicheln, Messer, Schlüssel, Sporne, Armbrustbolzen, Speer- und Lanzeneisen...). Ein derartiger Reichtum in einer bescheidenen Siedlung, die Entdeckung von Klingen und von Luppen aus bearbeitetem Metall lassen eine Produktionswerkstatt an der Stätte selbst vermuten.

EINIGE ERGEBNISSE: DIE BOOTE

Diese Beschreibung der Archäologie der Binnengewässer wäre nicht vollständig, würde man nicht auch auf die für diese Umgebung typische Flußschiffahrt eingehen.

Einschränkungen und Schwachstellen der Untersuchungen

Die Bedeutung der Umgebung für die Schiffahrt

Das Binnengewässerschiff muß in Zusammenhang mit den örtlichen Gegebenheiten gesehen werden; diese beeinflussen seine Größe und Form.
- Diese Umgebung ist an beiden geographischen Endpunkten abgeriegelt. Bis zum Erscheinen der Verbindungskanäle in der Mitte des 17. Jahrhunderts und ihrer Verbreitung im Lauf des 18. Jahrhunderts bilden die Wasserstraßen geschlossene Räume. Jedes Flußgebiet bedeutet eine regionale, in sich selbst geschlossene Einheit, in der die Eigenarten betont und Schiffahrtsmethoden erhalten wurden, welche man anderswo aufgegeben hatte.
- Dieses Flußgebiet ist selten stromauf- und stromabwärts gleichgeartet. Der Gegensatz ist besonders im Westteil von Frankreich spürbar, wo der Fluß aufwärts fast bergigen Charakter besitzt und abwärts von der Wirkung der Gezeiten stark beeinflußt wird.
- Außerdem ist die Umgebung, durch die das Schiff fährt, nicht stabil. Sie verändert sich spürbar im Lauf der Zeit unter dem doppelten Einfluß von Flußdynamik und menschlichen Aktivitäten, die die Schiffahrt gleichzeitig erleichtern (Dämme, Landungsbrücken, Laderampen...) und behindern (Mühlen, Fischfarmen).

Anders ausgedrückt: „Wenn das Meeresschiff für sich allein eine zusammenhängende, sich selbst genügende archäologische Einheit ergibt, bildet das Binnenschiff diese Einheit nur in Zusammenhang mit seiner natürlichen und ausgebauten Umgebung." (Rieth, 1992).

Das Handbuch des Tauchsports

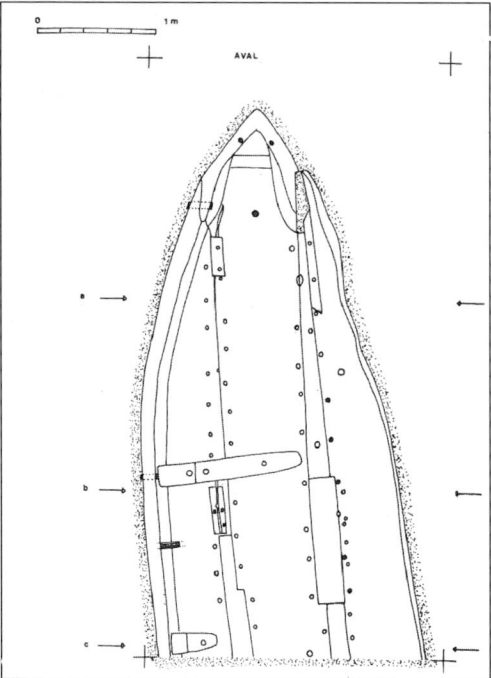

3.12 Boot von Orlac. Plan der Vorderseite.

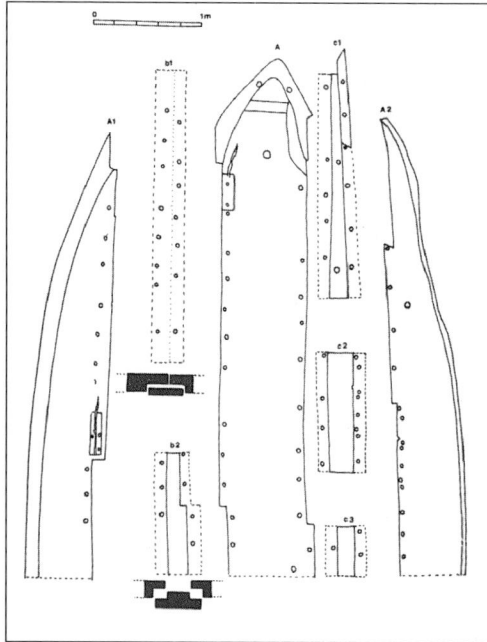

3.13 Boot von Orlac. Ansicht der zerlegten Vorderseite, die den Vorgang des Zusammensetzens verdeutlicht.

Die geringe Menge der zur Verfügung stehenden Dokumentation

Ein anderer Unterschied zwischen Meer und Fluß liegt in der Armut der geschriebenen oder gezeichneten Dokumentationen, die uns zur Verfügung stehen, auch für sehr nahe Epochen. So wurde keine einzige Abhandlung über die Bauweise der Binnenschiffe im 18. oder 19. Jahrhundert veröffentlicht, während es über die Architektur der Seeschiffe überaus zahlreiche Bücher aus dieser Zeit gibt. So ist es begreiflich, daß die archäologische Annäherung eine Hauptrolle für unsere Kenntnisse dieses Erbes spielt.

Ein noch zögerliches Wissen

Leider steckt das Studium der Binnenschiffe noch in den Kinderschuhen und ist nicht systematisch zusammengestellt. Wenn man der um die neuesten Entdeckungen ergänzten Bestandsaufnahme glauben kann (Lerat-Renaon, 1986), sind in Frankreich etwas mehr als zweihundert Einbaum-Pirogen gemeldet oder untersucht worden, aus dem Neolithikum bis ins 19. Jahrhundert. Für viele dieser Boote war der Tag ihrer Entdeckung auch der ihrer Zerstörung. Außerdem sind viele, die „überlebt" haben (oft in einem fortgeschrittenen Zerfallsstadium), in sehr subjektiver Weise datiert worden. Die einzig ernsthafte Art, dieses Problem anzugreifen, wären die modernen Datierungsmethoden (Radiokohlenstoff gepaart mit der Dendrochronologie) für alle bekannten Überreste zu verwenden. Aber abgesehen von der Zeit und den finanziellen Mitteln, die ein solches Unternehmen kosten würde, muß man zugeben, daß das Aufspüren von Einbäumen in den Abstellkammern von Museen eine sehr undankbare Beschäftigung ist.

Die Entdeckungen werden zahlreicher

Es ist auf jeden Fall sicher, daß wir uns in Richtung einer Vermehrung der Entdeckungen (und der Probleme) bewegen. Dies ist eine Folge vom gezielten Suchen, aber auch vom Erwachen der Partner des Archäologen (Bauunternehmer, Landwirte, Verbände, Taucher, Angler), die Boote melden und ihre Bergung veranlassen. Für die letzten Jahre kann man die Entdeckungen bei den Ausgrabungen im See von Sanguinet (B. Maurin, Cress) erwähnen. Mit den Einbaum-Pirogen, die am Ufer des Sees oder in der Fahrrinne von La Gourgue unter dem See entdeckt wurden, steigt die Zahl der entdeckten Schiffe dieser Art auf sechzehn,

Archäologie · Binnengewässer-Archäologie

gefunden an Grabungsstätten, die sich von der Eisenzeit bis zur gallo-römischen Zeit erstrecken. Auch das Prospektieren von L. Bonnamour in der Saône bei Chalon bringt regelmäßig Entdeckungen, zuletzt die eines über 12 Meter langen Einbaums, der in die letzte Phase der Bronzezeit datiert wurde (Ausgrabungen A. Dumont).

Die Ergebnisse der jetzigen Ausgrabungen

Die Charente ist sogar der einzige französische Fluß, der in demselben Flußlauf Einbaum-Pirogen, ein zusammengesetztes Boot aus dem 6.–7. Jahrhundert n. Chr. (Ausgrabungen im Gange) und ein Boot vom Typus Pram hervorgebracht hat. So nennt man ein Boot, das man grob wie eine große Piroge beschreiben kann, die in der Breitenachse auseinandergeschnitten worden ist und deren zwei Flanken wieder mit einem oder mehreren Längselementen zusammengesetzt wurden.

Dieses in Orlac in 5 Metern Tiefe gefundene Boot (Abb. 3.12 und 3.13) mißt 15,50 Meter in der Länge und 2,10 Meter an der breitesten Stelle. Die höchsten erhaltenen Beplankungsteile sind 0,42 Meter hoch. Alle Elemente sind mit Holzdübeln ohne jegliche Metallteile zusammengesetzt. Die Gesamtuntersuchung hat 3 Grabungsperioden in einem Wasser mit einer durchschnittlichen Sichtweite von 50 Zentimetern in Anspruch genommen (Leitung E. Rieth). Die dendrochronologische Datierung ergab, daß es in der ersten Hälfte des 11. Jahrhunderts gebaut wurde. In dem Boot waren keine Spuren seiner Ladung zu finden (wenn es überhaupt eine hatte, als es aufgegeben wurde); man konnte aber berechnen, daß seine Nutzlast 8,2 t bei einer Schwimmkraft von 12,5 t betrug.

Dieses Boot war das einzige Exemplar dieser Art in Frankreich bis zur jüngsten Entdeckung (1991) eines Bootes vom gleichen Typus, wenn auch kleiner, durch L. Bonnamour etwa zwanzig Kilometer flußabwärts von Chalon-sur-Saône (Abb. 3.14). Dieses mißt 7,20 Meter in der Länge und hat eine Breite von 1,02 Meter am Bug und 1,20 Meter am Heck. Es wird auf Ende des 13. bis Anfang des 14. Jahrhunderts datiert. Es wurde mit Buchsbaummoos kalfatert (dies ist bei dem Boot aus Orlac nicht der Fall) und fügt sich somit in die Tradition des Schiffbaus des Nordwesten Europas ein, die sogenannte keltische Tradition.

UNSERE VERANTWORTUNG

Diese Boote stellen uns vor das Problem ihrer Erhaltung. Meist wird sie durch ein erneutes Vergraben gesichert, oder, wenn sie anderswohin gebracht werden müssen, durch ihren Einbau in eine Aufnahmekonstruktion. Man muß sich aber darüber im klaren sein, daß diese Maßnahmen nur ein Notbehelf sind. Es gibt Methoden zur Erhaltung der Hölzer, sie wurden im Kapitel über Meeresarchäologie erläutert. Jede hat Vor- und Nachteile, keine bietet eine Universallösung.

Das Problem liegt nicht hier. Es steckt in dem gemeinsamen Willen, unsere Kenntnisse, die man jetzt als zuverlässig einschätzen kann, endlich zur Erhaltung unseres versunkenen Erbes in großem Ausmaß einzusetzen. Dies ist ein ehrgeiziges Unterfangen, das über die Archäologie hinausgeht und die Politik betrifft. Wir müssen dies beachten: Trotz der Entwicklung unserer Möglichkeiten bleiben unsere Leistungen gegenüber den Bedürfnissen sehr bescheiden, und wir werden den zukünftigen Genera-

3.14 *Mittelalterliches Wrack vom Typus „Pram". Saône, Fundort „Pont Sarrasin".*

tionen das, was wir nicht haben unternehmen können, schuldig bleiben.

Wir dürfen nicht vergessen, daß das Unterwassererbe, auch wenn es noch gewaltige Möglichkeiten der Erkundung gibt, die bis jetzt erst archäologische Reserven sind, auch extrem zerbrechlich und jeder Art von Risiko ausgesetzt ist. Es ist nicht wie das Meereserbe durch seine Entfernung von der Küste oder die Tiefe der Stätten gegen seinen schlimmsten Feind, den Menschen, geschützt. Es ist genau das Gegenteil. Es ruht in geringer Tiefe und ist für jeden erreichbar. Auf dem Grund von Flüssen oder am Ufer von Seen gelegen, hat es als erstes unter all den Störungen zu leiden, die der Umwelt zugefügt werden: Ausbaggerarbeiten, Begradigung der Ufer, Straßen-, Wohnungs- oder Hafenbau...

Sein Schutz kann nicht nur von einigen Spezialisten gewährleistet werden: Es ist die Angelegenheit aller und verlangt, daß sich alle ihrer Verpflichtung bewußt werden: die Entscheidungsträger, die Unternehmer, jeder Bürger. Jeder Taucher sollte es sich zu Herzen nehmen, bei der Entwicklung eines neuen Bewußtseins eine beispielhafte Rolle zu spielen.

Kontaktadressen:
DEGUWA
Hetzelsdorf 33
D-91362 Pretzfeld
Telefon: 0 91 94/59 65
Telefax: 0 91 94/16 84
E-Mail: deguwa @ msn.sub.org

4. MEERESBIOLOGIE

Das Tierreich
Das Pflanzenreich
Das Plankton

Die Meeresbiologie zu erklären, anders gesagt, die Flora und die Fauna der Ozeane auf einigen Seiten verständlicher zu machen, ist keine Kleinigkeit. Aber dieses Kapitel ist nicht dazu gedacht, Wissenschaftler auszubilden, die alle im Meer lebenden Tier- und Pflanzenarten unterscheiden können; es gibt sowieso niemanden, der dazu fähig wäre!

Es will nur jedem Taucher dazu verhelfen, die Gruppen der beim Tauchen getroffenen Organismen zu bestimmen und ihm Informationen über ihre innere Organisation, die Lebensräume, in denen sie leben, ihre Ernährung und ihre Fortpflanzung zu vermitteln. Dem Tauchlehrer soll es ein Raster für seinen Umweltunterricht zur Verfügung stellen, der wegen der Masse der Literatur, die man durchsehen muß, zu oft vernachlässigt wird.

Schließlich möchte dieses Kapitel bei jedem den Respekt vor der Natur und das Verantwortungsbewußtsein für ihren Schutz wecken. Es handelt sich also nicht darum, einen Artenkatalog aufzulisten. Es werden nur die Arten aufgeführt, die beim Tauchen an Europas Küsten häufig anzutreffen sind. Man kann sich vielleicht wundern, daß hier auch das Plankton vorgestellt wird; aber zahlreiche seiner Bestandteile sind dem Taucher vertraut. Außerdem wird es oft als Nahrungsquelle zitiert. Es wird erst am Ende zusammen mit den Meerespflanzen behandelt, die oft nur als Dekorationselemente ohne biologische Bedeutung betrachtet werden.

Viele, manchmal sehr vereinfachte Schemata, stellen entweder ganze Organismen dar, die charakteristisch für eine Gruppe sind, oder ein oder mehrere Details, um ihre Organisation oder ihre Funktion verständlicher zu machen. Schwarzweiß- und Farbbilder begleiten den Text.

Die Beispiele, die sie zeigen, stammen alle von den Küsten Europas. Wenn keine geographische Angabe gemacht wird, bedeutet es, daß man sie genauso in der Nordsee, im Ärmelkanal, im Atlantik oder im Mittelmeer antreffen kann.

Schwierige wissenschaftliche Begriffe werden, wenn sie nicht zu vermeiden sind, soweit wie möglich auf einfache Weise wiederholt erklärt, um dem Leser ein zeitraubendes Suchen oder die Benutzung eines Wörterbuchs zu ersparen. Ebenso werden die Fachausdrücke erwähnt, die den großen Unterteilungen der systematischen Einordnung entsprechen (abnehmende Ordnung: Reich, Stamm, Klasse, Ordnung, Familie, Gattung, Art...), jedoch ohne näher auf sie einzugehen. Dagegen werden zahlreiche Ratschläge oder Auskünfte gegeben, mit denen der Taucher die beschriebenen Arten finden und beobachten kann. Die Abschnitte „Nicht verwechseln", „Beim Tauchen beobachten" und „Aufpassen" sollen unter anderem die Organisation von Thementauchgängen erleichtern.

Die Bemerkungen über die Gefahr, die von manchen Arten ausgeht, sind nur für die europäischen Gewässer gültig.

Auch wenn das Tauchen unbestreitbar eine sportliche Aktivität ist, sollte sich der Mensch, der das Glück hat, sich in einer ihm ungewohnten Umgebung zu bewegen, die Zeit nehmen zu beobachten, zu bewundern und zu verstehen. Es gibt sehr viel zu entdecken, auch auf Sandböden oder in Seegraswiesen, die zunächst uninteressant erscheinen. Die folgenden Seiten wurden geschrieben, um dem Interessierten zu helfen, das Meer mit anderen Augen betrachten zu können.

STAMM SCHWÄMME

Schwämme oder Porifera sind unbewegliche, mehr oder minder elastische Tiere, die immer auf einer Unterlage festwachsen. Sie haben sehr verschiedene Formen: dicke Krusten, längliche Lappen, Röhren, Fächer, Kelche, Sträucher, usw. Auch ihre Farbe ist sehr unterschiedlich und kann sehr grell sein (rot, rosa, orange, knallgelb, grünliches Weiß, blau, braun...).

Der Körper ist immer von zwei runden Öffnungstypen durchlöchert. Die größeren (Durchmesser: 0,1 bis 1 cm), die Ausströmöffnungen oder Oscula, sind für Taucher sichtbar. Es sind nur wenige. Die anderen, kleineren (Durchmesser: 0,005 cm), die Einströmöffnungen oder Poren, sind zahlreicher, aber weniger leicht zu erkennen.

Schwämme sind sehr einfache Organismen. Sie bestehen nur aus zwei Zellschichten, getrennt durch die Mesogloea (meso-: mittlere; gloea: gelatineartige Substanz), eine gelatinöse Grundsubstanz, in der sich bewegliche Zellen mit verschiedenen Funktionen befinden. Bei den einfachen Schwämmen bilden die beiden Hüllen eine Art Sack mit einem zentralen Hohlraum, dem Zentralraum, und einer großen Öffnung, dem Osculum (Abb. 4.1). Die komplexen Schwämme bestehen aus mehreren Grundeinheiten, wobei jede Einheit einem einfachen Schwamm ähnelt, die um den Körperhohlraum angeordnet und mit ihm verbunden ist (Abb. 4.2).

Schwämme besitzen keine echten Organe oder Gewebe. Die Innenschicht ist aus Zellen gebildet, die mit einer Flagelle ausgestattet sind, einer kleinen Geißel, die schlagen kann (Abb. 4.3). Es sind die Choanocyten (cyten: Zelle; choano-: mit Kragen) oder Kragengeißelzellen. Durch Flimmerbewegungen der Flagellen dringt das Wasser durch die kleinen Öffnungen, die Poren, in den Schwammkörper, es erreicht den Zentralraum und strömt durch die Ausströmöffnung, das Osculum, wieder aus. Die Geschwindigkeit der Wasserzirkulation beträgt etwa 15 cm/s. Ein Schwamm filtert innerhalb einiger Sekunden ein Wasservolumen, das seinem eigenen Körpervolumen entspricht. Er entzieht ihm den gelösten Sauerstoff und die im Meereswasser enthaltenen Nährstoffe und scheidet darin seine Abfallstoffe aus.

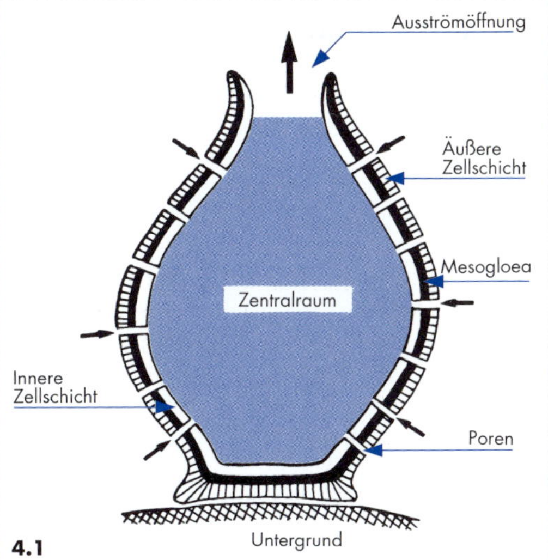

Meeresbiologie · Das Tierreich

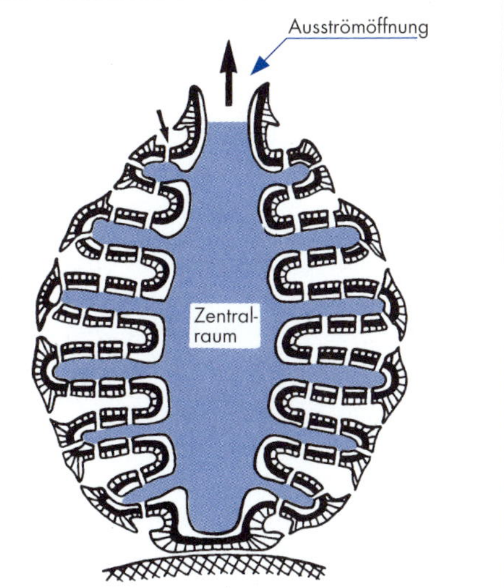

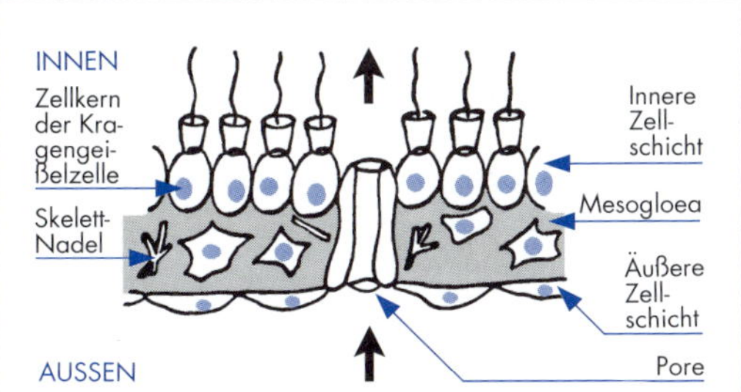

In der Mesogloea werden von speziellen Zellen, den Scleroblasten, Nadeln (Spiculae) gebildet: je nach Schwammart aus Kalk (Klasse: Kalkschwämme, Calcarea), aus Kieselsäure mit sechs Spitzen (Klasse: Glasschwämme, Hexactinellida), aus Kieselsäure mit vier Spitzen, aus Kieselsäure-Horn oder aus Horn (Spongin, eine seidenähnliche Substanz. Klasse: Demospongiae, z. B. Hornschwämme). Diese Nadeln mit sehr verschiedenen Formen sind typisch für die jeweilige Art. Sie bilden das Skelett des Tieres (Abb. 4.4). Dank dieser Spicula haben Schwämme nur wenige Feinde. Einige Schnecken (vor allem Nacktschnecken) und Fische fressen sie und sind manchmal nur auf eine bestimmte Art angewiesen.

Schwämme können sich dank ihrer einfachen Organisation mit einer gewissen Zellautonomie sehr schnell regenerieren. Sie können sich auch auf ungeschlechtliche Weise durch Teilung oder häufiger durch Knospung vermehren.

Schließlich leben Schwämme oft mit anderen Tieren zusammen, die in ihren Körperhohlräumen (Zentralraum, Geißelkammern) Schutz suchen: Würmer, Krebse, manchmal Einsiedlerkrebse. Einige Arten beherbergen in ihrer Mesogloea Mikroalgen, die ihnen erstaunliche Farben oder irisierende Eigenschaften verleihen (braun-gelbe Zooxanthellen oder blaugrüne Blaualgen).

Schwämme sind gegenüber Epidemien, Verschmutzung und Kälte empfindlich. Ihre Lebenserwartung beträgt zwischen ein und drei Jahren.

4.1 *Bauplan eines einfachen Schwammes in Längsansicht. Die Pfeile zeigen die Richtung der Wasserbewegung.*

4.2 *Bauplan eines komplexen Schwammes in Längsansicht. Die Pfeile zeigen die Richtung der Wasserbewegung.*

4.3 *Teilansicht der Körperwand eines Schwammes.*

4.4 *Beispiele von verschiedenen Skleritformen.*

SCHWÄMME

GRÖSSE
An den Küsten Europas erreichen Schwämme selten mehr als 40–50 cm.

ERNÄHRUNG
Aufgrund der Größe ihrer Poren können Schwämme nur feine Partikel von 0,2–50 Mikrometer Größe aufnehmen. Sie ernähren sich von Protophyten (pflanzliche Einzeller), Protozoen (tierische Einzeller), Bakterien und im Wasser gelösten Substanzen.

FORTPFLANZUNG
Das männliche und das weibliche Geschlecht sind im allgemeinen im selben Individuum vereint (Hermaphroditismus). Die Gameten (geschlechtliche Fortpflanzungszellen) sind jedoch zu verschiedenen Zeiten reif. Die Eizellen (weibliche Gameten) werden im Zentraraum freigesetzt, wo sie von den Samenzellen (männliche Gameten) eines anderen Individuums, die durch die Poren eindringen, befruchtet werden. Das aus der Befruchtung entstandene Ei erzeugt eine freischwimmende Wimperlarve, die durch das Osculum austritt und sich später auf einer Unterlage festsetzt, um sich zu einem Schwamm zu entwickeln.

ÖKOLOGIE
Schwämme siedeln sich auf sehr verschiedenen Unterlagen an: auf Felsen, Tieren, Algen oder anderen Meerespflanzen, Wracks usw., von der Oberfläche bis in Tiefen, die die Möglichkeiten eines Tauchers übersteigen. In sehr bewegten Gewässern nehmen sie rundliche oder flache Formen an, während sie im ruhigen Wasser oft bäumchenartig aussehen, wie Pflanzen, mit denen man sie oft verwechselt. In Griechenland und Tunesien wird der Badeschwamm *Spongia officinalis* geerntet.

BEBILDERTE BEISPIELE

☐ Gitterkalkschwamm, *Clathrina primordialis* (Bild I.1). Grell-weißer bis gelblicher, eiförmiger oder kugeliger Schwamm, der auf einem kleinen festsitzenden Fuß sitzt. Er besteht aus einem Röhrennetz. Seine Organisation ist von komplexem Typus. Man findet ihn auf Abhängen und Vorsprüngen ab 10 m Tiefe. Länge des Fußes: 1-3 cm; Körperdurchmesser: bis 4–5 cm. Mittelmeer.
Klasse: Calcarea.

☐ Geweihschwamm, *Axinella verrucosa* (Bild I.2). Typische strauchförmige Art mit charakteristischer grell-oranger Farbe, die bis 60 cm hoch werden kann. Dieser Schwamm ist ziemlich biegsam und lebt im allgemeinen auf waagerechten Felsen, manchmal auf Abhängen in einer Tiefe von 10–100 m.
Klasse: Dendroceratida

☐ Bohrschwamm, *Cliona viridis* (Bild I.3). Bräunlich-grauer, massiver Schwamm ohne bestimmte Form, der auf seiner Unterlage festgewachsen ist. Fühlt sich fest an und zeigt große, aufrechte Oscula in Röhrenform mit einem helleren Rand. Andere Teile sind abgeflacht und zahlreichen Poren. Manche Zonen an der Oberfläche dieses Schwammes werden von Algen besiedelt. Organisation von komplexem Typus. Manche Exemplare dieser Art können bis 30 cm lang werden. Dieser Schwamm durchbohrt die kalkhaltigen Felsen oder die Schale von Meerestieren. Im erwachsenen Stadium bedeckt er den Felsen oder die Schale, die er durch einen chemischen Vorgang ausgehöhlt hat. Mittelmeer.
Klasse: Demospongiae

☐ Orangefarbener Strahlenschwamm, *Spirastrella cunctatrix* (Bild I.4). Die sternförmige Art bildet dicke Krusten, die fest auf der Unterlage haften, grell-orange gefärbt sind und sich glatt oder samtartig anfühlen. Durch die strahlenförmige Anordnung der Ausströmkanäle, die oft wie die Venen einer Hand hervortreten, um die Oscula (die kleinen Vulkanen ähneln) ist diese Art ein charakteristischer Schwamm. Gruppen von Einzelindividuen können eine Flächenausdehnung bis 1 m^2 erreichen. Man trifft die Art zwischen 5 und 30 m Tiefe auf Abhängen oder felsigen Vorsprüngen. Hauptsächlich im Mittelmeer.
Klasse: Demospongiae.

☐ Goldschwamm, *Verongia aerophoba* (Bild I.5). Seine grellgelbe Farbe und die im allgemeinen massive Röhrenform seiner Individuen sind charakteristisch für diese Schwammart. Die Röhren von 2–3 cm Durchmesser und einer Länge von 15 cm sind an ihrem freien Ende abgestumpft und öffnen sich in einem Osculum. Ihre Basis zeigt manchmal strauchartige Seitenverlängerungen. Die Art kann bis 30 cm Länge erreichen. Dieser Schwamm ist elastisch, denn er enthält keine Skelettnadeln, sondern nur Spongin. Er beherbergt mikroskopi-

sche Blaualgen, die ihn grün werden lassen, wenn er an die Luft gebracht wird (daher sein Name *aerophoba*: der die Luft nicht mag). Die Art lebt auf Felsen in 2–30 m Tiefe.
Klasse: Demospongiae

NICHT VERWECHSELN
☐ Schwämme können eventuell mit koloniebildenden Seescheiden verwechselt werden.

BEIM TAUCHEN BEOBACHTEN
☐ Suchen Sie diese Tiere in allen Tiefen; durch ihre grellen Farben sind viele Arten leicht zu finden.
☐ Suchen Sie ihre sehr gut getarnten Feinde (ähnliche Farbe oder Form) mit Hilfe ihrer Spuren auf dem Schwamm (siehe zu diesem Thema auch das Kapitel „Schnecken").

STAMM NESSELTIERE

Nesseltiere oder Cnidaria sind Organismen, die spezielle Zellen besitzen, die Nesselzellen oder Cniden, um Beute zu fangen oder sich zu schützen. Sie werden auch als Coelenterata oder Hohltiere bezeichnet.
Man findet hier sowohl die Gorgonien, die Seerosen, die Korallen als auch die Quallen oder Medusen. Es handelt sich um Tiere mit sehr unterschiedlichem Aussehen. Sie sind dennoch alle nach demselben radiärsymmetrischen Grundschema gebaut: die festsitzenden (benthischen) Arten nach dem des Polypen und die freischwimmenden nach dem der Meduse (Abb. 4.5).
Der Körper des Polypen oder der Meduse besteht aus zwei Zellschichten, voneinander getrennt durch eine gallertige Masse, die Mesogloea. Im Zentrum des Körpers befindet sich der Magen-Darm- oder Gastralraum mit einem Mund, der gleichzeitig als Ausfuhröffnung oder After dient. Diese Öffnung ist von einer oder mehreren Kronen aus einfachen oder gefiederten Tentakeln umrahmt, die dazu dienen, die Beute zu fangen. Auf diesen Tentakeln sitzen

4.5 *Die beiden Grundbaupläne der Nesseltiere.*

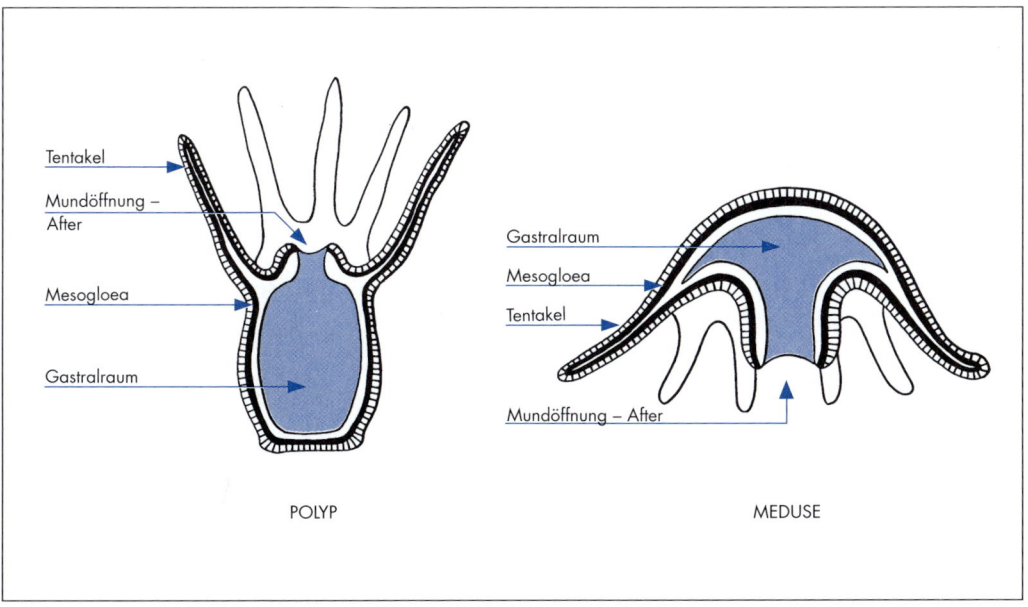

die Nesselzellen; bei der Entladung der Nesselkapsel wird ein giftiges Sekret freigesetzt, das bei Tauchern und vor allem bei Badenden ohne Neoprenanzug Hautreizungen und sogar schwere Vernesselungen verursachen kann (Abb. 4.7). Die Nesselzellen befinden sich in der Außenschicht (Abb. 4.6).

Nesseltiere können sowohl in Form von einzelnen Polypen oder von Kolonien, die durch Verlängerungen ihrer Magen-Darm-Räume miteinander verbunden sind, als auch in Form von Medusen auftreten. Die koloniebildenden Formen verbreiten sich durch Knospung. Es ist manchmal eine funktionelle Spezialisierung der Polypen zu beobachten: Einzelne Polypen sind dann ausschließlich für die Ernährung, die Verteidigung oder die Fortpflanzung zuständig. Oft sind diese Polypen einziehbar. Bei der leichtesten Berührung oder bei Wasserbewegungen können sie, je nach Art, in das Horn- oder Kalkskelett verschwinden, das die Kolonie umgibt oder ihr Gerüst bildet. Einige Arten können es nicht. Manche Nesseltiere sind in der Lage, Kalziumkarbonate abzuscheiden und somit innerhalb ihrer Mesogloea zu verkalken. Schließlich besitzen einige Arten einzellige Algen (Zooxanthellen) in ihrem Körper. Diese Art von Lebensgemeinschaft, fruchtbare Verbindung für beide Partner, wird Symbiose genannt (sym-: zusammen, -biose: Leben). Die Anwesenheit der Algen verleiht diesen Tieren oft außergewöhnliche Farben.

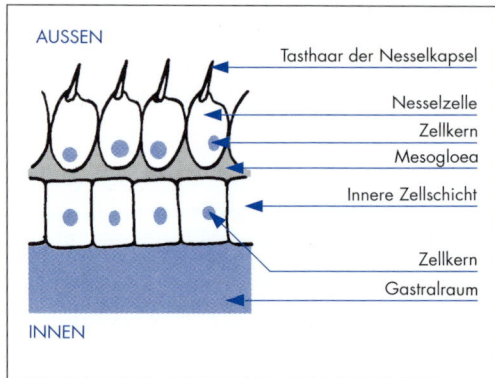

4.6 *Querschnitt durch die Körperwand eines Nesseltieres.*

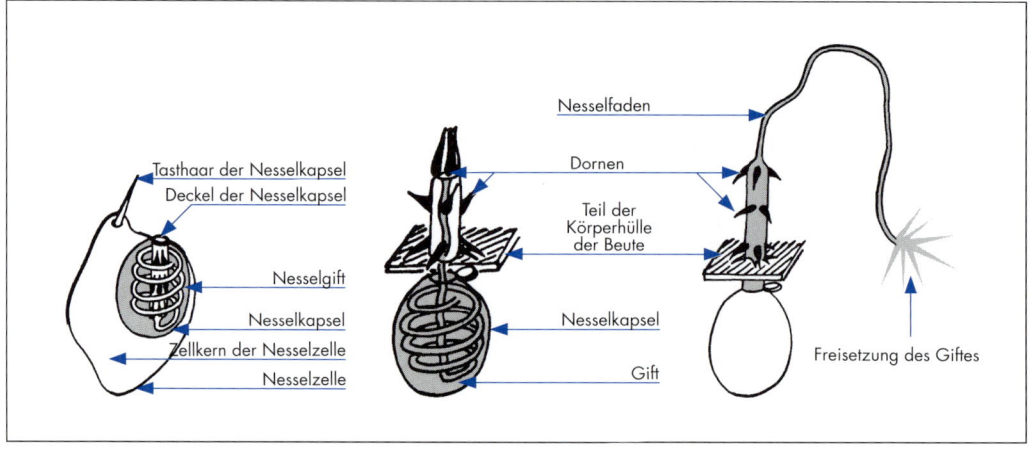

4.7 *Aufbau und Funktion einer Nesselzelle.*

Meeresbiologie · Das Tierreich

NESSELTIERE

GRÖSSE
Einige Millimeter bis über einen Meter.

ERNÄHRUNG
Nesseltiere sind Fleischfresser und ernähren sich von Zooplankton, wirbellosen Tieren und kleinen Fischen. Sie verzehren sogar organische Partikel.

FORTPFLANZUNG
Bei den Arten, die ihr ganzes Leben in Form von Medusen (Klasse der Scheibenquallen) verbringen, sind die Geschlechter auf verschiedene Individuen verteilt. Die männlichen (Spermatozoen) und die weiblichen (Eizellen) Fortpflanzungszellen werden im Wasser freigesetzt, wo die Befruchtung stattfindet. Das erzeugte Ei teilt sich und bringt eine freischwimmende Wimperlarve hervor, die sich zu einer neuen Meduse entwickelt.

Die Polypenformen der Klasse der Hydrozoen bringen kleine Medusen hervor (Abb. 4.8), die das weibliche oder das männliche Geschlecht tragen. Diese Medusen trennen sich im allgemeinen von der Kolonie und setzen die Gameten im Wasser frei, wo auch die Befruchtung stattfindet. Die freischwimmende Larve, die aus dem Ei schlüpft, entwickelt sich wieder zu einem Polypen.

Schließlich sind die Polypen der dritten und letzten Klasse der Cnidaria, der Anthozoen (*antho-*: Blume, *-zoen*: Tiere), entweder zwittrig (Hermaphrodismus) oder getrenntgeschlechtlich. Die Befruchtung findet ebenfalls im Wasser statt, und die Larve, die daraus entsteht, setzt sich fest, um einen neuen Polypen zu bilden. Einige Fälle von Lebendgebären (direkte Freisetzung der fertig entwickelten Jungen ohne Schutzhülle) sind bekannt.

ÖKOLOGIE
Nesseltiere leben:
– entweder festsitzend auf allen möglichen Untergründen (benthisch): Felsen, Algen oder anderen Meerespflanzen, Tieren, Wracks, in ruhiger oder leicht bewegter, wenig oder gut beleuchteter Umgebung, von der Oberfläche bis in für Taucher unerreichbare Tiefen;
– oder treibend (pelagisch oder planktonisch).
Einige Seerosen bilden Lebensgemeinschaften mit Einsiedlerkrebsen, indem sie sich auf deren Schale festsetzen.

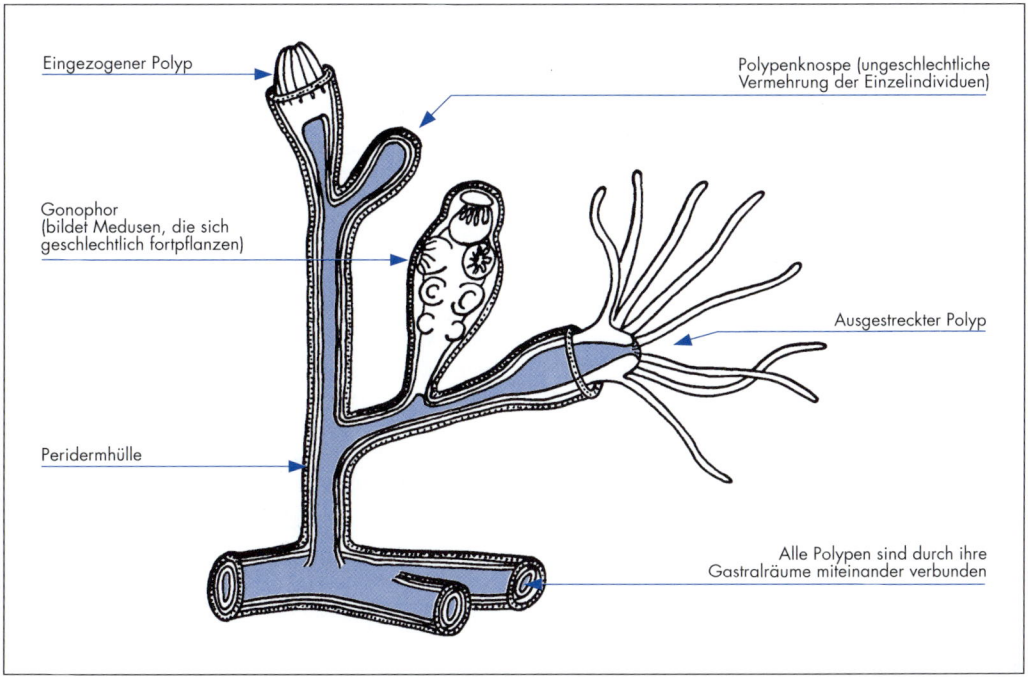

4.8 *Teil einer Nesseltierkolonie der Klasse Hydrozoen mit allen charakteristischen Bestandteilen. Die zwei Zellschichten und die Mesoglea sind hier nicht dargestellt.*

BEBILDERTE BEISPIELE

☐ **Federpolyp**, *Aglaophenia pluma* (Bild II.1). Federartige Kolonie mit gebogenen Hauptstielen. Die Seitenzweige tragen Polypen. Man kann manchmal kugelförmige Gebilde beobachten; dies sind die Polypen, die geschlechtliche Medusen erzeugen. Länge: 5 cm.
Klasse: Hydrozoen; Ordnung: Hydroiden

☐ **Portugiesische Galeere**, *Physalia physalis* (Bild II.2). Art, die aus einem umfangreichen gallertigen, blau und rot getönten Schwimmkörper (30 cm Länge und 10 cm Breite) besteht, der die kolonienbildenden Individuen trägt. Unter dem Schwimmkörper befinden sich zahlreiche, mehrere Meter lange Polypen, die der Verteidigung dienen (sie sehen wie Tentakel aus). Andere kleinere Polypen sichern die Ernährung und die Fortpflanzung. Achtung: sehr gefährliches Tier, kann schwere Vernesselungen verursachen.
Klasse: Hydrozoen; Ordnung: Siphonophoren

☐ **Juwelenanemone**, *Corynactis viridis* (Bild II.3). Diese Art lebt in sehr dichten Kolonien mit unterschiedlichen und ein wenig fluoreszierenden Farben. Der kleine Polyp (0,5 cm Durchmesser; 1 cm Länge) ist durchscheinend. Die Tentakel enden in einem kugelförmigen Köpfchen. Sie sind in drei konzentrischen Kreisen angeordnet. Es gibt sehr verschiedene Farben; aber die Individuen sind in homogenen Farbflecken versammelt, die der ungeschlechtlichen Vermehrung durch Knospung zu verdanken sind. Im allgemeinen haben der Körper, die Tentakel und deren Spitzen verschiedene Farben. Die Juwelenanemone und alle folgenden Beispiele gehören zur Klasse der Korallentiere (Anthozoa): Bei diesen Organismen ist der Magen-Darm-Raum der Polypen in strahlenförmige Fächer (6 bis 8) gegliedert. Sie besitzen entweder 6 (oder ein Vielfaches davon) einfache, hohle, glatte oder 8 gefiederte Tentakel. Die Art lebt hauptsächlich in einer Tiefe von 5 bis 100 Metern auf Felsabhängen im Ärmelkanal und im Atlantik.
Klasse: Anthozoa; Unterklasse: Hexacorallia

☐ **Wachsrose**, *Anemonia sulcata* (Bild II.4). Diese Art lebt einzeln oder in mehr oder minder dichten Gruppen. Der Polyp kann bis 10 cm Durchmesser und bis zu 15 cm Höhe erreichen. Die glatten Tentakel (ungefähr 200) sind bis 20 cm lang. Sie sind nicht vollständig einziehbar. Die allgemeine Färbung ist grün bis gelb-grün (Anwesenheit von symbiotischen Algen: Zooxanthellen), das Ende der Tentakel ist violett bis lila gefärbt. Die Art lebt in 1–20 m Tiefe auf Felsen. Diese Seerose wird im Süden Frankreichs in Olivenöl gebacken oder in einem Omelett unter dem Namen „rastégué" verspeist. Gekocht verliert sie ihre sehr stark nesselnde Eigenschaft. Aufpassen, wenn man seine Maske spült oder sein Gesicht reibt, nachdem man Seerosen berührt hat!
Klasse: Anthozoa; Unterklasse: Hexacorallia

☐ **Zylinderrose**, *Cerianthus membranaceus* (Bild II.5). Der Polyp kann bis 40 cm lang werden; er besitzt eine pergamentartige, gräuliche bis hellgelbe Röhre, die manchmal mit Sedimentmaterial (Sand, usw...) überzogen ist. Ungefähr 200 Tentakel in zwei konzentrischen Kreisen. Die Fangarme des Zentrums sind kürzer und haben oft eine andere Farbe als die des Randes, die bis 20 cm lang sein können. Alle sind sehr spitz und richten sich nach der Strömung aus. Die Art kann sehr unterschiedlich gefärbt sein und wird als nesselnd angesehen. Sie lebt auf Sand- und Schlickböden in 1–40 m Tiefe, hauptsächlich im Mittelmeer.
Klasse: Anthozoa; Unterklasse: Hexacorallia

☐ **Gelbe Steinkoralle**, *Leptopsammia pruvoti* (Bild II.6). Solitärer Polyp von 1 bis 2 cm Höhe und 2 bis 3 cm Durchmesser, grell zitronengelb. Zahlreiche, in mehreren konzentrischen Kreisen angeordnete Fangarme, durchscheinend und einziehbar. Kalkartiges Skelett mit ausgeprägten Rippen. Ab 5–40 m, auf felsigen Abhängen, Vorsprüngen oder an Höhlenwänden.
Klasse: Anthozoa; Unterklasse: Hexacorallia

☐ **Krustenanemone**, *Parazoanthus axinellae* (Bild III.1). Koloniebildende Art, deren Polypen 1 cm lang und hellgelb bis orange gefärbt sind. Sie besitzen zwischen 24 und 36, einen Zentimeter lange, teilweise einziehbare Tentakel in einem einzigen Kranz. Ab 1– 60 m Tiefe, auf Felshängen, Vorsprüngen, Höhlenwänden; sie besiedeln auch Schwämme oder Seescheiden.
Klasse: Anthozoa; Unterklasse: Hexacorallia

☐ **Große Meerhand**, *Alcyonium palmatum* (Bild III.2). Aufgerichtete, strauchartige, koloniebildende Art, die bis 50 cm hoch wird und weiß, rosa, orange, braun oder rot gefärbt ist. Die zahlreichen Polypen haben 8 gefiederte

Tentakel, die in einem einzigen Kreis angeordnet und einziehbar sind. Die bis 1 cm großen Polypen sind weiß oder grünlich gefärbt. Die Art lebt in 5–30 m Tiefe, festsitzend auf Abhängen, Vorsprüngen oder waagerechten Felsflächen. Die Verkalkung der Kolonie ist unvollständig, sie geschieht in der Mesogloea.
Klasse: Anthozoa; Unterklasse: Octocorallia

☐ Edelkoralle oder Rote Koralle, *Corallium rubrum* (Bild III. 6). Aufrecht wachsende, koloniebildende Art, die in alle Richtungen strauchartig verzweigt ist und leuchtend rot (im Licht der Tauchlampe), manchmal rosa und nur sehr selten weiß gefärbt ist. Die Hauptachse ist hart, gut verkalkt, während die Seitenästchen zerbrechlich sind. Die Kolonien können bis 50 cm hoch werden. Sie besitzen zahlreiche grellweiße Polypen mit 8 gefiederten, einziehbaren Tentakeln (Länge: 2 cm; Durchmesser: 2 cm), die in einem einzigen Kranz angeordnet sind. Lebt auf felsigen Abhängen, an Höhlenwänden und in Spalten in einer Tiefe von 15–200 m, immer in wenig beleuchteter Umgebung. Nur im Mittelmeer.
Klasse: Anthozoa; Unterklasse: Octocorallia

☐ Weiße Gorgonie, *Eunicella stricta* (Bild III.3). Aufrechte, koloniebildende Art, die strauchartig in nur eine einzige Richtung verzweigt ist und schmutzig weiß gefärbt ist. Die Kolonie ist verkalkt, behält jedoch eine gewisse Biegsamkeit. Sie erreicht 75 cm Höhe und besitzt zahlreiche durchscheinende Polypen von 0,5 cm Länge und Durchmesser. Sie besitzen acht Tentakel, die manchmal grünlichbraun getönt sind (symbiontische Algen). Die Art lebt fest verankert auf Felsen in 5 bis 25 m Tiefe, im ruhigen oder durch starke Strömungen aufgewühlten Wasser. Die Stöcke sind manchmal sehr dicht. Nur im Mittelmeer.
Klasse: Anthozoa; Unterklasse: Octocorallia

☐ Farbwechselnde Gorgonie, *Paramuricea clavata* (Bild III.4). Aufrechte, strauchartige, koloniebildende Art, die in einer Ebene verzweigt ist. Sie ist wunderbar purpurrot (im Licht der Tauchlampe) bis gelb gefärbt, erscheint ohne Beleuchtung aber blau. Die Kolonie kann einen Meter hoch werden und ist leicht verkalkt und daher ziemlich biegsam. Sie besitzt zahlreiche einziehbare, rosafarbene Polypen mit 8 gefiederten Tentakeln, die in einem einzigen Kranz angeordnet sind. Die Art lebt fest verankert auf felsigen Abhängen in 20 bis 50 m Tiefe in oft von starken Strömungen bewegtem Wasser. Nur im Mittelmeer.
Klasse: Anthozoa; Unterklasse: Octocorallia

☐ Seefeder, *Veretillum cynomorium* (Bild III.5). Zylindrische, koloniebildende Art, die bis zu 20 cm hoch werden kann und blaßgelb, orange oder weiß gefärbt ist. Der nicht verkalkte Körper der Kolonie kann sich zusammenziehen und somit seine Größe verringern. Die durchscheinenden Polypen sind 2–3 cm lang (Durchmesser: 2–3 cm) und nicht einziehbar. Sie besitzen acht gefiederte Tentakel, die in einem einzigen Kranz angeordnet sind. Die Art lebt unterhalb von 15 m Tiefe mit der Basis im Sand oder Schlick eingegraben.
Klasse: Anthozoa; Unterklasse: Octocorallia

NICHT VERWECHSELN
☐ Quallen oder Medusen können mit Rippenquallen verwechselt werden, die auch gallertig, durchscheinend, beweglich, aber nicht nesselnd sind.
☐ Die Edelkoralle oder Rote Koralle (*Corallium rubrum*) kann mit der Trugkoralle verwechselt werden, eine ebenfalls verkalkte, strauchartige Tierkolonie (*Myriapora truncata*), die dem Tierstamm der Moostierchen angehört und sich durch ihre orange Farbe und ihre abgestumpften Enden unterscheiden läßt.

BEIM TAUCHEN BEOBACHTEN
☐ Die Hydroiden: kleine, zarte Federn.
☐ Die Bewegungen der Quallen.
☐ Das Einziehen der Polypen bei den Seefedern, Weichkorallen und Hornkorallen oder Gorgonien.
☐ Beim Nachttauchen das Nachtleuchten von manchen Quallen (*Pelagia*, usw.).

AUFPASSEN
☐ Vernesselungen mit Meerwasser waschen, Alkohol oder Essig daraufgießen, mit Sand oder Mehl bestäuben, mit einem flachen Gegenstand abkratzen und mit einer schmerzstillenden Salbe eincremen. Bei Schockzustand den Taucher für eine Behandlung mit Antihistaminen zu einem Arzt oder in ein Krankenhaus bringen.
☐ Auf keinen Fall Edelkorallen oder Gorgonien entnehmen.
☐ Keine unbedachten Flossenschläge in Gebieten mit Edelkorallen und Gorgonien.

STAMM RIPPENQUALLEN

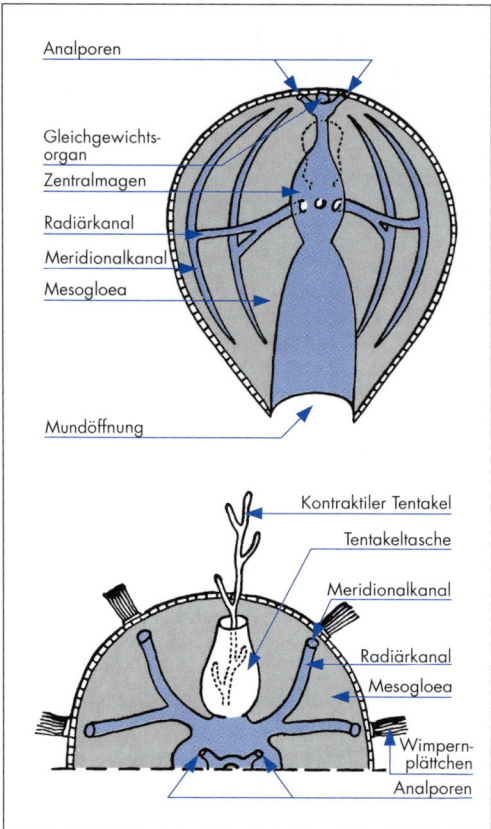

4.9 *Oben: Längsschnitt einer Rippenqualle in der Achse Mund-After (Analporen). Unten: Querschnitt durch die Körperhälfte von unten gesehen.*

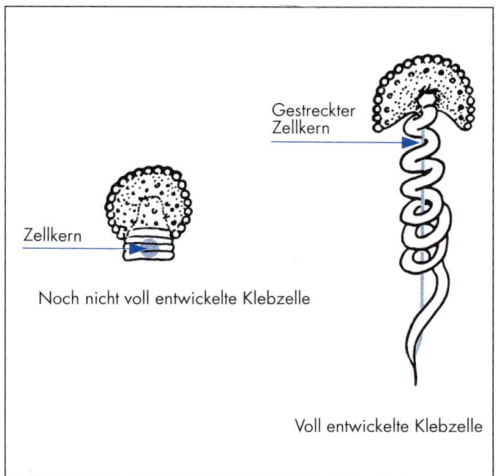

4.10 *Colloblast während seiner Entwicklung und Colloblast im voll entwickelten Zustand.*

Rippenquallen oder Ctenophoren (die Kämme tragen) sind im allgemeinen planktonische Tiere (d. h. frei treibend). Sie sind durchscheinend und sehr empfindlich. Ihr Körper besteht aus nur zwei Zellschichten, voneinander getrennt durch eine gallertige oder gelatineartige Masse. Wegen ihrer Durchsichtigkeit werden sie von Tauchern oft nicht wahrgenommen. Es sind entweder Arten mit einer radiären oder mit einer bilateralen Symmetrie. Sie besitzen einen Verdauungsapparat (oft mehrere), der am unteren Pol in einen einzigen Mund und am oberen Pol in mehrere anale Poren mündet. In der Nähe der letzteren befindet sich das Schweresinnesorgan, welches das Gleichgewicht gewährleistet (Abb. 4.9).

Für die Fortbewegung sorgen die Kämme oder bewimperten Ruderplättchen, die parallel zur Längsachse um den Körper herum in bis zu acht Reihen angeordnet sind. Die Bewegungen der Flimmerhärchen erzeugen sehr typische, irisierende Farben. Einige Arten können sich auch schlängelnd fortbewegen.

Die meisten Rippenquallen besitzen zwei Haupttentakel auf beiden Seiten des Körpers, die verzweigt oder unverzweigt und in Taschen oder Hüllen einziehbar sind. Mit Hilfe ihrer klebenden Zellen (Colloblasten) fangen sie ihre Beute und führen sie bis zum Mund (Abb. 4.10).

Meeresbiologie · Das Tierreich

RIPPENQUALLEN

GRÖSSE
Einige Millimeter bis über einen Meter.

ERNÄHRUNG
Rippenquallen sind Fleischfresser und ernähren sich von Zooplankton und von kleinen Fischen. Manche Arten ernähren sich sogar auch kannibalisch.

FORTPFLANZUNG
Rippenquallen sind Zwitter und setzen ihre Geschlechtsprodukte, Ei- und Samenzellen, ins Wasser frei, wo die Befruchtung stattfindet.

ÖKOLOGIE
Die meisten Rippenquallen leben in den ersten fünf bis zehn Metern unter der Wasseroberfläche. Man trifft sie oft in großer Zahl. Einige Arten sind Bodenbewohner.

BEBILDERTE BEISPIELE
☐ Seestachelbeere, *Pleurobrachia pileus* (Bild IV.1). Ei- bis kugelförmige Art (Durchmesser: maximal 3 cm) mit zwei 10–20 cm langen, gefiederten Tentakeln.
Klasse: Tentaculifera; Ordnung: Cydippea

☐ Venusgürtel, *Cestus veneris* (Bild IV.2). Abgeflachter, länglicher, bandförmiger Körper (Länge: bis 1,5 m). Außer durch die Bewegung der bewimperten Ruderplättchen kann sich die Art auch mit schlängelnden Bewegungen fortbewegen.
Klasse: Tentaculifera; Ordnung: Cestidea

☐ Melonenqualle, *Beroë cucumis* (Bild IV. 3). Länglicher Körper (15 cm lang) ohne Tentakel mit ellipsoidem Querschnitt. Die Beute wird von dieser Art mit der sehr großen Mundöffnung gefangen. Das Tier kann sehr aktiv schwimmen.
Klasse: Atentaculata; Ordnung: Beroida

NICHT VERWECHSELN
☐ Rippenquallen können mit Quallen oder Medusen verwechselt werden, die auch gallertartig und durchscheinend sind, im Gegensatz zu den Rippenquallen aber nesseln können.

BEIM TAUCHEN BEOBACHTEN
☐ Suchen Sie diese Tiere im freien Wasser im Bereich der ersten Meter unter der Oberfläche.
☐ Beobachten Sie das Irisieren, das vor allem im Gegenlicht von den Bewegungen der bewimperten Ruderplättchen erzeugt wird;
☐ Beobachten Sie die Wellenbewegungen des Venusgürtels.
☐ Tauchen Sie nachts, um das Leuchten der *Beroë* (grünes Licht) und des Venusgürtels zu beobachten.

STAMM IGELWÜRMER

Igelwürmer oder Echiurida (echi: stachelig, -ur: mit Schwanz) sind ausschließlich Meerestiere; sie sind den Tauchern schlecht bekannt. Es sind Würmer, die nach einer bilateralen oder zweiseitigen Symmetrie gebaut sind. Es gibt also einen Mund im vorderen und einen After im hinteren Teil sowie eine Bauch- und eine Rückseite. Der Kopf enthält den Hauptteil des Nervensystems und der Sinnesorgane.

Der mehr oder minder zylindrische, glatte oder mit Warzen bedeckte Körper sieht aus wie eine Wurst. Er ist weich. Vorne wird er von einem im allgemeinen langen, breiten und mehr oder minder flachen Rüssel verlängert. Die Bauchseite dieses Rüssels ist zusammengefaltet und bildet eine Rinne, deren obere Schicht aus Wimperzellen besteht. Seine Aufgabe ist es, die Nahrungspartikel zum Mund zu führen. Der Rüssel ist einziehbar, kann aber nie in den Körper hineingezogen werden (Abb. 4.11). Bei den meisten Gattungen ist der After von einem oder mehreren Kreisen stacheliger Borsten umrandet.

Der Mund ist durch den langen, gewundenen Darm mit dem After verbunden. Im hinteren Teil und auf der Bauchseite befindet sich die einzige, axiale Geschlechtsdrüse (Gonade). Im vorderen Teil, nicht weit vom Mund, findet man auf der Bauchseite und auf beiden Seiten des Darms zwei Nephridien (eine Art von Nieren), die ihren Inhalt durch spezielle Bauchporen direkt nach außen ausscheiden.

4.11 *Vereinfachter Bauplan von Bonellia viridis.*

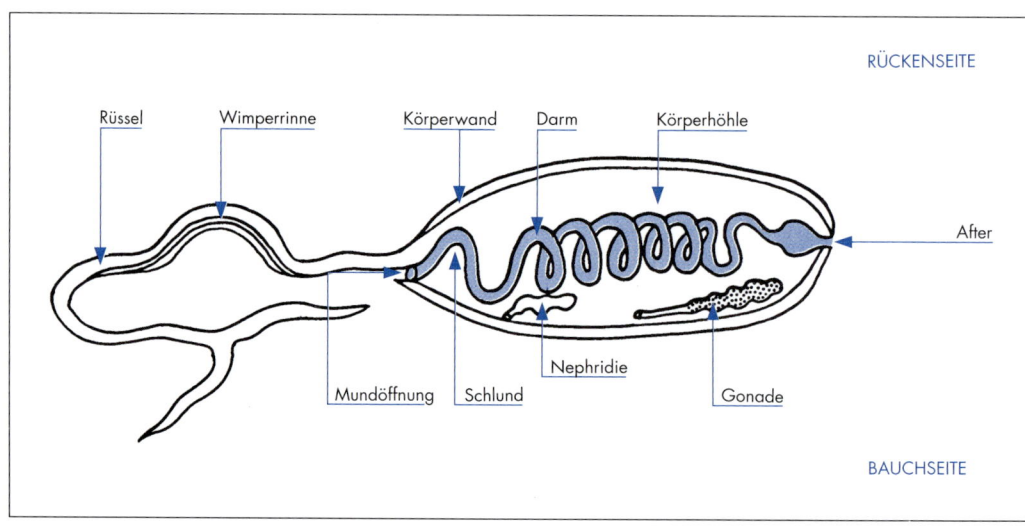

IGELWÜRMER

GRÖSSE
Von einigen Zentimetern bis ungefähr 1,5 m.

ERNÄHRUNG
Igelwürmer ernähren sich von organischen Partikeln und tierischen oder pflanzlichen Mikroorganismen, die im Sediment (Meeresgrund) leben. Das harpunen-, löffel- oder gabelförmige Ende des Rüssels gleitet über den Schlick, den Sand und die Algen und sammelt Nahrung. Einige Arten fangen auch Mikroorganismen mit dem zähflüssigen Material (Schleim), mit dem sie die Gänge auskleiden, in denen sie leben.

FORTPFLANZUNG
Igelwürmer sind getrenntgeschlechtlich. Es gibt also weibliche und männliche Tiere, die lebend meist nicht zu unterscheiden sind. Die Geschlechtsprodukte (Samen- und Eizellen) werden normalerweise zuerst in der Leibeshöhle und dann nach außen freigesetzt, wo die Befruchtung stattfindet. Aus dem befruchteten Ei schlüpft einige Tage später eine Wimperlarve, die sich nach einer planktonischen Lebensphase in ein neues Individuum umwandelt. Man kennt bei diesen Tieren keinen Mechanismus der vegetativen (geschlechtslosen) Vermehrung oder der Regeneration.

ÖKOLOGIE
Es ist schwer, Igelwürmer beim Tauchen am Tag zu entdecken; ihr Körper ist immer bewegungslos in Spalten oder Felsvertiefungen versteckt. Nur die Rüssel können beobachtet werden, wenn der Taucher vorsichtig ist, ansonsten werden sie eingezogen und verschwinden. Igelwürmer haben wegen ihrer Lebensweise nur wenige Feinde. Manche Fische fressen die Rüssel.

BEBILDERTE BEISPIELE
☐ Igelwurm, *Bonellia viridis* (Abb. IV. 4 und IV. 5). Der Igelwurm ist die einzige Art aus diesem Stamm, die Tauchern bekannt ist. Man kann bei ihr nur den Rüssel sehen, der fadenförmig lang und dünn ist, mit zwei breiteren Lappen endet und im Scheinwerferlicht dunkelgrün erscheint (daher der Name der Art: *viridis* bedeutet grün; die Farbe verdankt das Tier den Farbsubstanzen der Mikroalgen, die es verschlingt). Dieser Rüssel gehört dem Weibchen, dessen eiförmiger, 5–15 cm langer Körper immer versteckt ist und ohne Hammer und Meißel unmöglich aus seiner Höhle herausgenommen werden kann. Einige Exemplare haben Rüssel, die über 1,5 m lang sind. Das Männchen ist ein Zwerg (1–3 mm lang) und kann nur mit einer Lupe beobachtet werden. Es lebt als „Parasit" auf dem Weibchen, entweder auf dem Rüssel, in der Speiseröhre oder auch in den Ausscheidungsorganen oder Nephridien. Die Befruchtung findet im Körper statt (einziger Fall bei den Igelwürmern), und die Eier, die daraus entstehen, werden nach außen ausgeschieden. Die Larven entwickeln sich nach etwa zehn Tagen in Felsspalten zu Weibchen. Wenn sie während ihrer Schwimmphase jedoch auf ein erwachsenes Weibchen treffen und auf dessen Rüssel haften bleiben, entwickeln sie sich innerhalb von ungefähr hundert Stunden zu Männchen. Die vom Weibchen im Bereich des Rüssels ausgesonderten Hormone blockieren die Zellvermehrung der Larve und induzieren ihre Entwicklung in ein Männchen. Die Art lebt auf Felswänden oder am Fuß von Abhängen, meist in beschatteten Bereichen, fast immer in der Nähe von schlammigen Untergründen bis in 100 m Tiefe.

NICHT VERWECHSELN
☐ Es ist keine Verwechslung mit anderen Arten möglich.

BEIM TAUCHEN BEOBACHTEN
☐ Suchen Sie die Rüssel der *Bonellia viridis*.
☐ Notieren Sie ihre Größe.
☐ Berühren Sie sie, um ihr Einziehen zu beobachten.

AUFPASSEN
☐ *Bonellia viridis* ist für Taucher absolut ungefährlich.
☐ Nicht am Rüssel ziehen; er ist sehr zerbrechlich.
☐ Nicht versuchen, den Körper des Tieres aus seiner Spalte herauszuziehen. Das Risiko, ihn dabei zu verletzen, ist sehr groß, und das Tier wird dann eine sehr leichte Beute für seine Feinde.

STAMM PLATTWÜRMER

Plattwürmer oder Plathelminthes sind Tiere, deren weicher, ungegliederter Körper zweiseitig (= bilateral) symmetrisch organisiert ist, d. h., er zeigt einen Vorder- und einen Hinterteil, einen Rücken, einen Bauch, eine rechte und eine linke Seite. Der Körper ist von vorne nach hinten abgeflacht und ähnelt einem Band. Er ist vollkommen mit zahlreichen Flimmerhärchen bedeckt, die der Fortbewegung dienen. Die Tiere scheinen über den Untergrund zu gleiten, ohne sich dabei zu verformen. Die großen Arten können durch wellenförmiges Schlagen mit den Körperrändern auch schwimmen. Plattwürmer sind entweder Parasiten (sie leben auf Kosten anderer Tiere), oder sie leben frei im Boden oder im Süß- bzw. Meerwasser. Die freilebenden Formen gehören alle zur Klasse der Strudelwürmer oder Turbellaria (von Turbella, was kleiner Strudel heißt; um diese Tiere entstehen durch die Bewegungen der Rückenhärchen viele kleine Strudel). Die folgenden Ausführungen betreffen hauptsächlich diese Klasse.

Der Körper zeigt vorne einen oft gut erkennbaren Kopf mit den Sinnesorganen: ein oder zwei Augenpaare (schwarz oder rot gefärbte Ozellarflecken oder Punktaugen) und manchmal Tastlappen sowie Zellen, die gegenüber chemischen Substanzen empfindlich sind. Der Mund sitzt immer auf der Bauchseite, kann sich aber an sehr verschiedenen Lagen befinden und ist selten mit dem Kopf verbunden. Er dient auch als After. Ihm schließt sich ein Schlund an, der sich nach außen in einen Rüssel ausstülpen kann (Abb. 4.12). Der Darm folgt dem Schlund und ist sehr verzweigt (vor allem bei den

4.12 *Vereinfachter Bauplan eines Plattwurmes. Auf der unteren Zeichnung wurden der rechte hintere Teil des Verdauungsapparates sowie der rechte Teil des männlichen und der linke Teil des weiblichen Geschlechtsapparates weggelassen.*

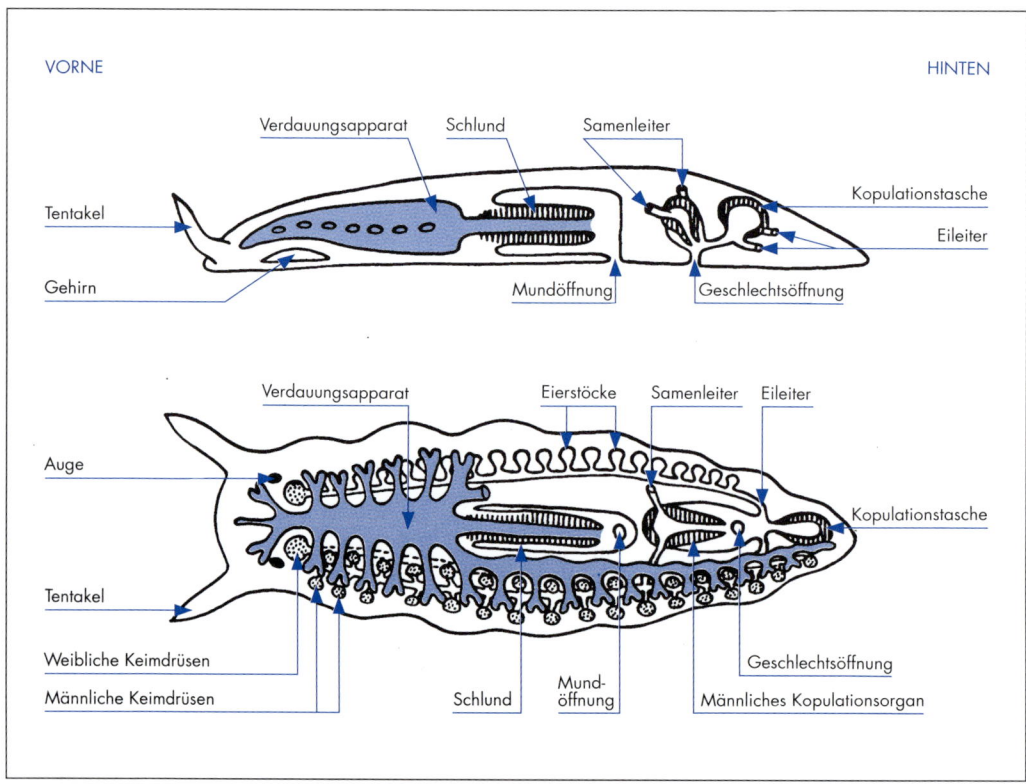

großen Arten), um eine gute Verteilung der Nahrungssubstanzen zu gewährleisten, da das Tier kein Kreislaufsystem besitzt und die Leibeshöhle vollkommen mit Gewebe gefüllt ist. Nicht verdautes Material wird durch den Mund ausgeschieden.

Es gibt keine Nieren: ihre Funktion wird von zahlreichen kleinen Organen in der Nähe der Haut übernommen.

Das Nervensystem ist mit einem primitiven Gehirn im Kopf, das durch zwei Stränge bis in den Körper verlängert wird, ziemlich gut entwickelt.

Plattwürmer besitzen kein Atemorgan, die Atmung findet direkt durch die Haut statt. Die Funktion der Rückenhärchen besteht darin, das Wasser um das Tier herum zu erneuern.

Die meisten Strudelwürmer sind glatt, einige können jedoch eine ziemlich große Anzahl von Papillen, eine Art von Ausbuchtungen verschiedenster Formen, auf der Körperoberseite haben. Die Farbe des Körpers ist im allgemeinen dunkel, aber man kennt einige Arten mit sehr grellen und hellen Farben. Einige sind grün getönt, denn sie beherbergen Mikroalgen in ihrem Gewebe. Andere sind so durchscheinend, daß man durch das Tier hindurch den Darm sehen kann.

PLATTWÜRMER

GRÖSSE
Im Meer lebende Arten können zwischen einigen Millimetern und mehreren Zentimetern Länge variieren.

ERNÄHRUNG
Strudelwürmer ernähren sich von Mikroalgen oder anderen Kleinstorganismen, die sie mit ihrem Rüssel (ausgestülpter Schlund) dank einer dort erzeugten klebenden Substanz fangen. Manche können Nesseltiere, Seescheiden und sogar Austern verspeisen.

FORTPFLANZUNG
Die meisten Turbellaria sind Zwitter. Der männliche Geschlechtsapparat besteht aus zwei kettenförmigen Hoden, die parallel an beiden Körperseiten sitzen. Die Hodenkanäle (Samenleiter) enden im männlichen Kopulationsorgan oder Penis. Der weibliche Geschlechtsapparat besteht aus zwei Eierstöcken, die sich in der Nähe der Augen befinden. Sie sind mit der Kopulationstasche durch zwei Kanäle, die Eileiter, verbunden, die parallel zueinander auf beiden Seiten des Tieres verlaufen. Die Eileiter tragen normalerweise zahlreiche Dotterdrüsen (erzeugen eine Reservesubstanz, ähnlich dem Dotter des Hühnereies). Die Befruchtung kann jedoch nur zwischen zwei verschiedenen Individuen stattfinden. Der Penis des Tieres, das die männliche Rolle spielt, dringt durch die Genitalöffnung in das andere Tier ein, um die männlichen Geschlechtszellen (Spermatozoen) in die Kopulationstasche zu übertragen.

Die bei der Befruchtung erzeugten Eier werden in Haufen in Form von Kokons abgelegt. Daraus entstehen entweder gleich neue Individuen oder Larven, die sich nach einem verschieden langen planktonischen Leben in neue Individuen verwandeln.

Strudelwürmer können sich auch ungeschlechtlich vermehren, d. h. ohne Mitwirkung der Geschlechtszellen. Ihr Körper teilt sich, und jeder Teil bildet wieder ein komplettes Tier. Sie benutzen diese Regenerationsfähigkeit, um ihren Körper zu reparieren, wenn er verletzt ist.

ÖKOLOGIE
Die meisten Strudelwürmer leben in seichten Gewässern auf festem Untergrund (benthisch). Man findet sie auf Felsen, auf festsitzenden Tieren, in Miesmuschelbänken oder in Austern-

zuchten (der Austernegel aus der Gattung *Stylochus* ist ein Schädling). Dennoch schwimmen einige und führen ein planktonisches Leben.

BEBILDERTE BEISPIELE

☐ Rosa Bandplanarie, *Prostheceraeus giesbrechtii* (Abb. IV.6). Dieser Strudelwurm aus der Ordnung der Polycladida (deren Darm zahlreiche (*poly-*) Verzweigungen (*-clade*) zeigt) hat einen flachen Körper in Blattform mit mehr oder minder gewellten und grellgefärbten Rändern (purpur-lila bis rosa mit grellweißem Rand und Längsstreifen). Der Kopf ist durch ein Paar sehr kurzer Tentakel gekennzeichnet. Der Schwanz ist abgerundet. Man findet die Art bereits ab dem Flachwasser bis in mehr als 30 m Tiefe auf Felsen, krustenbildenden Schwämmen und Algen.
Länge: bis 3 cm; Breite: 2 cm.

NICHT VERWECHSELN
☐ Plattwürmer können mit Nacktschnecken verwechselt werden; sie unterscheiden sich aber dadurch, daß bei ihnen Kiemen völlig fehlen.

BEIM TAUCHEN BEOBACHTEN
☐ Suchen Sie die sehr bunten Formen.
☐ Beobachten Sie das Schwimmen, indem Sie die Tiere ins freie Wasser bringen.
☐ Beobachten Sie die Verformbarkeit des Körpers.

AUFPASSEN
☐ Strudelwürmer sind für den Menschen absolut ungefährlich.
☐ Sie müssen behutsam behandelt werden, um sie nicht zu verletzen. Ihr Körper ist zerbrechlich.

STAMM RINGELWÜRMER

Ringelwürmer oder Anneliden, deren Körper aus einer Vielzahl von Segmenten besteht, tragen entweder zahlreiche (Klasse Vielborster, Polychaeta) oder nur wenige oder gar keine Borsten (Klasse Gürtelwürmer, Clitellata), wobei die Vertreter der Gürtelwürmer in die Unterklassen Wenigborster, Oligochaeta, und Egel, Hirudinea, unterteilt werden. Der Regenwurm gehört der ersten Unterklasse an. Wenigborster und Egel kommen überwiegend auf dem Land oder im Süßwasser vor. Die Vielborster sind dagegen fast alle Meerestiere und werden hier als einzige berücksichtigt.

Klasse Vielborster

Der Körper der Polychaeten ist im allgemeinen länglich, mehr oder minder zylindrisch und zeigt eine bilaterale Symmetrie mit einem Kopf und einem Schwanz. Er besteht aus einer unterschiedlichen Anzahl von Segmenten, die durch innere Scheidewände voneinander getrennt (Abb. 4.13 und 4.15) sind.
Der Kopf trägt die Sinnesorgane (Antennen, Mundtentakel, Palpen (=Taster), Augen und Geruchssinn) und den Mund. Er enthält ein einfaches Gehirn, das durch eine Kette von Nervenknoten, dem sogenannten Strickleiter-Nervensystem, in den Körper verlängert wird. Bei den freilebenden Borstenwürmern (Errantia) und den grabenden Vertretern unter den festsitzenden Borstenwürmern (Sedentaria) kann der Schlund, der dem Mund folgt, nach außen ausgestülpt werden und einen Rüssel bilden (Abb. 4.14), der mit kleinen, stacheligen Zähnen und meistens mit einem gewaltigen, sehr harten Chitinkiefer ausgerüstet ist. Der Rüssel dient dem Fang der Beute und kann in den Bodensedimenten auch unterirdische Gänge graben. Die Mundtentakel, die bei bestimmten seßhaften Arten (z. B. Röhrenwürmern) besonders fein und lang sind, werden ausgebreitet, um Nahrungspartikel zu sammeln.
Die Länge des Körpers variiert mit der Zahl der Segmente, die ihn bilden. Im allgemeinen ist die innere und äußere Organisation von einem Segment zum anderen dieselbe. So trägt jedes Segment wenigstens zwei Fortbewegungsappa-

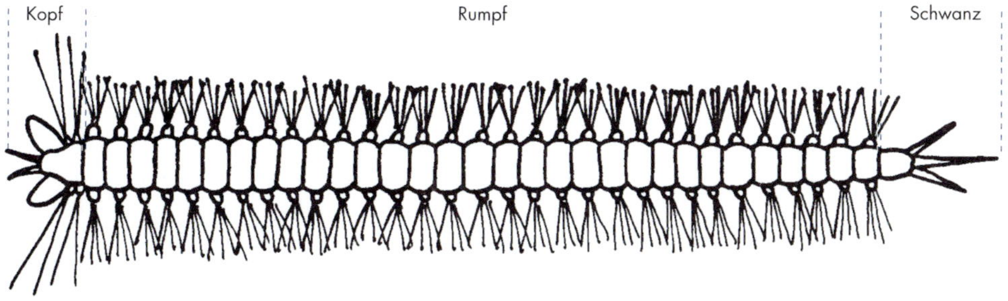

Meeresbiologie · Das Tierreich

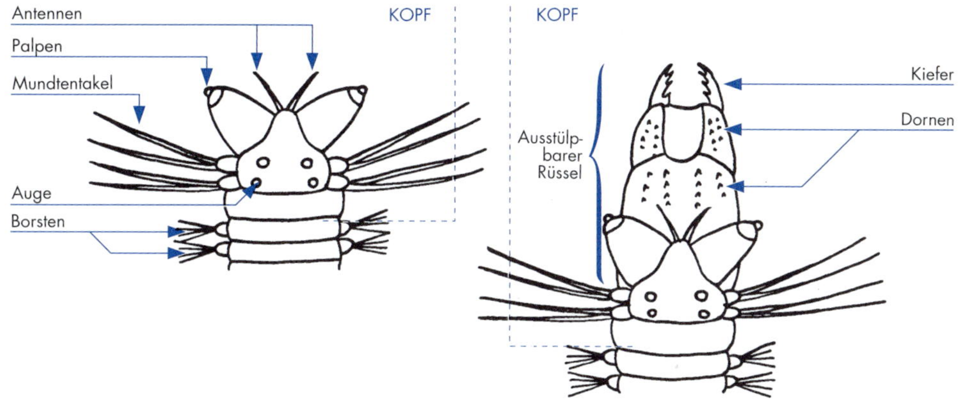

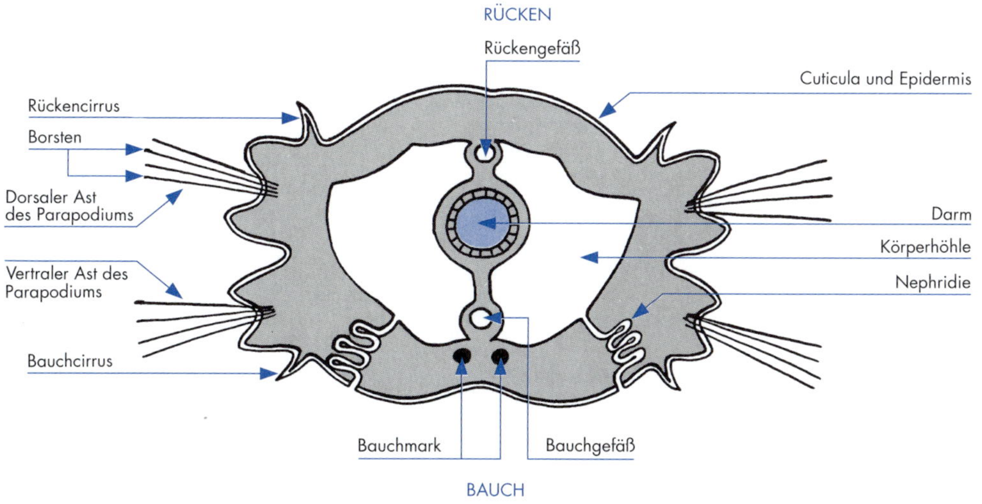

4.13 *Totalansicht eines freilebenden Borstenwurmes von oben gesehen.*
4.14 *Kopf eines Borstenwurmes, rechts mit ausgestrecktem Rüssel.*
4.15 *Querschnitt durch ein Körpersegment.*

rate (Parapodien), an denen sich manchmal je eine Kieme befindet, und enthält zwei Ausscheidungsorgane (Nephridien) und zwei Nervenknoten. Die Parapodien sind Ausbuchtungen, die vom Rücken zum Bauch folgende Bestandteile aufweisen können:

- einen Rückencirrus, manchmal zu einer Schutzschale ausgebreitet und irisierend oder auch als Haken ausgebildet;
- zwei Büschel Chitinborsten, deren Formen bei demselben Individuum sehr verschieden sein können. Sie dienen der Fortbewegung;
- Kiemen in Form von Ausbuchtungen an der Basis der Borsten, die zahlreiche kleine Blutgefäße besitzen. Sie dienen der Atmung. Ihre Form ist unterschiedlich. Bei manchen seßhaften Arten, wie z. B. den Röhrenwürmern, bilden die Kiemen des ersten Segments eine Tentakelkrone mit verschiedengefärbten (orange, braun, weiß) Querstreifen. In diesem Fall dienen sie neben der Atmung auch dem Herausfiltern von Nahrung und dem Transport von erbeuteten Nahrungspartikeln zum Mund. Bei Gefahr wird die Tentakelkrone sehr schnell eingezogen;
- einen Bauchcirrus.

Der Schwanz wird aus dem letzten Segment gebildet. Er trägt den After. Manchmal ist er mit Cirren besetzt.

Der gesamte Körper ist mit einer Epidermis umgeben, verdickt durch ein biegsames Oberhäutchen, das er selbst absondert und das unterschiedlich gefärbt sein kann. Die Fortbewegung wird durch das Zusammenziehen von zahlreichen, starken Muskeln ermöglicht.

Es gibt kein Herz. Das Blut zirkuliert dank kontraktiler Blutgefäße. Das Rückenblutgefäß leitet das Blut zum Kopf, während das Bauchblutgefäß es zum Schwanz führt.

Die Borstenwürmer unterteilen sich nach ihrer Lebensweise in zwei Gruppen. Die Errantia sind freilebend; sie kriechen auf dem Grund oder schwimmen mit Hilfe ihrer Parapodien. Die Sedentaria sind festsitzend und leben in Röhren; sie bauen diese Röhre selbst und verlassen sie nicht. Sie ist entweder verkalkt (manchmal kann das Tier sie mit einem Deckel oder Operculum hermetisch verschließen) oder besteht aus Schleim. In diesem letzten Fall kleben Sandkörner oder Schalenstückchen daran. Die Röhre ist auf oder unter Felsen, im Sand oder auf anderen Organismen fest verankert. Manche seßhaften Arten können keine Röhre bauen; sie leben in Gängen, die sie im Sediment graben. Sie entwickeln sich im Schlamm oder feinen Sand. Bei ihnen handelt es sich um grabende Sedentaria. Schließlich finden sich auch „koloniebildende" Arten, die mit aneinander befestigen Röhren zusammenleben.

VIELBORSTER

GRÖSSE
Von einigen Millimetern bis zu 30 Zentimetern und mehr.

ERNÄHRUNG
Die freilebenden Borstenwürmer oder Errantia sind normalerweise Fleischfresser, also Räuber, die ihre Beute aktiv jagen. Diese Beutestücke sind planktonische Organismen (tierische oder pflanzliche), aber auch Würmer, Krebse, usw. Die festsitzenden Arten filtern das Wasser mit ihrer Tentakelkrone, oder sie sammeln mit Hilfe ihrer langen Mundtentakel organische Partikel auf dem Grund. Grabende Arten können auch Sand und Schlick in sich aufnehmen und deren organische Bestandteile verdauen. Die Sand- oder Schlammwürste, die man an Stränden oder auch unter Wasser beobachten kann, sind die Ausscheidungen dieser Arten.

FORTPFLANZUNG
In den meisten Fällen sind die Tiere getrenntgeschlechtlich. Dennoch ist es unmöglich, einen männlichen Borstenwurm von einem weiblichen zu unterscheiden, da es keine sichtbaren Geschlechtsorgane gibt. Die Geschlechtszellen (oder Gameten) werden in der Leibeshöhle produziert. Wenn sie reif sind, werden sie durch spezielle Kanäle oder durch die Nephridien nach außen freigesetzt. Die Befruchtung findet im Meer statt. Aus dem Ei schlüpft eine schwimmende Wimperlarve. Diese führt ein je nach Art verschieden langes planktonisches Leben, dann sinkt sie auf den Grund und entwickelt sich zu einem neuen Wurm.
Manche Borstenwürmer machen große Veränderungen in der Zeit der Befruchtung durch und sind dann schwer zu erkennen. Die Augen und der Kopf sowie die Borsten und die Segmente der hinteren Körperhälfte werden größer. Wenn diese Veränderungen abgeschlossen sind, schwimmt das Tier an die Oberfläche, um seine Geschlechtsprodukte freizusetzen.
Manchmal sind es nur die hinteren Segmente, welche die Gameten produzieren. Wenn diese reif sind, lösen sie sich vom Rest des Individuums ab, steigen zur Wasseroberfläche und setzen die Geschlechtszellen frei, indem sie sich auflösen. Die geschlechtliche Fortpflanzung steht manchmal in Zusammenhang mit dem Mondzyklus. Alle Individuen verwandeln sich in diesem Fall zur selben Zeit. Ein derartiges Phänomen findet regelmäßig in Polynesien statt, wo es „Palolo" genannt wird. Es findet in so großem Umfang statt, daß man die Art zur Ernährung verwendet.
Bei einigen Vielborstern kann auch eine ungeschlechtliche Vermehrung stattfinden. Der hintere Teil des Körpers erzeugt Ausbuchtungen oder Knospen, die sich lösen und in ein neues Individuum umwandeln.

ÖKOLOGIE
Man findet Borstenwürmer in allen Lebensräumen und bis in die größten Tiefen. Sie sind auf Felsen, auf Sand oder an anderen Organismen befestigt, im Schlamm oder jeglichem weichen Sediment eingegraben oder freilebend anzutreffen.
Sie bieten eine reichhaltige Nahrungsquelle für alle anderen Tiere, insbesondere für Fische. Die seßhaften Formen mit Röhren und die grabenden Arten sind vor Freßfeinden relativ gut geschützt. Die freilebenden Arten müssen sich verstecken, so daß sie beim Tauchen schwer zu beobachten sind.
Einige kleine Arten mit verkalkter Röhre bilden einen Teil des Aufwuchses (bio-fouling), der sich unter anderen schnell auf Schiffsrümpfen entwickelt.

BEBILDERTE BEISPIELE
☐ Bunter Kalkröhrenwurm, *Serpula vermicularis* (Bild V.1). Die Art lebt in einer grob zylindrischen, verkalkten, oft gewundenen Röhre, die nur durch ihre Basis an Felsen oder auf einer Schale befestigt ist. Der Kopf trägt zwei symmetrische Tentakelkronen, von denen jede aus 30 bis 40 federartigen, im Halbkreis angeordneten und voll einziehbaren, gefiederten Tentakeln besteht. Der Körper und die Tentakel sind von unterschiedlicher Farbe, von hellgelb über rosa und orange bis grellrot. Das Tier kann seine Röhre mit einem kegelförmigen Operculum (Deckel) mit gezahntem Rand hermetisch verschließen. Länge der Röhre: bis 6–7 cm. Man kann diese Art vom Flachwasser bis in 50 m Tiefe treffen.
☐ Bäumchen-Röhrenwurm, *Lanice conchilega* (Bild V.2). Dieser Borstenwurm lebt in einer steifen Röhre, die mit Sandpartikeln, Kies oder Schalenstücken bedeckt ist, die untereinander mit einer schleimartigen Masse verbunden sind. Die Röhre steht immer aufrecht an der Oberfläche des Sediments (Höhe: bis 30 cm), und ihr freies Ende trägt eine Krone von steifen

Fäden oder Fransen. Man kann diese Art überall von der Oberfläche bis in etwa 100 m Tiefe antreffen.

☐ **Schraubensabelle**, *Spirographis spallanzani* (Bild V.3). Wunderbarer Borstenwurm, der den meisten Tauchern gut bekannt ist und in einer pergamentartigen, biegsamen Röhre lebt, die mehr oder minder mit Schlammpartikeln verkrustet ist. Die Art siedelt sich immer in bewegtem, planktonreichem Wasser auf Felsen und Algen bis in mindestens 50 m Tiefe an. Eine der Tentakelkronen ist nur angedeutet, während die andere überentwickelt ist und sich spiralförmig entfalten kann. Sie ist voll einziehbar. Die stark federartigen Tentakel sind oft durch Streifen unterschiedlich gefärbt (orange, braun, dunkelrot...), meist im Wechsel mit Weiß. Die Röhre kann bis 30 cm lang werden, der Durchmesser der Tentakelkrone erreicht 20 bis 25 cm.

☐ **Verflochtener Kalkröhrenwurm**, *Salmacina dysteri* (Bild V.4). Bei dieser Art handelt es sich um einen seßhaften, koloniebildenden, baumartigen Vertreter (Größe der Kolonie: bis 30 cm). Jedes Individuum lebt in einer grellweißen, verkalten Röhre von geringem Durchmesser (einige Millimeter) ohne Operculum. Wenn die Umgebung ruhig ist, enfalten sich die im Zentrum hellgelben und am Rand durchscheinende Tentakelkronen am Ende der Röhre. Sie sind voll einziehbar. Die Art siedelt sich auf Felsen (Vorsprüngen) oder anderen Organismen wie Gorgonien und Hydroiden bis in 20 m Tiefe an.

NICHT VERWECHSELN

☐ Es ist keine Verwechslung mit Arten eines anderen Tierstammes möglich, außer vielleicht zwischen der Tentakelkrone der Röhrenwürmer und dem Tentakelkranz einer Seerose oder einer Zylinderrose.

BEIM TAUCHEN BEOBACHTEN

☐ Die entfalteten Tentakelkronen der in Röhren lebenden Arten, indem man sich vorsichtig nähert und dann das Wasser bewegt, um ihr Einziehen zu beobachten.

☐ Die in Löchern und Spalten lebenden Borstenwürmer, deren Tentakel die Form von feinen, langen, durchscheinenden Fäden haben, die auf den Felsen ausgebreitet sind und sich einziehen, wenn man sie berührt.

☐ Das Operculum, den Deckel des Bunten Kalkröhrenwurmes.

☐ Die freilebenden Arten, die unter Steinen versteckt leben.
Die Steine immer wieder an denselben Platz hinstellen, ohne sie umzudrehen!

☐ Die Sand- oder Schlammwürste. Versuchen Sie, im Sediment zu graben, um das Tier zu entdecken!

☐ Den Rüssel einer freilebenden Art, indem man dem Tier einige Minuten lang zuschaut.

AUFPASSEN

Einige freilebende Borstenwürmer (Errantia) haben Kiefer, mit denen sie die Finger eines zu aufdringlichen Tauchers ziemlich stark zwicken können.

STAMM STACHELHÄUTER

Zum Stamm Stachel-(echino-)häuter (dermata) oder Echinodermata gehören nur Meeresbewohner, die man als erwachsene Tiere mit bloßem Auge sehen kann. Er vereint Organismen mit sehr unterschiedlichen Formen, wie die Haarsterne oder Crinoidea, die Seesterne oder Asteroidea, die Schlangensterne oder Ophiuroidea, die Seegurken oder Holothuroidea und die Seeigel oder Echinoidea.

Alle Arten sind solitär (d. h., sie bilden keine Kolonien) und leben immer frei auf dem Untergrund (es sind benthische Organismen). Sie fühlen sich meist hart an, manchmal sind sie aber auch glitschig oder klebrig.

Der Körper der Stachelhäuter ist vollkommen von einer äußeren Schicht, der Epidermis, bedeckt, die oft sehr bunt ist. Das Hauptmerkmal der Organisation aller Vertreter dieses Stammes ist die fünfstrahlige Radiärsymmetrie, die auf den Mund zentriert ist, und die in manchen Fällen auch in eine bilaterale Symmetrie übergehen kann.

Bei den Seegurken ist der Mund von einem Kranz aus einziehbaren Tentakeln umgeben (Abb. 4.17). An den Mund schließen sich ein Schlund, ein Darm und in den meisten Fällen ein After an. Bei den Vertretern aus der Klasse der Haarsterne befindet sich der Mund auf der Körperoberseite, bei den Seeigeln und den Seesternen an der Unterseite direkt im Kontakt mit dem Untergrund und bei den Seegurken an der vorderen Seite (Abb. 4.16 und 4.17). Bei den meisten Stachelhäutern befindet sich der After auf der der Mundöffnung gegenüberliegenden Seite des Körpers.

Alle diese Tiere können sich aktiv fortbewegen, entweder durch Bewegungen ihrer Stacheln, die von einer Reihe von Muskeln bewegt werden, oder mit Hilfe von kleinen speziellen Organen, den Ambulacralfüßchen, die mit dem Wassergefäßsystem (Abb. 4.18) verbunden sind, das wie ein hydropneumatischer Apparat funkioniert. Seegurken bewegen sich durch Bewegungen ihres ganzen Körpers fort, Schlangensterne benutzen dagegen ihre Arme. Mit Hilfe der Bewegungen ihrer Stacheln können manche Seeigelarten den Felsen aushöhlen, der ihnen als Untergrund dient. Die so entstandene Aushöhlung wird nach jedem Entfernen zur Nahrungssuche wieder aufgesucht. Die Bewegungen der Seeigel und der Seegurken sind langsam, während sie bei den Haarsternen, den Seesternen und vor allem den Schlangensternen relativ schnell sind.

Bei den Seeigeln, den Seegurken und den Seesternen sind die Ambulacralfüßchen am Ende mit einer Art Saugnapf ausgerüstet und können neben der Fortbewegung verschiedene andere Funktionen übernehmen (Tarnung, Nahrungstransport, ...). Bei den Haarsternen und den Schlangensternen dagegen besitzen die Ambulacralfüßchen keinen Saugnapf; bei letzteren dienen sie dem Tastsinn und der Atmung.

Unter der Epidermis der meisten Stachelhäuter befinden sich Kalkplatten (Abb. 4.18). Diese sind bei den Seeigeln nicht gegeneinander beweglich und bilden ein Endoskelett, eine steife Kapsel, die man bei toten Individuen beobachten kann. Bei den Seesternen und den Schlangensternen sind die Kalkplatten dagegen unabhängig voneinander und erlauben dem Körper eine gewisse Biegsamkeit. Je nach Art können die Platten mit Warzen oder verkalkten, verschieden langen und mehr oder minder spitzen Stacheln verstärkt sein. Diese Stacheln werden bei vielen Arten von Muskeln bewegt und unterstützen so die Ambulacralfüßchen mit Saugnäpfen bei der Fortbewegung.

Seegurken besitzen keine verkalkten Platten. Ihre Haut enthält jedoch kleine mikroskopische Kalkpartikel, die Sklerite, deren Formen für die Art charakteristisch sind und an die Spiculae mancher Schwämme erinnern. Die große Zahl von Skleriten macht den Körper der Seegurken relativ fest.

Schließlich tragen manche Stachelhäuter, insbesondere die Seeigel und die Seesterne, andere kleine Fortsätze, die auf ihren Platten befestigt sind. Es handelt sich um Pedicellarien (Abb. 4.16), eine Art kleiner Greifzangen, die auf einem Stiel sitzen und deren Rolle darin besteht, die Körperoberfläche und die Stacheln zu säubern, das Tier zu schützen und eventuell Beute zu fangen.

Die meisten Stachelhäuter atmen über die Haut. Die Atemgase diffundieren durch die Haut: der Sauerstoff vom Meereswasser ins Körperinnere und das Kohlendioxid in der entgegengesetzten Richtung (Seeigel, Haarsterne). Seesterne haben dagegen Kiemen, die an der oberen Seite ihres Körpers sitzen. Schlangensterne atmen durch ihre Ambulacralfüßchen und Seegurken durch zwei „Wasserlungen", die sich im hinteren Teil des Körpers befinden.

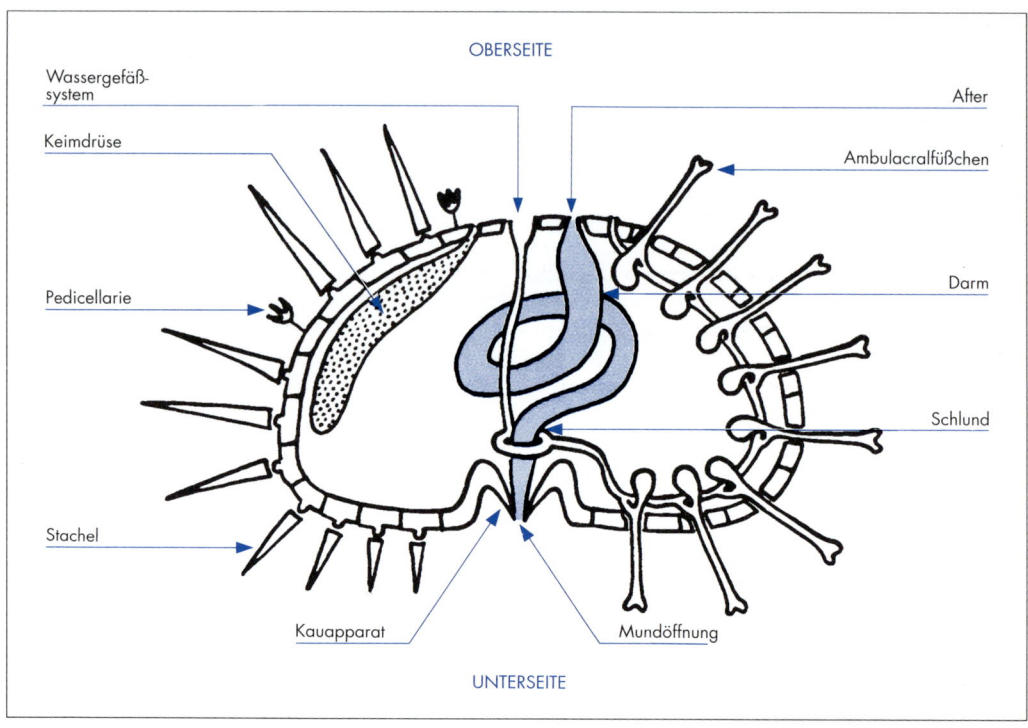

4.16 *Vereinfachter Bauplan eines Seeigels.*

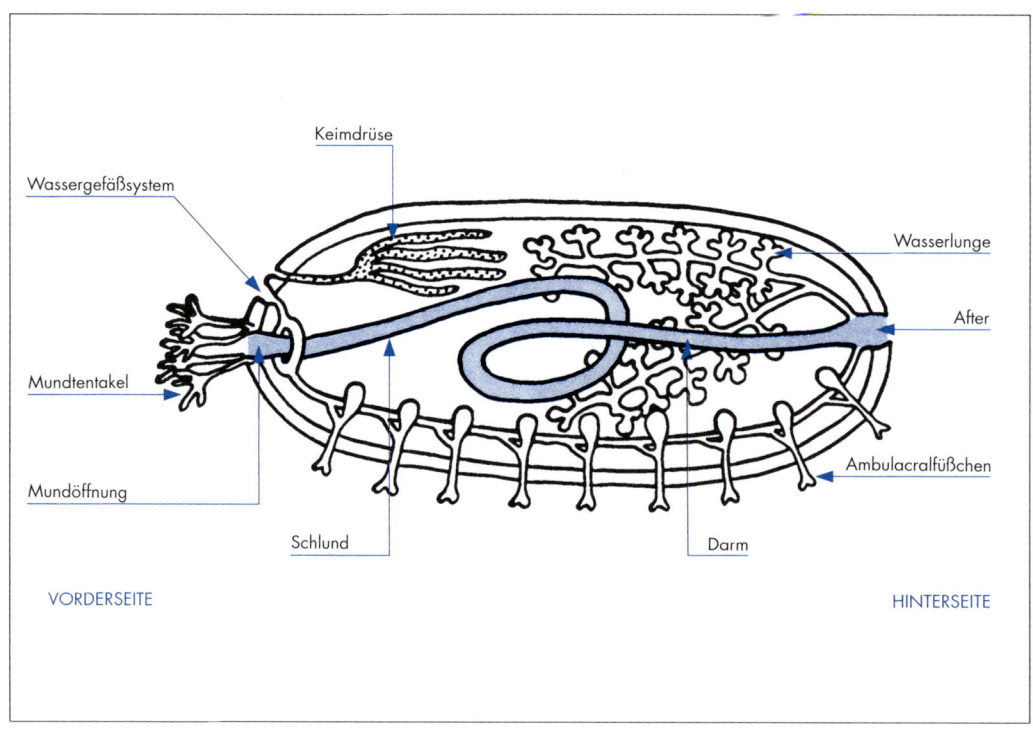

4.17 *Vereinfachter Bauplan einer Seegurke.*

Haar-, Schlangen- und Seesterne sind, im Gegensatz zu Seeigeln und Seegurken, sehr regenerationsfähig. Sie können Teile ihrer Arme neu bilden, wenn sie abgebrochen sind, und sogar Teile ihres Körpers regenerieren. Genauso können sie abgebrochene Stücke zu einem vollständigen Tier regenerieren.

Obwohl Stachelhäuter mit ihren Stacheln und Kalkplatten gut geschützte Organismen sind, werden sie von manchen Räubern, hauptsächlich von Fischen (Meerjunker, Brassen, Drückerfische, usw ...), gefressen. Um diesen zu entgehen, haben manche Arten Tarnstrategien entwickelt, wie die Seeigel, die auf ihrer Oberfläche Algen- oder Muschelteile festhalten (es handelt sich vielleicht auch um einen Schutz gegen zu grelles Licht). Die Seegurken setzen, wenn sie angegriffen werden, weiße, sehr klebrige Fäden (Cuviersche Schläuche) durch den After frei. Im Wasser bilden sie ein sehr klebriges Netz, in dem sich ein Freßfeind verfängt. Andere schützen sich mit ihren Pedicellarien. Einige Seegurken können einem kleinen Fisch, der sich in ihren Wasserlungen einnistet, als Unterschlupf dienen. Seine Jungen ernähren sich von den Geschlechtszellen des unfreiwilligen Wirtes.

Man muß hinzufügen, daß Seesterne besonders gefräßige Organismen sind, die unter anderem Seegurken, andere Seesterne oder gar Seeigel fressen.

Auch der Mensch verzehrt Stachelhäuter. In Südeuropa werden einige Seeigelarten aus dem Mittelmeer verspeist. In Asien werden Seegurken von Feinschmeckern unter dem Name „Trepang" gegessen.

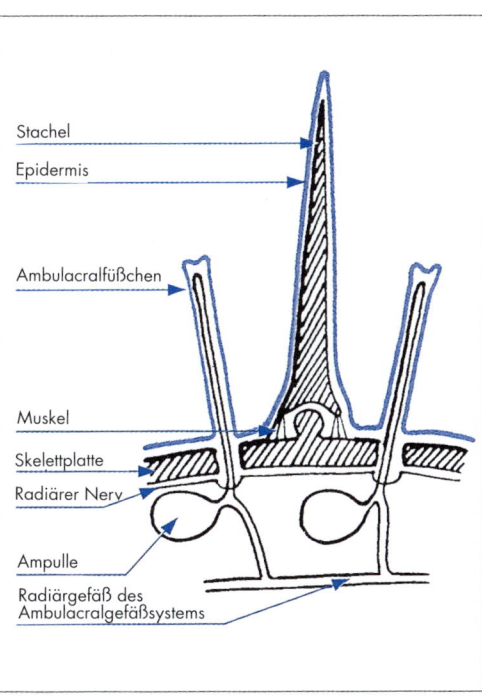

4.18 *Ein Stachel und zwei Ambulacralfüßchen eines Seeigels im Detail.*

STACHELHÄUTER

GRÖSSE
Von 5 mm bis zu mehr als 1 m.

ERNÄHRUNG
Die Nahrungsquellen der Stachelhäuter sind je nach Klasse sehr verschieden.
Haarsterne (Crinoidea) filtern organische Partikel und Mikroorganismen mit Hilfe ihrer gefiederten Gelenkarme aus dem Wasser und transportieren sie zu ihrem auf der Oberseite gelegenen Mund.
Schlangensterne (Ophiuroidea) ernähren sich von organischen Partikeln, kleinen Krebsen, Würmern und sogar von Weichtieren.
Seegurken (Holothurien) haben eine ähnliche Ernährungsweise, verschlingen aber Elemente der Mikrofauna und -flora des Sandes und des Schlammes, indem sie sie zusammen mit dem Sediment mit ihren um den Mund angeordneten, einziehbaren, einfachen oder verzweigten Tentakeln (10 bis 20) aufnehmen.
Seeigel (Echinoidea) sind hauptsächlich Vegetarier und verspeisen Algen. Dies erklärt die Langsamkeit ihrer Bewegungen und die Länge ihres Darmes, die notwendig ist, um die vegetarischen Nährstoffe zu verdauen. Die Algen werden von dem starken, aus fünf Zähnen bestehenden Kauapparat im Mund zerstückelt und zermahlen. Seesterne (Asteroidea) dagegen sind gefürchtete Fleischfresser. Sie sind sehr gefräßig und verspeisen Muscheln (insbesondere Austern, Miesmuscheln, Jakobsmuscheln...), Schnecken, Krebstiere und sogar Fische. Sie verursachen oft große Schäden in Austern- und Miesmuschelkulturen und werden von den Austern- und Miesmuschelzüchtern bekämpft.

FORTPFLANZUNG
In den meisten Fällen sind die Individuen entweder männlich oder weiblich. Hermaphrodismus (Zwittrigkeit) ist sehr selten. Die Produkte der Geschlechtsdrüsen (Ei- und Samenzellen) werden im allgemeinen direkt ins Meerwasser freigesetzt, wo die Befruchtung stattfindet. Das Ei bringt eine Larve hervor, die ein planktonisches Leben führt (d. h. freischwimmend). Nach einigen Umwandlungen entwickelt sich die Larve zu einem neuen Individuum.
Man kennt einige Arten, bei denen sich die Eier im Körper entwickeln. Beim eßbaren Steinseeigel (*Paracentrotus lividus*) schätzt man, daß von der Befruchtung bis zum erwachsenen Individuum zwei Jahre notwendig sind.
Bei den Seesternen ist das Abschnüren einzelner Arme, aus denen sich jeweils vollständige Tiere entwickeln, eine vegetative (ungeschlechtliche) Vermehrungsart.

ÖKOLOGIE
Stachelhäuter besiedeln im Meer alle Arten von Untergrund, wie Felsen-, Sand- oder Schlammböden, vom Flachwasser bis in große Tiefen. Sie bevorzugen oftmals wenig beleuchtete Stellen.
Haarsterne klammern sich meistens mit ihren krallenförmigen Fortsätzen, den Cirren, auf Felsgründen ab einer Tiefe von 10 m fest. Schlangensterne leben immer unter Steinen oder in Spalten versteckt. Man kann sie auch auf schlammigen Böden beobachten. Seesterne, Seeigel und Seegurken besiedeln sowohl felsige wie sandige Gründe. Einige Seesterne und Seeigel sind vollkommen an das Leben im Sand angepaßt. So sind Irreguläre Seeigel aus den Gattungen *Spatangus* und *Echinocardium* (Herzseeigel) typisch für sandige Böden. Sie besitzen keinen entwickelten Kauapparat, denn ihre Nahrung besteht hauptsächlich aus der Mikrofauna und -flora des Sandes. In tropischen Ländern findet man auf solchen Böden die berühmten Sanddollars, die vollkommen flach sind und deren Skelett je nach Art unterschiedlich strukturiert ist. Diese Seeigel leben vollkommen im Sand eingegraben.

BEBILDERTE BEISPIELE
☐ Mittelmeer-Haarstern, *Antedon mediterranea* (Bild VI.1). Dieser sehr elegante Stachelhäuter hat einen kelchförmigen Körper, auf dessen Oberseite fünf gefiederte, sehr zerbrechliche Arme regelmäßig angeordnet sind. Diese teilen sich sehr nah am Körper, so daß man zehn Arme zählen kann. Auf der Unterseite befinden sich glatte, krallenförmige Arme, die Cirren, mit denen sie sich am Untergrund festklammern, wobei jede Art von Unterlage (Algen, Gorgonien, usw.) benutzt werden kann. Dennoch ist das Tier imstande, sehr effizient zu schwimmen, wenn es notwendig ist. Die Färbung ist variabel und kann von rosa bis rot oder violett mit weißen Ringen, gelb oder dunkel reichen. Der Durchmesser kann bei ausgebreiteten Armen 20–25 cm erreichen. Man trifft die Art ab 10 bis mehr als 60 m Tiefe an.
Klasse: Crinoidea.

BIOLOGIE TAFEL I

1 Gitterkalkschwamm,
  Clathrina primordialis
2 Geweihschwamm,
  Axinella verrucosa
3 Bohrschwamm,
  Cliona viridis
4 Orangefarbener Strahlenschwamm,
  Spirastrella cunctatrix
5 Goldschwamm,
  Verongia aerophoba

TAFEL II   BIOLOGIE

1 Federpolyp, *Aglaophenia pluma*
2 Portugiesische Galeere, *Physalia physalis*
3 Juwelenanemone, *Corynactis viridis*
4 Wachsrose, *Anemonia sulcata*
5 Zylinderrose, *Cerianthus membranaceus*
6 Gelbe Steinkoralle, *Leptopsammia pruvoti*

1 Krustenanemone, *Parazoanthus axinellae*
2 Große Meerhand, *Alcyonium palmatum*
3 Weiße Gorgonie, *Eunicella stricta*
4 Farbwechselnde Gorgonie, *Paramuricea clavata*
5 Seefeder, *Veretillum cynomorium*
6 Edelkoralle oder Rote Koralle, *Corallium rubrum*

1 Seestachelbeere,
 Pleurobrachia pileus
2 Venusgürtel,
 Cestus veneris
3 Melonenqualle,
 Beroë cucumis
4 Igelwurm,
 Bonellia viridis
5 Igelwurm, *Bonellia viridis:*
 Detailaufnahme des Rüssels.
6 Rosa Bandplanarie,
 Prostheceraeus giesbrechtii

BIOLOGIE TAFEL V

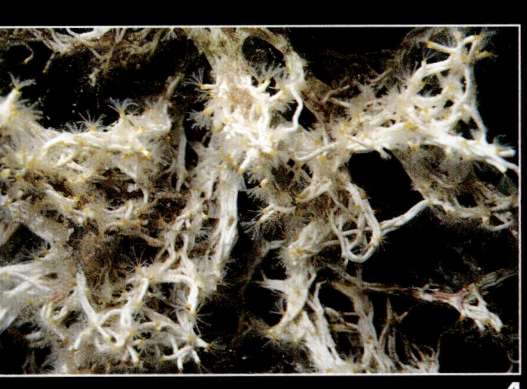

1 Bunter Kalkröhrenwurm,
  Serpula vermicularis
2 Bäumchen-Röhrenwurm,
  Lanice conchilega
3 Schraubensabelle,
  Spirographis spallanzani
4 Verflochtener Kalkröhrenwurm,
  Salmacina dysteri

TAFEL VI BIOLOGIE

1 Mittelmeer-Haarstern, *Antedon mediterranea*
2 Zerbrechlicher Schlangenstern, *Ophiothrix fragilis*
3 Brauner Schlangenstern, *Ophioderma longicauda:* Detailaufnahme der Körperscheibe.
4 Purpurseestern, *Echinaster sepositus*
5 Eisseestern, *Marthasterias glacialis:* Detailaufnahme der Spitze eines Armes.

1. Steinseeigel, *Paracentrotus lividus*
2. Schwarzer Seeigel, *Arbacia lixula*
3. Variable Seegurke, *Holothuria forskali:* Ausstoßen der Cuvierschen Schläuche.
4. Röhrenseegurke, *Holothuria tubulosa:* männliches Tier bei der Abgabe seiner Geschlechtsprodukte.
5. Variable Seegurke, *Holothuria forskali*
6. Kletterseegurke, *Aslia lefevrei*

1

2

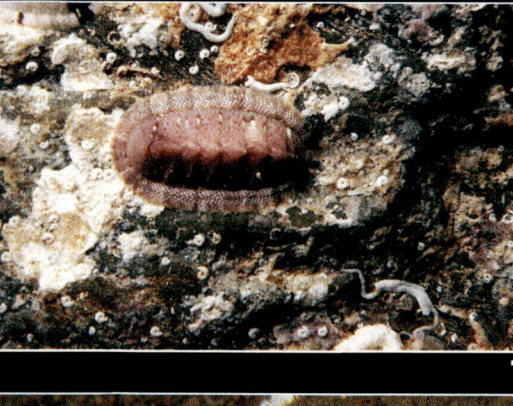

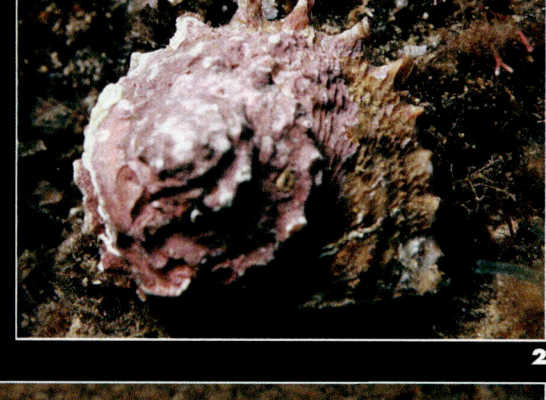

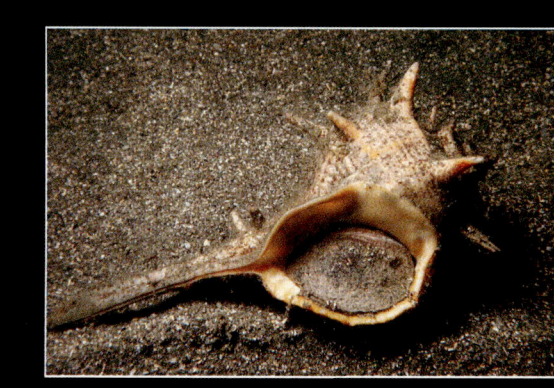

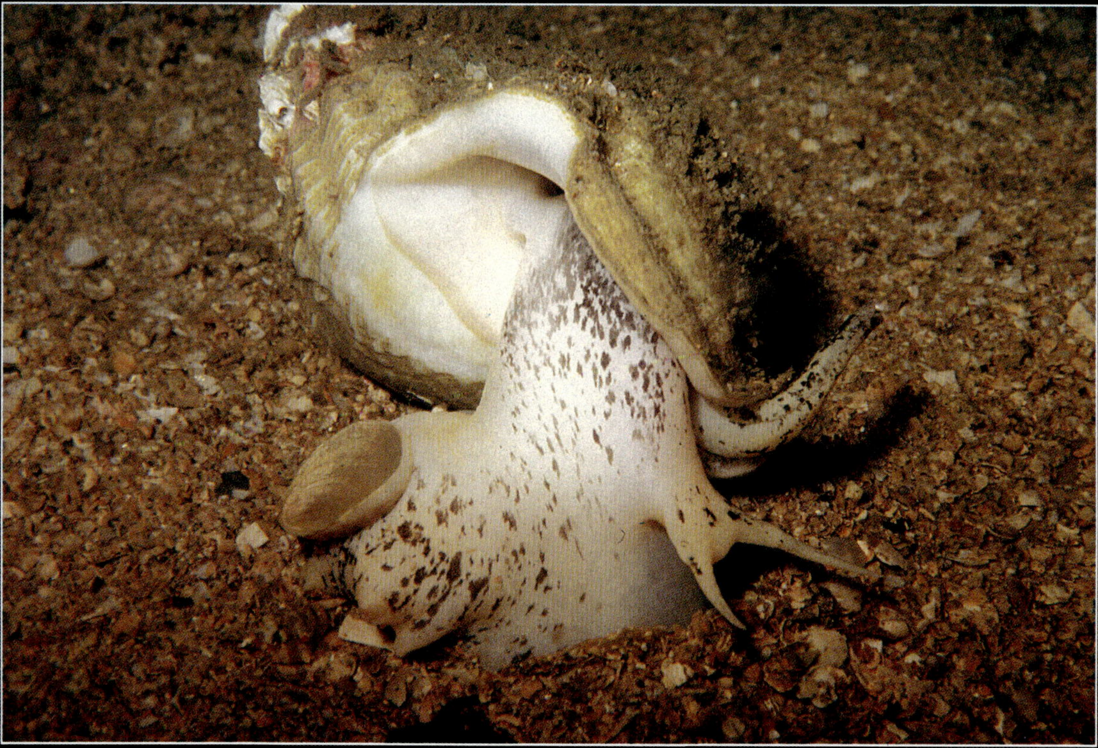

3

4

1 Graue Käferschnecke, *Lepidochitona cinereus*
2 Stachelschnecke, *Astrea rugosa*
3 Hornschnecke, *Buccinum undatum*
4 Brandhorn oder Herkuleskeule, *Murex brandaris*

BIOLOGIE TAFEL IX

1 Gestreifte Dickkolbenschnecke, *Janolus cristatus*
2 Violette Fadenschnecke, *Flabellina affinis*
3 Gelbviolette Sternschnecke, *Hypselodoris elegans*
4 Leopardschnecke, *Peltodoris atromaculata*: Detailaufnahme der Kiemenkrone
5 Goldschwammschnecke, *Tylodina perversa*

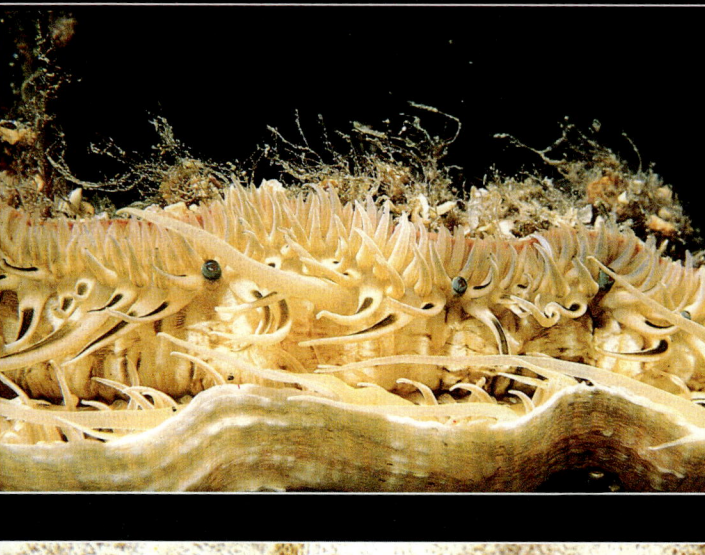

1 Große Pilgermuschel, *Pecten maximus:*
Detail des Mantelrandes mit Tentakeln und Augen.
2 Miesmuschel,
Mytilus edulis
3 Gemeiner Krake,
Octopus vulgaris
4 Gemeine Sepia,
Sepia officinalis: Detailaufnahme vom Auge.
5 Zwergsepia,
Sepiola affinis

BIOLOGIE TAFEL XI

1 Europäische Languste,
  Palinurus elephas
2 Langbeinige Gespenstkrabbe,
  Macropodia langirostris
3 Neptunsschleier,
  Reteporella couchii
4 Trug- oder Hundskoralle,
  Myriapora truncata
5 Seerinde,
  Membranipora membranacea

TAFEL XII BIOLOGIE

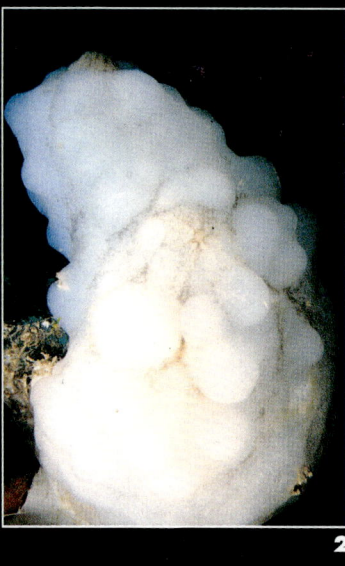

1 Kleine Keulenseescheide, *Clavelina nana*
2 Weiße Warzenseescheide, *Phallusia mamillata*
3 Mikrokosmos-Seescheide, *Microcosmus sabatieri:* Detailaufnahme der Einströmöffnung.
4 Rote Seescheide, *Halocynthia papillosa:* Detailaufnahme der Einströmöffnung.
5 Stern-Seescheide, *Botryllus schlosseri*

BIOLOGIE   TAFEL XIII

1. Marmor-Zitterrochen, *Torpedo marmorata*
2. Brauner Zackenbarsch, *Epinephelus guaza*
3. Sägebarsch, *Serranus cabrilla*
4. Großer Roter Drachenkopf, *Scorpaena scrofa*
5. Gestreifte Meerbarbe, *Mullus surmeletus*
6. Fünfbinden-Brasse, *Diplodus cervinus*

TAFEL XIV BIOLOGIE

1

2

3

4

5

1 Mönchsfisch,
  Chromis chromis
2 Mönchsfisch,
  Chromis chromis:
  Jungtiere.
3 Großer Tümmler,
  Tursiops truncatus
4 Streifenlippfisch,
  Labrus bimaculatus:
  Portrait eines Männchens.
5 Kegelrobbe,
  Halichoerua gryphus

BIOLOGIE   TAFEL XV

1 Braunalge,
  Dictyota dichotoma
2 Grünalge,
  Codium fragile
3 Grünalge,
  Udotea petiolata
4 Braunalge,
  Himanthalia elongata

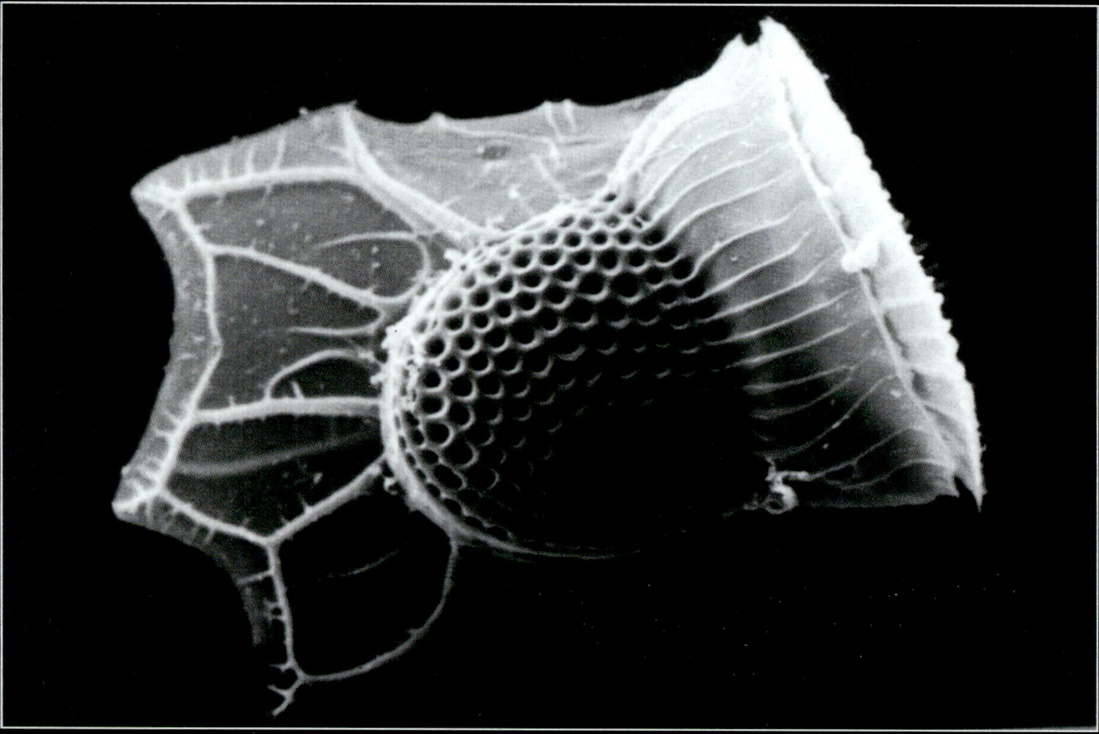

TAFEL XVI BIOLOGIE

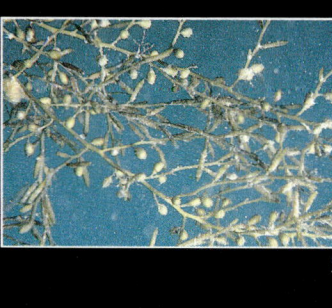

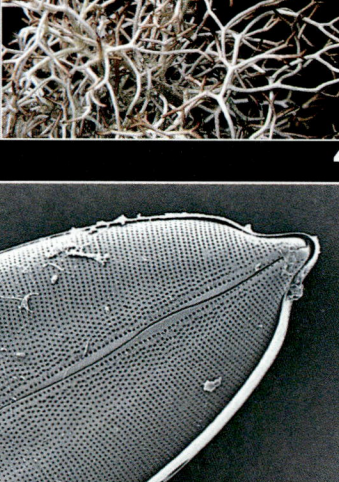

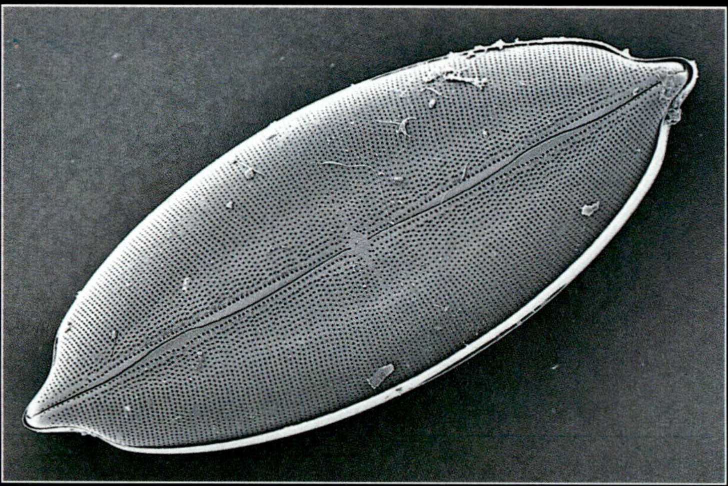

1 Holoplankton,
   Ornithocerus magnificus
2 Braunalge,
   Sargassum muticum
3 Rotalge,
   Asparagopsis armata
4 Rotalge,
   Liagora viscida
5 Kieselalge,
   Diatomee

Meeresbiologie · Das Tierreich

☐ **Zerbrechlicher Schlangenstern,** *Ophiothrix fragilis* (Bild VI.2). Der Körper ist nicht kreisrund, sondern eckig und mit sehr feinen Stacheln auf der Oberseite ausgestattet. Die Arme sind von geringem Durchmesser (0,5 cm) und mit langen, gezahnten und durchscheinenden Stacheln bedeckt. Sie sind sehr zerbrechlich. Der Durchmesser des Körpers ist selten größer als 2 cm, die Länge der Arme überschreitet selten 10 cm. Die Färbung variiert von braun-gelb über rot bis violett. Lebt unter Steinen, Algen, vor grellem Licht geschützt, von den ersten Metern bis in eine Tiefe von 4.000 m!
Klasse: Ophiuroidea.

☐ **Brauner Schlangenstern,** *Ophioderma longicauda* (Bild VI.3). Schlangenstern mit einem kreisrunden, grünlich-braunen, dunkel gesprenkelten Körper. Die fünf Arme mit rundem Querschnitt sind ziemlich kräftig (Durchmesser: etwa 1 cm). Sie sind mit zahlreichen kurzen Stacheln besetzt und fühlen sich rauh an. Der Durchmesser des Körpers beträgt 3 cm, mit den Armen etwa 30 cm. Lebt unter Steinen oder im Sand eingegraben von den ersten Metern bis in 70 m Tiefe.
Klasse: Ophiuroidea.

☐ **Purpurseestern,** *Echinaster sepositus* (Bild VI.4). Dieser schöne Seestern ist anhand seiner rotorangen Färbung leicht zu erkennen. Er hat fünf Arme, kann aber, wie die meisten Seesterne, nach Anomalien bei der Regeneration mehr haben. Sein Körper ist ziemlich weich. Er lebt hauptsächlich auf felsigen Gründen, seltener im Sand oder Schlamm, von den ersten Metern bis in 60 m Tiefe. Sein maximaler Durchmesser überschreitet nur ausnahmsweise 30 cm. Er ernährt sich hauptsächlich von Schwämmen. Wenn das Tier seine Geschlechtsprodukte freisetzt, nimmt es eine sehr typische gebogene Stellung an.
Klasse: Asteroidea

☐ **Eisseestern,** *Marthasterias glacialis* (Bild VI.5). Einer der größten Seesterne, die man an den Küsten Europas antreffen kann (Durchmesser bis 90 cm). Charakteristisch für ihn sind seine fünf kräftigen Arme: sie sind auf der Oberseite mit starken Stacheln bedeckt, die von Warzen getragen werden und in Längsreihen angeordnet sind. Verstreut zwischen den Warzen kann man zahlreiche zangenförmige Pedicellarien beobachten. Ohne zusätzliche Beleuchtung ist die Färbung des Körpers glanzlos grau-grün bis dunkelbraun. Das Scheinwerferlicht enthüllt ungeahnte Farbtöne. Die Art ist aus den Polargegenden bekannt (daher der Name Eisseestern), und man trifft ihn auf sandigen oder felsigen Gründen bis in eine Tiefe von 100 m an. Er ist ein gefürchteter Räuber, der sich unter anderem von Muscheln (Austern, Jakobsmuscheln und anderen mehr) ernährt.
Klasse: Asteroidea

☐ **Steinseeigel,** *Paracentrotus lividus* (Bild VII.1). Dieser Seeigel ist eßbar! Von oben gesehen ist sein Körper kreisrund. Seine Oberseite ist konvex, während seine untere Seite (wo sich der Mund befindet) abgeflacht ist. Die zahlreichen Stacheln sind kräftig und glatt (Länge: 3 cm). Der Gesamtdurchmesser der Art beträgt nie mehr als 12 cm. Die Färbung ist unterschiedlich: braun-gelb, olivgrün oder violett, aber nie schwarz. Der Steinseeigel lebt auf felsigen Böden von den ersten Metern bis in 30 m Tiefe.
Diese Art wird seit mindestens 5.000 v. Chr. wegen des ausgefallenen Geschmacks ihrer Gonaden (Geschlechtsdrüsen), vor allem der der Weibchen (Eierstöcke, grellorange gefärbt), verspeist; die Gonaden der Männchen (Hoden, blaßgelb gefärbt) sind geschmackloser.
Klasse: Echinoidea.

☐ **Schwarzer Seeigel,** *Arbacia lixula* (Bild VII.2). Dieser Seeigel ist immer schwarz gefärbt. Die zahlreichen Stachel sind ein wenig feiner als beim Steinseeigel. Der Gesamtdurchmesser übersteigt nicht 11 cm. Die weiche Zone, die den Mund umrandet, nimmt etwa die Hälfte der unteren Seite ein. Die Ambulacralfüßchen der Oberseite haben keine Saugnäpfe (das Tier kann sich nicht mit Schalenbruchstücken oder anderem Material tarnen). Die Art lebt vor allem im Bereich der ersten Meter auf felsigen Gründen, wo sie Kalkalgen abweidet. Nicht eßbar (bitter!).
Klasse: Echinoidea.

☐ **Röhrenseegurke,** *Holothuria tubulosa* (Bild VII.4). Diese auf der Oberseite graubeige und auf der Unterseite fast weiß gefärbte Seegurke sieht wie eine riesige Blutwurst aus. Der Körper hat einen Durchmesser von 4–7 cm und eine Länge von 20–40 cm und ist gespickt mit mehreren Reihen von Ausbuchtungen, die in kleinen biegsamen Spitzen (Papillen) derselben Farbe enden.
Die Art liegt immer mehr oder minder bewe-

gungslos auf Fels- oder Sandböden, außer beim Ausstoßen der Geschlechtsprodukte (bei den Männchen weiße Spermatozoen, bei den Weibchen rosafarbene Eizellen): dafür erheben sich die Tiere auf ihren Hinterkörper und sehen ein bißchen wie eine Schlange aus. Diese Art scheidet keine weißen, klebenden Fäden (Cuviersche Schläuche) aus. Man trifft sie vom Flachwasser bis in 60 m Tiefe an.
Klasse: Holothuroidea.

☐ Variable Seegurke, *Holothuria forskali* (Bild VII.3 und VII.5). Diese Art ist ein bißchen kleiner als *Holothuria stellati*. Ihre Unterseite ist hell gefärbt. Sie scheidet Cuviersche Schläuche aus, wenn sie angegriffen wird. Um den Mund ist sie mit zwanzig Tentakeln ausgerüstet. Der Körper erreicht bis 25 cm Länge. Diese Art hat denselben Lebensraum wie *Holothuria tubulosa*, kommt aber bis in 70 m Tiefe vor.
Klasse: Holothuroidea.

☐ Kletterseegurke, *Aslia lefevrei* (Bild VII.6). Diese Art hat die Form einer Gurke mit einem schmutzig braunen oder grau-grünen Körper. Sie lebt in Felsspalten, aus denen nur die zehn Tentakel (acht große und zwei kleine) des Mundrandes herausragen. Diese sind schwarz-weiß gefärbt und oft durchscheinend. Sie sind sehr stark verzweigt. Die Art lebt, durch ihre Saugfüßchen sehr fest verankert, unter Felsen oder in Spalten bis in 40 m Tiefe.
Der Körper wird bis 15 cm groß; die großen Tentakel 5–10 cm.
Klasse: Holothuroidea.

NICHT VERWECHSELN

☐ Es ist keine Verwechslung mit Vertretern eines anderen Stammes möglich.

☐ Der eßbare Steinseeigel, *Paracentrotus lividus*, kann mit dem Schwarzen Seeigel, *Arbacia lixula* verwechselt werden, der von manchen als Männchen der ersten Art betrachtet wird. Es handelt sich aber um eine andere, ganz schwarz gefärbte Art von derselben Größe und dem gleichen Aussehen, die aber wegen des bitteren Geschmacks ihrer Geschlechtsdrüsen nicht gegessen wird.

BEIM TAUCHEN BEOBACHTEN

☐ Die Ambulacralfüßchen der Seeigel oder Seesterne.

☐ Die Schlangensterne, indem man Steine hebt (nachher wieder hinlegen!).

☐ Das Eingraben des großen Kammseesterns (*Astropecten*) mit seinen starken Stacheln auf beiden Seiten der Arme im Sand.

☐ Die Freisetzung der Geschlechtsprodukte durch Seegurken (im Sommer). Die aufgerichteten Tiere ausfindig machen und geduldig sein! Der Vorgang findet mehrmals mit einigen Minuten Pause dazwischen statt. Er ist sehr kurz.

☐ Die Flucht und das Schwimmen der Jakobsmuscheln, wenn man einen Seestern wie den Eisseestern *Marthasterias glacialis* in ihre Nähe bringt. Den Seestern nicht in einem Muschelfeld liegenlassen!

☐ Die Bewegung der Tentakel der *Aslia lefevrei*, die sich nacheinander zum Mund biegen, um die Nahrungspartikel hinzubringen.

AUFPASSEN

☐ Auf die Seeigelstacheln, deren Stiche oft schmerzhaft sind (in tropischen Ländern sind manche Seeigel und Seesterne giftig!).

☐ Nicht unüberlegt mit den Flossen schlagen und sich nicht achtlos anlehnen.

☐ Beim Berühren der Schlangensterne, die sehr zerbrechlich sind und deren Arme oft brechen.

Meeresbiologie · Das Tierreich

STAMM WEICHTIERE

Weichtiere oder Mollusken sind bilateral-symmetrisch gebaut, was manchmal aber schwer zu sehen ist. Ihr Körper ist nicht gegliedert (besteht aus einem Stück) und besitzt im allgemeinen einen Kopf, einen Fuß und einen Eingeweidesack. Letzterer ist in einem Mantel (Pallium) eingeschlossen, der bei den meisten Vertretern Kalk abscheiden, also eine Schale bilden kann. Zwischen diesem Mantel und dem Körper selbst befindet sich die mit der Umgebung verbundene Mantelhöhle, in der die Atemorgane liegen und in die die Öffnungen des Verdauungstraktes, des Ausscheidungsapparates und der Geschlechtsdrüsen münden. In vielen Fällen ist der Schlund, der dem Mund folgt, mit einer gezahnten Reibeplatte, der Radula, ausgerüstet.

Dieser Tierstamm versammelt in Formen, Verhalten und Farbe sehr unterschiedliche Tiere, die aber nach demselben Grundmuster organisiert sind. Einige sind durch ihre gastronomische Bedeutung gut bekannt (Jakobsmuscheln, Austern, Kalmare, Sepien, Kraken, usw.). Andere sind den Tauchern wegen ihrer einzigartigen Schönheit vertraut (Nacktschnecken). Von der Artenzahl her handelt es sich um den zweitgrößten Tierstamm.

Klasse Käferschnecken

Käferschnecken oder Polyplacophora tragen mehrere Platten (-*phorea*: Träger; *poly*-: mehrere; -*placo*: Platte) und werden auch Amphineura genannt. Sie sind ausschließlich Meeresbewohner. Ihr Körper ist flach und bilateral-symmetrisch (Abb. 4.19). Der untere Teil – der Fuß – ist weich. Der obere Teil ist hart und trägt acht dachziegelartig übereinander liegende, vom Mantel erzeugte Platten. Sie sind breiter als lang und sehr regelmäßig angeordnet. Ihr äußerer Rand sitzt in einer Mantelfalte fest, die bei einigen Gattungen abgestumpfte Stacheln trägt. Sie sind gegeneinander beweglich. Die Färbung der Platten ist unterschiedlich: braun, rot, grün oder gemustert. Ein Kopf ist fast nicht vorhanden und nur durch den Mund gekennzeichnet. Der After befindet sich am anderen Ende des Körpers. Das Herz besitzt einen Ventrikel und zwei Vorkammern.

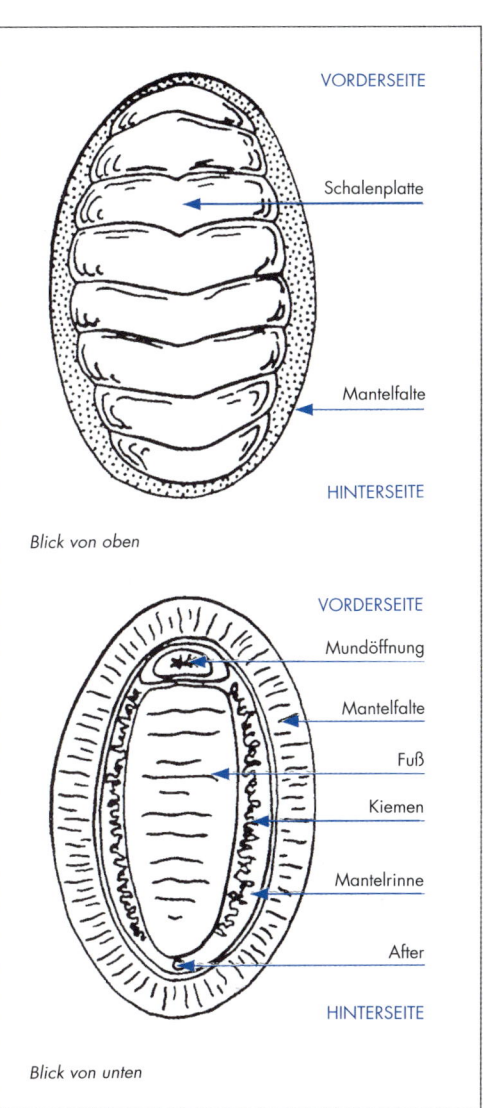

4.19 *Vereinfachte Ansicht einer Käferschnecke von oben und unten.*

Blick von oben

Blick von unten

KÄFERSCHNECKEN

GRÖSSE
Von einigen Millimetern bis einigen Zentimetern.

ERNÄHRUNG
Käferschnecken ernähren sich hauptsächlich von Mikroalgen, welche die Felsen oder Meerespflanzen bedecken. Während sie langsam kriechen, raspeln sie mit ihrer Radula Nahrung von der Oberfläche ab.

FORTPFLANZUNG
Die Vertreter dieser Klasse sind getrenntgeschlechtlich. Die Geschlechtsprodukte werden in der Umgebung freigesetzt, wo die Befruchtung stattfindet. Aus den befruchteten Eiern schlüpfen Wimperlarven, die nach einem kurzen planktonischen Leben anfangen, Platten zu bilden und sich in kleine Käferschnecken umzuwandeln.

ÖKOLOGIE
Käferschnecken sind vor allem Nachttiere. Tagsüber leben sie in Spalten oder Felsvertiefungen und unter Steinen. Sie begeben sich nur nachts auf Nahrungssuche. Man findet sie von den ersten Metern unter der Oberfläche bis in 20 m Tiefe. Einige Arten wurden mit Schleppnetzen in einer Tiefe von mehr als 1.000 m gefangen.
Wenn das Tier gestört wird, kann es sich wie ein Igel zusammenrollen, um seinen Körper mit den Platten zu schützen, die dann eine Art Schild bilden. Feinde sind kaum bekannt.

BEBILDERTE BEISPIELE
☐ Graue Käferschnecke, *Lepidochitona cinereus* (Bild VIII.1). Dies ist die am meisten verbreitete Käferschnecke an den Küsten Europas. Ihr Körper ist ziemlich dick. Die körnigen Platten sind verschiedenfarbig, von grün über grau bis rot. Der Gürtel ragt über die Platten und ist mit sehr vielen kleinen Körnchen gespickt. Die Individuen können bis 3 cm lang werden. Man trifft sie immer unter Steinen vom Flachwasser bis in eine Tiefe von 15 m an.

NICHT VERWECHSELN
Es gibt keine Verwechslungsmöglichkeiten mit den Vertretern anderer Tierstämme. Käferschnecken können jedoch eventuell mit Napfschnecken verwechselt werden.

BEIM TAUCHEN BEOBACHTEN
☐ Versuchen Sie, diese Tiere unter Steinen zu finden (wieder an dieselbe Stelle hinlegen, um die Fauna, die sie bergen, zu schützen!).

AUFPASSEN
Käferschnecken sind für Taucher absolut ungefährlich.

Klasse Schnecken

Schnecken oder Gastropoda, Tiere mit dem Magen (gastro-) im Fuß (-poda), sind die abwechslungsreichsten Mollusken. Es ist schwer zu sagen, wie viele Arten auf der ganzen Erde leben. Man findet in drei zwischen 1970 und 1980 veröffentlichten Fachbüchern folgende Zahlen: 17.000, 64.500 und 90.000 Arten!

Sie sind auf jeden Fall sehr vielgestaltig und an so unterschiedliche Lebensräume wie das Meer, Süßgewässer und sogar das Land (Weinbergschnecke, Rote Wegschnecke usw.) angepaßt.

Der Körper der Schnecken ist bilateral-symmetrisch organisiert, aber bei den meisten Arten wird diese Symmetrie von der sekundären Spiralwindung eines Teils oder des ganzen Individuums versteckt. Der muskulöse, dicke, meist längliche und zu Wellenbewegungen fähige Fuß ist der Fortbewegungsapparat. Er wird vorne durch einen Kopf verlängert, der Augen und Fühler trägt sowie Nervenknoten, die als Gehirn dienen. Gleich hinter dem Kopf befindet sich der Eingeweidesack, der alle Organe enthält, die die verschiedenen Körperfunktionen ausüben (Verdauung, Ausscheidung, Fortpflanzung...).

Eine Mantelhöhle existiert nicht bei allen Schnecken. Wenn sie vorkommt, münden darin der After und die Öffnungen der Keimdrüsen und des Ausscheidungsapparates (Niere). Dort ist (sind) auch die Kieme(n) befestigt. Man nennt sie deshalb auch Kiemenhöhle. Der Eingeweidesack faltet sich nach außen und bildet so den Mantel, der das Gehäuse ausscheidet – bei den Schnecken, die eines besitzen. Dieses besteht aus einer einzigen, nicht getrennten Schale, die aus drei Schichten aufgebaut ist. Ein organisches Material, das Conchin (verwandt mit dem Chitin der Insekten), wird mit Kalzi-

4.20 *Vereinfachter Bauplan einer Vorderkiemer-Schnecke.*

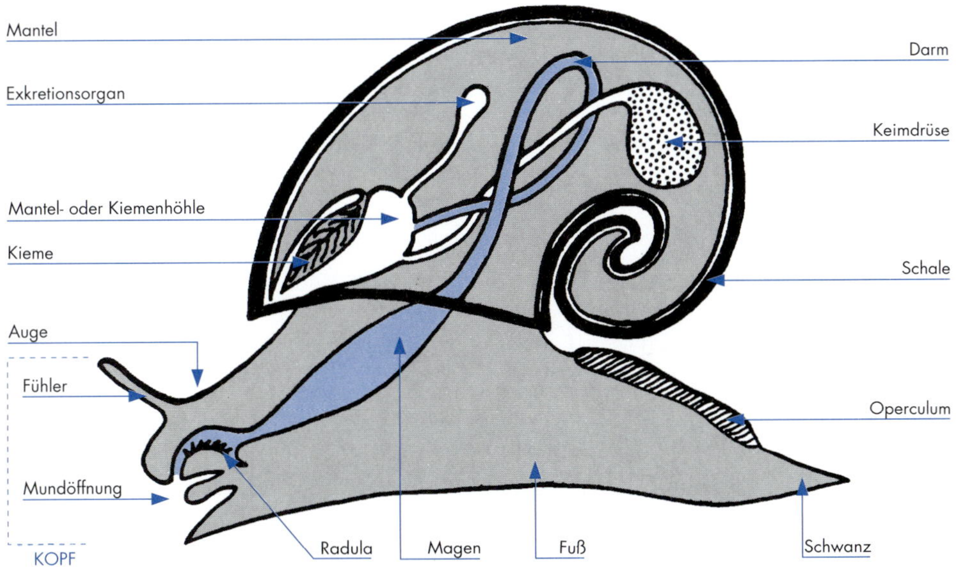

umkarbonaten verbunden. Diese sind in der Innenschicht in zwei Formen vorhanden, Calcit oder Aragonit. Wenn es sich um Calcit handelt, sieht das Innere des Gehäuses wie Porzellan aus; handelt es sich um Aragonit, ist das Gehäuse perlmuttartig. Hinzu kommen Farbpigmente (Carotinoide, Melanin und andere mehr), die die Schale in allen möglichen Farben tönen. Je nach systematischer Gruppe kann das Gehäuse der Schnecken spiralförmig sein oder nicht und mehr oder minder umfangreiche Verlängerungen tragen. Das Tier kann je nach Entwicklung seinen Körper ganz oder teilweise einziehen und in manchen Fällen durch einen verkalkten oder einen aus organischem, verstärktem Material bestehenden Deckel, das Operculum, der das Gehäuse hermetisch abschließt, vollständig schützen. Einige Schnecken besitzen nur ein kleines Gehäuse, andere haben überhaupt keines. Eine der größten Arten, die man in den europäischen Gewässern beobachten kann, ist das Tritonshorn (50 cm Länge), das aber selten geworden ist.

Schnecken atmen entweder direkt durch die Haut oder mit Hilfe von Kiemen, manchmal sogar mit einer Lunge. Die Kiemen können sich entweder in der Mantelhöhle (Abb. 4.20) oder außen am Körper befinden. In diesem Fall sind sie entweder als Strauch um den After oder als zwei Büschel auf beiden Seiten des Körpers angeordnet (Abb. 4.21).

Je nachdem, ob sich ihre Kiemen vorne oder hinten befinden oder ob sie mit einer Lunge atmen, werden die Schnecken in drei Unterklassen unterteilt: die Vorderkiemer oder Prosobranchia (proso-: vorne), die Hinterkiemer oder Opisthobranchia (opistho-: hinten) und die Lungenschnecken oder Pulmonata (mit Lunge). Wenn sich die Kiemen innen befinden, sind sie sehr verzweigt und ihre äußere Hülle ist mit Cilienzellen bedeckt, die die Wasserzirkulation gewährleisten. Das Wasser tritt durch eine Mantelfalte, die zu einer Röhre umgeformt ist und als Sipho bezeichnet wird, in die Mantelhöhle ein.

4.21 *Vereinfachter Bauplan einer Nacktschnecke.*

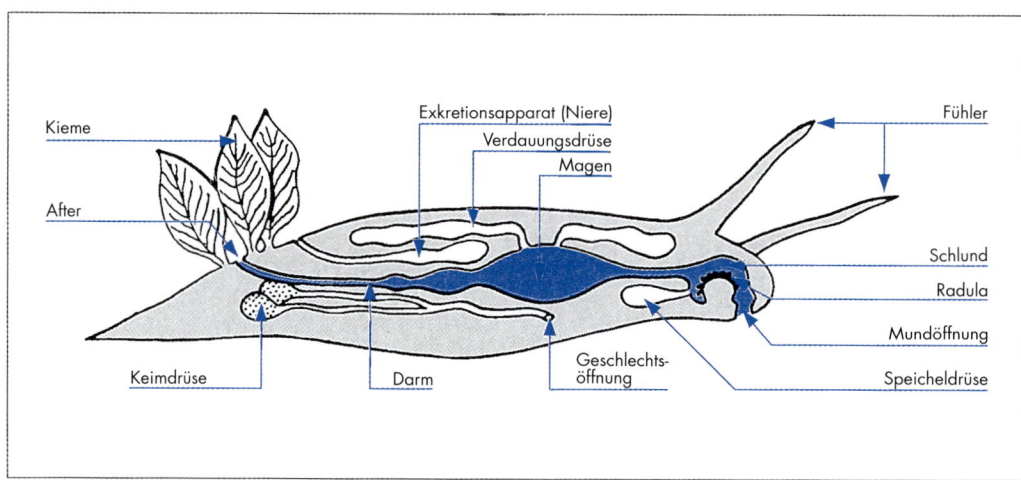

SCHNECKEN

GRÖSSE
Einige Millimeter bis etwa fünfzig Zentimeter.

ERNÄHRUNG
In dieser Klasse findet man sowohl Pflanzenfresser, die mikroskopisch kleine oder große Algen verspeisen, als auch Fleischfresser, die Nesseltiere, Stachelhäuter und sogar Muscheln fressen. Einige sind sogar auf Austern versessen, deren Schale sie mit ihrer Radula und mit Hilfe von Säuren, die von den Speicheldrüsen erzeugt werden, durchbohren. Manche Fadenschnecken (Nacktschnecken), die Nesseltiere fressen, produzieren einen Schleim, der das Auslösen der Nesselzellen verhindert. Diese Zellen bleiben während der Verdauung unversehrt und gelangen dann in die Rückenanhänge, in denen sich auch Verlängerungen der Mitteldarmdrüse (leberähnliches Organ) befinden. Sie können dann benutzt werden, wenn ein Feind die Nacktschnecke angreift, und sie auf diese Weise wirksam schützen. Andere Schnecken sind Aasfresser oder auch Parasiten an Tieren anderer Gruppen. Einige besitzen keine Radula und sind Filtrierer, die sich von pflanzlichen oder tierischen planktonischen Organismen oder von organischen Partikeln ernähren. Abschließend muß man noch die Arten erwähnen, die Fischparasiten beherbergen.

FORTPFLANZUNG
Bei den Schnecken findet man sowohl getrenntgeschlechtliche als auch zwittrige Arten. Bei letzteren sind die Eizellen und die Spermatozoen selten zur selben Zeit reif. Diese Geschlechtsprodukte können in die Umgebung ausgeschieden werden, aber meist findet eine Begattung und eine innere Befruchtung statt. Die Eier sind in einer gallertartigen Masse (Schleim), die oft eine sehr typische Bandform hat, oder in Chitinkapseln eingeschlossen. Nach einigen Stunden schlüpft entweder eine schwimmende Larve (Abb. 4.74) oder direkt eine fertig entwickelte Jungschnecke.

ÖKOLOGIE
Die Meeresschnecken besiedeln alle möglichen Untergründe: Felsen, Sand, Algen, Schlick, Kies. Einige Arten sind tagaktiv, andere leben versteckt und sind nachtaktiv. Man findet sie vom Flachwasser bis in 5.000 m Tiefe! Einige, wie die Nacktschnecken, sind sehr empfindlich gegenüber jeder Art von Verschmutzung. Andere sind sehr widerstandsfähig und können Schwermetalle (Quecksilber, Blei) speichern, die sehr schwere Störungen beim Menschen verursachen können, wenn er diese Tiere verzehrt.

Die Feinde sind zahlreich, der Mensch ist dabei nicht der geringste, was sowohl den Verzehr als auch das Gehäusesammeln betrifft!

BEBILDERTE BEISPIELE
☐ Stachelschnecke, *Astrea rugosa* (Bild VIII.2). Diese Schnecke ist bei Tauchern wegen ihres großen, dicken, orangefarbenen Operculums, das auf der Unterseite wie lackiert aussieht, gut bekannt. Die Schale kann 5 bis 6 cm Durchmesser erreichen. Sie ist sehr widerstandsfähig, dick und mit stacheligen Ausbuchtungen geschmückt, die entlang der sieben Windungen der Spirale angeordnet sind. Die Färbung ist braun-grün. Sie lebt auf felsigen Gründen im Mittelmeer zwischen 5 und 20 m Tiefe.

☐ Hornschnecke, *Buccinum undatum* (Bild VIII.3). Das Gehäuse kann hier bis 12 cm lang werden. Es ist braun-gelb gefärbt, spiralartig mit sechs bis sieben Windungen und gewellt. Die Öffnung ist breit und wird mit einem Horndeckel verschlossen. Der Körper des Tieres ist hellbeige und an manchen Stellen dunkel gesprenkelt. Die Art bevorzugt Sand- und Schlammböden von den ersten Metern bis 100 m Tiefe. Sie ernährt sich hauptsächlich von Würmern und Aas. Ihr Gelege ist eine schwammartige Masse, die oft ans Ufer gespült wird und Meeresseife genannt wird. Sie besteht aus zahlreichen Bläschen, die getrocknet ziemlich widerstandsfähig sind und eine große Menge Eier enthalten. Diese Schneckenart wird vom Menschen gegessen.

☐ Brandhorn oder Herkuleskeule, *Murex brandaris* (Bild VIII.4). Diese Schnecke hat ein spiralförmiges, hellgelbes, sehr typisches Gehäuse, das aus einem ausgebuchteten Teil, der zahlreiche stachelartige Verlängerungen trägt, und einem hohlen, spitzen Teil besteht. Die Öffnung ist breit und wird von einem Horndeckel verschlossen, wenn sich das Tier einzieht. Die Länge der Schale beträgt 10–12 cm. Man trifft die Art hauptsächlich auf schlammigen Böden des Mittelmeers in 15–30 m Tiefe an.

☐ Gestreifte Dickkolbenschnecke, *Janolus cristatus* (Bild IX.1). Wunderbare Nacktschnecke von nur 2 cm Länge. Ihr beige gefärbter Körper ist durchscheinend und auf dem Rücken mit zwei weißen Streifen geschmückt, die am Ende verschmelzen. Vorne ist der Kopf durch ein Paar Fühler angedeutet, deren Spitzen grellweiß gefärbt sind. Der Rücken ist mit Auswüchsen (Cerata) gespickt, die lang, zylindrisch und an ihrer fluoreszierend blauen Spitze geschwollen sind. Es handelt sich um ein weiches Tier, das man im Mittelmeer auf felsigen Gründen zwischen 10 und 30 m Tiefe antrifft. Es ernährt sich von Moostierchen der Gattung *Bugula*.

☐ Violette Fadenschnecke, *Flabellina affinis* (Bild IX.2). Eindrucksvolle Nacktschnecke mit einheitlich grellvioletter Färbung. Der Körper ist 2 bis 4 cm lang, durchscheinend, weich und klebrig. Der Rücken ist mit Büscheln von fadenförmigen Fortsätzen (Cerata) gespickt, die jeweils auf einer breiten Ausstülpung sitzen und in zwei parallel von vorne nach hinten laufenden Reihen angeordnet sind. Man trifft diese Art im Mittelmeer vom Flachwasser bis in mindestens 40 m Tiefe an. Ihre Nahrung besteht aus Hydroiden.

☐ Gelbviolette Sternschnecke, *Hypselodoris elegans* (Bild IX.3). Dies ist eine der größten Nacktschnecken der Mittelmeerküsten. Ihre Länge beträgt 8 bis 13 cm. Der weiche, cremefarbene bis blaugraue Körper ist mit sehr vielen kleinen zitronengelben, wahllos verteilten Punkten gesprenkelt. Vorne erkennt man den Kopf an dem blau-violetten Fühlerpaar, das geringelt ist und an der Basis von einem gelben Kreis umrandet wird. Der Rand des Körpers ist deutlich gewellt. Die Kiemen befinden sich am Körperende und sind als Busch um den After angeordnet. Sie sind dick und nicht fedrig. Die Art lebt im Mittelmeer auf felsigen Gründen bis in 50 m Tiefe. Sie ernährt sich wahrscheinlich von Schwämmen.

☐ Leopardschnecke, *Peltodoris atromaculata* (Bild IX.4). 5 bis 7 cm lange Nacktschnecke, die den Tauchern im Mittelmeer gut bekannt ist. Der Körper ist körnig und wegen seiner grellweißen Farbe und den dunkelbraunen, verschieden großen Flecken leicht zu erkennen. Vorne deuten zwei geringelte Fühler die Lage des Kopfes an. Hinten ist der After von einem Strauß von neun fedrigen Kiemen umgeben. Die Art besitzt einen harten Körper, dessen äußere Seite von Kalknadeln verstärkt wird, ähnlich denen einiger Schwämme. Man kann sie vom Flachwasser bis in mindestens 30 m Tiefe auf Felsgründen des Mittelmeeres beobachten. Sie ernährt sich fast ausschließlich von einem braunroten, sehr festen Schwamm, dem Feigenschwamm *Petrosia ficiformis*. Sie ist gegenüber allen Störungen im Wasser sehr empfindlich und zieht sehr schnell ihre Fühler und Kiemen ein.

☐ Goldschwammschnecke, *Tylodina perversa* (Bild IX.5). Wegen der grellgelben Färbung ihres bis 6 cm langen Körpers ist die Goldschwammschnecke eine eindrucksvolle Art aus der Ordnung Flankenkiemer. Die Vorderseite ist von einem Paar Fühler gekennzeichnet, die denen einer Landschnecke ähneln. Auf dem Rücken des Tieres befindet sich ein biegsames, bräunliches Gehäuse, das dem einer Napfschnecke ähnelt und oft von kleinen Algen bedeckt ist. Die seitlich sitzenden Kiemen sind teilweise unter dieser Schale versteckt. Die Art lebt im Mittelmeer auf Felsgründen in 5 bis 30 m Tiefe. Sie ernährt sich ausschließlich vom grellgelb gefärbten Goldschwamm *Verongia aerophoba*, an dem sie mit ihrer Radula nagt.

NICHT VERWECHSELN
Schnecken können eigentlich nicht mit anderen Tieren verwechselt werden. Lediglich die farbenprächtigen Nacktschnecken werden manchmal mit Plattwürmern verwechselt, die ebenfalls sehr bunt sein können.

BEIM TAUCHEN BEOBACHTEN
☐ Suchen Sie beim Tauchen Porzellanschnecken und andere versteckt lebende Gehäuseschnecken. Beobachten Sie ihre Fortbewegungsart.
☐ Suchen Sie unter Steinen nach Seeohren (*Haliotis sp.*).
☐ Suchen Sie Nacktschnecken auf Gorgonien und Hydroiden. Es gibt sehr kleine, sehr gut getarnte und oftmals außergewöhnlich gefärbte Arten.
☐ Suchen und betrachten Sie die Gelege der Nacktschnecken (gepunktete, eingerollte, weiße oder farbige Bänder).

AUFPASSEN
☐ Jegliche Art von Sammeln während eines Tauchgangs – für die Gastronomie, die Sammlung oder aus jedem anderen Motiv – ist streng verboten.
☐ Legen Sie nach dem Beobachten Steine immer wieder an ihren Platz zurück.

Meeresbiologie · Das Tierreich

Klasse Kahnfüßer

Kahnfüßer, auch Scaphopoda (scapho-: der gräbt, -poda: mit Fuß) genannt, sind durchweg Meeresbewohner. Ihre Hauptcharakteristik ist die Schale, die die Form eines Elefantenzahnes hat. Sie ist an beiden Enden offen. Ihre Farbe ist cremeweiß. Der breitere Teil ist im Sand eingegraben, während der schmalere im Wasser sichtbar ist.

Der Körper des Tieres ist völlig von der Schale umschlossen (Abb. 4.22), er ist länglich und bilateral-symmetrisch organisiert. Der Mantel, eine Falte des Eingeweidesackes, ist gegen die Schale gedrückt, die er ausscheidet.

Der Kopf befindet sich im breiteren Teil. Er ist von zwei Bündeln Fangfäden umrandet, die sich im Sand eingraben. Der sehr große Fuß weitet sich über dem Mund aus und vergräbt sich auch in den Sedimenten. Kahnfüßer besitzen keine Kiemen, sie atmen direkt durch ihre Haut und ihre Tentakel. Das Herz ist sehr einfach gebaut und besitzt keine Vorkammern. Die Mantelhöhle nimmt einen großen Teil des Gehäuses ein. Man findet dort die Mündungen des Verdauungsapparates (After), der Niere und der Keimdrüse.

KAHNFÜSSER

GRÖSSE
Von 2–10 cm Länge.

ERNÄHRUNG
Kahnfüßer ernähren sich von organischen Partikeln und mikroskopischen, hauptsächlich tierischen, Organismen, die sie mit ihren Tentakeln fangen.

FORTPFLANZUNG
Kahnfüßer sind getrenntgeschlechtlich. Die Geschlechtsprodukte werden in die Umgebung freigesetzt, wo die Befruchtung stattfindet.

ÖKOLOGIE
Kahnfüßer leben immer im Sand eingegraben vom Flachwasser bis in 4.000 m Tiefe!

NICHT VERWECHSELN
Dank der charakteristischen Form ihrer Schale können Kahnfüßer mit keinem anderen Meeresbewohner verwechselt werden.

BEIM TAUCHEN BEOBACHTEN
Suchen Sie vor allem nach den oft zahlreichen Schalen toter Tiere auf Schlamm- oder Feinsandböden.

AUFPASSEN
Diese Tiere bedeuten keine Gefahr für den Menschen.

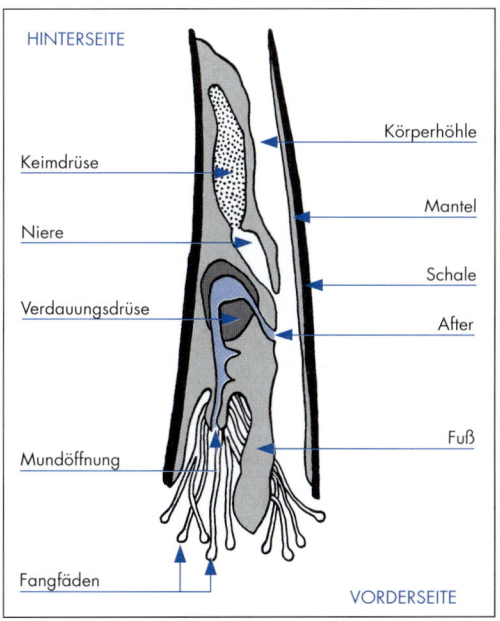

4.22 *Vereinfachter Bauplan eines Kahnfüßers.*

KLASSE MUSCHELN

Muscheln oder Bivalvia besitzen eine zweiklappige Schale und werden auch Lamellibranchia (d. h. Tiere mit lamellenförmigen Kiemen) genannt. Viele sind wegen ihrer gastronomischen Bedeutung bekannt (Venusmuscheln, Pilgermuscheln, Austern, Miesmuscheln, Bunte Kammuscheln, Warzige Venusmuscheln, usw. . .). Die meisten Arten sind Meerestiere, es gibt aber auch einige Arten, die im Süßwasser leben.

Der Körper der Tiere ist in einen Mantel eingehüllt. Er scheidet die Schale aus, die aus zwei verkalkten Hälften besteht, die dank eines Schloßbandes gelenkig miteinander verbunden sind. Ein oder mehrere starke Zugmuskeln schließen die Schale, indem sie sich zusammenziehen (Abb. 4.23). Das elastische innere Ligament öffnet die Schale, wenn die Schließmuskeln erschlaffen.

Die Form der Schale ist sehr unterschiedlich: dreieckig, oval, viereckig, mit mehr oder minder entwickeltem Flügel, usw. Manche Arten, z. B. die Miesmuschel, haben zwei gleiche Schalen, während sie bei anderen vollkommen asymmetrisch sind, wie bei der Pilgermuschel (Abb. 4.24) mit ihrer rechten, gewölbten und ihrer linken, flachen Schale. Färbung und Struktur der Schalen können ebenfalls sehr unterschiedlich sein. Man kann glatte Schalen finden, aber auch welche mit mehr oder minder starken Rillen, Knoten, Warzen oder sogar Stacheln. Die Färbungen entstehen wie bei den Schnecken durch verschiedene Farbpigmente und können von weiß bis schwarz über alle möglichen Farben abgestuft sein. Wenn das Tier verletzt ist, kann es seine Schale reparieren, deren Aufbau der der Schnecken ähnelt (organisches Material: das Conchin; Mineralstoffe: Calcit und Aragonit). Einige Arten können durch Perlmuttablagerungen um einen Fremdkörper zwischen Mantel und Schale Perlen erzeugen.

Muscheln haben einen abgeflachten Körper, bei dem man die zweiseitige Symmetrie, die für alle Weichtiere charakteristisch ist, nur schwer wiederfinden kann (Abb. 4.24). Der Kopf fehlt. Der Mantel breitet sich in beiden Klappen aus und bildet eine Falte, auf welcher sich je nach Art mehr oder weniger lange sensorische Tentakel (Tastorgane) und Augen oder Augenflecken (Sehorgane) befinden. Der Eingeweidesack enthält die Organe, die die Hauptkörperfunktionen erfüllen: Verdauungstrakt mit einer sehr großen Verdauungsdrüse, der Mitteldarmdrüse (leberähnliches Organ); Ausscheidungsapparat mit zwei Nieren; oft stark entwickelte Keimdrüsen. Ihm folgt der Fuß, ein sehr muskulöses, manchmal sehr großes Organ, das zum Kriechen, Graben und manchmal sogar zum Springen dient. Bei festsitzenden Arten (die weder kriechen noch schwimmen) ist er sehr stark zurückgebildet, enthält aber meist eine Drüse, die eine hornartige, der Seide verwandte Substanz ausscheidet, die im Kontakt mit Wasser erstarrt und die Basis des Befestigungsapparates des Tieres bildet: der Byssus. Die Muscheln, die diese Drüse nicht besitzen, können sich direkt mit einer ihrer Schalen auf ihrer Unterlage befestigen. In manchen Fällen bildet der Mantel eine Art Röhre, den Sipho, der unter anderem die Wasserzirkulation bei den eingegrabenen Arten erleichtert.

Die Mantelhöhle, die von den Mantelfalten gebildet wird, enthält zwei lamellenartige Kiemen, die der Atmung dienen. Die Bewegungen der sehr zahlreichen Kiemenwimpern erzeugen einen Wasserstrom und fangen Nahrungsteilchen auf.

4.23 *Vereinfachter Bauplan einer Muschel mit ihren beiden Schalen.*

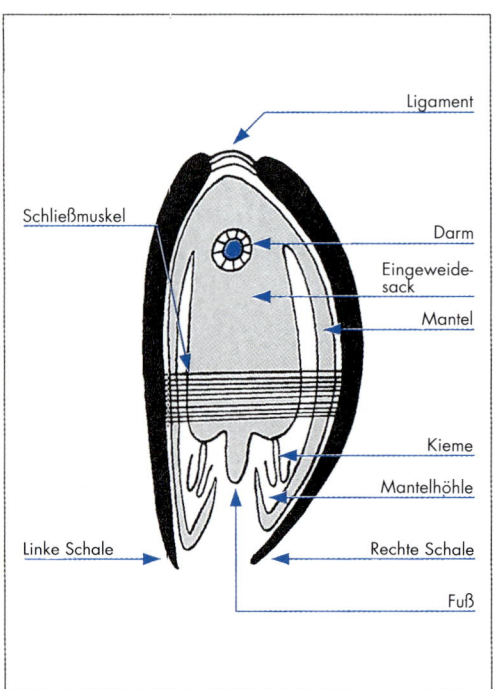

Meeresbiologie · Das Tierreich

Das Blut fließt dank eines aus einer Herzkammer und zwei Vorkammern gebildeten, schlauchförmigen Herzens in einem offenen Kreislaufsystem. Es ist wegen des Vorhandenseins von Kupfer im Hämocyanin, dem Blutfarbstoff, blau gefärbt.
Wie bei allen Weichtieren ist das Nervensystem gut entwickelt.
Muscheln beherbergen im Gewebe ihres Mantels oft symbiontische Algen, die ihnen unglaubliche Farben verleihen können.

MUSCHELN

GRÖSSE
Von einigen Millimetern bis ungefähr einem Meter.

ERNÄHRUNG
Muscheln ernähren sich von organischen Partikeln oder von Plankton, indem sie das Umgebungswasser aktiv filtrieren. Eine Miesmuschel kann so 4,5 Liter/Stunde, eine Auster bis 34 Liter/Stunde umwälzen. Die Kiemenwimpern führen die Nahrungsteilchen zum Mund. Die Kiemen dieser Weichtiere absorbieren manche Giftstoffe und häufen sie an, wodurch sie für den Menschen giftig werden. Sie können auch von manchen Algen, die Gifte ausscheiden, verstopft werden. Das Verspeisen solcher Tiere ist gefährlich und kann zu Vergiftungen führen.

FORTPFLANZUNG
Muscheln sind meist zwittrig und nur in einigen Fällen getrenntgeschlechtlich. Bei der

4.24 *Vereinfachter Bauplan einer Pilgermuschel in ihrer rechten Schale.*

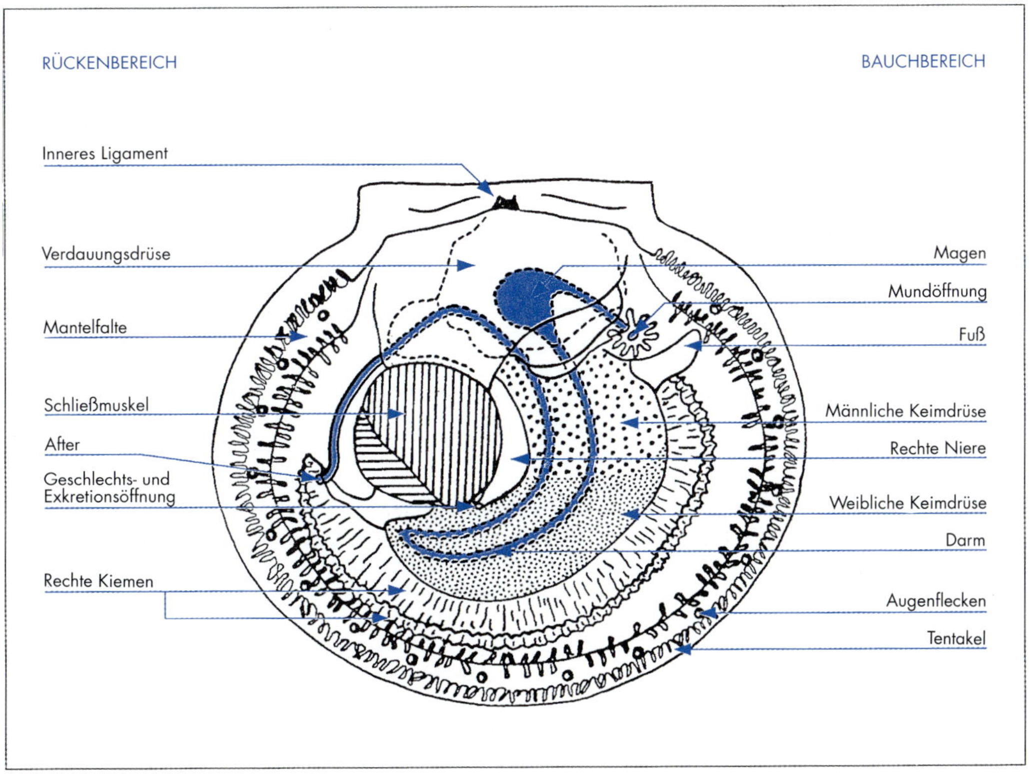

Pilgermuschel zum Beispiel ist ein Teil der Keimdrüse männlich, der andere weiblich. Ihre Färbung ist orange-rot (Abb. 4.24). Im Laufe ihres Lebens sind die Tiere abwechselnd immer wieder Männchen oder Weibchen.

Die Befruchtung findet im allgemeinen in der Umgebung (Meereswasser) statt, viel seltener in der Mantelhöhle, wo die männlichen Keimzellen (Spermatozoen) mit dem Wasserstrom, der von den Kiemen erzeugt wird, hinbefördert werden. Aus dem befruchteten Ei schlüpft eine Wimperlarve, die eine feine Schale besitzt. Wenn sie einen passenden Untergrund findet, setzt sich die Larve darauf fest und entwickelt sich zu einer kleinen Jungmuschel. Eine Auster braucht zum Beispiel zwischen drei und vier Jahre, um erwachsen zu werden.

ÖKOLOGIE

Muscheln sind benthische Tiere, d. h., sie leben im oder auf dem Boden. Einige Arten bleiben an der Oberfläche des Sandes oder Schlammes oder graben sich ein. Andere sind an Felsen, Wracks oder Trägern befestigt, die vom Menschen plaziert wurden – wie den künstlichen Austernbänken.

Einige Arten sind in der Lage, Holz zu durchbohren (Schiffsbohrmuscheln), und stellen somit eine reelle Gefahr für hölzerne Schiffsrümpfe dar, andere machen sogar vor Stein und Fels nicht halt (Bohrmuscheln).

Man trifft Muscheln vom Flachwasser bis in mindestens 3.000 m Tiefe an.

Wie die Schnecken haben sie viele Feinde, darunter Seesterne, bohrende Strandschnecken (*Nucella lapillus*), Kopffüßer und Vögel (Silbermöwen, Austernfischer, usw.).

Einige Krebse leben mit Muscheln zusammen, und zwar in ihrer Mantelhöhle (z. B. Muschelwächter und Steckmuschelgarnele in der Steckmuschel). Andere sind Parasiten, die sich im Darm ihres Wirtes entwickeln und dessen Abmagern und Tod verursachen (*Mytilicola intestinalis* bei der Miesmuschel).

BEBILDERTE BEISPIELE

☐ Große Pilgermuschel, *Pecten maximus* (Bild X.1). Die Schale dieser Art ist mit geschwollenen Rippen strahlenförmig von der Befestigungszone des Ligaments und mit feineren Rillen parallel zum Rand der Schalen ausgestattet. Sie ist im allgemeinen hellgelb bis rosa gefärbt. Das Tier lebt im Sand eingegraben oder auf dessen Oberfläche, auf seiner rechten gewölbten Klappe liegend. Die Art kann sehr schnell mit einer ruckartigen Schwimmweise flüchten, indem es das Wasser durch heftiges Öffnen und Schließen der Schalen kräftig ausstößt. Man trifft sie bis in einer Tiefe von 50 m an.

☐ Miesmuschel, *Mytilus edulis* (Bild X.2). Die Miesmuschel, die mit ihren beiden symmetrischen, gewölbten, mäßig dicken Klappen, die dunkelblau bis braunschwarz sein können, Tauchern gut bekannt ist, ist eßbar. Sie lebt mit ihrem Byssus an Felsen geheftet. Die Schale kann bis 15 cm lang werden. Wenig ausgeprägte, konzentrische Rillen schmücken die äußere Seite der Schalen. Sie lebt in bewegten Küstengewässern oder in den ruhigen Gewässern der Flußmündungen oder sogar der Häfen, von der Oberfläche bis in 20 m Tiefe.

NICHT VERWECHSELN

Aufgrund ihrer charakteristischen Schalen können Muscheln mit keinem Vertreter eines anderen Tierstammes verwechselt werden.

BEIM TAUCHEN BEOBACHTEN

☐ Spüren Sie die Pilgermuscheln im Sand auf.

☐ Lösen Sie das Schwimmen und die Flucht der Pilgermuscheln aus, indem Sie einen Seestern in ihre Nähe bringen.

☐ Suchen Sie die Vogelmuscheln (*Pteria hirundo*) auf Gorgonien.

☐ Beachten Sie die Steckmuscheln (*Pinna nobilis*) in den Seegraswiesen und auf Sandböden.

☐ Spüren Sie die Muschelarten auf, die auf Felsen angewachsen und durch Aufwuchsorganismen getarnt sind (*Arca, Ostrea* ...); ihr heftiges Schließen der Schalen verrät ihre Anwesenheit.

☐ Suchen Sie die Öffnungen im Sand, aus denen die Siphos von im Boden lebenden Arten herausragen.

AUFPASSEN

☐ Wie bei den Schnecken und allen anderen Tiergruppen ist das Sammeln absolut verboten. Bitte respektieren Sie diesen Grundsatz und machen Sie ihn bei der Ausbildung deutlich.

☐ Manche Muscheln speichern Gifte oder gifterzeugende Algen in ihrem Körper. Sie sollten nicht roh gegessen werden!

Meeresbiologie · Das Tierreich

Klasse Kopffüßer

Kopffüßer oder Cephalopoden sind Tiere, deren Kopf (cephalo-) sich auf dem Fuß (-poda) befindet. Einige dieser Kopffüßer, wie der Gemeine Krake oder die Gemeine Sepia, sind den Tauchern wohlbekannt. Andere sind sehr schwer zu finden und zu beobachten. Dies ist bei den Zwergsepien aus den Gattungen *Sepiola* und *Sepietta* der Fall. Beide sind klein (3 bis 5 cm lang) und jagen nachts. Ebenso schwer zu beobachten sind der Moschuskrake, der sehr tief lebt, und der Kalmar, der sehr schnell schwimmt und die hohe See bevorzugt. Ihr Körper ist bilateral-symmetrisch mit einem Vorder- und einem Hinterteil sowie einer rechten und einer linken Seite aufgebaut.

Der Fuß ist in acht (bei den Kraken) oder zehn (bei den Sepien und den Kalmaren) Arme geteilt, die um den Mund angeordnet sind. Die Arme der Kraken (bis einen Meter lang) sind alle gleich gebaut, während bei Sepien und Kalmaren zwei Arme länger sind und dem Beutefang dienen. Alle sind mit kreisrunden Saugnäpfen ausgestattet (zwei Reihen beim Gemeinen Kraken, eine einzige beim Moschuskraken), die dazu dienen, Gegenstände oder Beutestücke festzuhalten. Bei einigen Kopffüßern dienen die Arme teilweise der Fortbewegung durch schlängelnde Bewegungen. Im Gegensatz zu den Schnecken besitzen die Arten aus den europäischen Gewässern keine äußere Schale (einzige Ausnahme ist das Papierboot; das Perlboot (Nautilus), das in wärmeren Gewässern lebt, besitzt ebenfalls eine äußere Schale). Es existiert aber meist eine mehr oder weniger gut entwickelte innere Schale, die Schulp genannt wird.

Der Kopf trägt ein Augenpaar, das sehr hoch entwickelt und mit Lid, Iris, Linse und Retina ausgestattet ist. Die Pupille hat im allgemeinen eine charakteristische Form (rechteckig bei Kraken, als dünne S-förmige Spalte bei Sepien usw.). Kopffüßer besitzen ein gut entwickeltes Gehirn.

Der Mund befindet sich an der Basis der Arme und ist mit zwei papageienschnabelartigen Kiefern und einer Radula mit Reihen von Hornzähnen ausgerüstet. Ihm folgen der Schlund (Abb. 4.25 und 4.26) und der gesamte Verdauungstrakt, der mit dem After in der Mantelhöhle in der Nähe der Mündungen der Keimdrüsen und der Ausscheidungsorgane (Nieren) endet.

Wenn sie sich schnell bewegen müssen (Angriff oder Flucht), können Kopffüßer das in die Mantelhöhle eingesaugte Wasser kraftvoll durch den Trichter oder Sipho ausstoßen. Einige besitzen auch einen Flossensaum, der den Körper umgibt (Sepien), oder mehr oder minder entwickelte Flossen (Kalmare und Zwergsepien), die ihnen erlauben, frei im Wasser zu schweben. Der Gleichgewichtssinn wird von zwei Rezeptoren, den Statocysten (stato-: Stellung; -cyst: Zelle), gebildet.

Um ihren Feinden zu entfliehen, haben die Vertreter dieser Klasse außer der schnellen Flucht noch zwei sehr gut entwickelte Fähigkeiten zur Verfügung. Sie besitzen alle einen Tintenbeu-

4.25 *Vereinfachter Bauplan einer Sepia.*

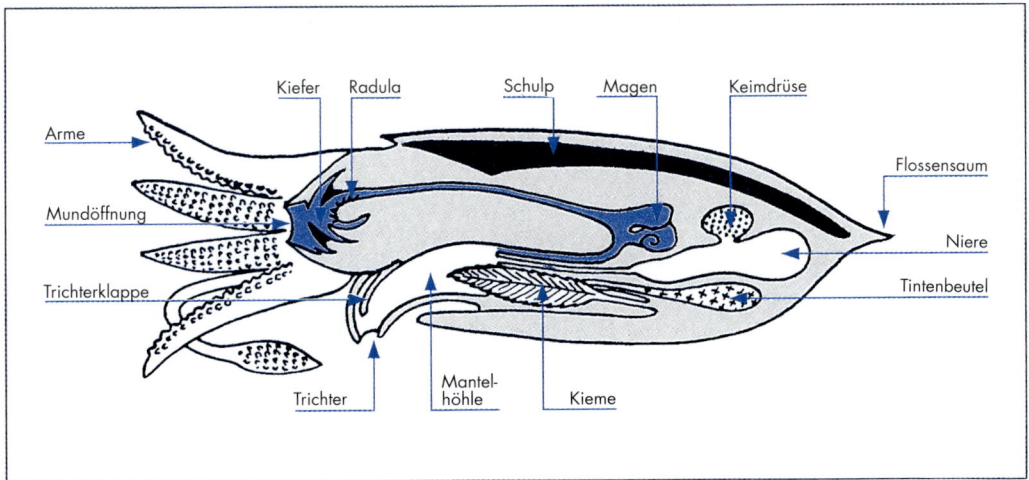

tel; die Partikel dieses schwarzen Farbstoffes (Farbpigment), des Melanins, befinden sich in einer gallertigen Substanz. Der Tintenbeutel läßt seinen Inhalt neben die Öffnung des Trichters fließen, so daß die Tinte kraftvoll ausgestoßen werden kann. Sie bildet eine Wolke, die das Tier versteckt oder ein anderes vortäuscht. Die zweite Fähigkeit, die den Kopffüßern erlaubt, sich vor ihren Feinden zu schützen, ist die Tarnung. Ihre Haut enthält zahlreiche gelbe, orange, rote, braune oder schwarze Farbzellen oder Chromatophoren (-phor: der trägt; chromato-: Farbe), die in mehreren Schichten liegen. Diese Zellen können sich nach Bedarf ausdehnen oder zusammenziehen und verändern so die Farbe des (weißen, beigen, braunen oder roten) Körpers, der dann einfarbig oder gesprenkelt ist. Die Fähigkeit, sich farblich an die Umgebung anzupassen und Nichtbeutegegenstände nachzuahmen, wird als Mimese bezeichnet. Um die Fähigkeit, sich der Umgebung anzupassen und so unsichtbar zu werden, zu vervollständigen, sind einige Kopffüßer, wie die Gemeine Sepia oder der Gemeine Krake, in der Lage, ihre Haut mit mehr oder minder großen Fortsätzen zu versehen und so ein unregelmäßiges Aussehen anzunehmen, das sie in ihrer Umgebung noch besser tarnt.

Kopffüßer atmen durch reich verzweigte Kiemen (zwei bei den meisten Arten), die sich in der Mantelhöhle befinden und mit Hilfe der von dem Trichter erzeugten Strömung gut mit sauerstoffhaltigem Wasser versorgt werden. Das Herz ist gut entwickelt und kräftig. Das Blut ist wegen des Vorhandenseins von Kupfer im Pigmentstoff, den es enthält, dem Hämocyanin (hämo-: Blut; cyanin: blauer Farbstoff), farblos oder bläulich gefärbt. Durch das Hämocyanin wird der Transport der Atemgase gewährleistet.

4.26 *Vereinfachter Bauplan eines Kraken.*

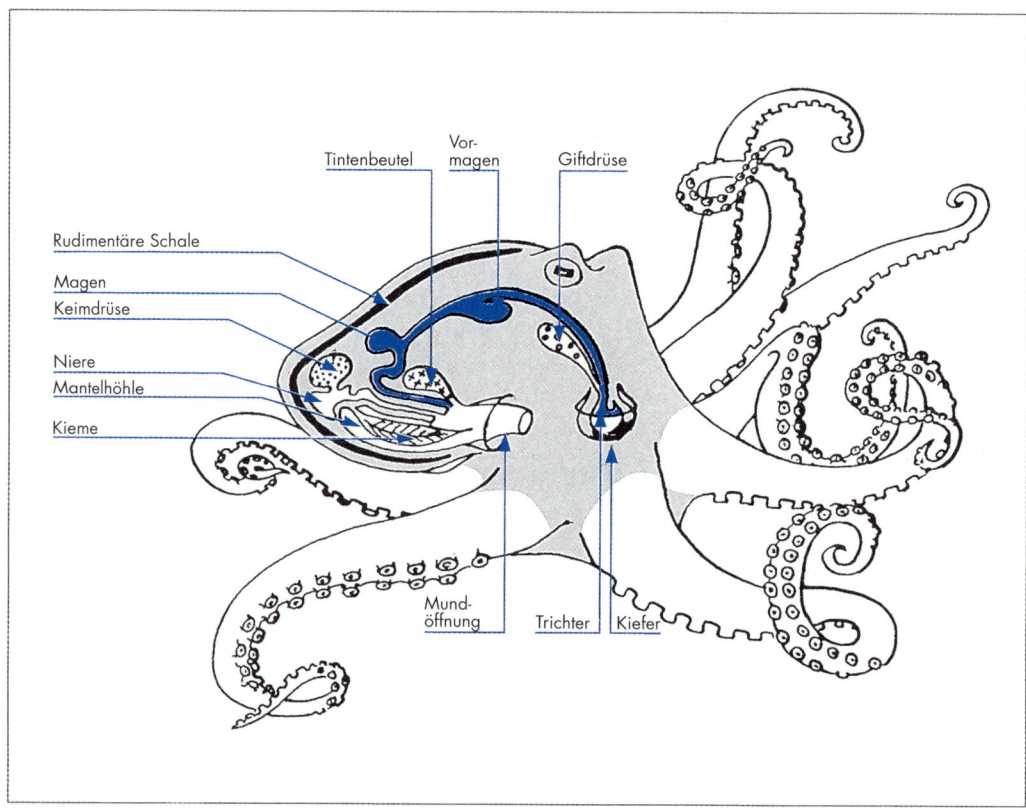

Meeresbiologie · Das Tierreich

KOPFFÜSSER

GRÖSSE
Von den Kopffüßern, die man beim Tauchen sehen kann, ist der Gemeine Krake an den europäischen Küsten mit maximal 1,5 m Spannweite die größte Art. Die kleinste Art ist die Zwergsepia mit nur 3 bis 5 cm Länge.

ERNÄHRUNG
Die Grundnahrung der Kopffüßer, die alle Fleischfresser sind, stellen Krebstiere (Krabben, Garnelen, Langusten, usw.) dar. Dennoch ernähren sich einige Arten, wie der Gemeine Krake, auch von Muscheln und sogar von Fischen. Sie jagen hauptsächlich nachts. Die meisten Arten lähmen ihre Beute mit einem Gift, dem Cephalotoxin, das von den Speicheldrüsen abgesondert wird. Einige, wie die Gemeine Sepia oder die Zwergsepia, vergraben sich ganz oder teilweise im Sand, um ihre Beute zu überraschen.

FORTPFLANZUNG
Kopffüßer sind nie Zwitter; die Individuen sind immer entweder männlich oder weiblich. Es gibt keine wirkliche Begattung. Die Samenblase, das Sexualorgan des Männchens, erzeugt kleine, gallertartige Strukturen in Röhrenform, die Spermatophoren (spermato-: die Spermatozoen, -phor: der trägt). Diese werden von einem dazu umgebildeten Arm, dem Hektokotylus, in die Mantelhöhle des Weibchens gebracht. Bei Kraken können Männchen und Weibchen für diesen Vorgang einen Meter voneinander entfernt sein, während die Annäherung bei den Kalmaren, den Sepien und den Zwergsepien von Angesicht zu Angesicht erfolgt und mit einem Verflechten der Arme verbunden sein kann.

Die Spermatophoren zerreißen, nachdem sie übertragen wurden, und setzen die Spermatozoen frei, die die Eizellen befruchten, sobald diese vom Weibchen erzeugt werden. Die Eier, die aus der Befruchtung entstehen, werden entweder in Form von weißen, gallertigen Trauben (beim Gemeinen Kraken etwa 150.000 Eier pro Schnur) gelegt oder in Form von kleinen, schwarzen, festen Säcken, den „Meerestrauben" (bei der Gemeinen Sepia 6 bis 30 Eier pro Traube). Das Weibchen befestigt die Eier entweder an der Decke von Höhlen (dies ist der Fall bei Kraken) oder auf Algen und Gorgonien (Sepien, Zwergsepien). Die Weibchen vom Gemeinen Kraken bewachen ihre Eigelege bis zum Schlupf und verteidigen sie gegen Feinde. Die Befruchtung findet im allgemeinen im Frühling nach der Winterwanderung (in Tiefen von 80 bis 100 m) statt. Die Eiablage erfolgt drei Wochen bis zwei Monate später. In manchen Fällen ernähren sich die Weibchen nach der Eiablage nicht mehr und sterben schnell.

Aus den Eiern schlüpfen fertig entwickelte Baby-Kraken (20 bis 30 Tage Brutzeit beim Krake). Das Schlüpfen dauert ungefähr eine Woche.

ÖKOLOGIE
Einige Kopffüßerarten leben in der Nähe des Grundes, weshalb sie als benthische Arten bezeichnet werden (der Benthos umfaßt alle tierischen oder pflanzlichen Organismen, die in der Nähe des Bodens oder darauf befestigt leben). Zu ihnen gehören insbesondere die Kraken. Sie richten sich Unterschlüpfe in kleinen Höhlen und Spalten oder Amphorenscherben ein und schützen den Zugang, indem sie Steine oder sehr unterschiedliche Gegenstände davor aufhäufen. Sie leben deshalb vornehmlich in felsigen Bereichen.

Sepien bevorzugen dagegen die Seegraswiesen, Zwergsepien die feinen Sandböden in seichten Tiefen (5 bis 10 m). Kalmare schließlich leben pelagisch, d. h., sie leben im freien Wasser, im allgemeinen auf hoher See, und haben keinen Unterschlupf.

Alle Kopffüßer sind hauptsächlich nachtaktiv. Ihre durchschnittliche Lebensdauer variiert von 18 Monaten bis 3 Jahren (Kraken, Zwergsepien) über 4 bis 5 (Sepien) und sogar bis 10 Jahre.

Kopffüßer haben zahlreiche Feinde. Kalmare gehören zur Beute von Haien, Pottwalen, kleinen Tümmlern, Schwertfischen und sogar Vögeln, insbesondere während der Fortpflanzungszeit, wo man Ansammlungen von Tausenden von Individuen beobachten kann. Kraken werden von Zackenbarschen, Muränen und anderen mehr sehr geschätzt. Schließlich werden sie sehr intensiv (teilweise sogar zu viel) vom Menschen gejagt, der das Fleisch der meisten Kopffüßer sehr schätzt; sie werden entweder auf traditionelle Weise (Harpune,) oder industriell (Schleppnetz) gefischt.

Man muß noch erwähnen, daß einige Würmer bei Kopffüßern parasitieren können, indem sie sich entweder in deren Kiemen oder Nieren einnisten.

BEBILDERTE BEISPIELE

☐ **Gemeiner Krake**, *Octopus vulgaris* (Bild X.3). Er ist der Kopffüßer, der den Tauchern am besten bekannt ist. Mit seinen acht Armen gehört er zu den Octobrachia (octo-: acht; -brachia: Arm) und unterscheidet sich vom Moschuskraken nur durch die Zahl der Saugnapfreihen auf seinen Fangarmen: eine einzige bei letzterem, zwei beim Gemeinen Kraken. Man trifft ihn meistens vom Flachwasser bis in 30 oder 40 m Tiefe auf felsigen Böden an. Er ist oft schwer aufzufinden.

☐ **Gemeine Sepia**, *Sepia officinalis* (Bild X.4). Sie hat einen länglichen, abgeflachten, wegen des Schulpes ziemlich festen Körper mit einem ovalen Querschnitt. Der Körper ist von einem Flossensaum umgeben und mit dunkelbraunen Querstreifen gezeichnet. Es handelt sich bei ihr um einen Decabrachia (deca-: zehn; -brachia: Arm), der 30 bis 40 cm lang werden kann. Man kann sie vom Flachwasser bis in mehr als 20 m Tiefe auf sandigen Böden oder in Seegraswiesen beobachten.

☐ **Zwergsepia**, *Sepiola affinis* (Bild X.5). Dieser kleine Decabrachia (nur 3 bis 5 cm groß) ist kaum bekannt, außer als Zutat bei der Paella! Die Zwergsepia hat eine ähnliche Körperform wie die Sepia, mit deren Jungtieren sie oft verwechselt wird. Sie unterscheidet sich von diesen durch das Vorhandensein von zwei kleinen Flossen am Körperende statt eines Flossensaumes und durch die sehr großen Kugelaugen. Sie lebt auf feinen Sandböden in 5 bis 10 m Tiefe, wo man sie nur beim Nachttauchen sehen kann.

NICHT VERWECHSELN

Es ist keine Verwechslung mit den Arten einer anderen Tiergruppe möglich.

BEIM TAUCHEN BEOBACHTEN

☐ Machen Sie die Schlupflöcher der Kraken ausfindig, indem Sie Stein- oder Scherbenhaufen mit Resten von Krebstieren oder leeren Muschel- und Schneckenschalen in der Nähe suchen.

☐ Suchen Sie beim Nachttauchen nach Sepien und Zwergsepien.

☐ Beobachten Sie die verschiedenen Schwimmweisen, die Rolle des Siphos und das Ausstoßen von Tinte.

☐ Beobachten Sie die Farbveränderungen, ihre Schnelligkeit und die Veränderungen der Hautstruktur.

☐ Beobachten Sie Kopffüßer bei der Jagd.

☐ Testen Sie ihre Intelligenz.

☐ Beobachten Sie die an Höhlendecken aufgehängten Gelege der Kraken.

AUFPASSEN

☐ Die Kopffüßer an den europäischen Küsten sind für den Taucher absolut ungefährlich.

Sie sind ausgesprochen friedlich und können sogar sehr zutraulich werden.

☐ Sie sollten nicht bedrängt oder gar mißhandelt oder als „Spielzeug" mißbraucht werden.

Sie können mit ihrem Hornschnabel beißen, wenn man sie an der Mundseite festhält.

☐ Stören Sie keine brutpflegenden Krakenweibchen.

Meeresbiologie · Das Tierreich

STAMM GLIEDERFÜSSER

Zu dem Tierstamm Gliederfüßer oder Arthropoda gehören sowohl Arten, die auf dem Land leben (wie die Insekten, die Tausendfüßler, die Skorpione und die Spinnen), als auch Arten, die im Wasser, sei es im Meer oder im Süßwasser, vorkommen. Mehr als zwei Drittel aller Tierarten gehören diesem Stamm an.

Der Körper der Gliederfüßer besteht aus mehreren gegeneinander beweglichen Abschnitten und ist bilateral-symmetrisch gebaut. In den meisten Fällen ist er mit einer starren, von der Haut erzeugten Schutzschicht, der Kutikula, bedeckt. Sie bildet den Hautpanzer oder Carapax, der aus einem Chitin-Proteinkomplex besteht und manchmal mit Kalk verstärkt sein kann.

Die Klasse der Krebstiere (Tiere mit Kruste, oder Panzer) umfaßt die marinen Gliederfüßer, die die Taucher, und, was viele Arten betrifft, auch die Gourmets kennen (Große Seespinne, Garnelen, Krabben, Hummer, Langusten, Kaiserhummer). Auch einige Arten, die im Süßwasser leben, wie der Flußkrebs, sind bekannt und geschätzt.

Klasse Krebstiere

Der Körper der Krebstiere oder Crustacea besteht aus drei normalerweise deutlich verschiedenen Abschnitten: dem Kopf, dem Brustabschnitt oder Thorax und dem Schwanz oder Abdomen. Jeder ist aus einer spezifischen Zahl von Segmenten zusammengesetzt, die aber je nach Verwandschaftsgruppe unterschiedlich sein kann. Diese Segmente können sich zum Teil dank der Weichhäutigkeit und Biegsamkeit der Kutikula an ihren Verbindungsstellen gegeneinander bewegen.

4.27 *Vereinfachter Bauplan eines Kaiserhummers (Längsschnitt und Ansicht der linken Körperhälfte von oben).*

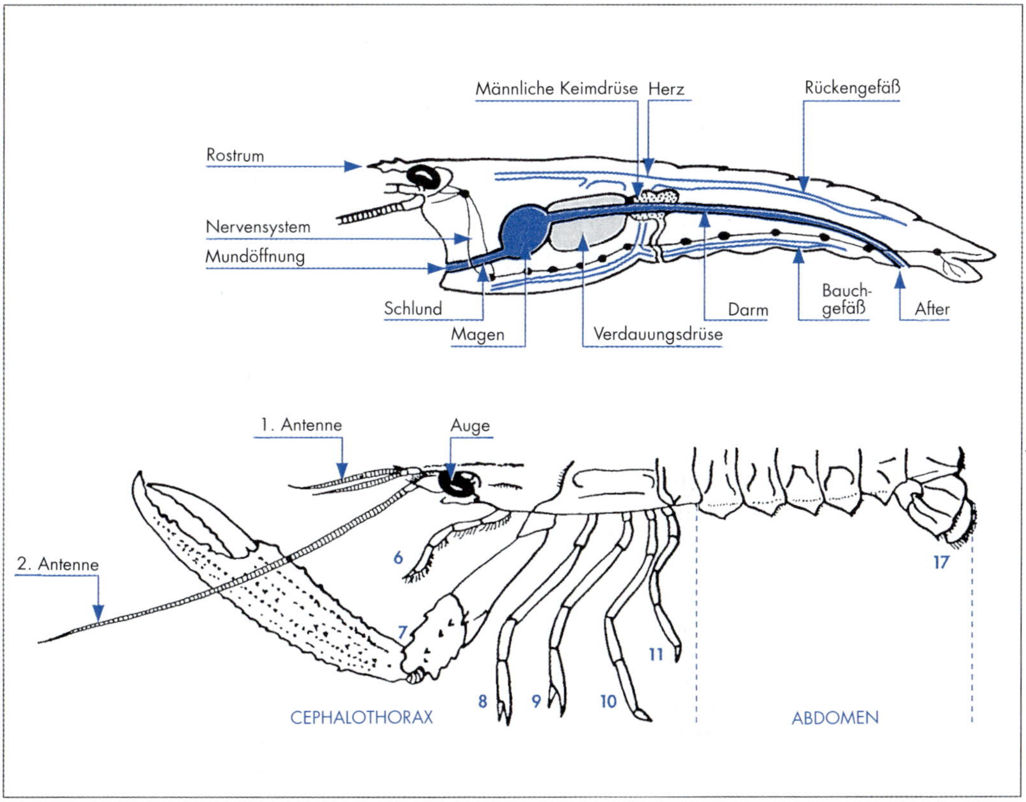

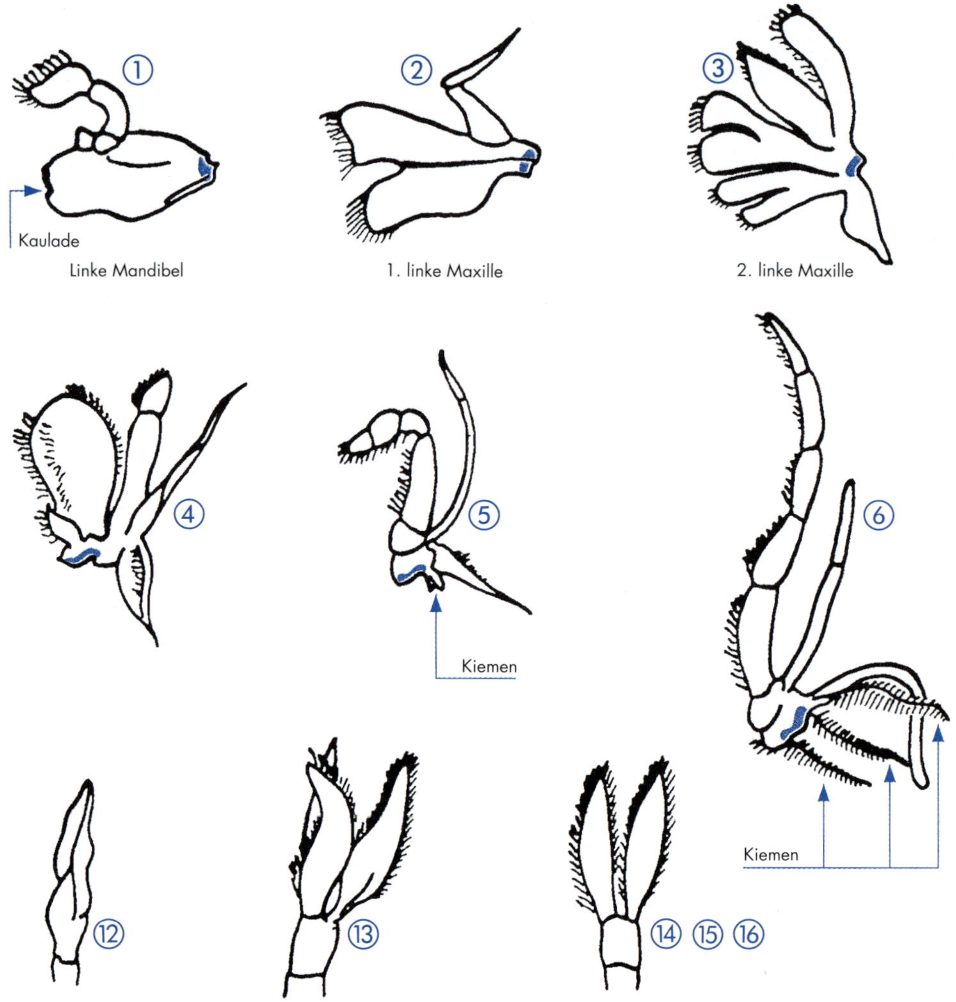

Das Handbuch des Tauchsports

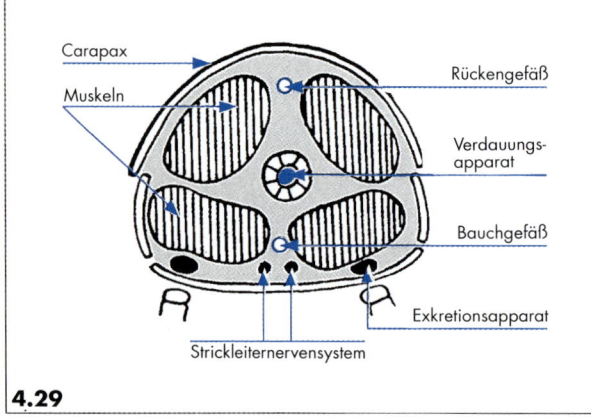

4.28 Die verschiedenen Extremitäten des Kaiserhummers.

1 bis 3: Mundwerkzeuge.

4 bis 6: Kieferfüße.

7 bis 11: Schreitbeine (siehe Abb. 4.27).

12 bis 17: Hinterleibsbeine (für 17, siehe Abb. 4.27).

4.29 Schematischer Körperquerschnitt eines Krebstieres in Bauchhöhe.

Meeresbiologie · Das Tierreich

Jedes Segment trägt ein Paar Extremitäten, (Fortsätze), die als Spaltbeine bezeichnet werden und normalerweise aus zwei „Ästen" bestehen, deren Glieder in Anzahl und Form je nach Krebstiergruppe, und bei Tieren einer Art je nach Funktion, sehr verschieden sein kann. Die Glieder der Extremitäten sind gegeneinander beweglich, also gelenkig.

Die Kopfsegmente tragen die Antennen, Sitz verschiedener Sinnesorgane, und die Mundwerkzeuge, die dazu dienen, die Nahrung zu fangen und zu zerdrücken. Sie sind um den Mund herum angeordnet.

Bei den Zehnfußkrebsen kommt es zum Verschmelzen der Segmente des Kopfes. Der Carapax bedeckt dann gleichmäßig den Kopf und den Thorax und bildet den sogenannten Cephalothorax, der die lebenswichtigen Organe schützt. Bei manchen Arten trägt die Vorderseite des Kopfes eine spitze, stachlige oder stark gezahnte Verstärkung des Panzers, das Rostrum, das die Augen und die Vorderseite des Tieres schützt.

Beim Kaiserhummer (Abb. 4.27) trägt der Cephalothorax zwei Antennenpaare (von vorne nach hinten: erste und zweite Antennen), ein Augenpaar und drei Paar kauende Mundwerkzeuge (Abb. 4.28: 1, 2 und 3), die die Nahrung zerkleinern.

Daneben besitzt der Cephalothorax acht weitere Extremitätenpaare. Die ersten drei Paare (Abb. 4.28: 4, 5 und 6), die Kieferfüße oder Maxillipeden, dienen dem Festhalten der Nahrung. Die restlichen fünf, die Schreitbeinpaare (Abb. 4.27: 7–11) dienen hauptsächlich der Fortbewegung. Beim Kaiserhummer (auch beim Hummer, Flußkrebs u. a. m.) sind die zwei letzten Glieder des ersten Schreitbeinpaares zu einer kräftigen Schere ausgebildet (Abb. 4.27: 7). Die anderen Schreitbeinpaare enden in einer kleinen Zange (Abb. 4.27: 8 und 9) oder in Krallen (Abb. 4.27: 10 und 11).

Der Schwanz schließlich, der auch als Abdomen bezeichnet wird, trägt sechs Paar Hinterleibsbeine, die Pleopoden. Die ersten zwei sind bei Männchen zu Kopulationsorganen, den Gonopoden, umgebildet (Abb. 4.28: 12 und 13). Die Paare 3–5 (Abb. 4.28: 14-16) besitzen den ursprünglichen Bau als Schwimmorgane. Das letzte Paar ist sehr breit und abgeflacht und spielt die Hauptrolle bei Fluchtreaktionen, indem es die Richtung steuert und schnelles Rückstoßschwimmen ermöglicht. Bei Weibchen halten die Hinterleibsbeine (Abb. 4.28: 12–16) die Eier unter dem Abdomen fest.

Die verschiedenen hier beschriebenen Extremitätentypen und ihren Aufbau findet man mit einigen Unterschieden bei allen Mitgliedern der Ordnung Zehnfußkrebse oder Decapoda, d. h. bei fast allen eßbaren Krebstieren.

Dem unterhalb der Augenbasis gelegenen Mund folgen der Schlund, der manchmal innen mit harten Platten ausgekleidete Magen und der Darm, der mit dem After auf der Unterseite des letzten Hinterleibssegmentes mündet. Eine große Verdauungsdrüse hinter dem Magen, die Mitteldarmdrüse, umgibt den Darmanfang.

Krebstiere atmen entweder direkt durch die Haut und den dünnen Chitinpanzer (bei den kleinen Arten) oder mit Lamellen- oder Fiederkiemen, die bei den Zehnfußkrebsen von den ersten Gliedern der Thoraxextremitäten getragen werden (die Bewegungen der Extremitäten fördern den Wasserstrom). In diesem Fall werden diese Organe vom Panzer des Cephalothorax geschützt.

Das offene Blutgefäßsystem ist sehr einfach gebaut. Es besteht aus einem einfachen Herz mit einer Haupt- und einer Vorkammer, das mit einer großen Rücken- und einer Baucharterie verbunden ist (Abb. 4.29). Außerhalb dieser Gefäße zirkuliert das Blut im restlichen Körper zwischen den Kiemen, den Muskeln und den Eingeweiden frei ohne gut abgegrenzte Gefäße.

Das Nervensystem besteht aus Nervenknoten oder Ganglien, die als Gehirn fungieren; im Kopf befinden sie sich an der Basis der Augen und verlaufen strickleiterförmig auf der Bauchseite des Tieres bis zum Schwanz. Als Schweresinnesorgane besitzen Krebstiere spezielle Organe, die sich an der Basis der Antennen befinden. Die Borsten und Haare, mit denen die meisten Arten ganz oder teilweise bedeckt sind, sind Sinneshaare oder -borsten. Sie dienen der Wahrnehmung von Wasserströmungen oder von gelösten Substanzen. Einige Arten können mit Sensoren, die auf den Gelenken der Extremitäten sitzen, Töne empfangen. Die Komplex- oder Facettenaugen kommen fast immer paarweise vor.

Bei den Krebstieren gibt es keine echten Nieren, sondern einfache Ausscheidungsapparate, die in jedem Segment paarweise angeordnet sind.

Krabben und Garnelen können teilweise ihre Färbung wechseln, um mit der Umgebung zu verschmelzen und sich so zu tarnen. Die Veränderungen werden von Hormonen eingeleitet und gehen daher langsam vor sich. Bei den Kopffüßern gibt es diese Farbveränderungen

147

auch, sie verlaufen aber wesentlich schneller, weil sie vom Nervensystem gesteuert werden.
Der Chitinpanzer behindert das Wachstum der Tiere nicht. Zu bestimmten Zeiten im Jahr entledigen sich die Krebstiere ihres alten, zu klein gewordenen Panzers, sie häuten sich. Diesem Phänomen folgt eine kurze Wachstumsperiode, während derer das Tier sehr verwundbar ist. Das Wachstum wird durch das Aushärten des neuen, weichen Panzers, der durch die Häutung freigelegt wurde, beendet. Dieser Vorgang wiederholt sich während des gesamten Lebens der Tiere.

Krebstiere haben sehr unterschiedliche Körperformen und Lebensweisen. Das Grundmerkmal, mit dessen Hilfe sie in verschiedene Klassen und Ordnungen eingeteilt werden, ist die allgemeine Form der Extremitäten.

Die Ordnung der Flohkrebse oder Amphipoda umfaßt die Tiere mit Beinen (-poda) auf beiden Seiten (amphi-); die Vertreter der Klasse Rankenfüßer oder Cirripedia besitzen büschelförmige (cirri-) Beine (-pedia); die Vertreter der Ordnung Wasserflöhe oder Cladocera haben verzweigte (clado-) Antennen (-cera); die Arten aus der Klasse Ruderfüßer oder Copepoda haben Beine in Ruderform (cope-); die Asseln aus der Ordnung Isopoda besitzen Beine, die alle gleich (iso-) gebaut sind, und die Vertreter der Klasse Blattfußkrebse oder Phyllopoda sind mit blattförmigen (phyllo-) Beinen ausgestattet.

Jede Ordnung kann wiederum unterteilt werden. Bei den Zehnfußkrebsen unterscheidet man entsprechend ihrer Körperform und der Festigkeit ihres Panzers zwei Großgruppen: die Garnelen oder Natantia und die Panzerkrebse oder Reptantia. Letztere werden wiederum in fünf verschiedene Gruppen unterteilt: die Langustenartigen, die Hummerartigen, die Krabben, die Springkrebsartigen und die Einsiedlerkrebse.

KREBSTIERE

GRÖSSE
Von 0,1 mm bis 70–80 cm.

ERNÄHRUNG
Je nach Art sehr unterschiedlich. Die mikroskopisch kleinen oder die mit bloßem Auge gerade noch sichtbaren Krebstiere ernähren sich von organischem Material oder Abfallstoffen (wie der Flohkrebs, Abb. 4.30), von Bakterien, Mikroalgen oder von Planktontieren (wie die Klippenassel, Abb. 4.31). Einige Arten, wie z. B. Schwebgarnelen (Abb. 4.32), die man regelmäßig in der Nähe von Wachsrosen findet, fangen Schwebstoffe auf. Wieder andere Arten sind Filtrierer (wie die Seepocken, Abb. 4.33 und 4.34). Die größeren Krebstierarten sind meist Fleisch- oder Aasfresser.

Die Extremitäten, die sich in der Nähe des Mundes befinden, sind immer der Ernährung der jeweiligen Art angepaßt.

Einige Vertreter der Ruderfußkrebse und der Asseln sind Parasiten: Sie ernähren sich auf Kosten ihres Wirtes. Man findet sie auf dem Hinterleib oder in den Körperhöhlen anderer Krebstiere oder auf Fischen, wo sie sich auf der Haut, den Augen, den Nasenlöchern oder den Kiemen festsetzen.

FORTPFLANZUNG
In den meisten Fällen sind Krebse getrenntgeschlechtlich. Dabei unterscheiden sich die Geschlechter in der Regel durch anatomische Merkmale: Beim männlichen Kaiserhummer z. B. sind die ersten beiden Hinterleibsbeinpaare zu Begattungsorganen umgewandelt. Bei den Krabben ist der Hinterleib unter den Körper gefaltet; bei den Männchen ist er dreieckig, bei den Weibchen abgerundet.

Aber es gibt auch zwittrige Krebstiere, wie bei den Rankenfüßern (z. B. die Seepocken).

Es findet fast immer eine innere Befruchtung statt; das Begattungsorgan des Männchens dringt in die Leibeshöhle des Weibchens ein, die dort die weiblichen Keimzellen (Eizellen) freisetzt. Die aus der Befruchtung entstandenen Eier werden entweder in einer Art Sack (Bruttasche) getragen oder an den Beinen des Hinterleibes befestigt. Daraus entschlüpfen mikroskopisch kleine, freischwimmende Larven (Abb. 4.76), die in der Nähe der Oberfläche leben und Bestandteil des Planktons sind. Die Larven können während ihres Wachstums ein-

Meeresbiologie · Das Tierreich

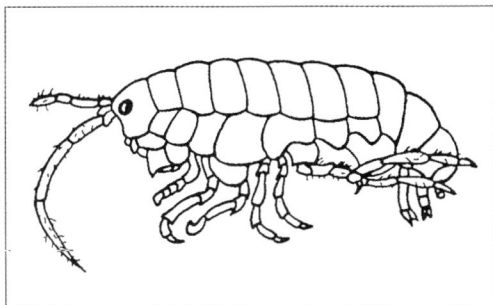

4.30 *Flohkrebs. Nur die linken Beine sind gezeichnet (Amphipoda). Größe: 18–25 mm.*

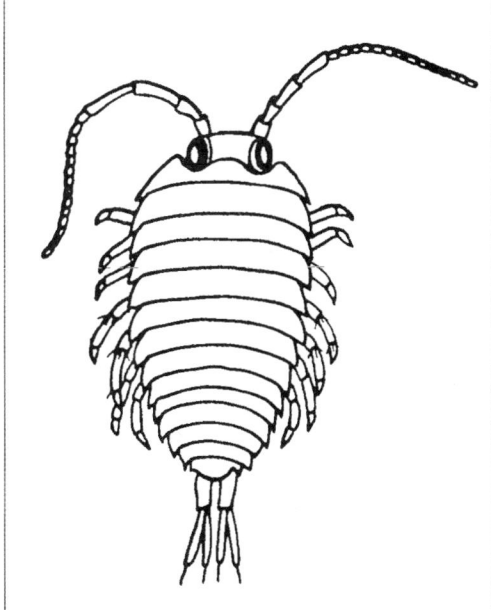

4.31 *Assel von oben gesehen (Isopoda). Größe: 20–25 mm.*

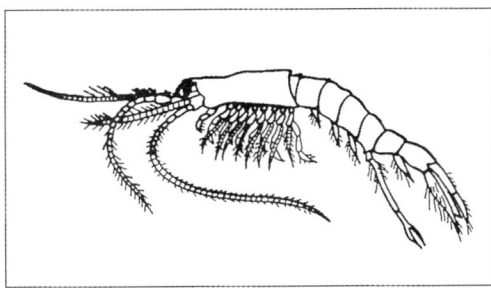

4.32 *Schwebgarnele (Mysis). Nur die linken Beine sind dargestellt.*

oder mehrmals ihre Form wechseln, bevor sie sich zu erwachsenen Tieren umwandeln. Man spricht in diesem Zusammenhang von Metamorphose. Krebstiere können eine oder mehrere durch Unfall oder nach einem Kampf mit Artgenossen oder Feinden verlorene Extremitäten regenerieren. Sie wachsen bei der nächsten Häutung nach.

ÖKOLOGIE

Krebstiere leben in allen Meeren und allen Tiefen im freien Wasser wie auf dem Grund. Viele der kleinen Arten bilden einen wichtigen Bestandteil des Planktons.
Krabben, Garnelen und Flohkrebse leben versteckt unter Steinen, in Spalten, im Sand eingegraben oder inmitten von Algen. Einige Krabben tarnen sich, indem sie Algen auf ihrem Panzer befestigen, die, wenn sie dort weiterwachsen, das Tier verstecken, aber auch eine Behinderung bedeuten können, weil sie seine Bewegungen verlangsamen.
Hummer, Langusten und Furchen- oder Springkrebse bevorzugen Felsspalten. Einsiedlerkrebse bewohnen die leeren Schalen von Schnecken, die manche Arten mit Schwämmen oder Seerosen versehen, um ihren Feinden zu entgehen. Während ihres Wachstums müssen sie regelmäßig ihr Schneckenhaus wechseln.
Einige Krebsarten, wie die Steckmuschelgarnele *Pontonia pinnophylax* (Länge: 2–4 cm), leben in Muscheln, vor allem in Steckmuscheln, während andere an das Leben auf Seegrasblättern (*Posidonia*) angepaßt sind. Ihr flacher, grüngefärbter Körper ist dabei kaum von den Seegrasblättern zu unterscheiden.
Rankenfüßer leben auf Felsen, auf dem Panzer anderer Krebstiere, auf Muschelschalen und auf der Haut von Walen. Einige Ruderfußkrebse und Asseln leben als Parasiten auf anderen Tieren festgekrallt. Schließlich gibt es Krebstiere, die lange Gänge im Sand oder Schlamm graben, von denen man nur die Öffnungen sieht, und die sie fast nie verlassen.
Man muß auch erwähnen, daß Arten wie Langusten, Seespinnen oder Taschenkrebse in bestimmten Meeresregionen in der Lage sind, große gemeinsame Wanderungen zu bewältigen.
Krebstiere sind die Nahrungsgrundlage zahlreicher Tiere, insbesondere von Kopffüßern, Fischen und sogar Säugetieren (mehrere Walarten ernähren sich fast ausschließlich von Krill, einer Art Garnelen, die in riesigen Schwärmen im freien Wasser schwimmen).

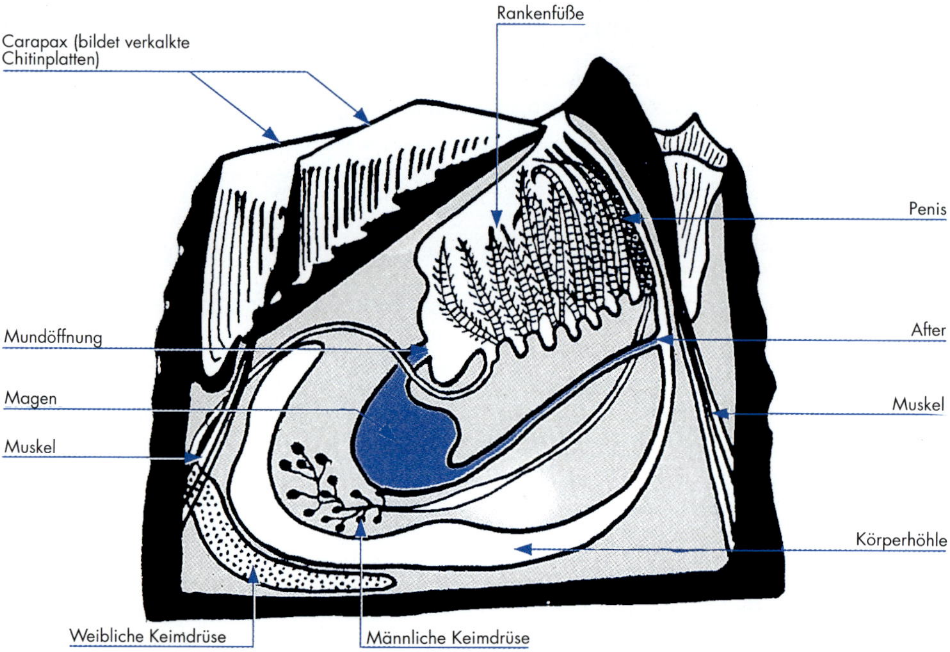

Das Handbuch des Tauchsports

4.33 *Vereinfachter Bauplan einer Seepocke (Cirripedia).*

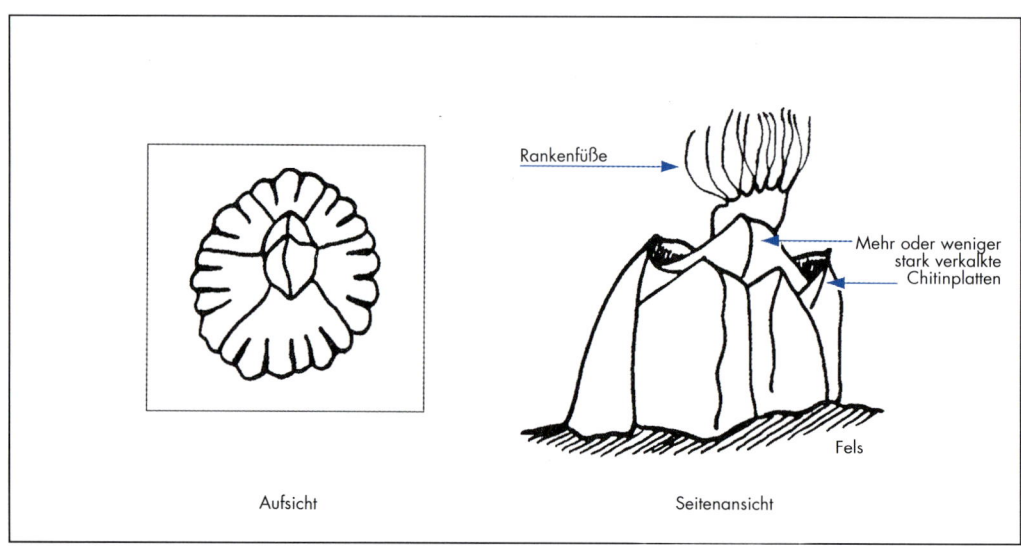

4.34 *Aufsicht und Seitenansicht einer Seepocke.*

BEBILDERTE BEISPIELE

☐ **Europäische Languste**, *Palinurus elephas* (Bild XI.1). Die Europäische Languste gehört zu den Langustenartigen unter den Panzerkrebsen. Sie ist violett-braun gefärbt mit einigen verstreuten, gelblichen Flecken. Sie unterscheidet sich von den meisten anderen Panzerkrebsen dadurch, daß ihr erstes Schreitbeinpaar keine Scheren besitzt. Ihr Panzer ist auf dem Cephalothorax mit zahlreichen spitzen Dornen und am Hinterleib mit scharfen Fortsätzen ausgestattet. Ihre Größe variiert von 30 bis 50 cm Länge, das größte bekannte Exemplar ist aber über einen Meter lang! Sie lebt auf Fels- und Kiesgründen und bleibt die meiste Zeit in Spalten versteckt, aus denen ihre sehr langen, leicht zu entdeckenden Antennen herausragen. Man trifft sie oft zwischen 10 und 80 m Tiefe an, doch das unüberlegte Ausbeuten durch Fischer, aber auch durch skrupellose Taucher, haben die Bestände an allen europäischen Küsten zurückgehen lassen.

☐ **Langbeinige Gespenstkrabbe**, *Macropodia langirostris* (Bild XI.2). Die Art gehört zu den Krabben (Panzerkrebse) und wird nicht mehr als 2 cm lang. Mit ihren sehr langen, dünnen und leicht behaarten Beinen und den kräftigen Scheren des ersten Beinpaares ist sie leicht zu identifizieren. Der mit mehreren Ausbuchtungen versehene Panzer ist dreieckig und besitzt eine lange, zweigeteilte Verlängerung an der Stirn, das sogenannte Rostrum. Ihre Färbung ist gelblich, aber das Tier trägt oft Algen- und Schwammstückchen mit sich, die es für seine Umgebung nahezu unsichtbar machen. Man trifft sie bereits ab geringen Tiefen bis in mindestens 40 m Tiefe auf allen Untergründen an, oft aber inmitten von Algen. Sie ernährt sich hauptsächlich von Moostierchen, kleinen Krebstieren und Nesseltieren.

NICHT VERWECHSELN

☐ Schwebgarnelen werden oft mit Jungfischen verwechselt. Wegen ihrer geringen Größe ist es meist nicht möglich, mit bloßem Auge den Unterschied festzustellen. Sie bilden oft dichte Schwärme in unmittelbarer Nähe von Wachsrosen.

☐ Einige Krebse mit sehr dünnen Beinen erinnern an Spinnen, die aber nie im Meer leben und nur acht Beine haben, während Krebse stets zehn Beine haben (Scheren eingeschlossen).

BEIM TAUCHEN BEOBACHTEN

☐ Einsiedlerkrebse, die Schmarotzerrosen auf ihrem Gehäuse tragen.
☐ Parasitische Fischasseln.
☐ Das rhythmische Erscheinen und Verschwinden der Extremitäten der Seepocken (aus der Nähe beobachten).
☐ Den Geschlechtsunterschied bei Krabben: Bei Männchen ist der unter den Körper gefaltete Hinterleib dreieckig, während er bei Weibchen abgerundet ist.
☐ Garnelen, die im Schutz von verschiedenen Seeanemonen leben.
☐ Die Bewegungen der mundnahen Extremitäten (Kieferfüße) bei verschiedenen Arten.

AUFPASSEN

☐ Keine Krebse beim Tauchen mitnehmen, auch nicht die eßbaren Arten.
☐ Die Scheren der großen Krebse und Hummer sind sehr kräftig. Nicht die Finger dazwischenschieben!
☐ Die Schwänze der Langusten sind mit sehr scharfen Fortsätzen ausgerüstet. Nicht mit bloßen Händen anfassen!
☐ Nicht versuchen, Langusten aus ihren Löchern herauszujagen, indem man an ihren Antennen zieht. Es gelingt einem nur, die Antennen zu zerbrechen.

STAMM MOOSTIERCHEN

Moostierchen oder Bryozoen gehören zum Tierstamm Tentakelträger oder Tentaculata. Sie sind koloniebildende, festsitzende Organismen, deren Kolonien biegsam oder fest und beim Berühren sehr zerbrechlich sein können. Jedes Individuum einer Kolonie wird als Zoid bezeichnet. Es besitzt einen mit einem Kranz aus cilienbesetzten, einziehbaren Tentakeln umrandeten Mund (Mund + Tentakel = Lophophor; siehe Abb. 4.35), einen Magen, einen Darm und einen After, der sich an der Basis des Lophophors, getrennt vom Mund, befindet. Auch ein Nervensystem mit einer Art Gehirn ist entwickelt.

Jeder Zoid besteht aus einem Vorderkörper mit Tentakelkrone, dem sogenannten Polypid, und einem Hinterkörper, dem Cystid, in den sich der Vorderkörper bei Gefahr zurückziehen kann. Je nach Art ist die Form der Cystiden abgeflacht, röhrenartig oder kästchenförmig und kann bei vielen Arten eine kalkige oder chitinhaltige Schutzschicht ausscheiden. Die Öffnungen, durch welche die Polypiden herausragen, können ihren Durchmesser verändern, steif sein oder von einem Deckel (Operculum) geschlossen werden. Bei einigen Arten beobachtet man Zoide mit einem ganz besonderen Operculum, die auf die Verteidigung oder Reinigung (Avicularien, Vibracularien) spezialisiert sind.

Moostierchenkolonien haben sehr unterschiedliche Formen und können je nach Art als Kruste, Bäumchen, fleischige oder verkalkte Massen auftreten. Ihre Färbung reicht von weiß, beige über orange bis rot, manchmal weisen sie grüngefärbte Bereiche auf, die durch Algen verursacht werden.

Moostierchen haben wegen ihrer harten Umhüllung nur wenige Feinde. Für einige Nacktschnecken (Nudibranchia) stellen sie dennoch die Grundnahrung dar.

4.35 *Schematisierter Teil einer Moostierchenkolonie mit zwei Polypiden: einem ausgestreckten und einem eingezogenen.*

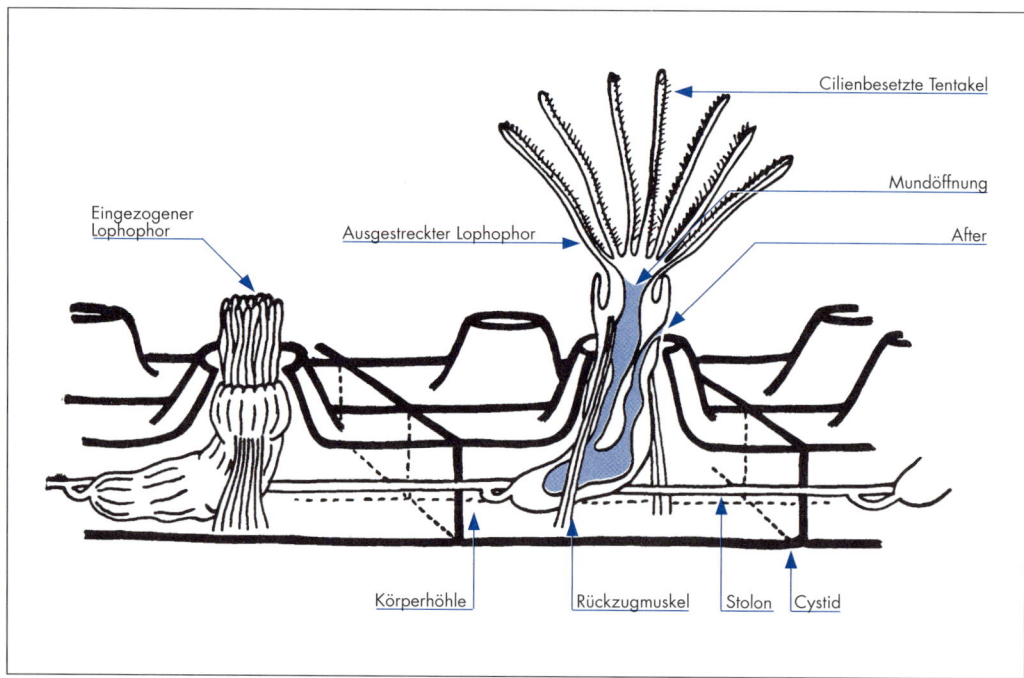

MOOSTIERCHEN

GRÖSSE
Länge eines Zoids: 1–2 mm. Länge oder Durchmesser der Kolonien: bis 50 cm.

ERNÄHRUNG
Moostierchen ernähren sich hauptsächlich von tierischen oder pflanzlichen Einzellern (Protozoen), bei letzteren hauptsächlich von Kieselalgen (Diatomeen). Die Bewegungen der Tentakel und das Flimmern ihrer Cilien erzeugen eine Wassserzirkulation und spülen Mikroorganismen zum Mund. Nahrungsaufnahme und Atmung sind nur möglich, wenn der Polypid ausgestreckt ist.

FORTPFLANZUNG
Moostierchen sind meist zwittrig. Die Keimdrüsen (Gonaden) befinden sich in der Nähe des Darmes.
Die Befruchtung findet im Cystid statt. Das Ei wird direkt im Cystid oder in einer Bruttasche (Ovicelle) ausgebrütet. Es schlüpft eine schwimmende Larve heraus, die eine mehr oder minder lange Zeit im Plankton verbringt. Anschließend wird sie seßhaft, baut einen neuen Cystid und erzeugt durch Knospung eine neue Moostierchenkolonie.

ÖKOLOGIE
Die Bryozoen besiedeln Felsen, Muscheln, Algen, Seegrasblätter und Wracks von der Oberfläche bis in Tiefen, die für Sporttaucher unerreichbar sind. Man kennt auch einige Süßwasserarten. Zusammen mit Algen, Schwämmen, Hydroiden, Kalkröhrenwürmern, Seepocken und Seescheiden bilden sie auf Schiffsrümpfen oder Hafenmolen den sogenannten Aufwuchs.

BEBILDERTE BEISPIELE
☐ Neptunsschleier, *Reteporella couchii* (Bild XI.3). Diese Moostierchenart ist Tauchern gut bekannt. Ihre Kolonien in Form von gewundenen Netzen sind aufrecht, fest (weil verkalkt), aber sehr zerbrechlich. Die Färbung ist rosa oder blaßorange. Durchmesser der Kolonien: bis 15 cm. Lebt auf einer schmalen Basis befestigt an Felsabhängen, unter Vorsprüngen und in Höhlen, von 5 bis 100 m Tiefe.
☐ Trug- oder Hundskoralle, *Myriapora truncata* (Bild XI.4). Die Kolonie ist strauchartig und regelmäßig verzweigt. Sie fühlt sich sehr fest an, weil sie stark verkalkt ist. Die Ästchen haben abgeschnittene Enden. Die Färbung variiert von gelb bis dunkel-orange. Dieses Moostierchen erreicht eine Höhe von 10 bis 15 cm. Lebt nur im Mittelmeer, auf felsigen Abhängen, in Spalten, unter Vorsprüngen oder in Höhlen befestigt, bis in 20 m Tiefe.
☐ Seerinde, *Membranipora membranacea* (Bild XI.5). Diese krustenbildende Kolonie entwickelt sich hauptsächlich auf den Blättern von Braunalgen, auf welchen sie ein sehr feines, grellweißes, mehr oder minder diskusförmiges Netz bilden. Die Wand der Cystiden ist verkalkt. Die Cystiden mit rechteckigem Querschnitt sind sehr regelmäßig in parallelen Reihen angeordnet. Länge der Kolonien: bis 40 cm. Dieses Moostierchen findet man bis in 30 m Tiefe.

NICHT VERWECHSELN
☐ Mit den Hydroiden: Die Bryozoen sind undurchsichtig und rauh; sie sind nicht giftig.
☐ Mit den koloniebildenden Seescheiden.
☐ Die Trugkoralle (*Myriapora truncata*) wird von unerfahrenen Tauchern oft mit der Edelkoralle (*Corallium rubrum*) verwechselt.
Das Moostierchen ist orange und nicht hellrot gefärbt; die Enden seiner Verzweigungen sind abgeschnitten und nicht abgerundet.

BEIM TAUCHEN BEOBACHTEN
☐ Die feinen Netze der Cystiden.
☐ Die Feinde sind oft sehr gut getarnt (Mimikry).
☐ Die Lophophoren sind zu klein und können beim Tauchen nicht beobachtet werden.

AUFPASSEN
☐ Brechen Sie weder Neptunsschleier noch andere Arten beim Tauchen ab, um sie mitzunehmen.
☐ Vermeiden Sie unvorsichtige Flossenschläge in der Nähe von Abhängen oder in Höhlen, um diese zerbrechlichen Organismen, deren Wachstum sehr langsam ist, nicht zu zerstören.

STAMM CHORDATIERE

Dieser Tierstamm umfaßt alle Tiere, die ein stabförmiges Stützorgan besitzen, das den Körper in Längsrichtung durchzieht und als Rückensaite oder „Chorda dorsalis" bezeichnet wird. Diese Chorda ist entweder dauerhaft oder nur während der Larvenphase vorhanden.

Unterstamm Manteltiere

Manteltiere oder Tunicata oder Urochordata (Tiere mit einer Chorda im Schwanz, *uro-*) sind ausschließlich marine Organismen, die fast immer mit bloßem Auge beobachtet werden können, wenn sie erwachsen sind.
Von den drei Klassen der Manteltiere sind meist nur die Seescheiden den Tauchern bekannt. Sie sind also die einzigen, die hier behandelt werden.
Es handelt sich bei ihnen um Tiere, die entweder solitär oder in Kolonien leben. Im ersten Fall sind sie zylindrisch oder faßförmig; im anderen Fall bilden sie mehr oder minder unförmige, gallertige Massen.
Der Körper der solitär lebenden Seescheiden ist ein Sack mit zwei Öffnungen (Siphos), der auf seiner Unterlage mit wurzelartigen Verlängerungen (Stolonen) fest verankert ist. Eine Öffnung befindet sich in der Körperachse im oberen Teil des Individuums (Abb. 4.36). Es ist die Einströmöffnung, die als Mund dient und durch die das Wasser eintritt. Die zweite Öffnung, die Ausströmöffnung, befindet sich an der Seite im oberen Drittel des Tieres. Durch sie wird das verbrauchte Wasser wieder ausgeschieden. Seescheiden sind Filtrierer.
Die Hülle des Körpers, der Mantel, ist entweder durchsichtig oder milchig. Er kann aber auch undurchsichtig und rauh sein. Seine Farbe kann sehr variieren. Er besteht fast ausschließlich aus einem für die Tierwelt absolut außergewöhnlichen Stoff, dem zelluloseähnlichen Tunicin. Diese Hülle wird von der Epidermis abgeschieden und ist mit Blutgefäßen versorgt. Bei einigen Arten kann sie sehr dick sein und auch Kalkkörperchen enthalten, ähnlich denen mancher Schwämme. Ihre Form ist oft typisch für die jeweilige Art.

Innerhalb der Seescheide geht die Einströmöffnung in den Kiemendarm über, der einen Großteil der Leibeshöhle einnimmt. Seine Wände sind von zahlreichen, sehr feinen Schlitzen durchlöchert, die parallel zur Körperachse verlaufen und einen Reusenapparat bilden, dessen Aufgabe die Atmung und das Herausfiltrieren der Nahrung ist. Die Innenseite des Kiemendarmes ist mit Wimperzellen ausgekleidet, die durch ihr Flimmern den Wasserstrom erzeugen. Das Wasser, dem die Nahrung und der Sauerstoff entnommen wird, fließt durch die Schlitze zuerst in die Leibeshöhle, dann in die Ausströmhöhle, um schließlich durch die Ausströmöffnung ausgestoßen zu werden.
Die Geschwindigkeit des Wasserstromes kann bis zu 60 cm/min betragen. Man schätzt, daß ein mittelgroßes Tier täglich ungefähr 100 Liter Wasser umwälzt.

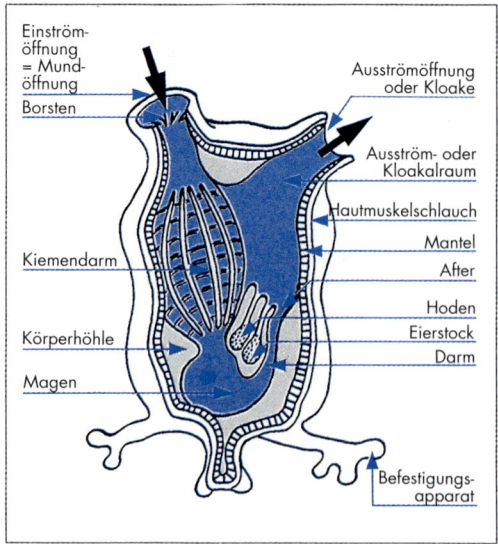

4.36 *Vereinfachter Bauplan einer solitären Seescheide.*

Meeresbiologie · Das Tierreich

Nach dem Kiemendarm kommt zuerst der Magen und dann der Darm, der mit dem After in unmittelbarer Nähe der Öffnungen der Keimdrüsen in die Ausströmhöhle mündet.

Seescheiden besitzen ein Herz ohne Klappen, dessen Schlagrichtung sich regelmäßig umkehrt (20 bis 30 Schläge in einer Richtung, gefolgt von 40 in der anderen). Das Nervensystem ist relativ gut entwickelt.

Seescheiden können sich, wenn sie gestört werden, zusammenziehen und ihre Ein- und Ausströmöffnung verschließen. Ihre Regenerationsfähigkeit ist erstaunlich.

Die sozialen Seescheiden bestehen aus mehreren Individuen, die untereinander durch Stolonen verbunden sind, d. h. durch Verlängerungen ihrer jeweiligen Befestigungsapparate. Die koloniebildenden Formen sind aus Individuen gebildet, die dicht aneinander festgewachsen sind. In diesem Fall besitzen sie einen gemeinsamen Mantel, und die Einzeltiere sind jeweils kreisförmig um eine gemeinsame Ausströmöffnung angeordnet (Abb. 4.37).

Viele Arten beherbergen Mikroalgen in ihrer Leibeshöhle, die ihrem Wirt eine besondere Färbung verleihen.

4.37 *Vereinfachter Bauplan eines Teils einer Synascidie.*

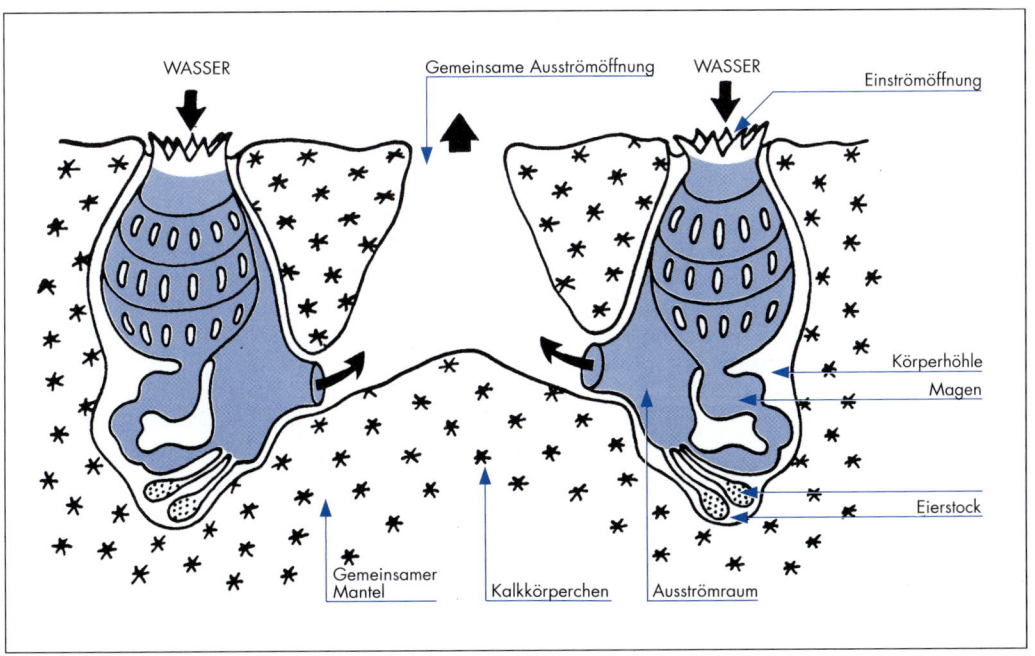

SEESCHEIDEN

GRÖSSE
Von 5 mm bis 20 cm die solitären, bis 50 cm die koloniebildenden Seescheiden.

ERNÄHRUNG
Seescheiden sind Filtrierer und ernähren sich von planktonischen Organismen, Bakterien und organischen Partikeln.

FORTPFLANZUNG
Seescheiden sind fast immer Zwitter. Die Produkte der Keimdrüsen werden in die Ausströmhöhle abgegeben. Die Befruchtung findet entweder in dieser Höhle oder draußen im Meerwasser statt. Das Ei entwickelt sich entweder in der Ausströmhöhle (vivipare Arten, die die lebenden Larven direkt freisetzen) oder im Meerwasser (ovipare Arten, die Eier legen). Aus dem Ei schlüpft eine schwimmende Larve, deren Eigenschaften die Klassifizierung der Manteltiere in unmittelbarer Nähe der Wirbeltiere erklärt. Diese kaum einen Millimeter lange Larve besitzt in der Tat eine Chorda, eine Art ungegliederte Wirbelsäule, die nur im Schwanz (daher auch der Name Urochordata; uro-: Schwanz) und im Rücken verläuft. Dieses elastische Stützorgan gibt dem Schwanz eine gewisse Festigkeit. Die Larve ist auch mit einem Hirnvesikel und einem primitiven Auge ausgestattet.

Die Dauer des kaulquappenähnlichen Larvenstadiums beträgt 6 bis 24 Stunden. Anschließend setzt sich die Larve auf einem geeigneten Untergrund fest. Die Organe, die sie kennzeichnen (Chorda, Auge und Hirnvesikel), bilden sich zurück, und sie entwickelt sich zu einer neuen Seescheide.

Nur bei den solitären Seescheiden findet ausschließlich eine geschlechtliche Fortpflanzung statt, während die koloniebildenden und die sozialen Arten andere Individuen einfach durch Knospung erzeugen können, sich also ungeschlechtlich vermehren können.

ÖKOLOGIE
Man findet Seescheiden vom Flachwasser bis in Tiefen, die für Sporttaucher unerreichbar sind. Sie leben meistens in schattigen Zonen auf Steinen, Algen oder Seegras befestigt. Einige Arten leben aber auch vollkommen frei im Sand. Ihre Lebensdauer variiert zwischen einem und drei Jahren. Einige Arten dienen Algen, Moostierchen und Schwämmen als Untergrund, während andere Arten überhaupt nicht besiedelt werden.

Seescheiden sind die Beute einer Anzahl von Freßfeinden, wie Plattwürmern, Schnecken, Krebsen, Fischen und sogar des Menschen.

BEBILDERTE BEISPIELE
☐ Kleine Keulenseescheide, *Clavelina nana* (Bild XII.1). Die Kleine Keulenseescheide ist eine soziale Seescheide mit einer veränderlichen Anzahl von Individuen, die durch die Stolonen miteinander verbunden sind. Ihr Hauptmerkmal ist die vollkommene Durchsichtigkeit und ihre schwache Gelbfärbung des Mantels. Die Tiere haben die Form einer Keule und können 2–3 cm lang werden. Der Kiemendarm ist oft durch undurchsichtige, weiße oder gelbe Querstreifen hervorgehoben. Die Art lebt immer auf Felsen, Steinen, Gorgonien und sogar auf Algen befestigt bis in 60 m Tiefe.

☐ Weiße Warzenseescheide, *Phallusia mamillata* (Bild XII.2). Die Art ist eine der größten Seescheiden der europäischen Küsten. Der weiße bis blaugraue Mantel ist fest und weist rundliche, glatte Knötchen auf. Die Ausströmöffnung befindet sich ziemlich weit von der Einströmöffnung entfernt. Die Art erreicht eine Länge von bis zu 20 cm. Sie lebt auf Felsen oder auf Steinen befestigt, die in feinen Sedimenten eingegraben sind, und bevorzugt sehr trübe Gewässer. Sie wurde von Baggern bis in 200 m Tiefe gefunden.

☐ Mikrokosmos-Seescheide, *Microcosmus sabatieri* (Bild XII.3). Diese Seescheidenart ist für einen unerfahrenen Taucher sehr schwer zu finden, denn ihr sehr fester, faltiger, bräunlicher Mantel dient als Untergrund für sehr viele Organismen wie Schwämme, Moostierchen, Nesseltiere und Algen, die auf ihr wachsen und sie so nahezu unsichtbar machen. Diese Vergesellschaftung von zahlreichen tierischen und pflanzlichen Organismen erklärt auch ihren wissenschaftlichen Namem (Microcosmus: kleine Welt). Die einzigen Teile der Mikrokosmos-Seescheide, die leicht zu sehen sind, wenn das Tier nicht gestört ist, sind die Ein- und Ausströmöffnungen. Sie sind kreisrund, hell gefärbt und mit mehreren (acht bis zehn) dunkelroten, in gleicher Entfernung voneinander verlaufenden Längsstreifen versehen. Der Körper kann bis 20 cm Länge erreichen. Diese Art lebt in 5–100 m Tiefe auf felsigem Untergrund oder leeren Schalen befestigt. Sie ist eßbar und wird von einigen Meeresfrüchteliebhabern im

Mittelmeerraum sehr geschätzt. Dabei wird der innere, zitronengelbe Teil mit seinem sehr typischen Geruch (jodhaltig) gegessen, der – wie es heißt – unentbehrlich ist, um eine gute Bouillabaisse zu kochen.

☐ **Rote Seescheide,** *Halocynthia papillosa* (Bild XII.4). Diese solitäre Art ist durch die hellrote Farbe ihres Mantels, der die Beschaffenheit und Festigkeit von Leder hat und nicht von anderen Organismen bedeckt ist, unverwechselbar. Die Form ihres Körpers erinnert an eine Amphore mit einem zusätzlichen Seitenhals. Die Ein- und Ausströmöffnungen sind nicht rund, sondern vierstrahlig sternförmig. Ihr Rand ist mit zahlreichen steifen Borsten besetzt. Wenn das Tier gestört wird, zieht es seinen ganzen Körper zusammen, und die Siphos verschließen sich. Der Körper kann bis 15 cm lang sein. Die Art lebt fest auf Felsen oder Steinen verankert bis in 30 m Tiefe. Im Mittelmeer wird sie von manchen Leuten gegessen.

☐ **Stern-Seescheide,** *Botryllus schlosseri* (Bild XII.5). Diese koloniebildende Seescheide kommt im Ärmelkanal und im Atlantik viel häufiger vor als im Mittelmeer. Sie bildet fleischige, gallertartige Massen, die typische Muster in Stern- oder Blumenform zeigen. Diese Muster rühren von der Anordnung der Einzelindividuen in Zehner- bis Zwanzigergruppen um die gemeinsamen Ausströmöffnungen her. Jede Gruppe mit einer Öffnung ähnelt einer Blume oder einem Stern (Abb. 4.37). Die Färbungen sind wegen ihrer Zusammensetzung (hellgelb und grau, blau und grün, rot und braun) und ihrer Vielseitigkeit bemerkenswert. Die gallertartige Masse ist der gemeinsame Mantel der Kolonie. Diese Art kann 15 bis 20 cm große Kolonien bilden. Sie siedelt sich auf Felsen und vor allem auf Algen an, insbesondere Braunalgen. Ihre grellen Farben heben sich von den braun-gelben Wedeln oder Haftwurzeln dieser Pflanzen deutlich hervor. Man trifft sie bis in 30 m Tiefe an.

NICHT VERWECHSELN
Die koloniebildenden oder sozialen Arten können eventuell mit Moostierchen und vor allem mit Schwämmen verwechselt werden. Man kann den Unterschied feststellen, wenn man die Öffnungen betrachtet (wenn sie nicht zu klein sind); wenn sie verschließbar sind, handelt es sich um eine Seescheide (Einström- und Ausströmöffnung); wenn sie es nicht sind, handelt es sich um einen Schwamm (Oscula).

BEIM TAUCHEN BEOBACHTEN
☐ Suchen Sie die verschiedenen Seescheidenarten.
☐ Beobachten Sie bei den großen Arten das Schließen der Ein- und Ausströmöffnungen.
☐ Versuchen Sie die Mikrokosmos-Seescheide aufzuspüren.
☐ Versuchen Sie, die Wasserströmungen in der Nähe der Siphos zu erkennen, indem Sie die Bewegungen der Schwebstoffe beobachten.

AUFPASSEN
Seescheiden sind für Taucher vollkommen ungefährlich.

Unterstamm Wirbeltiere

Klasse Fische

Fische sind den Tauchern gut bekannt, zumindest einige Arten. Sie sind Wirbeltiere, denn ihr Körper besitzt ein Skelett, dessen Hauptgerüst die Wirbelsäule ist. Sie leben sowohl im Meer als auch in Süß- und Brackgewässern. Einige Arten können sogar mehr oder weniger lange außerhalb des Wassers überleben. Man kennt weltweit ungefähr 20.000 Arten.

Die Klasse der Fische wird heute in zwei Unterklassen unterteilt:
– die Chondrichthyes oder Knorpel- (chondr-) fische (-ichthyes),
– die Osteichthyes oder Knochen- (oste-) fische (-ichthyes).

Von den ersten trifft man beim Tauchen nur die Vertreter der Gruppe Selachii, der Haie und Rochen.

Von den zweiten werden nur Vertreter der Gruppe der Echten Knochenfische, der Teleostei (tele-: vollkommen; -osteen: knochig), häufig beobachtet.

Die meisten Haie und Rochen und die Echten Knochenfische besitzen einen spindelförmigen Körper, der an beiden Enden spitz zuläuft und in der Mitte bauchig ist (Abb. 4.38). Diese sehr schlanke Form ist hydrodynamisch und erlaubt eine schnelle Fortbewegung.

Neben diesen spindelförmigen Tieren trifft man aber auch Arten mit abgeflachtem Bauch (Drachenkopf, Seeteufel), die sich so als Bodenbewohner besser auf den Untergrund legen können. Andere haben vollkommen abgeflachte Rücken und Bäuche (Rochen, Zitterrochen) oder Körperseiten (Seezunge, Scholle, Butt). Seezungen liegen auf ihrer linken Körperseite und ihre Augen sitzen rechts, während es beim Steinbutt genau das Gegenteil ist. Manche Fische haben noch ganz andere Formen. Sie können wie Schlangen aussehen (Meeraal, Muräne) oder noch außergewöhnlicher sein, wie das Seepferdchen.

Die Körperform der Fische wird durch Fortsätze ergänzt, die als Fortbewegungsmittel dienen: die Flossen. Bei den Haien und Rochen sind sie dick und nur von internen Knorpelstäbchen gestützt, während sie bei den Echten Knochenfischen dünn, membranartig und mit harten Strahlen versteift sind. Diese Strahlen können entweder stachelartig aus einem einzigen harten und spitzen Teil bestehen oder gegliedert, manchmal verzweigt sein, was sie vollkommen flexibel macht.

Fische besitzen im Normalfall zwei paarige Flossen, die Brust- und Bauchflossen, sowie drei unpaare Flossen, die Rücken-, die Schwanz- und die Afterflosse. Die Rückenflosse kann dabei aus bis zu drei einzelnen Teilen bestehen.

4.38 *Vereinfachter äußerer Bauplan des Kabeljaus (Gadus morhua).*

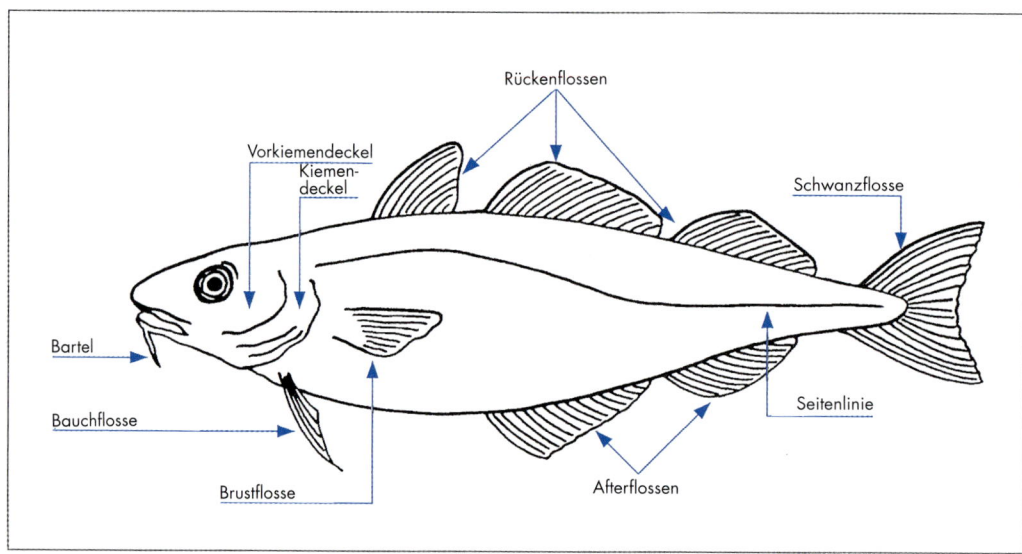

Meeresbiologie · Das Tierreich

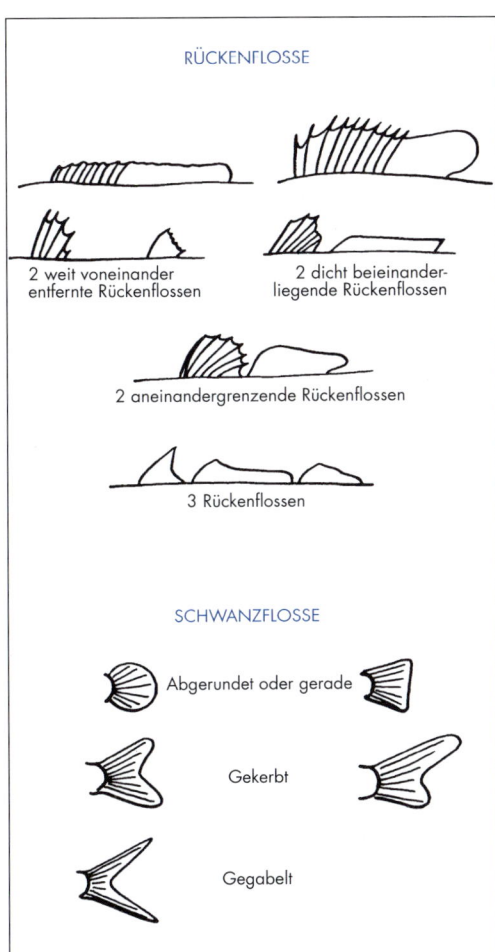

4.39 *Die verschiedenen unpaaren Flossentypen: Rücken- und Schwanzflossen.*

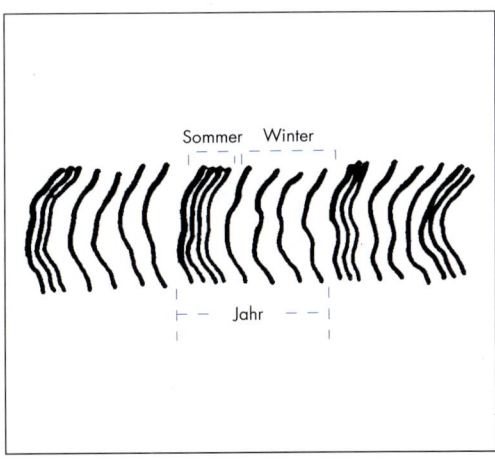

4.40 *Detail einer Fischschuppe.*

Die Form der Afterflosse kann sehr unterschiedlich sein (Abb. 4.39). Sie kann aus einem Stück, gerade oder abgerundet, gekerbt mit zwei gleichen oder ungleichen Lappen oder sogar gegabelt sein.

Die paarigen Flossen entsprechen den Gliedmaßen bei den Menschen. Die Brustflossen befinden sich seitlich hinter dem Kopf, eine auf jeder Seite, die Bauchflossen sitzen, je nach Art, an verschiedenen Stellen auf dem Bauch. Manchmal fehlt eine der unpaaren Flossen. Dies ist z. B. bei den Stechrochen der Fall, die keine Schwanzflosse besitzen; ihr Schwanz endet in einer Peitsche (wie auch beim Seepferdchen). Beim Meeraal und der Muräne sind Rücken-, Schwanz- und Afterflossen zusammengeschmolzen und bilden einen einzigen Flossensaum. Auch die paarigen Flossen können fehlen: Muränen besitzen weder Bauch- noch Brustflossen; Aale, Meeraale und Seepferdchen besitzen keine Bauchflossen. Bei manchen Arten können die einzelnen Flossen vollkommen umgebildet sein; bei den Fliegenden Fischen sind die Brustflossen flügelartig ausgebildet; bei den Grundeln sind die Bauchflossen verwachsen und bilden eine Art Saugnapf, der dem Tier dazu dient, sich auf einer Unterlage festzuhalten.

Für die langsamen Bewegungen und das Gleichgewicht sind Rücken-, After-, Brust- und Bauchflossen verantwortlich (zum Beispiel beim Braunen Zackenbarsch, den Mönchsfischen, den Lippfischen). Schnelle Flucht- oder Angriffsbewegungen werden durch die Schwanzflosse und durch kräftige Körperbewegungen ermöglicht. Der Knurrhahn (mit abgeflachtem Bauch) erreicht nur 6 km/h, während die Makrele 50 km/h und der Thunfisch 80 km/h überschreiten können.

Der Fischkörper wird vollkommen von Haut und in den meisten Fällen von Bildungen der Haut, wie Schuppen, Tentakeln oder Hautfetzen, bedeckt. Bei Haien und Rochen werden die Schuppen von der äußeren Hautschicht, der Epidermis, abgesondert. Sie sind nicht vollständig in ihr eingeschlossen und eher mit Zähnen vergleichbar. Die beiden Katzenhaiarten haben eine sehr rauhe Haut, die oft als Poliermittel benutzt wurde, bevor man das Sandpapier erfand. Bei den Echten Knochenfischen werden die Schuppen von der Lederhaut, der tieferen Hautschicht, gebildet. Sie bleiben von der Epidermis bedeckt (Abb. 4.45). Einige sind glatt, andere rauh.

159

Die Schuppen bestehen aus einer knochenartigen Substanz. Sie bedecken einander dachziegelartig von vorne nach hinten (Abb. 4.44). Ihre Anzahl ist während des gesamten Lebens des Tieres immer dieselbe, sie vergrößern sich während des Wachstums. Die Wachstumsphasen sind an den konzentrischen Rillen auf den Schuppen zu erkennen, deren Abstand und Zahl je nach Jahreszeit variiert (Zonen mit engen Rillen: Winter; Zonen mit breiten Rillen: Sommer; siehe Abb. 4.40). Dieser Schuppenpanzer behindert weder den chemischen Austausch mit der Umgebung durch die Haut noch eine gewisse Atmung durch die Haut.

Einige Fische besitzen überhaupt keine Schuppen (Muräne) oder nur sehr kleine und sehr tief sitzende (Aal, Schleimfisch). Der Körper erscheint dann glatt und schleimig, denn er ist in jedem Fall mit Schleim überzogen, der von zahlreichen Drüsen in der Haut abgesondert wird.

Die Farben und Muster, die die Fische schmücken, sind sehr verschieden. Die Färbung kann sich mit dem Alter, dem Geschlecht, der Jahreszeit, dem Lebensraum und sogar der Notwendigkeit, sich zu tarnen, verändern. Die verschiedenen Farben werden von drei Typen von Hautzellen erzeugt, die in der Lederhaut unter den Schuppen sitzen:

– Die Chromatophoren, die Farbsubstanzen (Pigmente) enthalten, sind Abfallprodukte der Nahrung. Im Gegensatz zu den Kopffüßern, die auch Chromatophoren besitzen, ändern diese Zellen ihre Form nicht: das Pigment wird innerhalb der Zelle verteilt.
– Die Guanophoren, die zahlreiche Guaninkristalle (Kristallpailletten) enthalten, die wie Spiegel wirken und das Licht reflektieren, sind für die Silberfarbe, die Hauptfarbe bei den Fischen, verantwortlich.
– Die Iridophoren, die wie tausend kleine Prismen funktionieren und das Licht brechen, bevor sie es zurückspiegeln, sind die Ursache des Irisierens.

Der Farbwechsel wird hormonell oder nervös gesteuert. Während der Fortpflanzungszeit (dem Laichen) sind die Geschlechtshormone für das charakteristische Farbkleid der Fische verantwortlich. Die Weibchen sind im allgemeinen glanzlos, während die Männchen sehr bunt sind. Die Muster, die die Tiere schmücken, dienen oft der Tarnung. Es handelt sich um das Phänomen der Homochromie (homo-: selbe; -chromie: Färbung), das z. B. für Drachenköpfe und einige Plattfische (Seezunge, Scholle) typisch ist.

Der Körper der Fische besteht aus drei Teilen: Kopf, Rumpf und Schwanz.

□ Der Kopf wird durch das Maul gekennzeichnet. Er ist durch die Schnauze abgegrenzt, die mehr oder minder lang sein kann. Die Form und die Position des Maules sind sehr unterschiedlich. Es befindet sich meist an der Spitze des Kopfes, kann aber auch auf der Seite oder sogar auf der Kopfunterseite liegen. Es befindet sich auf der Unterseite, wenn die Art ihre Nahrung auf dem Meeresgrund sucht, oder auf der Oberseite, wenn sie an der Oberfläche schwimmende Beute jagt. Die beiden Kiefer können gleich oder verschieden lang sein. Beide tragen manchmal fleischige Verlängerungen, die als Barteln bezeichnet werden. Auch die Lage der Zähne ist sehr verschieden. Sie können auf den Kiefern, in der Mundhöhle oder auf der Zunge sitzen. Man findet sogar manchmal welche im Schlund und im Magen. Ihre Form variiert von spitzen Nadeln bis zu massiven Blöcken, die zum Zermahlen dienen.

Der Kopf (Abb. 4.41) enthält das Gehirn, das durch die Schädelknochen geschützt ist, und die meisten Sinnesorgane. Die Augen befinden sich auf der Oberseite des Kopfes, liegen nah beieinander oder weit voneinander entfernt, auf beiden Körperseiten oder bei bestimmten Plattfischen sogar beide auf derselben Seite. In den meisten Fällen besitzen sie keine Lider. Dennoch gibt es bei einigen Haien eine Membran, die sich von unten nach oben schließt und den Augapfel bedeckt, während andere Fische zwei senkrechte Lider haben. Die Iris ist praktisch unbeweglich, so daß die Pupille starr ist. Sie ist kreisrund, bei einigen Haien schlitzförmig. In den meisten Fällen sind die Augen in ihrer Funktion voneinander unabhängig. Der Geruchssinn ist gut entwickelt. Wahrscheinlich kommunizieren Fische auch durch chemische Signale. Das Riechorgan besteht aus Grübchen, die vor den Augen sitzen. Das Ohr ist einfach gebaut: Es gibt keine Ohrmuschel, kein Trommelfell, keine Gehörknöchelchen, kein Mittelohr. Es ist auch der Sitz des Gleichgewichtssinnes. Bei einigen Echten Knochenfischen dienen die Barteln als Geschmackspapillen oder auch als Tastorgan. Dies ist bei der Meerbarbe, dem Köhler oder dem Dorsch der Fall.

Der Atemapparat befindet sich im Kopf. Fische besitzen ein besonderes System, die Kiemen, die man auch bei anderen Gruppen wie den Schnecken oder den Krebstieren kennt. Sie erlauben den Tieren, den für ihr Leben unentbehrlichen gelösten Sauerstoff aus dem Wasser

Meeresbiologie · Das Tierreich

aufzunehmen und die Abfallstoffe der Atmung, das Kohlendioxid, abzugeben. Bei den meisten Fischen sitzen die Kiemen auf beiden Seiten des Hinterkopfs. Das Wasser wird durch den Mund aufgenommen. Wenn dieser geschlossen wird, wird das Wasser durch die Kiemenspalten geleitet (Abb. 4.42). Diese sind bei den Haien und Rochen sichtbar, bei den Echten Knochenfischen sind sie von einer Knochenplatte, dem Kiemendeckel, bedeckt, der sie schützt. Hinter dem Kiemendeckel befindet sich die Kiemenöffnung, die Ausströmöffnung des Wassers. Vor den Kiemen filtern Reusendornen, eine Art starre Nadeln, das aufgenommene Wasser und lenken bei den Fischen, die sich von Plankton ernähren, die Nahrungspartikel zur Speiseröhre (Abb. 4.42 und 4.43). Die Kiemen bestehen aus zahlreichen gut durchbluteten, dünnhäutigen Blättchen, die die Gasaustauschoberfläche vergrößern.

☐ Der Rumpf umfaßt den Teil zwischen dem Kiemendeckel oder den Kiemenspalten vorne und dem After hinten. Er enthält die Speiseröhre, die dem Schlund folgt, den Magen und den Darm, der über dem After nach außen mündet. Dem Verdauungstrakt sind auch eine Leber und eine Milz angeschlossen. In der Nähe des Afters mündet auch die Harnblase, in welche sich die Niere entleert. Die Rolle dieses Ausscheidungsapparates ist bei Fischen begrenzt, einige Abfallstoffe werden über die Kiemen ausgeschieden.

In der Nähe des Afters mündet auch der Geschlechtsapparat, der oft groß ist und den hinteren Teil des Rumpfes einnimmt (Abb. 4.41). Das Herz sorgt für die Blutzirkulation. Es besitzt nur zwei Kammern, eine Vor- und eine Hauptkammer, die in einer Reihe angeordnet sind. Es befindet sich im Bauchbereich in der Nähe der Kiemen.

Im Rumpf findet man auch eine große, mit Gas gefüllte Blase, die Schwimmblase. Sie fehlt bei den Haien und Rochen sowie bei einigen Echten Knochenfischen, wie z. B. den Plattfischen. Es handelt sich bei ihr um eine Ausstülpung des Darmes, die mit diesem verbunden oder davon getrennt sein kann. Ihre Aufgabe ist es, das Schweben in jeder Tiefe und Stellung zu ermöglichen, also für die exakte Austarierung zu sorgen. Sie spielt auch eine Rolle bei der Entstehung von Lauten (dies ist beim Knurrhahn der Fall) oder beim Empfang von Tönen, wenn sie mit dem Innenohr verbunden ist.

Im Rumpf liegt auch die Wirbelsäule. Die Wirbel sind nicht hohl. Sie tragen auf ihrer Rückseite (oben) einen stacheligen, an seiner Basis ausgehöhlten Fortsatz, in dem das Rückenmark verläuft. An der Vorderseite des Rumpfes (unten) stützen die Wirbel die Rippen.

4.41 *Vereinfachter innerer Bauplan eines Echten Knochenfisches.*

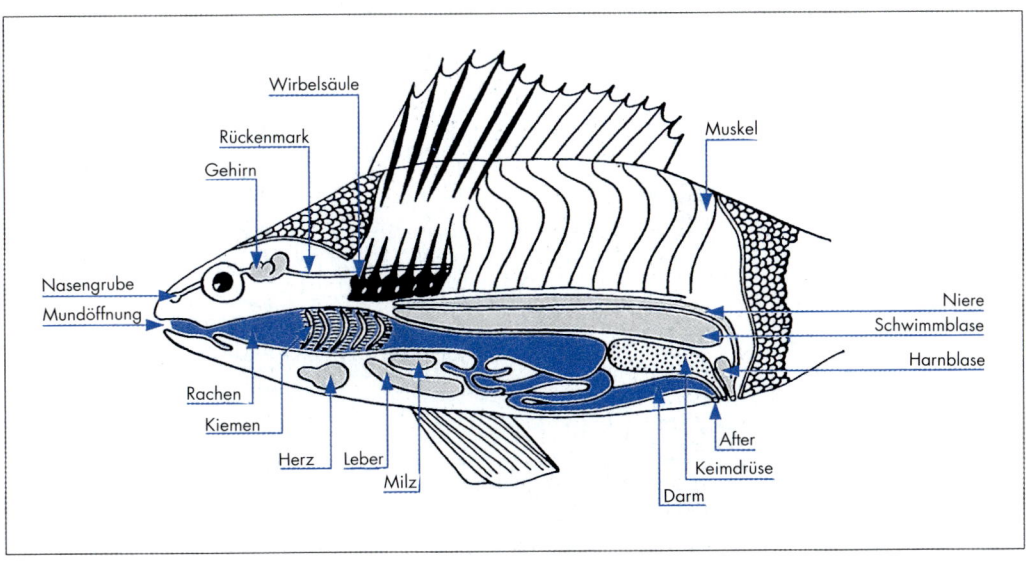

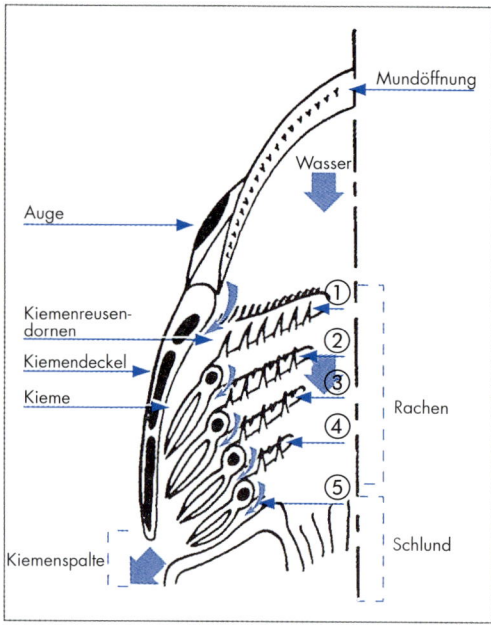

An der Oberfläche des Rumpfes befindet sich bis zur Basis der Schwanzflosse ein spezifischer Wahrnehmungsapparat der Fische: die Seitenlinie, die etwa in der Mitte der Körperseiten verläuft und nur bei einigen Arten sichtbar ist. Sie besteht aus einer Reihe von Poren in der Epidermis und den Schuppen (Abb. 4.44), die durch einen breiten Kanal in der Lederhaut verbunden sind und Sinnesknospen enthalten (Abb. 4.45). Fische besitzen somit einen sechsten Sinn, der schwache Druckwellen und Strömungen wahrnehmen kann. Er erlaubt ihnen, Beute und Feinde zu orten und sich nachts und im trüben Wasser problemlos zu orientieren.

☐ Der Schwanz trägt die Schwanzflosse, die unterschiedliche Formen haben kann (Abb. 4.39).

4.42 *Längsschnitt der rechten Kopfhälfte eines Echten Knochenfisches von unten.*

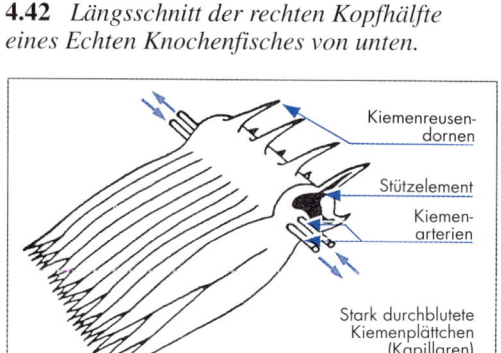

4.43 *Detail einer Kieme.*

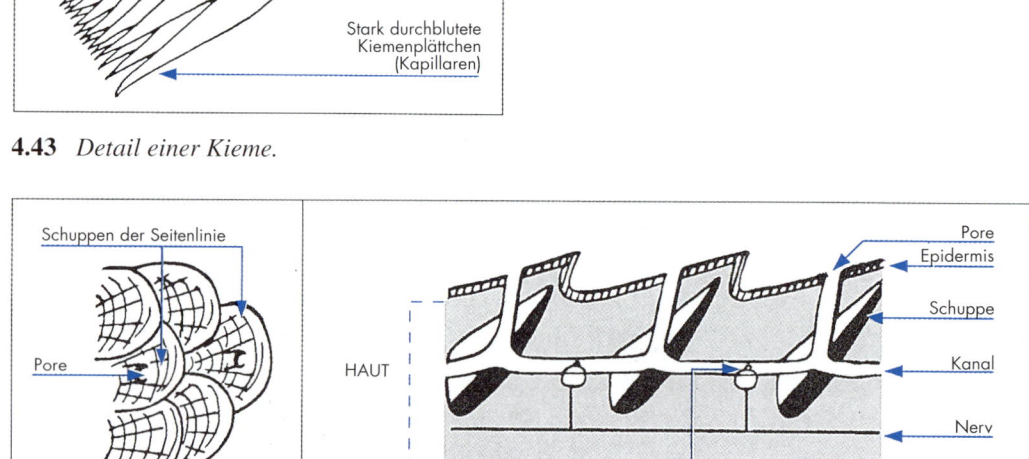

4.44 *Einige Schuppen auf Höhe der Seitenlinie.*
4.45 *Schnitt durch die Haut eines Fisches auf Höhe der Seitenlinie.*

FISCHE

GRÖSSE
An den Küsten Europas erreichen die erwachsenen Individuen Größen zwischen einigen Zentimetern (Grundeln) und etwa zehn Metern (Riesenhai).

ERNÄHRUNG
Reine Pflanzenfresser, wie z. B. die Goldstriemen, sind sehr selten. Sie weiden Algen und Seegras ab. Reine Fleischfresser sind zahlreicher. Man muß bei ihnen aber unterscheiden zwischen Zooplanktonfressern (Sardellen, Sardinen, Heringe, Mondfische, Riesenhai), Fischen, die sessile oder freibewegliche, bodenbewohnende Wirbellose Tiere (hauptsächlich Krebstiere und Weichtiere) fressen und Arten, die sich von Fischen ernähren (Seebarsch, Drachenkopf, Thunfisch, Petermännchen usw.). Fische, die Moostierchen, Nesseltiere, Schwämme oder Seescheiden fressen, sind selten.
Andere Fische sind Allesfresser, d. h., sie fressen sowohl Pflanzen als auch Tiere. Es gibt aber auch Detritivoren, die Detritus oder abgestorbenes, organisches Material fressen, Aasfresser, die tote Tiere fressen und Parasiten, die sich von Körpersäften oder -geweben ihrer Wirte ernähren.

FORTPFLANZUNG
Bei Fischen findet immer eine geschlechtliche Fortpflanzung statt. Die Fortpflanzungsorgane sind sehr groß; beim weiblichen Lachs z. B. wiegen die Eierstöcke ein Viertel des Gesamtgewichts des Tieres. Die meisten Arten sind getrenntgeschlechtlich, es gibt aber auch zwittrige Arten. Außerdem wechseln die Tiere bei einigen Fischarten im Laufe ihres Lebens das Geschlecht. Lippfische, wie z. B. der Meerjunker, sind erst Weibchen und später Männchen. Bei ihnen sind die Geschlechter anhand ihrer unterschiedlichen Färbung leicht zu erkennen.
Bei Haien und Rochen ist für die Befruchtung eine Begattung notwendig. Die Bauchflossen der Männchen werden in die Geschlechtsöffnung der Weibchen eingeschoben und übertragen die Keimzellen (Spermatozoen) entlang einer Rinne. Einige Haie und Rochen gebären vollentwickelte Junge. Die anderen Hai- und Rochenarten setzen Eier frei, die, wie beim Gefleckten Katzenhai, mit gewundenen Haftfäden auf verschiedenen Unterlagen befestigt werden.

Bei den meisten Echten Knochenfischen werden die weiblichen Keimzellen (Eizellen) zu Hunderttausenden oder Millionen ins Meer freigesetzt. Die Männchen befruchten sie, indem sie ihre Spermatozoen in der Nähe abgeben. So produziert ein einziges Kabeljauweibchen 4 bis 6 Millionen Eizellen. Die befruchteten Eier werden entweder ohne Bewachung verlassen, im Meeresgrund eingegraben oder auch im Körper des erwachsenen Weibchens oder sogar des Männchens behalten, bis die Jungen überlebensfähig sind (bei Seepferdchen und Seenadeln werden die Jungen in einer Bauchtasche des Vaters ausgetragen). Der männliche Meerbarbenkönig schützt seine Eier, indem er sie in seinem Mund aufbewahrt! Einige Männchen bauen sogar Nester aus Algen und Muschelschalen.
Aus den befruchteten Eiern schlüpfen Larven mit einem Dottersack, dessen Inhalt verbraucht wird, bis der Mund ausgebildet und funktionsfähig ist.
Die Fortpflanzung verläuft im allgemeinen zu festen Zeiten. Die Fortpflanzungsplätze, auch Laichplätze genannt, sind manchmal sehr genau festgelegt, was einige Fische dazu führt, das Milieu zu wechseln: Der Lachs, ein Meeresfisch, legt seine Eier nur im Süßwasser; der Aal, ein Süßwasserfisch, nur im Meerwasser.
Die Jungen machen oft wichtige Metamorphosen durch, bevor sie erwachsen werden. Seezungenlarven z. B. sind anfänglich symmetrisch gebaut.

ÖKOLOGIE
Fische leben in allen Lebensräumen und allen Tiefen. In der Uferzone, in Felsspalten, in Algen- oder Seegrasbeständen, im Sand oder im Schlamm leben die benthischen Fische (Seeteufel, Meeraal, Muräne, Seezunge, Lippfische, Schleimfische und andere mehr). Auf hoher See findet man die guten Schwimmer: die pelagischen Fischen (Makrele, Sardine, Thunfisch), die auf der Suche nach Laichplätzen oder Nahrung oftmals weite Wanderungen unternehmen. Einige Fischarten haben außergewöhnliche Lebensräume. So wohnt z. B. der Nadelfisch *Fierasfer* im Darm von Seegurken und frißt deren Geschlechtsdrüsen.
Fische können als Einzelgänger leben (Brauner Zackenbarsch) oder in Schwärmen von manchmal mehreren tausend Individuen zusammenleben (Sardinen). Sie können von Bakterien, Pilzen, Krebstieren, Würmern und anderen Parasiten befallen werden. Manchmal können Fische

sehr giftig sein, da sie Gifte, die von planktonischen Organismen erzeugt werden, oder chemische Substanzen, Abfallprodukte der Industrien, denen gegenüber sie manchmal unempfindlich sind, in ihrem Fleisch speichern.

Fische haben viele Feinde: Nesseltiere, Krebstiere, andere Fische, Meeressäugetiere, Vögel und, am schlimmsten, den Menschen.

BEBILDERTE BEISPIELE

☐ Marmor-Zitterrochen, *Torpedo marmorata* (Bild XIII. 1). Die Körperform erinnert an eine Gitarre. Seine Färbung ist braun-gelb und mehr oder minder dunkel gefleckt. Die Haut ist glatt. Zwei gut sichtbare Öffnungen, die Spritzlöcher, befinden sich hinter den Augen. Dieser Rochen kann bis zu einem Meter lang werden. Er lebt mit Vorliebe auf Sandböden vom Flachwasser bis in 200 m Tiefe. Nicht anfassen, denn er kann Stromstöße erzeugen!

☐ Brauner Zackenbarsch, *Epinephelus guaza* (Bild XIII.2). Diese Art kann im erwachsenen Alter eine Länge von bis zu 1,40 m erreichen und 50 kg wiegen. Der Körper ist eiförmig, der Kopf durch dicke Lippen gekennzeichnet. Der Oberkiefer ist ein bißchen kürzer als der Unterkiefer. Alle Flossen sind mit einem weißen Rand gesäumt. Die Schwanzflosse ist ungeteilt und abgerundet. Der Rücken und die Seiten sind braun-grün oder rötlich-braun gefärbt mit zahlreichen hellen, verstreuten Flecken. Der Bauch ist orange bis hellgelb. Der Braune Zackenbarsch lebt im Mittelmeer in einer Tiefe zwischen 20 und 400 m auf Felsgründen in Löchern, aus denen er nur selten herauskommt.

☐ Sägebarsch, *Serranus cabrilla* (Bild XIII.3). Diese Art zeichnet sich durch einen zugespitzten Körper (Länge: 30 bis 35 cm), eine relativ spitze Schnauze und wechselnde Färbungen aus, je nach der Tiefe, in der er lebt (vom Flachwasser bis in 600 m Tiefe). Der Rücken ist braun mit hellen Streifen, der Bauch lachsfarben. Die Seiten zeigen ein rot-orange gefärbtes Längsband, das vom Hinterkopf bis zur Basis der Schwanzflosse verläuft und von zwei grünlichen Linien gesäumt ist. Die Schwanzflosse ist nur leicht eingekerbt. Die Art lebt auf Felsen und in Seegraswiesen.

☐ Großer Roter Drachenkopf, *Scorpaena scrofa* (Bild XIII.4). Der Kopf dieser Art ist groß, der Körper massig. Hinter den Augen hat der Schädel eine Delle. Eine einzige Rückenflosse ist sichtbar, deren vorderer Teil sehr stachlig ist. Die Schwanzflosse ist ungeteilt und abgerundet. Die Färbung ist rosarot oder gelbbeige mit dunkleren, verstreuten Flecken. Am Kopf und am Kinn befinden sich zahlreiche Hautlappen. Hinter den Augen stehen zwei Tentakel. Dieser sehr standorttreue, bis 50 cm große Fisch lebt in algenreichen Zonen und in Seegraswiesen zwischen 15 und 200 m Tiefe.

☐ Gestreifte Meerbarbe, *Mullus surmeletus* (Bild XIII.5). Die Art zeichnet sich durch einen spindelartigen Körper mit zwei kurzen und klar voneinander getrennten Rückenflossen aus. Die Schwanzflosse ist gegabelt. Die Stirn ist fließend. Am Unterkiefer befinden sind zwei lange Auswüchse (die Barteln). Der Körper ist auf dem Rücken rotbraun bis grünlich, auf dem Bauch weiß gefärbt. Ein dunkelroter Streifen verläuft in Augenhöhe vom Auge bis zur Basis der Schwanzflosse. Diese bis 40 cm große Art färbt sich nach ihrem Tod rot. Sie lebt auf Sandböden, die sie mit ihren Barteln durchwühlt, um Nahrung zu suchen, bis in 100 m Tiefe.

☐ Fünfbinden-Brasse, *Diplodus cervinus* (Bild XIII.6). Diese Art zeichnet sich durch einen hochrückigen, seitlich abgeflachten Körper aus. Die einzelne Rückenflosse ist sehr lang und reicht vom höchsten Teil des Rumpfes bis in die Nähe des Ansatzes der Schwanzflosse. Diese ist gegabelt, ihre zwei gleich großen Lappen sind zugespitzt. Der Körper ist silberbeige mit fünf senkrechten dunkelbraunen Streifen. Die bis 60 cm große Art lebt in Schwärmen mit vielen Individuen im Mittelmeer zwischen Tiefen von 10 bis 300 m.

☐ Mönchsfisch, *Chromis chromis* (Bild XIV.1 und XIV.2). Der Körper der Mönchsfische ist eiförmig, der Mund klein. Die Schwanzflosse ist gegabelt und weiß gesäumt. Die Bauchflossen sind sehr spitz und lang. Die Färbung ist bei erwachsenen Tieren braun-schwarz, während sie bei den Jungfischen fluoreszierend kobaltblau ist. Die Männchen verteidigen mutig ihr Territorium und können sogar Taucher attackieren. Die bis 12 cm große Art lebt im Mittelmeer in Felsregionen bis 25 m Tiefe, manchmal auch in sehr dichten Schwärmen im freien Wasser.

☐ Streifenlippfisch, *Labrus bimaculatus* (Bild XIV.4). Fisch mit schlankem Körper und relativ langer Schnauze. Die Rückenflosse ist lang und reicht vom Hinterkopf bis in die Nähe der Schwanzflosse. Diese ist ungeteilt und abgerundet. Weibchen und junge Männchen sind rötlich-orange gefärbt mit drei schwarzen Flecken auf dem hinteren Teil des Rückens, die von vier weißen Flecken getrennt sind. Erwachsene Männchen haben prachtvolle Farben mit einem Netz aus blau-violetten, fluoreszierenden Bändern auf gelb-orange gefärbtem Grund. Man trifft diese bis 40 cm große Art in felsigen Gegenden bis in eine Tiefe von 200 m an.

NICHT VERWECHSELN
Außer den Meeraalen und den Muränen, die Schlangen ähneln, kann man Fische nur schwer mit Tieren aus anderen Gruppen verwechseln. Dennoch: Die Rückenflossen der Delphine können aus der Ferne mit denen der Haie verwechselt werden!

BEIM TAUCHEN BEOBACHTEN
Wenn man Fische beobachten will, so gilt als Hauptregel beim Tauchen: sich so wenig wie möglich bewegen und vor allem nicht versuchen, die Tiere zu berühren!
Beobachten Sie die verschiedenen Verhaltensweisen der Fische. Nutzen Sie Nachttauchgänge aus; man kann sich schlafenden Fischen leichter nähern.
☐ Suchen Sie gut getarnte Fische auf dem Sand (Schollen, Seezungen, Petermännchen) sowie die Arten, die dort ihre Nahrung suchen (Meerbarben).
☐ Beobachten Sie die verschiedenen Lippfisch- und Brassenarten in Felsregionen, die dort oft gruppenweise anzutreffen sind.
☐ Versuchen Sie, in Löchern, Spalten und Höhlen Congeraale, Braune Zackenbarsche und Muränen mit einem Scheinwerfer aufzuspüren.
☐ Beobachten Sie in den Seegraswiesen die Schwärme der Goldstriemen mit den gelben Längsstreifen, die dort weiden.
☐ Versuchen Sie, die unterschiedlich gefärbten Männchen und Weibchen derselben Art zu finden (z. B. Meerjunker, Meerpfau und andere Lippfischarten).
☐ Suchen Sie im Mittelmeer die kleinen, kobaltblau gefärbten Jungtiere der Mönchsfische.
☐ Beobachten Sie im Mittelmeer das Verhalten des Mittelmeer-Putzerlippfisches und seiner Kunden, die er von ihren Parasiten und abgestorbenen Hautstücken befreit.
☐ Suchen Sie die Eier der Katzenhaie und beobachten Sie durch ihre Wände die Embryos.
☐ Schauen Sie oft in Richtung Oberfläche, um pelagische Fischarten zu entdecken.

AUFPASSEN
An den Küsten Europas ist eigentlich kein Fisch gefährlich oder aggressiv. Dennoch können sich einige Arten heftig verteidigen, wenn sie sich gestört fühlen.
Die eventuellen Stiche ihrer Giftstacheln sind nie tödlich, manche können aber panische Reaktionen oder einen Schockzustand verursachen.
Bei Verletzungen sofort auftauchen und nach der Rückkehr an Land einen Arzt oder wenigstens einen Apotheker aufsuchen!

☐ Adler- und Stechrochen besitzen einen oder zwei giftige Stacheln auf der oberen Seite des Schwanzansatzes. Bei Bedrohung können sie mit ihnen schmerzhafte Verletzungen verursachen.
☐ Zitterrochen können elektrische Schläge von etwa 220 Volt erzeugen. Berühren Sie sie nicht an der Seite hinter den Augen.
☐ Petermännchen besitzen giftige Stacheln (die ersten fünf bis sieben) in ihrer ersten Rückenflosse und einen auf dem Kiemendeckel. Passen Sie auf, wenn Sie den Sand berühren, die Tiere sind oft darin eingegraben.
☐ Drachenköpfe, die gut getarnt auf Felsen leben, haben ebenfalls giftige Stacheln (die ersten Flossenstrahlen der Rücken-, After- und Bauchflossen).
☐ Stecken Sie Ihre Hand nicht in Felslöcher, die einem Meeraal oder einer Muräne Schutz bieten könnten. Wenn sie sich bedroht fühlen, können diese oft ziemlich großen Fische zubeißen. Der Biß einer Muräne kann sehr schnell zu Infektionen führen, da die hohlen Zähne viele Nahrungsabfälle enthalten.
☐ Hüten Sie sich vor dem Schwanzschlag von Katzenhaien auf nackte Hände; ihre Haut ist sehr rauh.
☐ Füttern Sie keine Fische! Sie zahm zu machen, heißt, sie Risiken durch skrupellose Taucher auszusetzen!
☐ Sammeln Sie Plastiktüten ein, die im Wasser schweben: manche Fische, wie Braune Zackenbarsche, schlucken sie (sie halten sie für Kraken), was ihren Atem- oder Verdauungsapparat blockieren und ihren Tod verursachen kann.

Klasse Säugetiere

Säugetiere sind Warmblüter, die ihre Körpertemperatur konstant halten können, unabhängig von den äußeren Bedingungen. Sie besitzen im allgemeinen ein Haarkleid (Fell), das von einer von der Haut ausgesonderten Fettsubstanz geölt wird, um sie vor Kälte und Feuchtigkeit zu schützen. In den Fällen, in denen dieses Fell fehlt, ist die Haut innen mit Fetten, dem Speck, gefüttert, die als Isoliermaterial dienen (manchmal bis zu 40 cm Dicke!).

Die Atmung geschieht immer mit Hilfe von Lungen, die der atmosphärischen Luft den Sauerstoff entziehen und das Kohlendioxid, den Abfallverbrennungsstoff der Zellen, wieder dorthin abgeben.

Säugetiere sind lebendgebärend, d. h., sie gebären schon voll entwickelte Junge.

Schließlich besitzen sie dank der umfangreichen Entwicklung und Komplexität ihres Gehirnes eine gewisse Intelligenz.

Die Eigenschaften, die sie grundsätzlich von den anderen Wirbeltierklassen (Amphibien, Vögel, Fische und Reptilien) unterscheiden, die auch eine oder mehrere der genannten Merkmale besitzen können, sind:

– die Fähigkeit, Milch zu produzieren, um ihre Jungen zu säugen (die Mitglieder der Ordnung der Monotremata, zu denen das Schnabeltier und der Schnabeligel gehören, haben keine Zitzen, aber sie erzeugen Milch);
– das Vorhandensein von echten Haaren;
– die fortgeschrittene Entwicklung des Gehirns und des Nervensystems.

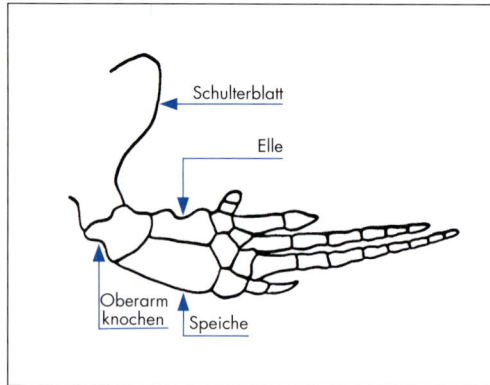

4.46 *Vereinfachter Bauplan des Skeletts der Vorderextremität eines Delphins (Arm = Flossen).*

Die Säugetiere bilden eine kleine Klasse mit kaum 5.000 Arten, während die Fische mindestens 20.000, die Vögel 8.500 und die Reptilien 6.000 Arten umfassen. Aber zu dieser Klasse gehören die Menschen, und die allgemeine Organisation der Mitglieder dieser Klasse ist leichter verständlich, wenn man den Menschen betrachtet.

Nur Vertreter von drei der etwa zwanzig Ordnungen der Klasse der Säugetiere sind an das Leben im Wasser angepaßt: die Wale, die Wasserraubtiere oder Robben und die Seekühe. Sie gehören alle der Unterklasse der Plazentatiere an, die die Tiere vereint, deren Weibchen nach der Befruchtung eine Plazenta („flacher Kuchen", so genannt wegen seiner Form bei der Frau) produzieren, ein Membransystem, das eng mit der Gebärmutter verbunden ist. Die Plazenta ermöglicht dem Embryo, sich direkt über das Blut der Mutter zu ernähren.

Die Seekühe mit den Rundschwanzseekühen oder Manatis (nordöstliches Amerika, Antillen, Flußsysteme in Südamerika; Westküste Afrikas von Senegal bis Angola und im Tschadsee) und den Gabelschwanzseekühen mit der einzigen lebenden Art, dem Dugong (Rotes Meer, Indischer Ozean bis zum Nord-Osten Australiens), werden hier nicht behandelt, da sie an den Ufern Europas nicht vorkommen.

Was die Vertreter der beiden anderen Ordnungen betrifft, werden nur die Arten behandelt, die man beim Tauchen an den europäischen Küsten ausnahmsweise antreffen kann.

Ordnung Wale

Die Wale oder Cetacea sind Säugetiere, deren Körperform an Fische erinnert. Sie besitzen keine Hinterextremitäten (die den Beinen entsprechen würden), und die vorderen Extremitäten ähneln Flossen (Brustflossen). Die Finger der Hand besitzen keine Nägel, sind nicht voneinander getrennt und sie sind in derselben Hauthülle eingeschlossen (Abb. 4.46).

Alle Wale besitzen einen in eine waagerechte Flosse umgewandelten Schwanz (Schwanzflosse), die manchmal von beeindruckender Größe ist (6,5 m Breite beim Blauwal). In den meisten Fällen besitzen sie auf dem Rücken eine senkrechte Flosse (Rückenflosse), die bis zu zwei Meter lang sein kann, wie beim männlichen Schwertwal. Schwanz- und Rückenflosse werden nicht von Knochen gestützt (Abb. 4.47). In der Ordnung der Wale trifft man die größten Tiere, die zur Zeit auf unserem Planeten leben. Der Blauwal erreicht 30 Meter

Meeresbiologie · Das Tierreich

Länge und wiegt durchschnittlich 110 bis 120 Tonnen.
Wale gehen nie an Land. Sie leben ständig auf hoher See in der Nähe der Wasseroberfläche. Man unterscheidet je nach Ernährungsweise zwei Gruppen (oder Unterordnungen).

☐ Die erste ist die Gruppe der Bartenwale oder Mystacoceti. Sie besitzen zahlreiche hornartige Lamellen (bis 800 beim Buckelwal mit einer Länge von 60 cm), die auf dem Oberkiefer befestigt sind und dazu dienen, das Makroplankton zu filtrieren, das im Wasser schwebt und ihnen als Nahrung dient. Glattwale, Grauwale und Furchenwale gehören zu dieser Gruppe. Sie besitzen zwei Blaslöcher.

☐ Die zweite Gruppe umfaßt die Zahnwale oder Odontoceti, also Wale (-ceti) mit Zähnen (Odonto-). Zu ihnen gehören die Pottwale, die Weißwale, die Delphine, die kleinen Tümmler und die Narwale (die Männchen sind unverwechselbar mit ihrem „Horn", das aus dem linken, oberen Schneidezahn gebildet wird, der übermäßig entwickelt ist und einen spiralartigen, 1,5 bis 2 m langen Stoßzahn bildet). Die Zahnwale ernähren sich hauptsächlich von Kopffüßern (hauptsächlich Kalmaren), Fischen, Krebstieren und sogar von Quallen und Rippenquallen. Sie besitzen ein einziges Blasloch.

Delphine und Schweinswale sind die einzigen Arten, die Taucher manchmal in unmittelbarer Nähe der europäischen Küsten beobachten können. Ihr Körper ist vollkommen glatt und besitzt weder Ohrmuscheln noch Haare. Ihr Profil ist der Fortbewegung im Wasser vollkommen angepaßt (hydrodynamisch). Der Schwanz, mit einer mächtigen Muskulatur ausgestattet, dient dem Antrieb, indem er Bewegungen von oben nach unten ausführt. Die Brustflossen dienen nur als Stabilisatoren.

Die Tiere kommen regelmäßig zur Oberfläche zurück, um mit ihrem Blasloch zu atmen. Die einzelne Öffnung entspricht den Nasenlöchern und ist durch die Luftröhre mit der Lunge verbunden. Die Öffnung des Blaslochs wird von Muskeln kontrolliert. Der Mund spielt bei der Atmung keine Rolle.

Das Blutkreislaufsystem ist angepaßt, um eine Temperatur von 37 °C aufrechtzuerhalten und manchmal lange Tauchzeiten zu ermöglichen (bis zwei Stunden beim Pottwal). Um sich in der Umgebung unter Wasser zurechtzufinden, besitzen Delphine und Schweinswale einen sechsten Sinn. Dabei handelt es sich um die Ultraschallortung: Schallwellen werden vom Tier gesendet und, nachdem sie von Hindernissen zurückgeworfen worden sind, wieder empfangen und analysiert. Diese Methode erlaubt die Ortung von Beute und Hindernissen. Die „Melone", der gewölbte Teil auf der Stirn der Delphine, enthält eine ölige Substanz, Walrat oder Spermaceti genannt, und könnte eine Rolle bei der Echoortung spielen, der an das Sonar erinnert, das vom Menschen erfunden wurde, um U-Boote zu orten.

4.47 *Vereinfachter Bauplan eines Delphins.*

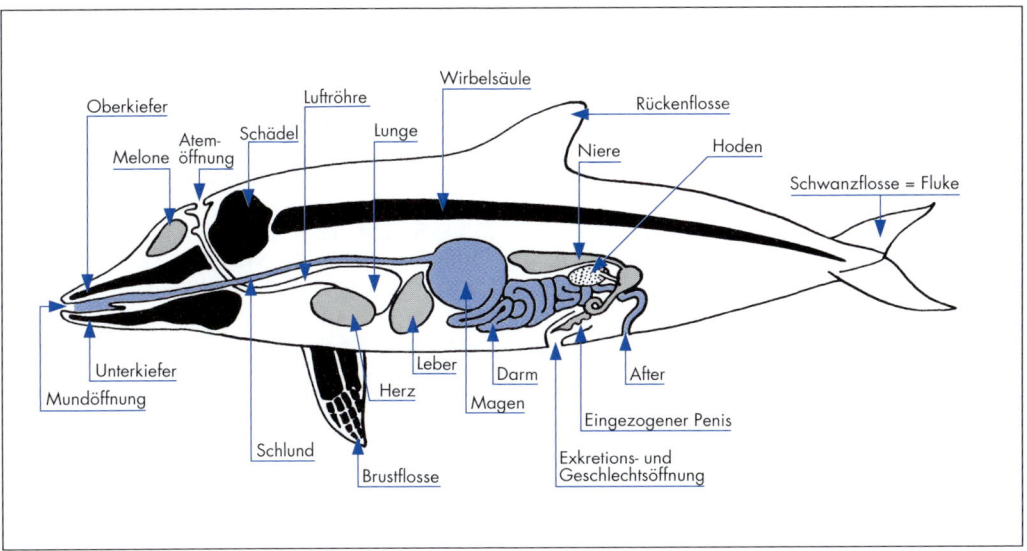

WALE

FORTPFLANZUNG

Das Männchen unterscheidet sich vom Weibchen durch seine im allgemeinen stattlichere Größe und das Fehlen von Zitzen in der Nähe der Öffnung des Geschlechtsapparats. Der Penis bleibt bis zum Moment der Befruchtung im Körper des Männchens. Vorher finden oft Annäherungsmanöver statt, die mehrere Tage dauern können.

Die Zeit zwischen der Befruchtung und der Geburt (Tragzeit) variiert je nach Art von 7 bis 16 Monaten. Bei der Geburt, die in der Nähe der Oberfläche stattfindet, wird das Junge mit dem Schwanz voraus geboren, was es vor dem Ertrinken bewahrt. Es wird 5 bis 12 Monate lang von der Mutter gesäugt, wobei ihm die Milch durch Muskelkontraktionen in den Mund gespritzt wird.

ÖKOLOGIE

Delphine und Schweinswale leben im allgemeinen in Gruppen von einigen wenigen bis mehr als tausend Individuen. Sie kommunizieren durch Klick- und Pfeiftöne miteinander, deren Bedeutung wir noch nicht verstehen.

Manchmal trennen sich ein oder mehrere Tiere von der Gruppe und suchen den Kontakt mit dem Menschen. Dies war bei Jean-Louis in der Bucht „des Trépassés" in der Bretagne der Fall. Schweinswale und Delphine haben nur wenige Feinde. Nur der Schwertwal greift sie an... und der Mensch!

BEBILDERTE BEISPIELE

Vier Zahnwalarten können gelegentlich beim Tauchen beobachtet werden.

☐ Schweinswal, *Phocaena phocaena* (Abb. 4.48). Der Schweinswal fällt durch seinen runden, abgestumpften Kopf mit einer kurzen Schnauze auf. Eine schwarze Linie verläuft vom Ansatz der Brustflossen bis zum Mund. Jeder Kiefer trägt 44 bis 56 abgeflachte Zähne. Die Länge des Körpers variiert zwischen 1,5 und 2 Metern, das Gewicht zwischen 45 und 90 kg. Die Spitzengeschwindigkeit beim Schwimmen beträgt 22 km/h. Die Tauchphasen dauern durchschnittlich 4 Minuten mit einer Spitzendauer von 12 Minuten. Diese scheue Art kann bei sehr ruhigem Wetter im Mittelmeer, an den Nordatlantikküsten und sogar in Flußmündungen beobachtet werden. Sie kann 12 bis 16 Jahre alt werden.

☐ Gewöhnlicher Delphin, *Delphinus delphis* (Abb. 4.49). Sein Kopf zeigt eine lange, dünne, abgeflachte Schnauze, auch Schnabel genannt, die von der „Melone" (gewölbter Stirnteil) gut abgetrennt ist. Das Auge ist schwarz umrandet. Das Gewicht variiert je nach Individuum von 90 bis 140 kg. Der Rücken und die Flossen sind dunkel, der Bauch und die Seiten hell. Jeder Kiefer ist mit 80 bis 100 kleinen spitzen Zähnen ausgerüstet, die alle gleich sind. Die Art erreicht 45 km/h Spitzengeschwindigkeit und kann bis zu 8 Minuten tauchen. Sie schätzt die Nähe des Menschen und spielt gern mit den Vordersteven der Schiffe. Man trifft sie im gesamten Mittelmeer. Ihre Lebensdauer beträgt zwischen 25 und 30 Jahre.

☐ Großer Tümmler, *Tursiops truncatus* (Abb. 4.50). Der Schnabel ist kurz, die Stirn durch eine ausgeprägte Melone vorgewölbt. Der Unterkiefer ist ein wenig länger als der Oberkiefer. Jeder trägt 36 bis 52 Zähne. Die Länge des Körpers variiert zwischen 2,5 und 4 Metern, das Gewicht zwischen 200 und 600 kg. Die Färbung ist ziemlich gleichtönig grau, leicht dunkler auf dem Rücken mit einem hellen Bauch. Die Spitzengeschwindigkeit beträgt etwa 35 km/h. Die Art kommt zwei- bis dreimal pro Minute an die Oberfläche, seine Tauchphasen können 7 bis 10 Minuten dauern. Sie wird wahrscheinlich mehr als 35 Jahre alt. Diese Art ist eine der am besten erforschten, denn sie wird oft in Delphinarien eingesperrt (Bild XIV.3).

☐ Pilotwal oder Grindwal, *Globicephala melaena* (Abb. 4.51). Der Grindwal hat, wie sein Name verrät (-cephalus: Kopf; globi-: kugelartig), eine sehr ausgeprägte Stirn, die direkt an den Mund anschließt. Der Schnabel ist sehr klein. Jeder Kiefer trägt 16 bis 26 große Zähne. Die Länge des Körpers variiert zwischen 5 bis 8,5 Metern, das Gewicht kann 4 Tonnen erreichen. Die Farbe des Körpers ist schwarz. Die langen Brustflossen sitzen sehr nah am Kopf. Die Spitzengeschwindigkeit beträgt etwa 45 km/h und die Tauchphasen dauern durchschnittlich 5 bis 10 Minuten. Der Grindwal kann bis in eine Tiefe von 1.000 m tauchen. Die Tragzeit, 15 bis 16 Monate, ist die längste aller Zahnwale. Die Lebensdauer wird auf etwa 40 Jahre geschätzt.

Meeresbiologie · Das Tierreich

NICHT VERWECHSELN
Es besteht nur ein geringes Verwechslungsrisiko mit Fischen, wie den Haien, wenn die Tiere nicht aus der Nähe betrachtet werden.

BEIM TAUCHEN BEOBACHTEN
☐ Achten Sie auf die Einzelheiten des Kopfes, insbesondere auf die Stirn und den Schnabel (wichtig für die genaue Artbestimmung!), die Färbung und die Bewegungen.
☐ Achten Sie auf die Lautäußerungen der Tiere.

AUFPASSEN
☐ Wenn man aus einem zufälligen Zusammentreffen Nutzen ziehen will, sollte man sich nicht auf das Tier stürzen. Vermeiden Sie heftige Bewegungen und schrille Schreie!
Nähern Sie sich ruhig und warten Sie die Entscheidung des Tieres ab.
☐ Berühren Sie nicht die Haut, sie ist sehr zart.
Sie riskieren auch, durch Kontakte Bakterien und mikroskopische Pilze zu übertragen, die das Tier befallen können.
☐ Verhaltensregeln bei der Strandung von Tieren:
das Tier schnell und dauernd naß halten;
die Feuerwehr und die nächsten Wissenschaftler benachrichtigen;
das Tier nicht an seinen Flosssen ziehen, um es wieder ins Wasser zu bringen;
sein Blasloch frei machen, es ist seine einzige Atemöffnung.

4.48 *Kopf des Schweinswales, Phocaena phocaena.*
4.49 *Kopf des Gewöhnlichen Delphins, Delphinus delphis.*
4.50 *Kopf des Großen Tümmlers, Tursiops truncatus.*
4.51 *Kopf des Pilotwals, Globicephala melaena.*

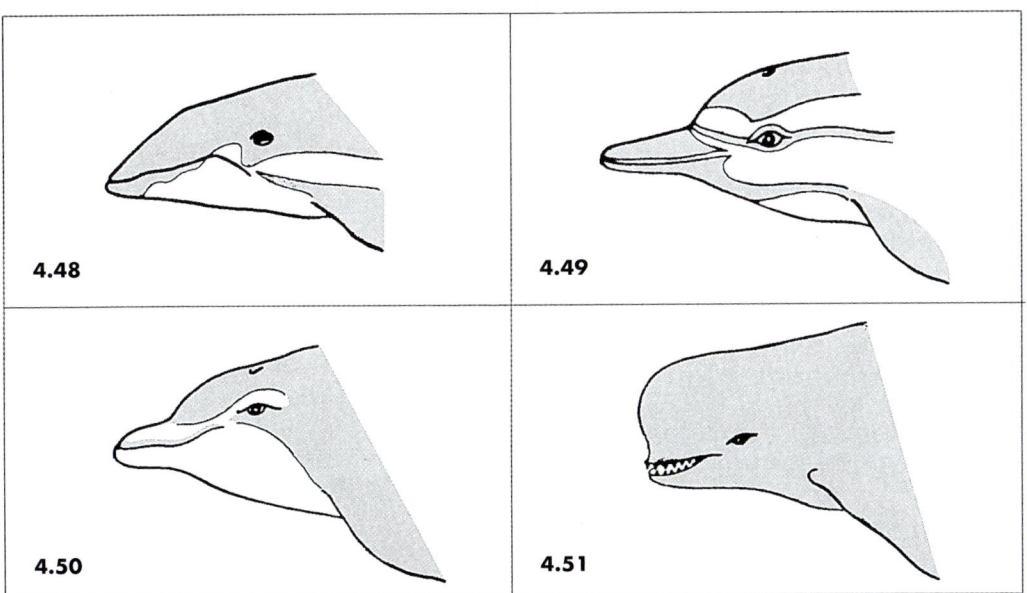

Ordnung Raubtiere
Unterordnung Wasserraubtiere oder Robben
Zu den Robben oder Pinnipedia (-pedia: Füße; pinni-: in Flossenform) gehören die See-Elefanten, die Walrösser, die Ohrenrobben und die Seehunde. Sie sind dem Leben im Wasser weniger angepaßt als die Delphine. Obwohl ihr Körper fast genauso hydrodynamisch ist, verringert ein mehr oder minder dickes Fell die Schwimmgeschwindigkeit. Die Vorder- und Hinterextremitäten haben alle ein Skelett. Sie sind kurz und zu Schwimmflossen umgebildet; die Finger sind auf ihrer gesamten Länge durch Haut miteinander verbunden (Abb. 4.52). Seehunde und Walrösser bewegen sich mit Hilfe ihrer vier Gliedmaßen fort, während See-Elefanten und Ohrenrobben nur ihre hinteren Gliedmaßen dazu benutzen.

Robben verbringen einen Teil ihres Lebens an Land, wo ihnen ihre Vorderextremitäten erlauben, sich aufzurichten und zu bewegen. Sie gehen an Land, um sich auszuruhen, sich zu wärmen und ihre Jungen zu gebären.

Die Atmung findet durch zwei Nasenlöcher statt: sehr enge, hoch auf der Schnauze sitzende Schlitze, die durch die Luftröhre mit der Lunge verbunden sind. Die Nasenlöcher sind hermetisch geschlossen, wenn das Tier taucht.

Diese Säugetiere haben, wie die Wale, Tauchfähigkeiten, die die des Menschen weit übertreffen: Die Blutmenge in ihrem Körper ist größer, wie auch dessen Fähigkeit, den Sauerstoff zu binden. Hinzu kommt, daß das Herz während der Tauchphase die Zahl seiner Schläge sehr reduziert (die Weddell-Robbe taucht bis in 500 m Tiefe).

4.52 *Vereinfachter Bauplan des Skeletts der Vorderextremität einer Robbe (Arm=Flossen).*

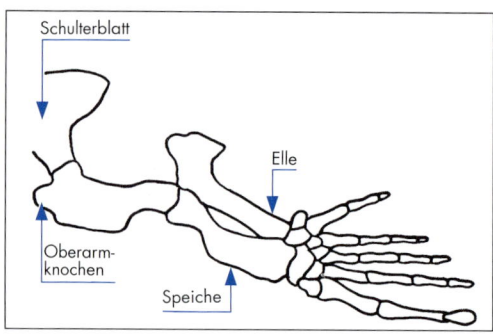

ROBBEN

Die größte Robbenart ist der See-Elefant, *Myrounga leonina*, mit einer maximalen bekannten Länge von 6,5 m und einem Gewicht von 4,5 Tonnen. Er lebt unter anderem auf den Kerguelen-Inseln.

BEBILDERTE BEISPIELE
Nur selten können beim Tauchen an den Küsten Europas Robben beobachtet werden. Es handelt sich hauptsächlich um folgende Arten.
☐ Kegelrobbe, *Halichoerua gryphus* (Bild XIV.5). Man findet die Kegelrobbe im Ärmelkanal und im Atlantik, z. B. auf einigen schwer erreichbaren Inselchen der Bretagne. Ihr Körper erreicht 3 m Länge und kann bis 250 kg wiegen. Die allgemeine Färbung ist grau mit dunkleren Flecken auf dem Rücken und den Seiten. Der Bauch ist gleichmäßig hell. Ihre Ernährung besteht aus Krebstieren, Muscheln, Schnecken, Kopffüßern und Fischen. Diese Art kann 15 bis 20 Minuten tauchen. Die Begattung von mehreren Weibchen durch dasselbe Männchen (Polygamie) ist bei dieser Art die Regel. Während der Begattungszeit kann sich das Männchen einen Harem halten, d. h. eine Weibchengruppe, die von ihm abhängig ist. Die Tragzeit beträgt 11 Monate. Das Junge wird in einem fortgeschrittenen Entwicklungszustand geboren und wächst schnell heran.
☐ Mönchsrobbe, *Monachus monachus*. Man findet diese vom Aussterben bedrohte Art im Mittelmeer. Ihr 2,5 bis 3,5 m langer Körper ist auf dem Rücken grau-braun und auf dem Bauch beige gefärbt mit dunklen Flecken. Sie kann bis 350 kg wiegen. Sie ernährt sich hauptsächlich von Weichtieren, Kopffüßern und Fischen. Die Weibchen gebären alle zwei Jahren nach 11 Monaten Tragzeit ein einziges Jungtier (auf Stränden oder in einsamen Höhlen). Die Paarung findet im Wasser oder an Land statt. Diese Art wurde, wie die vorher genannte, übertrieben gejagt, so daß ihr Überleben gefährdet ist.
☐ Desweiteren kann man an den nordeuropäischen Küsten, vor allem in der Nordsee, auch den Gewöhnlichen Seehund *Phoca vitulina* antreffen.

Meeresbiologie · Das Pflanzenreich

NICHT VERWECHSELN
Es gibt keine Verwechslungsmöglichkeit mit anderen Tiergruppen, wenn man die Tiere gut sehen kann.
Der Kopf der Seehunde ist mit seinen Nasenlöchern, seinem Schnurrbart (oder Vibrissen: besondere Haare, die die Aufgabe eines Tastorgans übernehmen) und dem Fehlen von Ohren (keine Ohrmuschel) sehr charakteristisch.
Auch durch ihr Fell und vor allem ihre Gliedmaßen unterscheiden sich diese Tiere von allen anderen: Sie besitzen Krallen.

BEIM TAUCHEN BEOBACHTEN
☐ Beobachten Sie die Form des Körpers und seine Färbung.
☐ Achten Sie auf die ausgesendeten Laute.
☐ Lassen Sie die Tiere näher kommen, ohne sich zu bewegen; der Seehund ist ein sehr neugieriges Tier.

AUFPASSEN
☐ Nähern Sie sich den Tieren nicht überstürzt.
☐ Versuchen Sie nicht, die Kleinen, die bei ihrer Mutter sind, zu berühren.
☐ Passen Sie auf Bisse auf; obwohl sie selten aggressiv sind, können Seehunde wie ein Hund beißen.

ALGEN

Algen sind bei den meisten Tauchgängen gegenwärtig, trotzdem werden sie oft nicht beachtet. Ihr Hauptmerkmal ist, daß sie nie Blüten bilden.
Einige bestehen aus einer einzigen Zelle und können entweder frei schwimmen oder schweben; sie gehören in diesem Fall zum Plankton. Andere einzellige Algen siedeln auf allen möglichen Untergründen, wie Felsen, Sand, Schlamm, anderen Pflanzen, Tieren und sogar menschlichen Bauten (Molen, Schiffsrümpfen, usw.); sie bilden in diesem Fall oft einen glitschigen Überzug. Bei ihnen spricht man von benthischen Algen. Wegen ihrer geringen Größe werden die einzelligen Algenarten hier nicht behandelt, denn sie sind für den Taucher mit bloßem Auge unsichtbar.
Neben diesen mikroskopisch kleinen Arten, deren Masse in den Ozeanen aber beachtlich ist, gibt es aber auch andere Algen, die aus einer unterschiedlichen, aber oft sehr großen Zahl von Zellen bestehen. Es sind im allgemeinen großwüchsige Arten, die man auch als Makro-

4.53 *Die verschiedenen Teile des Thallus einer Alge (Laminaria).*

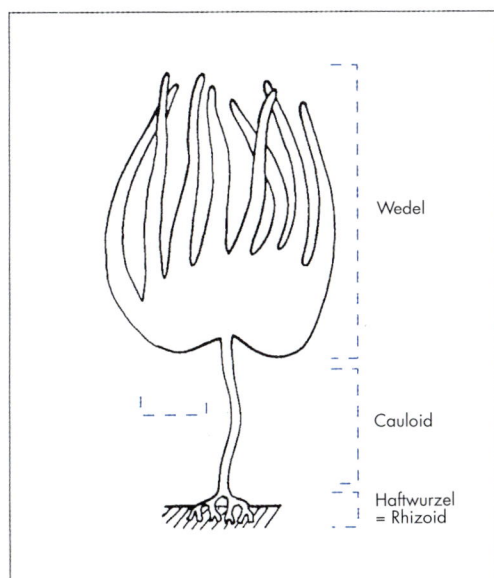

algen bezeichnet, im Gegensatz zu den vorher erwähnten, die man Mikroalgen nennt. Diese Makroalgen bilden unter anderem die Tangwälder der kälteren Meere. In den meisten Fällen leben sie auf einer Unterlage befestigt und wachsen entweder krusten- oder rasenbildend oder aufrecht stehend.

Die Zellwand der Algen (nicht vorhanden bei einigen Einzellern) läßt sich leicht von den im Meerwasser gelösten Gasen und chemischen Substanzen durchdringen. Deshalb haben es Algen nicht nötig, das für ihre Entwicklung notwendige Wasser und die Mineralsalze aus dem Boden zu ziehen. Die Makroalgen besitzen keine spezialisierten Leitzellen, die für die Pflanzen an Land unentbehrlich sind. Ihr Körper hat eine viel einfachere Organisation und besteht aus sehr wenigen Zelltypen. Man nennt ihn Thallus (Sproß) und bezeichnet seinen Befestigungsapparat als Haftwurzel oder Rhizoid. Der Teil, der manchmal einem Stiel ähnelt, wird als Cauloid bezeichnet und der, der Blättern ähnelt, als Wedel oder Phylloid (Abb. 4.53).

Die Formen der aufgerichteten Thalli sind sehr unterschiedlich. Man findet fädige Formen aus einer einzigen Zellreihe, andere sind verzweigt oder bilden Büschel, Bäumchen, mehr oder minder verwickelte oder ausgeschnittene Blätter, hohle Kugeln, Bänder, hohle Röhren und andere Formen mehr. In manchen Fällen kann ein einziger stielartiger Cauloid mehrere Wedel tragen. Einige Arten besitzen auch runde oder eiförmige Schwimmkörper, die entlang des Cauloids oder in den Wedeln verteilt sind. Sie sind mit Gas gefüllt und dienen dazu, die Pflanze aufrecht zu halten, um die Sonnenstrahlen besser empfangen zu können. Algen besitzen nämlich kein steifes Gewebe (im Gegensatz zu den Blütenpflanzen an Land), das dem gesamten Thallus erlauben könnte, aufrecht zu stehen. Deshalb liegen sie bei Ebbe schlaff auf den Felsen. Lediglich die Algen, die sich mit einem Kalkskelett umgeben können, behalten eine aufrechte Haltung (Abb. 4.54 bis 4.56).

Der Befestigungsapparat besteht entweder aus einer einzigen Zelle oder aus in Blöcken oder in Scheiben gruppierten Zellen. Manchmal erinnert seine Form sehr an die Wurzeln von Seegräsern. Die Arten, deren Thalli sich an ihren Untergrund (Felsen, Schalen von toten oder lebenden Weichtieren, Cauloide von anderen Algen usw.) anschmiegen, werden als „krustenbildend" bezeichnet. Sie können ausschließlich aus organischem Material bestehen, manchmal aber auch an ihrer Oberfläche oder teilweise verkalkt sein.

Manchmal stapeln sich mehrere Schichten solcher „Kalkalgen" übereinander, wobei nur die äußeren am Leben bleiben. Solche Schichtungen sind der Ursprung von eigenen geologischen Formationen. Dies ist bei den Algenbänken („Trottoirs") der Fall, die sich insbesondere an den felsigen Küsten des westlichen Mittelmeeres auf den ersten Metern unter der Oberfläche bilden. Die Corallinenböden, die man auch als sekundäre Hartböden bezeichnet, sind ein weiteres Produkt dieser „Kalkalgen"; man trifft sie in derselben Gegend, aber erst ab 20 m Tiefe. Sie ähneln in ihrer Struktur Korallenriffen, daher der Name.

Ein anderes Merkmal der Algen ist die Vielfalt an Farben. Ein großer Teil ist, wie die Blütenpflanzen an Land, grün gefärbt, andere sind rot, braun oder blau gefärbt. Diesen Farbenreichtum verdanken sie dem Vorhandensein von chemischen Pigmenten in jeder Zelle des Thallus. So ist das Chlorophyll (chloro-: grün; -phyll: Blatt) für die grüne Farbe verantwortlich, das Xanthophyll (xantho-: gelb) und die Carotinoide (die unter anderem die Gelbe Rübe färben) für gelb, das Phycoerithrin (phyco-: Alge; -erythrin: rot) für rot und das Phycocyanin (-cyanin: blau) für blau. Während das Chlorophyll in allen Algen vorkommt, erscheinen die anderen Pigmente nur in bestimmten Gruppen. Die Endfarbe entsteht aus einer Mischung verschiedener Farbpigmente.

Man benutzt diese Farbvariationen für die Klassifizierung der Algen, wobei man hauptsächlich vier Klassen unterscheidet:
– die Chlorophyceae oder Grünalgen (-phyceae: Algen),
– die Rhodophyceae oder Rotalgen (rhodo- hat dieselbe Bedeutung wie erythro-),
– die Phaeophyceae oder Braunalgen,
– die Cyanophyceae oder Blaualgen.

Die letzte Klasse unterscheidet sich von den drei anderen durch die wesentlich geringere Größe ihrer Vertreter, durch die normalerweise einfache Organisation ihrer Thalli und durch Zellmerkmale, die sie den Bakterien ähnlich machen (u. a. das Fehlen der Kernhülle).

Man muß dennoch bei der Klassifizierung der Algen vorsichtig sein, denn der Zusammenhang zwischen Farbe und Gruppenzugehörigkeit ist manchmal nicht offensichtlich. So erscheinen manche Grünalgen grellorange, manche Rotalgen können blau und Blaualgen grau, gelb oder sogar hellrot gefärbt sein. Diese Variationen rühren entweder von einem sehr hohen Gehalt eines der Pigmente her, das die anderen völlig überdeckt, oder von der starken Anhäufung einer anderen Farbsubstanz als den oben erwähnten aufgrund von außergewöhnlichen Lebensbedingungen.

Zu diesen verschiedenen Farben kommen auch Lichtbrechungsphänomene, die im allgemeinen für blaue oder grüne, bei manchen Braun- (*Cystoseira*, *Dictyota*) oder Rotalgen (*Chondria*, *Chondrus*) auch für bunte Färbungen verantwortlich sind. Dieses Irisieren wird von der Reflexion des Lichtes durch besondere, in den Zellen enthaltene, schillernde Körperchen oder durch spezielle Strukturen der Zellwand verursacht.

Als Besonderheiten dieser Pflanzen muß man noch erwähnen, daß zum Beispiel einige von ihnen Jodzellen und andere Zellen mit konzentrierter Schwefelsäure besitzen.

Die oft gallertige Konsistenz der Algen kommt von einem Pflanzenschleim, einer mehr oder minder dicken, zähflüssigen, durchscheinenden Substanz, die sie auf ihrer Peripherie aussondern und die an den Thalli festklebt. Dieser Schleim besteht hauptsächlich aus Polysacchariden. Eine seiner Aufgaben ist es, die Pflanze gegen Bakterien und Mikropilze zu schützen.

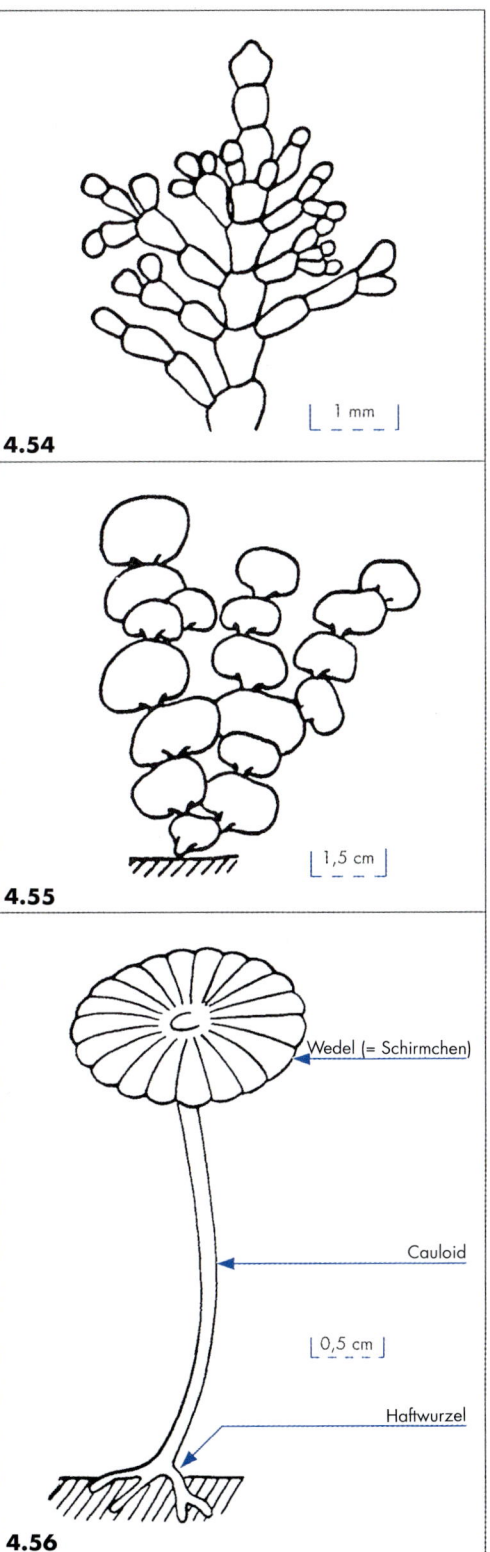

4.54 *Teil des Thallus einer verkalkten Rotalge Corallina.*

4.55 *Thallus der verkalkten Grünalge Halimeda.*

4.56 *Gesamter Thallus der Schirmchenalge Acetabularia (Grünalge).*

ALGEN

GRÖSSE
An den europäischen Küsten variiert die Größe der mehrzelligen, nicht planktonischen Algen zwischen einigen Millimetern und 10 bis 12 Metern. Die Verlängerung und Verbreiterung der Thalli geschieht durch Zellteilungen.

ERNÄHRUNG
Algen führen, wie alle Pflanzen, die Chloroplasten besitzen, die Photosynthese durch. Dieser Prozeß besteht aus einer Kette von chemischen Reaktionen, die zur Bildung der für das Leben und das Wachstum des Individuums notwendigen organischen Materie führt. Die Energie des Sonnenlichtes (Photonen oder Lichtpartikel) löst diese Synthese aus, deren Ausgangsstoffe aus den im Wasser gelösten Elementen, aus Kohlendioxid und aus Mineralsalzen besteht. Der für die Atmung von fast allen Lebewesen auf der Erde unentbehrliche Sauerstoff der Atmosphäre ist ein Erzeugnis der Photosynthese. Algen sind in der Lage, ihre eigene Materie selbst zu bilden, ohne sie aus anderen Organismen zu entnehmen; sie werden als autotroph (-troph: der sich ernährt; auto-: selbst) bezeichnet. Pflanzen- und Fleischfresser, die diese Eigenschaft nicht besitzen, bezeichnet man als heterotroph (hetero-: vom anderen).

FORTPFLANZUNG
Im Gegensatz zu den Seegräsern, bei denen sich die männlichen (Staubblätter) und die weiblichen (Stempel) Fortpflanzungsorgane meist gut sichtbar im Zentrum der Blüte befinden, sind diese Organe bei den Algen, die keine Blüten haben, schwer zu sehen. Alle Pflanzen mit diesem Merkmal werden unter dem Namen „Cryptogamen" (crypto-: versteckt; -game: Ehe, Verbindung) zusammengefaßt. Neben den Algen umfassen sie die Pilze, die Farne, die Flechten und die Moose. Bei den Algen sind die Fortpflanzungsbedingungen sehr verschieden. Man kann sowohl zwittrige als auch getrenntgeschlechtliche Arten antreffen. Auch die Merkmale der Gameten (Keimzellen) sind, wenn es sie gibt, je nach Klasse sehr verschieden (Abb. 4.57). Blaualgen erzeugen keine Gameten. Man kennt bei ihnen keine Fälle von geschlechtlicher Fortpflanzung.
Eine andere Besonderheit der Algen ist, daß dem durch die Befruchtung enstandenen Ei selten ein Individuum entschlüpft, das seinen Eltern ähnelt. Es bringt eine geschlechtslose Pflanze hervor, die durch ihre Form und ihre Größe der ursprünglichen Pflanze ähneln kann oder nicht, unabhängig ist oder auf ihr befestigt sein kann. Diese neue Pflanze erzeugt ungeschlechtliche Sporen, die sich, wenn sie keimen, zu einer geschlechtlichen Pflanze entwickeln (Abb. 4.58). Dieses relativ einfache Schema kann in manchen Fällen viel komplexer werden. Die geschlechtlichen und die geschlechtslosen Pflanzen werden Generationen genannt. Bei den Rotalgen kennt man Beispiele, bei denen drei Generationstypen aufeinander folgen, bevor ein Individuum erscheint, das die Fortpflanzungsorgane trägt (Abb. 4.59). Eine Generation kann ein sehr kurzes oder verstecktes Leben haben (sehr kleine Thalli aus nur einigen Zellen). Die Sporen bilden oft Überlebensformen, die auf die günstigste Jahreszeit warten, um sich zu entwickeln.
Wenn man dieses in Betracht zieht, kann man schwer sagen, ob Algen ein- oder mehrjährige Pflanzen sind. Dennoch überleben im Falle der Algen, die man mit bloßem Auge beobachten kann, einige in dieser Form nur einige Wochen oder Monate. Während der übrigen Zeit leben sie als mikroskopisch kleine Thalli oder Sporen. Andere Arten können ganz oder teilweise mehrere Jahre überdauern. Die krustenbildenden Kalkalgen etwa leben mehrere Jahre.
Im allgemeinen ist die Vermehrung der Makroalgen selten der geschlechtlichen Fortpflanzung zu verdanken, die ein komplexer Mechanismus ist und sehr genaue Rahmenbedingungen verlangt (Temperatur, Licht, Salzgehalt). Sie findet durch verschiedene ungeschlechtliche Vermehrungsmöglichkeiten statt: Algen können Tausende geschlechtsloser Sporen erzeugen, sich in Fragmente zerteilen oder komplexere Vermehrungsorgane bilden, wobei jede Spore bzw. jedes Fragment ein neues Individuum regeneriert.

ÖKOLOGIE
Die Verteilung der Algen im Lebensraum Meer hängt von verschiedenen physikalischen und chemischen Faktoren der Umgebung ab. Der Hauptfaktor ist das Licht, das für den Vorgang der Photosynthese unentbehrlich ist. Qualität und Quantität spielen dabei eine Rolle. Bestimmte Komponenten des Lichts werden mehr oder weniger schnell vom Wasser absorbiert. So dringt Rot nicht tiefer als 10 m vor, während Blau Tiefen von mehr als 50 m erreicht.

Meeresbiologie · Das Pflanzenreich

Auch die Klarheit des Wassers spielt eine wichtige Rolle für die Lichtmenge, die bis zu den Pflanzen vordringt. So kommen Algen in sehr trüben Gewässern nicht unterhalb von einigen Metern Tiefe vor, während sie in sehr klarem Wasser bis in einer Tiefe von 150 m wachsen können. Manche Algen bevorzugen stark belichtete Zonen nah an der Oberfläche, während andere sich in schattigen Zonen wohler fühlen.

Die Unterlage, auf der sich die Algen verankern, ist ebenfalls wichtig, allerdings nur was ihre Konsistenz und nicht ihre chemische Zusammensetzung betrifft, wie es an Land der Fall ist, da diese Meerespflanzen keine Nährstoffe aus dem Boden entnehmen. Die ständig umgeschichteten, instabilen Kiesel- und Sandböden sowie Schlammböden tragen keine Flora aus Makroalgen. Algen siedeln sich meistens auf Felsen, auf leeren Schalen, auf lebenden seßhaften oder mobilen Tieren und sogar auf anderen Algen an. Auf diese Weise können sie manche menschlichen Aktivitäten beeinträchtigen; dies ist bei der Braunalge *Colpomenia* der Fall, die im vollentwickelten Zustand die Austern, auf welchen sie befestigt ist, aus den Bänken mitreißen kann, wenn die Strömung sie fortspült.

Außerdem bevorzugen manche Arten ganz besonders ruhige Gewässer, während andere Wasserbewegungen oder starke Strömungen gut vertragen.

In Meeren mit starken Gezeiten besetzen die Algen verschiedene Niveaus, je nachdem wie sie das Austrocknen vertragen. In der Gezeitenzone kann man deshalb von der Oberfläche bis zum Grund einander folgende Artengruppen, sogenannte Gürtel, beobachten. Im allgemeinen spielt die Temperatur eher in der geographischen Verbreitung der Algen als in ihrer senkrechten Besiedlung eine Rolle.

In Flußmündungen oder in den bei Niedrigwasser verbleibenden Tümpeln wachsen nur einige wenige Arten, die die Schwankungen des Salzgehalts vertragen. Die Konzentration an Mineralsalzen (Nitrat, Phosphat usw.) beeinflußt die Entwicklung und die Vermehrung der Algen.

Es gibt mikroskopisch kleine Algen, die in oder zwischen den Zellen von Tieren (Schwämme, Nesseltiere) leben. Sie sind dort vor Feinden geschützt, während ihr Wirt aus den Substanzen, die sie durch Photosynthese produzieren, Nutzen zieht. Manche Blaualgen können sich auch in Kalkstein oder in den Schalen von Muscheln, die sie durchbohren, entwickeln.

BEBILDERTE BEISPIELE

☐ *Dictyota dichotoma* – Braunalgen – (Bild XV.1). Der Thallus ist durchsichtig, membranartig, 0,2–1,5 cm breit und sehr regelmäßig verzweigt. Die Zweige ähneln dünnen, flachen, blaßgelben bis braunen Bändern, die manchmal bläulich irisieren. Die Spitzen sind abgerundet. Diese bis 25 cm große Braunalge lebt bis in 15 m Tiefe mit kurzen Rhizoiden auf Felsen, Steinen und anderen Algen befestigt.

☐ *Codium fragile* – Grünalgen – (Bild XV.2). Attraktiv grün gefärbte Alge, die aufgerichtete, bäumchenartige Büschel von 25–30 cm Höhe bildet. Sie trägt zahlreiche zylindrische Zweige (Durchmesser: von 0,2–1 cm), die regelmäßig angeordnet sind und eine schwammartige, sam-

4.57 *Die verschiedenen Gametenformen bei den Algen. Die Zahlen bezeichnen die verschiedenen Möglichkeiten. Der weibliche Gamet der Rhodophyceae bleibt festsitzend, während in allen anderen Fällen die Fortpflanzungszellen freigesetzt werden. Der Zellkern ist blau dargestellt.*

tige Festigkeit haben. Der Befestigungsapparat sieht wie eine Scheibe aus. Man trifft diese Art hauptsächlich auf felsigen, steinigen Untergründen vom Flachwasser bis in 25 m Tiefe.

☐ *Udotea petiolata* – Grünalgen – (Bild XV.3). Diese dunkelgrüne, aufrechte, steife, von einem gut sichtbaren Caulid (Stengel) getragene Alge hat einen blattförmigen, abgerundeten Thallus. Der Befestigungsapparat besteht aus einem Strauch aus sehr feinen und dichten Haftwurzeln. Die Art erreicht 10 cm Höhe. Sie lebt in den ruhigen Bereichen des Mittelmeeres auf Felsen oder Seegräsern befestigt vom Flachwasser bis in 25 m Tiefe. Im Winter bleibt nur der Caulid bestehen.

☐ *Himanthalia elongata* – Braunalgen – (Bild XV.4). Sehr typische, dunkelbraun gefärbte Alge mit einer Basis, die einem kelchförmigen Pilz ähnelt (Durchmesser: 2–3 cm). Im Zentrum des Kelches steht ein abgeflachtes, dickes und sehr regelmäßig verzweigtes Filament (Breite: 1–2 cm). Die Länge des Filaments kann 2 m überschreiten. Es erzeugt die Fortpflanzungsorgane. Die Basis des Kelches ist mit

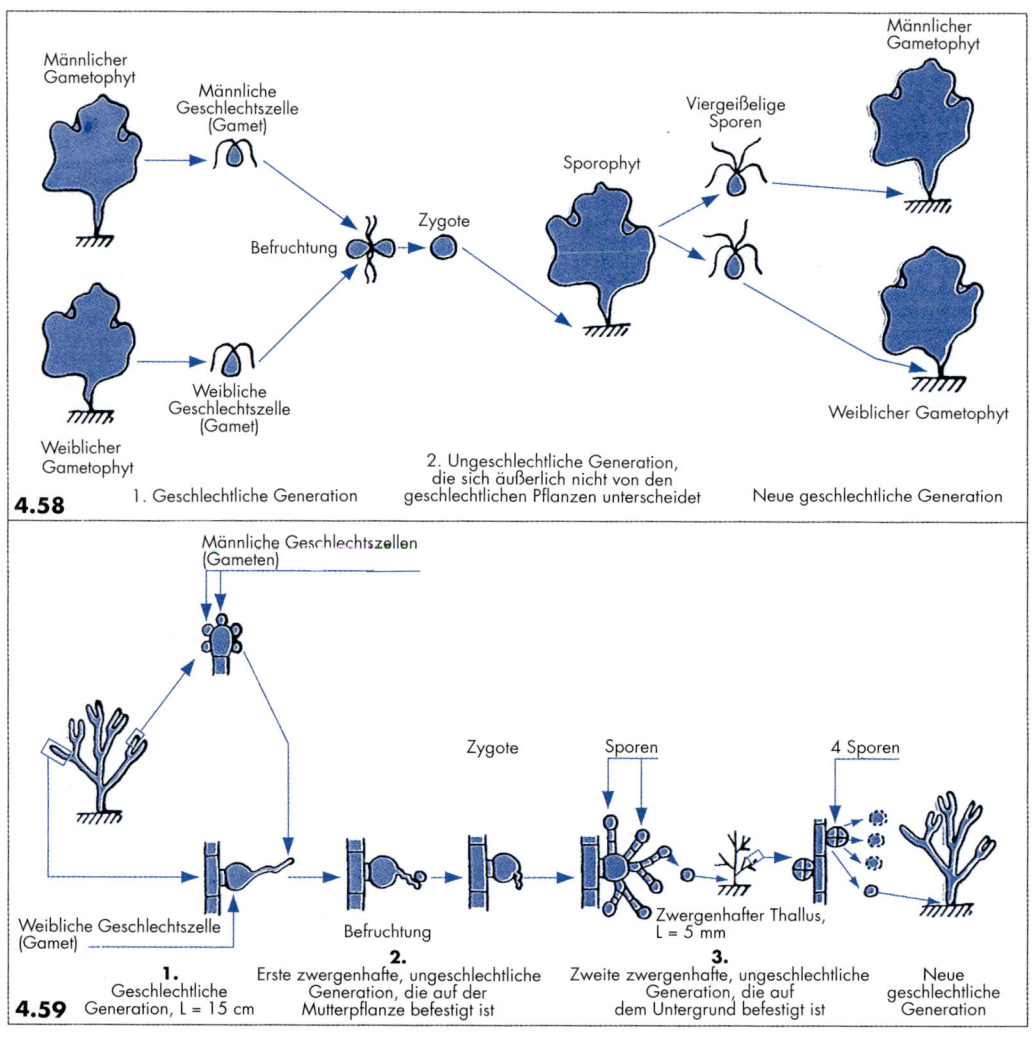

4.58 *Abfolge geschlechtlicher (1) und ungeschlechtlicher (2) Generationen bei einer Grünalge mit den Geschlechtern auf verschiedenen Thalli (Ulva lactuca).*

4.59 *Abfolge geschlechtlicher (1) und ungeschlechtlicher (2+3) Generationen bei einer zwittrigen Kalkrotalge (Liagora viscida).*

einer kleinen Scheibe auf den Felsen befestigt. Die Art kommt im Ärmelkanal und im Atlantik bis in einer Tiefe von 15 m vor. Sie kann mehrere Jahre leben, wobei das Filament nur einige Monate vorhanden ist.

☐ *Sargassum muticum* – Braunalgen – (Bild XVI.2). Diese olivbraun gefärbte Braunalge erreicht 12 bis 15 m Länge. Sie besteht aus einer sehr feinen Achse (Durchmesser 2–3 mm) mit zahlreichen Seitenverzweigungen. Jeder Zweig trägt zahlreiche kleine Wedel sowie kleine Blasen (Durchmesser: 0,5 cm), die als Schwimmkörper dienen. Die Basis ist mit einer kleinen Scheibe (Durchmesser: 1–2 cm) auf Felsen, Steinen, Austern und ähnlichem befestigt. Die Art lebt im Ärmelkanal und im Atlantik. Sie hat seit 1980 angefangen, das Mittelmeer zu besiedeln. Man findet sie bis in 15 m Tiefe.

☐ *Asparagopsis armata* – Rotalgen – (Bild XVI.3). Diese Alge bildet sehr feine, dicht verzweigte, grellrosa gefärbte Büschel, die bis 15 cm lang werden können. Einige Zweige sind sehr biegsam und in auf den Achsen unregelmäßig verstreuten Sträußen zusammengefaßt. Andere sind sehr steif und stachlig (daher der Name der Art: *armata* bedeutet bewaffnet) und können sich leicht am Tauchanzug festhaken. Diese Art trägt Geschlechtsapparate. Nach der Befruchtung teilt sich das Ei, und die Zweigchen, die es erzeugt, bilden Sporen. Wenn sie freigesetzt sind, bringen sie kleine (Durchmesser: 2 cm) geschlechtslose Thalli hervor, die Wollkugeln aus sehr feinen, grellrosa gefärbten Filamenten (genannt *Falkenbergia rufolanosa*) ähneln. Diese Thalli erzeugen ihrerseits andere geschlechtslose Sporen, die nach der Freisetzung keimen und wieder geschlechtliche Pflanzen hervorbringen. Diese zwei, durch ihr Äußeres sehr verschiedenen Formen derselben Alge leben auf Felsen befestigt vom Flachwasser bis in 15 m Tiefe.

☐ *Liagora viscida* – Rotalgen – (Bild XVI.4). Diese Art bildet weiß gefärbte, weil (schwach) verkalkte, zylindrische, stark und regelmäßig in alle Richtungen verzweigte kleine Sträucher (Länge: 10 cm). Der Durchmesser der Stengel und Zweige übersteigt einen Millimeter nicht. Die Enden sind abgerundet und dunkelrot gefärbt. Die Konsistenz ist ziemlich fest. Die Art lebt im Mittelmeer bis in einer Tiefe von 10 m und ist mit einer kleinen Scheibe auf Felsen und Steinen befestigt.

NICHT VERWECHSELN
☐ Die Verwechslung mit Seegräsern ist möglich. Diese sind aber nicht gallertig, nie fein verzweigt und wurzeln immer im Sand, wo Algen fast nie vorkommen.
☐ Einige kleine Kalkalgen ähneln befestigten, koloniebildenden Tieren (Nesseltieren wie den Gorgonien; Moostierchen).

BEIM TAUCHEN BEOBACHTEN
☐ Tauchen Sie in den großen Laminarienwäldern an den Küsten des Ärmelkanals und des Atlantiks. Der Anblick lohnt die Mühe!
☐ Versuchen Sie, die verschiedenen Algengruppen zu unterscheiden: grün, braun und rot.
☐ Suchen Sie die Basis der Algen, um ihre Befestigungsweise zu verstehen.
☐ Versuchen Sie, die verschiedenen Organisationstypen der Thalli zu unterscheiden: Blatt, Röhre, einfaches oder verzweigtes Filament...
☐ Versuchen Sie, die feinen, blaugrünen oder violetten Büschel mancher Algen zu finden.
Die Blaualgen zeigen sich in Form von kleinen, blaugrünen, galertigen Massen, die im Mittelmeer gleich unter der Oberfläche auf Felsen verankert sind.
☐ Suchen Sie die irisierenden Algenarten.
☐ Machen Sie im Ärmelkanal oder im Atlantik die Algengürtel ausfindig, indem Sie bei Hochwasser einen Abhang entlangtauchen.
☐ Tauchen Sie im Mittelmeer auf Höhe des Algentrottoirs oder der Corallinenböden.
Die Fauna ist dort oft sehr reich, denn diese Algenstrukturen zeigen viele Spalten, Gänge und Höhlen, die als Unterschlupf sehr gesucht sind.
☐ Beobachten Sie bei Tauchgängen in Tiefen von 30 bis 40 m die Vorherrschaft der Rotalgen. Berühren Sie sie, um ihre gallertige Konsistenz zu spüren. Sie werden feststellen, daß viele von ihnen in diesen Tiefen fast weiß sind.

AUFPASSEN
Während des Tauchgangs bedeuten Algen überhaupt keine Gefahr. Es kann aber vorkommen, daß die langen, oft filamentartigen und deshalb verknäulten Wedel der großen Braunalgen sich im Flaschenventil und in den Griffen verfangen.

SEEGRÄSER

Die einzigen Blütenpflanzen im Meer, die man an den Küsten Europas antrifft – die Taucher kennen die großen Wiesen, die sie bilden, meiden sie aber oft, weil sie denken, daß es dort nichts zu beobachten gibt –, gehören alle der Abteilung der Samenpflanzen oder Spermatophyta und dort der Unterabteilung Bedecktsamer oder Angiospermae an. Sie sind alle Mitglieder der Familie der Laichkrautgewächse oder Potamogetonaceae, in der zahlreiche Süßwasserpflanzen zusammengefaßt werden. Diese Familie gehört der Klasse der Einkeimblättrigen Bedecktsamer oder Monokotyledonae an, deren Mitglieder Samen mit einem einzigen Keimblatt besitzen (spezielles, im Samen eingeschlossenes Blatt, das dazu dient, die junge Pflanze während der Keimung zu ernähren, bis sie unabhängig geworden ist), wie zum Beispiel die Iris, das Maiglöckchen oder der Weizen.

Neben dem Besitz von Blüten unterscheidet eine andere Besonderheit diese Arten von den Algen. Sie besitzen spezialisierte Zellen, die in Bündeln zusammengefaßt sind und deren Hauptaufgabe es ist, Wasser und Nährstoffe sowie die Assimilate zu leiten. Es handelt sich um die Leitgefäße, die den Algen fehlen.

Ein Laichkrautgewächs besteht also aus einem meist senkrechten, mehr oder minder tief im Sand eingegrabenen Stengel. Dabei handelt es sich um den kriechenden Sproß oder das Rhizom, aus dem zahlreiche kleine Wurzeln oder Haarwurzeln abzweigen, die dazu dienen, die Pflanze fest im Boden zu verankern. An dem senkrechten Teil des Sprosses zeigen sich die sehr langen, bandförmigen Blätter, deren Nerven immer in Längsrichtung parallel zueinander angeordnet sind. Die Blätter lösen sich regelmäßig vom Stiel; die Pflanzen aber sind mehrjährig (perennierend): Das Rhizom lebt weiter, und neue Blätter ersetzen die abgefallenen. Die abgestorbenen Teile werden bei Stürmen an die Strände geworfen, wo sie sich anhäufen und manchmal sehr hohe Wälle bilden können, deren Rolle für den Schutz der Küste nicht unwesentlich ist, da sie Sandpartikel festhalten.

Die Blätter der Seegräser sind grün gefärbt, denn sie enthalten in ihren Zellen zwei Pigmentmoleküle, das Chlorophyll a und b, die ihnen diese Farbe verleihen.

Seegräser bedecken sehr große Flächen im Meer, die den Wäldern oder den Wiesen an Land entsprechen. Diese großen Flächen werden Seegraswiesen genannt. Sie spielen mehrere entscheidende Rollen. Zunächst produzieren sie durch Photosynthese Sauerstoff. Außerdem produzieren sie organisches Material und reinigen das Wasser, indem sie einige von den gelösten Substanzen aufnehmen. Schließlich beherbergen sie zahlreiche Tierarten (Kopffüßer, Nesseltiere, Krebstiere, Stachelhäuter, Schnecken und andere Weichtiere und Fische), die sich in ihrem Schutz vermehren, hier ihre Nahrung beschaffen und Unterschlupf finden.

Man muß noch hinzufügen, daß zahlreiche benthische Organismen (z. B. Algen, Hydroiden, Würmer) die Blätter der Seegräser als Untergrund benutzen, so daß diese meist bewachsen sind.

SEEGRÄSER

GRÖSSE
Die Länge der Blätter der verschiedenen Arten an den Küsten Europas variiert von 10–130 cm, ihre Breite variiert von 1–12 mm.

ERNÄHRUNG
Pflanzen, die Chlorophyll besitzen, sind mit Hilfe des Sonnenlichtes in der Lage, praktisch alle für ihr Wachstum notwendigen Substanzen aus dem im Wasser gelösten Kohlendioxid und den Mineralsalzen zu gewinnen. Der Prozeß wird Photosynthese genannt. Alle Organismen, die die Fähigkeit besitzen, aus anorganischen Stoffen organisches Material aufzubauen, werden als autotroph bezeichnet. Tiere müssen alle notwendigen organischen Stoffe mit ihrer Nahrung aufnehmen, sie sind heterotroph.
Der Sauerstoff, Grundlage des Lebens für die meisten Organismen auf der Erde (auch für den Menschen!), ist ein Abfallprodukt der Photosynthese.
Die Seegräser sind Photosynthese betreibende Pflanzen; mit ihren Haarwurzeln entziehen sie dem Meeresboden die Mineralsalze, die sie benötigen.

FORTPFLANZUNG
Bei den Samenpflanzen befinden sich die männlichen und weiblichen Fortpflanzungsapparate in den Blüten. Der männliche Fortpflanzungsapparat besteht aus den Staubblättern, in denen sich die Pollenkörner, die männlichen Fortpflanzungszellen oder Spermatozoen, bilden.
Der weibliche Fortpflanzungsapparat, im Zentrum der Blüte gelegen, besteht aus den Fruchtblättern, die an ihrer Spitze eine Verlängerung, den Stempel, tragen, der in ein oder mehreren Teilen, den Narben, endet. Diese dienen dazu, die Pollenkörner festzuhalten. Die Fruchtblätter enthalten eine oder mehrere weibliche Geschlechtszellen, die Eizellen. Die Befruchtung findet im Fruchtblatt (Embryosack) statt, wohin die Spermatozoen vom Pollenschlauch gebracht werden. Die Bestäubung findet bei den Seegräsern im Wasser statt.
Bei den Seegräsern findet man je nach Art Bestände, die entweder nur männliche oder nur weibliche Blüten bilden. Es gibt zwittrige Arten, die sowohl männliche als auch weibliche Blüten auf einer Pflanze besitzen. Wieder andere Arten besitzen zwittrige Blüten. In den meisten Fällen sind die Blüten sehr einfach gebaut und besitzen weder einen Kelch noch eine Krone. Sie bestehen nur aus den Staub- und Fruchtblättern und sind klein und grünlich gefärbt, also schwer zu sehen. Nach der Befruchtung entwickelt sich der Embryosack zu einer Frucht, und die befruchteten Eizellen entwickeln sich zu Samen, die jeweils ein zukünftiges neues Individuum enthalten, den Embryo.
Die Besiedelung des Meeresgrundes ist selten die Folge dieses komplizierten geschlechtlichen Vorganges, der sehr strikte klimatische Bedingungen benötigt. Die Rhizome haben die Eigenschaft, ununterbrochen zu wachsen, sowohl senkrecht als auch waagerecht. Dies ermöglicht der Pflanze, ständig über die Materialien, die sich zwischen den Rhizomen anhäufen (Schalen-, Algen- und Blattstücke, Sand), zu wachsen, so daß sich die jungen Sprosse immer oberhalb der Sedimente entwickeln können. Diese Bildung von neuen Sprossen durch das ständige Wachstum der Rhizome ist ein Phänomen, an dem die Fortpflanzungsapparate nicht beteiligt sind. Es handelt sich um eine vegetative oder ungeschlechtliche Vermehrung. Sie erzeugt eine unentwirrbare Verflechtung von kriechenden Sprossen, die als Matten bezeichnet werden. Die ständige Erhöhung der Matten ist der Ursprung der Bildung von einer Art Riff oder Bänken, die allmählich den Küstenbereich von der hohen See abschneiden. Diese Erhöhung wird auf einen Meter pro Jahrhundert geschätzt. Die Rhizommatten mancher Seegraswiesen können eine Dicke von bis zu 10 m erreichen.

ÖKOLOGIE
Seegräser wachsen im Meer oder in küstennahen Teichen auf Sandböden, die an organischem Material reich sind, auf Schlickböden oder auf sandigen Kiesböden. Sie brauchen ausreichend Licht, so daß ihre Tiefenverbreitung von der Klarheit des Wassers, aber auch von der Sonnenbestrahlung abhängt. Man findet sie vom Flachwasser bis in etwa 40 m Tiefe in Gewässern mit einer Temperatur zwischen +10 und +20 °C. Sie sind auch gegenüber der Salzkonzentration der Umgebung (Normalwert: etwa 36 g Natriumchlorid pro Liter) sehr empfindlich; einige Arten vertragen nur sehr geringe Schwankungen.
Das Überleben der großen Seegraswiesen ist durch die Abfälle der Städte und der Industrie, die das Wasser trüben und zahlreiche Giftstoffe

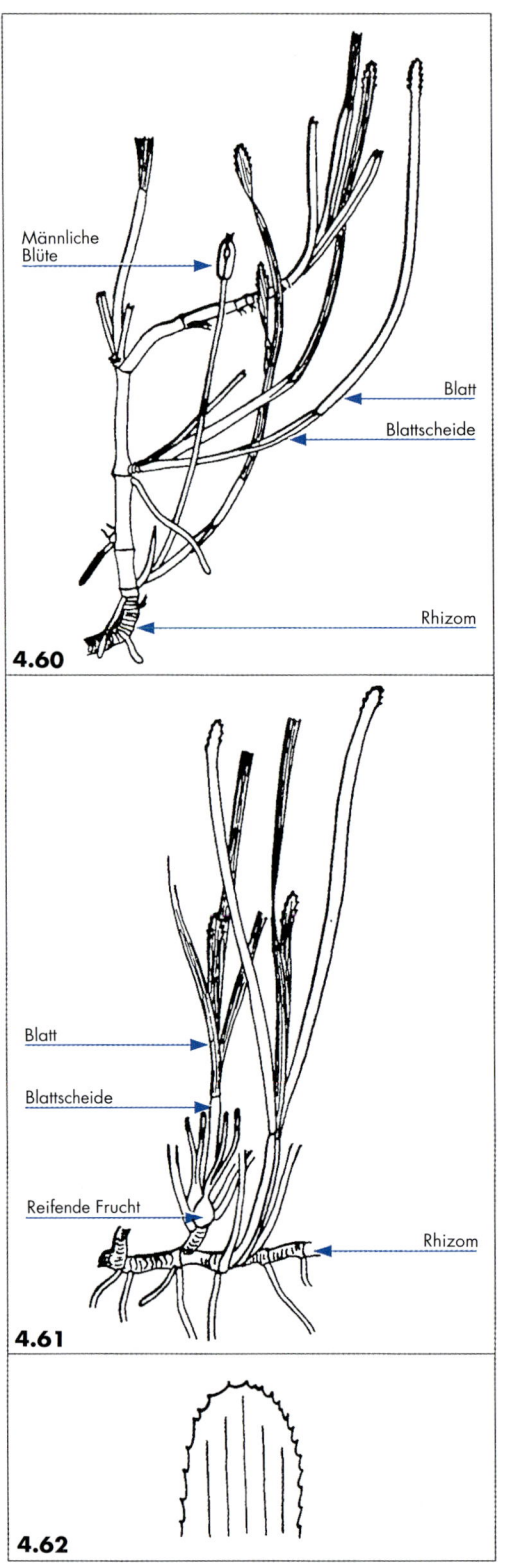

mit sich bringen, gefährdet. Der Bau von Freizeithäfen, die die Böden zerstören und die Strömungen und Dünungszonen verändern, bedeutet eine weitere Gefahr. Die Anker der Freizeitboote reißen die Rhizome aus und tragen ebenfalls zur Beschädigung dieser für den Lebensraum Meer so bedeutenden Pflanzen bei.

BEBILDERTE BEISPIELE

An den Küsten Europas kann man beim Tauchen vier Seegrasarten antreffen.

☐ Tanggras, *Cymodocea nodosa*. Das Rhizom dieser Art ist lang, ziemlich dünn und rot gefärbt. Es besitzt starke Wurzeln und zahlreiche kurze Verzweigungen, die die Blätter mit ihrer langen Hülle an der Basis tragen (Abb. 4.60 und 61). Die Länge der Blätter variiert von 10–25 cm, die Breite von 0,1–0,4 cm. Die Spitze ist abgerundet, und der Rand zeigt sehr kleine Zähne (Abb. 4.62). Vier bis fünf parallele Nerven verlaufen in Längsrichtung des Blattes. Das Tanggras blüht von Mai bis August. Die männlichen Blüten bestehen nur aus zwei Staubblättern und werden von speziellen Zweigen getragen (Länge: 7–10 cm). Die weiblichen Blüten bestehen aus zwei Fruchtknoten, wobei jeder in zwei langen, geraden Narben endet. Männliche und weibliche Blüten erscheinen auf verschiedenen Stielen (Abb. 4.63 und 4.64). Man findet die Art im Mittelmeer auf Sandböden, die reich an organischem Material sind, in geringer Tiefe (Maximum: 15 m). Das Tanggras ist nicht besonders häufig.

☐ Neptunsgras, *Posidonia oceanica*. Diese mehrjährige Pflanze hat ihren Namen von Poseidon oder Neptun, dem Meeresgott. Man erkennt sie an ihrem großen, mit bräunlichen Fasern (den Resten der alten Blätter) gespickten Rhizom. Die dunkelgrünen Blätter können bis 1,30 m lang werden und sind ineinander verschachtelt (Abb. 4.65). Sie haben die Form eines Bands (Breite: 0,6-1 cm) und zeigen elf bis dreizehn parallele Nerven. Ihr Rand ist auf der gesamten Länge

4.60 *Vereinfachter Bauplan einer männlichen Pflanze des Tanggrases Cymodocea nodosa.*

4.61 *Vereinfachter Bauplan einer weiblichen Pflanze des Tanggrases Cymodocea nodosa.*

4.62 *Blattspitze des Tanggrases Cymodocea nodosa.*

glatt. Die Blütezeit ist meist zwischen September und November. Die Blüten sind gleichzeitig männlich und weiblich (Zwitter). Sie erscheinen in kleinen aufrechten Sträußen auf einem einzigen Stiel von 15–25 cm Länge. Sie besitzen keine Kelch- und Kronblätter und bestehen aus drei Staubblättern und einem Fruchtknoten. Ihre Länge erreicht 0,5–0,6 cm (Abb. 4.66).

Die Früchte, die nach der Bestäubung entstehen, ähneln Oliven mit einer kleinen Spitze an der Oberseite. Sie sind fleischig, grün (schwarz, wenn sie trocken sind) und enthalten einen einzigen Samen: Es sind die Meeresoliven, die manchmal ans Ufer gespült werden. Sie keimen stets, bevor sie eingegraben werden.

Posidonia oceanica kommt nur im Mittelmeer vor, wo sie sehr umfangreiche Seegraswiesen bildet (man hat stellenweise bis zu 700 Blätterbündel pro Quadratmeter gezählt). Die Art entwickelt sich gut bei Wassertemperaturen zwischen +17 und +20 °C und verträgt nur geringe Schwankungen des normalen Salzgehaltes. Man kann sie in sehr klaren und sauberen Regionen bis in 40 m Tiefe beobachten. Bei Stürmen kann man manchmal auf den Sandstränden bräunliche, verfilzte Kugeln finden: die Seebälle, Zusammenballungen der von der Dünung gerollten Reste abgestorbener Blätter.

☐ Gemeines Seegras, *Zostera marina*. Diese mehrjährige Art hat ihren Namen vom Aussehen ihrer bandförmigen Blätter (zostera: Band). Ihre Länge kann 1,20 m und die Breite 2–12 mm erreichen. Sie zeigen fünf bis sieben parallele Nerven, wobei die Randnerven mit bloßem Auge schwer zu sehen sind. An ihrer Basis haben sie eine Hülle, an der Spitze sind sie abgerundet, manchmal mit einer kleinen Spitze am Ende. Ihr Rand ist glatt (Abb. 4.67). Das Rhizom ist nicht verzweigt. Es ist ziemlich groß (Durchmesser: 5 mm) und trägt Wurzelbüschel auf Höhe jeder Ausbuchtung (Knoten). Die Blütezeit erstreckt sich von Juni bis September. Die Blüten sind entweder männlich oder weiblich, werden aber auf demselben Stamm auf speziellen Blättern getragen. Sie sind in zwei Reihen abwechselnd nach dem Geschlecht angeordnet (Abb. 4.68); etwa vierzig Blüten pro Blatt. Sie besitzen weder Kelch- noch Kronblätter. Die männlichen Blüten bestehen aus einem einzigen Staubblatt (Länge: 4 mm), die weiblichen aus einem einzigen Fruchtknoten mit zwei Narben an der Spitze (Länge: 2–3 mm). Beide sind grünlich gefärbt. Die Früchte, die aus der Bestäubung hervorgehen, sind längsgerillt. Sie sind an der Basis

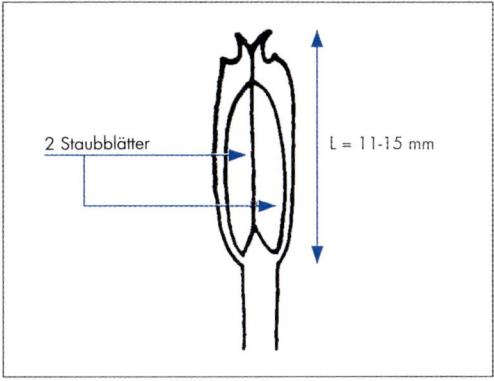

4.63 *Vereinfachter Bauplan einer männlichen Blüte des Tanggrases Cymodocea nodosa.*

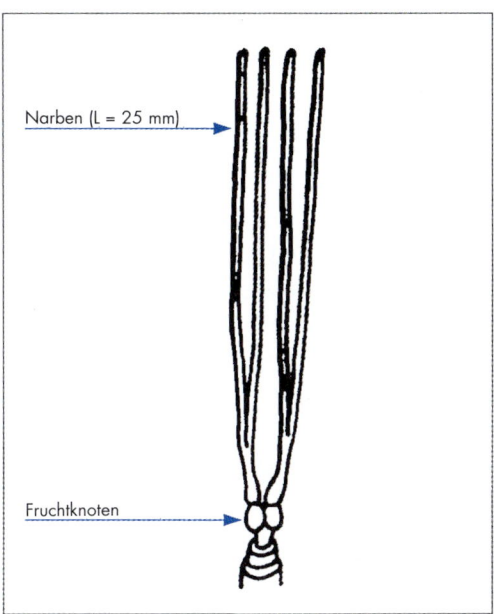

4.64 *Vereinfachter Bauplan einer weiblichen Blüte des Tanggrases Cymodocea nodosa.*

abgeflacht und enthalten einen einzigen Samen (Abb. 4.69).

Zostera marina kommt in der Nordsee, im Ärmelkanal, im Atlantik und im Mittelmeer bis in eine Tiefe von etwa 15 m auf Sand-, Schlamm- und sandigen Kiesböden vor. Die Art verträgt Temperaturen zwischen +10 und +20 °C und verträgt Salzgehaltschwankungen

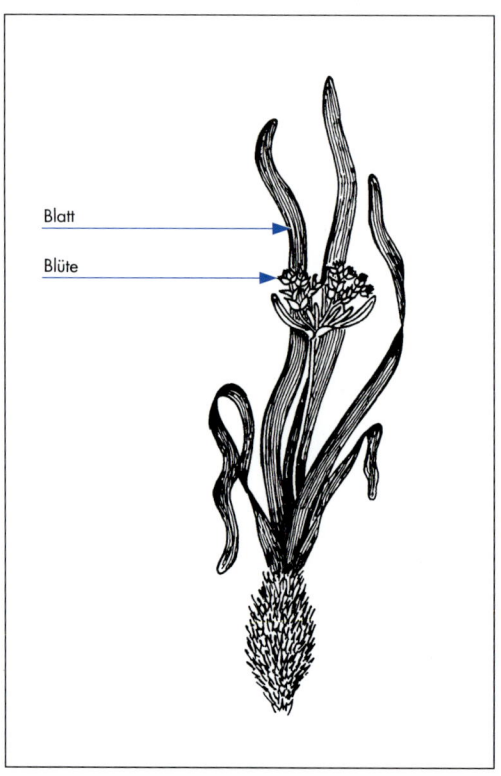

4.65 *Vereinfachter Bauplan einer Pflanze des Neptunsgrases Posidonia oceanica.*

zwischen 3–40 g Salz pro Liter Wasser. Diese Pflanze wurde früher in den Niederlanden für den Bau von Dämmen benutzt. In Frankreich hat man ihre getrockneten Blätter für die Herstellung von Kissen oder Matratzen oder die Verpackung von Waren verwendet. Sie wurde auch bei Ebbe gemäht, um sie als Dünger zu benutzen.

☐ Auch das Zwergseegras *Zostera noltii* kommt an den Küsten Europas vor. Seine Verbreitung ist dieselbe wie die der vorangegangenen Art, es wächst aber nicht so tief. Es ist kleiner als das Gemeine Seegras. Sein Rhizom ist sehr dünn (Durchmesser: 0,5–2 mm), die Blätter sind nur 10–30 cm lang und 1–2 mm breit. Sie besitzen nur drei parallele Nerven. Die Blüten sind weniger zahlreich (drei bis zwölf), die Frucht ist glatt. Diese mehrjährige Seegrasart ist ziemlich selten.

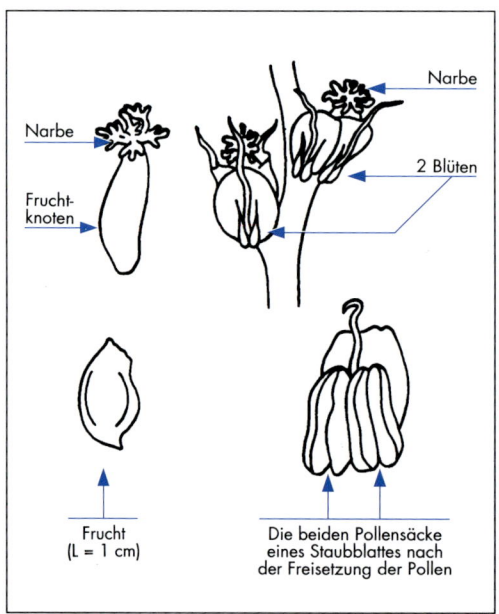

4.66 *Details der Blüten und der Frucht des Neptunsgrases Posidonia oceanica.*

Meeresbiologie · Das Pflanzenreich

NICHT VERWECHSELN
Seegräser können eigentlich nicht mit Algen verwechselt werden, da diese niemals diese Bandform und auch keine Blüten und Früchte besitzen.
☐ Es ist nicht immer leicht, die vier beschriebenen Arten voneinander zu unterscheiden, besonders wenn sie keine Blüten tragen.
Dieses Problem stellt sich aber nur im Mittelmeer, denn in der Nordsee, im Ärmelkanal und im Atlantik findet man nur die *Zostera*-Arten.
Merkmale zum Unterscheiden sind:
die Größe ihrer Blätter (Länge und Breite),
die Spitze der Blätter und die Zahl der Nerven,
die Farbe und die Größe des Rhizoms,
das Vorhandensein oder Fehlen von Resten abgestorbener Blätter,
die Anordnung der Blüten.

BEIM TAUCHEN BEOBACHTEN
☐ Seegraswiesen sind immer einen Tauchgang wert.
☐ Versuchen Sie, auf die vorher beschriebenen Merkmale zu achten.
☐ Beobachten Sie die Tier- und Algenarten, die auf den Seegrasblättern befestigt sind.
☐ Beobachten Sie die in den Seegraswiesen lebende Fauna, insbesondere die grüngefärbten Tierarten mit blattähnlicher Körperform (Nacktschnecken, Krebstiere, Fische).
☐ Beobachten Sie die auf den Rhizomen befestigte oder im Geflecht an der Basis der Blätter versteckte Fauna.

AUFPASSEN
Beschädigen Sie Seegraswiesen nicht gedankenlos, ihre Existenz ist zur Zeit sehr gefährdet.

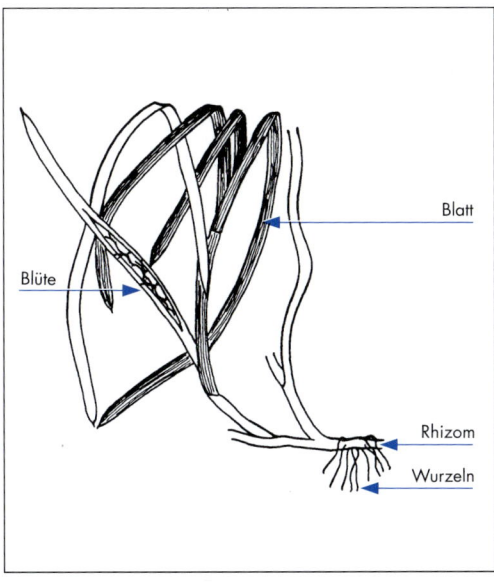

4.67 *Vereinfachter Bauplan einer Pflanze des Gemeinen Seegrases Zostera marina.*

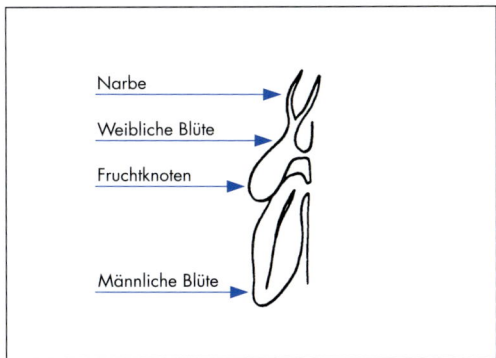

4.68 *Männliche und weibliche Blüte des Gemeinen Seegrases Zostera marina.*

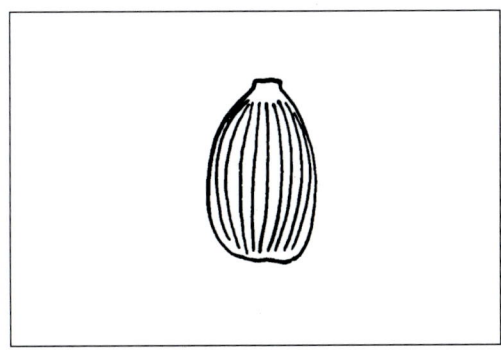

4.69 *Frucht des Gemeinen Seegrases Zostera marina.*

PLANKTON

Unter dem Namen Plankton (freischwebende Organismen) versteht man alle pelagischen Lebewesen (d. h. die im freien Wasser leben), die nicht in der Lage sind, sich selbständig zu bewegen, oder deren Bewegungskraft nicht stark genug ist, um gegen die Wasserströmungen anzukommen. Die Lebewesen, die genügend Schwimmkraft haben, um sich alleine fortzubewegen (Meeressäugetiere, Fische usw.), und auch pelagisch leben, gehören zum Nekton. Es gibt noch eine dritte Kategorie, das Benthos, das die Lebewesen umfaßt, die auf dem Grund befestigt leben, oder die sich immer in Bodennähe bewegen (Seerosen, Gorgonien, Meeraale, Langusten...). Die Grenzen zwischen diesen drei Gruppen von Meeresbewohnern sind manchmal fließend.

Der Taucher registriert selten das Vorhandensein des Planktons; es wird meist wegen seiner zu geringen Größe oder seiner Durchsichtigkeit nicht wahrgenommen. Man muß also sehr genau aufpassen, um beim Tauchen die großen planktonischen Lebewesen zu sehen, oder sie müssen in sehr großen Mengen vorkommen (Planktonblüte, rote, braune oder grüne Gezeiten). Dann findet sich der Taucher in milchigem oder an der Oberfläche gefärbtem Wasser wieder.

Das Plankton besteht nicht nur aus mikroskopisch kleinen Organismen, wie man oft glaubt. Die Größe seiner Bestandteile kann von unter 2 Mikrometer (1 Mikrometer: 1/1.000 mm) bis über einem Meter liegen. Aufgrund dieser Größenunterschiede teilt man es in drei Kategorien ein:
– das Nanno- oder Zwergplankton (von weniger als 2 bis 20 Mikrometer);
– das Meso- oder mittlere Plankton (von 20 Mikrometer bis 20 Millimeter);
– das Makro- oder große Plankton (über 20 Millimeter).

Physiologische Betrachtungen, die auf der Ernährungsweise basieren, erlauben es, zwei große Gruppe zu unterscheiden, das Phytoplankton (pflanzliches Plankton) und das Zooplankton (tierisches Plankton).

☐ Das Phytoplankton umfaßt sowohl einzellige als auch aus einigen Zellen bestehende Algen (= Mikroalgen; Abb. 4.70 und 4.71). Praktisch alle sind in der Lage, die Photosynthese durchzuführen, d. h. die zu ihrer Entwicklung notwendigen organischen Substanzen herzustellen. Diese Fähigkeit, autonom zu leben (Autotrophie), ist das Verdienst von Pigmenten, etwa vom Chlorophyll, die in den Algenzellen vorhanden sind und ihnen manchmal bemerkenswerte Farben verleihen. Bei diesem Prozeß spielen auch das im Wasser gelöste atmosphärische Kohlendioxid und das Licht eine Rolle. Die Ansprüche des Phytoplanktons an diesen letzten Faktor beeinflußt sein Vorkommen in der Nähe der Oberfläche (epipelagische Zone). Man findet die Mehrheit der phytoplanktonischen Lebewesen in den ersten Metern unter der Wasseroberfläche, je nach Klarheit des Wassers aber sogar bis in 100 oder 120 m Tiefe.

Diese Mikroalgen können je nach systematischer Zugehörigkeit grün, gelb, braun, rot oder auch blau gefärbt sein.

☐ Das Zooplankton umfaßt die Organismen, die keine photosynthetischen Pigmente besitzen. Es handelt sich bei ihnen um Einzeller (Ciliata, Foraminifera, Radiolaria – Abb. 4.72), mikroskopisch kleine, mehrzellige Organismen (Ruderfußkrebschen oder Copepoden – Abb. 4.73; Larven-Abb. 4.74 bis 4.76) oder größere Tiere (Nesseltiere, Rippenquallen). Alle diese tierischen Organismen ernähren sich von anderen Lebewesen oder von deren Abfallstoffen. Sie sind Pflanzen-, Fleisch- oder Abfallfresser und leben von der Oberfläche bis in größte Tiefen.

Einige Arten gehören ihr Leben lang zum Plankton. Sie werden unter dem Namen Holoplankton (holo-: ganz, gänzlich) erfaßt. Die Mikroalgen, die tierischen Einzeller, einige Krebstiere (Copepoden, die etwa 70 % des gesamten Planktons ausmachen), Rippenquallen und Salpen bilden den größten Teil des Holoplanktons.

Andere Organismen verbringen nur einen Teil ihres Lebens im Plankton und verwandeln sich, wenn sie erwachsen werden. Sie bilden das Meroplankton (mero-: teilweise). Die Eier und die Larven der Mehrheit der Vertreter der verschiedenen im Meer lebenden Tierstämme sind meroplanktonisch.

Die planktonischen Lebewesen, die sich nicht bewegen können, sind meist sehr klein. Sie enthalten oft Öltröpfchen, die ihr spezifisches Gewicht verringern, oder sie besitzen Fortsätze

Meeresbiologie · Das Plankton

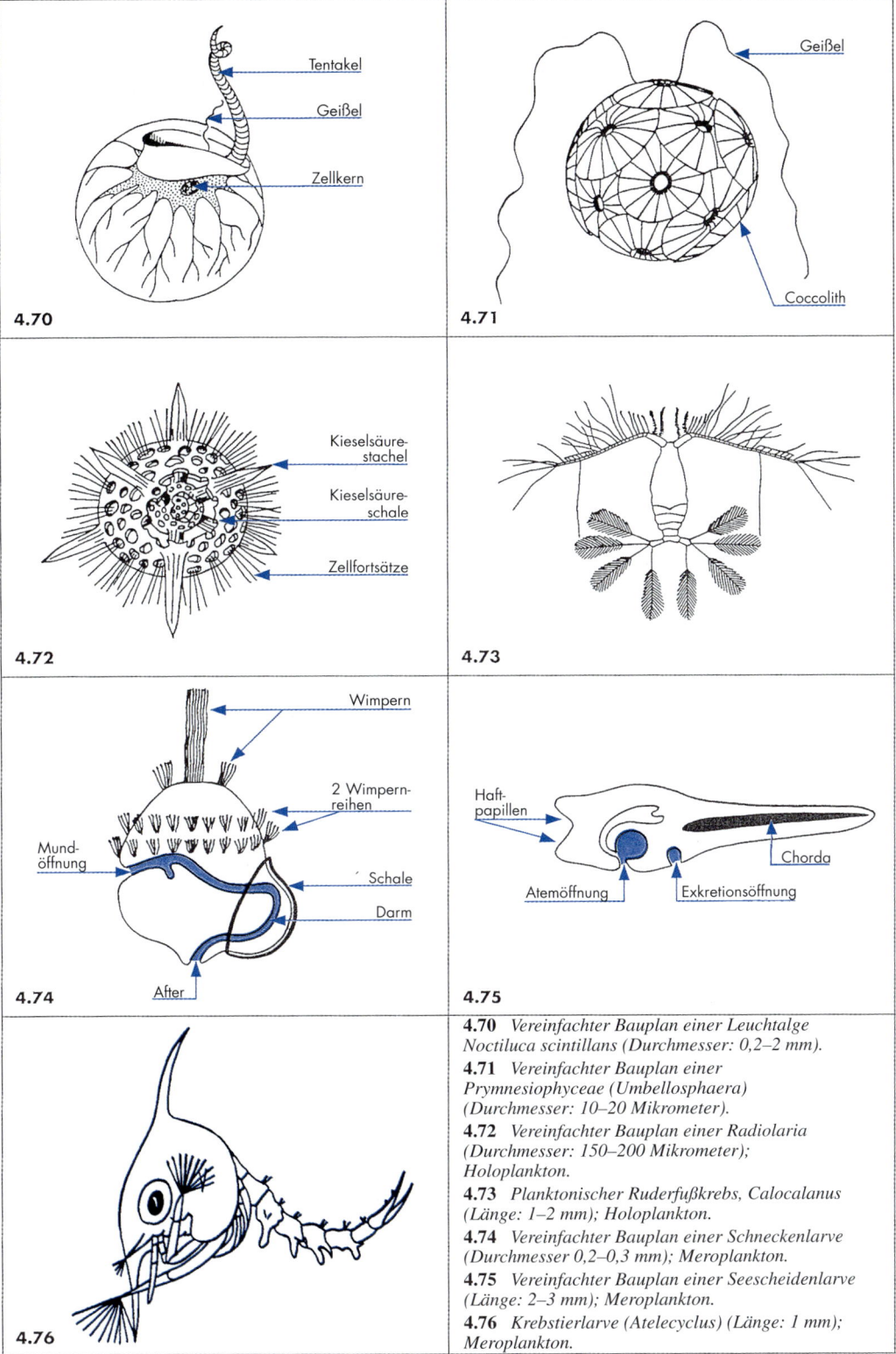

4.70 *Vereinfachter Bauplan einer Leuchtalge Noctiluca scintillans (Durchmesser: 0,2–2 mm).*
4.71 *Vereinfachter Bauplan einer Prymnesiophyceae (Umbellosphaera) (Durchmesser: 10–20 Mikrometer).*
4.72 *Vereinfachter Bauplan einer Radiolaria (Durchmesser: 150–200 Mikrometer); Holoplankton.*
4.73 *Planktonischer Ruderfußkrebs, Calocalanus (Länge: 1–2 mm); Holoplankton.*
4.74 *Vereinfachter Bauplan einer Schneckenlarve (Durchmesser 0,2–0,3 mm); Meroplankton.*
4.75 *Vereinfachter Bauplan einer Seescheidenlarve (Länge: 2–3 mm); Meroplankton.*
4.76 *Krebstierlarve (Atelecyclus) (Länge: 1 mm); Meroplankton.*

(Flossen, sehr lange Nadeln oder andere Schwebeeinrichtungen), die ihre Schwebfähigkeit erhöhen. Die beweglichen Arten besitzen Fortbewegungsorgane (Wimpern, Geißeln usw.), oder sie können sich schlängeln bzw. zusammenziehen. Sie können sich auf diese Weise in ihrer Umgebung bewegen, aber ihre Schwimmkraft ist zu gering, um gegen Strömungen anzukommen. Einige sind dennoch zu umfangreichen senkrechten Wanderungen (mehr als 600 m) fähig.

Einige der planktonischen Einzeller und auch manche mehrzellige Plankter besitzen eine ein- oder mehrteilige Schale (oder Panzer), deren chemische Zusammensetzung sehr unterschiedlich sein kann: kieselhaltig (Kieselalgen, Bild XVI.5; Radiolaria), kalkhaltig (Goldalgen, Formaminiferen, Weichtiere), zellulosehaltig (Dinoflagellaten) oder chitinhaltig (Krebstiere). Die Strukturen dieser Schalen sind manchmal bemerkenswert, was ihre Komplexität und ihre Schönheit betrifft (Abb. 4.71 und 4.72). Wenn diese Organismen sterben, bleiben nur die Schalen übrig, die auf den Boden fallen und vor allem in den Ozeanen mit kaltem Wasser sehr umfangreiche Sedimentablagerungen bilden. Diese verdichten sich unter dem Druck und fossilisieren. Sie erzeugen Gestein, wie Kreide (gebildet durch die Anhäufung der Coccolithen der Kalkpanzeralgen, Abb.4.71) oder Kieselgur (durch die Anhäufung von Milliarden von Schalen der Kieselalgen, Bild XVI.5). Neben ihrer Bedeutung bei der Bildung von geologischen Strukturen spielen die Bestandteile des Planktons auch andere entscheidende Rollen. So erzeugt das besonders produktive Phytoplankton einen großen Teil des atmosphärischen Sauerstoffs, der nur ein Abfallprodukt der Photosynthese ist. Es stellt auch das erste Glied der Nahrungskette dar und dient als Grundnahrung für das gesamte pflanzenfressende Plankton. Auch viele Filtrierer (Nesseltiere, Schwämme, Manteltiere) ernähren sich zum Großteil davon. Die Mikroalgen sind primäre Produzenten, denn sie sind die ersten Produzenten von organischem Material. Die, die sich davon ernähren, sind primäre Verbraucher (oder Pflanzenfresser), die ihrerseits der Ernährung der sekundären Verbraucher dienen (Fleischfresser wie z. B. Kopffüßer, fleischfressende Fische und v. a. m.).

Man muß schließlich erwähnen, daß einige Bestandteile des Phytoplanktons die Ursache von schweren Vergiftungen sein können, insbesondere beim Verspeisen von Meeresfrüchten oder Fischen, die entweder diese Organismen oder die Giftsekrete, die diese absondern, enthalten.

PLANKTON

BEBILDERTE BEISPIELE

☐ *Noctiluca scintillans* – Holoplankton. Diese mikroskopisch kleine Alge (Klasse Dinophyceae) ist Tauchern und Urlaubern gut bekannt. Sie erleuchtet nachts die Gewässer mit Tausenden von leuchtenden Punkten. Von dieser Fähigkeit hat sie ihren Namen bekommen (nocti-: Nacht; -luca: Licht). Ihr Durchmesser variiert je nach Individuum von 0,2–2 mm. Sie besitzt eine Geißel, deren Bewegungen nicht ausreichen, um ihre Fortbewegung zu sichern, und einen gerillten Tentakel, der ihr zum Fangen der Beute oder organischer Partikel dient, von denen sie sich ernährt (Abb. 4.70). Sie enthält andere lebende Mikroalgen, die die Photosynthese durchführen. Sie vermehrt sich, wenn sich die Gewässer erwärmen, und kann die Ursache von „rosa Gezeiten" sein.

☐ *Ornithocerus magnificus* – Holoplankton. Diese braungefärbte, einzellige Alge (Klasse Dinophyceae), die Photosynthese betreibt, kommt in tropischen Gewässern vor und besitzt erstaunliche Fortsätze, die ihr gute Schwebfähigkeiten sichern. Sie bewegt sich mit Hilfe zweier Geißeln (nicht sichtbar auf dem gezeigten Bild, XVI.1). Durchmesser: 40 Mikrometer.

☐ *Umbellosphaera sp.* (Abb. 4.71) – Holoplankton. Kugelförmige, einzellige Alge (Klasse Kalkpanzeralgen, Prymnesiophyceae), die Photosynthese betreibt und braun-gelb gefärbt ist. Sie bildet einen Panzer aus Kalkschalen, -plättchen oder Stäbchen (Coccolithen). Diese Coccolithen bilden auf dem Grund der Ozeane Kalkschlämme, die das Ausgangsmaterial der Kreide darstellen. Durchmesser der Zelle: 10–20 Mikrometer.

NICHT VERWECHSELN

☐ Schwebende Staubpartikel können leicht für planktonische Wesen gehalten werden.
☐ Die Farbphänomene der Planktonblüte können mit chemischen Verschmutzungen verwechselt werden.

BEIM TAUCHEN BEOBACHTEN

☐ Versuchen Sie, einige der Bestandteile des Planktons auf den ersten Metern der Tauchgänge zu entdecken.
☐ Achten Sie bei Nachttauchgängen auf das Nachtleuchten (Biolumineszenz), das unter anderen von den Leuchtalgen (*Noctiluca*) oder einigen Rippenquallen (*Beroë*) verursacht wird.

AUFPASSEN

☐ Außer der Gruppe der Quallen (Cnidarien), die nesseln können, sind die anderen Planktonorganismen für Taucher nicht gefährlich.

5. DIE TAUCHAUSRÜSTUNG

Dieses Kapitel ist nicht für Spezialisten gedacht, sondern für Anfänger und Taucher, die bereits ein gewisses Niveau erreicht haben.
Wenn man selten bzw. nur im Urlaub taucht, ist der Kauf einer kompletten Ausrüstung nicht immer anzuraten: das Material ist sehr teuer und seine Pflege aufwendig.
Eine Grundausstattung, bestehend aus Flossen, Maske und Schnorchel, ist erforderlich, andere Teile dagegen können meist problemlos am Urlaubsort geliehen werden. Diese Aspekte haben wir im folgenden berücksichtigt, da wir hier die Taucher ansprechen wollen, die Tauchen als Freizeit- und Erholungssport betrachten. Deshalb haben wir beispielsweise der Lampe oder der Tarierweste einen bevorzugten Platz eingeräumt.
Außerdem haben wir für jedes Ausrüstungsteil die wichtigsten Punkte aufgelistet, auf die Sie beim Kauf achten müssen.
Schließlich finden Sie jedesmal Pflegetips. Wir sind zum besseren Verständnis ganz besonders auf den Mechanismus des Druckminderers und des Flaschenventils einge-gangen. Dies soll jedoch keine Aufforderung sein, selbst Reparaturen vorzunehmen, das muß dem Servicesteller bzw. dem Fachhändler vorbehalten bleiben.
Die vorgeschlagene Reihenfolge beim Kauf des Materials ist folgende:
– *Die Flossen (mit Füßlingen), die Maske und der Schnorchel: Sie sind die ABC-Ausrüstung und müssen dem Körperbau und den Fähigkeiten des Tauchers angepaßt sein.*
– *Die Lampe: Bei Tauchgängen, die auf Erforschung und Entdeckung abzielen, ist eine Lampe – wenn auch eine kleine – unentbehrlich, um Spalten zu beleuchten, ihre Bewohner zu entdecken und die natürlichen Farben wiederzugeben.*
– *Der Anzug und der Bleigurt: Der Anzug schützt den Taucher vor Kälte. Ein eigener, gut passender Anzug kann diese Rolle am besten erfüllen, wenn er der Körperform optimal angepaßt ist. Die Bleigewichte dienen dem Ausgleich des Auftriebs, den der Anzug durch die eingeschlossenen Gasbläschen erzeugt.*
– *Die Tarierweste bzw. das Jacket: Sie ist*

ohne Zweifel ein wichtiges Element, was Bequemlichkeit und Sicherheit angeht, deshalb nimmt sie hier einen wichtigen Platz ein. Sie erlaubt, in jeder Tiefe den Schwebezustand einzunehmen.
- Die Uhr und der Tiefenmesser sowie Unterwassertabellen: Sie erlauben es, sich im Unterwasserraum zu orientieren, den Tauchgang einzuteilen und relativ unabhängig zu werden.
- Der Tauchcomputer: Er ist Ausdruck des technologischen Fortschritts der letzten Jahre. Seine Fähigkeit, die verschiedenen Parameter des Tauchgangs kontinuierlich und schnell zu erfassen und den Tauchgang zu berechnen, bedeutet einen großen Vorteil.
- Der Atemregler und das Finimeter: Wir haben sie absichtlich nicht am Anfang der Liste aufgeführt, denn es sind Instrumente, die man problemlos am Urlaubsort leihen kann. Wenn Ihr Budget es erlaubt, ist es jedoch sicherlich von Vorteil, sie zu kaufen, denn der Atemregler ist ein persönlicher Gegenstand, an den man sich gewöhnt.
- Die Flasche: Sie ist Ihr Luftvorrat. Deshalb die Frage: „Wie groß soll sie sein, soll man Einzel- oder Doppelflaschen kaufen?" Vor jedem Kauf muß man die Verordnungen kennen, die den Gebrauch, den Transport und die Pflege der Flaschen festlegen. Betrachtet man den Kaufpreis, so ist sicher, daß der Kauf einer Flasche sich nur für einen Taucher lohnt, der viel taucht. Außerdem ersparen Sie sich beim Ausleihen einer Flasche vor Ort den Transport und die Pflege.
- Das Messer und das Sicherheitszubehör: Sie vervollständigen die Ausrüstung.

FLOSSEN, MASKE, SCHNORCHEL

Die Flossen

Sie ermöglichen die Fortbewegung im Wasser und müssen dem Körperbau und Trainingszustand eines Tauchers angepaßt sein, um jedes Risiko von Knöchelverstauchung, Atemlosigkeit, Krämpfen usw. zu vermeiden.
Zwei Hauptmerkmale sind zu berücksichtigen:
– die Länge,
– die Härte.
Es ist das Zusammenspiel dieser beiden Qualitäten, das dem Taucher die für seine Fortbewegung notwendige Stütze geben wird. Es ist unmöglich, den passenden Flossentyp festzulegen, wenn man die Konstitution des Tauchers nicht kennt. Einzig einige Versuche im Wasser können eine Orientierungshilfe geben. Leihen Sie sich vor dem Kauf verschiedene Modelle von Mitgliedern Ihres Klubs oder von Ihrem Lieferanten.
Dennoch sollten Sie wissen, daß die Flossen die Bewegung der Beine begleiten sollen, also nicht zu steif sein dürfen.
Lange Flossen müssen steif sein, um dem Gewicht des ausgerüsteten Tauchers standzuhalten und die Bewegung weiterzuleiten. Sie sind oft die Ursache von Knie- oder Knöchelschmerzen. Zudem sind sie aufgrund ihrer Größe sehr sperrig auf dem Schlauchboot und im Tauchsack.
Es lebe die Farbe, es lebe das Leben; für Ihre Sicherheit geben Sie lieber die traditionellen schwarzen Flossen auf: Sie sind für die anderen Mitglieder der Gruppe schlecht zu sehen.

Geschlossene oder offene Flossen?

Unabhängig davon, ob Sie das eine oder das andere Modell auswählen, mit den Flossen sind Füßlinge unentbehrlich; sie sind ein wirksamer Schutz gegen Kälte und vor den durch die Reibung der Flossen verursachten Wunden.
Außerdem erlauben sie, wenn sie mit einer Laufsohle ausgerüstet sind, auf Sand und Felsen ohne Risiken zu laufen.

Die Tauchausrüstung

□ *Die geschlossenen Flossen* (Abb. 5.1) sind besonders für Kinder zu empfehlen. Sie sind bequemer und halten besser an den Füßen. Beim Kauf muß man sie unbedingt mit den eigenen Füßlingen (vorzugsweise mit dünnen Sohlen) anprobieren.
□ *Die offenen Flossen* (Abb. 5.2) sind leichter anzuziehen, und man kann mit ihnen das Füßlingsmodell problemlos wechseln. Vergewissern Sie sich, wenn Sie sich für dieses Modell entscheiden, daß sie leicht anzuschnallen und am Fersenband zu verstellen sind.

5.1   *Geschlossene Flossen*

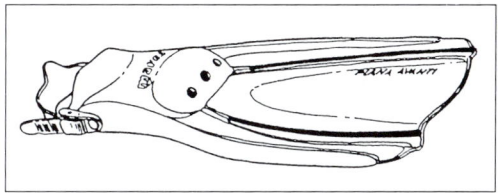

5.2   *Offene Flossen*

Flossenpflege
Spülen Sie Ihre Flossen nach jedem Tauchgang mit Süßwasser und lagern Sie sie im Winter in einem trockenen Raum.

Die Maske

Es gibt keine universelle Maske. Wir wollen also versuchen, die für Sie geeignete Maske zu finden.

Wie soll man seine Wahl treffen?
Verschiedene einfache Tests werden Ihnen die Wahl der für Sie passenden Modelle erleichtern.
– Vergewissern Sie sich vor einem Spiegel, daß die Maske sich der Form Ihres Gesichts gut anpaßt.
Nach dem Einatmen muß die Maske ohne Hilfe des Kopfbands am Gesicht haften bleiben, wenn man nach unten schaut. Entscheiden Sie sich für keine Maske, die nicht vollkommen dicht ist.
Schnurrbartträgern hilft ein einfacher Trick, die Probleme mit der Wasserdichte zu lösen; falten Sie den unteren Rand der Maske nach innen (Abb. 5.6)
– Messen Sie das Blickfeld aus; halten Sie den Kopf gerade, ohne ihn zu bewegen, und schauen Sie von oben nach unten (Abb. 5.3) und von links nach rechts (Abb. 5.4). Ziehen Sie nur Masken in Erwägung, die ein großes Blickfeld bieten. Auch sollte die Scheibe möglichst nah am Gesicht sitzen (sehr wichtig für Fotografen).
– Den Druckausgleich müssen Sie ohne Schwierigkeiten durchführen können, dazu muß die Maske mit einem Nasenerker ausgestattet sein.
Als Brillenträger wählen Sie eine Maske mit zwei Gläsern. Erkundigen Sie sich, ob die An-

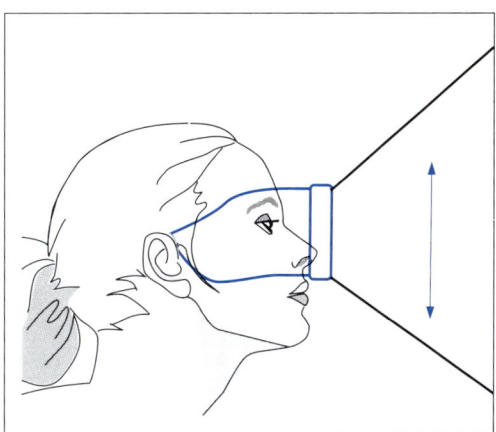

5.3   *Blickfeld von oben nach unten*

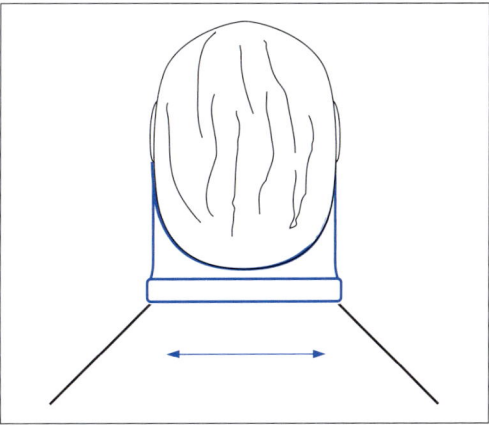

5.4   *Blickfeld von links nach rechts*

passung von optischen Gläsern bei dem entsprechenden Modell möglich ist.
Die Maske muß einfach und schnell einzustellen sein.
Ein geteiltes Kopfband sichert einen besseren Halt (Abb. 5.5).
Dasselbe Modell aus Silikon ist bequemer, widerstandsfähiger gegen UV-Strahlen und hält länger.
Das lichtdurchlässige Modell gewährleistet eine bessere Helligkeit und verringert den Tunneleffekt; Fotografen raten wir aber davon ab, denn es begünstigt die Entstehung von störenden Reflexen.
Masken mit seitlichen Scheiben bringen zwar mehr Licht, es bleibt aber ein toter Winkel auf Höhe der Scheibenverbindung. Diese Masken sind gewöhnungsbedürftig (man hat den Eindruck, nach hinten zu sehen...). Durch ihr Volumen passen sie sehr schlecht auf kleine Gesichter und bereiten Benutzern, die mit dem Ausblasen der Maske noch nicht ganz vertraut sind, einige Probleme. Diese seitlichen Scheiben sind manchmal auch der Grund für Reflexe, die für Unterwasserfotografen störend sein können,

Pflege der Maske
Um jeden Beschlag zu vermeiden, reiben Sie vor der ersten Benutzung den Innenteil der Maske mit Zahnpasta aus, was die Reste des Ausformmittels – der Ursache des Beschlags – löst. Zusätzlich wird die Maske vor jedem Einsatz mit Speichel ausgerieben und ausgespült.
Nach jedem Tauchgang spülen Sie Ihre Maske mit Süßwasser aus und lagern Sie sie in einem trockenen Raum, am besten in einer steifen Schachtel (Maskenbox), damit sie nicht beschädigt wird.

Der Schnorchel

Der Schnorchel, ein Sicherheitszubehör, erlaubt es dem Taucher, ohne Anstrengung an der Oberfläche zu schwimmen. Es werden unzählige Schnorchel im Handel angeboten. Sie verfügen nach Angaben der Hersteller über technische „Fortschritte" – oft aber nur dem Namen nach.
Wählen Sie einen einfachen Schnorchel mit Ausatemventil und vorzugsweise einem Silikonmundstück.
Stecken Sie ihn an oder unter das Maskenband, unter das Messer oder an eine andere Stelle, die besonders sicher ist!

Wie auswählen?
Sein Durchmesser soll ungefähr dem Durchmesser Ihres Daumens entsprechen. Er darf für einen Erwachsenen nur maximal 35 Zentimeter lang sein.
Ein zu langer oder zu dicker Schnorchel kann zu „Essoufflement" führen.
Im allgemeinen sind die Schnorchel so gebaut, daß sie auf der rechten Seite des Gesichts getragen werden. Wenn Sie ihn lieber links tragen wollen, versichern Sie sich vorher, daß dies möglich ist.

Pflege des Schnorchels
Spülen Sie ihn einfach nach jedem Tauchgang mit Süßwasser.

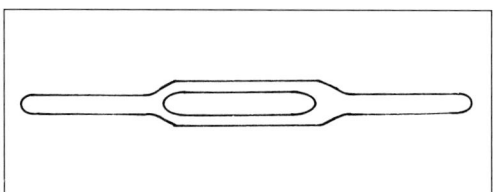

5.5 *Geteiltes Kopfband*

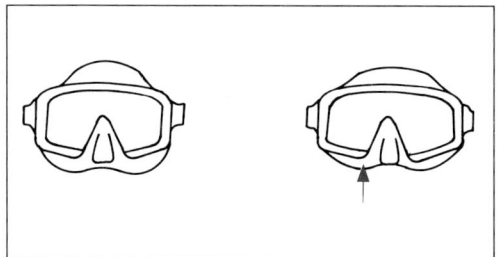

5.6 *„Trick" für Schnurrbartträger (nach innen gebogener unterer Rand)*

Die Tauchausrüstung

LAMPE

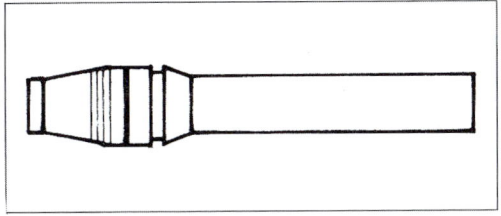

5.7   5-Watt-Lampe

Die Lampe ist die unentbehrliche Begleiterin, die Licht spendet, um Löcher und Ritzen zu beleuchten. Ohne Lampe wird ein Tauchgang über 10 Meter Tiefe zunehmend unattraktiv, denn erst das Licht gibt die Farben des Lebens unter Wasser wieder.
Es gibt Modelle für jeden Geldbeutel. Sie haben die Wahl unter sehr vielen Lampen, die man in drei Kategorien einteilen kann. Das ausgesuchte Modell sollte jedoch auf alle Fälle eine gute, stabile Halteschlaufe besitzen.

Die 5-Watt-Lampen
Diese ersten, billigen Modelle (Abb. 5.7) haben eine Stärke von ungefähr 5 Watt und passen leicht in die Hand. Sie haben einen kleinen Lichtkegel, ihrem Licht fehlt es oft an Kraft und ihre Leuchtdauer ist mittelmäßig. Es wird geraten, aufladbare Batterien zu benutzen. Wir empfehlen sie für Anfänger von den ersten Tauchgängen an.

5.8   10- bis 20-Watt-Lampe

Die 10- bis 20-Watt-Lampen
Es sind Akkulampen mit Halogenbirne und einem großen Lichtkegel. Das Licht ist wesentlich stärker, ihre Leistung reicht von 10 bis 20 Watt. Es sind gute Lampen, die anständig beleuchten und oft schon kleine Scheinwerfer darstellen (Abb. 5.8).

Handleuchten oder Scheinwerfer
Hierbei handelt es sich um Halogenlampen von mehr als 20 Watt Leuchtkraft. Sie sind oft schwer und sperrig, aber ihre Leuchtdauer und ihre Stärke verleihen dem Tauchen eine ganz andere Dimension (Abb. 5.9).

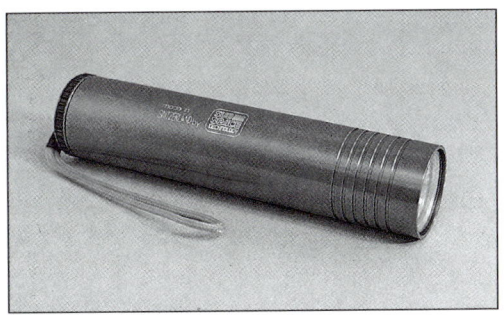

5.9   Scheinwerfer (Halogenlampe)

Lampenpflege
Spülen sie die Lampe nach jedem Tauchgang aus. Nach jedem Öffnen müssen die Dichtungen der Lampe gereinigt und leicht eingefettet werden.
Wenn Sie die Lampe längere Zeit nicht benutzen, raten wir Ihnen, deren Batterien herauszunehmen, da diese undicht werden und die ganze Lampe beschädigen könnten. Kontrollieren Sie regelmäßig die Ladung der Akkus; sie bauen ab, wenn sie ganz entladen sind.

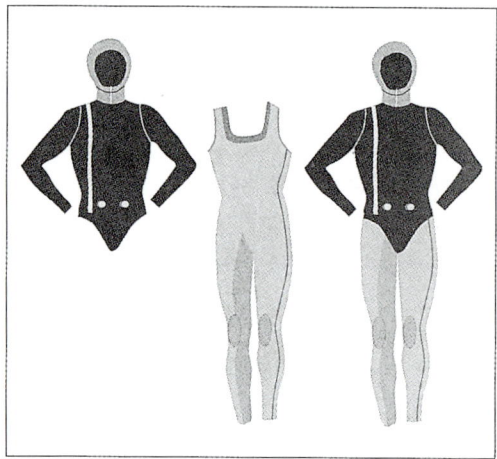

5.10 *Zweiteiliger Anzug*

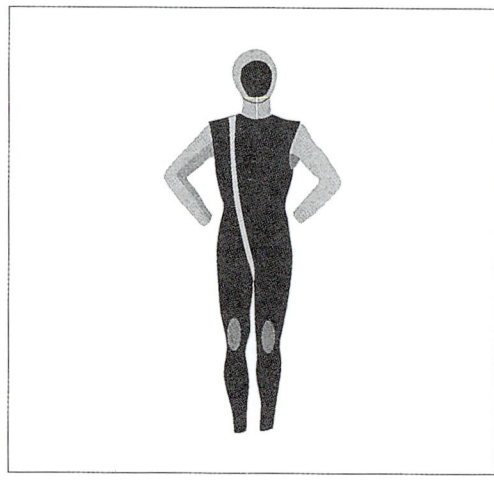

5.11 *Combianzug*

ANZUG, BLEIGEWICHTE

Der Anzug

Er ist das Hauptelement der Taucherausrüstung und auch das augenscheinlichste. Sehr lange Zeit war die herkömmliche Farbe schwarz; die Hersteller haben in den letzten Jahren gefälligere Farben produziert, die dem Freizeittauchen eine fröhliche, nicht zu verachtende Note verleihen.
Die Aufgabe des Anzugs ist es, den Taucher vor der Kälte zu schützen. Der nach der Wassertemperatur entworfene Logikplan auf der nächsten Seite wird Ihnen erlauben, den für Sie zweckmäßigsten Anzug zu bestimmen.

DIE VERSCHIEDENEN MODELLE

Zweiteiliger Anzug: Er besteht aus zwei Elementen (Abb. 5.10). Je nach Kollektion können sie anders aussehen:
– Hose, hüft- oder schulterhoch (Long-John)
– Jacke mit Kopfhaube, mit oder ohne Ärmel.

Combi: einteiliger Anzug mit oder ohne Kopfhaube, je nach Modell (Abb. 5.11).
Unabhängig vom Modell, sollte man sich seinen Anzug nach Maß schneidern lassen.

Mit oder ohne Reißverschluß?
Der Reißverschluß erleichtert das Anziehen, läßt aber Wasser eindringen. Auch wenn Sie nur gelegentlich tauchen, wählen Sie dennoch das leichte Anziehen. Die Verschlüsse an Handgelenken und Knöchel sind nicht wirklich notwendig, außer für Kinder, für die sie unentbehrlich sind (gute Marken stellen spezielle Tauchanzüge für Kinder her).
Die Wahl eines Anzugs ohne Reißverschluß ist gerechtfertigt, wenn Sie in kalten Gewässern oder sehr oft tauchen.

Die Tauchausrüstung

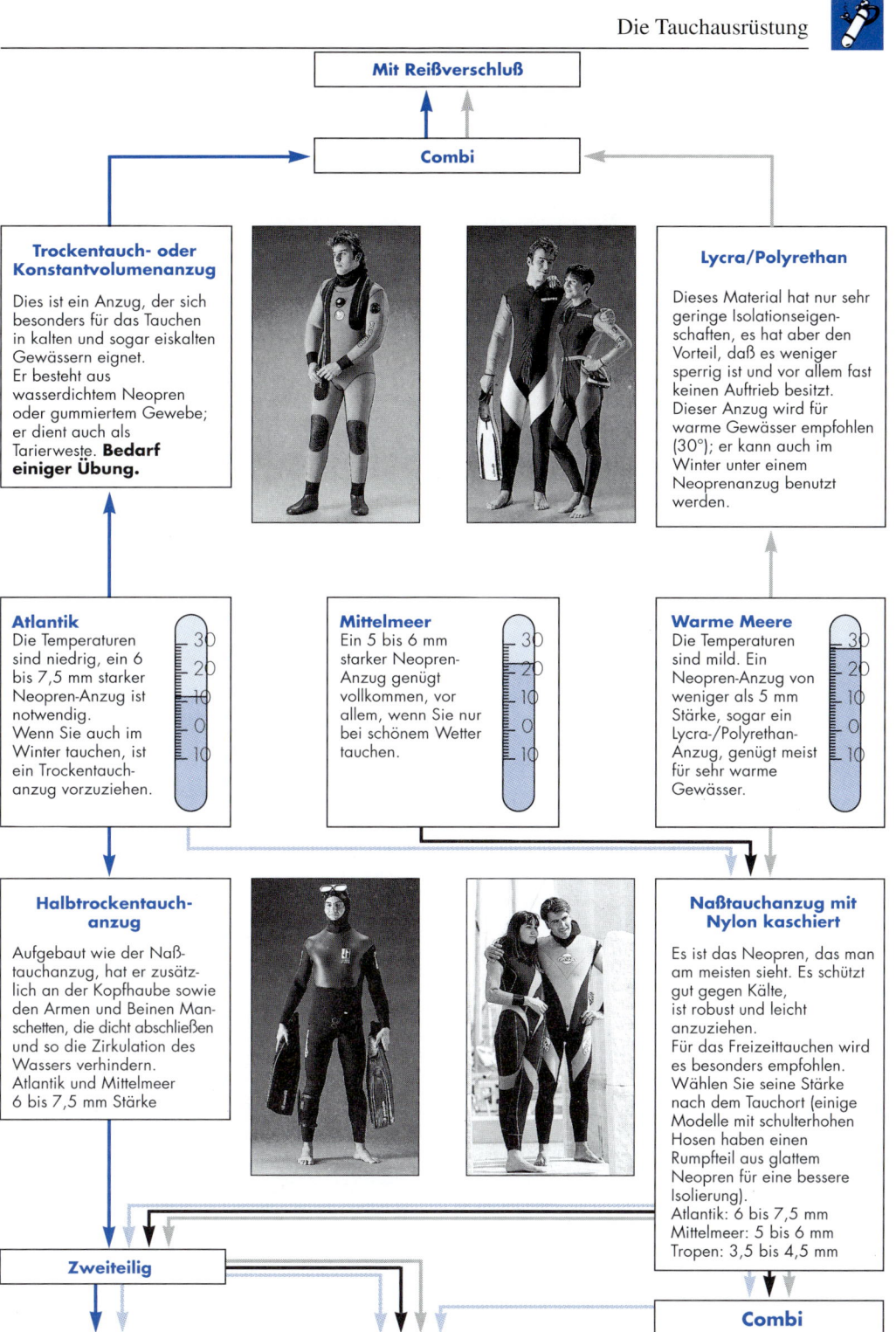

Mit Reißverschluß

Combi

Trockentauch- oder Konstantvolumenanzug
Dies ist ein Anzug, der sich besonders für das Tauchen in kalten und sogar eiskalten Gewässern eignet. Er besteht aus wasserdichtem Neopren oder gummiertem Gewebe; er dient auch als Tarierweste. **Bedarf einiger Übung.**

Lycra/Polyrethan
Dieses Material hat nur sehr geringe Isolationseigenschaften, es hat aber den Vorteil, daß es weniger sperrig ist und vor allem fast keinen Auftrieb besitzt. Dieser Anzug wird für warme Gewässer empfohlen (30°); er kann auch im Winter unter einem Neoprenanzug benutzt werden.

Atlantik
Die Temperaturen sind niedrig, ein 6 bis 7,5 mm starker Neopren-Anzug ist notwendig. Wenn Sie auch im Winter tauchen, ist ein Trockentauchanzug vorzuziehen.

Mittelmeer
Ein 5 bis 6 mm starker Neopren-Anzug genügt vollkommen, vor allem, wenn Sie nur bei schönem Wetter tauchen.

Warme Meere
Die Temperaturen sind mild. Ein Neopren-Anzug von weniger als 5 mm Stärke, sogar ein Lycra-/Polyrethan-Anzug, genügt meist für sehr warme Gewässer.

Halbtrockentauchanzug
Aufgebaut wie der Naßtauchanzug, hat er zusätzlich an der Kopfhaube sowie den Armen und Beinen Manschetten, die dicht abschließen und so die Zirkulation des Wassers verhindern. Atlantik und Mittelmeer 6 bis 7,5 mm Stärke

Naßtauchanzug mit Nylon kaschiert
Es ist das Neopren, das man am meisten sieht. Es schützt gut gegen Kälte, ist robust und leicht anzuziehen. Für das Freizeittauchen wird es besonders empfohlen. Wählen Sie seine Stärke nach dem Tauchort (einige Modelle mit schulterhohen Hosen haben einen Rumpfteil aus glattem Neopren für eine bessere Isolierung).
Atlantik: 6 bis 7,5 mm
Mittelmeer: 5 bis 6 mm
Tropen: 3,5 bis 4,5 mm

Zweiteilig

Ohne Reißverschluß

Mit Reißverschluß

Combi

5.12 *Der Logikplan*

DIE FEINHEITEN

Die Manschetten. Es sind Einsatzstücke an den Handgelenken, den Knöcheln oder an der Kopfhaube. Sie bestehen aus glattem, außen mit Nylon kaschiertem Neopren und gewährleisten eine bessere Isolierung. Sie werden für beidseitig nylonkaschierte Anzüge empfohlen („Halbtrocken"-Anzüge).

Die geklebte Naht. Der Neoprenanzug wird nur an den Nähten geklebt, was ihn sehr empfindlich macht (heute nicht mehr üblich).

Die genähte und geklebte Naht. Die Nähte werden geklebt und auf einer oder beiden Seiten der Kaschierung vernäht. Die Naht geht nicht ganz durch das Neopren (kein Wassereintritt durch die von der Nadel der Maschine verursachten Löcher). Das ergibt einen Anzug von guter Qualität, stabil und gut gearbeitet (heute üblicher Standard).

Die Säume. Mit eingefaßten oder vernähten Säumen wirkt der Anzug besser verarbeitet, verliert aber an dieser Stelle dadurch etwas von seiner Elastizität.

Die Verstärkungen. Knie, Ellbogen und andere empfindliche Stellen können geschützt werden:
– durch Neoprenverstärkungen, die auf den Anzug geklebt oder genäht werden,
– durch unabhängige und adaptierbare Knieschoner,
– durch mehrere Kunststoffschichten, die direkt auf den Anzug gestrichen werden.

Pflege des Anzugs
Spülen Sie ihn nach jedem Tauchgang mit Süßwasser, lassen Sie ihn nicht in der Sonne trocknen. Es ist möglich, ihn ab und zu in der Waschmaschine zu waschen (selbstverständlich mit einem Kaltwasserprogramm; nicht schleudern). Am Ende der Saison hängen Sie ihn auf einen Kleiderbügel in einen trockenen Raum.

Gurt und Bleigewichte

Der Gurt und die Bleigewichte (Abb. 5.16) gleichen den Auftrieb des Anzugs aus.
Der Kauf von Gewichten in verschiedenen Formen und Farben ist Geschmacksache. Wenn Sie Ihre Tarierung gut kennen, wählen Sie einen mit Bleikügelchen gefüllten Gurt. Da diese gleichmäßig im Gurt verteilt sind, ist er besonders bequem (Abb. 5.17).

5.16 *Gurt mit Schnellabwurfschnalle*

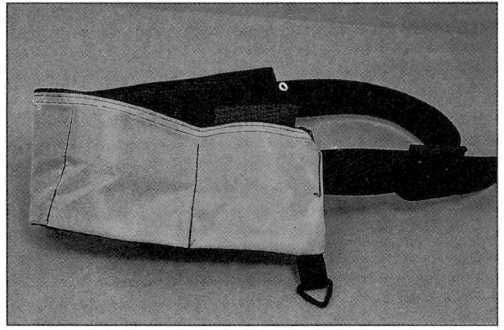

5.17 *Gurt mit Bleikügelchen*

Die Tauchausrüstung

TARIERWESTE

Die Tarierweste oder „Jacket" (Abb. 5.18) verbessert entschieden die Bequemlichkeit und die Sicherheit beim Tauchen, unter der Bedingung, daß man ihre Benutzung vollkommen beherrscht. Sie erlaubt eine Abtriebskompensation und ein müheloses Auftauchen, indem man die Geschwindigkeit mit Hilfe des Schnellablasses kontrolliert. Es ist dennoch keine Rettungsweste, die bei Ohnmacht die Atemwege außerhalb des Wassers halten kann.
Unabhängig davon, ob Sie mit einem Jacket ausgerüstet sind oder nicht, die Gleichgewichtsgesetze müssen respektiert werden. Ein Taucher, ausgerüstet mit einer mit 30 bar gefüllten Flasche, seiner gesamten Ausrüstung und seinem leeren Jacket, muß sich in 3 Metern Tiefe im Schwebezustand halten können, um eventuelle Dekopausen einhalten zu können.

5.18 *Tarierweste (Jacket)*

AUSWAHL DES JACKETS

Ein Jacket muß mit folgenden Bestandteilen ausgestattet sein:
– einem Inflator zum schnellen Füllen (Abb. 5.19), eventuell einem Westenautomaten (Abb. 5.20) oder einer zweiten Stufe des Atemreglers (Abb. 5.21),
– zwei Ablässen (einem hohen und einem tiefen), davon einem Schnellablaß,
– einer schnellen, einfachen und wirksamen Bänderung, die es erlaubt, sich leicht anzuziehen und von Einzel- zu Doppelflaschen überzuwechseln. Außerdem muß die Bänderung einen absolut sicheren Halt des Jackets an der Flasche gewährleisten (Abb. 5.22),
– einen Bauchgurt in der Taillengröße des Tauchers; er bindet das Jacket fest an den Körper,
– einer einschaligen Bauweise (die zweischaligen Westen sind zwar widerstandsfähiger, aber außerhalb des Wassers schwerer).

Für einen Erwachsenen sichert ein Volumen zwischen 16 und 20 Litern eine ausgezeichnete Bequemlichkeit und Sicherheit. Zum Freizeittauchen ist es nicht notwendig, sich mit einem Jacket allzu großen Volumens zu belasten, vor allem, wenn man gut austariert ist und wenn Sie, wie es empfohlen wird, mit einem Begleiter tauchen, der ebenfalls mit einem Jacket austariert ist.

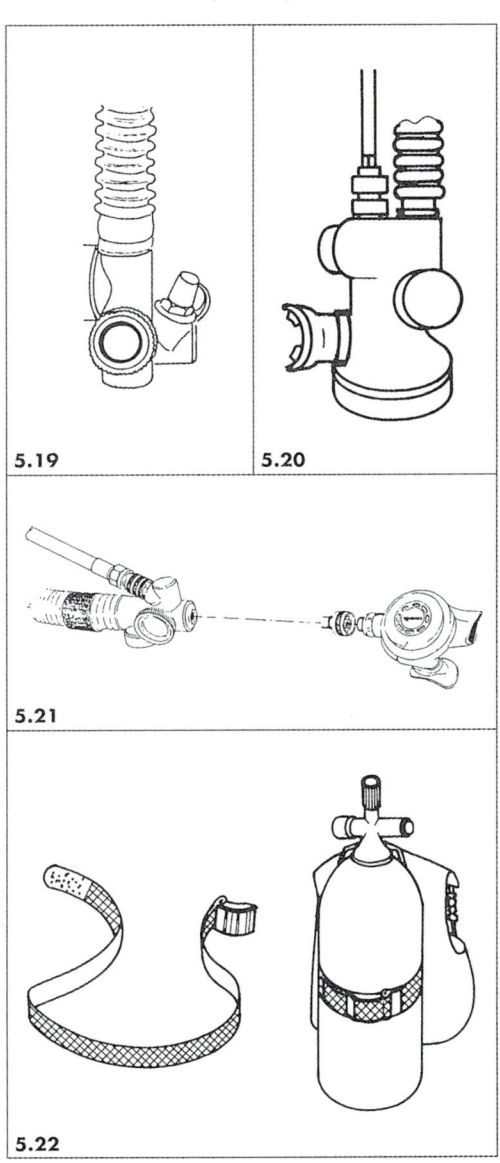

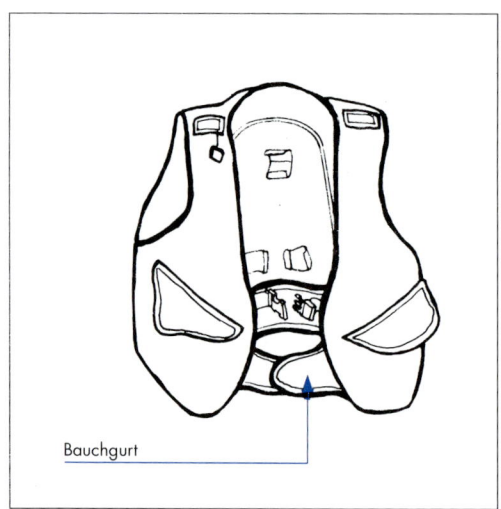

5.23 *Einteiliges Stabilizing Jacket*

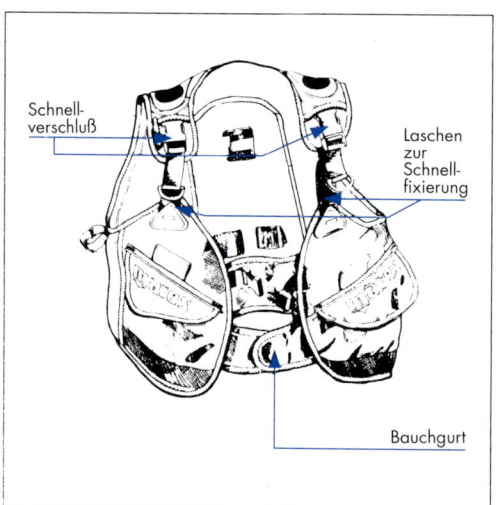

5.24 *ADV Jacket (Advanced Design Vest)*

Für das Tauchen ohne Anzug (in den Tropen) oder für ein Kind genügt ein Volumen von 6 bis 10 Litern.
– Das back-pack: unabhängig davon, ob es steif oder halbsteif ist, sollte man es möglichst mit einer Flasche probieren und kontrollieren, ob es bequem ist, sich gut anpaßt und regulieren läßt. Um in warmen Meeren zu tauchen, genügt eine einfache Weste ohne back-pack.

Heute findet man im Handel vor allem zwei Modelle, eine einteilige und eine mit regulierbaren Trägern.

Das einteilige Jacket (Stabilizing Jacket). Die Luft kann sich in der gesamten Weste verteilen, sie bietet also mehr Volumen. Es wird nur mit dem Bauchgurt und der Bauchbänderung festgemacht (Abb. 5.23).

Das Jacket mit regulierbaren Trägern oder ADV (Advanced Design Vest) paßt sich der Körpergröße besser an. Einige Hersteller bieten einen weiblichen Schnitt an, der die Brust frei läßt. Die Bänderung kann leicht gelockert oder eingestellt werden, je nach Füllung des Jackets (Abb. 5.24). Außerdem kann man es durch die schnelle Vergurtung an den Schultern leichter ausziehen.
Die Taschen müssen groß genug sein, um ein Minimum an nützlichem Material aufbewahren zu können (Schreibtafel und Bleistift, Signalboje, Signalblitz), ohne es zu verlieren.

PFLEGE DES JACKETS

Denken Sie daran, Ihr Jacket nach jedem Tauchgang zu entleeren und mit Süßwasser auszuspülen. Bervor Sie es im Winter aufräumen, spülen Sie es innen und außen, um jede Spur von Salz oder Sand zu beseitigen.

Die Tauchausrüstung

TIEFENMESSER, UHR, COMPUTER

Der Tiefenmesser

Auch wenn es zahlreiche Modelle im Handel gibt, muß man mit der Zeit gehen: Der elektronische Tiefenmesser ist bei weitem der zuverlässigste und genaueste.
Heute wird das meistverkaufte Modell (Abb. 5.25) von einer einzigen Firma hergestellt, aber von mehreren Marken unter einer anderen Aufmachung vertrieben.

Seine Funktionen
Er zeigt die momentane und die maximal erreichte Tiefe, sowie die Gesamtdauer des Tauchgangs. Eine optische Warnung zeigt ein zu schnelles Auftauchen an (Aufstiegsgeschwindigkeit >12 m/min). Ein Speicher sichert die vier vorhergehenden Tauchgänge (wichtig bei einem Unfall oder einfach, um ein Wiederholungstauchen zu berechnen).
Er gibt außerdem die Wassertemperatur und die Zeit an, die man an der Oberfläche zwischen zwei Tauchgängen verbracht hat, wenn weniger als 24 Stunden seit dem letzten Tauchgang vergangen sind.
Er startet automatisch und läßt sich auf einer Konsole zusammen mit einem Finimeter und einem Kompaß befestigen (Abb. 5.26 und 5.27).

Pflege
Spülen Sie ihn nach jedem Tauchgang aus und bewahren Sie ihn geschützt in einer Schachtel auf.

Die Uhr

Sie dient der Ermittlung der Tauchdauer. In Kombination mit einem Tiefenmesser lassen sich so die Wiederholungstauchgänge berechnen.
Es gibt aktuelle Modelle für jeden Geschmack: Zeiger- und Digitaluhr, Kombiuhr mit Zeiger und Digitalanzeige.
Welches Modell auch ausgesucht wird, es muß folgendes aufweisen:
– absolute Dichtigkeit bis mindestens 100 Meter;

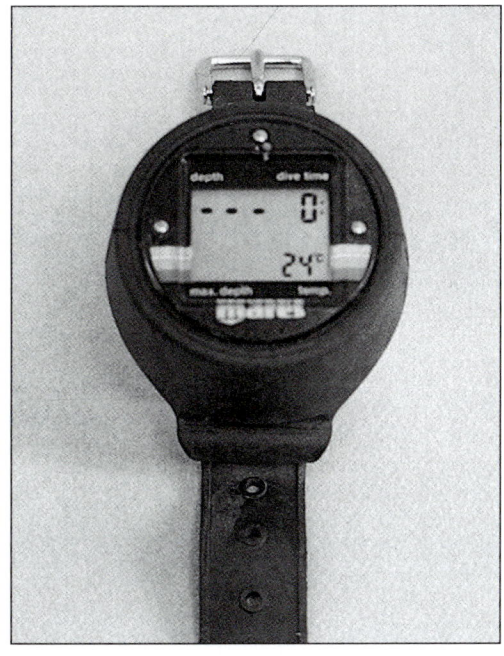

5.25 *Tiefenmesser*

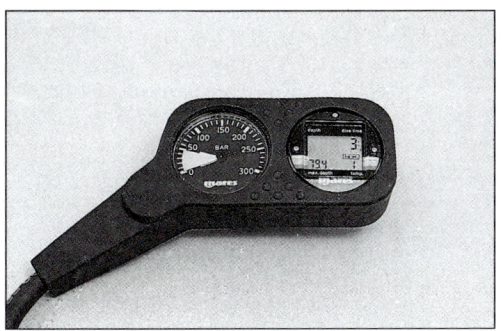

5.26 *Tiefenmesser mit Manometer*

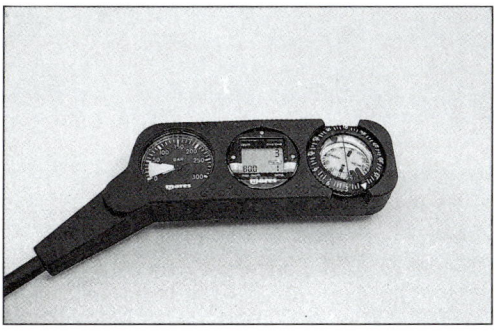

5.27 *Konsole mit Tiefenmesser, Finimeter und Kompaß*

– das Leuchtzifferblatt und die Zeiger müssen auch bei geringer Sicht gut lesbar sein;
– ein gezahnter Zeiteinstellring, der nur in einer Richtung drehbar ist;
– ein Mineralglas, das im allgemeinen widerstandsfähiger ist;
– ein robustes Armband oder eines aus rostfreiem Stahl, das lang genug ist, um über den Anzug getragen zu werden.

Der Computer

Er ist eine wertvolle Hilfe, um die Kenntnisse und technologischen Fortschritte unseres Zeitalters auszunutzen. Es ist ein persönliches Instrument, das sich augenblicklich den verschiedenen Tauchparametern anpaßt (Abb. 5.28). Zum Beispiel kann der Computer, verglichen mit den Tabellen, die die maximale Tiefe für die Berechnung der Dekostufen berücksichtigen, die Dauer der Dekostufen begrenzen, indem er die Entsättigung sehr genau überwacht. Dennoch ist der Computer, wie auch die Tabellen, nicht in der Lage, sämtliche Parameter einzubeziehen. Deshalb müssen Sie auf Ihre körperliche Verfassung, die Anstrengungen, die Wassertemperatur usw. aufpassen, denn diese sind oft die Ursachen der sogenannten unverdienten Unfälle (siehe Kapitel 8 „Medizin und Tauchen").

Seine Funktionen
Zahlreiche Modelle sind im Handel. Die Hauptinformationen, die sie liefern, sind folgende:
– reale aktuelle Tiefe;
– Tauchdauer ohne Dekostufe;
– Tiefe, in der die Dekostufen stattfinden sollen;
– Gesamtdauer des Tauchgangs;
– optische Warnung bei Nichtbeachtung der Aufstiegsgeschwindigkeit oder der Dekostufen;
– Tauchprogramm für Höhenlage;
– Entsättigungszeit;
– Restkapazität der Batterien;
– maximale Einsatztiefe bis 99 Meter.

Zu diesen Hauptfunktionen kommen noch einige Eigenschaften, die man bei einem eventuellen Kauf beachten sollte: automatischer Start, maximal erreichte Tiefe, Dauer und Tiefe der Dekostufe, gute Lesbarkeit, einfache Handhabung (vermeiden Sie Computer, die eine Veränderung bestimmter Parameter erlauben oder erfordern), mindestens zwei Jahre Lebensdauer der Batterien bei 100 Tauchgängen pro Jahr.
Die verschiedenen Modelle zeigen einige Variationen:
– akustische Warnung bei Nichtbeachtung der Aufstiegsgeschwindigkeit und der Dekostufe;
– Profil eines Wiederholungstauchgangs;
– optische Warnung für die Dekotiefe;
– Gesamtaufstiegszeit;
– dreistufige Aufstiegsgeschwindigkeit (je näher der Taucher an die Oberfläche kommt, um so geringer wird seine Aufstiegsgeschwindigkeit);
– Anzeige der Aufstiegsgeschwindigkeit (mehrere Segmente leuchten auf je nach der gewählten Aufstiegsgeschwindigkeit);
– Temperatur;
– Wartezeit, bis ein Flug erlaubt ist;

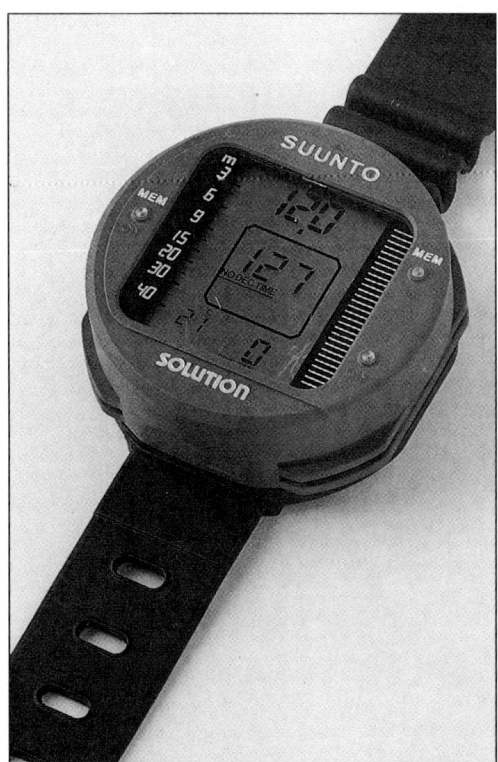

5.28 *Tauchcomputer*

Die Tauchausrüstung

– Anpassungszeit für einen Tauchgang in Höhenlage;
– Möglichkeit, mit einem Interface ihren Tauchcomputer an einen PC anzuschließen und ihre Tauchgänge in Form eines Diagramms darzustellen;
– eingebauter elektronischer Manometer.

Die neuesten Modelle berücksichtigen den Luftverbrauch des Tauchers. Es kann auch ein gewisser Sicherheitszuschlag berücksichtigt werden, indem man den Computer auf einen Tauchgang in Höhenlage (der längere Dekostufen erfordert) einstellt.

Dennoch sollte man vorsichtig sein, was seine Zuverlässigkeit betrifft. Einige Modellverbesserungen sind noch bis zu einer genauen Einstellung notwendig.

Mit den technischen Fortschritten wird der Tauchcomputer in Zukunft noch leistungsfähiger werden, sowohl was die Sicherheit wie die Zuverlässigkeit betrifft.

Doch auch in Zukunft sollte der Taucher in der Lage sein, seinen Tauchgang selbst zu gestalten, zu berechnen und selbst zu überwachen.

Seine Pflege
Spülen Sie ihn nach jedem Tauchgang gut aus und bewahren Sie ihn, vor Nässe geschützt, in einem Schutzgehäuse auf.

DIE ATEMREGLER

Ein Atemregler besteht heute aus zwei Stufen, die durch einen Mitteldruckschlauch miteinander verbunden sind (zweistufiger Einschlauch-Atemregler). In der ersten Stufe, dem Druckminderer, wird der Flaschendruck auf den Mitteldruck (mind. 9 bar über dem Umgebungsdruck) reduziert. In der zweiten Stufe, dem eigentlichen Lungenautomaten, wird der Mitteldruck dann auf Umgebungsdruck reduziert. Die erste Stufe des Atemreglers kann man in zwei Gruppen einteilen: die kolbengesteuerten und die membrangesteuerten ersten Stufen. Jede 1. Stufe kann kompensiert oder nicht kompensiert sein.

Was die „2. Stufe" betrifft, stehen zwei Techniken zur Auswahl: die 2. Stufe mit up-stream- und die 2. Stufe mit down-stream-Ventil (heute üblich).

Funktion

Die 1. Stufe

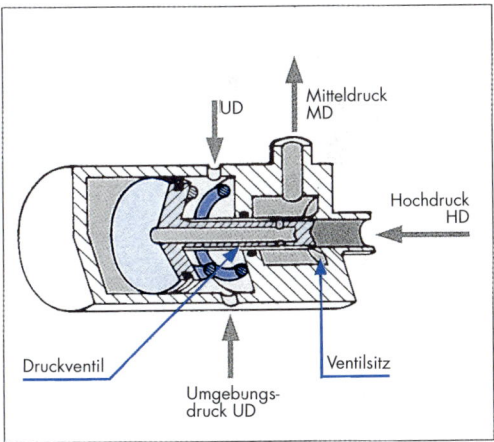

5.29 *Kolbenventil*

201

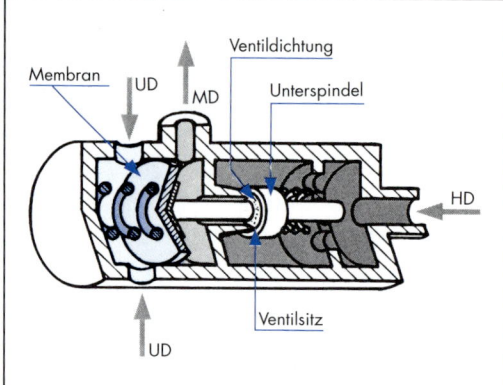

5.30 *Nicht kompensiertes Membranventil*

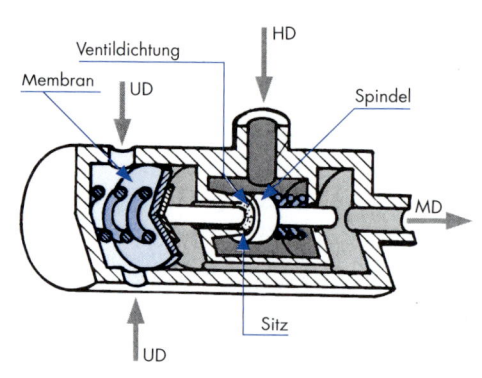

5.32 *Kompensiertes Membranventil*

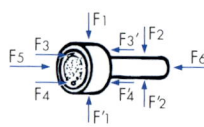

5.31 *Ventil mit einwirkenden Kräften*

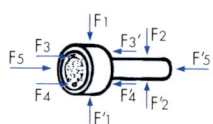

5.33 *Ventil mit einwirkenden Kräften*

☐ *Kolbengesteuert* (Abb. 5.29)
Der Hochdruck (HP) der Flasche wird über ein Kolbenventil auf Umgebungsdruck plus Federdruck reduziert, was den Mitteldruck (MP) ergibt.
Der Mechanismus und die Pflege sind relativ einfach. Ihr Schwachpunkt liegt im O-Ring des Kolbenventils: Das Kolbenventil und sein O-Ring bewegen sich in der Wasserkammer, deren Wände manchmal mit Salz oder anderen Ablagerungen bedeckt sind. Dies kann eine vorzeitige Abnutzung des O-Rings und somit Undichtigkeit verursachen. Eine sehr sorgfältige Spülung ist nach jedem Tauchgang notwendig.

☐ *Membrangesteuert* (Abb. 5.30)
Der Mechanismus ist ein wenig komplexer. Der Umgebungsdruck wird durch eine sich wölbende Membrane weitergeführt. Kein einziges gleitendes Teil ist mit der Wasserkammer im Kontakt, also ist keine Undichtigkeit möglich. Bei fast allen Atemreglern mit membrangesteuerter 1. Stufe kann der Mitteldruck beim Service von außen reguliert werden.

Die 2. Stufe

☐ *Mit down-stream-Ventil* (Abb. 5.34)
Bei einer Undichtigkeit im Ventil der ersten Stufe würde der Mitteldruck immer weiter ansteigen, bis zum Bersten des Mitteldruckschlauches. Zur Sicherheit arbeitet daher das Ventil der ersten Stufe als Überdruckventil („down-stream"-System) und öffnet – die Luft kann abströmen. Einige Modelle haben ein Einstellrädchen an der zweiten Stufe, das es erlaubt, den Einatemwiderstand zu verringern oder zu vergrößern; dieser Zusatz ist aber nicht unbedingt notwendig.

Die Kompensation

☐ *Nicht kompensiertes Membranventil* (Abb. 5.30)
Der Hochdruck wirkt direkt auf den Kolben. F1, F2, F3 und F4 sind gleich und F1', F2', F3' und F4' direkt entgegengesetzt.
Sie heben sich auf (Abb. 5.31):
F1 = F1'
F2 = F2'
F3 = F3'
F4 = F4'

Die Tauchausrüstung

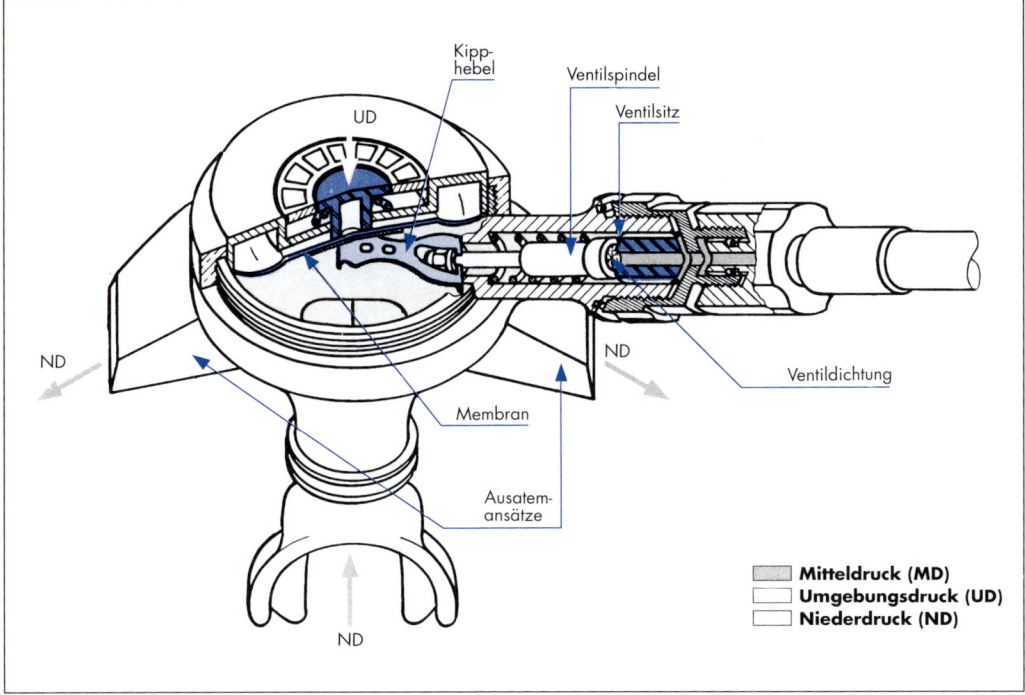

5.34 *2. Stufe beim Ausatmen*

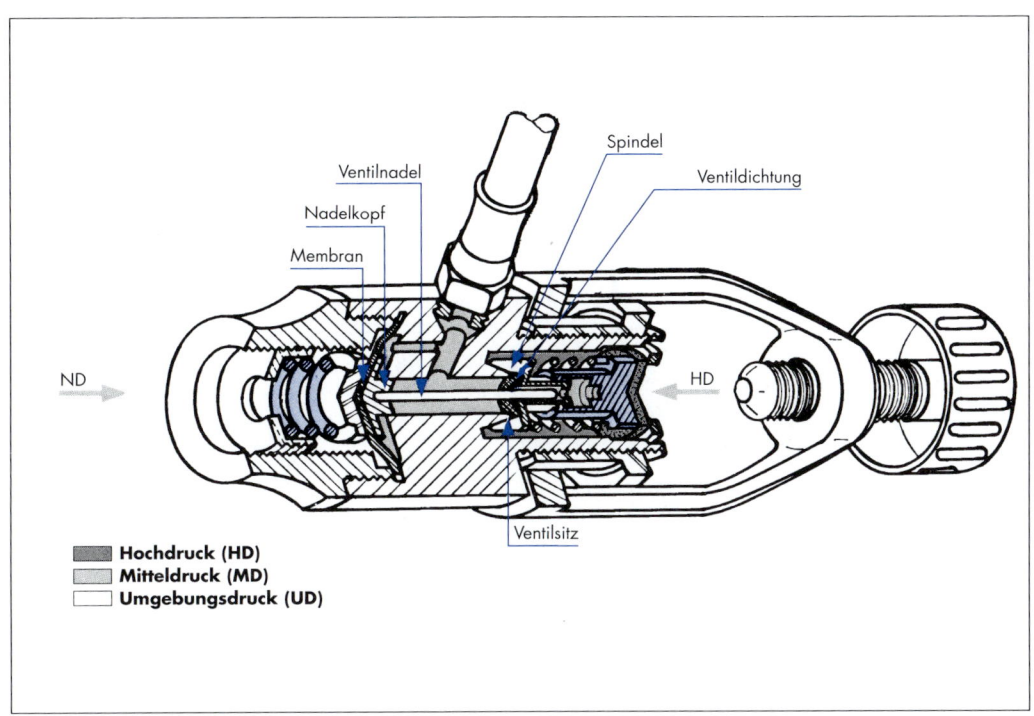

5.35 *1. Stufe beim Ausatmen*

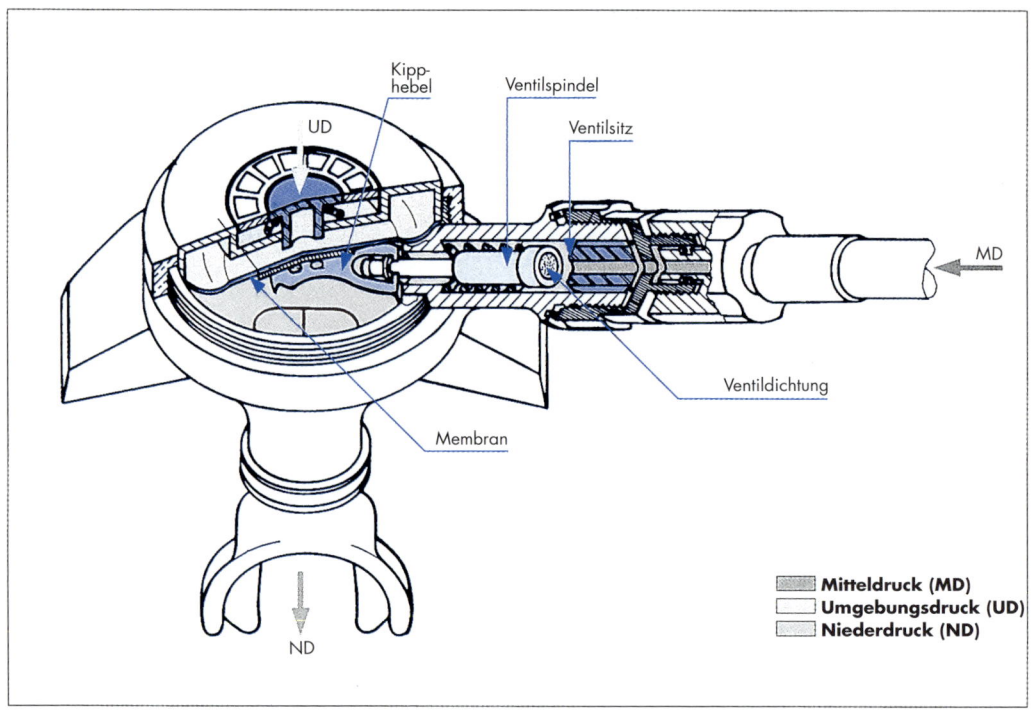

5.36 2. Stufe beim Einatmen

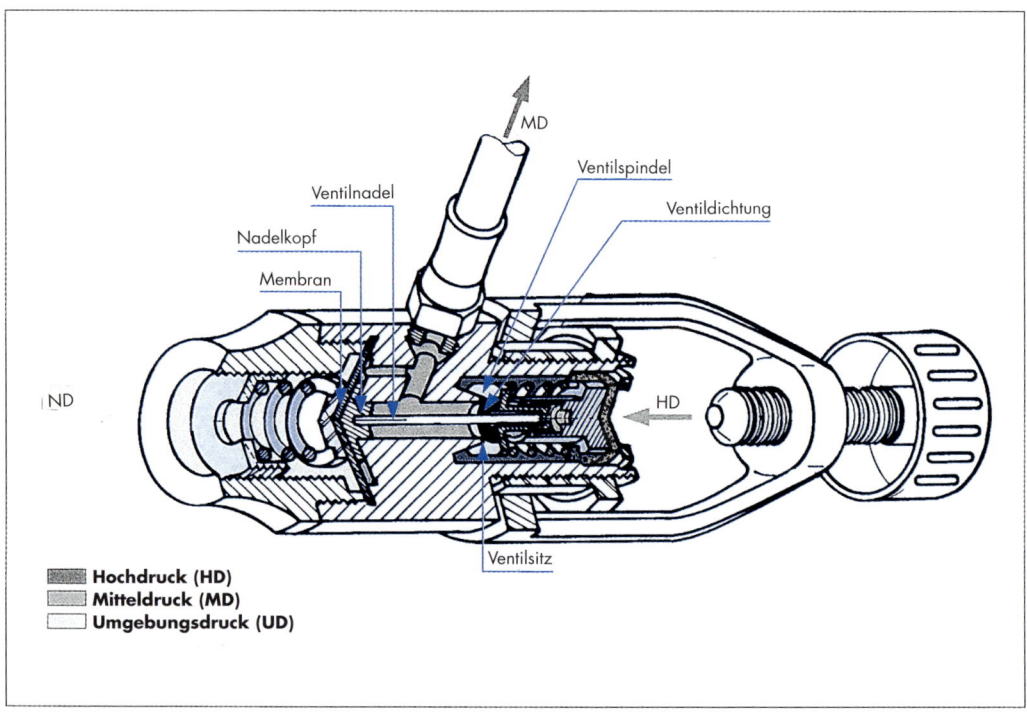

5.37 1. Stufe beim Einatmen

Die Tauchausrüstung

F5 ist F6 entgegengesetzt. F6 hängt von der Höhe des Flaschendrucks ab, die im Lauf des Tauchgangs dauernd variiert. Am Ende des Tauchgangs ist der Einatemwiderstand anders als am Anfang, weil der Flaschendruck empfindlich gesunken ist.

☐ *Kompensiertes Membranventil* (Abb. 5.32)
Der Überdruck wirkt konstant auf das Ventil. F1, F2, F3, F4 und F5 sind gleich und F1', F2', F3', F4' und F5' direkt entgegengesetzt.
Sie kompensieren sich (Abb. 5.33):
F1 = F1'
F2 = F2'
F3 = F3'
F4 = F4'
F5 = F5'
Der Mitteldruck bleibt konstant, unabhängig vom Wert des Flaschendrucks.

Da Sie weder auf Bequemlichkeit noch auf Sicherheit verzichten sollten, raten wir Ihnen, einen Atemregler mit kompensiertem Membranventil auszuwählen, der mit einem DIN-Handanschluß ausgerüstet sein sollte.
Unabhängig davon, für welchen Atemregler Sie sich entscheiden: Es ist lebenswichtig, ihn mit einem gut lesbaren (Leuchtzifferblatt und -zeiger) Finimeter zu ergänzen und alle Schläuche der ersten Stufe mit einem Knickschutz zu versehen.
Einige Atemregler haben für die 1. Stufe ein spezielles Vereisungsschutzsystem für kalte Gewässer (unter 10°C).

Das Ausatmen oder die Ruhestellung des Atemreglers
☐ *In der 2. Stufe* (Abb. 5.34)
Bei der Ausatmung bleiben der Kipphebel und die Membrane in ihrer Anfangsstellung. Die ausgeatmete Luft entweicht über das Ausatemventil. Das Einatemventil dichtet und verhindert, daß die Luft aus der Mitteldruckkammer in die 2. Stufe strömt (M.P.).

☐ *In der 1. Stufe* (Abb. 5.35)
In Ruhestellung oder bei der Ausatmung ruht das Ventil auf dem Sitz, die Luft der Hochdruckkammer kann nicht in die Mitteldruckkammer strömen. Die Dichtigkeit wird durch den Ventilring gewährleistet.

Das Einatmen
☐ *In der 2. Stufe* (Abb. 5.36)
Beim Einatmen wird ein Unterdruck in der Unterdruckkammer erzeugt, die Membran wird einwärts gedrückt und betätigt den Kipphebel. Diese Bewegung (Membran + Kipphebel) öffnet das Ventil und läßt die Luft von der Mitteldruckkammer in die 2. Stufe und zum Mundstück strömen.

☐ *In der 1. Stufe* (Abb. 5.37)
Beim Einatmen kommt die Luft aus der 2. Stufe der ersten Stufe in die Mitteldruckkammer der 2. Stufe, der Mitteldruck in der ersten Stufe fällt. Die Membran biegt durch und öffnet das Ventil über dem Nadelkopf. Das Ventil berührt nicht mehr den Sitz, die Luft der Hochdruckkammer strömt in die Mitteldruckkammer der 2. Stufe.

Reparatur

Wir können in diesem Buch nicht alle Atemregler beschreiben. Daher haben wir exemplarisch den MR12V von Mares ausgewählt, da dieser ein guter Vertreter der Atemregler mit kompensiertem Membranventil ist.

Um die Garantiebestimmungen nicht zu verletzen, muß jeder Atemregler entsprechend den Forderungen der Gebrauchsanleitung regelmäßig zur Überprüfung durch den Fachmann (meist jährlich). Der wird den Atemregler zerlegen, Kalk- und Salzreste durch verdünnte Ameisen- oder Essigsäure entfernen, alle Teile im Ultraschallbad reinigen, trocknen und leicht fetten.
Alle Verschleißteile werden dann unabhängig von den beobachtbaren Fehlern ausgetauscht, wobei nur Orginalteile verwendet werden dürfen. Dazu gehören vor allem O-Ringe und Ventilsitze.
Alle Teile werden danach wieder zusammengebaut, wobei auf die genauen Anzugsmomente geachtet werden muß.
Zur Montage wie auch zur nachfolgenden Einstellung sind meist Spezialwerkzeug und besondere Meßinstrumente erforderlich, was einen Eingriff von nicht autorisierten „Bastlern" ausschließen soll!

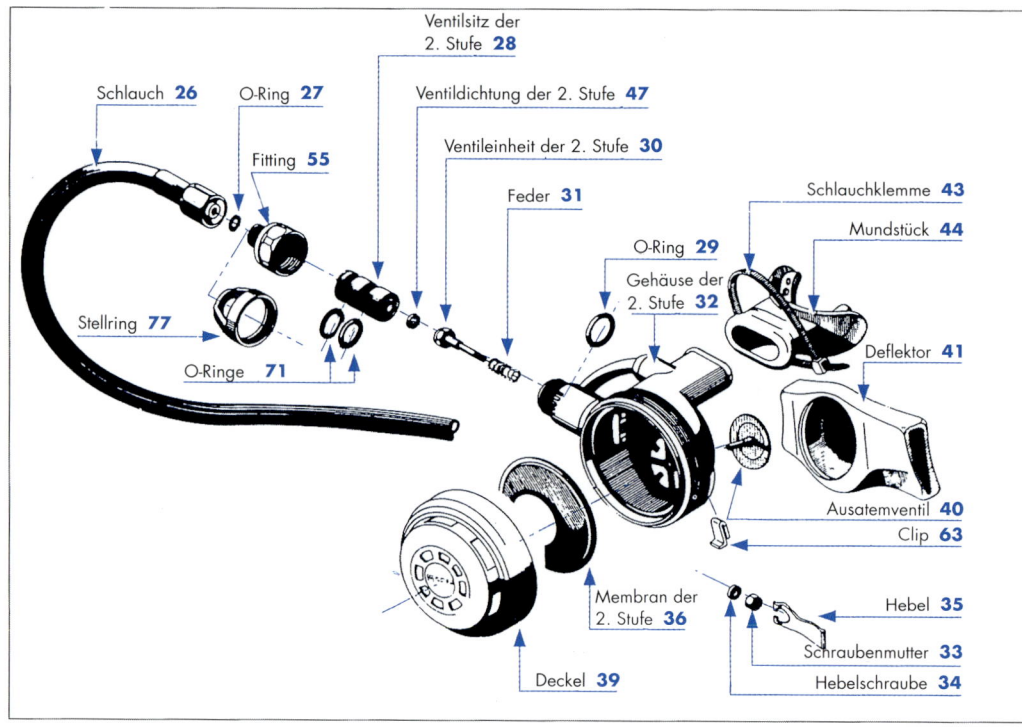

5.38 *2. Stufe des Atemreglers*

Wegen der Sicherheit und aus Produkthaftungsgründen können wir nur warnen, Reparaturen in der 1. oder 2. Stufe selbst auszuführen. Kleine Reperaturen, wie das Wechseln des Mundstücks oder der Aus- bzw. Einatemmembrane in der 2. Stufe, können aber im Notfall von geübten Tauchern erfolgen.

Die in der Folge aufgeführten Pannenhilfen sind also nicht als Bastelanleitung zu verstehen, sondern dienen vielmehr dazu, eventuelle Fehler genauer zu lokalisieren, um Risiken abschätzen zu können und um die Expolosionsbilder zu erklären.

DIE VERSCHIEDENEN PANNEN

Man kann sie in vier Kategorien einteilen: Wassereintritt, Luftaustritt, kontinuierlicher Luftstrom, wenig oder nicht genügend Luft. Sie können in der 1. oder der 2. Stufe geschehen. Sie sollten diese Reparaturen nicht selbst durchführen, sondern nur informiert sein, was gemacht werden muß.

Wassereintritt
Folgendes passiert:
– Bei der Membrane **36** der 2. Stufe (Abb. 5.38). Prüfen Sie, ob sie gut sitzt, ersetzen Sie sie, wenn sie ein Loch hat.

63–**39**–**36**

Den Clip **63** herausnehmen, dann den Deckel **39** ausschrauben, um an die Membrane zu kommen.

– Bei dem Ausatemventil **40** der 2. Stufe. Reinigen Sie es, wenn es beschmutzt ist, oder ersetzen Sie es.

41–**40**

Den Deflektor **41** herausnehmen, um an das Ausatemventil **40** zu gelangen.

Luftaustritt
Er wird durch den Verschleiß der Dichtungen der 1. oder 2. Stufe verursacht. Erneuern durch den Fachmann.

Die Tauchausrüstung

☐ *In der 1. Stufe* (siehe Abb. 5.39)

– Austrittsdichtung 19 der Mitteldruckblindschraube oder des -schlauchs.

20 – 19

Blindschraube MP **20** abschrauben und den O-Ring **19** ersetzen.

oder 20 – 19

Den Schlauch **26** ausschrauben und den O-Ring **19** ersetzen.

– Ausgangsdichtung 52 der Hochdrucks blindschraube oder des Hochdruckschlauchs des Manometers.

20 – 19

oder

Hochdruckschlauch – 52

Blindschraube **53** oder den Hochdruckschlauch des Manometers abschrauben und den O-Ring **52** wechseln.

Durch die beschädigte Membrane 14 der 1. Stufe kann in seltenen Fällen Luft austreten. Ersetzen durch den Fachmann.

17 – 18 – 16 – 15 – 14

☐ *In der 2. Stufe* (siehe Abb. 5.38)

Die Lecks kommen von den O-Ringen 27 71 29 der Schlauchverbindung 26 des Mitteldrucks auf das Gehäuse der 2. Stufe.

– O-Ring 27

26 – 27

Den Schlauch **26** abschrauben, den O-Ring **27** ersetzen, dann...

– O-Ring 27

26 – 77 – 55 – 28 – 71

Den Stellring **77** herausnehmen, das Fitting **55** abschrauben und den Sitz **28** freimachen. Die zwei auf dem Sitz befestigten O-Ringe ersetzen.

– O-Ring 29

26 – 77 – 55 – 29

Das Fitting **55** herausnehmen und den O-Ring **29** ersetzen.

Kontinuierlicher Luftstrom

Wenn dieser gleich nach der Öffnung des Flaschenventils auftritt, sitzt die Panne in der 2. Stufe.

Wenn der Luftstrom erst einige Zeit nach der Öffnung der Flaschen einsetzt, befindet sich die Panne in der 1. Stufe.

☐ *In der ersten Stufe* (siehe Abb. 5.39)
Er kann durch die schlechte Einstellung des Mitteldrucks verursacht werden. Um dies zu beheben, muß man ein Mitteldruckprüfmanometer an einen der Mitteldruckausgänge anschließen; drehen Sie dann die Einstellschraube **18** mit einem Allenschlüssel 10 mm. Die Nadel Ihres Manometer muß sich etwa bei 9,5 bis 9,8 bar befinden. Beachten Sie, daß dieser Wert spezifisch für diesen bestimmten Atemregler ist. Wenn Sie kein Prüfmanometer für Mitteldruck haben, merken Sie sich die Ausgangsstellung der Einstellschraube **18**, dann stellen Sie den Mitteldruck mit einem Schlüssel etwas nach. Wenn dieses Manöver keine Besserung bringt, drehen Sie die Einstellschraube **18** in ihre Ausgangsstellung zurück; die Panne befindet sich an anderer Stelle.

Das Ventil 9 und/oder der Stift 12 können ebenfalls einen ständigen Luftstrom verursachen, wenn sie schmutzig oder beschädigt sind. Man muß sie nur erneuern.

– Ventil 9

7 – 3 – 2 – 22 – 4 – 5 – 6 – 8 – 9

Die Schraubenmutter **7** abschrauben, den Bügel **3**, dann den Sicherungsring **2** und den Filter **22** herausnehmen. Danach die Einheit Ventilführung **4, 5** und **6** und die Feder **8** wegnehmen. So erreichen Sie das Ventil.

– Stift 12

18 – 17 – 16 – 15 – 14 – 13 – 12

Die Glocke **17** abschrauben, die Feder der Membrane **16** herausnehmen, die Unterlegscheibe **15** und die Membrane **14** wegnehmen, dann den Stiftkopf **13**. So erreichen Sie den Stift **12**.

– Verschleiß des O-Rings 6

7 – 3 – 2 – 22 – 4 – 6

Die Schraubenmutter **7** abschrauben, den Bügel **3**, dann den Sicherungsring **2** und den Filter **22** herausnehmen. Die ganze Ventilführung **4** entfernen und den O-Ring **6** wegnehmen.

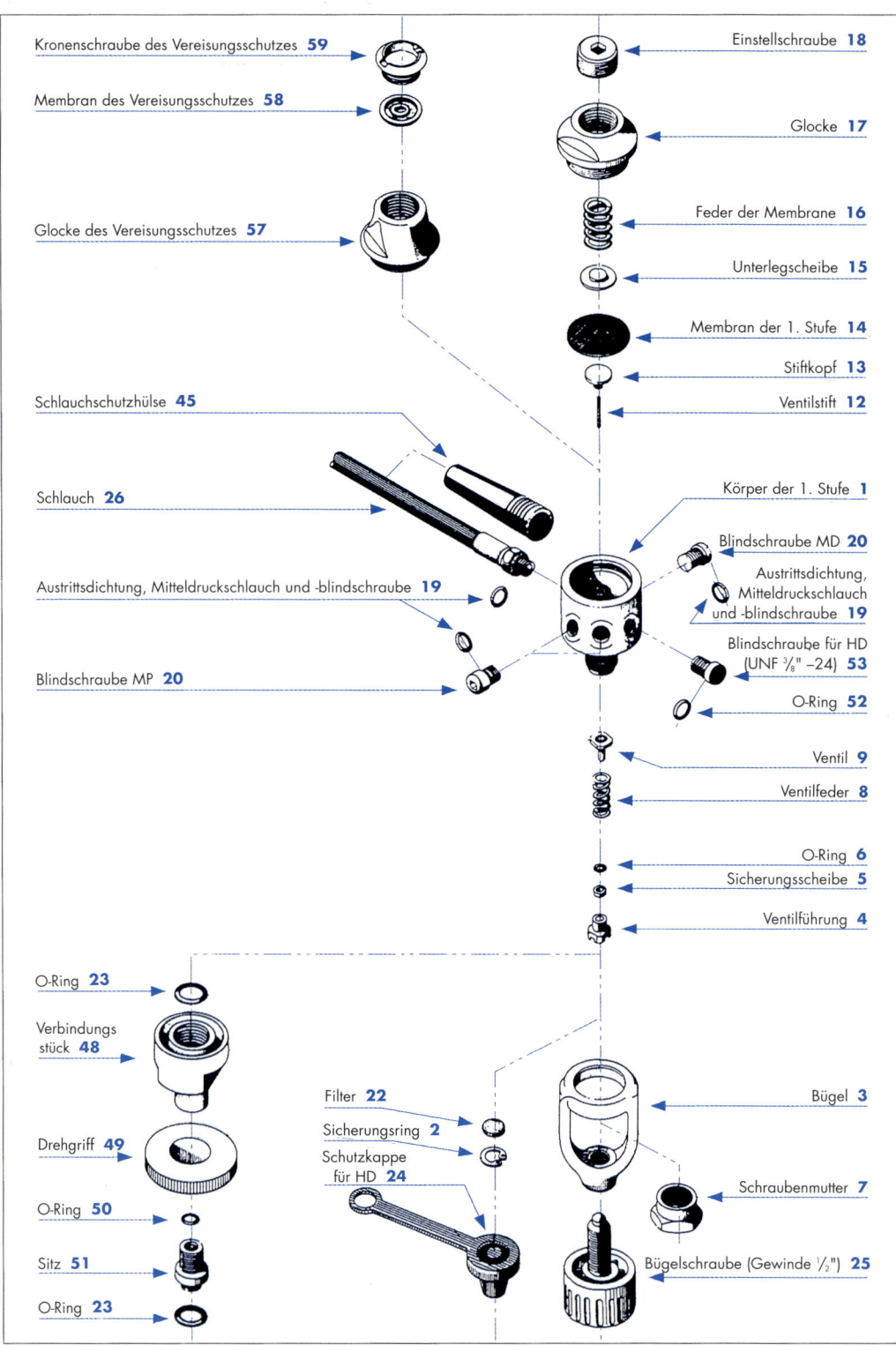

5.39 *1. Stufe des Atemreglers (Explosionsbild)*

Die Tauchausrüstung

Der Verschleiß der Federn **16** und **8** kann einen ständigen Luftstrom verursachen. Es ist also notwendig, sie zu erneuern. Diese Art von Panne bleibt eine Ausnahme.

– Feder **16**

Die Glocke **17** abschrauben und die Feder **16** erneuern. Den Mitteldruck einstellen.

– Feder **8**

`7`—`3`—`2`—`22`—`4`—`5`—`6`—`8`

Die Schraubenmutter **7** abschrauben und den Bügel **3** wegnehmen, dann den Sicherungsring **2** und den Filter **22** herausnehmen, die ganze Einheit Ventilführung **4 5 6** entfernen und die Feder **8** ersetzen, den Mitteldruck einstellen.

☐ *In der 2. Stufe* (siehe Abb. 5.38)
Mehrere Ursachen sind möglich.

– Der Verschleiß der Ventildichtung **47**, die man erneuern oder eventuell umdrehen sollte, ohne sie zu beschädigen, falls Sie keinen Ersatz haben.

`26`—`77`—`55`—`28`—`30`—`31`
`63`—`39`—`36`—`33`—`34`—`35`
(mit **47** über **30**)

Den Schlauch **26** und den Stellring **77** abschrauben, dann das Fitting **55** und den Sitz **28** herausnehmen. Dann müssen Sie den Sperrclip **63** entfernen, den Deckel **39** abschrauben und die Membran **36** wegnehmen. Sie können nachher die Hebelbremse **33** abschrauben, die das ganze Ventil **30** hält, und die Unterlegscheibe wegnehmen. Es ist jetzt möglich, das ganze Ventil **30** herauszunehmen sowie die Feder **31**, und die Ventildichtung **47** der Ventileinheit **30** zu erneuern. Beim Wiederzusammensetzen benutzen Sie die Schablone (siehe später den Paragraph „Wenig oder keine Luft").

– Der Verschleiß des Sitzes **28**, auf dem die Ventileinheit **30** und die Ventildichtung **47** ruhen, so daß man ihn ersetzen muß.

`26`—`77`—`55`—`28`

Den Schlauch **26** abschrauben und den Stellring **77** herausnehmen, das Fitting **55** abschrauben und den Sitz **28** entfernen.

– Die schlechte Tarierung oder der Verschleiß der Ventilfeder **31**, die man erneuern muß.

`26`—`77`—`55`—`28`—`30`—`47`—`31`
`63`—`39`—`36`—`33`—`34`—`35`

Wie vorher auseinandernehmen, um die Ventileinheit **30** und die Ventildichtung **47** zu erreichen.

– Der die Membran berührende Hebel **35**, der verbogen ist und ersetzt werden muß.

`63`—`39`—`36`—`33`—`34`—`35`

Den Klip **63** wegnehmen und den Deckel **39** abschrauben. Die Membrane **36** entfernen, die Schraubenmutter **33** abschrauben und die Scheibe **34** wegnehmen, den Hebel **35** ersetzen.

– Der Überdruckknopf auf dem Deckel **39** ist blockiert oder gebrochen, das ganze muß ersetzt werden.

`63`—`39`

Den Clip **63** entfernen, den Deckel **39** abschrauben.

Wenig oder keine Luft
Diese Panne kann aus der 1. oder 2. Stufe stammen.

☐ *In der 1. Stufe* (siehe Abb. 5.39)
Diese Panne kann durch eine schlechte Einstellung des Mitteldrucks verursacht werden (siehe oben: Kontinuierlicher Luftstrom).

– Der zerfressene oder schmutzige bronzene Filter **22** kann den Luftfluß hindern (diese Art von Panne dürfte nie geschehen, vor allem nicht bei einer Kreuzfahrt!).

`2`—`22`

Den Sicherungsring **2** herausnehmen und den Filter **22** wechseln.

– Der schmutzige oder verbogene Stift **12** muß gereinigt oder ersetzt werden.

`18`—`17`—`16`—`15`—`14`—`13`—`12`

Die Glocke **17** abschrauben, die Feder **16** entfernen und die Unterlegscheibe **15** sowie die Membran **14** herausnehmen, dann den Stiftkopf **13** und den Stift **12** herausnehmen.

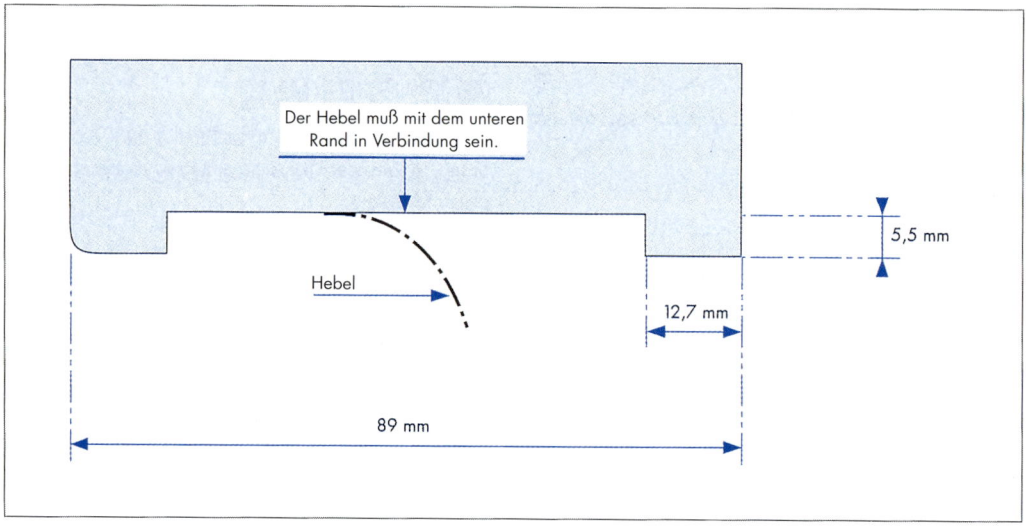

5.40 *Schablone aus Pappkarton*

☐ *In der 2. Stufe* (siehe Abb. 5.38)
Der verbogene, gebrochene oder verstellte Hebel **35** (siehe Abb. 5.34) hat keinen Kontakt mehr mit der Membran **36**.

63–**39**–**36**–**33**–**34**–**35**

Wenn der Hebel verstellt ist, hilft die Kartonschablone, ihn einzustellen, indem man die Schraubenmutter **33** dreht. Die Schablone (Abb. 5.40) auf den Rand des Gehäuses **32** der 2. Stufe legen, dann mit der Schraube **33** den Hebel **35** einstellen, damit er in Kontakt mit dem unteren Rand der Schablone kommt. Wenn die Einstellung unmöglich ist (verbogene oder gebrochene Hebel), ihn auswechseln und denselben Vorgang wiederholen.

PFLEGE DES ATEMREGLERS

Den Atemregler nach jedem Tauchgang mit klarem Wasser spülen und in einem trockenen Raum aufbewahren.

Wichtiger Punkt. Bei der 1. Stufe des Atemreglers haben die Mitteldruck- und Hochdruckausgänge verschiedene Durchmesser:
– Hochdruck (HP) = 7/16"
– Mitteldruck (MP) – 3/8" oder 1/2".
Achtung: Einige alte Lungenautomaten haben einen Hochdruckausgang von 3/8".

Die Tauchausrüstung

FLASCHEN

Um das Gerät auszuwählen, das am besten für Sie paßt, müssen Sie zwei Kriterien besonders berücksichtigen: den Inhalt und das Gewicht.

☐ *Der Inhalt*: Es ist Ihr Luftvorrat. Es ist nutzlos, sich mit einer Luftmenge zu belasten, die man nicht verbrauchen wird. Bevor Sie sich für eine Einzelflasche oder ein Doppelgerät entscheiden, ist es notwendig, den Raum, in dem Sie sich bewegen, und Ihren Verbrauch zu kennen.

5.41 *Aluminiumflaschen*

☐ *Das Gewicht*: Es ist auch ein Auswahlfaktor, vor allem für Frauen und Jugendliche (Abb. 5.41). Das Gewicht eines Geräts hängt ab von der Flaschengröße, dem Material und dem Herstellungsverfahren.

Die Auswahlkriterien

Heute werden die Druckluftflaschen aus zwei Materialen hergestellt: Stahl und Aluminium. Die Stahlgeräte sind die gebräuchlichsten. Die Geräte aus einer Aluminiumlegierung, die früher auch im Binnenland häufig waren, werden heute meist nur noch im Meer eingesetzt, denn hier hat ihre geringere Oxidationsneigung einen großen Vorteil. Erkauft wird dieser aber mit einem höheren Gewicht (aufgrund der viel dickeren Wandungen) und der größeren Länge der Flaschen.

Die Aluminiumflaschen müssen alle sechs Jahren die Stahlflaschen alle zwei Jahre vom TÜV geprüft werden.

Trageeinrichtung
Wenn Sie, wie wir es Ihnen raten, ein Jacket benutzen, erfüllt dieses die Aufgabe der Trageeinrichtung.

Tabelle 5.1

Inhalt	Material	Gewicht	Fülldruck	Zahl der Tauchgänge	Wiederholungsprüfdauer	Zur Verfügung stehendes Volumen
10 Liter	Alu	15 Kilo	200 bar	1 oder 2	5 Jahre	2 m^3
12 Liter	Stahl	19 Kilo	200 bar	1 oder 2	2 Jahre	2,4 m^3
10 Liter	Alu	18,5 Kilo	250 bar	1 oder 2	5 Jahre	2,5 m^3
15 Liter	Alu	18 Kilo	200 bar	1 oder 2	5 Jahre	3 m^3
15 Liter	Stahl	23 Kilo	200 bar	1 oder 2	2 Jahre	3 m^3

Flaschenventil

Die Verwendung eines Finimeters macht die Ausrüstung mit einem Reserveventil für den normalen Sporttaucher überflüssig. Ein Ventil mit Doppelausgang ist besser, um später einen zweiten Atemregler anschließen zu können (einige Marken bieten sogar ein drehbares Ventil an). Das Ventil sollte zum Anschluß eines Atemreglers mit DIN-Anschluß geeignet sein, über einen zusätzlichen Einschraubadapter kann dann bei einigen Ventilen auch ein Bügelanschluß montiert werden.

Bemerkung: Das Gewinde der Flaschen muß unbedingt dem Gewinde des Ventils entsprechen (M25 x 2 ISO)

Funktion des Flaschenventils (Abb. 5.42)

Bei geschlossener Flasche ruht das Ventil auf dem Sitz und verhindert den Austritt der Druckluft. Beim Öffnen zieht die Spindel das Ventil mit und löst es vom Sitz; so kann die Hochdruckluft ausströmen.

5.42 *Flaschenventil*

Die Reparaturen

Mit Hilfe einer Explosionszeichnung der Flasche (5.43) werden wir die möglichen Pannen deutlich machen.

Achtung: Bevor Sie an einer Flasche arbeiten, versichern Sie sich, daß sie vollkommen leer ist. Alle Arbeiten an Flasche und Ventil müssen dem Fachmann vorbehalten bleiben! Alle Ersatzteile müssen Originalteile vom Ventilhersteller sein, da sonst die Bauartzulassung verloren geht.

Beispiele, was der Fachmann ersetzen würde:

Lecks

☐ *Leck ohne Druckminderer*
– Am Anschluß (Unterspindel): Das Leck wird durch den Verschleiß des Ventils [17] verursacht.

[1]–[2]–[20]–[4]–[5][22]–[6]–[21][40][24]–[17]

Die Schraubenmutter **1** abschrauben, die Feder

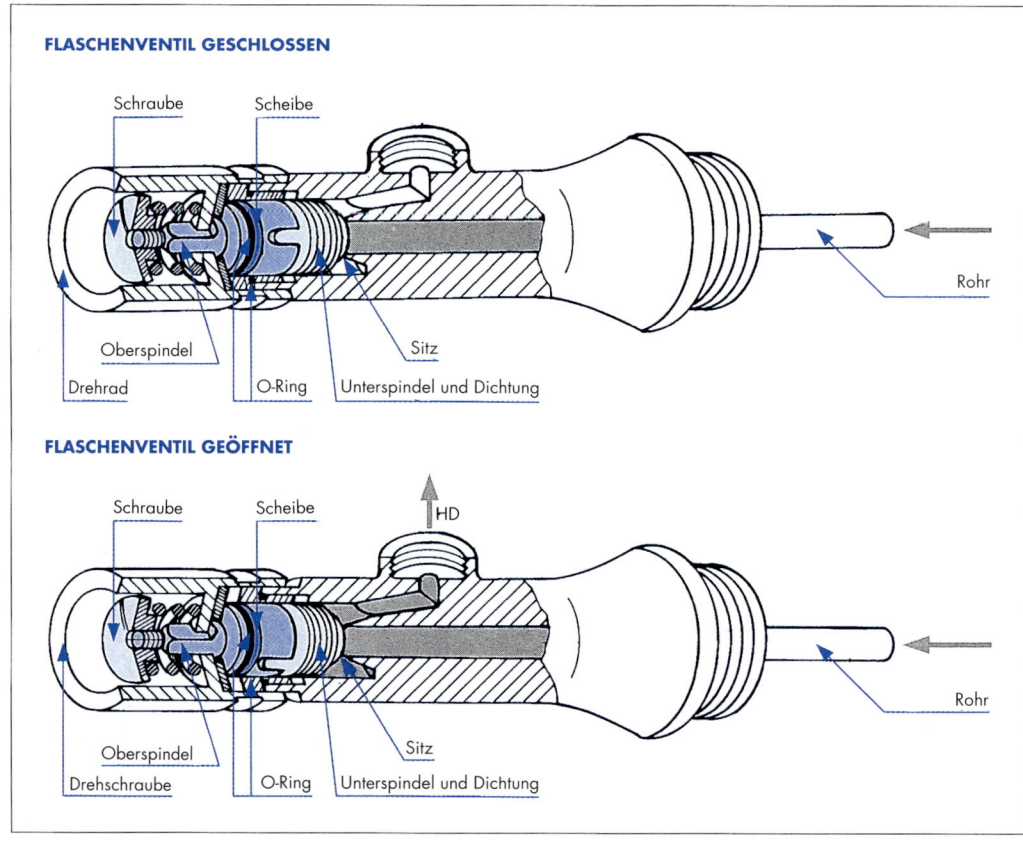

Die Tauchausrüstung

2, den Drehgriff 20 und die Scheibe 4 wegnehmen. Das Lager 5, dann die Scheibe 6 entfernen, die Spindel 21 herausnehmen und das Ventil 17 auswechseln.

– An der Armatur 19 und ihrem O-Ring 16.

19–16

Die Armatur 19 auseinandernehmen und den Ring 16 ersetzen.

– An der Verschraubung 34 und ihrem abgenutzten O-Ring 33.

36–35–34–33

Die Mutterabdeckung 36 entfernen, die Schraubenmutter 35 abschrauben, den Stöpsel 34 wegnehmen und den O-Ring 33 erneuern.

– An der Schraube 44 und ihrem abgenutzten O-Ring 22.

44–22

Die Schraube 44 abschrauben und den O-Ring 22 ersetzen.

☐ *Leck mit Druckminderer (bei Bügelanschluß)*

– Am Einschraubadapter DIN 43 und seinem O-Ring 23.

43–23

Das Zwischenstück DIN 43 auseinandernehmen und den O-Ring erneuern.

– Am Drehknopf: Lecks werden verursacht durch den Verschleiß der O-Ringe 22 oder 24.

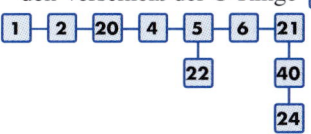

Auseinandernehmen wie oben im Fall eines Lecks ohne Druckminderer erklärt. Die abgenutzten O-Ringe erneuern.

Blockierter Drehknopf

Es ist eine Panne, die auf das Konto der Ventildichtung 17 geht (der Taucher dreht den Verschluß zu stark beim Versuch, einen Luftaustritt zu beheben).

1–2–20–4–5 22–6–21 40 24–17

Die Schraubenmutter 1 abschrauben, die Feder 2, den Drehgriff 20 und die Scheibe 4 entfernen. Das Lager 5, dann die Scheibe 6 wegnehmen, die Spindel 21 herausnehmen und das Ventil wechseln.

5.43 *Flaschenventil (Explosionsansicht)*

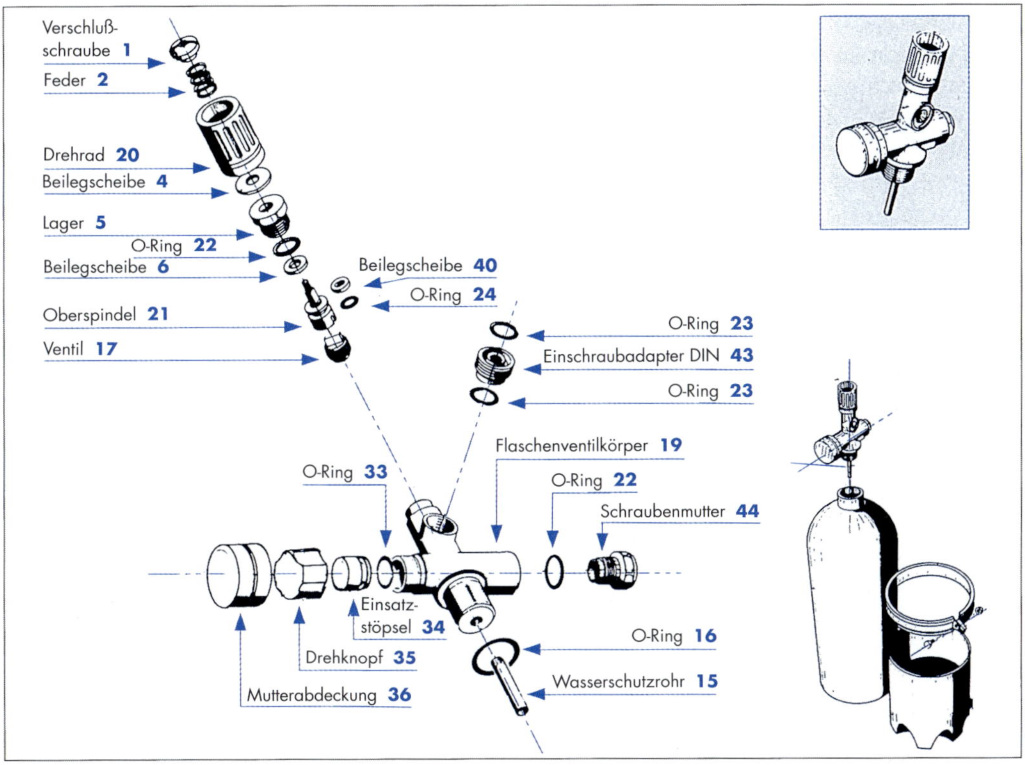

Verschluß-schraube 1
Feder 2
Drehrad 20
Beilegscheibe 4
Lager 5
O-Ring 22
Beilegscheibe 6
Beilegscheibe 40
O-Ring 24
Oberspindel 21
Ventil 17
O-Ring 23
Einschraubadapter DIN 43
O-Ring 23
O-Ring 33
Flaschenventilkörper 19
O-Ring 22
Schraubenmutter 44
Einsatzstöpsel 34
O-Ring 16
Drehknopf 35
Wasserschutzrohr 15
Mutterabdeckung 36

213

Hart drehender Drehkopf
Die Teile, die korrodiert sein können, auswechseln, oder (siehe oben „Leck mit Druckminderer") reinigen und wieder einbauen, nachdem sie eingefettet worden sind.

Eindringen von Wasser und Rost im Druckminderer
Das Herausfallen des Wasserschutzrohrs 15 läßt Wasser oder andere Restablagerungen beim Überkopfabtauchen in den Atemregler eindringen.

Nehmen Sie die gesamte Armatur 19 auseinander, verschrauben Sie das Wasserschutzrohr wieder oder wechseln sie es, wenn sein Gewinde beschädigt ist.

Die Pflege der Flasche
Spülen Sie nach jedem Tauchgang die Flasche mit klarem Wasser ab. Öffnen Sie kurz das Ventil, bevor Sie die Flasche füllen, um einen eventuellen Wasserrest im Austrittsloch zu entfernen. Das Äußere können Sie mit einem Netz schützen. Am Ende der Saison bzw. nach einem Urlaub in einer fremden Tauchbasis demontieren Sie das Flaschenventil, vergewissern sich, daß die Flasche kein Wasser enthält und daß das Wasserschutzrohr immer noch an seinem Platz auf dem Ventil sitzt.
Setzen Sie das Flaschenventil wieder ein, nachdem Sie den O-Ring 16 erneuert haben, und lagern Sie die Flasche stehend, nachdem Sie sie gefüllt haben.

MESSER UND ZUBEHÖR

Das Messer

Es ist ein nützliches Instrument für den Fall, daß Sie sich in einem Netz oder einer Trosse verfangen. Aber keine Angst, es wird vor allem als Zusatzwerkzeug benutzt.
Seine Klinge muß unbedingt scharf und aus rostfreiem Stahl sein. Wir raten zu einem Messer mit einer gezahnten (zum Schneiden nasser Seile) und einer scharfen Seite (Abb. 5.44).
Die Qualität des Etuis und seiner Halterung ist auch ein Auswahlkriterium (Abb. 5.45).

Pflege
Spülen Sie es mit klarem Wasser nach jedem Tauchgang. Nach der Saison fetten Sie es ein.

Das Sicherheitszubehör

Folgende Dinge sind nicht zwingend notwendig, es kann aber vorteilhaft sein, sie zu besitzen. Die nachstehende Liste ist nicht erschöpfend und kann ergänzt werden.

Der Kompaß: Hilft uns bei der Orientierung unter Wasser, vor allem bei schlechter Sicht

Der Dekoball (Sicherheitsballon): Kann von jedem Beobachter an der Oberfläche leicht im Auge behalten werden, aber vor allem erlaubt er es, Dekostufen einzuhalten und dabei schon aus größerer Entfernung von Schiffen gesehen zu werden.

Das Cyalumelicht: Ist ein Leuchtpunkt, der bei schlechter Sicht oder bei Nachttauchen Ihre Anwesenheit signalisiert.

Das Allert-Signal: Am Inflatorschlauch des Jackets angeschlossen, sendet es an der Oberfläche ein akustisches Signal, das man von weitem hört.

Die Tauchausrüstung

VHF: Ein Funkgerät erlaubt, schneller Hilfe zu holen.

Ein Sauerstofftherapiegerät: Es existieren handliche Beatmungshilfen, die bei bestimmten Unfällen eine schnelle Sauerstoffversorgung gewährleisten.

Der Signalblitz: Mit seiner Hilfe kann man beim Nachttauchgang gesehen werden oder beispielsweise die Ankerstelle kennzeichnen.

Die Schreibtafel: Sie ist sehr nützlich, um die Einzelheiten beim Tauchgang oder auch die Geschehnisse bei einem Unfall festzuhalten (der Arzt wird Ihnen dankbar sein). Im allgemeinen wird es dazu dienen, Beobachtungen zu notieren und sich unter Wasser zu verständigen.

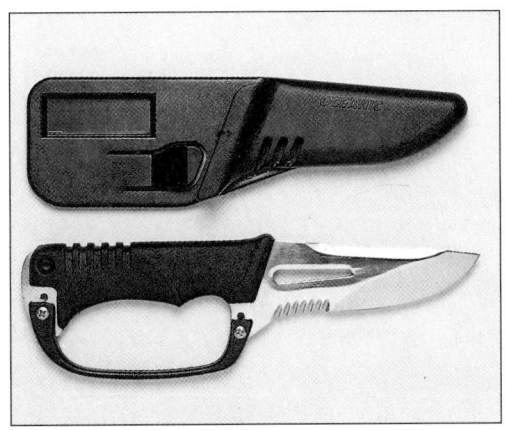

5.44 *Messer mit einer gezahnten und einer glatten Seite*

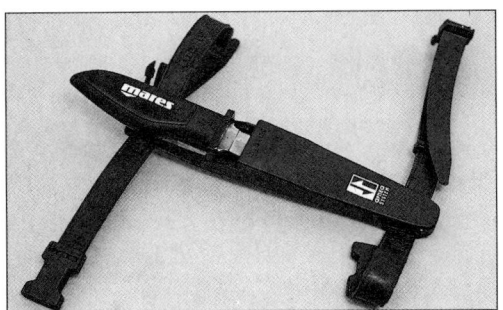

5.45 *Messeretui*

6. DIE UNTERWASSERAUFNAHME

Gestalten, Illustrieren, Dokumentieren stehen in enger Beziehung mit dem grundlegenden menschlichen Bedürfnis nach Kommunikation.

Der Stich und ebenso das gemalte Bild waren lange Zeit die meistgenutzten Stilmittel. Seit ihrer Erfindung durch Niepce (1826) hat sich die Fotografie sehr schnell zur meist angewandten Form der Darstellung und Dokumentation entwickelt. Auch Taucher, die ja diesem Kommunikationsbedürfnis nicht entkommen konnten, interessierten sich schon für Unterwasseraufnahmen, noch bevor sie sich richtig unter Wasser bewegen konnten. So eröffneten die Pioniere wie Louis Boutan und William Thompson noch vor Beendigung des 19. Jahrhunderts die Ära der Unterwasseraufnahme. Seither begeistern uns hervorragende Fotografen wie Hans Hass, David Pilosof, Herwarth Voigtmann, Kurt Amsler, David Doubilet, Chris Newbert u. a. mit ihren Bildern.

Ein Fotograf, Jack E. Williamson, war es auch, der 1914 für den Film „20 000 Meilen unter dem Meer" die ersten bewegten Bilder unter Wasser verwirklichte. Zahlreiche Filme sind inzwischen entstanden: „Die Welt der Stille" (Louis Malle, Jacques-Yves Cousteau), „Mensch unter Haien", „Aben-

6.1 *Mit 16 Jahren baute Christian Petron sein erstes Unterwassergehäuse.*

6.2 *Dreißig Jahre später drehte er seinen „Atlantisfilm".*

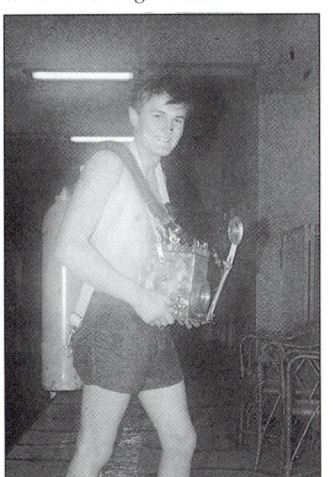

teuer im Roten Meer" und „Unternehmen Xarifa" (Hans Hass), „Blaue Wasser – Weißer Tod" (Peter Gimble, Ron und Valery Taylor), „La fille de l'océan" (Mike Portelli), „Le grand bleu Atlantis" (Luc Besson, Christian Petron; Abb. 6.1 und 6.2). Ihre Werke sind häufig der Ursprung für unsere Begeisterung und Leidenschaft für das Tauchen.

„Alles ist schon gemacht worden, uns bleibt nichts mehr übrig zu tun." Dies ist der deprimierende Beitrag, der gelegentlich von Fotografen und unterbeschäftigten Filmemachern geäußert wird (meist nach der Bekanntgabe der Preisträgerlisten eines Wettbewerbes, bei dem sie nicht zu den Gewinnern zählten).

„Blödsinn! Alles ist noch zu machen." Der verzückte Blick unseres Kindes, Freundes oder unserer Freundin am Tage ihrer Tauchertaufe, dieser bislang nicht bekannte Fisch, der uns auf seiner Futtersuche ins Blickfeld kam, unsere eigene Frau als Unterwassernixe im Spiel mit einem Delphin in der malerischen Umgebung von Gorgonien. Alles ist noch zu machen: das Sozialverhalten der Meeressäugetiere, die Fangtechniken der großen Raubfische wurden noch nie ausführlich gefilmt, die Vorstellungen sind bisher eher durch die Aufnahmetechniken als durch die vielfältige Schönheit der Unterwasserwelt begrenzt.

Alles ist noch zu machen: Weniger als ein Millionstel der Meere ist bislang erforscht, und nur ein paar Prozent aller wasserlebenden Arten sind bislang in ihren natürlichen Lebensräumen gefilmt worden. Die Pioniere haben uns die Augen geöffnet für die Unterwasseraufnahme, aber ihre eigentliche facettenreiche Geschichte liegt noch vor uns.

Lassen wir uns von unseren Vorgängern inspirieren, ohne sie zu plagiieren. Wenn mit der Zeit der Wunsch oder die Notwendigkeit, Unterwasserbilder zu machen immer stärker wird, muß sich der Amateur für die Stilrichtungen entscheiden, in denen er sich ausdrücken will: die künstlerische und experimentelle Fotografie, die technische oder wissenschaftliche Dokumentation oder einfach der Schnappschuß als Erinnerung. Immer bieten sich ihm zwei Möglichkeiten, sich auszudrücken:
– das stehende Bild der Fotografie
– das bewegte Bild bei Film und Video.

Die Unterwasseraufnahme bereitet ihrem Autor um so mehr Spaß, je besser er sie auf seine eigenen Bedürfnisse und Fähigkeiten abgestimmt hat, wie z. B. den möglichen Zeitaufwand, den Grad des Qualitätsanspruches, die Beherrschung der Technik und nicht zuletzt das Budget.

Es gibt keinen Leitfaden, der es erlauben würde, den Taucher bei der Auswahl seiner Motive und Ausrüstungen rationell zu beraten, aber wenn er die Möglichkeiten und Grenzen der Techniken und des Materials kennt, so kann ihn dies vor mancher Enttäuschung bewahren.

Die Regeln der Kunst und der Technik sind im allgemeinen aus der Analyse der Werke entstanden, in denen sie zur entsprechenden Zeit eingesetzt wurden.

Die Grundregeln der Unterwasseraufnahme, wie sie in diesem Kapitel dargelegt werden, können sich diesem allgemeinen Prinzip nicht entziehen. Wenn sie aber anleiten und bei der Fehlerbegrenzung helfen können, führen allein schon die Umsetzung und Übertragung dieser Regeln zu eigenständigen Originalwerken.

Die Unterwasseraufnahme

DIE TECHNIKEN

Ein Bild muß nach seiner Entstehung leben, und es erfordert Zeit, seinen Wert zu realisieren (für das Album oder eine Ausstellung, für die Illustration von Büchern oder Magazinen, für die Teilnahme an Festivals, für Filmvorführungen oder Fernsehausstrahlungen)

Die Fotografie ist die ökonomischste und einfachste Form der Dokumentation. Die Auswertung der Bilder, ob Diaprojektion oder Papierabzug, ist einfach. Die zur Betrachtung einer Aufnahme erforderliche Zeit ist kaum länger als die Aufnahmezeit selbst (außer für die Produktion von Diaporamen). Die anspruchsvollen Fotografen wählen dabei ein Filmmaterial von so feiner Körnigkeit aus, daß sie eine Bildqualität erhalten, die im Film und im Video unerreichbar ist. Die Fotografie gibt ein starres Bild einer bewegten Szene wieder. Wenn dieses Bild in der Lage ist, eine Stimmung wiederzugeben, dem Betrachter ein Gefühl zu vermitteln, dann ist es eine Aufnahme, die die Vorstellung einer kompletten Szene aufkommen läßt. Die Verknüpfung einer ursprünglichen Idee mit professionellen technischen Möglichkeiten der Aufnahmetechnik und der Montage erlauben es dem Bildautor, seinem Publikum Eindrücke zu vermitteln, die weit über der Wirklichkeit selbst liegen. Wenngleich das Informations- und das Emotionspotential eines Filmes oder eines Videos viel höher ist als das einer Fotografie, so ist die finanzielle Seite dieser Ausdrucksmöglichkeiten doch sehr viel kostspieliger. Die zu investierende Zeit vor den Dreharbeiten (das Schreiben des Drehbuches) und danach (Schnitt, Montage und Vertonung) ist wichtig.

Die Kosten für die Unterwasserausrüstung bei Film, Video und Foto liegen in der gleichen Größenordnung, soweit es sich nicht um professionelle Betacam oder 35-mm-Filmkameras handelt. Den entscheidenden Unterschied ergeben die Nachbearbeitungskosten, vor allem dann, wenn die Montage viele Spezialeffekte verlangt.

Bei aller Freude an der Gestaltung, der richtige Augenblick für eine Aufnahme verlangt vom Aufnehmenden den richtigen Instinkt für die Jagd mit der Kamera. Während es mehr oder weniger vom Publikumsgeschmack abhängt, ob eine richtige Begeisterung aufkommt. Soweit es die gewählte Technik betrifft, sollte der Bildautor besonders darauf achten, daß seine Aufnahmen nicht im Schrank verstauben.

Funktionsprinzipien optischer Geräte

Sowohl für Fotos als auch für bewegte Bilder haben die Kameras sechs Grundbauelemente (Abb. 6.3).

Die Objektive
Dabei handelt es sich um optische, aus Glas- oder Kunststofflinsen zusammengesetzte Systeme, die von einem Gegenstand ein reelles Bild auf die Bildebene projizieren.

Die Blende
Sie ist eine regelbare Öffnung quasi im Zentrum und im Inneren des Objektivs. Mit ihr läßt sich der Lichteinfall und über die Streuung die Schärfe auf der Bildebene regulieren.

Der Verschluß
Durch ihn wird die Zeitdauer des Lichteinfalls auf die Bildebene reguliert. Sowohl bei der Fotografie als auch beim Film wird die Belichtungszeit mechanisch reguliert, entweder durch einen Zentral- oder durch einen Schlitzverschluß. Die Belichtungszeit für jedes Bild, während der Licht auf die lichtempfindlichen Schichten des Trägers fällt, ist genau abgestimmt mit der Öffnungszeit des Verschlusses. Beim Video ist der Verschluß elektronisch reguliert. Die Belichtungszeit ist abhängig von der Dauer der Berechnungszeit, die der Empfänger zur Verarbeitung der Signale braucht. Dabei erhält der Empfänger vom Objektiv dauernd ein Bild übermittelt.

In der Fotografie sind die Belichtungszeiten variabel und liegen gewöhnlich zwischen 1 und 1/1000stel bis 1/10 000stel Sekunde. Bei einfachen Apparaten sind diese Belichtungszeiten meist auf ein oder zwei Werte (1/50stel und/oder 1/100stel Sekunde) reduziert. Bei Film und Video sind die Standardbelichtungszeiten auf 1/25stel und 1/50stel Sekunde fixiert.

Die Bildfrequenz, die nicht unbedingt mit den Verschlußzeiten übereinstimmen muß, wird durch die Anzahl der pro Sekunde aufgezeichneten Bilder bestimmt. Die Standardfrequenz der Projektion beträgt 25 Bilder pro Sekunde; wurden mehr Bilder pro Sekunde aufgenommen, ergibt dies bei der Projektion einen Zeitlupeneffekt, wurden weniger aufgenommen, so entsteht ein Zeitraffereffekt. Ein Wechsel der Bildgeschwindigkeit macht auch einen Wechsel der Belichtungszeit notwendig. Bei den meisten Amateurfilmkameras beträgt die Belichtungszeit etwa die Hälfte der Dunkelzeit zwischen zwei Bildern. Beim Video müssen Zeitlupen- und Zeitraffereffekte durch Montageeffekte erzeugt werden, da diese Amateurkameras neben der Standardfrequenz von 25 Bildern pro Sekunde meist nur eine Einzelbildschaltung besitzen.

Der Bildträger

Es ist verständlich, wenn man sagt, daß das Bild vom Objektiv gezeichnet wird. Dabei wird es entweder aus lichtempfindlichen Silbersalzen komponiert, die auf einem Kunststoffträger aufgebracht wurden, oder über einen elektronischen Sensor mit automatischer Steuerung aufgezeichnet. Immer jedoch ist es das Zusammenspiel von Blende und Verschluß, das die richtige Belichtungszeit gewährleistet.

Der Sucher

Er erlaubt dem Fotografen oder Kameramann, einen Eindruck von dem Bild zu gewinnen, das er aufnehmen will. Dieser Sucher kann entweder optisch oder elektronisch funktionieren:

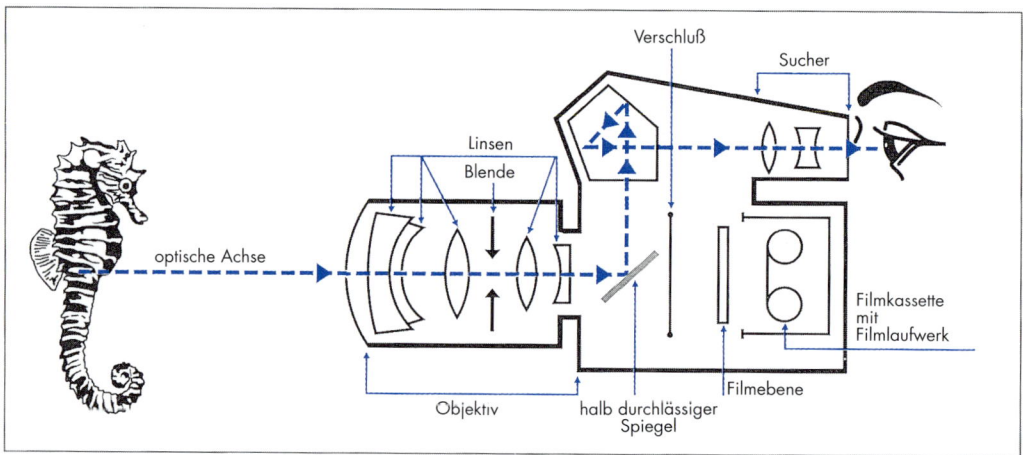

6.3a *Grundbauplan einer klassischen Filmkamera.*

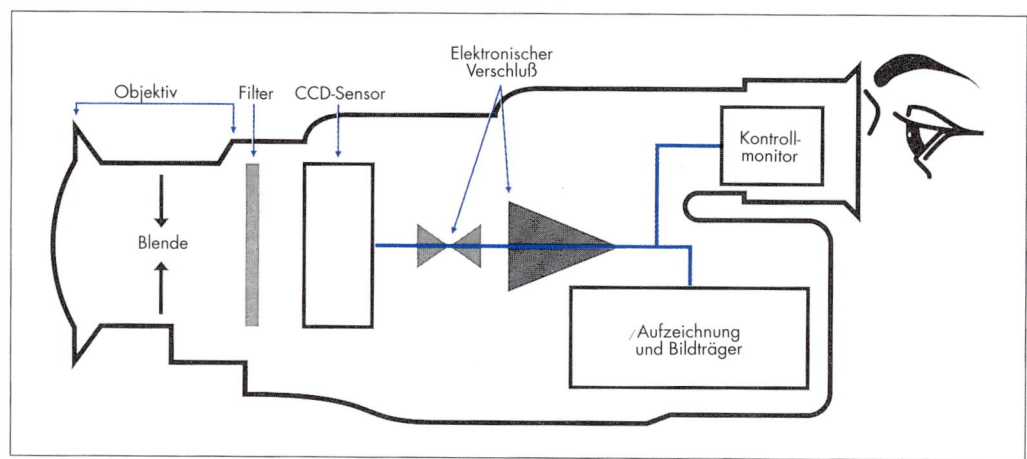

6.3b *Schema einer modernen Videokamera mit CCD-Bildwandler.*

Die Unterwasseraufnahme

- Der Sportsucher (Abb. 6.4) ist nichts anderes als ein viereckiger Rahmen mit einem Fadenkreuz, das auf die Bildmitte abgestimmt sein sollte. Er ist einfach und schnell einsetzbar, aber nicht sehr genau.
- Der optische Sucher (Abb. 6.5) vermittelt ein klares Bild, solange ausreichend Licht vorhanden ist. Wie beim Sportsucher muß die Sucherachse auf die optische Achse abgestimmt sein. Bei Nahaufnahmen (hauptsächlich unter einem Meter Entfernung) ist die Parallaxe zwischen Sucher und Objektiv so groß, daß eine exakte Bestimmung des Bildausschnittes kaum möglich ist.
- Der Spiegelreflexsucher mit TTL-Messung (through the lense – also durch das Objektiv) erlaubt die genaue Festlegung des Bildausschnittes und eine exakte Kontrolle der Bildschärfe. Darüber hinaus können im Sucher Blendenwahl und Belichtungszeit abgelesen werden. Alle elektronischen Suchersysteme basieren auf dem TTL-Prinzip. Das Sucherbild wird durch einen kleinen Monitor ersetzt. Heute haben viele Amateurkameras bereits voll professionelle Suchersysteme.

Sowohl bei Film- und Video- als auch bei Fotokameras kann das ausgezeichnete Bild eines Spiegelreflexsuchers über eine kleine mit einem Monitor verbundene Sucherkamera geführt werden. Diese Anpassung erlaubt eine exzellente Bildüberwachung auch dann noch, wenn man aus Sicherheitsgründen über Wasser bleiben muß. Eine viel einfachere Lösung kann man sich selbst bauen, wenn man eine billige, in ein Gehäuse eingebaute Überwachungskamera, die mit der Oberfläche in Verbindung steht, auf die Unterwasserkamera aufsetzt (Abb. 6.6).

Das Aufnahmeformat

Das gewählte Aufnahmeformat ist ein Kompromiß zwischen drei Hauptkriterien:
- die Handlichkeit der Kamera
- die Anforderung an die Bildqualität
- die finanziellen Möglichkeiten

In der Fotografie ist das Kleinbildformat 24x36 mm das gebräuchlichste. Es bietet dem Fotografen den Vorteil eines akzeptablen Preis-Leistungs-Verhältnisses sowie eine Vielzahl ausgezeichneten Zubehörs und eine breite Palette an Filmmaterial.

Den Anspruchsvollen bieten die Profiformate 6x6 oder 6x7 cm die Möglichkeit zu hochauflösenden Bildern.

6.4 *16-mm-Kamera mit Sportsucher.*

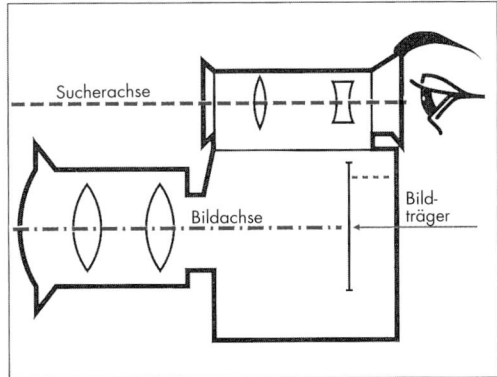

6.5 *Schema einer Sucherkamera.*

6.6 *Unterwasserkamera mit aufgesetzter Kontrollkamera, die mit der Oberfläche verbunden ist.*

Im Amateurfilm gibt es derzeit nur noch zwei Größen, das Super 8 und das 16-mm-Format. Einige Unentwegte arbeiten immer noch mit 8 mm oder gar 9,5 mm, obwohl die Filmbeschaffung äußerst schwierig ist. Super 8 ist dagegen das übliche Publikumsformat. Das Filmmaterial ist leicht zu handhaben, nicht zu teuer und auch leicht nachzubearbeiten. Obwohl auch dieses System vom Markt verschwindet, so hat es doch vielen Filmemachern zu guten Filmen verholfen und so die Cineasten zufriedengestellt.

Das semiprofessionelle 16-mm-Format bietet eine Fülle ausgezeichneten Zubehörs und Filmmaterials.

Dieses Filmmaterial konnte alle qualitativen Ansprüche der Amateurfilmer erfüllen, nur sein Preis hat die Dreharbeiten erheblich eingeschränkt. Die Spieldauer einer Super 8 oder 16-mm-Kasette beträgt nicht mehr als 2,5 und 5 Minuten. Auch wenn diese Aufnahmedauer für einen Tauchgang im allgemeinen durchaus ausreichend war, so bietet das Video mit seinen mindestens 20 Aufzeichnungsminuten doch eine komfortable Unabhängigkeit, die eher durch die Kapazität der Akkus begrenzt wird. Obwohl sich die Formate im laufenden Wandel befinden, kann man doch von gewissen Standardformaten reden.

Zwei Standardformatsysteme haben sich bislang durchgesetzt, das VHS (Video Home System) und das 8 mm, die sich in 6 Gruppen einteilen lassen: VHS, VHS-C, S-VHS, S-VHS-C, 8 mm und Hi-8. Bei VHS bedeuten die Zusätze „S" und „C" „Super" und „Compakt". S-VHS und Hi-8 sind wohl die empfehlenswertesten, da sie im Vergleich zu ihren Ursprungssystemen (VHS und 8 mm) dank neuester Technik eine bessere Bild- und Tonqualität liefern. Die magnetischen Aufzeichnungen bei VHS oder VHS-C sind identisch und können mit Geräten des S-VHS-Systems bearbeitet und vorgeführt werden; umgekehrt ist dies leider nicht möglich. Ebenso beschränkt sich die Kompatibilität zwischen 8 mm und Hi-8 auf die Lesbarkeit des 8-mm-Magnetbandes durch Hi-8-Systeme. Da VHS-C und S-VHS-C-Systeme Kompaktkassetten benutzen, konnten auch die Dimensionen der Kameras entscheidend verringert werden. Doch gerade jetzt, wo der Streit um die Formate beruhigt zu sein schien, kommen neue Formate und Systeme auf den Markt, TVHD (Format 16/9) und das Camescope mit Laserdisc.

Der Vollständigkeit halber darf man nicht vergessen, daß es auch noch 3 verschiedene Farbsysteme gibt (SEACAM, PAL und NTSC), die nicht miteinander kompatibel sind. Wenigstens gibt es aber heute Transcoder für diese Systeme. PAL konnte sich als Standard bei den Videosystemen durchsetzen. Beim Kauf eines Fernsehgerätes sollte man deshalb darauf achten, daß es wenigstens für PAL und SEACAM geeignet ist (SEACAM für die französischen Fernsehsender, PAL für alle übrigen).

Die Bildaufzeichnung

Das vom Objektiv gelieferte Bild wird von einen Empfänger aufgezeichnet, von dem z. Z. zwei Systeme zur Verfügung stehen: der Farbfilm und der CCD-Sensor oder auch CCD-Bildwandler. Beide benutzen dasselbe Grundprinzip der Farbzerlegung: Eine Farbe wird jeweils in die drei Grundfarben (blau, grün, rot) zerlegt, und diese werden später wieder zusammengesetzt.

DIE FILME

Sie werden aus Silberhalogeniden hergestellt, die in einer oder mehreren Gelatineschichten verteilt sind, die wiederum auf einen transparenten Träger (Acetylzellulose oder Polyester) aufgebracht werden. Unter Lichteinwirkung werden die Silbersalze zu metallischem Silber reduziert. Sein Gehalt steigt mit zunehmender Lichtmenge, die den Film belichtet. Das so entstandene latente Bild wird erst durch die Entwicklung im Labor sichtbar. Unter der Einwirkung des Entwicklers wird das metallische Silber in schwarzes Silberoxid umgewandelt, während die Silberhalogenide mit dem Entwickler nicht reagieren und durchsichtig bleiben. Das so erhaltene Bild ist ein Negativ. Die hellen Bereiche des Bildes sind hier dunkel (durch das Silberoxid). Die Umkehrfilme (Positivfilme) erfordern bei der Entwicklung eine Spezialbehandlung, bei der Schwarz und Weiß umgekehrt werden.

Farbfilme sind aus drei lichtempfindlichen Schichten aufgebaut, die durch spezifische Farbfilter voneinander getrennt sind (Abb. 6.7). Ein erster Filter eliminiert die ultravioletten Strahlen, die zwar durch das Auge nicht wahrgenommen werden, aber dennoch Silbersalze belichten können. Die erste lichtempfindliche Schicht reagiert nur auf die blauen Spektralanteile (die energiereichsten Strahlen des sichtba-

Die Unterwasseraufnahme

ren Lichtes). Auf diese Schicht folgt ein Gelbfilter, der alle noch nicht verbrauchten blauen Strahlen herausfiltert. Die zweite lichtempfindliche Schicht reagiert auf grüne Strahlen. Auf sie folgt ein Filter, der alle restlichen grünen Strahlen eliminiert. Die letzte Schicht schließlich ist rotempfindlich. Nach der Entwicklung präsentiert jede Schicht durch die Einfärbung der Gelatine ein eigenes Bild: blau-schwarz, grün-schwarz, rot-schwarz. Weiß erhält man durch Addition der drei Grundfarben. Die Reaktivität der lichtempfindlichen Schichten (Schichtdicke, Struktur etc.) ermöglicht es, die Empfindlichkeit genau auf das natürliche Zusammenspiel der Farben des Umgebungslichtes (Tages- oder Kunstlicht) einzustellen. Im Gegensatz zu den Kunstlichtfilmen reagieren Tageslichtfilme besser auf Rot als auf Blau. Deshalb werden sie auch bevorzugt bei der Unterwasserfotografie eingesetzt.

Die Lichtempfindlichkeit eines Filmes ist von der Korngröße der Silberhalogenidkristalle abhängig, die zu seiner Herstellung verwendet wurden. Je größer das Korn, desto unschärfer wird leider das Bild. Die Filmempfindlichkeit selbst wird heute in ISO (International Standards Association) angegeben, die zahlenmäßig der ASA (American Standards Association) entspricht. Diese Filmempfindlichkeit ist um so größer, je größer die Iso-Zahl ist.

Das bedeutet, daß ein Film mit doppelter ISO-Empfindlichkeit nur die halbe Lichtmenge benötigt.

Es gibt zwei Typen von Farbfilmen: Die Dia– oder Umkehrfilme und die Negativfilme für Papierabzüge.

Die Dia- oder Umkehrfilme

Diafilme bieten ganz allgemein die ökonomischste Lösung für die Unterwasserfotografie. Nach der Entwicklung sind die Bilder direkt betrachtbar, so daß man einfach und schnell die besten Bilder oder Sequenzen auswählen kann. Allerdings erlauben diese Filme nur einen geringen Belichtungsspielraum von 1/2 bis 1 Blende. Dies ist aber nur ein kleiner Nachteil, berücksichtigt man die Kontraststärke bei Gegenlichtaufnahmen, die ja unter Wasser häufig sind. Man muß nur aufpassen, daß man keine Belichtungsfehler macht.

Heute verwendet man hauptsächlich Filme mit 25, 50, 64, 100, 200 und 400 ISO, wobei die beiden Letzteren schon den Nachteil einer gewissen Körnung aufweisen.

Einige der Diafilme, die mit dem E6 Prozeß entwickelt werden, kann man relativ leicht auch selbst entwickeln, so daß man hier noch einen entsprechenden experimentellen Spielraum hat.

Andererseits kann man so die Ergebnisse eines Fotoausfluges auch im Urlaub noch am selben Tag bewundern.

Die Negativfilme

Die Entwicklung im Filmbereich ist heute soweit vorangeschritten, daß man Negativfilme für Unterwasseraufnahmen nicht mehr empfehlen kann. Selbst die Papierabzüge werden vom Dia besser, vor allem wenn sie im Direktverfahren auf Ektacolor oder Cibachrome-Papiere gemacht werden.

Darüber hinaus sind Negativfilme weniger für einen Qualitätsdruck geeignet.

6.7 *Grundschema des Schichtenaufbaus eines Farbfilmes.*

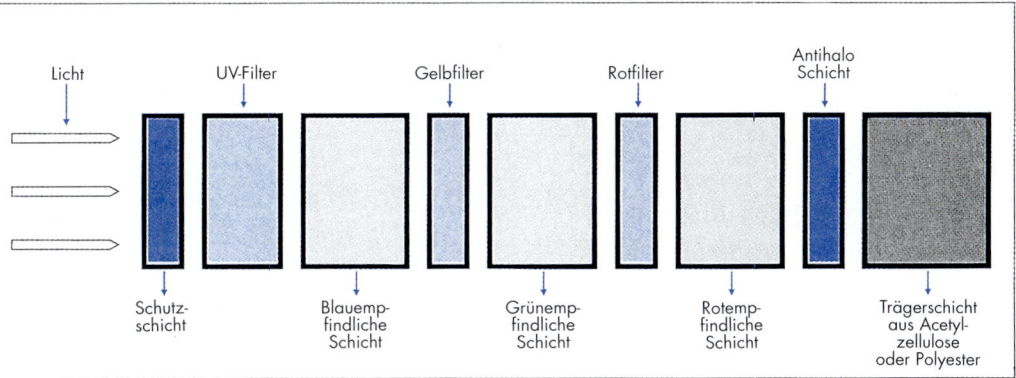

Die Schwarz/Weiß-Filme

Wenn man ehrlich ist, werden SW-Filme im Film heute nur noch zu besonderen Kunstformen verwendet.

In der Fotografie wird vor allem in Wettbewerben noch immer die Kategorie SW-Bilder geführt. Reizvoll ist bei diesen Filmen die eigene Laborarbeit vom Entwickeln bis zu den Abzügen. Spezielle Papiere mit Chamoixeffekt bieten zusätzliche kreative Möglichkeiten. In der allgemeinen Darstellung der Unterwasserwelt haben SW-Fotos meist nur noch historischen Charakter.

Die Filmauswahl

Die Filmempfindlichkeit sollte auf die allgemein vorherrschenden Lichtbedingungen bei den beabsichtigten Unterwasseraufnahmen abgestimmt sein und so niedrig wie möglich gewählt werden. Berücksichtigt man alle Faktoren und findet optimale Bedingungen vor (geringe Tiefe, Makrofotografie etc.), so ergibt eine Filmempfindlichkeit von 25 bis 50 ISO die besten Ergebnisse.

Bei mittleren Bedingungen (z. B. Tiefen zwischen 10 und 30 m) empfiehlt sich eine Auswahl zwischen 64 und 200 ISO. Darunter, bei noch schwächeren Lichtverhältnissen, empfiehlt sich ein Film mit 300 oder mehr ISO. Vor allem bei technischen oder wissenschaftlichen Dokumentationen werden solche Filme verwendet. Wer höhere Ansprüche stellt, wird von den geringen Kontrasten und der geringen Schärfe dieser Bilder enttäuscht sein.

Bei Film und Foto liefern die großen Hersteller (Agfa, Fuji, Kodak usw.) ein breites Spektrum an unterschiedlich empfindlichen Diafilmen, lediglich bei Super 8 gibt es nur zwei Lichtempfindlichkeiten, nämlich 25 und 160 ISO.

Die Farbzusammenstellung ist von Fabrikat zu Fabrikat verschieden und verändert sich zudem im Verlaufe der Zeit durch Ausbleichen: in zartes Lachsrosa bei Agfa, in grelle Farben bei Fuji. Die Markenauswahl ist also eine Frage des Geschmacks, der gewünschten Darstellung oder einfach der Verfügbarkeit. Alles in allem ist die Qualität des fertigen Bildes weit mehr von der richtigen Entwicklung abhängig als von der vorgegebenen Farbnuancierung einzelner Markenfabrikate.

DER CCD-BILDWANDLER (SELTEN MOS)

Der Bildwandler (CCD = Charge Coupled Device, ladungsgekoppelter Bildwandler oder einfach CCD-Chip genannt) von Video- und von bestimmten Fotokameras ist ein rechteckiger Chip, der aus 300 000 bis 500 000 winzigen rasterförmig angeordneten Bildelementen (Pixel) besteht. Die Größe eines CCD-Chips, das heißt sein Format, bezieht sich auf die Länge seiner Diagonalen. Derzeit werden drei Amateurgrößen angeboten: 1/3, 1/2 und 2/3 Zoll. Zur Analyse des Farbsignals muß vor den Bildwandler ein Mosaikfilter geschaltet werden. Dieser besteht aus nebeneinander liegenden

Tab. 6.1 *Formate und Auflösungsvermögen bei Filmen und CCD.*

Empfänger	Film		Foto		Video		
	S 8	16 mm	6 x 6	24 x 36	1/3 Zoll	1/2 Zoll	2/3 Zoll
Größe in mm	5,7 x 4,2	10,3 x 7,7	60 x 60	24 x 36	4,8 x 3,6	6,4 x 4,8	8,8 x 6,6
Fläche in mm²	24	80	3 600	860	17	31	58
Verhältnis H/L	1,36	1,34	1,0	1,5	1,33	1,33	1,33
In Pixeln (x 10^6)	8–3	4–15	100–500	30–130	0,3	0,44	0,44

Die Unterwasseraufnahme

Reihen von monochromatischen Mikrofiltern, die in ihrer Größe mit einem Pixel übereinstimmen. Die je nach angewandter Farbanalyse drei oder vier Farben der Mikrofilter sind Cyan, Magenta, Grün und Gelb. Die Bildqualität ist auch bei einem Drittel oder Viertel der Pixel gleichbleibend. Die Bearbeitung der vom Wandler gelieferten Signale erlaubt eine leichte Verbesserung dieser Auflösung.

Die Bildqualität ist aber auch abhängig von den Lichtbedingungen. Bis zur Magnetband- oder Discaufzeichnung der vom Wandler gelieferten Signale verringert sich deren Wirkung bei schwächer werdendem Licht. Bei der Wiedergabe sind die Signale weiter abgeschwächt, somit wird das Bild noch schlechter.

Die heutigen Videokameras erlauben noch Aufnahmen bei schwächstem Licht (2 bis 3 Lux). Doch kann man auch schon Kameras empfehlen, die bei 100 Lux ein einwandfreies Videosignal liefern. Im Vergleich mit einem Film hat ein solcher Wandler bei über 100 Lux eine Lichtempfindlichkeit von 120–180 ISO.

Qualitätskameras von heute besitzen drei CCD-Wandler, von denen je einer eine Grundfarbe analysiert. Daraus entsteht ein dreifach verbessertes Bild. Diese bei Profikameras übliche Technik findet man auch bei S-VHS und Hi-8 Kameras, die deshalb auch etwas teurer sind.

Die richtige Farbwiedergabe bei entsprechenden Farbtemperaturen der Beleuchtung wird durch den Weißabgleich gewährleistet. Die Korrektur erfolgt durch die jeweils richtige Feinabstimmung der einzelnen Grundfarben. Die Abstimmung ist je nach Kamera manuell und/oder automatisch möglich. Bei einem fast einheitlichen Farbton eines Bildes kann es bei automatischer Steuerung zu Fehlfarben kommen. Bestimmte Kameras erlauben die Speicherung verschiedener Weißabgleiche, z. B. für Kunstlicht (Indoor) bei 3200 Kelvin und bei Tageslicht (Outdoor) bei einer Farbtemperatur von 5600 Kelvin. Soweit auch das Gehäuse die dafür erforderliche Umschaltung besitzt, kann der Kameramann schnell von einer auf die andere Beleuchtungsart umschalten.

Die Qualitätswerte der Filme (bezogen auf 100 ISO) und des CCD-Bildwandlers sind in Tabelle 6.1 wiedergegeben. Die letztendliche Bildqualität ist aber noch von weiteren Faktoren abhängig:
– von der Qualität des eingesetzten Objektives
– von der richtigen Positionierung (Planlage, Filmführung etc.) des Filmes bei der Aufnahme und der Bildwiedergabe
– von der Aufnahmequalität der Videokamera (ein CCD-Chip und ein Mosaikfilter oder drei CCD-Chips)
– von der Qualität der Videobandaufzeichnung (Azimutwinkel der Videoköpfe, Vorführgeschwindigkeit etc.)
– von der Qualität der Wiedergabeapparate (Monitor, Dia- oder Filmprojektor, Vergrößerungsverhältnis)

In Abhängigkeit von diesen verschiedenen Faktoren bei der Unterwasseraufnahme und der Reproduktion erreicht die Endqualität einer Aufnahme selten mehr, meist weniger als 50 % der angegebenen Sollwerte.

Ein wirklich gutes Bild entsteht nur, wenn all diese Faktoren optimal aufeinander abgestimmt sind.

Der Belichtungsmesser

Die Lichtmenge, die zur einwandfreien Belichtung einer Aufnahme erforderlich ist, wird durch das Zusammenspiel von Blende und Belichtungszeit geregelt. Das menschliche Auge kann nur mit Mühe das von einem Gegenstand reflektierte Licht abschätzen, so daß es zu sehr vom Zufall abhängt, ob man nach einem einzigen flüchtigen Eindruck die genaue Belichtungszeit für eine Aufnahme ermittelt hat. Der Einsatz eines Belichtungsmessers verhindert im allgemeinen Fehlbelichtungen, wenn man einige Grundsätze beachtet.

Bei einigen Kameratypen setzt man den Belichtungsmesser zur sogenannten Lichtmessung ein. Diese vor allem bei Landaufnahmen im professionellen Einsatz angewandte Methode kann im Unterwasserbereich nicht angewandt werden. Zwei Hauptnachteile sprechen dagegen:
– Die Lichtmessung erfordert das Aufsetzen einer Diffusorkalotte, was unter Wasser kaum realisierbar ist;
– die Lichtmessung erfordert einen direkten Kontakt zum Aufnahmeobjekt, was bei den meisten Tieren (Fische, Borstenwürmer etc.) ebenfalls nicht möglich ist.

Bei der Objektmessung muß der Belichtungsmesser so nah wie möglich am Objektiv sein. Mit Ausnahme ganz billiger und einiger Spezialkameras haben heute alle Apparate einen eingebauten Belichtungsmesser. Leistungsstärkere Kameras messen das Licht durch das Objektiv, die sogenannte TTL-Methode (through the lens).

Drei Meßmethoden stehen heute zur Verfügung (Farbtafel III.2)

- Spotmessung oder Punktmessung. Bei dieser Meßmethode wird nur ein kleiner zentraler Bildteil berücksichtigt. Sie ermöglicht dem Kameramann die Messung der bildwichtigen Motivpartien, wobei stark abweichende und somit störende Helligkeitsfelder unberücksichtigt bleiben. Ein typisches Einsatzgebiet sind Gegenlichtaufnahmen.
- Zentralfeldmessung. Im Vergleich zur Spotmessung ist hier nur der gemessene zentrale Bildausschnitt größer, so daß die Einsatzmöglichkeiten im wesentlichen denen der Spotmessung entsprechen.
- Integralmessung. Diese Meßmethode ist nur bei der TTL-Messung möglich. Die Messung basiert auf 3 bis 5 Meßfeldzonen, die zusammen die gesamte Bildfläche abdecken. Ein kleiner Rechner bestimmt die Mittelwerte der verschiedenen Helligkeitswerte des Motivs unter besonderer Berücksichtigung des zentralen Bildfeldes.

Für die entsprechende Filmempfindlichkeit und die vorherrschenden Lichtverhältnisse bietet diese Belichtungsmessung eine ganze Reihe von Blenden- und Belichtungszeitkombinationen an, die alle eine korrekte Bildbelichtung ergeben. Die Auswahl der geeigneten Kombination hängt vom Aufnahmesubjekt und von den gewünschten Bildeffekten ab.

Diese Kombinationsmessung zur Blenden- und Verschlußzeitermittlung kann auf drei verschiedene Arten erfolgen.

☐ *Manuelle Messung*
Der Belichtungsmesser zeigt die richtigen Blenden-Verschlußzeit-Kombinationen an. Der Kameramann wählt eine der Kombinationen nach seinen Bildvorstellungen aus und stellt Blende und Verschlußzeit entsprechend manuell ein. Diese gegenüber den anderen um vieles langsamere Methode hat den Vorteil, daß man je nach gewünschtem Effekt sowohl Über- als auch Unterbelichtungen einsetzen kann.

☐ *Die halbautomatische Messung*
- Zeitautomatik: Man wählt eine Blendeneinstellung, und die Verschlußzeit stellt sich automatisch ein.
- Blendenautomatik: Sie ist die bevorzugte Methode; man wählt eine bestimmte Verschlußzeit, und die Blende stellt sich automatisch ein. Die Blendenautomatik ist auch die bei Film und Video häufigere Arbeitsweise, da die meisten dieser Kameras keine unterschiedliche Zeitwahl zulassen, sondern diese in der Konstruktion vorgeben.

☐ *Die Programmautomatik*
Die Kamera wählt entsprechend ihres Elektronikprogramms aus den Blenden-Belichtungszeit-Kombinationen die günstigste Kombination aus. Sie wählt dabei die kürzestmögliche Belichtungszeit bei kleinstmöglicher Blende aus, um möglichst verwacklungssichere Bilder zu liefern. Dies hat den Vorteil, daß man die Kamera auch für den Fall eines unerwarteten und schnellen Objekts immer einsatzfähig hat.

Sowohl bei der Halbautomatik als auch bei Programmautomatik sind gewünschte Über- und Unterbelichtungen möglich; entweder durch ein Programm-Shift oder durch die Änderung der gewählten Filmempfindlichkeit.

Die Unterwasseraufnahme

DIE OBJEKTIVE

Unter allen Elementen, die für die Bildqualität ausschlaggebend sind, spielen die Objektive die entscheidende Rolle.
Die charakteristischen Werte eines Objektivs, die Lichtstärke und die Brennweite erlauben es, seine Qualität abzuschätzen. Doch erst die Auswahl der Kamera als auch, soweit es sich um ein Fabrikat mit Wechseloptik handelt, eine gut überlegte Objektivwahl verhindern, daß man immer nur flaue Aufnahmen ohne den richtigen Pfiff erhält.
Auch wenn Objektive mit fester Brennweite noch immer die beste Qualität aufweisen, haben sich in den vergangenen Jahren dank verbesserter Technik immer mehr Vario- oder Zoomobjektive durchgesetzt, die den Qualitätsansprüchen der meisten Anwender genügen. In der Fotografie haben Film- und Objektivqualität die gleiche, qualitätsbestimmende Auswirkung auf die Aufnahme. Die Entscheidung zwischen einem Objektiv mit fester Brennweite oder einem Zoomobjektiv unterliegt einem Kompromiß bezüglich dreier Kriterien: technischer Entwicklungsstand, leichte Handhabung und Anschaffungspreis.

Beim Film und noch mehr bei Video ist die Bildträgerqualität nicht von der Bedeutung wie die des Films beim Fotografieren. Leistungsstarke Zoomobjektive liefern hier eine ausgezeichnete Bildqualität. Nur bei Nahaufnahmen liefern Objektive mit fester Brennweite ebenfalls noch immer eine bessere Bildqualität.

Objektive mit fester Brennweite

Objektive mit fester Brennweite sind durch drei Kenngrößen definiert: die Brennweite, die Lichtstärke und der geringste Aufnahmeabstand. Zu diesen meßbaren Parametern kommen noch zwei eher vom Gefühl abhängige Faktoren hinzu: die Kontrastleistung und die Farbechtheit.

DIE BRENNWEITE

In Millimetern angegeben, legt die Brennweite bei vorgegebenem Bildformat den Bildwinkel fest. Man versteht unter dem Bildwinkel generell den durch die Bilddiagonale des Bildfensters gegebenen Winkel. Für die praktische Anwendung ist jedoch die Angabe des horizontalen Winkels aussagekräftiger. In den technischen Datenblättern und weiterführenden Fotofachbüchern werden Bildwinkel (brennweitenabhängig), Formatwinkel (=Aufnahmewinkel), Bildkreisdurchmesser (vom Objektiv entworfenes rundes Bild) und eine Reihe weiterer optischer Größen zur genaueren Erläuterung und Berechnung der reellen Abbildung herangezogen. Hier soll allerdings nur auf die grundlegenden Verständniszusammenhänge eingegangen werden.
Die Werte K_h, K_v und K_d für die horizontalen, vertikalen und diagonalen Bildwinkel sind für gängige Aufnahmeformate in der Tabelle 6.3 wiedergegeben. Die Werte sind für Objektive wiedergegeben, die entweder an der Luft oder unter Wasser hinter einem Domeport arbeiten (siehe auch unter „Die Ports der Unterwasserkameras"). Die Objektive, die im Unterwassergehäuse hinter einer Planscheibe untergebracht sind, erfahren eine Reduzierung ihrer Bildwinkel. Die Zusammenhänge zwischen den Bildwinkeln an der Luft und unter Wasser sind in Tabelle 6.4 wiedergegeben. Für ein spezielles Objektiv ist es oft sinnvoller, die Bildweite in einer bestimmten Entfernung zu wissen als den Bildwinkel. Die Werte hierfür sind in Tabelle 6.5 zu finden.
Die Auswahl der Brennweite eines Objektivs ist immer vom Aufnahmetyp, den man machen will, abhängig.

– Weitwinkelobjektive mit einem horizontalen Bildwinkel zwischen 50 und 150 Grad eignen sich besonders für Landschaftsaufnahmen.
– Normalobjektive mit einem horizontalen Bildwinkel zwischen 20 und 50 Grad bevorzugt man für die Aufnahme von mittelgroßen Gegenständen wie Fischen, Tangen, Gorgonien oder Taucher.
– Teleobjektive mit einem horizontalen Bildwinkel von 20 Grad und weniger verwendet man für die Aufnahme von Details auf größere Entfernungen. Unter Wasser sind Teleobjektive wegen ihrer geringen Schärfentiefe, der leichten Verwacklungsmöglichkeit und des kleinen Bildausschnittes nur sehr

schwer zu handhaben. Bei größeren Entfernungen fehlt Bildern, die mit Teleobjektiven unter Wasser gemacht wurden, meist auch die Brillanz.

Wie alle Regeln, so sind auch diese nicht allgemein gültig und sie sind eher dazu aufgestellt, um in besonderen Situationen und für ausgefallene Bildgestaltungen durchbrochen zu werden. Der Einsatz unterschiedlicher Brennweiten ergibt beim selben Objekt äußerst unterschiedlich Aufnahmen. Mit einem Normalobjektiv erhält man die natürlichen Proportionen

Brenn-weite	Foto		Film			Video		
	6 x 6	24 x 36	35 mm	16 mm	S 8	2/3 Zoll	1/2 Zoll	1/3 Zoll
2,5				134	88	121	105	88
4,4				106	57	90	73	57
5,7				91	45,5	75	59	45,5
6			128	88,5	43,5	72,5	57	43,5
9	146,5			108	66	30	52,5	40	30
10	143	122	102	61	27	47,5	36	27
12	136	113	92	52	22,5	40	30,5	22,5
15	127	100	79	42,5	18	32,5	24	18
18	118	90	69	36	15	27,5	20	15
20	112,5	84	64	32,5	13,5	25	18	13,5
24	103	74	53	27,5	11,5	20,5	15,5	11,5
28	94	65,5	48	23,5	10	18	13	10
35	81	54	39	19	8	14,5	10,5	8
50	62	40	27	13	5,5	10	7	5,5
60	53	33,5	23,5	11	4,5	8,5	6	4,5
70	46,5	29	20	9,5	4	7	5,3	4
80	41	25,5	17,5	8,5	3,5	6	4,6	3,5
100	33,5	20,5	14	7	2,7	5	3,7	2,7
120	28	17	12	5,5	2,3	4,2	3	2,3
150	22,5	13,5	9	4	1,8	3,3	2,4	1,8
180	19	11,5	8	3,7	1,5	2,8	2	1,5
200	17	10,5	7	3	1,4	2,5	1,8	1,4
300	11,5	7	4,5	2	1	1,7	1,2	1

Tab. 6.2 *Horizontaler Bildwinkel in Abhängigkeit von der Brennweite in dezimalen Gradangaben.*

Die Unterwasseraufnahme

	Foto		Film			Video		
	6 x 6	24 x 36	35 mm	16 mm	S 8	2/3 Zoll	1/2 Zoll	1/3 Zoll
K_h	30	18	12,4	5,85	2,4	4,4	3,2	2,4
K_v	30	12	9,3	4,4	1,8	3,3	2,4	1,8
K_d	42,4	21,6	15,5	7,34	3,0	5,5	4,0	3,0

Tab. 6.3 *Koeffizienten zur Berechnung der horizontalen (K_h), vertikalen (K_v) und diagonalen (K_d) Bildwinkel bei den verschiedenen Aufnahmeformaten.*

θ Luft	θ Wasser	θ Luft	θ Wasser	θ Luft	θ Wasser
4	3	25	18,7	65	47,5
6	4,5	30	22,4	70	51
8	6	35	26	75	54,3
10	7,5	40	29,7	80	57,6
12	9	45	33,3	85	61
15	11,2	50	37	90	64
18	13,5	55	40,5	95	67
20	15	60	44	100	70

Tab. 6.4 *Vergleich der Bildwinkel eines Objektives beim Einsatz an der Luft (θ Luft) und im Unterwassergehäuse hinter einer Planscheibe (θ Wasser). Diese Angaben gelten auch für echte Unterwasserkameras.*

des Aufnahmegegenstandes, jedoch tritt der Hintergrund zurück. Mit dem Weitwinkelobjektiv wird das Objekt zwar leicht verzerrt, dafür wird es in einem erweiterten Umfeld präsentiert. In diesem zweiten Fall läßt sich das Objektiv ganz nahe an das Objekt heranführen, ohne daß das Bild an Schärfe verliert.
Bei Film und Video gibt es eine Reihe von Kameras, die ebenfalls Wechseloptiken bieten. Bei entsprechenden Adaptern lassen sich teilweise sogar Fotoobjektive verwenden. Aber Achtung, ein 24-mm-Objektiv, das für das Format 24x36 mm ein Weitwinkelobjektiv ist, wird bei einer Video-8-Kamera zum kleinen Tele. Dadurch ist die Verwendung dieser Fotoobjektive besonders im Nah- und Makrobereich interessant.

Horizontaler Bildwinkel	Bildweite/m	Horizontaler Bildwinkel	Bildweite/m
5	0,09	60	1,15
7	0,12	70	1,40
10	0,17	80	1,68
20	0,35	90	2,00
30	0,54	100	2,38
40	0,73	110	2,86
50	0,93	120	3,46

Tab. 6.5 *Vergleich der horizontalen Bildwinkel in Grad und der Bildbreite in Meter bei einem Objektivabstand von 1 m.*

BLENDENZAHL UND EFFEKTIVE BLENDENZAHL

Bis auf wenige Spezialobjektive, die allerdings für die Unterwasseraufnahme kaum geeignet sind, ist bei allen Objektiven die durch das Objektiv einfallende Lichtmenge mit Hilfe einer Blende, meist einer Irisblende, regulierbar.

Die Blendenzahl (f-Blende)

Die Blendenzahl ist durch den Quotienten f/d definiert, wobei f die Brennweite des Objektivs und d der Durchmesser der Feldblende (Apertur) ist.

Die sich daraus ergebende Skala der Blendenzahlen umfaßt normalerweise folgende Werte: 1; 1,4; 2; 2,8; 4; 5,6; 8; 11; 16; 22; 32... Von einer Blendenzahl zur nächst größeren halbiert sich die durch das Objektiv einfallende Lichtmenge. Die Belichtungszeit muß also verdoppelt werden. Im allgemeinen Sprachgebrauch hat sich für die Blendenzahl der Begriff Blende eingebürgert.

Die effektive Blende (T-Blende)

Der Vollständigkeit halber sei noch die effektive Blendenzahl oder auch transmissionsgerechte Blendenzahl angeführt. Im Gegensatz zur Blendenzahl (f-Blende) entspricht sie dem wahren Lichtdurchlaß unter Berücksichtigung der Absorptions-, Reflexions- und Streuverluste der verschiedenen Linsen.

Aus diesem Grund kann bei vielinsigen Objektiven (Zoom) der Unterschied zwischen der Blendenzahl und der effektiven Blende einen Blendenwert betragen (immerhin die Halbierung der wirklichen Lichtmenge). Bei den moderneren Apparaten mit TTL spielt dies allerdings keine Rolle mehr, hingegen muß dieser Unterschied bei externer Belichtungsmessung berücksichtigt werden.

Die Vignettierung

Manchmal beobachtet man bei Aufnahmen eine Vignettierung, die durch eine Unterbelichtung in den Aufnahmeecken entsteht. Dieses Phänomen entsteht vor allem durch:
– falschen Gebrauch des Objektivs z. B. durch zu lange Gegenlichtblenden, zu weit vorstehende Filter (Bildtafel III.3); in diesen Fällen ist natürlich schnell Abhilfe geschaffen durch Entfernen der Fehlerquelle;
– optisch bedingte Fehler wie z. B. Abschattung durch die Objektivfassung (Bildtafel III.3).

Bei großer Blendenöffnung und schräg einfallenden Lichtstrahlen (besonders bei Weitwinkelobjektiven) verursachen die äußeren Linsenhalterungen bei stark aus der Bildmitte verschobenen Objekten einen Helligkeitsabfall bei den am weitesten von der optischen Achse entfernten Bildobjekten (Abb. 6.8). Schließt man die Blende so verschwindet durch die veränderten Strahlengänge diese Abschattung.

Im allgemeinen kann man dieser Helligkeitsabfall zum Rand hin vernachlässigt werden, da er weniger als 0,3 Blenden beträgt und bei zwei Blenden über der größten Blendenöffnung nicht mehr auftritt.

Da unter Wasser das Licht nie besonders hell ist, sollte man bei Landschaftsaufnahmen mindestens Blende 4 oder 5,6 verwenden. Deshalb ist ein Objektiv der Lichtstärke 2 oder 2,8 wünschenswert, um das Risiko der Vignettierung zu vermeiden.

SCHARFEINSTELLEN UND SCHÄRFENTIEFE

Ein Objektiv ist ein aus Linsen aufgebautes optisches System, das von einem senkrecht zur Bildachse (optischen Achse) stehenden Gegenstand ein Bild auf den Bildträger (klassischer Silbersalzfilm oder auf ein CCD-Chip) projiziert.

Scharfeinstellung

Da sich der Abstand zwischen Objekt und Objektiv fortwährend ändert, gilt dies auch für den Abstand Objektiv zur Bildebene.

Die Scharfeinstellung besteht darin, Bild und Bildempfänger richtig aufeinander abzustimmen. Mit modernen Objektiven geschieht sie dadurch, daß die relative Entfernung der sie bildenden Linsengruppen verändert wird. Diese Gruppen sind auf einem Schneckengewinde befestigt, das durch den Einstellring bewegt wird. Eine perfekte Scharfeinstellung ist dann gegeben, wenn einem exakten Gegenstandspunkt auch ein exakter Bildpunkt entspricht. Die Aufnahme ist absolut scharf. Achtung, die auf dem Objektiv eingravierten Entfernungsangaben entsprechen der Distanz „Gegenstand – Bildempfänger".

Berücksichtigt man, daß nicht alle Gegenstandspunkte in einer Gegenstandsebene liegen, sondern teilweise davor oder dahinter, ergeben sich auf der Seite der Bildebene ebenfalls keine scharfen Bildpunkte mehr, sondern nur Unschärfekreise, die um so größer werden, je weiter sich der Gegenstand von der Schärfenebene entfernt.

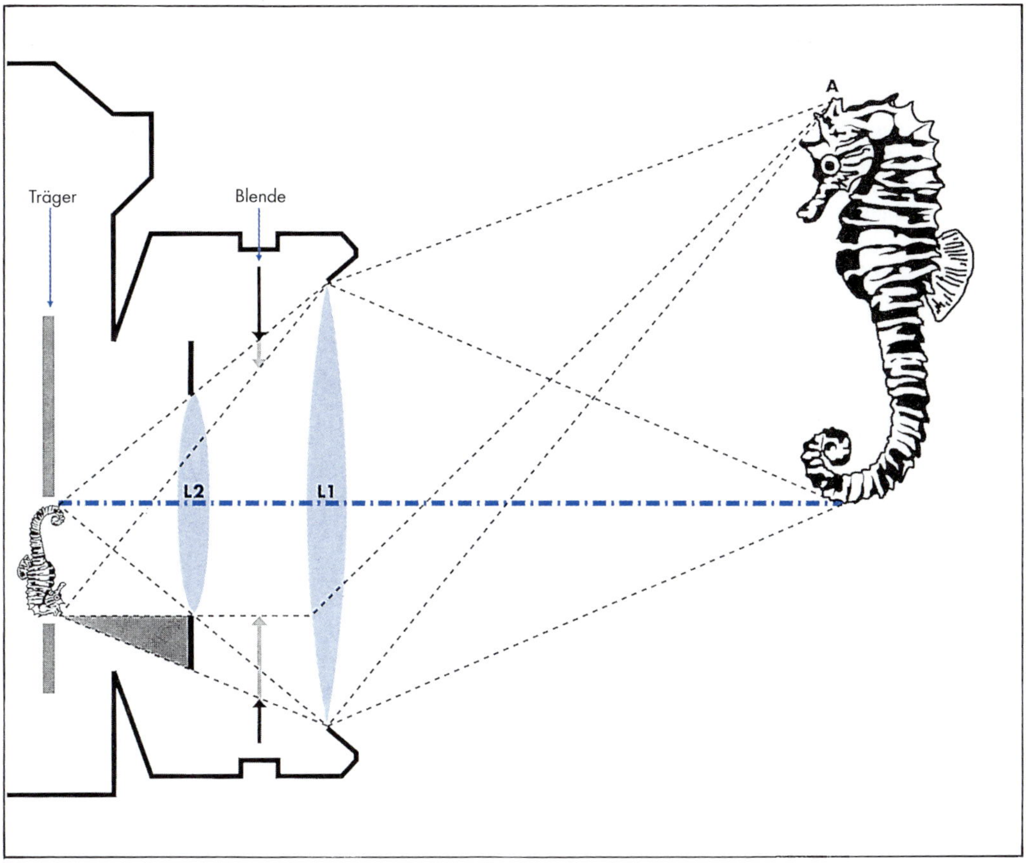

Die Unterwasseraufnahme

6.8 *Bei vollständig geöffneter Blende deckt die Linsenhalterung 2 einen Teil des von A ausgesandten Lichtes ab. Erst wenn sich die Blende wieder schließt (bis zur gestrichelten Linie), begrenzt allein die Blende den einfallenden Lichtkegel.*

Die Schärfentiefe

Die Schärfentiefe ist der Bereich, innerhalb dessen ein vor oder hinter der Gegenstandsebene liegender Punkt in der Bildebene noch in solcher Flächengröße wiedergegeben wird, daß sie vom Betrachter als scharfer Punkt toleriert wird. Diesen Bereich nennt man Zerstreuungskreis oder Unschärfekreis und wird weitgehend subjektiv wahrgenommen. Er hängt zum einen vom Sehvermögen des Betrachters ab, zum anderen vom Aufnahmeformat und vom Auflösungsvermögen.

Beim Kleinbild gilt eine Grenzgröße des Unschärfekreises bei einem Durchmesser von 0,03 mm gerade noch als zulässig. Durch diese Meßgröße läßt sich die Schärfentiefe eines Objektivs genau definieren, wobei sie von drei Faktoren abhängig ist: der Brennweite, der Aufnahmeentfernung und der Blende.

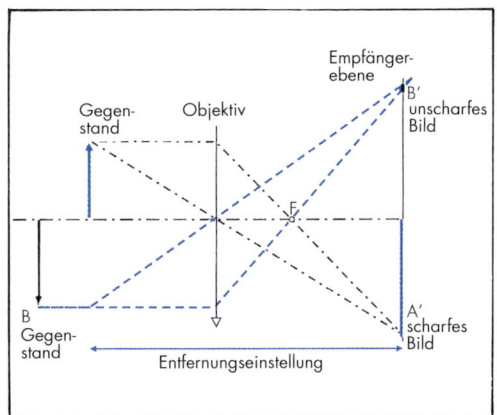

6.9 *Schematische Darstellung einer scharfen (A') und einer unscharfen (B') Abbildung.*

231

Die Tabellen zur Schärfentiefe einiger Unterwasserobjektive für den Einsatz über Wasser sind in Tab. 6.6 zusammengefaßt. Für Unterwasseraufnahmen im direkten Einsatz oder in einem Gehäuse mit einer Planscheibe sind die scheinbaren Distanzwerte einzusetzen (scheinbare Distanz = reale Distanz : 1,33). Unter Wasser entspricht die Schärfentiefe eines 35-mm-Weitwinkelobjektives einem 50-mm-Normalobjektiv. Die entscheidenden Entfernungen sind die scheinbaren, weil optisch die Kamera einem Auge vergleichbar ist. Die scheinbare Distanz ist gleich der durch 1,33 geteilten realen Distanz.
Es ist nicht erforderlich, sich diese Tabellenwerte zu merken. Bei Qualitätsobjektiven lassen sich diese Tatsachen über die Blendeneinstellung regulieren.
– Die Schärfentiefe verdoppelt sich, wenn man die Blende um zwei Blendenwerte verkleinert.
– Die Schärfentiefe verfünffacht sich bei verdoppeltem Abstand vom Brennpunkt.
– Bei gleicher Aufnahmeentfernung verfünffacht sich die Schärfentiefe, wenn man die Brennweite halbiert.

DIE NAHGRENZE

Wegen der eingeschränkten Sichtverhältnisse unter Wasser sollte, damit man ein kontrastreiches und gut ausgeleuchtetes Bild erhält, ein Objekt höchstens 2 m entfernt sein. Die besten Aufnahmen erhält man bei einem Aufnahmeabstand unter einem Meter. Man muß jedoch feststellen, daß der geringstmögliche Aufnahmeabstand (Nahgrenze) bei den meisten Objektiven diese nur bedingt für die Unterwasseraufnahmen tauglich macht. Diese Feststellung wird beim Studium der technischen Daten einiger Unterwasserobjektive konsternierend sein.
Bei kurzen Brennweiten ist die Nahgrenze noch befriedigend (in der Regel zwischen 0,3 und 0,4 m). Bei mittleren und längeren Brennweiten liegt die Nahgrenze meist bei einem Meter und darüber.
Gelegentlich kann durch eine Objektivumkehr die Nahgrenze verringert werden. Bei Spiegelreflexkameras bereitet dies keine Schwierigkeiten, allerdings verliert man so die meisten automatischen Einstellmöglichkeiten.
Einige Objektive haben keine manuelle Entfernungseinstellung. Bei ihnen ist eine hyperfokale Distanz von ein bis zwei Metern festgelegt. Diese Nahpunkteinstellung ist auf die maximale Schärfentiefe abgestimmt und ermöglicht bei offener Blende einen Schärfebereich von Unendlich bis zur halben Hyperfokaldistanz. In einem solchen Fall erlaubt die Objektivumkehr (bei hyperfokaler Distanz zwischen 25 und 40 cm) einen optimalen Unterwassereinsatz, solange ein Domeport benutzt wird (siehe auch „Die Ports der UW-Gehäuse").

DAS OPTISCHE ZUBEHÖR

Hierbei handelt es sich um optische Systeme, die in Verbindung mit einem Ojektiv dessen Eigenschaften modifizieren können.

Man unterscheidet 4 Zubehörtypen:
– die Vorsatzlinsen für Nahaufnahmen
– die Weitwinkelvorsätze, die auf das Objektiv aufgesetzt werden und die die Brennweite verkürzen. Bei echten Unterwasserkameras kann dies auch unter Wasser erfolgen. Sie ermöglichen eine Erweiterung des Unterwassereinsatzes auf unerwartete Objekte.
– die Zwischenringe, die zwischen Kamera und Objektiv eingesetzt werden und sowohl die Brennweite als auch den Auszug verlängern. Sie sind aber nur für Nahaufnahmen interessant.
– Breitbildvorsätze erlauben in Abstimmung mit einem entsprechenden Projektor „Breitwandprojektionen". Im Amateurfilm bleibt diese teure Technik unerschwinglich. Im Videobereich allerdings mit dem neuen Standard von 16/9 eröffnen sich ungeahnte Möglichkeiten zur Breitwandprojektion, ohne daß man einen entsprechenden Vorsatz braucht.

Doch alle diese Vorsätze, die zwar die Möglichkeiten der Objektive erweitern, erbringen nicht die Qualität der entsprechenden Orginalobjektive.

Die Unterwasseraufnahme

Nikkor 20 mm f/2.8

Ent-fernungs-einstellung	Schärfentiefe							Ab-bildungs-maßstab
	f/2.8	f/4	f/5.6	f/8	f/11	f/16	f/22	
0,25	0,244–0,256	0,242–0,259	0,239–0,262	0,235–0,268	0,230–0,276	0,222–0,291	0,214–0,312	1/8,4
0,3	0,290–0,311	0,287–0,315	0,282–0,322	0,275–0,333	0,267–0,348	0,254–0,377	0,242–0,422	1/10,9
0,4	0,380–0,423	0,372–0,435	0,362–0,451	0,348–0,477	0,332–0,517	0,310–0,604	0,288–0,768	1/15,8
0,5	0,465–0,542	0,452–0,563	0,435–0,593	0,413–0,647	0,389–0,732	0,356–0,954	0,325–1,533	1/20,7
0,7	0,626–0,797	0,599–0,849	0,567–0,931	0,526–1,093	0,484–1,407	0,428–2,824	0,379–∞	1/30,6
1	0,844–1,23	0,793–1,38	0,734–1,63	0,661–2,27	0,591–4,61	0,505–∞	0,433–∞	1/45,3
2	1,42–3,44	1,27–5,02	1,11–13,35	0,94–∞	0,79–∞	0,64–∞	0,52–∞	1/94,4
∞	5–∞	3,2–∞	2,3–∞	1,6–∞	1,2–∞	0,9–∞	0,6–∞	1/∞

Nikkor 24 mm f/2

Ent-fernungs-einstellung	Schärfentiefe								Ab-bildungs-maßstab
	f/2	f/2.8	f/4	f/5.6	f/8	f/11	f/16	f/22	
0,3	0,295–0,306	0,293–0,308	0,289–0,312	0,286–0,317	0,280–0,325	0,273–0,336	0,263–0,356	0,253–0,386	1/8,6
0,35	0,342–0,359	0,339–0,362	0,334–0,368	0,329–0,376	0,320–0,388	0,311–0,406	0,297–0,440	0,282–0,491	1/10,7
0,4	0,389–0,412	0,384–0,417	0,378–0,425	0,370–0,437	0,359–0,455	0,347–0,481	0,328–0,534	0,309–0,619	1/12,8
0,5	0,481–0,521	0,474–0,530	0,463–0,544	0,451–0,565	0,433–0,600	0,413–0,651	0,384–0,763	0,356–0,974	1/16,9
0,7	0,659–0,747	0,645–0,768	0,624–0,801	0,598–0,852	0,565–0,943	0,528–1,092	0,478–1,502	0,431–2,866	1/25,0
1	0,914–1,106	0,884–1,156	0,842–1,241	0,794–1,378	0,731–1,653	0,667–2,227	0,585–5,576	0,512–∞	1/37,3
2	1,661–2,525	1,557–2,826	1,424–3,447	1,280–4,905	1,114–13,871	0,962–∞	0,789–∞	0,654–∞	1/78,1
∞	9,090–∞	6,517–∞	4,588–∞	3,302–∞	2,337–∞	1,723–∞	1,221–∞	0,904–∞	1/∞

Nikkor 28 mm f/2

Ent-fernungs-einstellung	Schärfentiefe								Ab-bildungs-maßstab
	f/2	f/2.8	f/4	f/5.6	f/8	f/11	f/16	f/22	
0,25	0,248–0,252	0,247–0,253	0,246–0,255	0,244–0,257	0,241–0,260	0,239–0,264	0,234–0,271	0,229–0,280	1/5,3
0,3	0,296–0,304	0,295–0,306	0,293–0,308	0,290–0,311	0,286–0,317	0,281–0,324	0,273–0,337	0,265–0,354	1/7,1
0,35	0,344–0,356	0,342–0,359	0,339–0,362	0,335–0,368	0,328–0,376	0,321–0,387	0,310–0,408	0,298–0,437	1/8,9
0,4	0,392–0,409	0,389–0,412	0,384–0,418	0,378–0,425	0,370–0,437	0,360–0,454	0,345–0,485	0,330–0,531	1/10,7
0,5	0,486–0,515	0,481–0,521	0,473–0,531	0,463–0,545	0,450–0,567	0,434–0,598	0,410–0,661	0,386–0,760	1/14,2
0,7	0,670–0,733	0,659–0,747	0,643–0,770	0,623–0,803	0,596–0,859	0,565–0,942	0,522–1,130	0,480–1,504	1/21,2
1	0,936–1,075	0,912–1,109	0,880–1,163	0,840–1,247	0,788–1,399	0,732–1,656	0,656–2,422	0,586–5,746	1/31,7
2	1,740–2,358	1,655–2,541	1,542–2,881	1,415–3,512	1,261–5,272	1,113–14,604	0,935–∞	0,789–∞	1/66,7
∞	12,353–∞	8,850–∞	6,223–∞	4,471–∞	3,157–∞	2,321–∞	1,625–∞	1,207–∞	1/∞

Nikkor 35 mm f/2

Ent-fernungs-einstellung	Schärfentiefe								Ab-bildungs-maßstab
	f/2	f/2.8	f/4	f/5.6	f/8	f/11	f/16	f/22	
0,3	0,298–0,303	0,297–0,304	0,295–0,305	0,293–0,307	0,290–0,311	0,287–0,315	0,282–0,322	0,276–0,322	1/5,67
0,35	0,346–0,354	0,345–0,355	0,343–0,358	0,340–0,361	0,336–0,366	0,331–0,373	0,323–0,385	0,314–0,400	1/7,10
0,4	0,395–0,405	0,393–0,408	0,390–0,411	0,386–0,416	0,380–0,423	0,373–0,433	0,362–0,450	0,350–0,474	1/8,51
0,5	0,491–0,510	0,487–0,513	0,482–0,519	0,476–0,528	0,466–0,541	0,455–0,558	0,437–0,591	0,418–0,637	1/11,3
0,7	0,683–0,718	0,676–0,726	0,666–0,738	0,654–0,755	0,636–0,781	0,615–0,818	0,584–0,888	0,551–0,992	1/16,9
1	0,958–1,05	0,942–1,07	0,919–1,10	0,891–1,14	0,852–1,22	0,808–1,33	0,745–1,58	0,683–2,05	1/25,3
2	1,83–2,21	1,77–2,31	1,68–2,48	1,58–2,74	1,45–3,28	1,32–4,34	1,15–9,71	0,999–∞	1/53,1
∞	19,5–∞	14,0–∞	9,80–∞	7,03–∞	4,94–∞	3,62–∞	2,52–∞	1,85–∞	1/∞

Fortsetzung Seite 234

Tab. 6.6 *Tabellen zur Schärfentiefe bei einem Zerstreuungskreis von 0,03mm (nach Angaben von Nikon)*

Nikkor 55 mm f/2.8

Ent-fernungs-einstellung	Schärfentiefe								Ab-bildungs-maßstab
	f/2.8	f/4	f/5.6	f/8	f/11	f/16	f/22	f/32	
0,25	0,25–0,25	0,25–0,25	0,249–0,251	0,249–0,251	0,249–0,251	0,248–0,252	0,248–0,252	0,247–0,254	1/1,9
0,26	0,26–0,26	0,259–0,261	0,259–0,261	0,259–0,261	0,258–0,262	0,258–0,262	0,257–0,263	0,256–0,265	1/2,2
0,28	0,279–0,281	0,279–0,281	0,279–0,281	0,278–0,282	0,278–0,282	0,277–0,283	0,276–0,285	0,274–0,287	1/2,6
0,3	0,299–0,301	0,299–0,301	0,298–0,302	0,298–0,302	0,297–0,303	0,296–0,305	0,294–0,307	0,291–0,31	1/3,0
0,35	0,349–0,351	0,348–0,352	0,347–0,353	0,346–0,354	0,345–0,356	0,342–0,358	0,339–0,362	0,335–0,368	1/4,0
0,4	0,398–0,402	0,397–0,403	0,396–0,405	0,394–0,406	0,392–0,409	0,388–0,413	0,384–0,419	0,377–0,428	1/5,0
0,5	0,496–0,504	0,494–0,506	0,492–0,509	0,488–0,513	0,484–0,517	0,477–0,526	0,469–0,537	0,457–0,556	1/6,9
0,6	0,593–0,607	0,59–0,61	0,587–0,614	0,581–0,621	0,574–0,629	0,564–0,643	0,551–0,661	0,532–0,694	1/8,7
0,7	0,69–0,71	0,686–0,715	0,68–0,721	0,672–0,731	0,663–0,743	0,647–0,764	0,63–0,792	0,603–0,845	1/10,6
0,8	0,786–0,814	0,781–0,821	0,773–0,829	0,762–0,843	0,749–0,86	0,728–0,891	0,705–0,932	0,67–1,01	1/12,4
1	0,977–1,02	0,967–1,04	0,955–1,05	0,937–1,07	0,916–1,1	0,883–1,16	0,846–1,24	0,793–1,39	1/16
1,2	1,17–1,24	1,15–1,25	1,13–1,28	1,11–1,31	1,08–1,36	1,03–1,45	0,98–1,58	0,9–1,85	1/19,7
1,5	1,44–1,56	1,42–1,59	1,39–1,63	1,35–1,69	1,3–1,78	1,23–1,94	1,15–2,19	1,05–2,79	1/25,2
2	1,9–2,12	1,86–2,17	1,8–2,25	1,73–2,37	1,65–2,55	1,53–2,93	1,41–3,56	1,25–5,64	1/34,3
3	2,77–3,28	2,68–3,42	2,57–3,62	2,42–3,98	2,26–4,54	2,03–5,95	1,82–9,59	1,55–∞	1/52,4
5	4,36–5,86	4,14–6,34	3,87–7,10	3,53–8,68	3,19–12,04	2,74–34,62	2,53–∞	1,91–∞	1/88,8
∞	33–∞	23–∞	16–∞	11–∞	8–∞	6–∞	4–∞	3–∞	1/∞

Nikkor 85 mm f/2

Ent-fernungs-einstellung	Schärfentiefe								Ab-bildungs-maßstab
	f/2	f/2.8	f/4	f/5.6	f/8	f/11	f/16	f/22	
0,85	0,845–0,855	0,843–0,857	0,840–0,860	0,837–0,864	0,831–0,870	0,824–0,878	0,813–0,891	0,800–0,908	1/8,1
1	0,993–1,007	0,990–1,010	0,986–1,015	0,981–1,020	0,972–1,030	0,963–1,041	0,947–1,061	0,928–1,087	1/9,9
1,2	1,189–1,211	1,185–1,215	1,179–1,222	1,171–1,231	1,159–1,245	1,144–1,263	1,120–1,294	1,094–1,344	1/12,2
1,5	1,483–1,518	1,476–1,525	1,466–1,536	1,452–1,551	1,433–1,574	1,410–1,605	1,372–1,658	1,331–1,727	1/15,8
2	1,968–2,033	1,955–2,047	1,937–2,068	1,913–2,097	1,878–2,141	1,836–2,200	1,771–2,306	1,699–2,448	1/12,7
3	2,925–3,079	2,869–3,112	2,854–3,162	2,800–3,233	2,723–3,345	2,632–3,496	2,495–3,784	2,348–4,203	1/33,5
5	4,789–5,231	4,710–5,329	4,596–5,485	4,453–5,707	4,254–6,077	4,031–6,616	3,707–7,771	3,384–9,851	1/57
10	9,174–10,993	8,881–11,449	8,475–12,209	7,990–13,997	7,359–15,696	6,701–20,000	5,836–37,025	5,058–∞	1/115,8
∞	108,540–∞	77,572–∞	54,347–∞	38,863–∞	27,250–∞	19,860–∞	13,702–∞	10,007–∞	1/∞

Nikkor 105 mm f/2,8

Ent-fernungs-einstellung	Schärfentiefe								Ab-bildungs-maßstab
	f/2.8	f/4	f/5.6	f/8	f/11	f/16	f/22	f/32	
0,41	0,409–0,410	0,409–0,410	0,408–0,411	0,408–0,411	0,407–0,412	0,407–0,412	0,405–0,414	0,404–0,416	1/2
0,45	0,449–0,451	0,449–0,451	0,449–0,451	0,448–0,452	0,447–0,453	0,446–0,454	0,444–0,456	0,442–0,459	1/2,43
0,5	0,499–0,501	0,499–0,501	0,498–0,502	0,497–0,503	0,496–0,504	0,494–0,506	0,492–0,509	0,489–0,512	1/2,95
0,55	0,549–0,551	0,548–0,522	0,547–0,533	0,546–0,554	0,545–0,556	0,542–0,558	0,539–0,561	0,535–0,566	1/3,45
0,6	0,598–0,602	0,598–0,603	0,597–0,604	0,595–0,605	0,593–0,607	0,590–0,610	0,586–0,615	0,581–0,621	1/3,95
0,7	0,697–0,703	0,696–0,704	0,695–0,705	0,693–0,708	0,690–0,711	0,865–0,716	0,680–0,722	0,672–0,732	1/4,93
0,8	0,796–0,804	0,795–0,805	0,793–0,808	0,790–0,811	0,786–0,815	0,780–0,822	0,772–0,831	0,761–0,845	1/5,9
1	0,994–1,01	0,991–1,01	0,987–1,01	0,982–1,02	0,975–1,03	0,966–1,04	0,952–1,05	0,934–1,08	1/7,8
1,2	1,19–1,21	1,19–1,21	1,18–1,22	1,17–1,23	1,16–1,24	1,15–1,26	1,13–1,28	1,10–1,32	1/9,7
1,5	1,48–1,52	1,48–1,52	1,47–1,53	1,46–1,55	1,44–1,57	1,42–1,60	1,38–1,64	1,34–1,71	1/12,6
2	1,97–2,03	1,96–2,04	1,94–2,06	1,92–2,09	1,89–2,13	1,85–2,19	1,79–2,28	1,72–2,42	1/17,4
3	2,93–3,07	2,90–3,10	2,87–3,15	2,81–3,21	2,74–3,31	2,65–3,46	2,53–3,71	2,38–4,12	1/26,9
7	6,62–7,43	6,47–7,62	6,28–7,92	6,02–8,37	5,70–9,12	5,29–10,4	4,81–13,2	4,27–21,0	1/65
∞	117–∞	83–∞	59–∞	42–∞	29–∞	21–∞	15–∞	11–∞	1/∞

Die Unterwasseraufnahme

Die Zoomobjektive (Varioobjektive)

Die Varioobjektive bieten innerhalb zweier Grenzbrennweiten eine kontinuierliche Variationsmöglichkeit der Bildwinkel. Sie bieten eine genaue Festlegung des Bildausschnittes und ermöglichen es, mit einer geringen Anzahl an Objektiven, die wichtigsten Bildwinkel abzudecken. Dies ist nicht nur für die finanzielle Seite von Bedeutung sondern dadurch lassen sich sowohl Gewicht als auch Umfang der Ausrüstungen erheblich reduzieren.

Zoomobjektive haben in den vergangenen Jahren eine ausreichende Qualität erreicht, um außerhalb des Studios allgemein in der Fotografie eingesetzt zu werden. Dennoch gibt es nur eine kleine Anzahl von Kameratypen, die in der Lage sind, mit Zoomobjektiven eine zufriedenstellende Bildqualität zu liefern, zumindest solange die Objektivweiten erträglich bleiben. Deshalb gibt es derzeit auch keine Varioobjektive, deren kleinste Brennweite vergleichbar ist mit einem akzeptablen Weitwinkelobjektiv. Die Ausstattung einer Filmkamera oder eines Camescopes mit Wechselobjektiven löst dieses Problem.

In der Fotografie allerdings ist die Frage Varioobjektive oder Objektive mit fester Brennweite noch immer umstritten, außer für die echten UW-Kameras, für die es mit Ausnahme der RS-AF von Nikon noch keine Zoomobjektive gibt. Für Kameras, die in ein Unterwassergehäuse kommen, bieten die Hersteller ein komplettes Programm an Zoomobjektiven. Wenngleich sie durch ihre Bedienungsfreundlichkeit sehr ansprechend sind, so haben sie bei näherer Betrachtung doch einige Nachteile:

- Die optische Qualität dieser Objektive ist schlechter als bei Objektiven mit fester Brennweite.
- Die maximale Lichtstärke ist im allgemeinen geringer als bei Objektiven mit fester Brennweite. Da die Helligkeit unter Wasser meist nur gering ist, wird es hier schwerer, die Schärfe einzustellen.

Auch die Vignettierung verschwindet nur, wenn man die Blende weiter schließt, als es bei entsprechendem Umgebungslicht normalerweise üblich ist.

- Die Nahpunkteinstellung ist wichtig. Da die reinen Weitwinkelobjektive einen allgemein an die Unterwasserwelt angepaßten Nahpunkts von 0,3 m haben, verdoppelt sich dieser beim Einsatz eines Zoomobjektivs und beschneidet damit beträchtlich die Möglichkeit seines Unterwassereinsatzes.

Verschiedene Zoomobjektive besitzen zudem eine Makroeinstellung, die es ebenfalls erlaubt, den Nahpunkt zu reduzieren. Man sollte aber vorab klären, daß sich diese Funktion auch nach dem Einbau in das UW-Gehäuse bedienen läßt.

Die Gehäuseports

Soweit Kameras in Unterwassergehäuse eingebaut werden, halten sie bei der Aufnahme ein „Luftbild" des Motivs fest, das ihnen über die Frontscheibe des Gehäuses übermittelt wird. Von der Art und Qualität dieses Zwischenbildes ist letztendlich die Qualität des aufgenommenen Bildes abhängig.

Die gebräuchlichsten Frontscheiben sind flach (Flachport) oder gewölbt (Domeport). Darüber hinaus gibt es noch komplizierter gestaltete Frontscheiben, die verschiedene optische Fehler (sphärische und chromatische Aberrationen) korrigieren können. Sie sind allerdings sehr teuer, und ihre Lichtstärke ist begrenzt.

DER FLACHPORT

Der Beobachter oder die Kamera sind in einem Luftraum hinter einer Planglasscheibe (Plandiopter) und haben ein Bild eines im Wasser befindlichen Motivs vor sich, das viel näher erscheint, als es in Wirklichkeit ist (Abb. 6.10) Das Verhältnis zwischen scheinbarer Entfernung D_a (Abstand zwischen Frontscheibe und Bild) und und der realen Entfernung D_r (Ab-

6.10 *Optische Grundlagen bei der Bildwiedergabe unter Einsatz einer Planscheibe (Abbildungsmaßstab 1:1, Vergrößerung 4/3).*

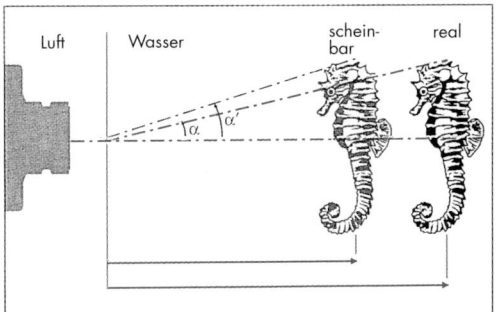

stand zwischen Frontscheibe und Objekt) beträgt $D_r / D_a = n$, wobei n der Brechungsindex zwischen Wasser und Luft (n = 4/3) ist.

Im Gegensatz zu dem, was oft gesagt und leider auch immer wiederholt wird, ist das beobachtete Bild genauso groß wie das Original (Abbildungsmaßstab 1:1). Da jedoch das Bild näher heranrückt, beträgt der Vergrößerungsfaktor ca. 4/3, genauer gesagt ist der Bildwinkel, unter dem das Objekt betrachtet wird, unter Wasser viel größer als bei der Betrachtung an Land.

Um ein Unterwassermotiv vollständig auf einer Aufnahme zu erfassen, braucht man ein Objektiv mit größerem Bildwinkel (kürzerer Brennweite) als an Land. Bei Unterwasseraufnahmen verhält sich ein Objektiv der Brennweite „f" hinter einem Flachport wie ein Ojektiv mit entsprechend größerer Brennweite (f' = 4/3 f). Diese scheinbare Brennweitenverlängerung führt entsprechend zu einer Reduktion der Schärfentiefe.

Aus der Tatsache, daß das Objekt näher an der Kamera zu sein scheint, könnte man schließen, das man dadurch auch eine verkürzte Nahpunkteinstellung des Objektivs erhält. Ein Objektiv, dessen Nahpunkt 60 cm ist, kann nur scharfe Aufnahmen liefern von Motiven, die real mehr als 80 cm entfernt sind. Der Planport hat noch einen weiteren Nachteil. Die Planscheibe vermittelt von einem senkrecht zur optischen Achse stehenden, ebenen Motiv ein Bild, das nicht mehr eben ist (Abb. 6.11).

Wenn die Schärfeeinstellung am Bildzentum erfolgt ist, werden die Ränder unscharf. Dieses Phänomen wird noch verstärkt durch die Tatsache, daß ein Gegenstandspunkt im Bild nicht als Punkt, sondern als Kreis erscheint, und zwar um so größer, je weiter er von der Bildmitte entfernt ist und damit auch entspechend näher am Planport erscheint. Bei Objektiven mit einer Brennweite unter 50 cm spielt diese Erscheinung fast keine Rolle. Dazu wird bei starken Weitwinkelobjektiven der Helligkeitsabfall von der Bildmitte zu den Bildrändern deutlich sichtbar, die Bildqualität somit schlecht. Abhilfe schafft hier nur ein Domeport.

DER DOMEPORT

Eine Domescheibe ergibt von einem Objekt, das sich zwischen der Domescheibenoberfläche und unendlich befindet, ein Bild entweder im selben Abstand wie das Objekt oder bis

6.11 *Grundprinzip des Qualitätsverlustes bei einem Bild in Abhängigkeit von der Aufnahmeentfernung und der seitlichen Ablenkung aus der optischen Achse.*

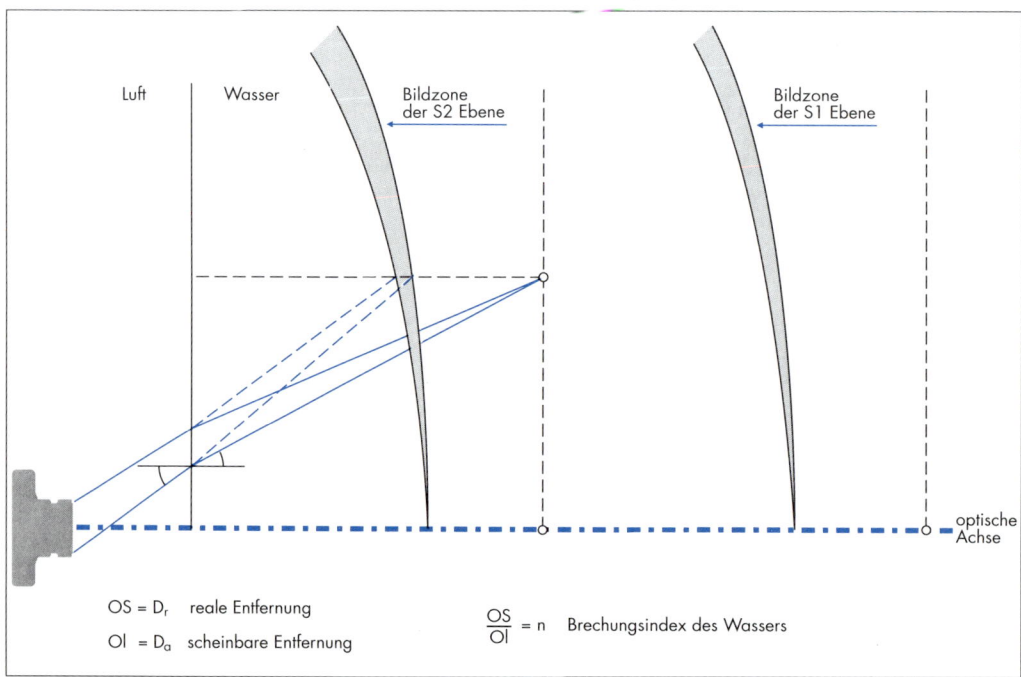

Die Unterwasseraufnahme

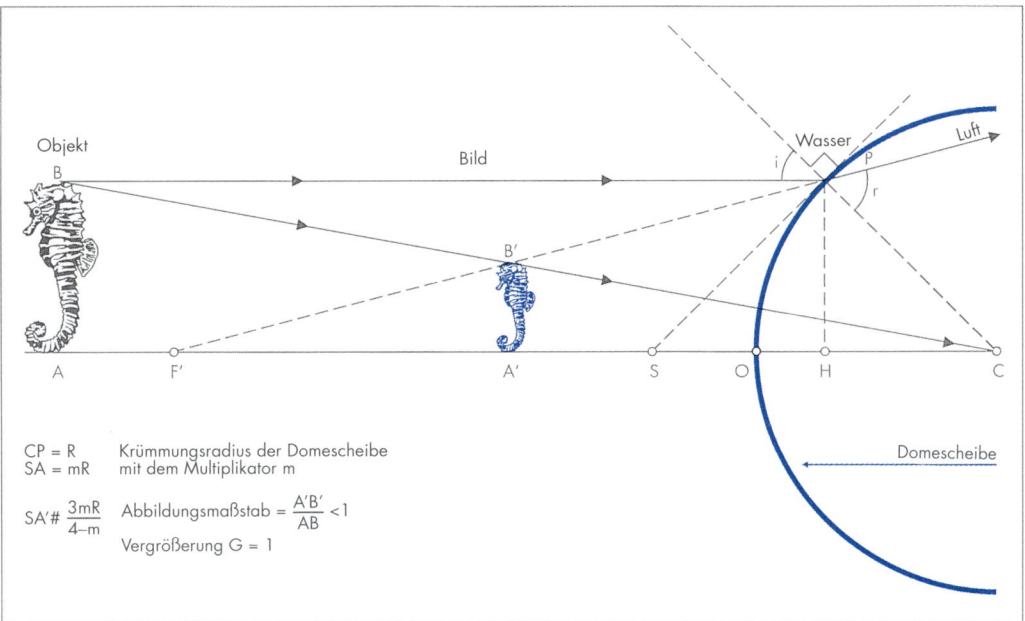

6.12 *Schematische Darstellung der Lichtwege bei einer Domescheibe.*

zu einem Abstand der etwa dreifachen Strecke des Krümmungsradius der Domescheibe (Abb. 6.12 und 6.13). Der Wasserraum erscheint durch eine Domescheibe betrachtet stark verkleinert. Dieses Phänomen macht keine besonderen Probleme, solange die Entfernung zwischen Bildempfänger und dem virtuellen Bild der Domescheibe länger als die Nahpunkteinstellung ist. Dies ist der Fall bei allen Objektiven mit kurzer Brennweite. In anderen Fällen ist eine Vorsatzlinse mit einem Vergrößerungsfaktor $P = 1/3\,R$ (R: Krümmungsradius der Domescheibe in m) erforderlich, die dem Objektiv das Bild wieder in orginaler Gegenstandsgröße liefert. Domescheibe und Vorsatz bilden ein optisches, afokales System maßstabsgetreuer Abbildungen. Damit läßt sich auch die Schärfentiefe leicht verbessern. Selbstverständlich geht das nur bei bester Qualität der Vorsatzlinse.

Der Abbildungsmaßstab (Größe des Bildes / Größe des Objekt), der von einer Domescheibe erzeugt wird, ist von der Position des Objekts abhängig und immer kleiner als 1. Der Vergrößerungsfaktor ist immer konstant und beträgt 1. Obwohl damit eigentlich eine Luftaufnahme, ergibt sich so ein Unterwasserbild.

Eine genaue Analyse der Bildentstehung durch eine Domescheibe zeigt, daß der optische Mittelpunkt des Objektivs nur bei einer einzigen Entfernungseinstellung mit dem Domezentrum

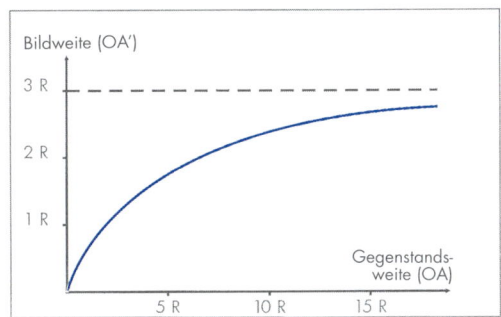

6.13 *Verhältnis der Bildweite zur Gegenstandsweite bei einer Domescheibe. Die Strecken sind jeweils bezogen auf den Krümmungsradius der Scheibe angegeben.*

übereinstimmt, bei allen anderen nur eine Annäherung erreicht werden kann. Auch wenn insgesamt eine zufriedenstellende Aufnahmequalität erreicht wird, erhält man die besten Ergebnisse, wenn das geometrische Zentrum der Domescheibe genau mit dem optischen Mittelpunkt (Hauptpunkt) übereinstimmt. Da die Gehäuse sehr kompakt gebaut sind, ist auch der Krümmungsradius auf 10 cm begrenzt. Diese Grundlagen erklären auch die Leistungsgrenzen der Planscheiben, die ja nichts anderes als Domescheiben mit unendlichem Krümmungsradius sind. Das Bild ist solange optimal, bis es ins Unendliche rückt, denn dann ergeben sich einige Probleme in den Ausmessungen.

DIE KORREKTURPORTS

Die Verwendung einer Domescheibe mit einer Vorsatzlinse ist eine befriedigende, aber nicht perfekte Lösung. In Wirklichkeit muß sich mit der Schärfeeinstellung auch die Entfernung zwischen Objektiv und Domescheibe ändern. Diese Möglichkeit ist jedoch beschränkt auf den Einsatz der Domescheibe mit einer Vorsatzlinse.

Ivanoff war der Erste, der einen dem Arbeitsobjektiv vorgeschalteten Aufsatz konstruierte und im dauerhaften Einsatz hatte, der die gleichen Abbildungsmaßstäbe und Bildwinkel lieferte wie bei Aufnahmen an der Luft. Dieses afokale optische System hat einen Abbildungsmaßstab entsprechend 1 / n (n: Index des Wassers). Es enthält zwei Bauelemente, ein plankonkaves und ein plan-konvexes (Abb. 6.14a). Jedes dieser Bauelemente ist aus zwei so aufeinander abgestimmten Glaslinsen konstruiert, daß chromatische Aberrationen verhindert werden. Obwohl damit dieses Vorsatzobjektiv fast perfekt ist, hat es doch seine Grenzen. Es kann nur bei Objektiven eingesetzt werden, deren Brennweite kürzer als die Bilddiagonale ist, da es sonst Verzerrungen gibt.

Häufiger findet man das Vorsatzobjektiv „Thalacétor" (Abb. 6.14b), das von Laurant entwickelt wurde. Es verleiht dem Objektiv die gleichen Eigenschaften unter Wasser wie an Land, ja vergrößert sogar den Bildwinkel. Das Thalacétor wurde bei den Dreharbeiten zu den Filmen „Le Grand Bleu" und „Atlantis" eingesetzt. Dieser Objektivvorsatz wird in der Schweiz von Ceto zu einem akzeptablen Preis vertrieben.

6.14 *Schema eines Korrekturvorsatzes nach Ivanoff und der Vorsatzoptik „Thalacétor".*

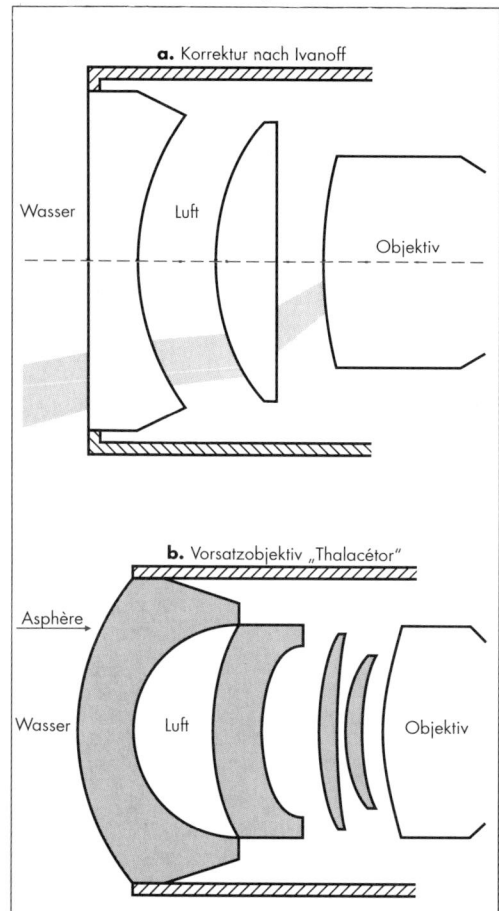

Automatische Scharfeinstellung (Autofokus)

Heute werden zwei unterschiedliche automatische Systeme zur Scharfeinstellung angeboten: Infrarotmeßsysteme und Phasenkontrastmeßsysteme. Leider werden die Infrarotstrahlen schon nach wenigen mm vom Wasser absorbiert, so daß sie nicht für Unterwasseraufnahmen geeignet sind.

Das Prinzip der Phasenkontrastmessung beruht darauf, daß zwei, von einem in der optischen Mitte liegenden Gegenstand abgegebene Lichtbündel miteinander verglichen werden (Abb. 6.15). Das Bild wird in der Kamera in zwei Teilbilder (I1 und I2) zerlegt, die auf je 1 CCD-Element geleitet und miteinander verglichen werden. Bei gleicher Helligkeitsverteilung besteht Phasengleichheit und Scharfstellung des Objekts. Stimmen die Phasen nicht überein, bestimmt eine Rechnereinheit die Fokussiereinrichtung und steuert den Autofokusmotor.

Um eine genaue Scharfstellung zu bekommen, müssen die beiden Lichtbündel weit genug auseinandergespreizt werden. Dies bedingt eine Meßblende mit einem Wert von 5,6 oder kleiner, den wiederum im Normalfall auch die Unterwasserobjektive nutzen.

Der Autofokus liefert dem Kameramann zweifellos mehr Freiheiten, um sich auf das Motiv zu konzentrieren. Dennoch heißt es aufzupas-

Die Unterwasseraufnahme

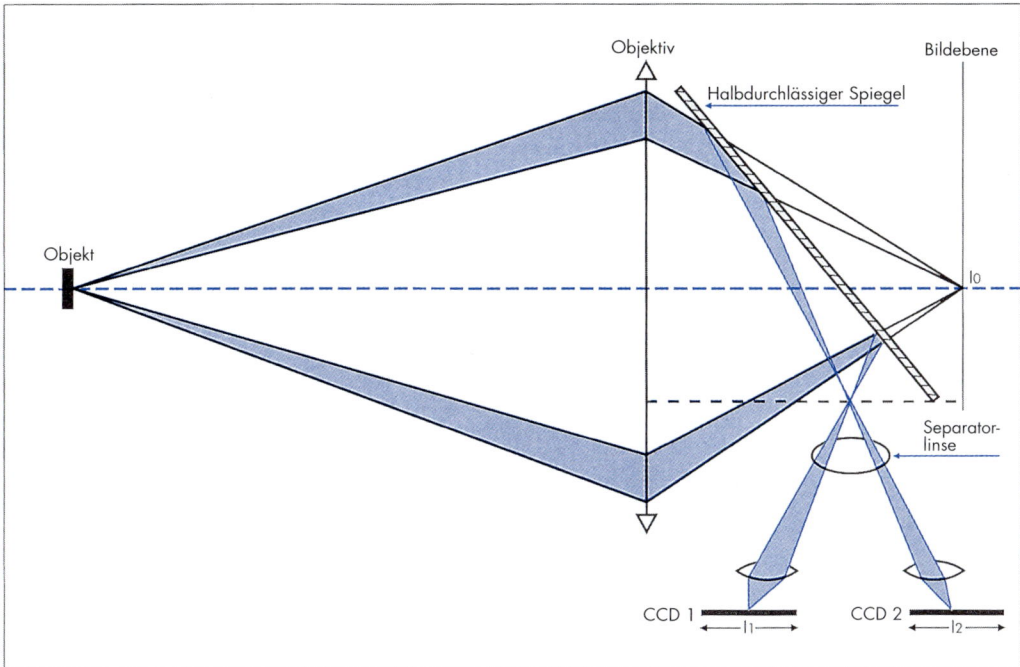

6.15 *Grundschema eines Autofokus nach dem Phasenkontrastprinzip.*

sen, da unter zwei Bedingungen der Autofokus nur schlecht funktioniert:
- Bei trübem Wasser können die auf die Meßzellen fallenden Lichtmengen und Kontraste nicht ausreichend sein. Die Schärfemessung ist ungenau, wenn nicht gar unmöglich. Eine ausreichende Beleuchtung wird erforderlich.
- Wenn das Hauptmotiv nicht in der Bildmitte ist (Abb. 6.16), ist der Autofokus mit seinem kleinen Meßfeld nicht in der Lage exakt zu messen. Einige Autofokussysteme messen nicht kontinuierlich und besitzen die Möglichkeit, den Fokus zu arretieren und so bei einer vorgegebenen Einstellung auf ein anderes Objekt zu schwenken. So kann man mit einiger Übung neue Gestaltungsmöglichkeiten in die Unterwasseraufnahme einbringen. Allerdings läßt sich dies nicht auf Nahaufnahmen übertragen; hier empfiehlt sich die manuelle Einstellung.

Im Videobereich messen die Autofokussysteme kontinuierlich. Vor allem bei langen Brennweiten werden die Ergebnisse unbefriedigend, wenn das Hauptmotiv nicht mehr im Meßzentrum lokalisiert ist. Mit Weitwinkelobjektiven läßt sich aufgrund der größeren Schärfentiefe auch hier Abhilfe schaffen.

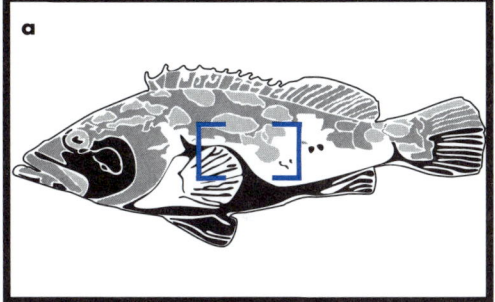
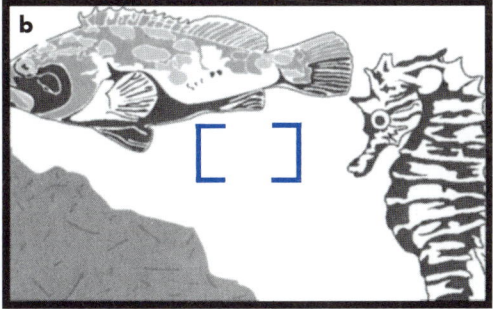

6.16 *Einfluß der Position des Hauptmotivs auf die Scharfstellung mit dem Autofokus.*
a *Funktionierender Autofokus bei zentralem Hauptmotiv.*
b *Nichtfunktionierender Autofokus bei dezentralisierten Motiven.*

DIE ECHTEN UNTERWASSERKAMERAS

Die Calypsophot (Abb. 6.17), 1962 durch den Ingenieur De Wouter entwickelt, war die erste Kamera der Welt, die für den UW-Einsatz gebaut wurde. Sie ist die Ausgangsbasis für alle nachfolgenden Nikonosmodelle. Seither sind jedoch eine Reihe von Unterwasserkameras für Foto, Film und Video entwickelt worden. Alle diese Kameras bieten den Vorteil, klein, kompakt, aber auch einfach und schnell in der Handhabung zu sein. Einige Fabrikate haben ein so umfassendes Zubehör, daß sie jede Art von Aufnahme möglich machen. Manche sind sowohl für den Unter- als auch den Überwassereinsatz geeignet, sind also richtige Allroundkameras.

Die Wahl des Systems sollte sich nach folgenden Kriterien richten:
– Perfekte vollautomatische Kameratechnik (Belichtungsautomatik, Autofokus, TTL-Blitz etc.), jedoch abschaltbar, so daß auch manuell eingestellte Aufnahmen (z. B. für Über- oder Unterbelichtungen) möglich sind.
– Optimale Qualität und Leisung der Objektive.
– Preis-Leistungsverhältnis, d. h. die Investitionen sollten auf Anspruch und Anforderungen abgestimmt sein.

Unterwasserfotokameras

Die Weekend 35 (Kodak) und Quicksnap marine (Fuji)

Dies sind die kleinsten und einfachsten Unterwasserkameras und gehören zu den sogenannten Einmalkameras, für die Belichtung des eingelegten Films (36er Gold 400 ISO bei Kodak, 27er Fujicolor ISO 400 bei Fuji). Ihre Handhabung ist einfach, Motiv erfassen, abdrücken.

Der manuelle Filmtransport wird über ein Zählwerk kontrolliert. Die festgelegte Entfernung liegt unter Wasser zwischen 1 und 3 m je nach Packungsangabe. Die besten Aufnahmen erhält man bei klarer Sicht und Sonnenschein. Diese Allwetterkameras sind bis 3 m wasserdicht und damit eher für Strand und Schnorchelaufnahmen als für das Tauchen geeignet. Aufgrund ihres hohen Materialverbrauchs sind sie nicht sehr umweltfreundlich.

Die Formaplex

Diese Kamera gibt es für zwei Formate (126 Pack und 24x36). Die Formaplex (Abb. 6.18) hat einen Mechanismus, der im Wasser funktioniert, lediglich der Film ist in einem wasserdichten Gehäuse. Sie hat ein 26,5-mm-Objektiv (unter Wasser 35-mm-Weitwinkel) mit Fixfokus. Vorsatzlinsen machen Nahaufnahmen möglich. Mit 4 Blenden (f: 8 – 11 – 16 – 22) und zwei wählbaren Belichtungszeiten (1/50 und 1/100) ist eine genaue Filmbelichtung möglich. Sie ist die einzige Unterwasserkamera, die mit Blitzlichtwürfeln arbeitet. Ein elektronischer UW-Blitz (kein TTL) kann unter Wasser aufgesteckt werden. Die Kamera ist bis 70 m wasserdicht. Wenngleich mit einfachster Technik eignet sich die Kamera hervorragend als Clubkamera oder um in die Kunst der Belichtung (Verhältnis Blende zu Belichtungszeit) einzuführen.

Die Weathermatic 35 DL (Minolta)

Diese Unterwasserkamera und ähnliche Typen eignen sich als Familienkameras (Abb. 6.19) und sind für das Schnorcheln bis 5 m wasserdicht. Die Weathermatic ist vollautomatisch mit integriertem Frontalblitz und bietet die Auswahl zwischen zwei Brennweiten (35 mm und 50 mm), die elektronisch auch auf das Sucherbild übertragen werden. Unter Wasser ist die Schärfe auf 2 m justiert, über eine Schaltmechanik läßt sich die Filmebene verschieben, so daß auch Nahaufnahmen (im Bereich von 80 cm) machbar sind. Mit einfacher Bauart und beschränkten Möglichkeiten, ist sie eine typische Schnappschußkamera für Erinnerungsbilder.

Die Motor Marine II und II-EX (Sea & Sea)

Ihre Kunststoffgehäuse gelten bis 45 m als wasserdicht. Sie sind die preiswertesten kompletten Unterwasserkameras mit vollständigem Objektiv- und Zubehörangebot (Abb. 6.20). Während die MM II nur eine Festzeit von 1/100 s besitzt, verfügt die MM II EX über vier TTL-fähige Verschlußzeiten (1/15 s, 1/30 s, 1/60 s, 1/125 s) sowie die Blendenstufen f: 3,5 bis 22. Führt man zum 35-mm-Objektiv den Weitwinkelkonverter und eine Makrolinse im Lens-Holder mit, so stehen unter Wasser 4 verschiedene Brennweiten zur Verfügung. Zusammen mit einem Zweitblitz und einem weit bestückten Lens-Holder ergeben sich 6 Brennweitenmöglichkeiten, die entsprechend ausleuchtbar sind. In dieser vielseitigen Variationsmöglichkeit unter Wasser ist das Motor Marine II EX einzigartig.

Die Unterwasseraufnahme

Die verfügbaren Systemblitzgeräte sind YS-50 TTL, YS-120 DUO und der Großblitz YS-300 TTL. Letzterer ist erforderlich, will man wirklich gut ausgeleuchtete Ergebnisse beim Einsatz des Weitwinkelkonverters WL20 erhalten. Diese Systemkamera gilt als gut einsetzbare Dokumentationskamera in der Biologie, Archäologie etc. Sie gilt zwar als Einsteigerkamera aufgrund ihres Preises, doch erst mit guten fotografischen Kenntnissen können dieser Kamera alle Fähigkeiten, die sie in sich birgt, auch entlockt und preiswerte Aufnahmen gemacht werden.

6.17 *Calypsophot*

Die Motor Marine MX 10 (Sea & Sea)
Sie ist die einfache Version der Motor Marine, die nur zusammen mit dem Systemblitz YS-40 geliefert wird (Abb. 6.21). Die MX 10 ist mit einem 32-mm-Objektiv der Lichtstärke 4,5 ausgestattet. Der frontal ansitzende Blitz kann auch unter Wasser entfernt und über eine Leuchtdiode kabellos gezündet werden. So ist kein TTL erforderlich. Als Zubehör werden eine Nahlinse und ein Weitwinkelkonverter geboten, so daß sich das Gesamtsystem ausgezeichnet als Schnappschußsystem für Erinnerungsfotos eignet.

6.18 *Formaplex*

Die Nikonos V (Nikon)
Aus Aluminium gefertigt, ist die Nikonos V (Abb. 6.22) das ausgefeilteste Sucherkamerasystem für den Unterwassereinsatz.
Sie gilt bis 50 m Tauchtiefe als wasserdicht. Das Sucherbild ist hell und klar. Die Belichtung erfolgt manuell oder halbautomatisch als Zeitautomat (bei vorgewählter Blende wird die Zeit automatisch eingestellt). Die Nikonos V besitzt ein umfassendes Zubehör, das sogar noch durch Fremdhersteller erweitert wird. Zum Originalsystem gehören 5 Objektive (15 mm, 20 mm, 28 mm, 35 mm und 80 mm), unter Wasser wechselbare Nahlinsen für die Objektive 28 mm, 35 mm und 80 mm (Abb.6.23), die beiden TTL Blitze (SB 102 und SB 103) mit Halterung und Verbindungskabel.

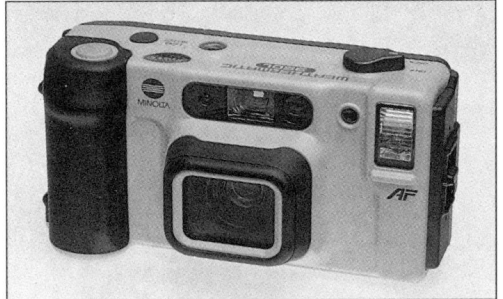

6.19 *Weathermatic*

Als Fremdzubehör werden u.a. angeboten:
– Vorsatzlinsen (CFS)
– Zwischenringe zur Makrofotografie (CFS, Sea & Sea)
– 15-mm-Objektiv (Sea & Sea)
– 16-mm-Fisheye mit Sucheraufsatz (Ocean Image)
– Weitwinkelvorsatz (Scubawider III)
– viele Blitzgeräte mit und ohne TTL (Subtronic, Ikelite, Isota Marin Solar, CFS, Subatec, Hugyphot, Subal etc.), die über den fünfpoli-

6.20 *Motor Marine II*

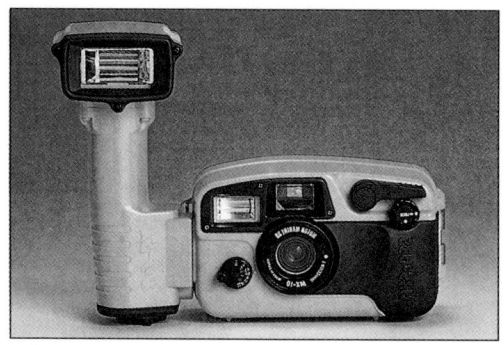

6.21 *MX 10*

6.22 *Nikonos V*

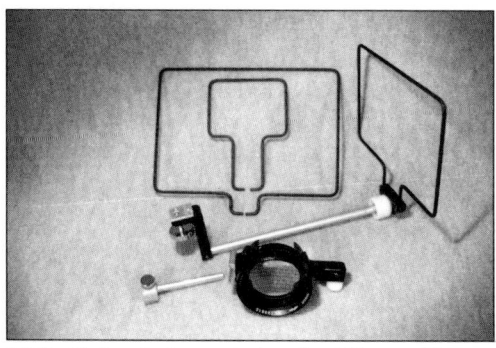

6.23 *Nahaufnahmezubehör für Nikonos V.*

6.24 *RS-AF*

gen Nikonosblitzlichtstecker angeschlossen werden können.
Die stufenlose Blenden- und Zeiteinstellung erlauben eine exakte Filmbelichtung. Für den Fall eines Zusammenbruchs der Elektronik oder bei leeren Batterien wird automatisch auf 1/90 s gestellt.
Ihre einfache Bedienungsweise, ihre Robustheit, ihre fototechnische Qualität und ihr umfassendes Zubehör machen die Nikonos V zu einer idealen UW-Kamera, in die man allerdings auch viel Geld investieren kann.

Die RS-AF (Nikon)
Von Generationen von Tauchern erträumt, ist die RS-AF (Abb. 6.24) eine hochqualitative Unterwasserkamera mit einem bis 100 m wasserdicht abschließenden Aluminiumkörper. Die Belichtung wird manuell oder halbautomatisch (als Zeitautomat) eingestellt. Die TTL-Messung kann wahlweise selektiv oder integral eingesetzt werden.
Die Belichtungsfeinkorrektur erlaubt eine Nachregulation zwischen 1/3 und der doppelten Blende entsprechend den gebotenen Kontrasten (Gegenlicht etc.). Die Schärfeeinstellung erfolgt manuell oder automatisch (stufenweise oder kontinuierlich).
Der Reflexsucher integriert eine beleuchtete LCD-Anzeige, die den Fokussierstatus, die Belichtungsbetriebsart, Filmempfindlichkeit, Belichtungszeit, eingestellte Blende, Belichtungskorrekturwert, Über-/Unterbelichtung und Blitzlichtbereitschaft anzeigt. Selbst mit der Tauchermaske liefert der Sucher ein ausgezeichnetes Bild.
Neben Objektiven mit festen Brennweiten (28 mm f/28 und 50 mm f/28 Mikro) gibt es ein Zoom (20–35 mm f/2,8). Die für die Unterwasserfotografie konstruierten Objektive sind an Land nicht einsetzbar, obwohl Bildwinkel, Brennweiten und Schärfentiefenwerte mit denen für die Luft übereinstimmen.
Der Blitzanschluß eignet sich auch für Doppelblitzeinsatz, wobei neben dem Nikon-Blitz SB 104 jeder andere TTL-kompatible Blitz eingesetzt werden kann.
Die RS-AF ist der Rolls Royce unter den echten Unterwasserkameras. Dies gilt für die technische und optische Qualität ebenso wie für den Preis.
Aber was zählt das schon bei einer solchen Leidenschaft? Vollständig wird der Fotografentraum mit einem 15- oder 16-mm-Weitwinkel mit der entsprechenden Qualität.

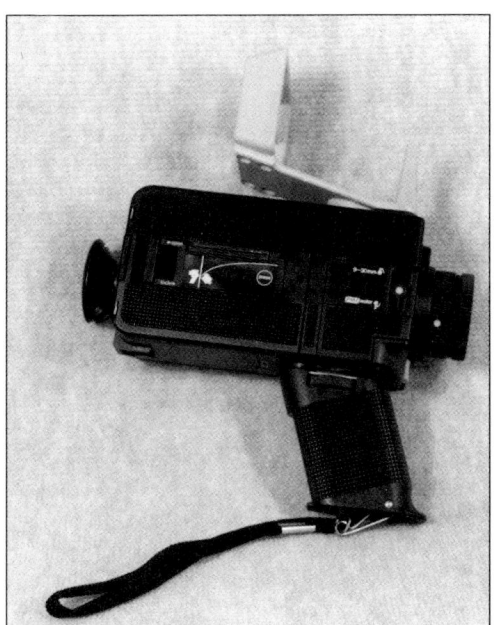

6.25 *Nautica (super 8)*

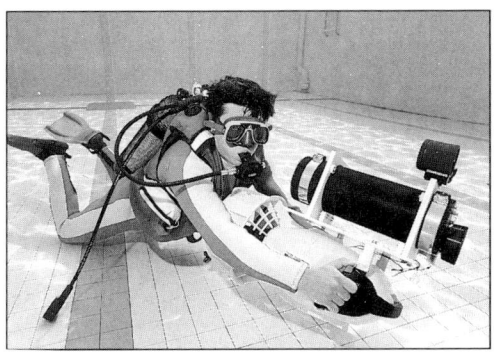

6.26 *Spirofilm*

Die Unterwasserfilmkameras

Für den Unterwasserfilm ist das Angebot nicht so vielfältig, wenn man überhaupt von einem Angebot reden kann.

Super 8
Die einzige direkte Unterwasserkamera war hier die Nautica (Abb. 6.25), die zwar nicht mehr gebaut wird, aber gelegentlich noch im Gebrauchtmarkt angeboten wird. Mit einer TTL-gesteuerten Belichtung, einem Bildfrequenzangebot von 18 und 24 Bildern / Sekunde war sie kompakt, leicht bedienbar und lieferte durchaus überzeugende Aufnahmequalität.

16-mm-Filmkameras
Die Spirofilm (Abb. 6.26) ist ein Hybrid zwischen einer echten Unterwasserkamera und einem Gehäuse, das eine 16-mm-Beaulieu enthält. Diese Kamera, teilweise ausgebaut, lieferte den Kamerakern.
Die Belichtungseinstellung erfolgte manuell. Die Filmspule war für 60 m Film ausgelegt. Eine überdimensionierte Stromversorgung mit eingebautem Ladegerät erlaubte eine große Autonomie.
Mit einem Ivanoff-Vorsatz wurden die wichtigsten optischen Fehler beim Standardobjektiv (10-mm-Angénieux) korrigiert. Zwei weitere Objektive konnten eingesetzt werden. Das Ganze war in einen PVC-Zylinder mit aufgesetztem Sportsucher integriert.
Doch das sind alles Antiquitäten, auch wenn sie noch auf dem Markt angeboten werden.

DIE UNTERWASSER-GEHÄUSE

Die Universalkamera für über und unter Wasser gibt es bis heute noch nicht. Die starken Beschränkungen durch das Angebot der auf dem Markt befindlichen echten Unterwasserkameras ließ bei vielen den Wunsch aufkommen, doch die eigene hochqualifizierte Kamera in ein Gehäuse eingebaut mit unter Wasser nehmen zu können. Diese Lösung der Probleme ist sowohl im Foto-, Film- und Videobereich in allen Qualitätsstufen vorhanden.

Im Prinzip hängt die Wahl des Gehäuses vom vorhandenen Kameratyp ab. Allerdings gibt es nicht für jede Kamera ein Gehäuse oder die Möglichkeit, eines anzupassen, d. h. möglich ist sicher jede Anpassung, doch steigen bei geringen Stückzahlen oder Individuallösungen auch die Herstellungskosten.

6.27 *Kompl. Spiegelreflex-Gehäusesystem*

6.28 *Sony Videogehäuse*

Beurteilungskriterien für die Gehäusequalität

Der Preis eines Unterwassergehäuses übersteigt ein Vielfaches des Materialpreises eines zu belichtenden Filmes. Darum sollte man sich gut in den Qualitätskriterien auskennen und genauestens über die Materialien Bescheid wissen, damit man sich bei seinen Investitionen nicht verrennt.

Die Sucherqualität
Lesbarkeit, Größe und Helligkeit des Sucherbildes werden von der Gehäusewahl bestimmt. Die Ausstattung kann ein komplettes optisches System umfassen (Abb. 6.27), das zwischen Sichtfenster und Sucher eingebaut ist, und das ein klares, vollständiges Bild mit allen Sucherangaben bietet. Dennoch kann die Scharfeinstellung ungenau sein, wenn die Optiken nicht automatisch aufeinander abgestimmt sind.

Die Ergonomie
Die Ergonomie (Handlichkeit, Handlichkeit der Bedienungselemente) ist von den persönlichen Kriterien abhängig und richtet sich nach den späteren Bedürfnissen. Die für einen speziellen Kameratyp konstruierten Gehäuse bieten den Vorteil, sehr kompakt zu sein (Abb. 6.28 bis 6.30). Sie sind meist leichter zu bedienen und

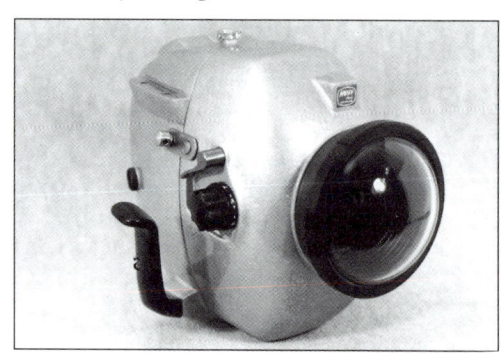

6.29 *Hugyphot für eine 16-mm-Kamera*

6.30 *Hugyphot Gehäuse für die Nikon F4*

Die Unterwasseraufnahme

liefern selbst unter schwierigen Bedingungen (schlechte Sicht, Strömung) effektivere Ergebnisse als die meisten Universalmodelle, die zudem oft überdimensionierte Ausmaße haben. Aus diesem Grund müssen einige der letzteren unter Wasser austariert werden, was die Aufnahmen über und unter Wasser weiter erschwert.

Gewicht und Tarierung

Zusammen mit dem Zubehör (Grundplatte, Blitzarm oder Scheinwerferhalterung, UW-Blitz oder UW-Scheinwerfer) sollte das ideale Gehäuse ein scheinbares Gewicht von nicht mehr als 200–300 g im Wasser haben und in allen Achsen austariert sein.
Sowohl bei Film- und Video- als bei Fotokameras ist der Einsatz von Stabilisierungsflügel (Abb. 6.29) umstritten.
Dem fixierten Unterwasserkameramann erleichtern die Stabilisatoren, eventuell sogar versehen mit UW-Scheinwerfern, nicht gerade die Aufnahme von Panoramaschwenks. Beim Flossenschwimmen dagegen begrenzen sie vor allem bei zylindrischen Kameragehäusen die seitlichen Rollbewegungen.

Wichtige Bedienungselemente

Jedes Gehäuse muß mit den wichtigsten Bedienungselementen (Auslöser, Filmtransport, Belichtungszeit, Blende, Scharfeinstellung und Zoom) ausgerüstet sein, eventuell noch mit Über- und Unter- sowie Doppelbelichtungseinrichtungen. Die Geäuse für UW-Foto sind meist mit zwei TTL-Blitzlichtbuchsen ausgestattet.

Ports und Frontscheiben

Sowohl Dome- als auch Flachports sollten gegeneinander austauschbar (Abb. 6.30) und an die gebräuchlichsten Objektive angepaßt sein. Zudem ist eine weiche Gegenlichtblende empfehlenswert, um störende Reflexionen und Kratzer auf der Scheibe zu vermeiden.

Die verschiedenen Gehäusetypen

Sie müssen vorab eines wissen: Alle Gehäusetypen, selbst die aus Metall, sind stoßempfindlich. Sie müssen deshalb beim Transport und zur Aufbewahrung in stabilen Kisten gesichert sein.
Heute bietet die Industrie eine Vielzahl von Gehäusen, die man aber alle in drei Kategorien einordnen kann.

Flexible Kunststoffhüllen

Sie sind die günstigsten Gehäuseangebote (Abb.1, Seite 246). Es gibt sie für fast alle, für Unterwasseraufnahmen geeignete Kameras. Allerdings gibt es für ihren Einsatz einige entscheidende Grenzen:
– ihre maximale Einsatztiefe beträgt 10 m;
– ihr Hüllmantel ist sehr empfindlich für Stiche und Schnitte;
– sie sind kaum geeignet für Kunstlichtaufnahmen (Blitz oder Scheinwerfer).
Diese Kunststoffbeutel sind für den richtigen Taucheinsatz wenig geeignet.

Feste Kunststoffgehäuse

Die heute verwendeten Kunststoffe (Abb. 3 und 4 Seite 246) sind stoßsicher und werden nicht mehr trüb und rissig beim Altern.
Alle Kunststoffgehäuse (siehe auch Abb. 9, 10, 11 und 12, Seite 247) haben den Vorteil, daß man einen eventuellen Wassereintritt sofort sieht, aber sie fördern dafür das Auftreten ungewünschter und störender Reflexionen. Eine lichtundurchlässige Lackierung oder Abdeckung an den wichtigsten Stellen schafft hier schnell und leicht Abhilfe.

Gehäuse aus Aluminiumlegierung

Sehr viel solider und sicherer gebaut, aber auch wesentlich teurer als die anderen sind diese Gehäusetypen.
Die in den vergangenen Jahren gemachten Materialverbesserungen haben dieses Gehäuse (Abb. 13, 14, 15 und 16, Seite 247) so leicht, sicher und handlich (Abb. 6.30) werden lassen, daß die Gehäuse der Pioniere im Vergleich wie Kamerasaurier wirken. Zur Sicherheit sind die meisten Metallgehäuse mit einem Feuchtigkeitsmesser ausgerüstet, der sofort Alarm gibt, wenn Wasser eindringt (Abb. 6.35).

UW-GEHÄUSE FÜR FOTOKAMERAS

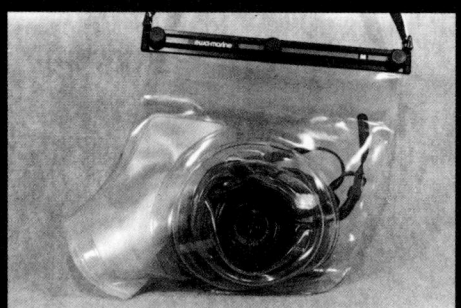

1. *Flexible Kunststoffhülle von Ewa Marine*

2. *Ikelite-Gehäuse für Einmalkameras*

3. *Nimar-Universalgehäuse*

4. *Ikelite-Gehäuse für die Nikon 801*

5. *Gehäuse aus Aluminium Spritzguß*

6. *Difo pro Gehäuse*

7. *Minicam-Gehäuse*

8. *Procase 801*

UW-GEHÄUSE FÜR VIDEO- UND FILMKAMERAS

9. Sony Sport

10. HPG Filmgehäuse

11. Nimar Video-Gehäuse

12. Ikelite Video-Gehäuse

13. Amphibico Video Gehäuse

14. Ikelite Video-Gehäuse

15. Hugy-Gehäuse für die 16 mm Beaulieu

16. Zylindergehäuse für UW-Video

DER SELBSTBAU VON UNTERWASSERGEHÄUSEN

Die heute angebotenen Unterwassergehäuse weisen ein hervorragendes Preis-Leistungs-Verhältnis auf. Trotzdem ist der Selbstbau nicht weniger gefragt als vor 10 Jahren. Für eine Reihe von Spezialkameras (Plattenkameras, Stereo-, 16-mm-Breitwand- und einige Videokameras) gibt es überhaupt keine Gehäuse auf dem Markt. Der Selbstbau eines Gehäuses ist in solchen Fällen also unabdingbar. Übrigens, die Konstruktion und Ausarbeitung eines eigenen Gehäuses macht viel Spaß und hilft manchen langen Winterabend mit sinnvoller und kreativer Arbeit zu füllen.

Es kostet dabei weit weniger Zeit, vorhandene Gegenstände in die Fertigungsarbeiten mit einzubeziehen (wie z. B. einen Dampfdruckkessel, eine auf eine Maske gezogene Gummiblase eines Fußballs usw.). Solche, hier gezeigten, Jahrzehnte alte Lösungen (Abb. 6.31) haben es ihren Konstrukteuren möglich gemacht, Unterwasseraufnahmen von manchmal erstaunlicher Qualität zu machen, aber unter welchen Anstrengungen. Dabei sind die Fehlschläge weitaus zahlreicher als die Erfolge.

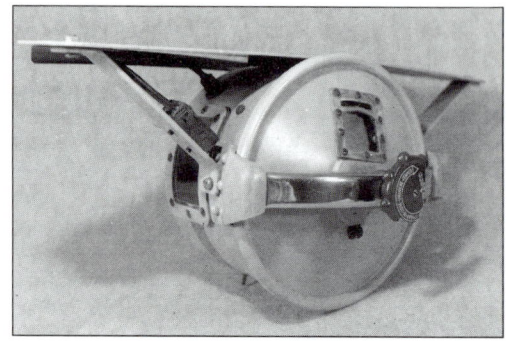

6.31 *Selbstbau aus Überdruckkochtopf*

6.32 *Planscheibengehäuse*

6.33 *Monoblockgehäuse*

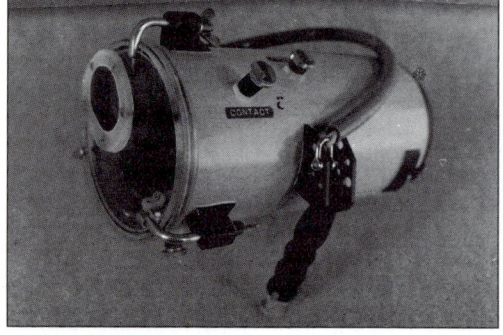

6.34 *Zylindergehäuse*

Der Gehäusekörper

Der Bau eines Unterwassergehäuses erfordert handwerkliche Fähigkeiten und eine entsprechende Ausrüstung. Darüber hinaus sollte man bedenken, daß der Kauf der Einzelmaterialien und eine nachfolgende Einzelanfertigung erheblich teurer werden können als ein Fertiggehäuse. Für dennoch Entschlossene bleiben drei Konstruktionstypen.

Planparallele Gehäuse, die zusammengeklebt oder geschweißt wurden (Abb. 6.32). Diese Bauweise erfordert eine sehr sorgfältige Fertigung. Klebstoffe haben dabei den Nachteil des schnellen Alterns. Die zusammengeschweißten Gehäuse wiederum benötigen im allgemeinen eingeschliffene Planscheiben, die sehr teuer sind. Vor allem ist beim Bau daran zu denken, daß die Gehäuse unter Wasser einem erheblichen Druck standhalten müssen, wobei sie sich

Die Unterwasseraufnahme

erheblich verformen (mit dem Risiko der Verzerrungen, ja sogar des Berstens) und bei diesen Belastungen auf den Auslöser, Optik und Kamera gepreßt werden können, wenn sie in der Größe unterdimensioniert sind.

Monoblockgehäuse, gefräst oder gegossen (Abb. 6.33). Soll diese Konstruktion sicher und von großer Zuverlässigkeit sein, ist ein erheblicher und teurer Arbeitsaufwand erforderlich. Die von den meisten Herstellern verwendete Spritzgußtechnik ermöglich eine optimale Gestaltung des Gehäuses, ist aber für den Laien kaum durchführbar.

Zylindergehäuse, am besten aus einem PVC-Rohr, das je nach Durchmesser zwischen 5 und 10 mm Wandstärke haben sollte, sind sehr druckstabil.

Ihr Eigenfertigung ist am ehesten auch für den Laien geeignet (Abb. 6.34). Die beiden Stirnfronten werden durch zwei durchsichtige Kunstglasscheiben (Altuglas, Plexiglas etc.) verschlossen und garantieren so eine gute Sicht und gute Aufnahmen. Die Abdichtungen zwischen Gehäuserohr und Frontkörper kann durch Konstruktionen und Dichtringe erreicht, die durch den äußeren Wasserdruck aufeinander gepreßt werden. Die Montageart in Abb. 6.35 ist für kleinere Durchmesser geeignet (Blitzgehäuse oder Scheinwerfer). Die Verschlußtypen (Abb. 6.35 a, c, d) sind zwar mechanisch sicherer, aber es gibt oft erhebliche Probleme beim Öffnen der Gehäuse, da sich durch die Abkühlung der Luft während des Tauchgangs im Gehäuse ein Unterdruck entwickelt, der ein Öffnen sehr schwer macht.

Allergrößter Wert ist beim Bau auf gute Dichtungen zu legen. Bewährt haben sich Dichtungsringe (O-Ringe), während von Dichtungsscheiben abzuraten ist.

Schon bei der Planung muß darauf geachtet werden, daß man das Material (Tab. 6.7) so wählt, daß das voll ausgestattete Gehäuse, inklusiv der Kamera, schwebt oder einen leichten Auftrieb hat. Die genaue Lage der Griffe wird am Ende der Montage durch die beste Gleichgewichtslage bestimmt. Diese Tarierung erfolgt im Wasser, wo sich das Gehäuse ganz anders verhält als an der Luft.

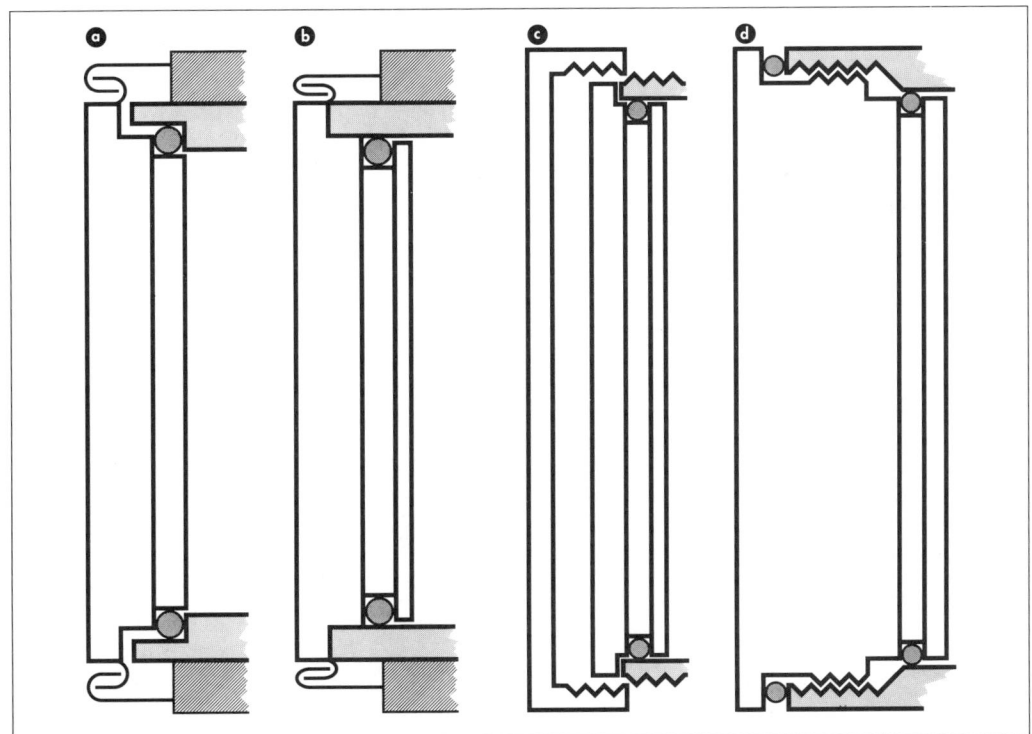

6.35 *Verschiedene Abdichtungsmöglichkeiten*

Die Bedienungselemente

Alle Durchführungsachsen der Bedienungselemente sollten aus rostfreiem Stahl (V4A) sein. Aluminium oder Messing sind dafür zu weich. Bei der Auswahl der Metalle muß man auch darauf achten, daß zusammen mit dem Salzwasser keine Lokalelemente entstehen, die die Korrosion des Gehäuses fördern.

Bei Film- und Fotokameras werden für die Bedienung mechanische Durchführungen verwendet. Eine Reihe von Videokameras ist mit Fernbedienungsschaltern ausgerüstet, die es erlauben, verschiedene Funktionen (Auslöser, Zoom, etc.) aus der Entfernung zu bedienen. Für die Bedienung der Gehäuseelemente ist nur ein Unterbrecher erforderlich.

Um ein ungewolltes Auslösen einer Aufnahme oder eine ununterbrochene Bildsequenz zu vermeiden, sollte der Gehäuseauslöser mit einer Schaltersicherung versehen sein (Abb. 6.36).

Ein Magnetschalter als Unterbrecher ist sogar durch eine Gehäusewand von einem Zentimeter Stärke noch wirksam (außer bei Stahl). Seine Bedienung ist leichter als ein mechanischer Schalter und benötigt deshalb nur eine geringe Stromstärke. Wichtig für die Stromstärke

Material	Dichte
Plexiglas	1,17–1,20
PVC	1,45
Duraluminium	2,79
Messing	8,20
Stahl (V4A)	7,85

Tab. 6.7 *Dichte verschiedener beim UW-Gehäusebau verwendeter Materialien*

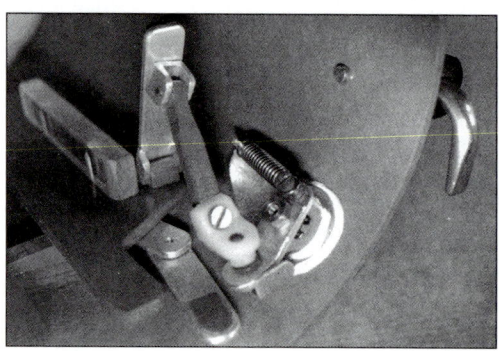

6.36 *Auslöseeinrichtung*

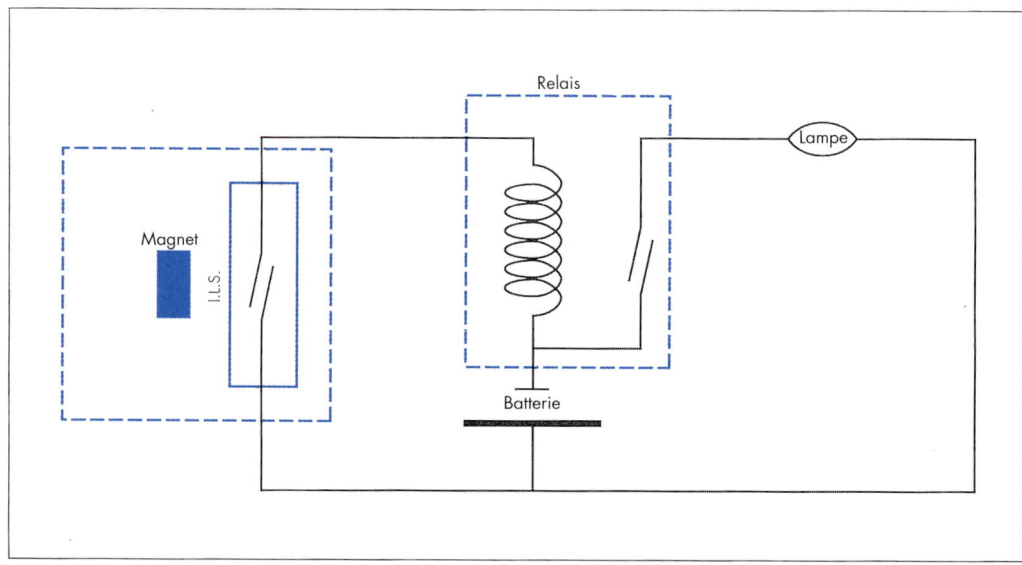

6.37 *Einfaches Grundschema eines Magnetschalters als Unterbrecher*

ist es, daß der Magnetschalter über ein Relais angeschlossen wird (Abb. 6.37)
Die Kabeldurchführungen sollten über Buchsen abgesichert sein.
Weniger gut geeignet sind mit Klebstoff abgedichtete Kabelführungen, die im Notfall nur durch sehr aufwendige Reparaturarbeiten ausgetauscht werden können. Manche Blitzlichtgeräte verfügen über eine „Stand-by-Funktion", so daß sie erst mit Hilfe des Auslösers der Kamera über zwei Stufen aktiviert werden.

Die Frontscheiben

Sie sollten auf alle Fälle austauschbar sein, einmal, falls sie Kratzer bekommen haben, zum anderen, falls verschiedene Objektivbrennweiten verwendet werden. Ihre Form und Größe ist jeweils von der Brennweite des verwendeten Objektivs abhängig.
Durch Verwendung von Kunststoffscheiben, die ausgezeichnete Wärmeisolatoren sind, kann man das Beschlagen der Frontscheiben vermeiden, da sich der Beschlag immer an den kältesten Gehäuseteilen (den metallischen Flächen) bildet. Um überhaupt solche Beschläge zu vermeiden, empfiehlt es, sich eine kleines Säckchen Trockenmittel (Silicagel) im Gehäuse unterzubringen.
Die Sucherfenster sollten dagegen aus temperaturfestem Mineralglas sein (Pyrex). Um vor unangenehmen Überraschungen sicher zu sein, sollte man das Gehäuse auf alle Fälle vorher leer und in größerer Tauchtiefe testen.

KÜNSTLICHE BELEUCHTUNG

Das natürliche oder weiße Licht setzt sich zusammen aus den Lichtstrahlen des Spektrums von Rot über Orange, Gelb, Grün, Blau bis Violett.
Vom Wasser werden diese Strahlen stark und unterschiedlich absorbiert. Ganz allgemein nimmt die Beleuchtungsintensität des Umgebungslichtes alle 7 m um den Faktor 2 (eine Blende) ab.
Dabei wird das Rot viel stärker absorbiert als das Blau, wodurch sich die Farbmischung verschiebt (Tafel III.5 und III.6). Diese Farbverschiebung macht sich bei Unterwasseraufnahmen viel stärker bemerkbar, als wir mit den Augen erkennen, da unser Gehirn diese Farbeindrücke leicht korrigiert. Wer das reine, natürliche Licht bevorzugt, muß wissen, daß das Rot nur bis zu einer Entfernung von 1,5 m korrekt aufgenommen wird. Darüber geht es in Braun bis Schwarz über.
Die Farbe eines Motivgegenstandes ist aber auch abhängig von der Art und Intensität der Lichtquelle. Diese Verteilung der Spektralfarben oder besser Farbtemperatur wird in Kelvin gemessen:
– 7000 K: Das Licht wird vom Blau dominiert (wie z. B in den Schattenzonen des natürlichen Lichtes).
– 5000 bis 5500 K: natürliches Licht (Tageslicht).
– 3500 K: Das Licht wird vom Rot dominiert (natürliches Licht am Morgen und gegen Abend wie Morgen- und Abendrot, Halogenlampen).

Die Beleuchtung in der Fotografie

Inzwischen sind Elektronikblitzgeräte die Hauptquellen für künstliche Beleuchtung in der Fotografie. Ihre Farbtemperatur beträgt zwischen 4800 und 5400 Kelvin und ist auf Tageslichtfilme abgestimmt. Die leichte Rotverschiebung bei 4800 K gleicht den Blauüberhang des Unterwassermillieus aus.
Der Leuchtwinkel des Blitzes, ob er fest oder variabel ist, muß immer auf das eingesetzte Objektiv abgestimmt sein. Er muß entweder größer oder zumindest gleich groß sein wie der

Bildwinkel des stärksten Weitwinkelobjektives, das man benutzt.

Nur wenige Blitzgeräte decken dabei den Bildwinkel eines 15-mm-Objektivs ab und eigentlich gar keines den eines 16-mm-Fish-eye Objektivs.

Der Leuchtwinkel eines Blitzgerätes kann durch den Einsatz einer Streuscheibe (Diffusor) leicht vergrößert werden, allerdings hat dies den Nachteil, daß die Beleuchtungsstärke verringert wird.

Die Leitzahl

Die Lichtleistung eines Elektronenblitzgerätes wird durch die Leitzahl definiert, die sich auf eine Filmempfindlichkeit von 100 ISO bezieht. Die Leitzahl „LZ" erlaubt es, die Blendenzahl „f" für ein Motiv in der Entfernung „d" genau zu berechnen: $LZ = f \times d$.

Berücksichtigt man die Lichtabsorption durch das Wasser, so entspricht die Leitzahl unter Wasser etwa einem Drittel der Leitzahl über Wasser: $LZ_{uw} = LZ_{luft}/3$.

Die für Unterwasser berechneten Blendenstufen beziehen sich auf ein Motiv, das einen Meter entfernt ist. Eine Blendenkorrektur ist alle 30 cm erforderlich:

Entfernung	Blende
1,30 m	$LZ_{uw} - 1$
1,00 m	LZ_{uw}
0,70 m	$LZ_{uw} + 1$
0,40 m	$LZ_{uw} + 2$

Beispiel: Bei 40 cm Entfernung ergibt sich bei einem Blitz mit $LZ = 33$ die Blendenzahl $f = 22$. Viele Blitzgeräte besitzen eine manuelle oder automatische (TTL) Lichtleistungsregelung. Bei voller Leistung beträgt dabei die Standardblitzdauer 1/1000stel Sekunde. Die vom Blitz abgegebene Lichtmenge wird über die Blitzdauer geregelt. Im TTL-Modus bestimmt der Belichtungsmesser der Kamera die Blitzdauer, die 1/16 bis 1/50 der Standardblitzzeit erreichen kann.

Blitzstecker und Ausstattung

Nicht alle TTL-Geräte sind untereinander kompatibel. Darum muß man sich vor dem Kauf eines Elektronenblitzes beim Hersteller oder beim Kameraproduzenten genau informieren lassen, welche Blitzgeräte benutzt werden können.

Die teueren Blitzgeräte sind mit einem Pilotlicht ausgestattet, dessen Lichtkegelachse mit der optischen Achse des Blitzes übereinstimmt. Mit diesem Pilotlicht ist auch unter schwierigen Bedingungen (Nacht, trübes Wasser oder in Höhlen) eine exakte Steuerung und Plazierung des Blitzes sowie eine präzise Schärfeeinstellung möglich. Diese großen Vorteile überwiegen die durch die geringere Handlichkeit gegebenen Nachteile. Pilotlampen, deren Mittelpunktachse nicht mit der Blitzlichtachse übereinstimmt, sind zwar erheblich billiger, dafür aber weniger effizient, vor allem bei der Schärfeeinstellung bei Nahaufnahmen.

Da die Beleuchtungsanforderungen von einer Aufnahme zur anderen verschieden sind, sollten Blitzarme, mit denen die Blitzgeräte am Kameragehäuse befestigt sind, leicht einstellbar sein (Abb. 6.20 und 6.38). Flexible Arme sind dafür besonders geeignet (Abb. 6.39).

Vom Gehäuse abgenommene Blitzlichtgeräte lassen sich auch durch den am Kameragehäuse befindlichen Hauptblitz über eine Fotodiode aus der Ferne zünden. In diesem Fall funktioniert der TTL-Modus des sogenannten Sklavenblitzes natürlich nicht.

Die Energieversorgung der Blitzgeräte

Die Energieversorgung der Elektronenblitze erfolgt über Batterien oder Nickel-Cadmium-Akkumulatoren. Batterien liefern im allgemeinen die höhere Anzahl von Blitzen, wobei die Wiederaufladungszeit zwischen den Einzelblitzen etwas länger dauert. Wiederaufladbare Akkus sind insgesamt ökonomischer und umweltfreundlicher. Blitzgeräte, die beide Energieversorgungen verwerten können, sind durchgängig einsetzbar, auch wenn die Batterien einmal aus sein sollten.

Auf Reisen sollte man ein Ladegerät mitführen, das von 110 auf 220 V umschaltbar ist. Denken Sie auch an die unterschiedlichen Elektrostecker, die weltweit im Einsatz sind, und rüsten Sie sich mit den entprechenden Adaptern aus. Wer unabhängig sein möchte, kann heute auf Solarladegeräte zurückgreifen, die natürlich nur tagsüber einsatzfähig sind. Auf dem Boot ist meist nur wenige Stunden, d. h. nur wenn der Generator läuft, ein Laden der Akkus über Wechselstrom möglich. Daher ist ein Ladegerät für den Anschluß an eine Autobatterie hilfreich, das man sich leicht selbst bauen kann (Abb. 6.40).

Die Unterwasseraufnahme

6.38 *RS-AF mit SB 104 Elektronikblitz*

6.39 *SB 24 Elektronenblitz am flexiblen Arm*

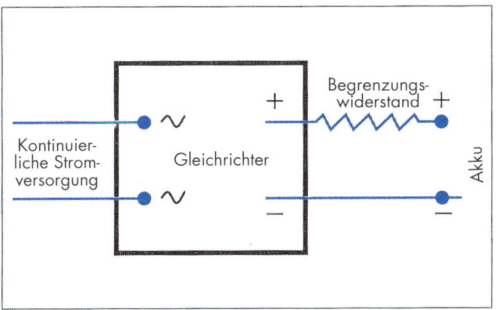

6.40 *Schema eines Ladegerätes für den Einsatz bei Schiffs- oder Autobatterien als Energielieferanten*

Beleuchtungseinrichtungen für Film und Video

Die von Amateuren und Profis heute am meisten verwendeten Kunstlichteinrichtungen für diesen Aufnahmebereich sind autonome Lampen und Scheinwerfer (Tafel IV.2). Es gibt natürlich auch Systeme, deren Energieversorgung durch außerhalb des Wassers befindliche Akkus oder Generatoren (extrem leistungsstark) über entsprechende Kabel erfolgt. Doch sind diese Beleuchtungen extrem teuer und bedürfen einer kompletten Bedienungsmannschaft (Tafel IV.3).

Die Reflektoren
Heute werden eine ganze Reihe verschiedener Reflektoren angeboten. Den Vorzug sollte man solchen geben, die mit einem großen Lichtkegel die gesamte Bildfläche ausleuchten, was allerdings meist nur von zwei Lampen einwandfrei möglich ist. Mit Hilfe von Streuscheiben läßt sich wie bei den Blitzlichtgräten auch hier der Beleuchtungswinkel erweitern, so daß auch bei Weitwinkelobjektiven eine vollständige Ausleuchtung erfolgen kann.
Spotlichtreflektoren erlauben ein stärkeres Fokussieren des Lichtkegels. Allerdings sind sie nur für wenige Spezialeffekte einsetzbar.

Die Filter
Die in den Lampen verwendeten Halogenbirnen strahlen ein Licht mit einer Farbtemperatur unter 3500 Kelvin ab. Bei Mischlicht (natürliches Umgebungslicht plus Kunstlicht) kommen deshalb aufgrund der leichten Rotverschiebung alle im Vordergrund befindlichen Gegenstände in leuchtenden Farben zur Geltung. Bei reinem Kunstlicht (z. B. bei Nachttauchgängen oder in Höhlen) ist die Vorschaltung eines Filters entweder zur partiellen (vor einen Scheinwerfer) oder sogar zur vollständigen Filterung (vor das Objektiv) erforderlich. Ein Blaufilter (Typ 82A) ergibt die beste Korrekturwirkung. Im Videobereich wird der Filter durch den Weißabgleich ersetzt, soweit sich dieser im Unterwasserbereich aktivieren läßt.

Die Stromversorgung
Bei Unterwasserfilm und -video gelten Scheinwerferleistungen von 2 x 150 W in der Regel bei Mischlicht als ausreichend. Für reine Kunstlichtaufnahmen sollten 500 und mehr Watt Leistung eingesetzt werden. Bei den enor-

men Empfindlichkeiten (3–5 Lux) der Videokameras sind geringere Beleuchtungsleistungen erforderlich, was jedoch leicht auf Kosten Kontrastschärfe der Bildaufzeichnug geht. Die Senkung der Lichtleistung ermöglicht:
- bei geringer Sichtweite statt eines milchig trüben Bildes noch ein gut kontrastiertes Bild zu bekommen;
- die Vermeidung von Überbelichtungen bei stark reflektierenden Motiven, die nur einen geringen Bildteil einnehmen.

Einige Lampenfabrikate sind mit einem Leistungsregler (Dimmer) ausgestattet, dessen Einsatz eine Verschiebung der Farbgebung erlaubt. Bei ihrem Einsatz, d. h. soweit die Lichtstärke reduziert wird, verringert sich die Farbtemperatur erheblich (roter Farbstich).

Die Energiequellen

Die Stromversorgung der Beleuchtungseinrichtungen wird durch Nickel-Cadmium-Akkus, die bei erträglicher Größe die beste Energiespeicherung bieten. Bleiakkumulatoren, wie sie häufig an Land zur Scheinwerferversorgung eingesetzt werden, sind zwar billiger, aber erheblich schwerer, und bei unsachgemäßer Ladung können explosive Gasgemische entstehen.

Der Scheinwerfereinsatz

Einzellampen sind noch bis zu einer Leistung von 250 W einigermaßen handlich (Abb. 1. Seite 255). Darüber hinaus ist es empfehlenswert, den Scheinwerfer vom Energieversorgungsblock zu trennen (Tafel IV.3 sowie Abb. 8, Seite 255). Diese separaten Akkutanks, die außerhalb des Wassers relativ schwer sind, lassen sich am besten an einem Doppelflaschengerät anbringen. Leider sind diese Doppelflaschen nicht überall verfügbar.

Die Unabhängigkeit

Der unabhängige Lampeneinsatz (Tafel 6.8) ist von drei Hauptfaktoren abhängig:
- von der Kapazität der Akkus, ausgedrückt in Amperestunden (Ah). Ein Akku mit 4 Ah liefert 4 Ampere über eine Stunde oder 2 Stunden lang 2 Ampere;
- von der Lampenleistung in Watt (W);
- von der Umgebungstemperatur. Die Batterie/Akkuleistung wird von den Herstellern immer bezogen auf 20 Grad Celsius angegeben. Bei 0 Grad Celsius ist die Leistung etwa um 20 % gesunken.

Das Aufladen der Akkus dauert normalerweise ca. 12 Stunden bei einer Gleichstromspannung, die etwa dem 10fachen Wert der Ladekapazität entspricht. Man sollte auf alle Fälle darauf achten, daß das Ladegerät von 110 auf 220 V umschaltbar ist, damit man es auch überall einsetzen kann.

Manche Ladegeräte erlauben eine Schnelladung (ca. 2–4 Stunden), die aber genau kontrolliert und nur im Ausnahmefall eingesetzt werden sollte. Unter diesen Bedingungen erfährt die Batterie eine Erhitzung, die sic schädigen könnte, auf jeden Fall aber ihre Lebensdauer einschränkt.

Tab. 6.8 *Brenndauer der Lampen (bei 20 °C) in Abhängigkeit von der Lampenspannung und der Kapazität der Cd-Ni-Akkus.*

Batterie \ Zeit	50 W	100 W	150 W	175 W	250 W	400 W
12 V – 4 Ah	58'	29'	19'	16'		
12 V – 7 Ah	1 h 40'	50'	33'	29'		
24 V – 2,5 Ah	1 h 12'	36'	24'		14'	
24 V – 4 Ah	1 h 55'	57'	38'		23'	
24 V – 7 Ah	3 h 20'	1 h 40'	1 h 07'		40'	
36 V – 7 Ah			1 h 40'		60'	38'

LAMPEN UND BLITZGERÄTE

1. *Variolight für Film und Video*

2. *SB–103 Blitz (Nikon)*

3. *UW-Blitz Substrobe 150-Ikelite*

4. *Gehäuse für SB 24 Minicam Blitz*

5. *Isotender Blitz (Isota)*

6. *Subtronic-Blitzgerät*

7. *RS-AF mit SB 104 Blitz*

8. *Beleuchtung mit externem Akku*

DIE TECHNIK DER UNTERWASSERAUFNAHME

Das Gelingen einer Unterwasseraufnahme oder einer Bildersequenz hängt vom Zusammentreffen dreier Faktoren ab:
– von der richtigen Belichtung und Schärfeeinstellung;
– vom Reiz des Motivs
– von der Bildkomposition und Bildgestaltung der Aufnahme oder der Sequenz.

Während die Motivauswahl, Bildgestaltung und der richtige Aufnahmemoment vom Zufall und von der Kreativität des Filmers oder Fotografen abhängt, sind richtige Belichtung und Schärfeeinstellung von den technischen Kenntnissen und der Sorgfalt, mit der sie angewandt werden, abhängig. Da die Automatiken moderner Kameras den Filmer und Fotografen vom technischen Balast weitgehend befreien, kann er sich auf das Wesentliche konzentrieren: Die Bildkomposition und die Motivauswahl.

Alle Automatiken (siehe „Der Belichtungsmesser" und „Der Autofocus") müssen aber stets kontrolliert und wenn erforderlich abgeschaltet werden, um notwendige Korrekturen bei besonderen Motiven effektiv und bildwirksam durchzuführen (z. B. bei starken Bildkontrasten, bei dezentralisiertem Hauptmotiv etc.).

Die verscheidenen Lichtbedingungen (natürliches Licht, Kunst- oder Mischlicht etc.) schaffen besondere Stimmungen, die herausgearbeitet werden müssen, um zu exzellenten Aufnahmen zu kommen.

Aufnahmen bei natürlichem Licht

Diese Aufnahmetechnik gibt das natürliche Ambiente wieder, das der Taucher bei seinen Tauchgängen erlebt. Das Aufnahmeergebnis ist abhängig von der Sorgfalt, die der Komposition (Tafel V.1) und dem Spiel des Lichtes (Tafel V.2) gewidmet wurde.

Die so entstandenen Aufnahmen sind meist Landschafts- und Stimmungsaufnahmen. Weitwinkelobjektive sind wegen ihres großen Bildwinkels, dem damit verbundenen großen Bildfeld und der enormen Schärfentiefe die für diesen Aufnahmetyp bevorzugten Optiken.

Die Wahl der Belichtungszeit

In der Fotografie sind die meisten Belichtungszeiten kürzer als 1/25 Sekunde, und zwar sowohl wegen der Instabilität der Kamera als auch wegen sich bewegender Motive. Eine Aufnahme wird scharf, wenn sich während der Belichtung das Hauptmotiv unter oder höchsten im Rahmen des Auflösungsvermögens des Filmes bewegt (0,03 mm bei einem Kleinbild 24 x 36). Als Beispiel sei angenommen, ein Fisch, der sich mit einer Geschwindigkeit von 10 km/h in einem Abstand von einem Meter zu einem Objektiv mit einem horizontalen Bildwinkel von 54 Grad senkrecht zur Bildachse bewegt, wird nur scharf abgebildet, wenn die Belichtungszeit 1/250 Sekunde oder kürzer ist. Bei Film und Video ist die Verschlußzeit normalerweise auf 1/25 und 1/50 Sekunde fixiert. Einige Kameras sind aber auch mit einer variablen Verschlußzeitregelung ausgestattet, die es, soweit die Lichtverhältnisse es zulassen, ermöglicht, durch Verkürzen der Belichtungszeit die Abläufe bei bewegten Motiven zu verbessern.

Die Blendeneinstellung

Die Lichtmenge, die während der Belichtung auf den Bildträger trifft, wird durch die Blende begrenzt. Die Bildqualität ist optimal zwischen den Blendenstufen f : 5,6 und f : 22. Für kleinere Blendenöffnungen als bei f : 22 (also bei größeren Zahlenwerten) beeinträchtigt die Lichtbeugung an den Blendenrändern die Bildqualität. Zudem erlaubt das schwache Umgebungslicht unter Wasser keine noch stärker geschlossene Blende. Bei größeren Blendenöffnungen als f : 5,6 bringt die geringe Schärfentiefe einen erheblichen Mangel an brillanter Schärfe mit sich, der sich noch stärker auswirkt, wenn sich das Motiv über eine sehr große Raumtiefe erstreckt. Darüber hinaus macht sich eine Vignettierung (Abschattung) bemerkbar, wenn die nominale Lichtstärke des Objektives nicht ausreichend ist.

Der Kompromiß zwischen Belichtungszeit und Blende

Bei Film und Video ist die Belichtungszeit praktisch fixiert, die Blendenregelung erfolgt deshalb über die Lichtintensität.

In der Fotografie ist bei einer Vielzahl von Kameratypen die Belichtungszeit einstellbar, so daß man unter einer großen Anzahl von Belichtungszeit-Blenden-Kombinationen auswählen kann. Die Auswahl eines der Kombina-

UNTERWASSERAUFNAHME TAFEL III

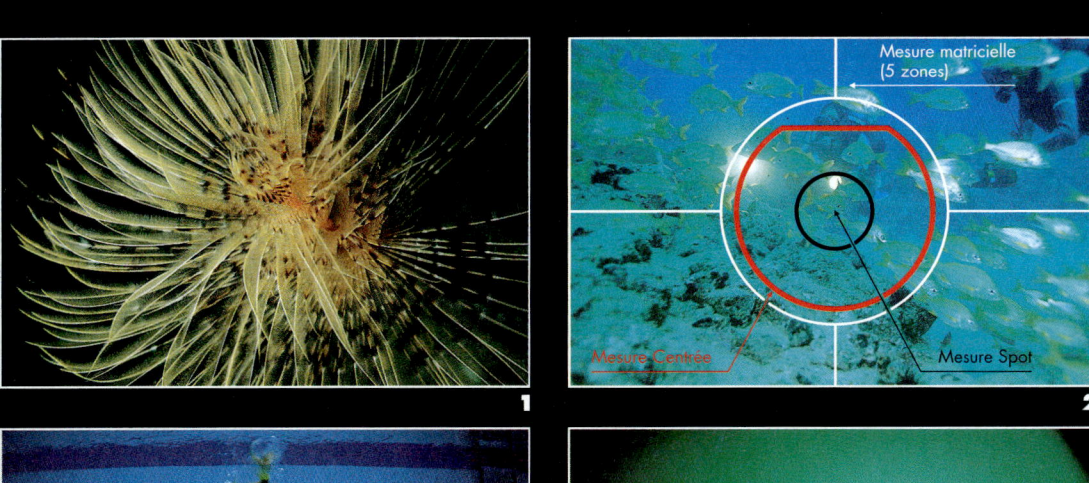

TAFEL IV UNTERWASSERAUFNAHME

UNTERWASSERAUFNAHME   TAFEL V

1

3

4

2

TAFEL VI UNTERWASSERAUFNAHME

1

2

3

4

UNTERWASSERAUFNAHME TAFEL VII

TAFEL VIII UNTERWASSERAUFNAHME

1

2

3

4

UNTERWASSERAUFNAHME TAFEL IX

TAFEL X UNTERWASSERAUFNAHME

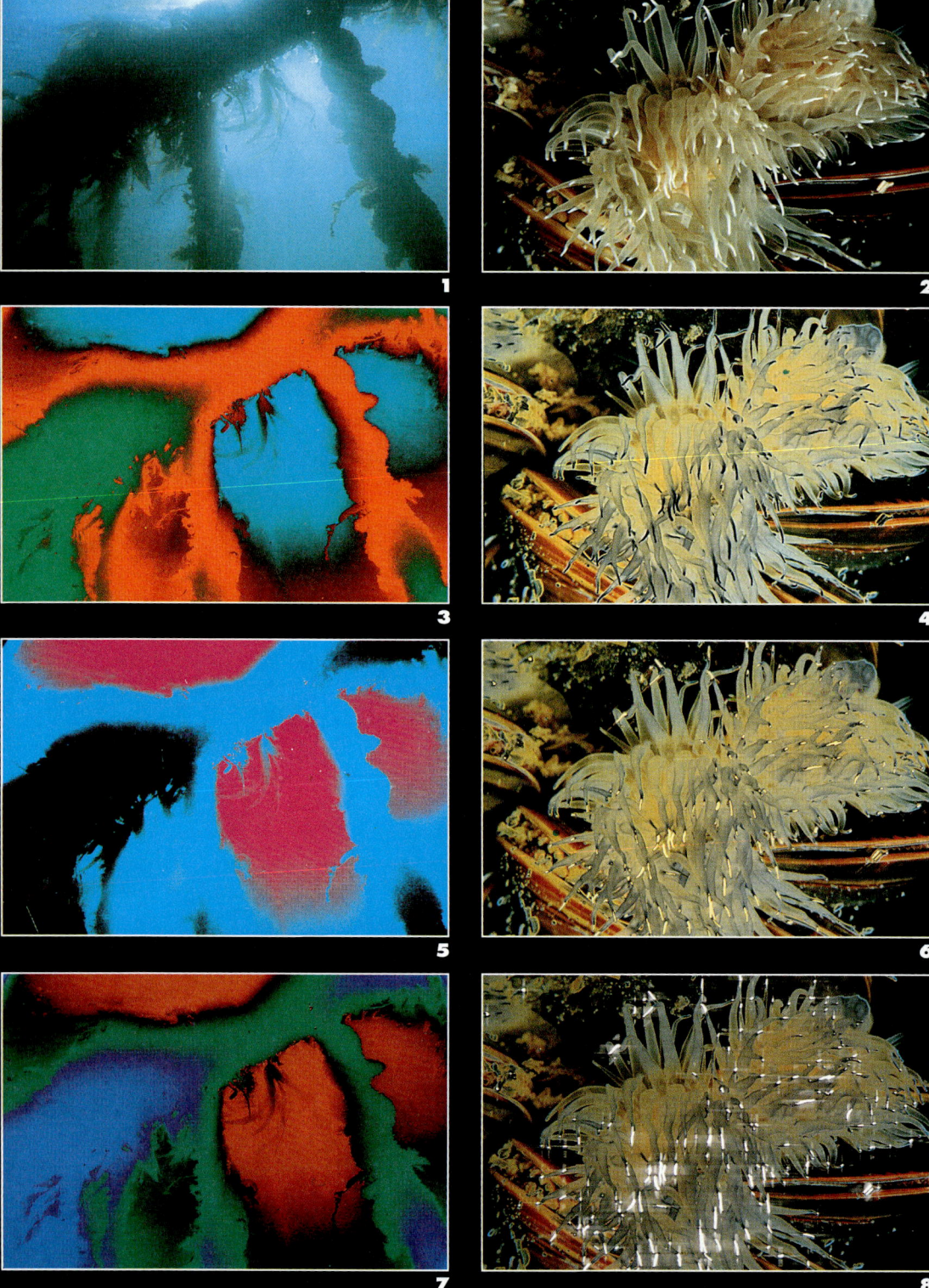

UNTERWASSERAUFNAHME   TAFEL XI

TAFEL XII UNTERWASSERAUFNAHME

1

2

3

4

Die Unterwasseraufnahme

tionspaare richtet sich dabei nach den natürlichen Anforderungen der Umgebung und nach dem Verhalten des Motives.
– Sollen bewegte Ziele auf das Bild gebannt werden, dann sind die Verschlußzeiten so kurz wie möglich zu wählen (1/125 oder 1/250 Sekunde).
– Baut sich das Motiv aus vielen hintereinander liegenden Ebenen auf, so sollte mit der Blende die größtmögliche Schärfentiefe erzielt werden (der Zahlenwert von f muß dann groß werden).

Für den Fall, daß sich die Motive in verschiedenen Ebenen befinden und zusätzlich schnell bewegen, hilft nur ein Blitzgerät aus dem Dilemma, um eine wirklich ausgezeichnete Aufnahme zu erhalten.

Die Lichtverhältnisse sind unter Wasser nur sehr schwer einzuschätzen, so daß der Einsatz eines Belichtungsmessers unumgänglich ist. Aber, auch hier kann es zu Fehlmessungen kommen:
– Bei Objekten mit starken Kontrasten (Gegenlichtaufnahmen, silberglänzenden Fischen etc.) und bei entsprechenden Meßtechniken (siehe „Der Belichtungsmesser) kann es zu einem Meßfehler mit Abweichungen von 1–2 Blendenstufen kommen. Eine Vollfeldmessung des Motivs (integral), die das gesamte Bildfeld erfaßt, erlaubt die richtige Wahl einer mittleren Belichtungszeit, die zudem die Filmempfindlichkeit und Kontrasttoleranz mit berücksichtigt. Eine Korrektur der Belichtungszeit kann durch Ausschalten der Automatik oder durch Einstellen einer Über- oder Unterbelichtung erreicht werden.
– Bei Film- und Videoaufnahmen kann bei einer Panoramaaufnahme oder einem Schwenk ein unvermittelt in nächster Nähe zum Objektiv vorbeischwimmendes Objekt zu starken Veränderungen in der Helligkeit führen. Die Trägheit der Blendeneinstellung führt zusammen mit der des Belichtungsmessers zu starken Helligkeitsschwankungen mit äußerst negativen Auswirkungen auf die Aufnahmen. Hier ist es unbedingt erforderlich, ebenfalls die Automatik auszuschalten und die Belichtung unter Berücksichtigung der Empfindlichkeit und Kontrasttoleranz des Aufnahmematerials manuell zu regulieren. Obwohl Belichtungsmesser äußerst zuverlässig sind und selten ausfallen, ist es hilfreich, wenn man die wichtigsten Belichtungsregeln in Abhängigkeit von den vorherrschenden Lichtbedingungen beherrscht. Bei klarem Wasser, wolkenlosem Himmel und Sonnenschein ergeben sich im Mittagslicht für die Blendeneinstellung in Abhängigkeit von der Tiefe für einen 100 ISO-Film bei einer Belichtungszeit von 1/60 Sekunde folgende Richtwerte:

Tiefe	Blende
1 m	16
7 m	11
14 m	8
21 m	5,6
28 m	4

Diese Werte gelten für eine horizontale Aufnahme in der jeweiligen Tiefe. Die Blende muß um eine Stufe weiter geöffnet, wenn man nach unten, und entsprechend geschlossen werden, wenn man nach oben schaut. Bei leicht bedecktem Himmel und einer Zeitverschiebung um zwei Stunden vor oder nach Mittag muß die Blende um eine Stufe weiter geöffnet werden; bei einer Abweichung um vier Stunden entsprechend zwei Blenden.

Aufnahmen bei Kunstlicht

In Grotten und unter Überhängen reicht die Umgebungshelligkeit im allgemeinen nicht für Aufnahmen aus. Das gleiche gilt natürlich für Nachttauchgänge, bei denen man die Tiere ruhig schlafend vorfindet und sich ihnen leicht nähern kann. Der Einsatz einer Kunstlichtquelle (Blitzlicht oder Scheinwerfer) ist erforderlich, um die ganze Farbenpracht der Unterwasserfauna und -flora hervorzuzaubern. Die Reichweite künstlicher Beleuchtungen unter Wasser ist stark begrenzt, ebenso wirkt sich die Absorption der roten und orangen Lichtstrahlen durch das Wasser stark aus, so daß Aufnahmen unter diesen Bedingungen sowohl von der Ausleuchtung als auch von der Farbtemperatur nur bei einem Motivabstand unter 1,5 m befriedigend sind. Die besten Ergebnisse erzielt man bei einem Motivabstand von ca. 1 m oder darunter. Für diesen Aufnahmeabstand eignen sich im Profifilm und Fernsehen Scheinwerfer mit Leistungen über 500 Watt, im Amateurbereich haben sich zwei Halogenlampen mit jewails 50 bis 75 Watt als gut erwiesen.

In der UW-Fotografie wird man einen Blitz mit einer Überwasserleitzahl L = 30 (ergibt unter Wasser noch eine Leitzahl von ca 10) gute Ergebnisse erzielen.

Die Position der Lichtquelle

Die richtige Positionierung der Kunstlichtquelle ist eines der Hauptprobleme im Rahmen der Unterwasseraufnahmetechnik.
- Bei frontaler Anleuchtung werden zwar die geringsten Schatten erzeugt, aber dafür werden alle Schwebeteilchen zwischen Frontscheibe und Motiv deutlich sichtbar. Ist das Wasser dazu noch leicht trübe, ergibt sich bei dieser Art von Aufnahme ein sogenannter „Schnee-Effekt" der die Aufnahme nahezu unbrauchbar macht (Tafel III.7).
- Ist die Lichtquelle extrem seitlich angebracht, ist das Motiv stark hervorgehoben, aber die Schatten sind sehr dominant und zudem das Bild nicht gleichmäßig ausgeleuchtet (deutliche Überbelichtungen auf der Seite der Lichtquelle, Unterbelichtungen auf der gegenüberliegenden Seite. Ein Stellwinkel von 30 Grad zwischen der Lichtquelle und der Bildachse bietet sich als erfolgversprechender Kompromiß an.

Auf alle Fälle muß eine gleichmäßige Ausleuchtung des Motives erreicht werden:
- sei es durch eine verbesserte Stellung der Lichtquelle zum Motiv (Abb. 6.41),
- sei es durch zwei Lichtquellen. Deren Lichtintensität muß genau aufeinander abgestimmt sein, damit man eine gleichmäßige Ausleuchtung sowohl bei reflektierenden als auch bei sehr unterschiedlich positionierten Objekten erhält. In der Fotografie bieten manuelle Blitzgeräte mit regelbarer Lichtleistung gute Feinabstimmungsmöglichkeiten. Bei TTL-Blitzgeräten oder Scheinwerfern kann man unterschiedliche Lichtleistungen entweder durch den Einsatz unterschiedlich lichtstarker Geräte, was jedoch erhebliche Beschränkungen mit sich bringt, oder durch Vorschalten eines geeigneten Filters erreichen (Abb. 6.42)

Die Position des Hauptmotives

Die Objekte sollten möglichst nah vor einem Hintergrund (einer Felswand, vor Tangen etc.; Tafel VI.1) plaziert sein, damit auch dieser Hintergrund gut ausgeleuchtet ist und das Hauptmotiv nicht vor einem schwarzen Fond steht, was eher an klassische, lexikalische Dokumentationen erinnert (Tafel IV.4 und II.3).
Eine Gegenlichtquelle hinter dem Hauptmotiv plaziert, verleiht der Aufnahme einen reliefartigen Charakter (Tafel VII.2 und V.4). In der Fotografie setzt man hier eine Lampe oder einen Sklavenblitz ein.

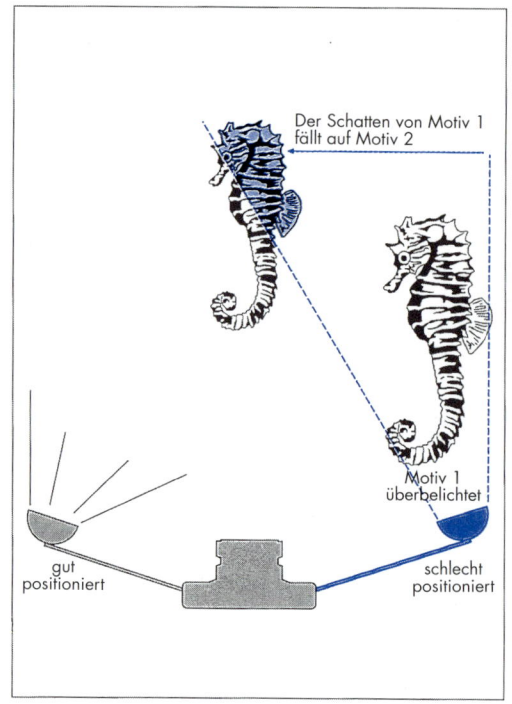

6.41 *Blitzlichteinstellung in Abhängigkeit vom Motiv*

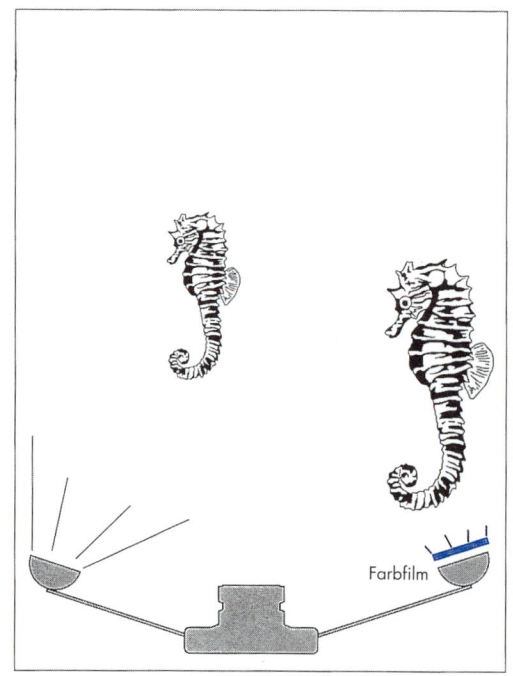

6.42 *Variable Blitzlichtstärke entsprechend der Motiveinstellung*

Die Unterwasseraufnahme

Die Belichtungszeit

Bei Film und Video ergibt sich bei Kunstlicht und bei natürlichem Licht die gleiche Steuerung der Belichtungszeit, nicht jedoch bei der Fotografie.

Unabhängig von der an der Kamera eingestellten Belichtungszeit wird die effektive Beleuchtungsdauer durch die Dauer des Lichtblitzes bestimmt, die maximal 1/1000 Sekunde beträgt. Vorausgesetzt die Lichtstärke des Blitzgerätes ist ausreichend (Leitzahl unter Wasser größer als 20), die Blende weitgehend geschlossen, um eine entsprechende Schärfentiefe zu erhalten, und die Belichtungszeit kurz, um Verwackelungen zu vermeiden, so erhält man auf diese Art technisch hervorragende Aufnahmen.

Folgende zwar schwierige, aber interessante Aufnahmetechnik führt zu ungewöhnlich originellen Aufnahmen. Die Kamera, am besten ruhig und sicher auf einem Felsen plaziert, wird auf den Zeitmodus „Verschluß offen" (siehe Gebrauchsanleitung) eingestellt. Während nun der Verschluß geöffnet ist, löst man das Blitzgerät mehrfach manuell aus. Bei jedem Blitz wird ein neues Motivsegment aufgenommen. Der Einsatz eines Blitzgerätes erlaubt es dem Fotografen a priori noch nicht, die Lichtbedingungen genau einzuschätzen (starke Kontraste, Schlagschatten etc.). Deshalb setzen manche Fotografen Scheinwerfer ein, um sozusagen unter richtigen Studiobedingungen arbeiten zu können. Diese Art der Belichtung, die bei weitem nicht so grell ist (mit viel längerer Belichtungszeit und weiter geöffneter Blende), führt im Endergebnis zu viel weicheren Aufnahmen, die das Objekt richtig herausmodellieren (Tafel IV. 5 und II.3).

Mischlichtaufnahmen

Diese wohl am schwierigsten zu meisternde Aufnahmetechnik ermöglicht es dem Kameramann, seiner Empfindung und Fantasie freien Lauf zu lassen (Tafel VIII.3 und VIII.4). Das Umfeld wird durch das natürliche Licht erhellt, und einzelne Objekte werden durch künstliches Licht hervorgehoben, das die Farbigkeit hervorhebt und Schatten zurückdrängt.

Die Belichtungszeiten sind identisch mit denen bei natürlichem Licht mit der Möglichkeit, den Hintergrund um 1/2 oder 1/3 Blende unterzubelichten, um sattere Farben zu erhalten.

Die zusätzliche Beleuchtung setzt man genauso wie Kunstlicht, wobei die Lichtstärke merklich schwächer gewählt werden muß:
– 150 Watt bei Scheinwerfern für Film und Video;
– Überwasserleitzahl L = 20 bei Blitzgeräten.

Wie bei reinen Kunstlichtaufnahmen muß auch bei Mischlichtaufnahmen bei stark reflektierenden Objekten (silberglänzende Fische etc.), die nur einen geringen Teil des Gesamtbildes ausmachen, die Beleuchtungsstärke erheblich heruntergesetzt werden (auf 50 Watt bei Scheinwerfern und auf 1/8 bis 1/16 der Nominalleistung bei Blitzgeräten), durch Materialaustausch oder weniger umständlich durch Verwendung eines Graufilters.

Die Nah- und Makroaufnahme

Es ist die beliebteste Technik bei Anfängern. Vorsatzlinsen oder Zwischenringe ermöglichen, dank der vielfältigen Vorsatzrahmen und Abstandshalter, die durch den Hersteller angeboten werden, scharfe Aufnahmen mit guter Bildgestaltung, aber geringer Schärfentiefe (Tabelle 6.9 und 6.10). Mit einem manuell gesteuerten Blitz (Überwasserleitzahl L = 20), Blende 16 bei mittlerer Farbtönung des Motivs und Blende 22 bei helleren Motiven sowie einer Filmempfindlichkeit von 25 ISO erhält man ausgezeichnete Aufnahmeergebnisse.

Einige Blitzgeräte mittlerer Preisqualität, sogar bei TTL-Blitzgeräten, haben eine Begrenzung, so daß man die Lichtleistung nicht unter 1/8 des nominalen Lichtwertes einstellen kann. Dies kann zu Überbelichtungen führen. Mit einem neutralen Graufilter vor dem Blitz kann man diesem Übel abhelfen. Distanzhalter und Rahmen sind natürlich nicht bei Makroaufnahmen von Fischen und Krebsen einsetzbar. Hier kann nur ein Makroobjektiv Abhilfe schaffen, bei dem jedoch die Schärfeeinstellung schwierig ist, und dies selbst bei Autofocusobjektiven.

Bei Film und Video sind Nahaufnahmen eine besondere Kunst. Sie erfordern eine extrem ruhige Kameraführung, die vor allem bei Strömung oder starker Dünung nur schwer oder gar nicht zu erreichen ist. Der Einsatz eines Statives ist unter Wasser unpraktisch, lediglich eine gut austarierte Kamera hilft, Verwacklungen zu vermeiden.

Auch wenn direktes Kunstlicht befriedigende Ergebnisse liefert (Tafel IV.8), zaubert ein gut gesetztes Gegenlicht erst die richtige Raumtiefe aufs Bild (Tafel V.3).

Leicht abgeblendetes Licht verschafft den Aufnahmen mehr Natürlichkeit und läßt den Hintergrund im Blau des Wassers erscheinen (Tafel II.3), allerdings geht dieser Effekt zu Lasten der Schärfentiefe.

Die Filter

Filter werden aus Glas- oder Plexiglasplatten mit parallelen Oberflächen oder aus durchsichtigen und gefärbten Folien (Gelatine) hergestellt. Filter absorbieren einen Teil der Lichtstrahlen, die sie durchdringen. Ein Orangefilter z. B. absorbiert außer Orange fast alle anderen Farben. Filter eröffnen die Möglichkeit, Beleuchtungsverschiebungen auszugleichen (Korrekturfilter) oder, ganz im Gegenteil dazu, durch solche Verschiebungen Spezialeffekte und Stimmungen (spezielle Effektfilter) hervorzuzaubern.

Korrekturfilter

Der starke Blauanteil des natürlichen Lichtes unter Wasser kann durch die Verwendung eines Rotfilters vor dem Objektiv ausgeglichen werden (Lichtausgleichsfilter A und B der Serie 81).
Handelt es sich bei dem Motiv um einen Taucher oder eine Taucherin, so bekommt die Hautfarbe einen bläulichen, wenig ästhetischen, leichenfarbenen Teint. Ein Filter Nr.

Objektiv		\multicolumn{6}{c}{Schärfentiefe in mm}
		f/4	f/5,6	f/8	f/11	f/16	f/22
28 mm	144 x 216	+ 7,2	+ 10,2	+ 14,8	+ 21,5	+ 31,3	+ 45,1
		– 6,7	– 9,3	– 13,2	– 17,8	– 25,1	– 33,3
35 mm	109 x 164	+ 4,5	+ 6,4	+ 9,2	+ 12,9	+ 19,1	+ 27,0
		– 4,2	– 5,9	– 8,7	– 11,4	– 16,2	– 21,7
80 mm	53 x 79	+ 1,0	+ 1,3	+ 1,9	+ 2,6	+ 3,7	+ 5,1
		– 0,8	– 1,2	– 1,7	– 2,3	– 3,4	– 4,7

Tab. 6.9 *Tabelle zur Schärfentiefe verschiedener Objektive der Nikonos V bei Verwendung der Makrozwischenringe mit Distanzrahmen im Unterwasserbereich (nach Nikon).*
– Das (+) Zeichen gibt die Hintergrundtiefe an, d. h. die Schärfentiefe jenseits des Feldrahmens.
– Das (–) Zeichen gibt die Vordergrundtiefe an, d. h. die Schärfentiefe vom Feldrahmen in Richtung Kamera.

Länge der Zwischenringe	Schärfentiefe in mm					
	f/4	f/5,6	f/8	f/11	f/16	f/22
11 mm	9	12	17	23	29	37
15 mm	4,8	6,2	8,9	12,7	17,7	24,5
32 mm	1,5	2,0	3,0	4,7	7	11,3

Tab. 6.10 *Tabelle zur Schärfentiefe beim Einsatz von Zwischenringen bei Nikonos V und 35-mm-Objektiv.*

81A oder 81B vor die Beleuchtung gesetzt, korrigiert diesen Farbeindruck der Haut, ohne die übrige Farbgebung negativ zu beeinflussen.

Ein Kunstlichtfilm kann auch bei Tageslicht eingesetzt werden, wenn man einen Filter Nr. 85 oder 85B vor das Objektiv setzt. Allerdings hat dies eine Verringerung der Lichtstärke zur Folge, die durch Öffnen der Blende um ca. 2/3 einer Blendenstufe korrigiert werden muß. Umgekehrt kann man einen Tageslichtfilm unter Verwendung eines Filters Nr. 80 auch bei Kunstlichtaufnahmen einsetzen.

Neutrale Graufilter absorbieren Lichtstrahlen aller Wellenlängen des Farbspektrums. Sie bieten die Möglichkeit, entweder die Lichtstärke einer Beleuchtung zu verringern (bei Vorschalten des Filters vor das Blitzgerät oder die Unterwasserlampe) oder zur Korrektur des Lichteinfalls (bei Plazierung des Filters vor dem Objektiv).

In der Schwarzweißfotografie steigern Gelb- oder Orangefilter vor dem Objektiv die Kontraste. Die Blau- und Grüntöne, die verstärkt absorbiert werden, erscheinen dunkler. Die weniger absorbierten Gelb- und Rottöne werden dagegen aufgehellt, so daß die Brillanz des Bildes verstärkt wird.

Spezialeffektfilter

Mit Farbfiltern der Grundfarben (Rot, Grün, Gelb) lassen sich Effekte zaubern (Tafel VI.4 und VII.1), die nur durch die Fantasie und die Kreativität des Fotografen eingegrenzt werden. Andere Spezialfilter (Diffusionsfilter, Prismenfilter, Polfilter etc.) müssen beim Einsatz in ihrer Wirkung über einen Spiegelreflexsucher kontrolliert werden (Tafel VIII.2). Bis heute gibt es kein Unterwassergehäuse, das es ermöglicht, alle erforderlichen Befehle zum wirkungsvollen Einsatz dieser Filter zu steuern. In der Fotografie bietet lediglich die Nikon RS-AF diese Möglichkeit.

Achtung: Sobald ein Filter vor dem Objektiv angebracht wird, wird bei Belichtungsmessern, die nicht über TTL arbeiten, eine Belichtungskorrektur erforderlich. Diese Korrektur, die zwischen 1/2 und 3 Blendenstufen umfassen kann, wird vom Hersteller in Form eines Verlängerungsfaktors angegeben. Da es schwierig ist, beim Tauchen Rechenvorgänge zu erledigen, empfiehlt es sich, die Filmempfindlichkeit entsprechend zu verstellen. Bei einem Filter mit dem Verlängerungsfaktor 2 (das entspricht einer Blendenstufe) muß ein Film von 100 ISO wie ein 50-ISO-Film belichtet werden.

Bildkomposition und Bildausschnitt

Die ästhetische Qualität einer Aufnahme oder einer Sequenz ergibt sich aus der harmonischen Verteilung von Farben und Schwerpunkten, die die Aufnahmen gestalten. Um dies zu erreichen, muß der „Bildschaffende" seine besondere Aufmerksamkeit der Komposition (Einordnung des Hauptmotivs innerhalb des Gesamtbildes) und dem Bildausschnitt (Bildwinkel und Perspektive) widmen.

Eine schwierige Kunst

Die Kunst der Bildgestaltung und des Bildaufbaus ist schwer erlernbar, man muß sie sich einfach über praktische Erfahrungen erwerben. Einige Grundregeln sollen aber helfen, Fehler zu vermeiden:
– heben Sie nur ein interessantes Hauptmotiv in Ihrer Aufnahme hervor, so daß es leicht erfaßt werden kann;
– vermeiden Sie es, daß die Aufnahme durch gerade Linien zerschnitten wird, vor allem, wenn diese waagerecht oder senkrecht verlaufen;
– verschaffen Sie der Aufnahme mit Hilfe der Bildebenen des Vordergrunds die richtige Raumtiefe und schaffen Sie so ein Umfeld, das das Hauptmotiv hervorhebt, ohne es einzuengen;
– das Hauptmotiv muß in der Bildmitte sein;
– bei Portraitaufnahmen muß genügend Umfeld vorhangen sein, damit nicht der Eindruck entsteht, das Motiv sei an den Rand gepreßt.

Bewegte Objekte erlauben nicht immer die beste Bildeinstellung. Der Einsatz eines genauen Suchersystems (TTL) und viel Übung erhöhen die Erfolgschancen.

Bei Film und Video ist es empfehlenswert, die einzelnen Sequenzen – wenn möglich – zwei- oder dreimal aufzunehmen. Andernfalls ist die nachfolgende Montage äußerst schwierig.

Die Kameraführung

Durch die professionellen Filme ist der Zuschauer an außergewöhnliche trickreiche Kameraführung gewöhnt, die ihn verstärkt am Geschehen teilnehmen läßt. Die Verwirklichung derartiger Kameraführungen erfordert eine Ausrüstung, die das dem Amateur zumutbare weit übersteigt, außer dank der Schwerelosigkeit bei Unterwasseraufnahmen.

Schon die einfachsten Kameraführungen wie Kamerafahrten (die Bewegung der Kamera in Richtung der Bildachse), das Zoomen (die kontinuierliche Veränderung der Brennweite des Objektivs) und der Panoramaschwenk (Rotation der Kamera um eine feste Achse) schaffen begrenzte Gestaltungsmöglichkeiten. Sie sollten aber nur sehr moderat eingesetzt werden. Bei Panoramaaufnahmen korrespondiert die Kamerabewegung mit dem Bildwinkel des Objektivs, so daß ein Schwenk immer länger als 5 Sekunden sein sollte, weil bei zu schnellen Schwenken Unschärfen entstehen. Die Kamerabewegungen müssen kontinuierlich und ohne Unterbrechungen durchgeführt werden. Deshalb empfiehlt es sich:
– keinen zu kleinen Bildausschnitt zu wählen. Das Objekt sollte nicht im Bildrahmen hin und her wackeln;
– Weitwinkelobjektive einzusetzen, da sie andere Kamerabewegungen ausgleichen;
– daß der Kameramann bestens austariert ist;
– daß die Kamera ebenfalls bestens in allen Ebenen austariert ist und im Wasser kein Gewicht oder nur wenige Gramm Auftrieb hat.

Eine gute Austarierung der Ausrüstung läßt sich am besten mit Hilfe kleiner Blei- oder Korkstücke erreichen.
Um eine kontinuierliche Kamerabewegung ohne Wackeln und Rucken zu erhalten, bedarf es großer Geschicklichkeit, die man sicher bei den ersten Versuchen noch nicht hat.

Die ersten Versuche

Wer als Amateur, ausgerüstet mit einer kompletten UW-Kameraausrüstung, einfach loszieht, um Aufnahmen zu machen, wird mit enttäuschenden Ergebnissen zurückkommen. Durch Versuche und Übungen im Schwimmbad lassen sich schnell und kostengünstig die wichtigsten Fehler ausräumen. Auch wenn es nicht einfach ist, im Pool attraktive und ästhetische Aufnahmen zu machen, so kann man hier doch die wichtigsten Einstellungen üben. Die Übungen sollten sich in zwei Abschnitte gliedern:

Die technisch-physikalischen Versuche
– Kontrolle und genaue Tarierung des Tauchers und seines Kameramaterials (nachdem man sich versichert hat, daß das Gehäuse auch wirklich dicht ist). Die Kameraausrüstung muß langsam ins Wasser gebracht werden und darf keinesfalls hineingeworfen werden.
– Sicherstellen, daß durch die Maske eine gute Sicht im Sucher möglich ist.
– Benützen Sie Flossen, die nicht zu lang sind und ein sanftes Vorwärtsgleiten erlauben, ohne daß Sediment aufgewirbelt wird.

Die Aufnahmeübungen
Ersten Versuche, mit denen man verschiedene Parameter kontrollieren kann:
Zwei Taucher, leicht seitlich gegeneinander versetzt, werden 0,8 bis 1,2 m (reelle Distanz) vor einer Kamera plaziert. Bei gleicher Bildeinstellung werden verschiedene Beleuchtungseinstellungen durchprobiert und genau protokolliert. Nach der Entwicklung werden alle Aufnahmen auf folgende Punkte genau überprüft: die Schärfe jeder Aufnahme, die exakte Belichtung jedes Objekts und des dazugehörigen Hintergrundes, das Fehlen von Schlagschatten und eine ausgewogene Farbgebung. Der Vergleich der vorgenommenen Einstellungen und der erhaltenen Aufnahmeergebnisse erlaubt es, beim nächsten Übungstauchgang die notwendigen Korrekturen durchzuführen.
Bei Film und Video ergänzt man diese Übungen durch Versuche zur Kamerabewegung.
Draußen dann, in natürlicher Umgebung, sollten die Übungen durch verschiedene Aufnahmeformen (natürliches Licht, Kunstlicht, Mischlicht, Nah- und Makroaufnahmen) erweitert werden. Wichtig ist auch hierbei, ein genaues Protokoll der Aufnahmeumstände zu führen (Sicht, Tageszeit, Sonneneinstrahlung, Aufnahmedistanz, Belichtungszeit, Blendeneinstellung, Steuerung und Ausrichtung der Beleuchtung, die visuelle und die reelle Entfernung). Genau wie bei den Schwimmbadübungen bringt ein Versuch der Einstellungen mit den erreichten Aufnahmeergebnissen schnelle Fortschritte und Verbesserungen mit sich.
Allerdings ist es für den Bildautor selbst sehr schwierig, die technische Qualität und die Ästhetik der Aufnahme sowie die erzielten Fortschritte zu beurteilen. Deshalb empfiehlt es sich, sich der Kritik von Spezialisten, z. B. in einer Film- und Fotogruppe, zu stellen. Sicher ist es nicht einfach, sich sagen lassen zu müssen, daß die ersten Aufnahmen nicht gelungen sind; sicher, es ist auch nicht einfach, unter allen angebrachten Kritiken die wesentlichen herauszufinden, aber nur in der Auseinandersetzung liegt die Kraft zum Fortschritt.

DIE NACH-BEARBEITUNG

Der Fotobereich

Nach einigen Tauchgängen hat der Unterwasserfotograf eine ansehnliche Sammlung teilweise wichtiger Fotodokumente, für die es schade wäre, wenn sie einfach in der Schublade verstauben würden.
Die einfachste Art ist es, von Negativen Papierbilder zu fertigen. Damit lassen sich herrliche Alben mit hohem Erinnerungswert anlegen oder gerahmte Bilder in allen Größen bis hin zum Poster fertigen.
Im Verlaufe des Entwickelns und Abziehens der Negative wird der Fotograf manchmal erkennen müssen, daß seine Aufnahmen ungeachtet der Entwicklung nicht immer beste Qualität sind. Durch Retuschieren läßt sich hier allerdings eine große Qualitätssteigerung erreichen. Zudem erlaubt die eigene Arbeit im Labor, zusätzliche Effekt einzubringen, die mit normalen Aufnahmetechniken nicht durchführbar und erreichbar sind.

Die Ausschnittvergrößerung verzichtet auf die weniger ästhetisch gestalteten Bildabschnitte und hebt ein im Orginal eventuell zu klein oder schlecht plaziertes Objekt in den Bildmittelpunkt. Die Vergrößerung des ausgewählen Bildausschnittes sollte den Faktor 2 nicht übersteigen.
Bei stärkeren Vergrößerungen macht sich das Korn bemerkbar und beeinträchtigt die erreichbare Bildqualität (Tafel IX.1, IX. sowie IX.3). Sandwichmethode und die Doppelbelichtung bestehen darin, daß zwei verschiedene Motive zu einem neuen Orginalbild zusammengefügt werden. Dies kann nur ein Ausschnitt (Tafel IX.4, IX.5 und IX.6) oder aber das gesamte Bild betreffen (Tafel VI.3).
Die Doppelbelichtung kann direkt bei der Aufnahme gemacht werden (Tafel VII.2). Hier kann es allerdings leicht zu Fehlbelichtungen kommen. Sicherer ist es, diese Art von Bildern im Labor zu erstellen.
Eine besondere Fotokunst ist hierbei die Paraglyphe (Tafel XI.16 und XI.8), bei der Positiv und Negativ desselben Motivs leicht gegeneinander versetzt übereinander belichtet werden.

Die Pass-Partout-Technik bietet die Möglichkeit, ein Objekt einer Aufnahme vor den Hintergrund einer anderen Aufnahme zu setzen (Tafel XI.1, XI.3, XI.5, XI.7 sowie IX.7, IX.8, IX.10, IX.11), wobei man erst einmal Masken von beiden Grundmotiven in Schwarz/Weiß mit starken Kontrasten fertigen muß. Die vom Objekt gezogene Maske muß bei der Belichtung den Platz für den Hintergrund so abdecken, daß bei der zweiten Belichtung, bei der das Objekt abgedeckt und der Hintergrund aufgenommen wird, keine Doppelbelichtung stattfindet. Die große Kunst und auch die Schwierigkeit dieser kreativen Methode liegt in der genauen Positionierung und Zuordnung der ineinander montierten Motive.

Farbverfremdungen und Solarisationen
Das Prinzip dieser Kreativmethode liegt darin, eine oder mehrere Farben in eine Aufnahme zu integrieren. Auch hier ist die Grundlage jeweils ein kontrastreicher Negativ- und Positivauszug des Orginals oder bestimmter Objekte entsprechend der Pass-Partout-Technik. Die endgültige Gestaltung erfordert zwei aufeinanderfolgende Belichtungen. Die erste Belichtung erfolgt in der Sandwichtechnik mit Hilfe eines der beiden vorbereiteten Auszüge mit seinem Orginal, die zweite Belichtung entsprechend mit dem Negativauszug (bzw. dem Positiv) und einem farbigen Gelatinefilder. Durch mehr oder weniger starke Kontrastierung lassen sich die Effekte wirkungsvoll variieren (Tafel X.1, X.3, X.5, X.7, XI.2, XI.4, X.2, X.4, X.6 und X.8).

Digitalisierte Aufnahmen sind Pixel für Pixel bearbeitet. Mit dieser Technik können Bearbeitungen, Spezialeffekte und vieles mehr sehr viel einfacher und umfassender gemacht werden, wobei die einzige Grenze in der Kreativität des Bildbearbeiters liegt.
Solche Bearbeitungen können schon mit einfachen Softwareprogrammen durchgeführt werden. Deshalb ist die Definition „Orginaldokument" heute mehr denn je umstritten. Da die Entwicklung im elektronischen Bereich mit ungeheuerlicher Geschwindigkeit voranschreitet, ist es empfehlenswert, bei allen Kameraanschaffungen den Aspekt elektronische Aufzeichnung von Dokumenten zu berücksichtigen. Da sich auch die Preisgestaltung zugunsten der Verbraucher entwickelt, ist die elektronische Erfassung auf CD und die anschließende Bearbeitung am eigenen PC mit Hilfe hochkarätiger, aber dennoch erschwingli-

cher Software für den Amateur interessant, nicht zuletzt auch, weil er seine eigenen Aufnahmen für eigene Produktionen (Glückwunsch- und Jubiläumskarten, individuell gestaltete Einladungen etc.) nutzen kann.

Im allgemeinen wird bei diesen Techniken ausgehend vom Diapositiv gearbeitet, die man schon für wenig Geld einscannen lassen kann und somit digitalisiert zur Verfügung hat. Farbnegative eignen sich derzeit weniger für derartige Scanningmethoden.

Der große Vorteil digitalisierter Aufnahmen ist ihre bereits erwähnte vielseitige Einsatzmöglichkeit, die sowohl einen Papierausdruck als auch die audiovisuelle Nutzung (Tonbildschau, Diaporamen, Multimedia etc.) zuläßt.

Diese vielseitigen Möglichkeiten erfordern aber genau wie Film und Video ein umfassendes Drehbuch, präzise Montagen und bildgenaue Vertonungen, die einerseits viel Spaß machen, andrerseits sehr viel Zeit beanspruchen. Dabei erhält man über diese neuen Techniken eine Bildqualität, die in Film und Video unerreichbar sind.

Die Tonbildschau ist eine Abfolge von Bildern, die über ein Tonband gesteuert und meistens in Überblendtechnik mit Hilfe zweier Projektoren vorgeführt wird. Die Bildwechsel und Stimmungen werden durch Musik begleitet und mit einem entsprechenden Ton unterlegt. Die Projektoren werden von Hand, oder was natürlich besser ist, mit Hilfe eines Magnetbandes gesteuert, so daß eine perfekte Synchronisation zwischen Bild und Ton garantiert ist.

Ein solche Tonbildschau läßt sich besonders gut bei ästhetischen Themen als auch bei Urlaubs- und Reiseberichten einsetzen.

Um dabei das Publikum, weder Freunde noch die eigene Familie, zu langweilen, muß sich eine solche Diaprojektion auf maximal 50 Bilder beschränken und darf 5 – 6 Minuten nicht überschreiten.

Das Diaporama eignet sich am besten zur Gestaltung einer vollständigen Geschichte (Dokumentation, Reportage oder Feature). Montage und Vertonung sind denen eines Filmes vergleichbar (siehe auch: musikalische Untermalung). Die Ausrüstung ist die gleiche wie bei einer Tonbildschau (Projektoren, Steuerungsgerät und Tonband).

Die Mehrfachprojektion ist eher eine Frage der Technik als des fotografischen Ausdrucks.

Durch die gleichzeitige Projektion von zwei und mehr Bildern, ob zusammengesetzt zu einem Großbild oder nicht, erlaubt es diese Technik, ein wahres Feuerwerk an Bildsalven abzuschießen. Wenn diese Technik allerdings dem Amateur zugängig werden soll, muß sie noch erheblich billiger werden.

Mit dieser vielseitigen Darstellungsmöglichkeit werden oftmals wahre Kunstwerke dargeboten, die bei den Zuschauern besonders geschätzt sind. Da sich hier noch keine technischen Standards durchgesetzt haben, ist die Multivisionspräsentation noch nicht sehr verbreitet.

Bei Film und Video

Die Herstellung eines Filmes ist in vielen umfassenden Fachbüchern ausführlich beschrieben, so daß wir hier nur einen kleinen zusammenfassenden Überblick über einige ausgewählte allgemeingültige Grundlagen zur richtigen Themenwahl und zur Filmmontage geben wollen.

Die Filmthemen
Einfach das Gedrehte ohne Nachbearbeitung abzuspulen, wird heute nicht einmal mehr von der eigenen Familie, geschweige denn von anderen Zuschauern akzeptiert. Als engagierter Film- oder Videoamateur sollten Sie deshalb Geld und Zeit für eine ausführliche Bearbeitung Ihrer Aufnahmen einplanen.

Ein Film muß eine Geschichte erzählen, eine Tatsache erklären. Aufgrund seiner finanziell meist begrenzten Mittel und der eingeschränkten technischen Möglichkeiten sollte sich der Amateur auf die Produktion von Kurzfilmen (5–20 Minuten Länge) beschränken; auch dann, wenn das Thema unendlich viel Material erbringen würde. Themen wie „Der große Fluß" oder „Unterwasserreviere" und „Das Rote Meer" finden ohne große Hilfe das Interesse eines breiten Publikums.

Die Dokumentation oder Reportage erfordert weitreichende Recherchen, am besten noch vor den eigentlichen Dreharbeiten. Eine Vielfalt der gedrehten Szenen erlaubt es, das Drehbuch noch während der Filmarbeiten umzustellen (oder umzuschreiben), um zu vermeiden, daß während der Schneidearbeiten dann wichtige verbindende Szenen oder Gegenschüsse zur Fertigstellung fehlen.

Für Kurzgeschichten muß, noch bevor man sich

Die Unterwasseraufnahme

an die Dreharbeiten macht, ein Drehbuch geschrieben werden und jedes Detail genau in die Geschichte eingepaßt werden; dies gilt natürlich auch für die Vorbereitung der Requisiten (Kleidung, kleinere Accessoirs etc.), die dem ganzen Film mehr Flair und Charakter verleihen.

Unabhängig vom Thema, das behandelt wird, muß die Zahl der Einstellungen und Szenen, die abgedreht werden, um ein Vielfaches höher sein, als durch das Drehbuch oder den Schnittplan vorgegeben wird. Erfahrungsgemäß sind zum Schluß nur 10–20 % der gedrehten Szenen für den Zusammenschnitt brauchbar.

Seit einigen Jahren gibt es gerade im audiovisuellen Bereich erhebliche Qualitätsfortschritte durch verstärkte Zusammenarbeit mit den professionellen Filmemachern. Der Amateur verfügt normalerweise nicht über die fachliche und logistische Kompetenz eines professionellen Filmemachers (sei er Dialogeschreiber, Texter allgemein, Kameramann, Beleuchter, Regisseur oder Cutter). Die Erstellung eines Filmes, und seien es auch nur einzelne Szenen daraus, ist das kreative Vergnügen, vor allem dann, wenn es von Erfolg gekrönt ist.

Der Schnitt

Dies ist der magische Augenblick, in dem der Filmemacher seinen Aufnahmen Leben verleiht. Bei der Gestaltung und Szenenfolge sollten einige grundlegende Prinzipien Beachtung finden.

Szenen, die schlecht gelungen sind (falscher Bildausschnitt, unruhige Kameraführung, schlechte Entwicklung etc.) müssen auf jeden Fall herausgenommen werden, auch wenn sie für den Macher noch so interessant erscheinen. Noch etwas schwieriger ist es, die nicht benötigten „guten Szenen" wegfallen zu lassen. Die Meinung einer Vertrauensperson (einem Film- oder Videoclub, eines Profis oder einer Person mit kritischem Verstand) ist bei der Auswahl dieser Szenen von großem Nutzen.

Die mittlere Dauer einer Szene sollte bei 8–12 Sekunden liegen.

Die Rhythmik eines Filmes wird nicht durch die gelegentliche Verlängerung einer Szene geprägt, sondern durch die kurzen Szenen von wenigen Sekunden oder nur Bruchteilen einer Sekunde. Bei den Dreharbeiten sollten die Einzelszenen immer etwas länger sein, damit man beim Schnitt die besten und eindrucksvollsten Abschnitte auswählen kann und die zudem am besten zum Gesamtablauf passen.

Der visuelle Schock, der durch einen Schnitt hervorgerufen wird, ist um so schwächer, je geringer die Lichtunterschiede (Farbunterschiede) sind. Abschwächende Korrekturen können im Video direkt beim Schnitt, beim Film (16 mm) bei der Erstellung der endgültigen Fassung eingebracht werden.

Die einfache Aneinanderreihung von Kameraschwenks, sei es, daß einem horizontalen Schwenk ein vertikaler folgt, oder zwei Panoramaschwenks mit gegensinnigen Motiven nacheinander folgen, sollte vermieden werden.

Der Kommentar sollte die Aufnahmen ergänzen. Auf keinen Fall sollte er beschreiben und so konzentriert wie möglich sein.

Für die Filmmontage braucht man leider eine sehr teure Ausstattung. Die Mitgliedschaft in einem Filmclub ermöglicht es dem Amateur ebenfalls, über professionelle Geräte zu verfügen, und bringt ihm zudem den Vorteil einer klaren und sachlichen Bewertung, soweit ihm daran gelegen ist.

Die musikalische Begleitung

Eine Diaschau, ein Film oder ein entsprechendes Video sind das Ergebnis einer orginellen Idee, bei dem die Stimmung und die zum Ausdruck gebrachten Gefühle vom Publikum nachempfunden werden, dank einer harmonischen Abstimmung von Aufnahme, Kommentar und Begleitmusik. Die Verwendung häufig gespielter, bekannter Melodien nimmt dem Werk seine Orginalität und zerstreut die Aufmerksamkeit der Zuschauer. Der Amateurfilmemacher sollte deshalb auf diese Möglichkeiten verzichten, da ihm dieser Melodienklau nur Ärger mit dem echten Komponisten und Kulturschaffenden und dessen Umgebung und wegen Ausbeutung (im wahrsten Sinne des Wortes) einbringt. Eine echte Filmmusik – Orginalkomposition, bislang praktisch unveröffentlicht, musikalisch arrangiert und gespielt von bekannten Musikern – bringt im Endeffekt dem Filmer und seinem Publikum mehr emotionale Begeisterung als irgendein aufgesetztes Musikstück, durch das das eigene Werk schnell zum Plagiat verkommt.

Jeder Filmemacher muß wissen, daß Musik ebenso wie Literatur dem Urheberrecht unterliegt. Dieses Urheberrecht gilt noch siebzig Jahre nach dem Tod der Autors oder Komponisten und kann zudem durch Erben oder zwischenzeitlich neu hinzugekommene Ansprüche über diese 70 Jahre hinaus verlängert werden. Diese urheberrechtlichen Ansprüche werden in Deutschland von entsprechenden Urheberrechtsgesellschaften (Wort und Bild, Bild und Ton und GEMA) wahrgenommen, da jede öffentliche Verwendung urheberrechtlich geschützter Werke genehmigungs- und gebührenpflichtig ist. Wer Urheberrechte verletzt, macht sich strafbar. Versichern Sie sich deshalb genau, ob Sie bei der Verwendung von Musik oder anderen Materialien für Ihren Film keine Urheberrechtsverletzungen begehen. Wollen Sie dennoch ein entsprechendes Material nutzen, so geben Sie rechtzeitig die erforderlichen Unterlagen und Erklärungen bei den zuständigen Gesellschaften ab. Natürlich ist dies nicht erforderlich für Produktionen, die Sie ausschließlich für den privaten Gebrauch im Familienkreis erstellen. Sollten sie sich nicht sicher sein, ist eine Nachfrage bei der GEMA der sicherste Weg.

Zieht man all diese urheberrechtlichen Aspekte in Betracht, so bleiben dem Filmschaffenden in Abhängigkeit von seinem Budget drei Möglichkeiten zur musikalischen Ausgestaltung seines Werkes:
– ein Originalwerk in Auftrag zu geben
– die Verwendung musikalischer Illustrationen
– die Interpretation einer urheberrechtlich geschützten Musik durch eine ausgewählte Musikgruppe.

Die Originalmusik
Der Filmproduzent gibt einem Komponisten den Auftrag für eine Orginalkomposition. Dabei ist es wichtig, bei der Auftragsvergabe die Nutzung vertraglich genau festzulegen und auch eine genaue Honorarvereinbarung zu treffen. Denken Sie vor allem an die Möglichkeiten, daß Ihr Film oder Teile Ihres Filmes eventuell in anderen Medien (Fernsehen, Multivisionen oder in Werbungen) verwendet oder aber auf entsprechenden Datenträgern (Video, CD-i oder CD etc.) kommerziell genutzt werden könnten. Auch Lizenzen in anderen Sprachen sind denkbar. Auf alle Fälle sollten Sie sich die Nutzungsrechte für alle Eventualitäten sichern, damit Sie frei über Ihren Film verfügen können.

Vor allem junge Komponisten sind hier meist gerne bereit, Chancen zu nutzen und mit ihren Arbeiten bekannt zu werden. Hilfen und erforderliche Kontakte zu jungen Musikern oder Musikgruppen erhalten Sie sicherlich bei den nächstgelegenen Musikhochschulen.

Die musikalische Illustration
Die Musikindustrie bietet inzwischen eine Vielzahl von Soundtracks, die für die Vertonung von Filmen verwendet werden können. Meist sind diese Produktionen GEMA-frei und können in Musikgeschäften oder im Versandhandel bezogen werden. Bitte beachten Sie jeweils genau die auf der Verpackung abgedruckten Urheberrechts- und Verwertungshinweise, um sich späteren Ärger zu ersparen. Lassen Sie sich gegebenenfalls die Nutzungsrechte von der entsprechenden Firma bestätigen.

Urheberrechtlich geschützte Musik
Hierunter fallen Werke, die bereits veröffentlicht sind und über den Handel auf Platten, Kassetten, Disketten oder andere Tonträger vertrieben werden.
Die Verwendung eines solchen Gesamtwerkes ohne Abwandlung, entsprechende Anpassung oder einer Ausschnittsauswahl bedarf grundsätzlich der Zustimmung des Urhebers oder derer, die die Rechte besitzen. Dieser Urheberrechtsschutz ist gesetzlich nahezu weltweit festgelegt und wird bei uns von der GEMA überwacht.
Nach einer Spanne von 70 Jahren nach dem Tod des Urhebers werden die Rechte auf das Werk frei. Doch Vorsicht, das Ihnen dann vorliegende Musikstück kann unter einem neuen Urheberrechtsschutz stehen, diesmal zugunsten des Interpreten. In diesem Fall stehen ihm dieselben Urheberrechte zu wie dem Komponisten.
Beantragen Sie auf alle Fälle vor der Nutzung solcher Werke die Genehmigung über die GEMA.

Das Recht der Verbreitung
Im Falle der Präsentation außerhalb der privaten Nutzung muß jede Nutzung genauestens der GEMA gemeldet werden. Diese Meldung umfaßt alle angespielten Werke und die Dauer der jeweiligen musikalischen Sequenz. Zusätzlich ist der genaue Nutzungsrahmen bzw. sind die genauen Sendetermine, Sendedauer usw. der GEMA bzw. bei Textbeiträgen und der Verwendung den entsprechenden Urheberrechtsorganisationen zu melden, die dann die anfallenden Gebühren für den Urheber ermitteln, einziehen und über einen bestimmten Modus an ihn weiterleiten.

Die Unterwasseraufnahme

Die kommerzielle Verwertung

Die Familie ist für den Hobbyfilmer als Produzent die erste und wichtigste Präsentationsmöglichkeit für sein Werk. Doch nach einiger Zeit wünscht man sich die Erweiterung seines Publikums (Filmclubs, Wettbewerbe, Festivals etc.). Sollte die Produktionsqualität wirklich exzellent sein, läßt sich auch für den Amateur eine weitere Verbreitung seines Werkes ins Auge fassen:
- Bei Bildern bieten sich Illustrationen von Büchern, Artikeln oder der Verkauf über Bildagenturen an;
- bei Film und Video kann man seine Werke ebenfalls Verlagen anbieten, die im Video- und Multimediabereich aktiv sind oder aber versuchen, sie einem Fernsehsender zu verkaufen.

Diese praktisch kommerzielle Verwertung bedarf allerdings einiger Vorbedingungen und Vorsichtsmaßnahmen.
- Üblicherweise wird zwischen dem Urheber (Produzenten, Fotografen oder Autor) und dem Verwerter ein Vertrag geschlossen. Generell kauft Letzterer die Rechte für eine bestimmte Nutzung, z. B. bei einem Film das Recht zur einmaligen Ausstrahlung zu einer bestimmten Sendezeit. Er wird deshalb aber nicht Urheber. Der Vertrag kann dem Verwerter für eine entsprechende Zeit die allgemeinen Verwertungsrechte auch exklusiv übertragen.
- Jeder Urheber hat einen Anspruch darauf, daß sein Name deutlich im Zusammenhang mit seinem Werk erkennbar ist, z. B. im Nachspann einer Fernsehausstrahlung.
- In gleicher Form müssen alle Beteiligten genannt sein, am besten in Form einer Danksagung für das Material, für die Dreherlaubnis oder andere Genehmigungen, die die Erstellung der Aufnahmen ermöglicht haben.
- Um zu vermeiden, daß die Öffentlichkeit getäuscht wird, auch zum Schutz der anderen Mitwirkenden, sollte der Produzent eine Weiterverwendung seiner Aufnahmen zur Illustration anderer Sachverhalte untersagen.

Ein Scheinproblem ist die Konkurrenz zwischen Amateuren und Profis. Die Profis brauchen die begrenzte, aber äußerst anregende Konkurrenz der Amateure nicht zu fürchten. Amateure wiederum, die in audiovisuellen Unterwasserbereichen geschäftlich aktiv werden, sollten sich den Marktgepflogenheiten in diesem äußerst sensiblen Bereich anpassen, um das bestehende Preisgefüge nicht zu zerstören, indem sie ihre Aufnahmen praktisch verschleudern unter dem Scheinargument, daß ihnen ein Verlag oder ein Film- und Videoproduzent sozusagen die Ehre erweist, ihre Materialien zu vertreiben.

DIE PFLEGE UND LAGERUNG DER AUSRÜSTUNG

Unterwassergehäuse wurden undicht, sind undicht oder werden undicht... Diese Weisheit bewahrheitet sich in unzähligen Fällen und ist im allgemeinen nicht die Schuld der Hersteller, sondern derer, die diese Gehäuse benutzen.
Richtiger Gebrauch und eine materialgerechte Aufbewahrung mindern das Risiko einer Beschädigung oder gar des Verlustes.

Vorbeugende Maßnahmen

Lesen Sie auf alle Fälle die Gebrauchsanweisungen gut durch und halten Sie sich an die Erfahrungsvorgaben des Herstellers.
Kontrollieren Sie vor Gebrauch alles auf seinen ordnungsgemäßen Zustand und Sitz.
Machen Sie eine erste Kontrolle im Süßwasser (Badewanne oder Schwimmbad). Ein Wassereinbruch, bedingt durch einen Konstruktions- oder Handhabungsfehler, verursacht hier einen weit geringeren Schaden.
Die Frontscheiben sollten durch eine stabile Abdeckung geschützt werden. Ein Kontakt zwischen Abdeckung und Frontscheibe ist unbedingt zu vermeiden.
Die Ausrüstung sollte in einem stabilen, innen gepolsterten Behälter oder Koffer transportiert werden.
Nach einem längeren Transport ist es ratsam, einen ersten Checktauchgang mit leerem Gehäuse zu machen und selbstverständlich auch ohne Batterien, die im Falle eines Lecks den möglichen Schaden erheblich vergrößern würden.

Die tägliche Wartung

Das Gehäuse muß nach einem Einsatz gründlich in Süßwasser gewässert und abgespült werden, um es von Schmutz und Salzresten zu befreien, damit es voll funktionsfähig bleibt.
Vor dem Öffnen des Gehäuses muß es unbedingt abgetrocknet werden; entweder strahlt man es mit Hilfe eines Preßluftgebläses trocken oder wischt es mit einem weichen, fusselfreien Tuch ohne Kratzer zu verursachen leicht ab.

Niemals darf das Gehäuse zum Trocknen in die Sonne gelegt werden. Der durch die Sonneneinstrahlung hervorgerufene Temperaturanstieg im Gehäuseinneren könnte die Stromversorgung, die Steuerungen und die Linsensysteme der Optiken zerstören.
Am besten führt man die Gehäusepflege, das Laden der Akkus und den Filmwechsel in einem trockenen und windstillen Raum (Vermeidung von Staub und Sand) durch.
Falls das Gehäuse direkt nach einem Tauchgang schnell geöffnet werden muß, vermeiden Sie auf jeden Fall Wassertropfen (z. B. aus den Haaren, von den Ärmeln des Tauchanzugs etc.). Lassen Sie sich lieber von jemandem mit einem trockenen Handtuch helfen, bevor ein größerer Schaden entsteht.
Öffnen Sie die Kamera oder das Blitzgehäuse mit dem Deckel nach unten (Abb. 6.43), so daß keine Wassertropfen, die eventuell beim Abtrocknen übersehen wurden, ins empfindliche Innere fallen. Sollte dies dennoch einmal passieren, so saugen sie den Wassertropfen sofort mit einem Löschpapier auf oder wischen ihn mit einem fusselfreien Lappen weg. Versuchen Sie nicht, Salzreste, die sich an manchen Gehäusestellen bilden können, abzuwischen (Gefahr des Verkratzens). Sie lösen sich beim nächsten Tauchgang oder bei der nächsten gründlichen Süßwasserspülung.
Direkt vor dem Verschließen des Gehäuses überprüfen Sie alle Durchführungen und Steuerungselemente, und vor allem alle O-Ringe auf Sauberkeit und richtigen Sitz. Am besten überprüfen Sie die O-Ringe, indem Sie vorsichtig mit dem Finger darüber streichen. Jedes Sandkorn, jedes Härchen und jedes noch so kleine Staubkorn muß sofort entfernt werden.

6.43 *Kamera mit Deckel nach unten öffnen*

Die Unterwasseraufnahme

Die O-Ringe müssen immer mit einer dünnen Gleitschicht Silikon überzogen sein, damit sich der O-Ring unter Druck am besten der Dichtungsführung anpassen kann. Vermeiden Sie eine zu dicke Silikonschicht oder Silikonklümpchen, da dies keine bessere Dichtung ergibt, sondern sich im Gegenteil in ihnen Staub und Sand festsetzen kann.

Regelmäßig wiederkehrende Pflegearbeiten

Alle mechanischen Bauteile (Platinen, Halterungen, Griffe, Blitzarme, Gelenke, usw.) müssen nach 4- bis 5tägigem Dauereinsatz und nach jeder Gebrauchsphase auseinandergenommen werden, um eine fortschreitende Korrosion zu vermeiden.

Die O-Ringe müssen vorsichtig herausgenommen und abgewaschen werden. Auf Achsen montierte O-Ringe müssen vorsichtig von Hand abgenommen werden. Zwar können O-Ringe bei richtiger und vorsichtiger Wartung und Pflege jahrelang halten, dennoch sollten Sie regelmäßig ausgetauscht werden. Kratzer und feine Risse, die man meist besser mit den Fingern spürt als daß man sie sieht, machen Dichtungen auf alle Fälle unbrauchbar. Benützen Sie Dichtungsringe an Durchführungen aus Sicherheitsgründen kein zweites Mal. Flachdichtungen sollten ohne Verformung abgenommen werden. Verwenden sie zu all diesen Arbeiten niemals einen scharfen oder spitzen Gegenstand (Schraubenzieher, Messer usw.), da sie sonst eine Beschädigung der Dichtungen oder der Dichtungslager riskieren.

Auch die Blitzlicht- oder Scheinwerferkabel sollten bei intensiver Nutzung jährlich, bei normaler Nutzung (durchschnittlich 50 bis 60 Tauchgänge pro Jahr) alle zwei Jahre ausgetauscht werden. Kabel können brüchig oder an den Anschlußstellen undicht werden und sind deshalb häufige Pannen- und Schadensursachen (von Kurzschlüssen zwischen den Drähten bis hin zu Leckstellen).

Wie bereits gesagt sollten auch Dichtungen im gleichen Rythmus ausgetauscht werden.

Bei einer längeren Gebrauchspause (zwei bis drei Wochen) sollte die gesamte Ausrüstung in einem staubfreien Raum bei nicht zu großen Feuchtigkeits- und Temperaturschwankungen gelagert werden. Die Batterien und Akkus müssen aus ihren Halterungen genommen werden. Akkus sind vor dem Einlagern aufzuladen.

Verhaltensregeln bei Gebrauch im Wasser und bei einem möglichen Wasserschaden

Noch während man das Kameragehäuse oder die Kamera ins Wasser läßt, kontrolliert man laufend durch Augenschein die Dichtigkeit. Diese optische Überprüfung wiederholt man direkt vor dem Abstieg und anschließend alle 10 m. Wer besonders sicher gehen will, kann sich akustische oder optische Feuchtigkeitswarnsysteme in das Gehäuse einbauen oder einbauen lassen.

Ein Leck, gleich beim Eintauchen, hat seine Ursache meistens in einer nur schlecht oder nicht kontrollierten Dichtung, im Fehlen eines O-Ringes oder in einem schlecht sitzenden Gehäusedeckel.

Undichtigkeiten in großen Tiefen sind dagegen meist auf Materialverschleiß, eine gealterte Dichtung oder auf ein undichtes Kabel zurückzuführen.

Bei einem Leck noch an der Wasseroberfläche kann eine schnelle Reaktion größere Schäden vermeiden helfen. Zur Sicherheit sollte deshalb das Gehäuse immer vorab im Wasser überprüft werden. Auch beim kleinsten Wassereinbruch muß das Gehäuse sofort aus dem Wasser, und zwar so, daß eventuell bereits eingedrungene Wassertropfen am Gehäuseboden oder in einer Ecke bleiben ohne über die Kamera oder andere elektronische Bauteile zu laufen.

Sofort nachdem die Kamera aus dem Wasser ist, sind folgende Maßnahmen zu ergreifen:

– Öffnen des Gehäuses und – soweit noch vorhanden – die noch trockenen Teile sichern.

– Entfernen Sie sofort die Batterien und den Film, da diese durch Elektrolyse und Lösungsvorgänge die Schäden nur noch verschlimmern. Achtung! Besondere Vorsicht ist beim Umgang mit gefluteten Blitzgeräten oder Lampen geboten.

– Versuchen Sie bei kleineren äußeren Wasserschäden die Flüssigkeit durch vorsichtiges Abtupfen zu entfernen. Beobachten Sie dennoch Ihre Kamera die nächsten Tage hinsichtlich von Oberflächen- oder Funktionsveränderungen. Machen Sie nichts, was nicht in der Bedienungsanleitung steht, da Sie sonst eventuelle Garantieansprüche verlieren. Holen Sie sich, wenn Sie vorab Ihr Verhalten bei einem Wasserschaden noch nicht durchgesprochen haben, möglichst sofort über Te-

lefon, Fax oder Funk Anweisungen Ihres Fachhändlers oder des Herstellers.
- Ist Wasser in die Kamera und in das Objektiv oder den Blitz eingedrungen, so zerlegen Sie diese in größere Bauteile (Achtung: nichts verlieren) und entfernen alles Salzwasser, indem Sie alle betroffenen Bauteile mit Süßwasser ausspülen. Die Wässerung ist hiermit aber nicht grundsätzlich zu empfehlen, sondern von allen jeweiligen Begleitumständen abhängig. Ist kein Süßwasser vorhanden, helfen zur Not auch alkoholische Getränke.
- Lassen Sie die betroffenen Teile solange in der Flüssigkeit, bis Sie diese fachgerecht weiterbehandeln können. Manche Betroffenen haben Ihre Kameras schon in dichten Wasserbehältern in die Reparaturwerkstätten eingeschickt.
- Haben Sie entsprechende Möglichkeiten, sollten Sie nach dem Wässern die zerlegten Bauteile sorgfältig trocknen; am besten in Plastikbeuteln über einem chemischen Trokkenmittel.

Um für alle Fälle gerüstet zu sein und dem Material die jeweils richtige Pflege zukommen lassen zu können, sollten Sie eine entsprechende Grundausrüstung an Werkzeug und Pflegemittel mit sich führen:
- eine kleine Tube oder Dose Silikoncreme,
- je einen Satz Uhrmacherschraubenzieher (Flach- und Kreuzkopf),
- Inbusschlüssel in den entsprechenden Größen,
- eine Nadelzange,
- kleinere Flachzangen,
- ein oder zwei Uhrmacherpinzetten,
- einen Satz O-Ringe und Dichtungen,
- PVC-Isolierband,
- Radiergummi und Bleistift für Elektrokontakte,
- ein Antistatiktuch im verschließbaren Plastikbeutel,

- optisches Reinigungspapier und Reinigungsflüssigkeit,
- Q-Tips,
- zwei Staubpinsel für Objektive und Gehäuse,
- Silicagel Trockenmittel.

Vermeiden Sie die Verwendung von Baumwolltüchern, die leicht Fussel hinterlassen und damit die Dichtigkeit Ihres Kameragehäuses gefährden.
Bei allem gilt natürlich: Doppelte Vorsicht ist besser als einfache. Es empfiehlt sich deshalb, eine entsprechende Versicherung für die Kameraausrüstung für den Fall des Diebstahls, eines Wasserschadens oder des Verlustes abzuschließen.

Wichtige Adressen:

Verband Deutscher Sporttaucher e.V.
Sachabteilung Foto/Film/Video
Tannenstraße 25
64546 Mörfelden-Walldorf
Tel. 0 61 05/96 13 02, Fax 0 61 05/96 13 45

GEMA, Rosenheimer Str. 11, 81667 München,
Tel. 0 89/48 00 34 21, Fax 0 89/48 00 39 69

Verwertungsgesellschaft Wort, Goethestr. 49,
80336 München, Tel. 0 89/ 51 41 20,
Fax 0 89/5 14 12 58

Wettbewerbe:

- „Kamera Louis Boutan" des Verbandes Deutscher Sporttaucher VDST e.V.
- „Festival mondial de l'image sous-marine", Antibes/Frankreich

7. APNOE

Von der Antike bis zum heutigen Tag, vom Mittelmeer bis zum Japanischen Meer war und ist das Apnoe-Tauchen eine Möglichkeit, den Lebensunterhalt zu verdienen. Diese professionellen Taucher haben Tag für Tag und von den meisten Menschen unbeachtet wahre Heldentaten an Ausdauer und Tiefe vollbracht, um Perlen, Schwämme, Muscheln oder Korallen zu ernten.

Die Apnoe wurde erst dann Forschungsobjekt der Wissenschaft, als ein Sport daraus wurde und damit einem breiten Publikum die verrücktesten Rekorde zur allgemeinen Bewunderung lieferte.

Erst seit den 60er Jahren interessieren sich die Forscher für Apnoe. Darunter wird das freiwillige, zeitweilige Anhalten der Atmung verstanden. Die Dauer dieses Aussetzens hängt hauptsächlich von der Lungenkapazität ab. Pro Liter in der Lunge enthaltener Luft beträgt sie etwa 10 Sekunden. Diese Zahl, die wir später noch erklären werden, entspricht dennoch nicht ganz der Wirklichkeit, denn zahlreiche Faktoren können die Apnoe verkürzen. Das Alter zum Beispiel: Mit 25 Jahren übersteigt die gesamte Lungenkapazität 6 Liter, mit 50 Jahren beträgt sie nur noch 5,5 Liter und nimmt kontinuierlich und rasch ab. Dagegen wird das Restvolumen (Luft, die immer in der Lunge bleibt, aber nicht benutzt wird) immer größer.

Genauso beeinflussen die körperliche Verfassung, das Training des Tauchers, die Anstrengung, die Wassertemperatur, der Sauerstoffgehalt des geatmeten Gasgemischs und vor allem die geistige Einstellung des Menschen die Apnoe-Dauer.

In diesem Zusammenhang muß man erwähnen, daß die Vorbereitung auf Apnoe-Rekorde ein körperliches, aber auch ein geistiges Training erfordert, das sich oft an orientalische Methoden mit tausendjähriger Tradition anlehnt.

Die meisten Menschen dagegen glauben, die Apnoe-Dauer verlängern zu können, indem sie vor dem Tauchen eine Hyperventilation durchführen.

Mit dieser Technik steigert man die Tiefe und den Rhythmus der Atembewegungen.

Wir werden später auf die Risiken eingehen, die damit verbunden sind, und auf die absolut notwendigen Vorsichtsmaßnahmen.

Das Ende oder den Abbruch der Apnoe markiert die Wiederaufnahme des Atemzyklus. Es geschieht entweder freiwillig oder wird von einem Reflex ausgelöst; es ist dann besser, schon aus dem Wasser zu sein!

MENSCH UND APNOE

Man unterscheidet die statische Apnoe – das heißt: nicht atmen und sich nicht bewegen – von der dynamischen Apnoe, bei der irgendeine Tätigkeit durchgeführt wird, ohne zu atmen, z. B. dem Freitauchen. Der jetzige Rekord bei statischer Apnoe im Schwimmbad wurde am 19. Mai 1990 von dem Italiener Umberto Pelizzari aufgestellt: 6 Minuten 13 Sekunden! 1959 hatte Forster, ein Amerikaner, nachdem er 30 Minuten lang reinen Sauerstoff eingeatmet hatte, doppelt so lange ausgehalten: 13 Minuten 42 Sekunden!
Aber Schluß mit solchen außergewöhnlichen Rekorden. Schauen wir uns die durchschnittliche Apnoe-Zeit eines Normalmenschen an:
– 15 Sekunden nach einem verstärkten Ausatmen,
– 20 Sekunden nach einem normalen Ausatmen,
– 60 Sekunden nach einem verstärkten Einatmen,
– 100 Sekunden nach einer Hyperventilation.

Theoretische Leistung

Während einer Apnoe nach einem verstärkten Einatmen machen die Sauerstoffreserven in der Lunge und im Gewebe ungefähr zwei Liter aus; nur Dreiviertel davon können genutzt werden. Der Verbrauch von 1 Liter Sauerstoff erzeugt 20,16 Joule. Die Sauerstoffreserven können also:
1,5 × 20,16 = 30,24 Joule zur Verfügung stellen. Da 5,88 Joule pro Minute durch den Grundumsatz verbraucht werden, ist die theoretische Leistung eines durchschnittlichen Menschen: 30,24 : 5,88 = 5 Minuten 14 Sekunden.
Wir haben aber gerade gesehen, daß die durchschnittlichen Leistungen weit von dieser Zahl differieren, weil noch weitere Faktoren eine Rolle spielen. Nur ein sowohl körperlich wie geistig intensives Training erlaubt es, sich dieser Zahl zu nähern.
Was die Tiefe betrifft, werden die in der Theorie errechneten Zahlen von der Praxis überboten. Dreißig Meter ist theoretisch die maximale Tiefe, die die Lunge aushalten kann. Das Gesamtvolumen der Lunge eines Normalmenschen beträgt durchschnittlich 6 Liter, das Restvolumen 1,5 Liter. Die in der Lunge enthaltene Luft könnte also durch den hydrostatischen Druck bis auf das Restvolumen zusammengepreßt werden, aber nicht darüber. 6 Liter Luft an der Wasseroberfläche werden bei 10 Metern Tiefe auf 3, bei 20 Metern auf 2 und bei 30 Metern auf 1,5 Liter komprimiert. In der Theorie kann also der Mensch die Tiefe von 30 Meter nicht überschreiten. Die Wirklichkeit jedoch zeigt, daß dem nicht so ist. Nicht nur Jacques Mayol oder Angela Bandini, viele Taucher haben diese 30 Meter überschritten. Wir werden im Folgenden sehen, wie der menschliche Organismus es schafft, diese Kompressionsgrenze zu überschreiten.
Für den durchschnittlichen Taucher werden die theoretischen Berechnungen durch folgende Elemente korrigiert: Eine Maske vergrößert das Restvolumen um ungefähr einen halben Liter; das verbrauchte Sauerstoffvolumen ist größer als das erzeugte Kohlendioxidvolumen, was einen Verlust von 1,3 Liter pro Minute bedeutet; und vor allem, wenn der hydrostatische Druck mit der Tiefe zunimmt, steigt auch der Druck der Gase in den Lungenbläschen: Er übersteigt den Druck der im Blut gelösten Gase. Um den Ausgleich zwischen den beiden Druckverhältnissen wiederherzustellen, erfolgt eine Umverteilung des Sauerstoffs, des Kohlendioxids und des Stickstoffs von den Alveolen in das Blut, was erneute Verluste an Sauerstoff und somit eine schwächere Leistung bedeutet. Im Alter – wie schon erwähnt – vermindert sich die Kompressionsfähigkeit des Brustkorbs. Wenn man theoretisch mit 20 Jahren bis 38 Meter tauchen kann, erreicht man mit 60 nur noch 20 Meter!

Die physiologischen Veränderungen

Herz-Kreislauf-Veränderungen
Die Apnoe ohne Eintauchen bewirkt eine starke Bradykardie (Verlangsamung des Herzrhythmus) von ungefähr 7 %, die sich bis 20 % steigert, wenn das Gesicht ins Wasser eingetaucht wird. Der Arteriendruck sinkt leicht am Anfang der Apnoe und steigt nur wenig wieder bis zum Ende.
Eine Temperatur unter 5 Grad bewirkt zunächst eine Tachykardie (Beschleunigung des Herzrhythmus), gefolgt von einer Bradykardie. Diese Veränderungen verschwinden, wenn der

Taucher eine Vollgesichtsmaske trägt; das liegt daran, daß die kälteempfindlichen Rezeptoren auf den Backenknochen, der Stirn, der Nase, den Lippen und dem Kinn liegen.

Darüber hinaus beobachtet man auch Veränderungen des Kreislaufs. Bei jeder Apnoe ziehen sich die Blutgefäße zusammen. Aber es tritt auch ein sehr interessantes Phänomen auf, welches das Überschreiten der maximalen theoretischen Tiefe erklärt. Wir haben gesehen, daß 30 Meter die Tiefe ist, bei der das Gesamtvolumen der Lunge nur noch aus dem Restvolumen besteht. Bevor diese Grenze erreicht wird, passiert, was ein Amerikaner, K. Schaeffer, das blood shift und der französische Arzt E. Guillerm eine „Erektion der Lunge" genannt haben. Es handelt sich um einen verstärkten Blutzufluß in die Venenkapillaren der Lunge. Bei 60 Metern schätzt Schaeffer ihn auf einen Liter. Diese Blutumwälzung ist stark genug, um den Unterdruck im Brustkasten zu vermeiden, der vom hydrostatischen Druck verursacht wird, sobald man die Kompressionsgrenze der Lunge überschritten hat – diese besagten 30 Meter. Bis zu 100 Metern, wenn das Lungenvolumen nur noch ein Drittel des Restvolumens beträgt, widersetzt sich das mit Blut gesättigte Kapillarnetz der Lunge dem gewaltigen Wasserdruck. Wenn diese „Erektion der Lunge" nicht mehr ausreicht, saugen die Alveolen das Blutplasma auf und es kommt zu einem Lungenödem.

Gasvolumetrische Veränderungen

☐ *Während der Apnoe an der Oberfläche*
In den Alveolen sinkt der Sauerstoffteildruck der Arterien stark, der Kohlendioxidteildruck dagegen steigt nur sehr wenig. In den Arterien bewirkt der große Sauerstoffverbrauch, wenn auch nur um den Metabolismus zu erhalten, ein starkes Absinken des Sauerstoffteildrucks. Parallel dazu steigt der Kohlendioxidteildruck, wie in den Alveolen, nur wenig.

Wenn vorher keine Hyperventilation stattgefunden hat, wirken sich das Absinken des Sauerstoffteildrucks und das – wenn auch geringe – Steigen des Kohlendioxidteildrucks auf die chemischen Rezeptoren aus und aktivieren das Atemzentrum, das sich in Höhe des Nachhirns befindet; die Apnoe wird unterbrochen.

Wenn der Schwimmer eine Hyperventilation durchgeführt hat (er hat also fast die gesamte Luft seiner Lunge erneuert, um, wie er glaubt, die Apnoe zu verlängern), bleibt der künstlich gesenkte Kohlendioxidteildruck während der ganzen Dauer der Apnoe sehr niedrig, während der Sauerstoffteildruck, der am Anfang sehr hoch war, langsam sinkt bis zu einer echten Anoxie, die eine Ohnmacht bewirkt. Der Schwimmer, dessen Atemzentrum nicht stimuliert werden kann, weil der Kohlendioxiddruck unter dem normalen Wert liegt, verliert das Bewußtsein, bevor er seine Apnoe unterbrechen kann. Dies geschieht selbstverständlich nicht, wenn er die Risiken der Hyperventilation kennt und das Ende seiner Apnoe berechnet, ohne auf die Reflexsignale zu warten.

☐ *Während der Apnoe in der Tiefe*
Der Wasser- oder hydrostatische Druck spielt eine entscheidende Rolle bei der Veränderung des Kohlendioxid- und des Sauerstoffteildrucks in den Alveolen und den Arterien.

Beim Abtauchen steigt der Umgebungsdruck; dies bewirkt eine Erhöhung des Sauerstoffteildrucks und eine bessere Ausnutzung der Alveolenreserven. Dieser Anstieg des Sauerstoffteildrucks ermöglicht eine längere Apnoe und schenkt dem Taucher gleichzeitig ein Gefühl der Leichtigkeit während der gesamten Dauer seines Aufenthaltes in der Tiefe.

Das Zeichen zum Auftauchen gibt der Anstieg des Kohlendioxidteildrucks, der die Nachhirnzentren stimuliert. Dieser Druck ändert sich weniger als der des Sauerstoffs wegen der Wirkung der Pufferstoffe und der großen Kohlendioxidreserven im Organismus. Während der letzten Meter vor der Oberfläche sinken die zwei Teildruckwerte, da sie proportional zum hydrostatischen Druck stehen; es kann, wie schon erwähnt, zu einer plötzlichen Ohnmacht kommen.

Die Risiken

Es geschehen jedes Jahr leider immer noch zu viele tödliche Unfälle. Daher ist es notwendig, die Ratschläge für eine Unfallvermeidung noch einmal zu wiederholen.

Bewußtlosigkeit durch Hypoxie bei einem Apnoe-Taucher

Was beobachtet man bei diesem Unfalltyp? Nachdem er in Apnoe geschwommen ist, verlangsamt der Taucher seine Bewegungen und stellt sie allmählich ein; er bleibt unter der Oberfläche oder sinkt langsam auf den Grund. Wenn er in Begleitung ist, muß er schnell aus dem Wasser geholt und wiederbelebt werden. Sein Herz schlägt noch; er ist blaß, selten cyanotisch (blaurote Färbung). Die Atmung setzt wieder ein, spontan oder nach einer kurzen Mund-zu-Mund-Beatmung. Wenn er die Augen aufmacht, kann er sich an nichts erinnern.

Kommt ihm niemand zu Hilfe, löst der Verlust der bewußten Kontrolle der Apnoe den Atemreflex aus; ein wenig Luft wird ausgeatmet, beim folgenden Einatmen jedoch füllt sich seine Lunge mit Wasser, und er ertrinkt.

Der Unfall ereignet sich selten im tiefen Wasser, fast immer beim Auftauchen, nicht weit unter der Oberfläche. Der Arzt Dr. Sciarli hat es „die Begegnung der Ohnmacht in 7 Meter Tiefe" genannt. Der Apnoetaucher, der immer schwer tariert ist, sinkt und ertrinkt wie im vorigen Fall. Es handelt sich um dieselbe Bewußtlosigkeit, die von einer momentanen Unterbrechung der Hirnfunktionen infolge Blutmangels in den Arterien des Gehirns verursacht wird. Anders ausgedrückt: Es tritt eine primäre Gehirnanoxie ein, bevor die Sauerstoffreserven des Organismus erschöpft sind.

Warum funktionieren die Unterbrechungsmechanismen der Apnoe nicht rechtzeitig, vor der Ohnmacht?

Sehr viele Faktoren spielen bei Apnoeunfällen eine Rolle, einer aber kommt am häufigsten vor, und der Taucher ist selbst dafür verantwortlich: Es handelt sich um die übertriebene Hyperventilation.

Wir haben es in den vorigen Paragraphen bereits erwähnt, aber es ist wichtig, es zu wiederholen. Nach einer starken Hyperventilation haben wir einen sehr niedrigen Kohlendioxidteildruck und einen sehr hohen Sauerstoffteildruck (über 100) in den Arterien sowie einen überdurchschnittlichen pH-Wert im Blut. Der Kohlendioxidteildruck wird während der gesamten Dauer der Apnoe zu gering bleiben, um einen Atemreiz auszulösen. Das zentrale Nervensystem versagt sehr schnell. Die Person kann ohne Vorwarnung eine akute Anoxie bekommen, d. h. einen so großen Sauerstoffentzug, daß sie das Bewußtsein verliert mit allen Risiken, die eine solche Situation mit sich bringt. Um eine sinnvolle und ungefährliche Hyperventilation zu praktizieren, empfiehlt Dr. Sciarli das Berechnen des „Drittels der Sicherheitszeit". Der Taucher führt eine Hyperventilation durch – alle fünf Sekunden zweimal tief ein- und ausatmen – und merkt sich den Moment, wo er erste Zeichen oder auch nur ein Gefühl eines Unwohlseins feststellt; dann dividiert er diese Zeit durch drei. Diese Drittelzeit stellt die maximale gefahrlose Hyperventilationszeit dar, doch bitte Vorsicht!

Die Barotraumen

☐ *Die Ohren*

Das Mittelohr ist über die Ohrtube (Eustachische Röhre) mit dem Nasen-Rachenraum verbunden. Von der Umwelt ist es durch das Trommelfell getrennt. Während an der Oberfläche der Druck auf beiden Seiten des Trommelfells gleich ist (Abb. 7.1.a), übt der hydrostatische Druck im Wasser eine Kraft auf die Außenseite des Trommelfells aus, die großen Schmerz verursacht (Abb. 7.1.b). Um den Schmerz zu vermeiden, braucht man nur einen Druckausgleich zwischen dem Wasser- und dem Luftdruck auf beiden Seiten des Trommelfells herzustellen (Abb. 7.1.c).

Dafür gibt es mehrere Methoden. Die berühmteste und einfachste ist das Methode nach Valsalva. Man hält sich die Nase zu und preßt die Luft aus, wie um sich zu schnäuzen. Die Luft erreicht das Trommelfell über die Eustachische Röhre, und es erfolgt ein Druckausgleich. Auch andere Methoden können benutzt werden: Schluck- und Kaubewegungen oder Methode nach Toynbee und die freiwillige Öffnung der Luftröhre (béance tubaire volontaire, BTV). Bei dieser Methode muß man die Nasen-Rachenmuskeln besonders gut beherrschen, was sehr schwierig ist und nur nach einem richtigen Training möglich. Ein Stechen in den Ohren darf man niemals auf die leichte Schulter nehmen: immer sofort auftauchen. Jede Methode zum Druckausgleich muß gleich zu Anfang des Abtauchens durchgeführt werden. Die Methode von Valsalva ist sehr gefährlich beim Wiederauftauchen, da sie nur das vorhandene Ungleichgewicht verschlimmern würde. Kannten die Taucher der Antike diese Methoden? Es wird erzählt, wie sie mit geplatztem Trommelfell und von Blut triefenden Ohren wieder auftauchten. Heute noch ist das Barotrauma der Ohren keine Seltenheit und erfordert äußerste Vorsichtsmaßnahmen.

☐ *Die Nasennebenhöhlen*
Mit Epithelgewebe ausgekleidete Knochenhöhlen, die sich an den Nasenraum anschließen; ein Druckausgleich innerhalb der Nasennebenhöhlen kann nicht bewußt hergestellt werden.
Wenn die Luft infolge eines Schnupfens nicht in die Nebenhöhlen eindringen kann, sollte man nicht tauchen! Der Schmerz ist fürchterlich und zwingt sowieso dazu, den Tauchgang zu verkürzen.

☐ *Die Augen*
Augentraumen wie Platzen der Kapillargefäße und Blutaustritt aus den Bindehautgefäßen können die Folge sein, wenn die Maske auf das Gesicht gedrückt wird (Abb. 7.2). Dies passiert, wenn der Wasserdruck stärker ist als der Luftdruck innerhalb des Maskenraumes. Es entsteht ein „Herauszieheffekt" des Augapfels. Diese Gefahr kann man leicht vermeiden, indem man durch die Nase ausatmet.

Das Lungenödem
Zu diesem schweren Unfall kann es nur jenseits der theoretisch maximal möglichen Tauchtiefe kommen, wenn das gesamte Lungenvolumen kleiner wird als das Restvolumen. Es entsteht also ein Unterdruck in der Lunge, so daß die Alveolen das Blutplasma aufsaugen. Die mit dieser Flüssigkeit gesättigte Lunge ist nicht mehr in der Lage, ihre Funktion zu erfüllen. Es ensteht eine akute Lungeninsuffizienz. Der Italiener Stefano Makula erlebte sie bei seinem Versuch, den 110-Meter-Rekord zu brechen. Er wurde bewußtlos an die Oberfläche zurückgeholt und konnte glücklicherweise gerettet werden.

Die Herzüberlastung
Wiederholte Apnoetauchgänge bedeuten eine große Anstrengung für das Herz. Der schnelle Wechsel von Bradykardie beim Abtauchen und Tachykardie bei der Hyperventilation ist ein erschwerender Faktor. Man kann mit der Zeit eine Myokardinsuffizienz beobachten, die mit schweren Unfällen enden kann.

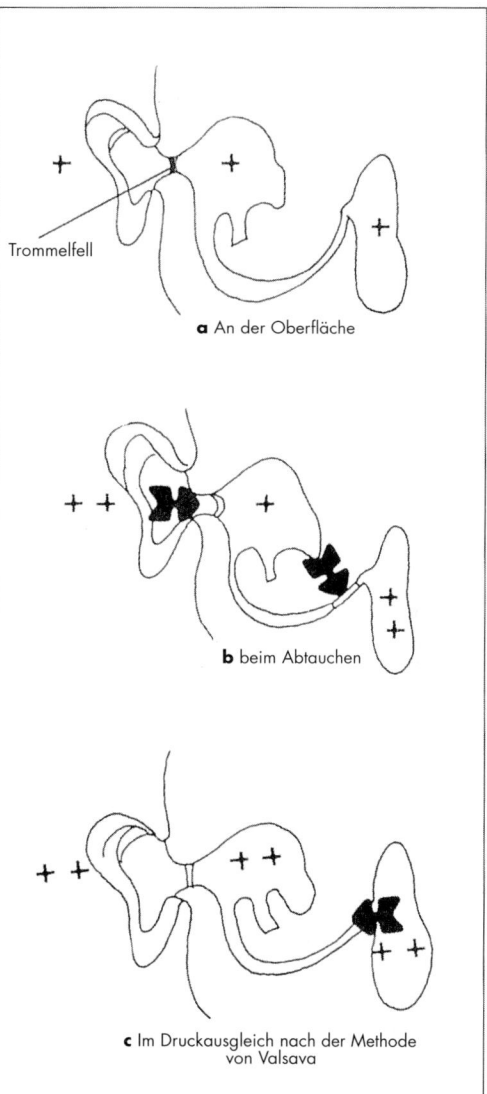

7.1 *Der Druck im Ohr*

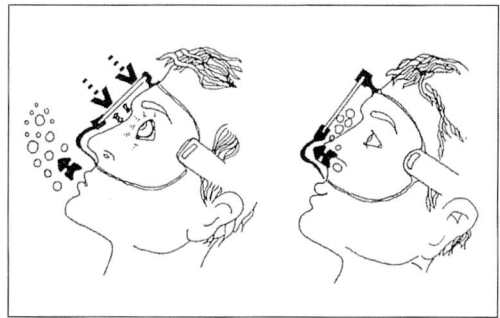

7.2 *Druck der Maske auf das Gesicht*

Die Kohlendioxidvergiftung

Kleine Ursache, große Wirkung. Ein zu langer oder zu dicker Schnorchel, mit dem der Taucher oberflächlich atmet, füllt sich sehr schnell mit verbrauchter Luft, und der Taucher atmet sein eigenes Kohlendioxid zurück. Nach einiger Zeit werden Übelkeit, Schwindelgefühl und Asthenie eine Kohlendioxidvergiftung anzeigen.

Der Dekompressionsunfall

Er wird als das traurige Privileg des Gerätetauchers betrachtet, kann aber auch sehr wohl dem Apnoe-Taucher passieren. Wenn stundenlang mehrere tiefe Tauchgänge nacheinander gemacht werden, mit sehr schnellem Auftauchen und Aufenthalten an der Oberfläche, die zu kurz sind, um die Stickstoffsättigung zu ermöglichen, kann ein Dekompressionsunfall möglich sein.

Polynesische Perlentaucher, die zu erstaunlichen Leistungen fähig sind und für die 40 Meter eine gewöhnliche Tiefe ist, sind öfter als andere vom Dekompressionsunfall betroffen, den sie „taravana" nennen. Jeder Stamm besitzt seine eigene Technik, um den taravana zu vermeiden. So tauchen die Schwimmer von Mangareva nur alle 15 Minuten, nachdem sie eine durch traditionelle Lieder eingeleitete, maßvolle Hyperventilation durchgeführt haben. Andere beten und atmen dabei besonders tief. Die Taucher von Tonamoton warten nur 4 bis 8 Minuten zwischen den einzelnen Tauchgängen und leiden viel öfter unter diesen Beschwerden.

Die Symptome eines Dekompressionsunfalls sind sehr verschieden. Unwohlsein, Juckreiz, Seh-, Sprachstörungen, Lähmungen, usw. müssen augenblicklich in einer Überdruckkammer behandelt werden.

TIERE UND APNOE

Wir haben bisher die Fähigkeit des Menschen betrachtet, sich mit angehaltenem Atem dem Element Wasser anzupassen. Aus der Betrachtung wurde Bewunderung, sowohl für die Leistungen der professionellen Taucher als auch für die Rekorde der Sportler. Aber alles wird vom Verhalten der Tiere bei der Apnoe und den Strategien, die sie dazu entwickelt haben, übertroffen. Nur zwei Zahlen vorweg, bevor wir mit dem hier nur unvollständig wiederzugebenden Überblick der unerschöpflichen Erfindungen der Natur weitermachen (Abb. 7.3).

Die maximal mögliche, von einem Tier in Apnoe erreichte Tiefe, beträgt: mindestens 2 500 Meter! Es handelt sich um den Pottwal, bei seiner Jagd nach den Riesenkraken, seiner Lieblingsnahrung. Der Pottwal selbst wird wiederum wegen seines Fetts, aber besonders wegen seiner Vorliebe für diese Delikatesse verfolgt: die Ambra, eine wohlriechende, sehr teure Substanz, welche aus dem harten, unverdaulichen Rest dieser Nahrung, dem Krakenschnabel besteht.

Die zweite Zahl: die maximale Dauer; man zählt hier nicht in Minuten, sondern in Stunden! Der Alligator bleibt mehr als zwei Stunden in den Sümpfen des Mississippi verborgen!

Die oft unbekannten physiologischen und morphologischen Anpassungsmechanismen verdienen eine Analyse und eine nähere Betrachtung. Warum sollte man nicht träumen? Durch bessere Kenntnisse und verstärktes Training kann der Mensch fähig sein, sein Betätigungsfeld in Apnoe zu vergrößern.

Die verschiedenen Atemtypen

Zahlreiche Spezies benutzen das Medium Wasser, sei es um ihre Nahrung zu finden, sich fortzupflanzen oder sich in Sicherheit zu bringen, ohne besonders angepaßt zu sein, das heißt ohne ein spezialisiertes Atmungsorgan, wie Kiemen zu besitzen. Sie sind also gezwungen, ihre Atmung zu unterbrechen, anders gesagt, sich bewußt in den Apnoezustand zu versetzen. Die Atmung sorgt für den Austausch von Gasen zwischen Zelle und Umfeld; sie ermöglicht die Sauerstoffaufnahme und die Abgabe des Koh-

Apnoe

lendioxids. Die meisten tierischen Zellen sind fähig, auch ohne Sauerstoffzufuhr Energie freizusetzen, indem sie Glykogen abbauen und dabei Milchsäure erzeugen. Aber dieser anaerobe Mechanismus kann nicht sehr lange durchgehalten werden. Deshalb gibt es mehrere wichtige Typen von Atmung, die den notwendigen Sauerstoff liefern.

- Für kleine Lebewesen, mit einem Durchmesser unter 1 mm, findet der Austausch der Sauerstoff- und Kohlendioxidmoleküle zwischen Zellen und Umfeld durch die Zellmembran statt: die **Atmung durch Diffusion.**
- Insekten verwenden die **Tracheenatmung.** Die Luft wird im Gaszustand, manchmal auch im flüssigen Zustand, durch feine Röhren, die Tracheen, bis zu den Zellen selbst geführt.
- Die **Kiemenatmung,** die das Leben im Wasser erlaubt, es aber an der Luft verbietet, findet man bei Fischen und Krustentieren. Die Kiemen ermöglichen die Aufnahme des im Wasser gelösten Sauerstoffs und das Ausstoßen des Kohlendioxids.
- Die **Lungenatmung** ist am höchsten entwickelt. Es ist die Atmung der Säugetiere, also des Menschen, aber auch die der Vögel und zahlreicher anderer Tiere. Die Luft wird dank der Bewegungen des Brustkorbes in die Lunge eingesogen, wo der Gasaustausch zwischen Luft und Blut stattfindet. Dieser Austausch bzw. die Anbindung des Sauerstoffs an das Blut findet in den Lungenalveolen statt.
- Einige Tiere sind Nutznießer einer **zweifachen Atmung,** die das Leben sowohl im Wasser wie in der Luft erlaubt. Diese Atmung kann entweder Lungen- und Kiemenatmung oder Haut- und Kiemenatmung sein.

Außer den Arten, die mit Kiemen ausgerüstet sind, wie den Fischen, den Krebstieren, einigen Schnecken und Stachelhäutern, aber auch einigen Insekten müssen alle anderen Geschöpfe ihre Atmung unterbrechen, wenn sie ins Wasser tauchen. Diese Atmungssperre bedeutet eine Unterbrechung der Sauerstoffversorgung. Aber auch wenn der Organismus einige Zeit von seinen Reserven leben kann, wird der Sauerstoffvorrat mehr oder weniger schnell verbraucht,

7.3 *Diagramm, das die Tiefe und die Dauer der Apnoe bei einigen Vogel-, Reptilien- und Meeressäugetierarten zeigt.*

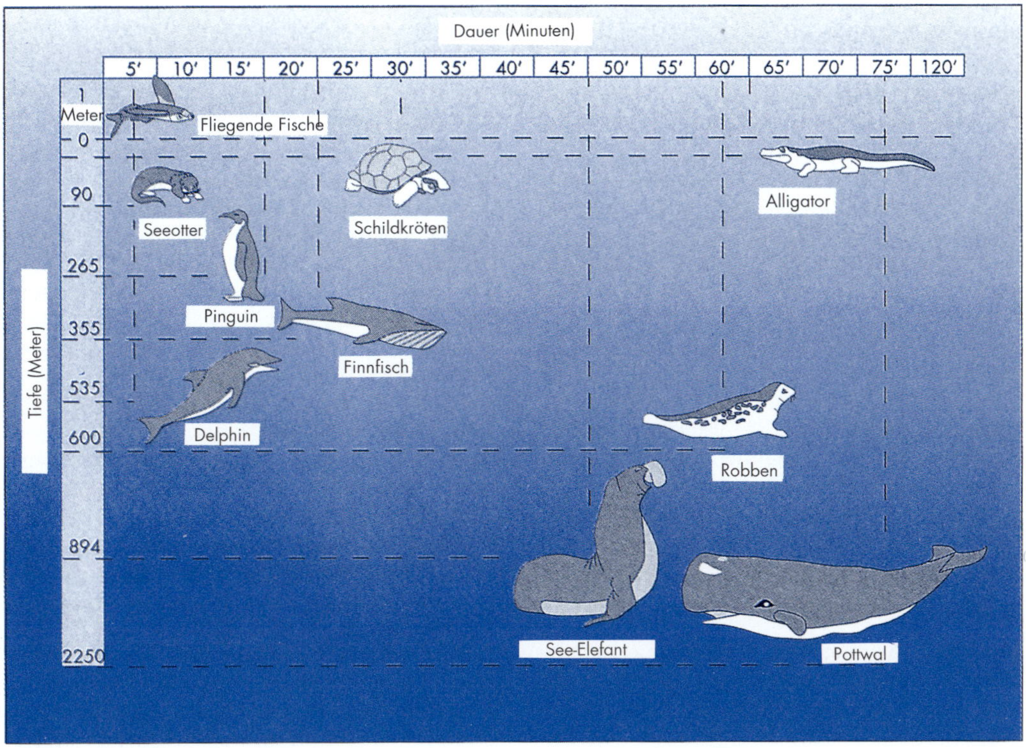

die Zersetzungsstoffe des Grundumsatzes nehmen überhand und das Wiederaufnehmen der Atmung wird unvermeidlich.

Um die Apnoe so lang wie möglich hinauszuziehen, benutzen die Tiere eine doppelte Strategie; einerseits erhöhen sie den Sauerstoffanteil vor dem Beginn der Apnoe, andererseits reduzieren sie den Sauerstoffverbrauch während der Apnoe.

Zahlreiche Forscher haben diese Mechanismen studiert, die von bestimmten Arten, vor allem von den Säugetieren, entwickelt wurden, um während der Apnoe Sauerstoff zu sparen.

Der Arzt Dr. Guillerm hat die drei physiologischen, für das hypoaerobe Leben notwendigen Methoden definiert. Es handelt sich um:
– Bradykardie oder Verlangsamung des Herzrhythmus,
– Bradypnoe oder Verlangsamung der Atembewegungen mit manchmal minutenlangen Unterbrechungen,
– Bradymetabolismus oder Verlangsamung des Grundumsatzes.

Betrachten wir uns jetzt die verschiedenen Arten und Tierfamilien, die zu besonders interessanten Apnoen mit verschiedenen, ausgeklügelten Methoden fähig sind.

Die Insekten

Eine große Zahl der Insekten verbringt ihr Leben im Wasser. Sehr oft leben die Larven im Wasser und besitzen eine angepaßte Kiemen- und Hautatmung. Das erwachsene Insekt lebt in der Luft und benötigt für seine Atmungsorgane entsprechende Veränderungen.

Geatmet wird durch die Tracheen, die auf einer Längsseite an der Oberfläche des Körpers in Atemöffnungen oder Stigmen enden und sich auf der anderen Seite verzweigen, um in winzig kleinen Alveolen zu enden, die in die Zellen selbst eindringen und in Kontakt mit den Mitochondrien (Bestandteile des Atemapparats der Pflanzen- wie der Tierzellen) treten können. Erwachsene Insekten, die ins Wasser eintauchen wollen, entweder um sich fortzupflanzen, sich zu schützen oder zu jagen, sammeln eine gewisse Luftmenge in diesen Tracheen. Sie haben dann drei Strategien zur Verfügung.

Die echte Apnoe: Das Insekt atmet an der Oberfläche, taucht unter und kommt an die Oberfläche zurück, wenn es wieder Luft braucht.

Die halbe Apnoe: Das Insekt nimmt einen „Luftvorrat" mit, mit dem es atmen kann, ohne wieder an die Oberfläche auftauchen zu müssen. Um ihre Apnoekapazitäten zu steigern, versorgen sich einige Arten mit einer Luftblase, die sie zwischen die Haare ihrer Beine einklemmen und die ihnen als Reserve dient.

Manchmal ist das Verfahren noch ausgeklügelter. So nimmt das Wasserinsekt Gyrin nicht nur eine Luftreserve mit, sondern tariert sie und macht sie auf dem Grund fest, um sie als Taucherglocke zu benutzen und zu verhindern, daß sie wieder hochsteigt. Die Argyronete, eine kleine Wasserspinne, benutzt ihrerseits eine Art kleines, mit Luft gefülltes Unterwasserhaus, das sie kafaltert, wenn sie ihr Netz spinnt: Es erlaubt dem Sauerstoff, aus dem Wasser ins Haus einzudringen, und dem Kohlendioxid, aus dem Haus zu entweichen. Die Spinne holt also Luft in ihrem Haus, geht ihrer Beschäftigung nach und kommt wieder, um zu atmen, immer unter Wasser. Eine perfekte Zeit- und Energieersparnis!

Die zweifache Atmung: Andere Insekten benutzen Kiemen unter Wasser und Tracheen außerhalb. Die Anpassung an zwei verschiedene Arten von Umgebung, Wasser und Luft, ist vollkommen. Sie brauchen keine Apnoe.

Die Fische

Sie sind niedere Wirbeltiere mit einem Knorpel- oder Knochenskelett und einem Körper, der mit Schuppen bedeckt ist oder nicht. Man teilt sie in mehrere Zehntausende von Arten ein, und sie leben im Wasser.

Die Atemorgane der Fische sind die Kiemen, die aus reich mit Blutgefäßen versorgten, epithelialen Lamellen bestehen und den Rachen mit der Umgebung verbinden. Die Kiemenlamellen beherbergen ein Netz von Kapillaren, in denen der Gasaustausch zwischen Wasser und Blut stattfindet. Das Blut fließt durch alle Lamellen des Kiemensystems von außen nach innen, immer in derselben Richtung; das Wasser fließt in entgegengesetzter Richtung von innen nach außen. Dieses Verfahren in Gegenrichtung garantiert die Optimierung des Gasaustauschs. Im allgemeinen dringt das Wasser durch den Mund ein und fließt durch die Kiemenspalten heraus. Da der Sauerstoffgehalt des Wassers wesentlich niedriger ist als der der Luft, geschieht dies ohne Unterbrechung, um die Atmung zu erleichtern.

Die Fische entnehmen also dem Wasser den gelösten Sauerstoff und können nur in dieser Umgebung leben. Außerhalb des Wassers fallen die Kiemenlamellen zusammen, die Kapillargefäße werden zerdrückt und kollabieren: Es kann kein Gasaustausch mehr stattfinden.

Dennoch sind einige Knochenfische in der Lage, sich einer Luftatmung anzupassen. Der seltsamen Unterklasse der Lungenfische, der Dipnoi, die zwei Lungen besitzen, gebührt jedoch ein besonderer Platz. Diese Fische besitzen sowohl Kiemen als auch Lungen und leben in den Flüssen und Sümpfen von Australien, Zentralafrika und Amazonien. In Zeiten der Dürre ist der Fisch in der Lage, mehrere Monate, sogar Jahre, in den Schlamm gedrückt von seinen Reserven zu leben, wobei seine einzige Aktivität die Atmung ist. Der Fisch atmet die Luft der Oberfläche, die bis zum Boden seines Unterschlupfs durch einen Kamin dringt, den er mit abgesondertem Schleim gebaut hat. Das Vorhandensein eines Luftatmungsorgans bei einem Fisch bedingt Veränderungen für seinen Kreislauf (Abb. 7.4). Bei einem normalen Fisch durchströmt das Herz nur venöses Blut, das durch Arterien zu den Kiemen transportiert wird. Bei den Lungenfischen sind die Lungen abgewandelte Kiementeile, welche an den sauerstoffreichen Blutkreislauf angeschlossen sind, so daß das sauerstoffreiche Blut bis zum Herzen kommt.

Die Krebstiere

Krebstiere kommen in allen Wassergebieten vor, im Meer wie in Binnengewässern, von der Oberfläche bis in abyssische Tiefen. In mehr als 10 000 Metern Tiefe konnte man noch mehrere Arten finden. Die Krustentiere der Tiefe ähneln den gewöhnlichen, sind aber meist größer und farblos. Es ist daher nichts Ungewöhnliches, wenn man auf Märkten wie z. B. auf Korsika riesige, fast weiße Langusten findet.

Die Mannigfaltigkeit der Krebstiere ist sehr groß, und neben den reinen Wasserarten trifft man andere, die ausschließlich am Land leben, wie die Kellerassel! Sie spielen eine sehr wichtige Rolle, sowohl als Helfer der Natur, indem sie winzig kleine Schädlinge vertilgen, und als leichte Beute für die stärkeren Raubtiere.

Die meisten Krebstiere atmen durch Kiemen, die sich wie Schwämme mit Wasser vollsaugen und aus denen sie, auch außerhalb des Wassers, weiterhin den notwendigen Sauerstoff erhalten.

7.4 *Schema der Blutkreisläufe der Fische*

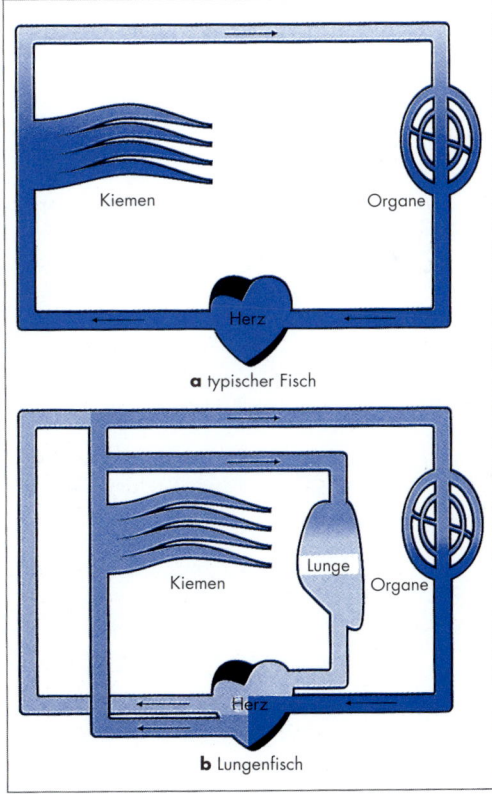

Dies erklärt, warum Krebse, Hummer oder Langusten auf den Marktständen so lange am Leben bleiben. Bestimmte Arten haben sich, obwohl im Wasser lebend, dem Leben auf dem Festland angepaßt und besitzen kleinere Kiemen und ausgeweitete Kiemenkammern mit gefäßreichen Wänden, die die Rolle der Lunge übernehmen. Man kann an den Stränden der Seychellen wundervolle, knallrote Krebse bewundern, die unter den Kokospalmen faulenzen; es ist aber zwecklos, sie fangen zu wollen: Sie sind ungemein schnell. Der Nachtwanderer seinerseits wird Kolonien von weißen Krebsen aufstöbern, die sich rasch auf ihren zehn Beinen in den Ozean in Sicherheit bringen.

Die Reptilien

Landwirbeltiere mit schuppiger Haut und Lungenatmung. Jedes Eindringen in den Bereich Wasser bedeutet für sie Apnoe.

Dennoch leben zahlreiche Arten im Meerwasser, wie die Meerschildkröten aus der Ordnung der Chelonien (Abb. 7.5), oder im Süßwasser die Alligatoren aus der Ordnung der Krokodile. Die Dauer ihrer Apnoe kann bemerkenswert sein. Im Fall der Schildkröten wird sie von mehreren Faktoren begünstigt: Verlangsamung des Herzrhythmus, große Abstände zwischen den Atembewegungen, Verminderung des Grundumsatzes.

Die Vögel

Mit Federn bedeckte Wirbeltiere, deren Vordergliedmaßen, zu Flügeln umgebildet, dem Flug dienen, außer bei einigen Vögeln wie dem Strauß oder den Pinguinen, die nicht fliegen können. Vögel sind homöotherm, das heißt, sie müssen ihre Innentemperatur stabil halten, ungefähr um 41°C, was einen hohen Sauerstoffverbrauch erfordet. Sie haben nicht, wie die Eidechsen aus der obengenannten Reptilienfamilie, die Möglichkeit, sich in der Sonne so lange zu erwärmen, bis ihre Temperatur die für ihre normale Aktivität notwendigen 37°C erreicht hat. Um den unentbehrlichen Sauerstoff zu speichern, haben die Vögel mehrere Reserven. Zuerst die Lunge, die aber sehr klein ist! Es gibt auch Luftsäcke, die im Kopf und im Rumpf sitzen und das Ende der Kiemenverzweigungen darstellen. Diese Säcke haben

7.5 *Meeresschildkröte aus der Ordnung der Chilonien*

auch Verlängerungen in den Röhrenknochen. All diese Reserven speichern mehr als die Hälfte des Sauerstoffvorrats und erlauben den fischfressenden Arten die Apnoe.

So fängt der Haubenkormoran seine Nahrung in zwanzig Metern Tiefe während eines dreiminütigen Apnoe-Tauchvorgangs. Seine Augen werden geschützt von einem zweiten durchsichtigen Lid, das ihm als Maske dient.

Die Meeressäugetiere

Dies sind die bekanntesten, faszinierendsten, aber auch am meisten bedrohten Wassertiere. Sie haben Lungen, leben dank ihrer bemerkenswerten Apnoekapazitäten im Wasser (Abb. 7.6) und müssen selbstverständlich regelmäßig an der Oberfläche atmen.

- Hierzu gehören die **Flossenfüßer** (Seehund, Ohrenrobbe oder Walroß). Sie leben hauptsächlich an Land, wo sie seit jeher wegen ihres prachtvollen Fells gejagt wurden. Wenn sie tauchen, schließen sich ihre Nasenlöcher automatisch.
- Es gibt auch die **Sirenen** oder Seekühe, mit nur noch zwei Arten, der Rundschwanzseekuh (Lamantin) und der Gabelschwanzseekuh (Dudong). Jacques Mayol beschreibt sehr gefühlvoll in Homo delphinus die Geschichte des Wasserballetts der Lamantinenweibchen in den Gewässern von Florida. Ihre Silhouette und ihre Grazie seien der Ursprung des Sirenenmythos. Sie können 20 Minuten lang in Apnoe bleiben.
- Schließlich gibt es noch die **Wale** (Cetacea), mit zwei Unterordnungen:
  - die Bartenwale, die sich von Plankton und winzigen Garnelen (Krill) ernähren. Auch die Fischer von Ajaccio schätzen diese kleinen blauäugigen Garnelen, die in Korsika gambarelli heißen und einen sehr guten Köder abgeben. Zu den Bartenwalen gehören z. B. die eigentlichen Wale und die Furchenwale;
  - die Zahnwale, welche Fische, Weich- und Krustentiere fressen; zu ihnen gehören die Pottwale, die Delphine, die kleinen Tümmler, die Schwertwale... Sie sind die wahren Apnoemeister.

Wir haben schon die Leistungen der Pottwale erwähnt, die Riesenkraken mit bis zu 15 Metern Länge, also fast so groß wie sie selbst, bis in abyssische Tiefen verfolgen. Die extreme Kompressionsfähigkeit ihres Brustkorbs erlaubt den Odontoceti, dem sehr hohen Druck in der Tiefe standzuhalten, nicht zu vergleichen mit dem Druck, den der Mensch, dessen Brustkorb wenig Weite besitzt, aushalten kann. Außerdem ist ihre Atmung langsam, und bei jedem Einatmen werden neun Zehntel der Luft in der Lunge erneuert. Auch spielen einige andere komplexe Phänomene eine Rolle, um diese Leichtigkeit in der Apnoe zu erklären: etwa der niedrige Grundumsatz, der wirksame Schutz gegen die Kälte (dank einer besonders dicken Unterhautfettschicht) und der *blood shift*-Reflex, den wir schon erwähnt haben, ein starker Blutandrang in Lunge und Herz. Hinzu kommt ein Netz aus sauerstoffreichen Blutgefäßen, das von Georges Cuvier 1830 entdeckt wurde. Es handelt sich um ein Netz aus Arterien, das einerseits das Gehirn und andererseits die zwei Seiten des Brustkorbs umgibt und einen riesigen Blutvorrat bereithält.

Die Sauerstoffbindung wird bei Walen sehr erleichtert durch eine im Verhältnis zum Menschen dreimal größere Zahl von Lungenbläschen. Die Anzahl der roten Blutkörperchen ist sehr hoch, sie sind sehr reich an Hämoglobin,

7.6 *Die wahren Apnoemeister*

dem Farbstoff, der die Bindung des Sauerstoffs ermöglicht.

Obwohl Wale und vor allem Delphine die besondere Aufmerksamkeit der Menschen genießen, sind die Forschungen über ihre physiologischen Merkmale noch sehr lückenhaft, und vieles bleibt ein Geheimnis.

GESCHICHTE DER APNOE

Bevor sich das Apnoe-Tauchen in den letzten Jahren zu einem Freizeitsport und sogar einer Jagd nach Rekorden entwickelte, war die Apnoe in erster Linie eine Sache des Fischfangs und der Tradition. Die Apnoe hat eine lange Geschichte hinter sich, man kann sie bis in die Antike zurückverfolgen.

Die griechischen und römischen Taucher

Über Berufstaucher wird schon in der griechischen Antike, aus der Zeit von Homer, das heißt seit dem IX. Jahrhundert v. Chr. berichtet (Abb. 7.7). Vor Aristoteles werden sie nur kurz und selten erwähnt, es wird aber von der Härte dieses Berufs berichtet. Aischylos läßt in seiner Tragödie *Hiketiden (Die Schutzflehenden)* den König Pelargos sagen, der mit der schwierigen und gefährlichen Entscheidung konfrontiert wird, den 50 Danaiden zu helfen, um einer aufgezwungenen Heirat zu entfliehen: „Ja, ich brauche den tiefen Blick, den der Wein nicht getrübt hat, wie ein Taucher, der in den Abgrund hinabsteigt."[1]

Die ältesten und bekanntesten Fischer der Antike sind die Schwammfischer. Sodann kamen die Korallen-, und später noch, mit den Unternehmungen von Alexander dem Großen im IV. Jahrhundert v. Chr., die Perlenfischer.

Aristoteles mit seiner *Geschichte der Tiere,* vier Jahrhunderte später, am Anfang unseres Zeitalters, Plinius der Ältere, Verfasser einer gigantischen Naturgeschichte, und schließlich der etwas bekannte didaktische Dichter des II. Jahrhunderts n. Chr., Oppianos aus Kilikien: Dies sind die Autoren, die das meiste über die Apnoetaucher geschrieben haben. Wir wissen, daß der römische Dichter Ovid in seinem Exil auch eine Abhandlung über den Fischfang, die *Alieutika,* schrieb, aber sie ist verlorengegangen. Wenn wir den drei vorher erwähnten Quellen vertrauen, was wissen wir genau über die Schwammfischerei?

Vor dem Tauchen beten die Fischer zu den „Göttern der tiefen See, damit sie sie vor den Meeresungeheuern schützen" (Oppianos). Am Tauchplatz versuchen sie dann einen als *anthias* bezeichneten Fisch zu finden, vermutlich einen Meru. Pierre de Latil und Jean Rivoire haben versucht, dies in dem sehr schönen Buch *A la recherche du monde marin*[2] aufzuzeigen. Der Meru galt angeblich als Beschützer des Gebiets. Dann taucht der Fischer an ein Seil gebunden ab, einen schweren Stein in der einen und eine Sichel in der anderen Hand, den Mund voll Olivenöl. Die Ohren durch zwei ölgetränkte Schwammstückchen geschützt. Auf dem Grund angelangt, läßt er ein bißchen Öl entweichen, um besser zu sehen, und schneidet die Schwämme so schnell wie möglich, dann zieht er am Seil, um zurückgeholt zu werden.

Oppianos erklärt: „Die abgeschnittenen Schwämme sondern ein tödliches Blut aus, das sich um den Mann herum ausbreitet und manchmal ausreicht, um ihn zu töten, so furchtbar verletzt dieser widerliche Geruch die Nase. Deshalb muß sich der Taucher beeilen." Die Rückkehr an die Oberfläche zeigt einen Taucher „am Ende seiner Kräfte, so stark haben die Angst, die Müdigkeit und die Schmerzen seine Glieder angegriffen". Der Dichter beschreibt auch den tragischen Tod einiger Taucher, deren Begleiter mit großer Mühe nur noch die von einem furchtbaren, unbekannten Ungeheuer gefressenen Überreste zurückholen konnten!

Aristoteles erzählt von einer sonderbaren Sitte, die man anderswo mehrere Jahrhunderte später wiederfindet, und die darin besteht, die Ohren und die Nase einzuschneiden. Vielleicht war es eine Methode, die barotraumatischen Unfälle der Ohren und der Stirnhöhlen zu vermeiden?

Außer diesen drei wirtschaftlichen Aktivitäten, der Schwamm-, der Korallen- und der Perlenfischerei, trifft man auch Berufstaucher im Militärwesen. Es gab schon in der Antike Kampftaucher. Herodotes erzählt die Heldentaten von Scyllias von Kalkidike und seiner Tochter Cyana, die der Flotte von Xerxes großen Schaden zufügten, indem sie an einem Sturmtag die Anker der Schiffe ausrissen. Ihnen zu Ehren wurden Statuen im Apollotempel in Delphi errichtet!

Wenn man weiß, daß dieser Tempel der politisch und religiös wichtigste Ort des gesamten antiken Griechenlands war, kann man sich vorstellen, welche Bewunderung die Griechen den berühmtesten Kampftauchern entgegenbrachten.

Der griechische Historiker Thukydides, dem man sicher keine Phantasterei vorwerfen kann, beschreibt die Belagerung von Syrakus durch die Athener. Die Taucher beider Seiten kämpften gegeneinander; die Syrakuser pflanzten Pfähle, um den Eintritt des Feindes in den Hafen zu verhindern, die Griechen wiederum versuchten, sie abzusägen, nachdem sie eingerammt waren.

Derselbe Thukydides erwähnt in einem anderen Buch, *Der peloponnesische Krieg,* eine weitere Tat der Kampftaucher. Es handelt sich um die Taucher aus Tyr, die den Auftrag hatten, die Ankertaue der Galeeren von Alexander dem Großen, die 332 v. Chr. ihre Stadt belagern, zu durchschneiden. Ihnen verdankt die Stadt die erfolgreiche Verteidigung. Die Historiker erwähnten oft genug die Kampfschwimmer, um uns auch heute noch von ihrer Bedeutung in der Antike zu überzeugen.

7.7 *Assyrisches Basrelief, 900 v. Chr.*

7.8 *Korallenäste, von denen heutige Korallenfischer nur träumen können.*
(Enzyklopädie Cousteau, „L'homme retourne à la mer".
Ed. Robert Laffont).

Das Mittelalter

Einzigartiges Fortbestehen der Tradition! Im X. Jahrhundert spricht der arabische Naturforscher Mas'Oudi in derselben Weise von den Tauchern seiner Zeit.[3] „Die Taucher ernähren sich von Fischen, Datteln und ähnlichen Nahrungsmitteln. Man beschneidet ihnen den unteren Teil des Ohrs, um den Atem durchzulassen, denn sie verschließen ihre Nase mit einem Gerät, welches aus dem Schildpatt der Meeresschildkröte gefertigt ist. Sie tragen in den Ohren mit Öl getränkte Baumwollpfropfen. Auf dem Grund pressen sie einen Teil des Öls aus, was das Wasser erleuchtet."

Militärische Taten findet man sowohl in den Darstellungen moslemischer Historiker, Zeugen der Kreuzzüge, als auch in denen westlicher Berichterstatter. Wir wollen nur die Episode der Belagerung von Saint-Jean-d'Acre durch die Kreuzfahrer erwähnen. Ein arabischer Taucher, genannt Isa, transportierte Gold und Nachrichten in Ledersäcken, die an seinem Gürtel festgebunden waren, während er unter den Schiffen hindurchschwamm. Eines Tages holte ihn dennoch sein Schicksal ein und das Meer spülte ihn an den Strand; das Gold und die Nachrichten waren immer noch am Körper des unglücklichen Tauchers angebunden.

Die japanische Tradition

Professionelles Apnoetauchen gibt es in Japan seit etwa 2000 Jahren, es wird auch *ama* genannt. Durch Zeitungen und Fernsehen bekannter geworden, haben die nackten Taucherinnen aus Japan zu vielen Spekulationen Anlaß gegeben. Ihre Tätigkeiten waren bislang, sozial gesehen, perfekt gegliedert. Es gibt in der Tat drei Kategorien von Taucherinnen.

Die Koisodo-Taucherinnen: Es sind sehr junge Mädchen oder Frauen über 50 Jahre. Sie starten vom Ufer, tauchen im 4 oder 5 Meter tiefen Wasser und legen nach einer 15 bis 20 Sekunden langen Apnoe ihre Algenernte in Körbe, die an der Oberfläche schwimmen.

Die Nakaisodo-Taucherinnen: Sie sind etwa zwanzig Jahre alt, tauchen in kleinen Gruppen und tauchen bis auf 8 Meter hinunter. Sie sammeln Muscheln und Algen; Ihre Apnoe dauert weniger als eine Minute. Sie werden in Kähnen bis zu ihrer Tauchstelle gebracht.

Die Oisodo-Taucherinnen: Sie sind 25 bis 50 Jahre alt. Ihre Apnoe dauert oft fast zwei Minuten, und sie erreichen normalerweise eine Tiefe von 25 bis 30 Metern. Sie tauchen von einem Kahn aus, der von einem der Ehemänner oder einem Verwandten gesteuert wird. Mit einem Bleigürtel tariert, tauchen sie sehr schnell ab; unterstützt von einem an einem Seil befestigten Gewicht. Der Begleiter zieht es wieder hoch, wenn sie den Grund erreicht haben. Nach Beendigung ihrer Ernte ziehen sie an dem Seil, das sie mit dem Boot verbindet, und der Mann, der sie betreut, hievt sie so schnell wie möglich mit einer Seilrolle wieder hoch. Zwischen jeder Apnoe beruhigen sie ihren Atem und praktizieren eine langsame Hyperventilation, die durch ein starkes Pfeifen kontrolliert wird.

Aber die Tradition geht verloren, die Zahl der Taucherinnen wird immer kleiner, und nur auf einigen kleinen Inseln im Norden Japans wird diese Tätigkeit, die durchaus rentabel war, noch praktiziert. Heute sind die Taucherinnen nicht mehr nackt, sie tragen wie überall einen Neoprenanzug, und der einzige traditionelle Gegenstand, den sie beibehalten haben, ist ein weißes Tuch, das sie in ihre Haare binden, um die bösen Geister zu vertreiben.

Die polynesische Tradition

Jacques Mayol spricht in dem schon erwähnten Buch *Homo delphinus* den polynesischen Perlentauchern seine Bewunderung aus. Für ihn sind sie die besten Apnoetaucher der Welt.

Zum Glück hat uns das Kino ein außergewöhnliches Dokument über diese traditionelle Fischerei erhalten. Es handelt sich um den Film *Tabu*, 1927 in Bora-Bora gedreht, mit Bewohnern der Insel als Schauspieler. Da es ein Stummfilm ist, wird die Aufmerksamkeit des Zuschauers noch stärker auf die Mimik und die Gesten der Personen gelenkt. Jacques Mayol erzählt, daß er in seiner Jugend von diesem Film stark beeinflußt wurde. Jeder, der das Glück hatte, diese erstaunlichen Bilder zu sehen und die dramatische Begleitmusik von Arthur Honegger zu hören, wird es ihm gerne glauben. Es ist die Geschichte eines jungen Perlenfischers, der in eine schöne, immer fröhliche Eingeborene verliebt ist. Ihr Glück ist ungetrübt, ihr Leben voll Hoffnung, bis das Mädchen von einem Priester ausgewählt wird, um einer lokalen Gottheit zu dienen, wie eine römische Vestalin. Der junge Mann glaubt, sich und seine Geliebte damit retten zu können, indem er intensiv fischt, um viel Geld zu verdienen und um damit zu fliehen. Die Bilder zeigen detailliert die nacheinander folgenden Tauchgänge, die schnelle Hyperventilation und das Sammeln der schwarzen Perlen, die Reichtum, aber auch den Tod symbolisieren.

Auch heute gibt es noch Perlentaucher. Sie tauchen immer noch in eine Tiefe von 30 bis 40 Meter und werden sofort von ihrem Helfer zurückgeholt. Ihre Zahl wird aber immer kleiner. Die Perlenzucht in Japan wie in Polynesien reduziert die Perlenfischerei zugunsten des Schutzes der Perlenaustern.

In der ganzen Welt wird die traditionelle Apnoefischerei durch moderne Techniken und durch die Fischerei mit einem Tauchgerät ersetzt. Warum sein Leben riskieren, seinen Körper schädigen, wenn es so leicht, so sicher und so rentabel ist, anders zu tauchen?

APNOE HEUTE

Heute ist das Apnoetauchen sehr beliebt und weckt große Leidenschaften. Während die professionellen Taucher mit ihrer jahrtausendealten Tradition verschwinden, werden die Freizeit- und Sporttaucher immer zahlreicher. Früher waren die Rekorde polynesisch, koreanisch, griechisch, sizilianisch oder korsisch, nur einem Stamm oder einem Dorf bekannt, heute erobern sie die Titelblätter der Illustrierten und alle Kinoleinwände.

Bevor wir weiter erzählen, müssen wir einiges festhalten und einige Ratschläge wiederholen. Das Apnoetauchen zieht immer mehr Gelegenheitssportler an, aber die Risiken sind nicht zu unterschätzen. Anoxische Ohnmacht, verursacht von einer zu starken Hyperventilation, und die „Begegnung der Ohnmacht in 7 Meter Tiefe" trifft sehr viele von denen, die diesen Sport meist im Sommer praktizieren, ohne besondere theoretische Kenntnisse, ohne ernsthaftes Training, oft sogar ohne Begleitung! Man muß es immer wieder sagen: Größte Vorsicht ist geboten. Tauche nie allein, halte Dich nicht für einen Delphin, praktiziere eine Hyperventilation nur, nachdem das Drittel Sicherheitszeit berechnet wurde, und tauche in Fachbücher vor dem „Rausch der Tiefe".

1949–1989: Vierzig Jahre liegen zwischen diesen zwei Daten, aber auch 82 Meter!

1949: Der Kapitän Raimondo Bucher taucht bis in eine Tiefe von 30 Metern in der Bucht von Neapel. Es ist der erste Apnoerekord mit variablem Gewicht, den die CMAS, der Weltverband der Taucher, anerkannt hat.

1989: Francisco Ferreras Rodriguez alias Pipin taucht auf offener See vor Cayo Largo, einer kubanischen Insel, bis 112 Meter und kommt nach einer Apnoe von 3 Minuten und 3 Sekunden wieder hoch. Dieser bis heute neueste Rekord wird von der CMAS nicht anerkannt. Denn seit dem 5. Dezember 1970 weigert sich der mächtige Weltverband, den Begriff Rekord für Versuche zu verwenden, die nicht mehr in den Bereich des Sports, sondern in den der Wunschvorstellung gehören. Seit diesem Tag beschränkt sich die CMAS darauf, die „Versuche mit variablen Gewichten" – wie sie sie nennt – festzuhalten, das heißt, sie verfolgt das Geschehen mit Interesse, ermutigt aber nicht dieses Überschreiten menschlicher Grenzen, das eher die Wissenschaft als den Sport betrifft. Jacques Mayol hat sehr viel zu dieser Einstellung beigetragen und selbst sein Leben der Wissenschaft gewidmet. Er taucht umgeben von Ärzten und Technikern. Er hat sogar seine Herzschläge in 86 Metern Tiefe von dem Arzt Sandro Maroni kontrollieren lassen. Zwanzig Sekunden dem Arzt gewidmet! Das Ziel eines Mannes wie Mayol ist es, den Atemreflex wissenschaftlich zu untersuchen; daß es im Laufe der Jahrhunderte immer wieder außergewöhnliche Taucher gab, ist für ihn der Beweis für die Fähigkeiten des Menschen im Medium Wasser. Erinnern wir noch an einige große Daten dieser verrückten Jagd nach Rekorden. In den folgenden Beispielen wurden alle Tauchgänge mit variablen Gewichten gemacht. Das bedeutet, daß der Taucher mit einem Ballast abtaucht, einem mit einem senkrechten Kabel verbundenen Gußeisenbarren, um sein Absinken so stark wie möglich zu beschleunigen. Diese Masse ist fast immer mit einer Bremse versehen, um das Landen auf dem Grund zu erleichtern. Der Taucher steigt mit Hilfe eines Ballons oder einer aufblasbaren Weste wieder hoch, nachdem er seinen Ballast abgeworfen hat.

1949: Raimondo Bucher – 30 m
1956: Ennio Falco und Alberto Novelli – 41 m
1060: Enzo Maiorca – 45 m
1961: Enzo Maiorca – 50 m
1966: Enzo Maiorca – 62 m
1968: Jacques Mayol – 70,4 m
1969: Enzo Maiorca – 72 m
1970: Jacques Mayol – 76 m
1973: Enzo Maiorca – 80 m
1974: Enzo Maiorca – 84 m
1976: Jacques Mayol – 100 m
1983: Jacques Mayol – 105 m
1989: Angela Bandini – 107 m
1989: Pipin – 112 m
1993: Pelizzari – 123 m
1993: Pipin – 125 m

Die letzten neun Rekorde sind, wie schon erklärt, nicht von der CMAS anerkannt.
Dagegen werden die Tauchgänge mit gleichbleibendem Gewicht voll als sportliche Rekorde betrachtet. Bei diesen muß der Taucher mit derselben Ausrüstung und ohne jegliche Hilfe ab- und auftauchen. Also kein Ballasteisen, mit oder ohne Bremse, kein Tau, das man festhält, um aufzusteigen; man nimmt seine Maske nicht ab und behält nur Kontaktlinsen an; man steigt aus eigener Kraft hinunter und wieder hoch.
Aber wundern wir uns nicht, wenn dieselben Namen auf der folgenden Liste stehen!
1974: Enzo Maiorca – 58 m
1976: Enzo Maiorca – 60 m
1981: Jacques Mayol – 61 m
Die weiblichen Rekorde gehören den Töchtern von E. Maiorca.
1978: Patrizia Maiorca – 35 m
1979: Patrizia und Rosanna Maiorca – 40 m
1980: Patrizia und Rosanna Maiorca – 45 m
1992: Rosanna Maiorca – 58 m

Dies ist der Punkt, an dem wir kurz vor dem Jahr 2 000 mit der Apnoe angelangt sind. Sie ist zum Studienobjekt geworden, behält aber ihre Faszination für alle, die die Unterwasserwelt erobern möchten, und die sich wünschen, „zu tauchen in die Tiefe des Abgrunds... in die Tiefe des Unbekannten, um etwas Neues zu finden!"

Die Problematik aller Rekorde liegt in den verschiedenen Anerkennungssystemen, weshalb meist mehrere Rekordlisten geführt werden. Wir haben diese Erkenntnisse über das Tieftauchen ohne Gerät hier eingebracht, um das Wissen über die Zusammenhänge in unserem Körper unter den Bedingungen der Apnoe zu vertiefen.
Keinesfalls sollte es eine Aufforderung zur eigenen Rekordjagd werden, sondern mahnender Hinweis auf die Gefahren beim Schnorcheltauchen sein.

Zitate

[1] *Les Belles Lettres,* 1966,
Übersetzung Paul Mazon

[2] *A la recherche du monde marin,*
Pierre de Latil et Jean Rivoire, Plon, 1954

[3] *Les Prairies d'or,* Mas'Oudi

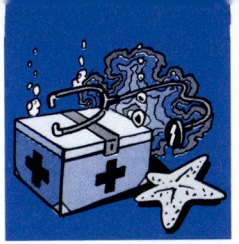

8. MEDIZIN UND TAUCHEN

Dieses Kapitel behandelt nur die Grundzüge der Tauchmedizin. Wir haben uns absichtlich auf das Wesentliche konzentriert, um Ihnen vor allem die Kenntnisse zu übermitteln, die es Ihnen erlauben, Ihre Tauchgänge zu kontrollieren und sicher zu gestalten; das Sporttauchen muß in erster Linie ein Vergnügen ohne Risiko sein. Zudem zeigen wir die wichtigsten Hintergründe und Überlegungen zur Erstellung der Dekompressionstabellen auf, um Ihnen zu ermöglichen, aufgrund dieser Vorstellungen Ihre persönliche Situation besser zu bewerten.

„Höre, Sancho, das Gebell der Hunde kommt näher durch die Nacht; ein Zeichen, daß wir vorankommen."
Miguel de Cervantès (1547–1616)

DIE MEDIZINISCHE ÜBERWACHUNG DES SPORTTAUCHENS

Das autonome Tauchen ist eine physiologisch anstrengende Aktivität. Ziel der medizinischen Kontrolle ist es, der Belastung schon an der Schwelle des akuten Risikos Einhalt zu gebieten. Die Bedeutung von regelmäßigen medizinischen Untersuchungen, um absolute oder relative Gegenanzeigen aufzuspüren und Risikofaktoren festzustellen, ist unbestritten. Es liegt in Ihrem eigenen Interesse und manchmal im Interesse ihrer Tauchbegleiter, daß manche Taucher ausgeschlossen werden, nachdem bei ihnen entsprechende Risikofaktoren festgestellt worden sind.

Bei der ersten Untersuchung und den ein- bzw. zweijährlichen Wiederholungen müssen organische Defekte und funktionelle Insuffizienzen (Funktionsschwächen) aufgespürt werden, die beim Tauchen stark ins Gewicht fallen könnten. Auch die Anpassungsfähigkeit des Organismus an die Druckveränderungen und ihre Folgen müssen abgeschätzt werden. Jeder Taucher, Anfänger oder Routinier, muß dies verstehen und mit Blick auf seine Sicherheit akzeptieren.

Der Verlauf der Untersuchung

Wie diese Untersuchung normalerweise im Rahmen des Sporttauchens durchgeführt wird, ist nicht optimal, auch wenn genau und sorgfältig gearbeitet wird. Sie erlaubt in den meisten Fällen, alle offensichtlichen Kontraindikationen aufzuspüren, kann aber einen pathologischen Zustand auf Grund vorhandener oder fehlender Merkmale nur vermuten lassen. Beim geringsten Zweifel müssen also systematisch zusätzliche Untersuchungen angeordnet werden, die den Zustand wichtiger betroffener Funktionen feststellen: Der Arzt muß sich darüber im klaren sein, daß das geringste physische, physiologische oder psychologische Versagen im Wasser schwere funktionelle oder lebensbedrohliche Folgen haben kann.

DIE ERSTE UNTERSUCHUNG

Sie ist eine sorgfältige Allgemeinuntersuchung, die sowohl die Anamnesefakten wie die klinischen Beobachtungen in Betracht zieht. Jedes Organ muß sorgfältig untersucht werden. Dennoch wird sich diese Untersuchung hauptsächlich mit bestimmten Organen befassen, entweder wegen ihrer leichteren Verletzbarkeit oder wegen ihrer besonderen Wichtigkeit.

Dieser Check-up versucht, jede Erkrankung und/oder Anomalie aufzudecken, die einen Risikofaktor darstellt oder eine absolute Gegenanzeige für die Ausübung des Tauchens bedeutet.

Grundsätzlich müssen – manchmal nur für eine begrenzte Zeit – alle fortschreitenden oder chronisch organischen Schäden, alle wichtigen Funktionsstörungen vor allem des Herz-Kreislaufsystems, der Lunge, der Nerven sowie der HNO-Sphäre ausgeschlossen werden.

Sind Folgeerscheinungen alter, überwundener oder stabilisierter Krankheiten gravierend, kann eine endgültige oder zeitweilige Kontraindikation angesagt sein. In den meisten Fällen sind dabei die physiologischen Kriterien entscheidend; die Auswirkung des Tauchens auf den entdeckten pathologischen Mangel muß genau eingeschätzt werden. Die Unterschiede bei der Einschätzung der Risiken sind hauptsächlich auf die jeweiligen Fachkenntnisse und die Erfahrung des untersuchenden Arztes zurückzuführen, der letztlich nach bestem Wissen und Gewissen entscheiden wird.

Ohne sie erschöpfend aufzuzählen, muß man also die Erkrankungen der beim Tauchen besonders betroffenen Organe, die einen Einfluß auf diese Aktivität haben können, sorgfältig aufspüren.

Das Atemsystem

Man muß nicht nur mögliche Krankheitsursachen ausmerzen, sondern auch parenchymatöse Krankheitsfolgen, die die anatomische Unversehrtheit und den Funktionswert des bronchopulmonalen Apparates beeinträchtigen können. Jede Narbe ist nicht nur eine Schwachstelle, an der beim kleinsten Überdruck eine Alveole reißen kann, sie kann auch Unfälle durch „Klappen-Bronchie" verursachen. So sind eine fortschreitende Tuberkulose oder ihre Folgeerscheinungen, obstruktive Syndrome jeder Art (fortschreitendes Asthma, chronische oder wiederholte Bronchitis), chronische Erkrankungen der Bronchien wie Bronchiektasie (Bronchialerweiterung), Emphysemblasen und Folgen eines Pneumothorax streng genommen Kontraindikationen.

Herz- und Gefäßsystem
Ziel ist es, die organischen Hauptursachen einer Untauglichkeit bei mäßiger Anstrengung aufzuspüren. Man muß nicht ein Athlet sein, aber ein Minimum an Kondition, die den qualitativ hochwertigen metabolischen Gewebeaustausch erlaubt, ist notwendig.
Die Personen, die Herzschäden oder Folgeerscheinungen davon zeigen wie Infarkt, schwere Herzklappenveränderungen oder Koronarkrankheiten, scheiden aus, nicht anders wie bei jeder anderen Aktivität, die den Herz-Kreislaufapparat belastet.
Eine ständige Tachykardie (Steigerung der Herzfrequenz) über 100 bedeutet ein Tauchverbot. Dagegen sind Extrasystolen, die bei Belastung verschwinden, unbedenklich. Die Gefäße müssen in jedem Fall unversehrt sein, und jeder Schaden, der die Leistung der Gewebeperfusion beeinträchtigen könnte, ist verdächtig und muß eventuell gründlicher untersucht werden. Immer bedeutet ein derartiger pathologischer Befund Zurückhaltung, wenn nicht gar eine Kontraindikation, wegen des möglichen Einflusses auf die Gewebesättigungs- und Gewebeentsättigungsvorgänge. Dasselbe gilt für den venösen Rückfluß.

Hals-Nasen-Ohren
Zunächst bedeutet alles, was den Druckausgleich zwischen der Paukenhöhle oder den Nasennebenhöhlen und den Atemwegen endgültig und total verhindert, ein Tauchverbot. Dies ist der Fall bei chronischem Tubenkatarrh und allergisch-infektiösen Zuständen des Nasenrachenraums, die zu einer schlechten Durchlässigkeit der Tuben führen. Dagegen sind eine Verkrümmung der Nasenscheidewand, eine Hypertrophie der Nasenmuschel, Polypen oder jeder Faktor, der eine teil- oder zeitweise Verstopfung der Nase verursachen kann, mit dem Tauchen vereinbare Erkrankungen, wenn der häufig geschwollene und entzündete Zustand der Schleimhäute die Sinus- und Tubenöffnungen nicht verstopft. Es sind nur relative und vorübergehende Gegenanzeigen wegen der oft asymmetrischen Undurchlässigkeit, die neben den bekannten HNO-Barotraumen Ursache einer Schwindelsymptomatik sein kann.
Sodann muß man nach dauerhaften organischen Erkrankungen suchen. Chronische Entzündungen der Ohren oder Stirnhöhlenentzündungen sowie Folgeerscheinungen von Eingriffen in das Mittelohr, die die Wände geschwächt haben könnten, und alte, nicht vernarbte Trommelfellperforationen führen zum Tauchverbot. Dagegen sind eine Sklerose (Verhärtung) oder eine große Trommelfellnarbe nur dann ein Hindernis, wenn kein Druckausgleich möglich ist. Schließlich, auch wenn das Tauchen nicht taub macht, kann der kochleo-vestibuläre Apparat verletzt werden. Bei Schäden des Labyrinths soll ein Tauchverbot bewirken, daß eine mögliche barotraumatische Verschlechterung des vorherigen Schadens vermieden und somit eine schon angegriffene Funktion geschont wird. Deshalb:
– bedeutet jede Schädigung des Gleichgewichtsapparats ein Tauchverbot;
– können Gehördefizite geduldet werden; ob vom Tauchen abzuraten ist, hängt vom Grad der Schwerhörigkeit und von einer möglichen Verschlechterung des Hörvermögens ab.

Das Neurovegetative System
Personen, die schon Epilepsie-, Tetanie- oder Spasmophiliekrisen gehabt haben, rät man üblicherweise vom Tauchen ab. Die Einstufung neurovegetativer Komponenten basiert auf dystonischen funktionellen Erscheinungen und dem Flack-Test. Vagus-Synkopen, verursacht von einer neurovegetativen Instabilität, bedeuten selbstverständlich ein Tauchverbot. Angstzustände, vegetative Dystonie, kompensierte neuropsychiatrische Erkrankungen, Alkoholismus sind Kontraindikationen, die gegen das Tauchen sprechen.
Auch die Motivation und das Verhalten müssen in Betracht gezogen werden. Anomale psychologische Reaktionen, Aggressivität, Wunsch nach aufwertenden Taten, nach Rekorden, Ursache vieler Tragödien, sind Kriterien, die bei der Auswahl eine Rolle spielen. Oft ist es der Ausbilder, der unabhängig von der medizinischen Meinung, im Kontakt mit dem Taucher die Persönlichkeitsstörungen feststellen und letztendlich die Belastbarkeit seines Schülers beurteilen wird.

Die anderen Organe
Der Fortbewegungsapparat wird vor allem hinsichtlich des Zustands der Gelenke besonders sorgfältig untersucht, die die bevorzugten Stellen des Bläschenphänomens sind. Folgeerscheinungen von Eingriffen an großen Gelenken können ein Tauchverbot bedeuten. Ein

akuter oder chronisch gewordener Entzündungszustand muß zur Vorsicht mahnen. Aus demselben Grund müssen Störungen der hämodynamischen und geweblichen Vorgänge der Sättigung-Entsättigung mit Inertgasen und akute Ischiasschmerzen ein vorübergehendes Tauchverbot bedeuten. Da nicht ausgeschlossen werden kann, daß chronische Lendenschmerzen bei der Entstehung einiger neurologischer Rückenmarkunfälle ursächlich mitwirken, wird dieser pathologische Befund, auch wenn er kein endgültiges Tauchverbot bedeutet, in der Praxis zu Einschränkungen zwingen (Tiefe/Zeit-Kräftepaar der Sicherheitskurve insbesondere).

Bei allen anderen Fällen sind die Gegenanzeigen meistens offenkundig: Verdauungsstörungen (z. B. florides Magengeschwür), Nieren- oder Drüsenerkrankungen (Diabetes, Addisonkrankheit) sowie starkes Übergewicht mit schwerer Hypercholesterinömie sollten das Tauchen verbieten, da sie Dekompressionsunfälle begünstigen.

Die Schwangerschaft ist das klassische Beispiel für ein Tauchverbot. Bei Frauen, die während der Schwangerschaft getaucht haben, wird oft eine Hypotrophie des Foetus (Unterversorgung) beobachtet. Die Placenta ist wegen ihres Reichtums an Blutgefäßen ein bevorzugter Ort der Entgasung, an dem sich Blasen bilden können, mit der Folge eines Placentainfarkts oder einer Placentaablösung. In Anbetracht dieses hohen Risikos sollte man, auch wenn nicht alle Autoren derselben Meinung sind, vorsichtshalber mit dem Tauchen aufhören, sobald die Schwangerschaft bekannt ist, auf jeden Fall nach dem dritten Monat.

Über 60 Jahre alte Personen müssen eventuell mehrmals im Jahr untersucht werden; besonders sorgfältig muß die Voruntersuchung mit dem Belastungs-EKG durchgeführt werden.

Nach der Untersuchung, die so begrenzt ist wie die angewendeten Untersuchungsmittel, muß sich jeder bewußt sein, daß das Fehlen von Gegenanzeigen keine absolute Gewähr für eine nicht erkannte oder künftige physiologische oder funktionelle Schwäche darstellen. Die Formulierung des Zertifikats, „heute gültig", ist dafür bezeichnend und deutet auf die gelegentliche Kontrolle hin.

DIE WIEDERHOLUNGSUNTERSUCHUNGEN

Da die Tauglichkeit weder vollkommen noch langfristig sein kann" (Sciarli), haben die jährlichen bzw. zweijährlichen Untersuchungen das Ziel, den Taucher zu schützen.

Es wäre vernünftig, wenn sich jeder Taucher nach medizinischen, chirurgischen oder anderen Eingriffen, die die anatomische und funktionelle Unversehrtheit gefährden, erneut auf seinen Gesundheitszustand untersuchen ließe. Dazu muß der Arzt diese Vorgeschichte aber kennen: Manche Personen, die die Risiken zwar kennen, ihrer Widerstandsfähigkeit aber zu sehr vertrauen, können in Versuchung geraten, entscheidende Fakten zu verheimlichen, um tauglich geschrieben zu werden. Die Entscheidung ist oft leicht zu treffen, stößt aber manchmal auf bestimmte Hindernisse; auch das Hinzuziehen spezieller Untersuchungsmethoden erlaubt es nicht immer, ein Urteil zu fällen. Unter diesen Bedingungen werden allein die Erfahrung des untersuchenden Arztes und seine Kenntnis des Tauchers und dessen Neigungen eine Prognose stützen und willkürliche Entscheidungen ausschließen können. In allen strittigen Fällen muß der Arzt seine Entscheidungen unter dem Aspekt treffen, daß er sich an die Regel des geringsten Risikos hält. Jedes einzelne Problem wird gelöst, indem man die besonderen Zwänge berücksichtigt, die verbunden sind mit:

– den großen Veränderungen der Gasvolumen in den lufthaltigen Körperhöhlen;
– dem Gewebesättigungs-Entsättigungs-Phänomen; jede Ursache, die den Transport der Inertgase beeinträchtigt, kann die Bildung von Blasen begünstigen;
– der Verletzbarkeit bestimmter Organe, die gefährdeter sind.

Die Entscheidung, das Tauchen endgültig zu verbieten oder das Betätigungsfeld einzuschränken, erscheint manchmal auf technischer Ebene schwierig, auf menschlicher Ebene ist die Mitteilung dieser Entscheidung immer unangenehm. Der Arzt muß seine Sympathie gegenüber einem Taucher, den er oft kennt, hintenanstellen. Er muß vor allem die bequeme Lösung vermeiden, die darin besteht, ohne Unterschied ein Verbot auszusprechen. Entscheidungen über Verbot oder Begrenzung der Aktivität müssen erklärt und besprochen werden. Nur so wird das Verbot auch befolgt und somit die Vorbeugung eines Tauchunfalls, die das Ziel der medizinischen Untersuchung ist, erreicht.

Die medizinische Untersuchung des Kindes

Sehr lange waren die Kenntnisse über die Wirkung des autonomen Tauchens auf einen Organismus, der sich im Wachstum und neurovegetativen Reifungsprozeß befindet, sehr mangelhaft. Deshalb sperrte sich die Ärzteschaft zunächst dagegen, daß Jugendliche unter 16 Jahren diesen Sport ausüben. Die rasante Entwicklung dieser Sportart bei den 8- bis 10jährigen Kindern zwingt die Ärzte dazu, ihre Vorbeugungsfunktion so gut wie möglich zu erfüllen, also über die möglichen Risiken zu informieren. Das Kind ist kein kleiner Erwachsener, sondern ein Individuum mit eigenen physiologischen Gesetzen. Außer den möglichen einzelnen Gegenanzeigen stellt sich die Frage: Von welchem Alter an kann ein Kind überhaupt in Sicherheit tauchen? Die besonderen Risiken für die Kinder sind das Problem.

BESONDERHEITEN DER MEDIZINISCHEN KONTROLLE

Wie jeder Taucher muß ein Kind, welches das autonome Tauchen praktisch ausüben will, sich einer medizinischen Untersuchung unterziehen, um mögliche Kontraindikationen aufzudecken. Der Hausarzt, der seinen Patienten gut kennt, ist dabei nicht unbedingt der Arzt, der die beste Entscheidung treffen kann. Besonders hier muß die Meinung eines Verbandsarztes, der die besonderen Probleme des Tauchens bei Kindern gut kennt, eingeholt werden.

Diese Untersuchung verläuft wie bei Erwachsenen, hat aber einige Besonderheiten. Sie muß in Anwesenheit der Eltern durchgeführt werden: das Kind ist nicht immer in der Lage, die geforderten Auskünfte zu liefern. Die Motivation muß deutlich festgestellt werden. Es muß ein reeller Wunsch des Kindes zu spüren sein! Gestalt und Gewicht, ideokinetische und geistige Entwicklung müssen harmonisch sein. Da HNO-Erkrankungen bei Kindern oft vorkommen, aber unentdeckt bleiben (seröse Otitis) und beim Tauchen ein Problem darstellen, werden die HNO-Organe besonders sorgfältig untersucht und jeder Faktor, der den Druckausgleich und die Gehörfunktion beeinträchtigen kann, muß gründlich behandelt werden. Was das Herz betrifft, so stellen die Herzgeräusche, die beim Kind oft vorkommen und meistens funktionell sind, keine Gegenanzeigen dar, aber sie mahnen zur Vorsicht und müssen beobachtet werden.

Diese Untersuchung wird auch Gelegenheit bieten, auf die Dauer eines Tauchgangs, der aus offensichtlichen Gründen innerhalb der Sicherheitskurve bleiben muß, aufmerksam zu machen. Dabei muß auch die Wärmeregulationsfunktion des Kindes in Betracht gezogen werden. Seine dünne Fettschicht macht es eher als den Erwachsenen für Kälteattacken anfällig. Der Wärmeverlust erfolgt wegen mangelnder physiologischer, dem Medium Wasser nicht angepaßter Schutzmechanismen, bei Kindern sehr schnell.

DIE BESONDEREN RISIKEN

Die unterste Altersgrenze

Wie jeder Organismus ist auch der des Kindes beim Tauchen den physischen Gesetzen des erhöhten Umgebungsdruckes unterworfen. Jedoch zeigen sich einige physiologische Besonderheiten, wenn ein Kind ins Wasser eintaucht. Bei der Festlegung der untersten Altersgrenze stellt der Atemapparat des Kindes sicherlich den entscheidenden Faktor dar.

Die Lunge entwickelt sich während des gesamten Wachstums. Die Alveolen, deren Diffusion-Austauschfunktion während des Tauchens wesentlich ist, erreichen ihre Vollendung etwa mit 8 Jahren, und parallel dazu wächst der Bronchialbaum in Länge und Durchschnitt. Das elastische Lungengewebe, dessen Bedeutung für die Ventilationsmechanismen der Ausatmung bekannt ist, entwickelt sich nach und nach mit dem Alter.

Diese anatomischen Besonderheiten beeinflussen die Physiologie der Ventilation des Kindes. So haben Untersuchungen über das Atemvolumen gezeigt, daß die physiologische Reduzierung des Bronchiendurchmessers bei der Ausatmung bei einem Kind unter 7 Jahren bis zur totalen Schließung der bronchialen Gänge führen kann. Das Risiko, daß Gas in den Alveolen eingeschlossen wird, ist also sogar unter atmosphärischem Druck gegeben. Wir wissen außerdem, daß schon das Eintauchen eines Kindes das Schließvolumen vergrößert, d. h. die Luftmenge, die bei der Ausatmung in den Funktionseinheiten der Alveolen zurückbleibt. Außerdem kann dieser Schließpunkt noch früher eintreten, wenn die elastischen, mechanischen Eigenschaften des Lungenparenchyms nicht mehr vorhanden sind und/oder die Bronchienwiderstände wegen der Erhöhung des Umgebungsdrucks zunehmen. Dies gilt insbesondere für die, welche vom Luftfluß in den Bronchien-Alveolengängen verursacht werden.

Die praktischen Konsequenzen beim tauchenden Kind sind zweierlei:

☐ Im Kindheitsabschnitt *unter 7-8 Jahren*, in dem die Lungenelastizität gering ist und die Widerstände gegen die Luftzirkulation natürlich hoch sind, kann die frühzeitige Schließung der Atemwege beim Ruheausatmen Ursache einer Alveolenüberdehnung, sogar eines echten lokalisierten Lungenüberdrucks sein, da Gas eingeschlossen bleibt. Parallel dazu kann, da die Austauschfunktion durch das vorher beschriebene Phänomen gestört ist, das Risiko einer Hypoxämie, also eines Atemstillstands eintreten. Es ist also unvorsichtig, ein Kind unter 8 Jahren mit Flaschen tauchen zu lassen, auch in weniger als drei Metern Tiefe. 7 Jahre sind wirklich die maximal tolerierbare untere Grenze.

☐ *Von 8 Jahren bis zum Jugendalter* liegt das Problem bei den Widerständen gegen den Luftfluß, die, wie schon erwähnt, das Schließvolumen erhöhen, also die vorher beschriebenen Konsequenzen nach sich ziehen können. Es ist deshalb notwendig, die Tauchtiefe zu begrenzen. Dies sind nur Vorsichtsratschläge, denn im Gegenteil zum jungen Taucher unter 7 Jahren, bei dem man behaupten kann, daß ein einfaches Eintauchen schon Probleme verursachen kann, wurden keine Untersuchungen gemacht, um die für die Lunge risikolose Tiefe zu ermitteln. Es scheint vorsichtig, unter Berücksichtigung der allmählichen Entwicklung der Atemfunktion, bis zu 10 Jahren 5 Meter nicht zu übersteigen und 10 bis 12 Meter bis zu 12 Jahren, um nach und nach mit 14 Jahren bis zu der 15-20-Meter-Zone zu gelangen.

Die psychologische Entwicklung

Das zweite Faktum, das wir berücksichtigen müssen, ist die psychologische Entwicklung des Kindes. Eine Gemütsinstabilität kann Ursache einer unkontrollierbaren panischen Reaktion sein.

Ein Auftauchen in Panik, das eine Lungenüberdehnung, vor allem einen Dekompressionsunfall, oder das Ertrinken zur Folge haben kann, hat bei einem Kind fast immer seine Ursache in einem schlecht bewältigten Zwischenfall. Eine strenge technische Ausbildung ist keine Gewähr gegen diese Art von Unfall, ja das Risiko ist während der Zeit des Unterrichts sogar noch höher. In diesem Abschnitt wird das Verhalten unter Wasser noch nicht beherrscht. Auch gewährt das Tauchen in der Zone von 3 bis 5 Metern keine hundertprozentige Sicherheit hinsichtlich eines Lungenbarotraumas.

Aus Vorsicht raten wir:
– in den ersten Jahren der Kindheit das Gerätetauchen zu unterlassen. Während dieser Zeitspanne können sowieso keine pädagogischen Maßnahmen getroffen werden, obwohl eine Einführung in das Tauchen durch Apnoetauchen durchaus in Betracht gezogen werden kann;
– das Gerätetauchen nur in einem Reifestadium zu erlauben, in dem das Lernen, die aktive Teilnahme und das Verstehen gesichert sind. Auch wenn man den Beginn des Vernunftsalters bei 6 bis 7 Jahren ansetzt, zeigt sich eine ausreichende geistige Entwicklung der Logik des Jugendlichen erst ab etwa 12 Jahren.

Zusammenfassend scheint es unter Berücksichtigung der physiologischen Atmungseigenschaften nicht ratsam, das Gerätetauchen vor 7 Jahren zu erlauben.

Das Knochenwachstum

Vor den Risiken für das Knochenwachstum hatte man lange Angst. Diese wurde sicherlich übertrieben, wenn auf die theoretische Gefahr einer schlechten Entsättigung in den Epiphysenknorpeln hingewiesen wurde. Arbeiten über dieses Thema haben nicht beweisen können, daß die Dekompression einen Einfluß auf die Ossifikationskerne ausüben kann. Daß bei Kindern das Risiko eines Dekounfalls in den Epiphysenknorpeln größer ist, kann verneint werden. Wegen des Reichtums des Kapillarnetzes an dieser Stelle ist die Periode dieses Knorpelgewebes kürzer als beim erwachsenen Knochen.

Dennoch darf man nicht ganz übersehen, daß das Tauchen Folgen für den Fortbewegungsapparat des Kindes haben kann. Die Bildung von Gasembolien im Knochengewebe ist immer möglich, wie bei jedem erwachsenen Taucher auch. Die Ärzte müssen also hinsichtlich einer Wachstumsverzögerung eines tauchenden Kindes immer vorsichtig und wachsam bleiben.

Medizin und Tauchen

ZUSAMMENFASSUNG

Tauchen ist ein Risikosport, dennoch risikolos für einen Taucher, dessen guter Gesundheitszustand durch eine gründliche medizinische Untersuchung bestätigt wurde. Es gibt für diese medizinische Beurteilung keine Standarduntersuchung. Der untersuchende Arzt muß alle passenden Mittel einsetzen, um die mögliche Wirkung dieses Sports auf den Organismus abzuschätzen. Dabei ist es sehr wünschenswert, daß er selbst diesen Sport betreibt oder wenigstens über die physiologischen Eigentümlichkeiten dieser Sportart gut unterrichtet ist.

PHYSIOPATHOLOGIE DER DEKOMPRESSIONSUNFÄLLE

Bis in die Mitte des letzten Jahrhunderts war die Dekompressionskrankheit ein geheimnisvolles Leiden. Der Arzt Dr. Foley empfahl 1863 den Caissonarbeitern: „Wenn der dichte, eiskalte Nebel, der sich bei der Dekompression bildet, zu sehr in Sie eindringt, sollten Sie sehr schnell auftauchen." Schon 1857 ist Hope jedoch der Meinung, daß für die Caissonkrankheit der Eintritt von Gasen ins Blut verantwortlich ist. 1869 werden in Saint-Louis die Caissonarbeiter von dieser Krankheit regelrecht niedergemäht. Erst 1878 gelingt Paul Bert nach vielen Tierversuchen in seinem Hauptwerk *„La pression barométrique"* der Beweis, daß Blasen die Ursache der Krankheit sind. Die Unfälle, die er bei Tieren durch schnelle Dekompression hervorruft, werden von Stickstoffblasen verursacht, die bei der Autopsie der Tiere festgestellt werden.

Seitdem wurden die pathologischen Erscheinungen, die auf die Entstehung von Blasen in den Geweben oder ihre Wanderung in den Gefäßen folgen, genau beschrieben. Man weiß aber noch nicht hundertprozentig, wie manche dieser Vorgänge sich entwickeln und wie die Mechanismen ablaufen.

Die Blasenbildung

Wo die Blasen sich bilden, konnte noch nicht genau festgestellt werden. Man ist sich dennoch fast sicher, daß diese Bildung außerhalb der Zelle stattfindet, und viele Autoren tippen auf die kleinen Blutgefäße: Arteriolen, Kapillaren oder Venolen. Die Blasen entstehen aus einem Gasvorstadium, dem Gaskern. Die Herkunft dieser stabilen oder manchmal auch wandernden Keime ist Gegenstand mehrerer Denkmodelle, die sich nicht gegenseitig ausschließen:
– Sie können in jedem Punkt einer Flüssigkeit entstehen, in dem die Spannung sich ändert, und dies um so leichter, weil die Flüssigkeit heterogen ist. Diese Gaskerne könnten durch Gewebereibungen entstehen, die sich bei Muskelarbeit ergeben, und würden sich dann in den Zellzwischenräumen befinden.
– Es kann sich um Kohlendioxid-Mikrobläs-

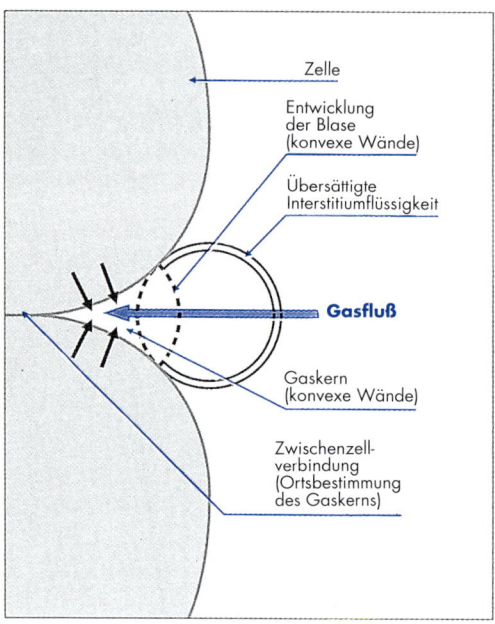

8.1 *Wachstum einer Blase ab einem Gaskern in dem übersättigten Interstitium*

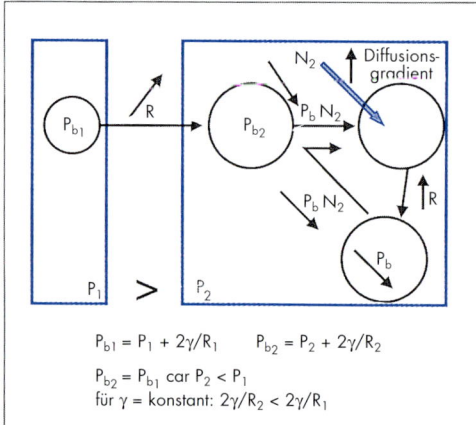

8.2 *Wachstumsschleife:*
Die Erhöhung des Diffusionsgradients begünstigt die Verfettung der Blase mit N_2; ihr Radius vergrößert sich und verkleinert proportional dazu den Begriff γ/R. Das Absinken des Innendrucks der Blase verringert den N_2 Teildruck. Die Wachstumsschleife der Blase ist entstanden bis zum Gleichgewichtszustand Stickstoffteildruck in der Blase – Stickstoffspannung im Gewebe.

chen handeln, die an den Wänden der Gefäße sitzen, und somit der Ort wären, an dem der Stickstoff absorbiert wird; wenn sie zusammenfließen, bilden sie Gaskerne.
– Diese Blaseninduktoren könnten aber auch durch Blutwirbel in den Herzkammern entstehen.

Welche Hypothese man auch bevorzugt, bei der Dekompression vergrößern diese Kerne ihr Volumen nach dem Boyle-Mariotteschen Gesetz, wenn der Umgebungsdruck sinkt und der umgebende Stickstoff durch Diffusion in sie eindringt (Abb. 8.1). Ihre Austauschfläche wird flach, konvex, dann sphärisch mit der Erhöhung des Innendrucks, der nach und nach größer wird als der Umgebungsdruck. Die parietale Adhäsion wird immer schwächer, bis die runden Kerne sich von den Zellwänden lösen und Mikrobläschen bilden.

Wenn dieser Vorgang in einem Blutgefäß stattgefunden hat, ist ein wanderndes Bläschen entstanden; aber ob Gewebe- oder Gefäßbläschen, es ist sehr unstabil. Sein Innendruck P_b ist nach dem Laplace-Gesetz:

$P_b = P + 2\gamma/R$ (man berücksichtigt weder die elastische Spannung der ausgedehnten Gewebe, wenn es dort sitzt, noch an anderen Stellen den Teildruck des Wasserdampfs, des Sauerstoffs und des Kohlendioxids), wobei:

P = Umgebungsdruck,
γ = Oberflächendruck an der Oberfläche der Blase
R = Radius der Blase.

Aus diesem Gesetz geht hervor, daß der Innendruck einer Blase um so größer ist, je kleiner ihr Radius ist.

Unter diesen Bedingungen ist das Bläschen, da der Innendruck ein wenig höher ist als der Umgebungsdruck, sehr empfindlich und neigt dazu, spontan zu verschwinden, solange sein Durchmesser unter einem Zehntel Millimeter liegt.

Dagegen *hat jede Verringerung des Umgebungsdrucks dreierlei Folgen* (Abb. 8.2).

Es erhöht durch Ausdehnung das Volumen der gebildeten Mikrobläschen und verringert die Möglichkeit, daß es sich auflöst, denn wenn der Radius größer wird, wird das Glied $2\gamma/R$ kleiner; ein Bläschen kann nur überleben, wenn es ein gewisses Volumen erreicht hat.

Es begünstigt die Bildung von neuen Bläschen durch Freisetzung von Gaskernen nach den vorher beschriebenen Mechanismen.

Es fördert das Wachstum des Bläschens, das unter dem Einfluß des Teildruckgradienten den ringsum gelösten Stickstoff auffängt. Ein wachsendes Bläschen wird sich immer durch Entsättigung der Nachbarflüssigkeiten verfetten und dies, bis ein Ausgleich zwischen den Gasspannungen erreicht ist.

Das Wachstum einer Blase hängt also direkt vom Grad des Absinkens des Umgebungsdrucks und von der Menge des gelösten Gases ab, die sie aufnehmen kann, bis ein Gleichgewichtszustand erreicht ist. In diesem Stadium kann nur ein Gasteildruckgradient zwischen Blase und umgebendem Gewebe (von der Blase zum Gewebe) die Auslösung der Blase ermöglichen, nämlich durch Lösung des Stickstoffs, aus dem sie besteht.

Diese Blase kann, wenn sie beweglich ist, durch Dopplereffekt entdeckt werden, wenn ihr Durchmesser über 50 Mikrometer beträgt. Sie wird pathogen durch Verstopfung und/oder Druck auf die Nachbarstrukturen, wenn sie einen genügend großen Durchmesser erreicht.

Die Entwicklung der Blasen

Wie Blasen sich entwickeln, hängt von ihrem Entstehungsort ab. Wenn sie sich in einem Gewebe gebildet haben, bleiben sie dort, nehmen das gesamte umgebende Gas auf und haben eine lokale mechanische Wirkung.

Wenn man der Hypothese folgt, daß sie nur in den interstitiellen Flüssigkeiten der Gewebe entstehen können, können sie da bleiben, sie können aber auch nach Durchbruch der Kapillarwände in die Blutgefäße gelangen, auf der Stelle größer werden oder sich sekundär bewegen, wie die Blasen, die sich direkt in den Blutgefäßen gebildet haben.

Die noch runden, beweglichen Blasen, die hauptsächlich im Venensystem entstehen, gelangen in die Hohlvene und das rechte Herz. Bis zu diesem anatomischen Punkt hat sich der Durchmesser der Blutgefäße vergrößert, und die Blasen wurden nicht angehalten. Später, im arteriellen Lungenkreislauf, verringert sich der Gefäßdurchmesser. In diesem Stadium ist der Umfang der Entgasung in Blasenform das entscheidende Element bei der Entwicklung der Blase. Dieser Umfang hängt von der Menge des in den verschiedenen Bereichen des Organismus aufgelösten Gases ab.

Wenn die Blasen nicht sehr zahlreich und klein sind, wie es normalerweise bei jeder Dekompression der Fall ist, werden sie in den Alveolen durch Kapillaren-Alveolen-Diffusion oder durch direkten Gasübertritt ausgeschieden. Dies ist das Schicksal der meisten Blasen. Der Organismus toleriert sie, ohne akute Erscheinungen eines Dekompressionsunfalls zu zeigen. Dennoch, auch wenn diese sogenannten lautlosen Blasen klinisch gut vertragen werden, verursachen sie durch ihre bloße Anwesenheit mehr oder minder ausgeprägte biologische und humorale Reaktionen, je nach Umfang des Blasenvorkommens.

Wenn dagegen die Menge der beweglichen Blasen, die im Lungenfilter ankommen, die Alveolen-Kapillaren-Ausscheidungskapazität übersteigt, wie dies bei einer anormalen Dekompression wegen zu schnellen Auftauchens, nicht eingehaltener Dekostufen oder einfach „physiologischer Schwäche" geschieht, sind die Möglichkeiten der Lungenausscheidung überfordert. Die Blasen stauen sich im Kreislauf und vergrößern sich in den Lungenkapillaren. Sehr schnell entsteht ein Überdruck in den Lungenarterien mit Auswirkungen aufwärts: Verstopfung des Rückkreislaufs, Venenstau und Erhöhung des Venendrucks in den Kammern des rechten Herzens. Der Lungenarterienüberdruck öffnet die arterio-venösen Lungenshunts; die Erhöhung des zentralen Venendrucks – und damit also das Absinken des Links-Rechts-Blutdruckgradienten – begünstigt die Öffnung der Rechts-Links-Shunts des Herzens, wie den offenen Ductus arteriosus oder das offene Foramen ovale: die Blasen verstopfen den großen Systemkreislauf.

Dennoch muß erwähnt werden, daß Blasen, auch wenn sie nicht sehr zahlreich sind, durch die Shunts des Bronchienkreislaufs oder durch zwischenaurikuläre oder -ventrikuläre Herzverbindungen jedesmal in den Arterienkreislauf gelangen können, wenn es einen Überdruck des zentralen Venenkreislaufs gibt. Dies ist insbesondere der Fall, wenn ein Valsalva-Manöver unpassenderweise bei der Dekompression durchgeführt wurde. Zu erwähnen ist auch, daß die sogenannten YoYo-Tauchgänge, das heißt solche mit Niveauveränderungen, im Ruf stehen, den Blasen in den Lungenkapillaren eine Art Rekompression aufzuzwingen; unter diesen Bedingungen kann die Verkleinerung ihres Volumens ihren Eintritt in die Arterien begünstigen.

Wo sie sich auch befinden, die runden intravaskulären Blasen häufen sich an und verschmelzen. Die kleinsten fließen in die größeren ein, wenn die Oberflächenspannung sinkt und dadurch die Kohäsionskraft verringert und also ihre Koaleszenz begünstigt wird. Sie kleben auch an den Gefäßwänden und nehmen, wenn sie größer werden und/oder durch den Blutdruck, der dazu neigt sie fortzuschwemmen, die Form sehr stabiler zylindrischer Muffen an, die überhaupt keine Tendenz zeigen, zu verschwinden, denn die Wanderung der aufgelösten Gase zu ihnen vergrößert sie und blockiert sie auf der Stelle. Der Innendruck dieser zylindrischen Muffe, P_b, wird ausgedrückt mit (Abb. 8.3):

$$P_b = P + (2\gamma/R + 1/r)$$

wobei P = Umgebungsdruck.

γ = Oberflächenspannung des Meniskus des Zylinders,
R = Radius der runden Extremitäten des Gaszylinders,
r = Radius des Zylinders = Radius des Blutgefäßes.

Diese Koaleszenz kann genausogut im Arterien- wie im Venensystem geschehen, wenn die hämodynamischen Bedingungen ungünstig sind, insbesondere beim Venenstau in Folge einer Kreislaufverlangsamung. Die sofortigen Folgen dieses intragewebliche oder intravaskulären Blasenphänomens sind ein akuter Unfall (dessen klinische Erscheinung wir später sehen werden) und/oder wenigstens die Entwicklung einer spezifischen Pathologie, die Dekompressionskrankheit, die mehr oder minder ernsthafte biologische Konsequenz des Vorhandenseins von Gasblasen im Blut.

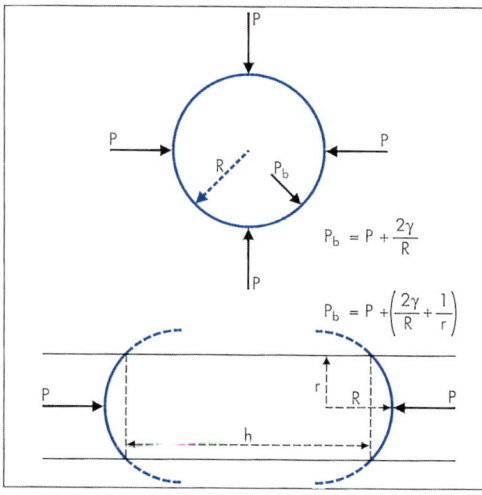

8.3 *Spannung einer runden und einer zylindrischen Blase.*

Von der Blasenbildung zu den Symptomen

MECHANISCHE KONSEQUENZEN

Die unmittelbaren mechanischen Folgen des Blasenvorkommens unterscheiden sich nicht sehr; unabhängig davon, ob die Blasen beweglich oder nicht beweglich sind (Ab. 8.4).

Die unbeweglichen Blasen
Sie treten im interstitiellen Gewebe auf, also außerhalb der Blutgefäße, und üben am Ort ihrer Entstehung eine Druckwirkung auf die Nachbargewebe aus.
Die Blutgefäße sind besonders gefährdet, und diese äußere Kompression kann dazu führen, daß der Kreislauffluß angehalten wird. Wenn die Blase eine Endarterie zusammendrückt, hat das eine sofortige Ischämie (Blutleere) zur Folge. Gehört das Blutgefäß einem Anastomose-Netz an, wie es bei den Kapillaren der Fall ist, ist der Kreislauf zwar gestört, aber er fließt über Seitengefäße weiter, und die Folgen sind minimal, außer es kollabiert ein großes Gefäß. Dann kommt es zu einer Aufwärtsischämie, wenn es sich um eine Vene handelt, zu einer Abwärtsischämie bei einer Arterie.
Außerdem erzeugt die Gefäßkompression eine sekundäre Anoxie und löst somit einen Teufelskreis aus: ischämisches Ödem, lokale Azidose,

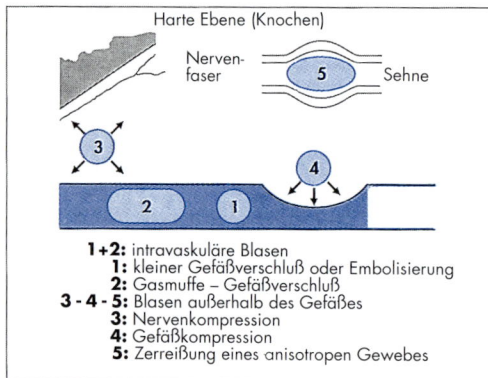

8.4 *Mechanische Auswirkungen einer Blase vor Ort.*

gestörte Entgasung, Blasenvorkommen, Ischämie. Dieses Ödem wird noch durch einen plasmatischen Blutaustritt verschlimmert, gefolgt von einer erhöhten Kapillardurchlässigkeit, die selbst eine Folge des Überdrucks und des Aufwärtsstaus nach der Gefäßkompression ist.
Die Kompression von Nervensträngen erklärt die starken Schmerzen, die bei myoartikulären Unfällen auftreten. Die Verletzungen durch ein Reißen der Sehnenfaser, wenn die Blase sich allmählich ausdehnt, sind die zweite Ursache für diese Schmerzen.
Dieses Zerreißen kann in allen Geweben geschehen, wo eine Blase entstehen kann; das Rückenmark, das ebenfalls zusammengedrückt werden kann, wenn sich Blasen in den flüssigen oder fetten medullären Räumen bilden, entgeht solchen Schäden nicht. Die intravaskulären, unbeweglichen Blasen, die entweder in den Bahnen der Blutgefäße aus den in den interzellulären Vertiefungen der vaskulären Basalmembran sitzenden „gas nuclei" entstanden sind oder aus den Interstitiumblasen, die die Gefäßwand durch die interzellulären Zwischenräume und durch ein Zerreißen der Endothelzellen durchdrungen haben, können die Blutgefäße verstopfen und dieselben Konsequenzen wie eine Kompression haben, oder durch den Kreislauffluß mitgerissen werden und das Schicksal der beweglichen Blasen teilen.

Die beweglichen Blasen (Abb. 8.5)
Diese Blasen entstehen vor allem im Gewebe, und dieser Blasentyp ist deshalb vor allem im Venensystem zu finden. Aber im Rahmen einer sogenannten explosionsartigen Dekompression, zum Beispiel nach einem zu schnellen Auftauchen, ist die Möglichkeit einer Entgasung direkt in den arteriellen Gefäßen nicht auszuschließen. Ansonsten sind diese Blasen, wie wir es schon gesehen haben, die Folge eines Durchbruchs des Atemfilters.
Die Blasen venöser Herkunft, die den Kapillarkreislauf der Lunge verstopfen, haben nicht unwesentliche, direkte Konsequenzen (in der Lunge und weit davon entfernt), die die Entstehung bestimmter, vor allem neurologischer Rückenmarkunfälle erklären. Auf lokaler Ebene ist die Verlangsamung des Mikrokreislaufs der Lunge für eine Hypoxie verantwortlich. Der alveolo-kapillare Austausch hat sich verschlechtert, und das Verhältnis Belüftung/-Perfusion ist gestört. Diese Hypoxie verschlimmert einerseits den Gewebeschmerz und andererseits den Übersättigungszustand des Organismus. Die Stickstoffentgasung in gelöster Form ist gestört, die Blasenbildung begünstigt. Weiter entfernt wirkt sich der Lungenüberdruck aufwärts auf das Azygosvenensystem aus, durch welches das Venennetz des Rückenmarks drainiert wird. Der Venenüberdruck löst einen Stau in den klappenlosen epi- und periduralen Venen aus, der die Drainage des Rückenmarks stört. Die daraus entstehende Verlangsamung des venösen Abflusses aus dem Rückenmark – dieser Rückkreislauf wird auch durch die Atemschwingungen des Brustkorbdrucks hin- und herbewegt – begünstigt die lokale Übersättigung und somit eine Stickstoffentgasung in Blasenform im Rückenmark selbst, im Fett, das es umgibt, oder in den epiduralen Venen.
Diese beweglichen Blasen venöser Herkunft können aber auch weit vor dem Arteriensystem der Lunge oder den Kapillaren der Alveolen hängenbleiben. Das Drainagesystem des Rückenmarks besitzt „Siphons", die eine Blockierung begünstigen und das um so leich-

8.5 *Entstehung und Entwicklung der Blasen*

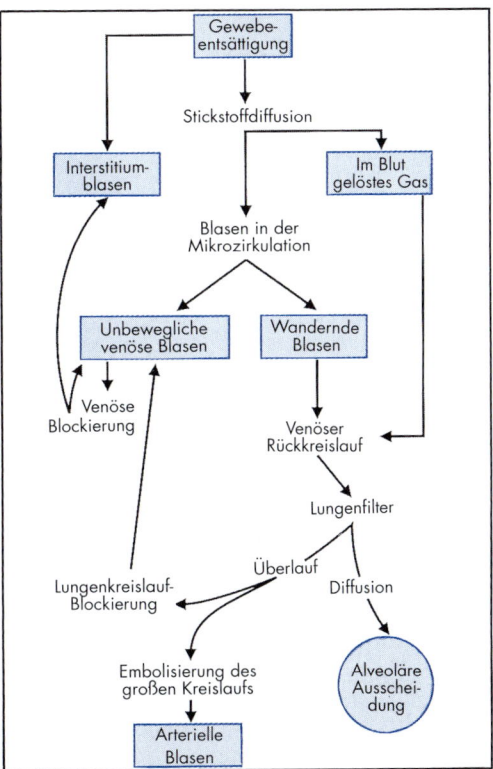

ter, weil die hämodynamischen Bedingungen gestört sind.

Was die arteriellen Blasen angeht, unabhängig davon, ob sie eine Embolie hervorgerufen haben, nachdem sie den Lungenfilter durchdrungen haben, oder direkt im Arteriennetz entstanden sind, sie können sich hauptsächlich – aber nicht nur – im Terminalkreislaufnetz festfahren, was bestimmte zerebrale oder Inneohrunfälle erklärt. Der Umfang der Ischämie hängt dann vom Vorhandensein und der Qualität der Anastomosen der verstopften Blutgefäße ab.

Ob diese Blasen sich nun in den Arterien oder in den Venen befinden, diese Blockierung des Kreislaufs verursacht letztlich fast immer eine Erhöhung des Aufwärtsdrucks, die verantwortlich ist für die zunehmende Durchlässigkeit der Kapillaren und die Entstehung eines Ödems. Hinzu kommt, daß die Gashaufen, wenn sie größer werden, sich wie unbewegliche Blasen verhalten und Schäden durch das Zerreißen des vaskulären Endothels verursachen, wo auch immer eine Blockade sich befindet.

Diese vaskulären Schäden haben ihre eigenen Konsequenzen und begünstigen ihrerseits Störungen, die unter der Bezeichnung „Dekompressionskrankheit" bekannt sind.

BIOLOGISCHE UND HUMORALE FOLGEN

Die Dekompressionskrankheit ist die biologische und humorale Folge der vaskulären Blasenbildung, sei es, daß diese von akuten Erscheinungen begleitet wird oder vollkommen unbemerkt verläuft. Diese Serie von Reaktionen ist normal, da der Organismus diese Blasen als Fremdkörper empfindet. Es sind Abwehrreaktionen, die sich organisieren und schnell verlaufen. Ihre Entwicklung verschlimmert die schon bestehende Gewebeanoxämie, da dadurch eine Beschleunigung der Vorgänge in Gang gesetzt wird.

Das Vorhandensein der Grenzfläche Blasen-Plasma sowie die vaskulären Endothelverletzungen zeigen den Beginn der Dekompressionskrankheit an (Abb. 8.6).

An der Oberfläche der Blasen wirken Kräfte, welche die Plasmaproteine anziehen, die sich als Kolloidalfilm niederschlagen, der hauptsächlich aus Fibrinogen und Albumin besteht. Dieser Film leitet die sekundäre Adsorption von Fettsäure und Chylomicronen ein, auf die das Zusammenkleben und die Anhäufung der Blutplättchen folgt.

Das Ganze bildet eine steife Hülse, die die runden Blasen und die freie Seite der kapillaren Gasmuffen einhüllt mit sofortigen Folgeerscheinungen. Einerseits verfestigt sich die Blase und kann schwerer vom Blutfluß mitgenommen werden, andererseits wird der Gasaustausch durch Diffusion gebremst, wodurch die Wiederauflösung des Gases insbesondere am Lungenfilter gestört wird. Vor allem aber starten die so entstandenen Blasen-Plättchengebilde einen verstreuten vaskulären Gerinnungsvorgang mit einer Aktivierung der Gerinnungsfaktoren, welche die Plättchenaggregation unumkehrbar macht. Darauf folgt die Fibrinolyse und die Freisetzung von chemischen Vermittlern, die miteinander konkurrieren. Einige sind arteriolen- und venolenerweiternd, andere gefäßverengend.

Diese gefäßverändernden Substanzen begünstigen durch Gefäßverengung den vaskulären Einschluß der Blasen-Plättchengebilde und tragen durch ihre eigene Tätigkeit dazu bei, die vaskuläre Durchlässigkeit zu erhöhen. Es bilden sich Ödeme und Entzündungen, mit Plasmaflucht, hydroelektrolytischen Störungen, Blutkonzentration, erythro- und leukozytäre Anhäufung in Rollenform: sogenannte „sludge". Die sich daraus ergebende Erhöhung der Blutviskosität verlangsamt den lokalen Blutfluß, erhöht den kapillaren Filtrationsdruck, stört die Ausscheidung des Stickstoffs auf dem Blutweg und verringert den Austausch Blut–Gewebe. Diese hämodynamischen Veränderungen verschlimmern noch die Hypoxämie, das interstitielle Ödem und den Verlust an Plasmavolumen. Auf der Ebene des Mikrokreislaufs erfüllen die roten Blutkörperchen ihre Funktion als Sauerstofftransporteure nicht mehr, da sie ihre Verformungsfähigkeit verlieren und auf starken Widerstand stoßen. Die polynukleären Leukozyten ballen sich im Kontakt mit dem Endothel zusammen, und diese Anhäufung an ihrem Rand bleibt nicht ohne Folgen für die Gefäßwand: Als Antwort auf die Gewebeischämie und ihre zahlreichen entzündlichen Vermittler entwickeln die polynukleären Leukozyten eine übertriebene Aggressivität. Sie werden größer, versperren den Mikrokreislauf, haften noch mehr an der Gefäßwand und setzen zuviel proteolytische Enzyme frei, durch welche die vaskulären Endothelwände verletzt werden.

Diese Schäden verschlimmern noch die vaskulären Innenbeschädigungen, die von der mechanischen Reibung der Blasen-Plättchengebilde verursacht wurden. Diese Abtragung kann noch erhöht werden durch die Aktivität der Vermittler, die eine Gefäßverengung bewirken. Dadurch werden die Mikroverletzungen noch vergrößert, die beim Übertritt der Bläschen von der Interstitiumflüssigkeit in die Gefäßbahn durch Zerreißen der Interstitiumzellen entstehen.

Als Antwort auf diese Schäden ist das Einsetzen von Abwehrprozessen der Hämostase unausweichlich. Die bloßgelegten Faserstrukturen des Kollagens und das Elastin regen die Plättchenhaftung an und aktivieren die Gerinnungsfaktoren. Die so aktivierten Plättchen stopfen die Lecks, können aber auch frei bewegliche Aggregate bilden. Diese Embolen werden dasselbe Verhalten haben wie die Blasen-Plättchengebilde. Die lokalen vaskulären Einbrüche begünstigen schließlich das Eindringen von Fettembolen in den Kreislauf. Diese können nur über den Stoffwechsel ausgeschieden werden.

Zusammenfassend kann der Mikrokreislauf, in Folge des mechanischen Hindernisses, das von den intra- und extravaskulären Blasen gebildet wird, behindert werden. Die Situation kann sich noch verschlimmern durch hämatologische Störungen, die als Ausgangspunkt die Zwischenbeziehungen der Blasenoberfläche mit den Blutkomponenten haben.

Die Plättchenanhäufung und die Aktivierung der Gerinnungsfaktoren setzen chemische Mediatoren frei, die die Gerinnungsmechanismen weiter erhalten und die Reaktion der Plättchenanhäufung auf der schon gebildeten Blasen-Plättcheneinheit oder in Form von Mikrothrombosen **verstärken können**.

Alle Folgen dieser Kettenreaktion wirken zusammen, was zu ihrer Selbsterhaltung beiträgt und zu einem hypoxämischen Schmerz der Zelle führt. Der dadurch entstandene Streß trägt dazu bei, diesen Prozeß in Gang zu halten.

All diese biologischen und humoralen Erscheinungen, die mit dem Aufenthalt unter Wasser verbunden sind, treten immer ein – mehr oder weniger geprägt –, auch wenn die Dekompressionsverfahren beachtet wurden, da sich bei der Entsättigung überall im venösen Blut Blasen bilden. Sie können dennoch vollkommen unbemerkt bleiben und wegen ihrer minimalen Entwicklung kein Krankheitsbild zeigen. In der nächsten Stufe kann das Einsetzen der Dekompressionskrankheit eine ungewöhnliche Müdigkeit verursachen, Auswirkung der stattfindenden Störungen. Aber in allen Fällen trägt der Teufelkreis, der zur Gewebehypoxämie führt, dazu bei, die Ausscheidung des Gases in den Geweben, aber auch auf Lungenhöhe zu behindern. Unter diesen Bedingungen hat diese Krankheit einen heimtückischen Aspekt, da eine Entgasung in Blasenform erst spät stattfinden kann und die hämatologischen Störungen sich unbemerkt entwickeln können, um sich dann plötzlich in einem klinischen und biologischen Bild der Dekompensation zu äußern.

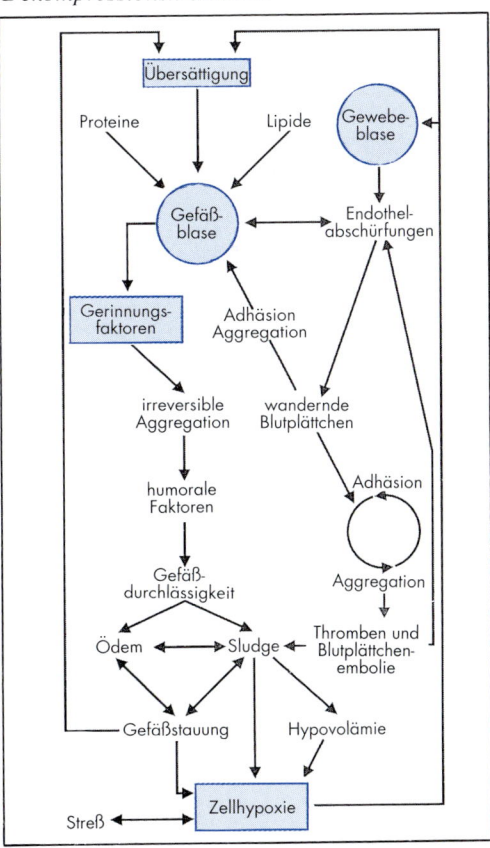

8.6 *Biohumorale Aspekte der Dekompressionskrankheit.*

ZUSAMMENFASSUNG

Der Dekompressionsunfall und die ihn begleitende Krankheit werden in erster Linie durch das Erscheinen von Gasblasen in einem übersättigten Organismus verursacht.

Die vaskulären Blasen erzeugen durch ihre bloße Anwesenheit komplexe biologische und humorale Erscheinungen, die sich selbständig entwickeln, die Wiederherstellung der Durchlässigkeit der Blutgefäße und die Reparatur der infarzierten Zonen verlangsamen, die aber auch die Übersättigung und den hypoxämischen Zellschmerz verschlimmern, die von der mechanischen Verstopfung der Gefäße herrühren. Die Gewebeblasen können ihrerseits die Nachbarstrukturen zerdrücken: wenn es sich um ein Gefäß handelt, sind ischämische Erscheinungen die Regel, sind es Nervenstrukturen, beherrschen sensitive und motorische Störungen und Schmerzen das Bild.

URSACHEN UND SYMPTOME DER DEKOMPRESSIONSUNFÄLLE

Die zunehmende Zahl der Tauchunfälle, die in den letzten zehn Jahren zu beobachten war, entspricht nicht nur der wachsenden Zahl der Taucher. In ihr spiegelt sich auch die Begeisterung wider, die von den Unterwasseraktivitäten geweckt wird. Das autonome Tauchen zieht immer mehr Anhänger an, die diese Aktivität als eine einfache Freizeitbeschäftigung betrachten, eigentlich ohne jedes Risiko. Unter diesen Umständen ist es nicht erstaunlich, wenn man jedes Jahr in den Unfallstatistiken Taucher findet, die überhaupt oder fast nichts über die Grundprinzipien des Tauchens, die Unfallursachen und schon gar nichts über deren klinisches Erscheinungsbild wissen, insbesondere über die Reihe von Anzeichen, die zwar unscheinbar sind, aber dennoch beachtet werden sollten.

Gemäß den physikalischen Gesetzen, die für das autonome Tauchen maßgebend sind, nimmt man gewöhnlich an, daß diese Dekompressionsunfälle eine biophysische Ursache haben. Sie sind die direkte organische und funktionelle Umsetzung der Entgasung in Blasenform, deren Verlauf wir auf den letzten Seiten dargestellt haben.

Die angelsächsische Klassifikation dieses Unfalltypus ist immer noch gültig, obwohl sie sehr ungenau ist. Sie unterscheidet:
– Typ I: haut- und myo-osteo-artikuläre Unfälle (decompression sickness DCS I);
– Typ II: schwerwiegende Unfälle, obwohl von unterschiedlicher Gefährlichkeit; dazu zählen die labyrinthischen, die neurologischen und die Atemunfälle (DCS II).

Zwei Unfalltypen, die Typ II zuzurechnen sind, müssen auseinandergehalten werden: die Dekompressionskrankheit und der „blow up".

Im Gegensatz zum Lungenüberdruck, der brutal und massiv schon beim Auftauchen auftreten kann, ist das Charakteristische an Dekompressionsunfällen, daß eine gewisse Zeit vergeht, bevor klinische Anzeichen sichtbar werden und der Krankheitsverlauf einsetzt. Klassischerweise treten diese Zeichen bei allen Unfalltypen in 50% der Fälle innerhalb der ersten

Medizin und Tauchen

30 Minuten nach dem Austritt aus dem Wasser auf. Manchmal erscheinen sie beim Auftauchen oder bei den Dekostufen. In 99 % der Situationen ergibt sich innerhalb der folgenden 6 Stunden eine Symptomatologie, die für den erfahrenen Taucher eindeutig ist. Und dennoch sind Unfälle, die sich erst 12 Stunden nach dem Austritt aus dem Wasser bemerkbar machen, keine Seltenheit, und nicht die leichtesten. Es gibt allerdings keinen Zusammenhang zwischen der Zeitspanne der ersten Anzeichen und der Schwere des Krankheitsbildes.

Die Ursachen

Man hat lange geglaubt, daß der Dekompressionsunfall nur bei schlechten Austauchverfahren geschehen könnte, im großen und ganzen:
– bei langen Tauchgängen (60 Minuten) in geringer Tiefe (< 20 Meter),
– bei tiefen Tauchgängen; in diesem Fall dachte man, daß der pathologische Charakter der Entgasung nur von der Dauer des Aufenthalts auf dem Grund abhängig sei.

Erst in den letzten Jahren wurde ein neuer Begriff in die Tauchersprache eingefügt: der „unverdiente" Unfall. Dieser Terminus kennzeichnet Unfälle, die nach Entsättigungsverfahren stattfanden, die als technisch tadellos betrachtet wurden. In Wirklichkeit hat die gründliche Untersuchung der Verhältnisse, unter denen die Unfälle passierten, Faktoren zutage gebracht, von denen man sehr schnell glaubte, daß sie als Ursache der pathologischen Entgasung ausreichten. Es war also logisch, daß diese Terminologie geändert wurde in „Unfälle mit Tabelleneinhaltung", wodurch die göttliche Gerechtigkeit weniger beschwört wurde…

Parallel dazu haben Dekompressionsunfälle nach Tauchgängen in geringer Tiefe von ungefähr 20 Meter oder innerhalb der „Sicherheitskurve" bei tieferen Tauchgängen das klassische Schema in Frage gestellt:
Dekompressionsunfall = mehr oder weniger tiefer und langer Tauchgang + Dekompressions„fehler".

Unfälle, die unter diesen Bedingungen passierten, haben fast sicher bestätigt, daß diese begünstigenden Faktoren, wobei einige nur physiologische Mängel sind, die Ursache der beobachteten Pathologie sind. Man ist dabei aber auch auf den Gedanken gekommen, daß auch nach wenig sättigenden Tauchgängen eine pathologische Blasenentgasung möglich ist. So wie es keinen Zusammenhang zwischen dem Fehler und dem klinischen Bild des Dekompressionsunfalls gibt, läßt sich auch keiner zwischen dem Unfang des Blasenphänomens und der Schwere der Anzeichen feststellen. Es genügt, wenn der Zufall die Blase schlecht plaziert, um einen schweren Unfall zu verursachen!

Erwähnen wir noch, daß diese Unfälle, die von begünstigenden Faktoren, die die Grenzen der geltenden Dekompressionsverfahren darstellen, verursacht wurden, weltweit zu einer Erneuerung der Tabellen geführt haben.

DAS NICHTEINHALTEN DER DEKOSTUFEN

Obwohl die Dekostufen eine absolute Notwendigkeit bleiben, werden sie von vielen Tauchern nicht exakt eingehalten. Dies ist die erste große Ursache von Dekompressionsunfällen. Die Gründe können verschieden sein.

Unkenntnis, oder beim erfahrenen Taucher Routine und kleine „unbestrafte" Nachlässigkeiten führen in gleicher Weise in Versuchung, die Sicherheitsregeln zu vernachlässigen.

Rechenfehler: falsches Lesen der Tabellen, Zeitfehler, manchmal Verwechslung des Begriffs „Tauchzeit" – vor allem bei Erkundungstauchgängen, wo der Anfang des Austauchens manchmal schlecht fixiert wird. Die Zweideutigkeit liegt darin, daß der Taucher denkt, die Zeit, in der er an einem Hang herumschlendert, während das Austauchen zur Oberfläche schon begonnen hat, müsse nicht zur Tauchdauer gerechnet werden und daß dieses langsame Tempo ihm nicht schaden kann. In Wirklichkeit schreitet die Sättigung in einigen Organen fort und erfordert längere Dekostufen als die eingehaltenen.

Tiefenfehler: ungenauer Tiefenmesser, Unkenntnis der größten Tiefe.

Ungenaue Dekostufen in Bezug auf die Zeit oder die Tiefe, insbesondere bei Dünung und bei der Dekostufe in 3 Metern Tiefe, wenn diese auf hoher See stattfindet. Obwohl sie in der genannten Tiefe abläuft, kann sie schlecht durchgeführt werden, zum Beispiel nach einem Aufsteigen an die Oberfläche, um das Boot zu lokalisieren.

Fehlen der Dekostufe oder freiwillige Abkürzung ihrer Dauer nach einem Unfall: Unwohlsein, Luft- oder Materialpanne, Angstzustände, schlechte Regulierung der Tarierweste, Taucher, der zu wenig tariert ist.

Benutzung eines Tauchcomputers: Bei der jetzigen Lage der Unfallstatistik ist keine Aussage darüber möglich, ob die unüberlegte und zunehmende Anwendung dieser Apparate das Risiko eines Dekompressionsunfalls erhöht. Sicher ist, daß die benützten Algorithmen für den Taucher ein Entsättigungsprofil errechnen, das dem Sättigungszustand, den der Apparat auf Grund der Komponentenpaare Druck/Dauer während des Tauchens laufend geschätzt hat, nur einigermaßen und nicht exakt angepaßt ist, wie er glaubt. Unter dem Gesichtspunkt einer Optimierung der Stufendauer im Verhältnis zur Tauchzeit ist er natürlich ideal. Aber bei dem jetzigen Entwicklungszustand dieser Computer gibt es immer noch das Risiko eines Unfalls, wenn auch schwer zu berechnen, denn die Parameter des Algorithmus gelten bislang für eine bestimmte Population und für „rechteckige" Tauchgänge, also solche, die das Wertepaar Dauer des Tauchgangs/maximal erreichte Tiefe berücksichtigen. In der Realität zeigt die Erfahrung, daß die größte Gefahr daher kommt, daß viele Taucher diese Computer als universelle Garantie für ihre Sicherheit betrachten und sich daher alle mögliche Spielereien erlauben, z. B. mehrere Tauchgänge am Tag mit Vorliebe in verschiedenen Tiefen. Wird der Tauchcomputer in dieser Form benützt, werden die physiologischen und physischen Gesetze des Tauchens vollkommen mißachtet. Unfälle, die daher rühren, sind also oft eine Folge der Unkenntnis der begrenzten Einsatzmöglichkeiten dieser Apparate, die zur Zeit nur eine zusätzliche Hilfe für das Tauchen sein können.

DAS NICHTEINHALTEN DER AUSTAUCHGESCHWINDIGKEIT

Diesen Parameter zu schätzen ist nicht leicht, wenn das Auftauchen zur Oberfläche „ins Blaue" geschieht, ohne visuelle Markierungen; Erfahrung und regelmäßige Tauchpraxis sollten diese Schwierigkeit lösen. Dennoch ist es schwer, bei der Suche nach Unfallursachen dieses schnelle Austauchen ausfindig zu machen; man muß dieses Fehlverhalten sorgfältig suchen, denn es kann bestimmte Syndrome erklären. Zum Beispiel die vestibulären Unfälle: die endolabyrinthären Flüssigkeiten sind „schnelle Gewebe", und eine schnelle Auftauchgeschwindigkeit nach einem sättigenden Tauchgang, auch wenn sie nur einige Meter dauert, reicht aus, um dort Blasen zu erzeugen. Dies, obwohl die Gesamtdauer des Austauchens mit den Tabellenvorschriften übereinstimmt, was den Taucher dazu verleitet zu behaupten, „seine Austauchgeschwindigkeit sei normal gewesen".

In der Praxis zeigen die Erfahrung und eine genaue Analyse der Unfallumstände, daß ein Überschreiten der Austauchgeschwindigkeit häufiger vorkommt. Diese Erkenntnis hat sogar die Gestalter der Tabelle MN 90 dazu gebracht, eine von den Tauchern als schnell beurteilte Austauchgeschwindigkeit (17 m/min) zu behalten; und dabei handelt es sich um einen Sicherheitsfaktor! In der Tat, wenn man eine Tabelle mit einer Austauchgeschwindigkeit von 15 m/min oder weniger errechnet, ist das Risiko erhöht, bei einem schnelleren Auftauchen die tiefste Dekostufe nicht einzuhalten, die die Berechnung mit 17 m/min angibt, während die Berechnung mit 15 m/min (bei bestimmten Tauchgängen in der Zone von 40–60 Metern) sie gestrichen haben kann. Seltsamerweise ist also eine Austauchgeschwindigkeit von 17 m/min eine Sicherheit, weil sie zu einer tiefen Dekostufe zwingt. Diese aus der Berufstaucherei stammenden Überlegungen sind sowohl in der Aufstiegsgeschwindigkeit als auch im Überschreiten der 40-m-Grenze nicht auf den Sporttaucher übertragbar. Narkose, Angst, Luftpannen und die mangelhafte Benutzung der Tarierweste führen zu einer zu schnellen Austauchgeschwindigkeit.

ANDERE MÖGLICHE URSACHEN

Ein Lungenüberdruck während des Auftauchens, wodurch er auch verursacht wird (Valsalvamanöver, Aufblasen der Boje mit dem Mund, Husten, physische Anstrengung oder Apnoe, entweder um Luft zu „sparen" oder während einer Übung, anstrengendes Erbrechen bei Seekrankheit), kann verantwortlich sein für die Öffnung von physiologischen perialveolären Kapillarshunts. Der Lungenfilter ist ausgeschaltet, die Blasen treten in den großen Kreislauf ein.

Dazu erhöht das Ansteigen des Lungeninnendrucks den venösen Druck des rechten Herzens, der sogar ausreichen kann, um anormale Verbindungen vom rechten zum linken Herzen zu öffnen: die vom venösen Rückkreislauf drainierten Blasen treten direkt in den arteriellen Kreislauf ein. Wenn man annimmt, daß die Taucherpopulation ein Ebenbild der allgemeinen Population ist, muß man die Tatsache akzeptieren, daß etwa 30 % von ihnen (nach einer Untersuchung in den USA), ohne es zu wissen, von dieser anatomischen Herzanomalie betroffen sind. Es ist eine Undichte des Ostium secundum, eines embryonalen Überbleibsels, das den rechten und linken Vorhof miteinander verbindet (offenes Foramen ovale). Der Tauchunfall fördert diese Pathologie zutage, die unter normalen physiologischen Bedingungen vollkommen problemlos vertragen wird.

Ein schnelles Aufsteigen in Höhenlage kann ebenfalls die Spannungen des gelösten Stickstoffs, das für das „Nachtauchen" charakteristisch ist, aus ihrem labilen Gleichgewicht bringen. Wir dürfen nicht vergessen, daß eine Zeitspanne von mindestens 12 Stunden notwendig ist, bis in manchen Gewebeabteilen diese Spannungen wieder ihren physiologischen Wert erreichen.

Übrig bleibt, daß eine gewisse Zahl von Unfällen dennoch keine offensichtliche Ursache hat. Häufig werden Fehler verheimlicht, aber in manchen Fällen wird kein Fehler festgestellt, und man spricht dann von den verantwortlichen begünstigenden Faktoren.

DIE BEGÜNSTIGENDEN FAKTOREN

Mit dem Gesundheitszustand zusammenhängende Faktoren

Im allgemeinen wird eine Verschlechterung des Allgemeinzustands verantwortlich gemacht: chronische Müdigkeit, wegen fehlenden Schlafs oder physischer oder geistiger Überbelastung ist oft anzutreffen. Da der Stickstoff in Fett löslicher ist als in Wasser, stellt ein Übermaß an fetten Geweben, mehr noch als Übergewicht, obwohl beide oft zusammenhängen, ein „Reservoir" von gelöstem Stickstoff mit langsamer Ausscheidung dar, das nur selten von den Tauchtabellen berücksichtigt wird. Allgemeiner gesehen sind die Hyperlipidämie und das vermehrte, zum Beispiel postprandiale Vorkommen von Chylomikronen im Blutfluß Faktoren, die eine wichtige Rolle in der pathologischen Entwicklung der Blasenentgasung spielen.

Obwohl allgemein angenommen wird, daß es für das Tauchen keine obere Altersgrenze gibt, ist dennoch festzuhalten, daß eine große Zahl der Opfer von neurologischen Unfällen im Rückenmarkbereich, bei denen man keinen einzigen Fehler im Austauchverfahren findet, über 40 Jahre alt sind. Unabhängig von der physiologischen Müdigkeit, die man bei diesem Alter erahnen kann, und ihrer Wirkung auf den Transport und den Gewebeaustausch des Stickstoffs ist auch die altersgemäße Rückbildung des venösen Drainagesystems des Rückenmarks zu berücksichtigen. Sie kann den hämodynamischen Vorgang im Rückenmark, also die Ausscheidungsbedingungen des Stickstoffs in gelöster oder Blasenform erheblich verändern. Auch wenn das Alter mit seinen Folgeerscheinungen einen Risikofaktor darstellt, sind es in der Realität eher die begleitenden chronischen Krankheiten, die die begünstigenden Faktoren ausmachen.

Wir wollen dieses Thema nicht weiter verfolgen, aber doch einige Beispiele ausführen, um diesen Begriff deutlich zu machen. Die Atheromatose zum Beispiel, eine generalisierte Arterienerkrankung, die nur unter gewissen Bedingungen erscheint, aber mit dem Alter deutlich wird, verringert einerseits durch ihre verschließende Eigenschaft die Flußmenge der Zellperfusion, also die Kinetik des Stickstoffaustauschs, und verändert andererseits das System des Blutflusses. Die atheromatösen Plaques, die die Innenwände der Gefäße unregelmäßig verdicken, vergrößern die Wirbel, also die Möglichkeiten der Entstehung von Blasen durch Hohlsog. Schließlich können auch durch die Verengung des Durchmessers der Gefäße die Blasenhaufen leichter eingeschlossen werden. Die Arthrose der Wirbelsäule könnte sich ebenfalls auswirken. Diese fortschreitende Erkrankung verkleinert den Durchmesser der Zwischenwirbellöcher, durch welche der epidurale Plexus venosus in Richtung der Hohlvene heraustritt. Diese Verengung der Kanäle behindert den venösen Blutfluß, also die Ausscheidung des im Rückenmark gelösten Gases. Dasselbe gilt für die lokalen entzündlichen Phänomene nach akuten oder chronischen Lumbalgien und selbstverständlich nach Ischialgien, die echte „Blasenfallen" aufstellen. Die Verantwortung dieser Krankheiten für einen neurologischen Dekompressionsunfall des Rückenmarks kann man nicht leugnen, auch bei Einhalten des Verfahrens. Oft werden dennoch diese chronischen Leiden als alltäglich betrach-

tet, und der Risikofaktor, den sie darstellen, wird unterschätzt.
Man kann auch nicht ganz ausschließen, daß eine Tauchunfall „narbe" Ausgangspunkt eines neuen Unfalls wird. Auf diesem Gebiet sind die Unfälle des Innenohrs, wobei der Gleichgewichtsapparat in Mitleidenschaft gezogen wird, wegen der Häufigkeit ihrer Rückfälle besonders zu befürchten.

Der Verlauf des Tauchgangs

☐ *Der Einfluß der Muskelarbeit*
Heute stellt ihn niemand mehr in Frage.
– Körperübungen vor dem Tauchen begünstigen die Entstehung von Gaskernen, die der Ursprung der Blasenentwicklung sind.
– Während des Tauchgangs genügt die einfache Anstrengung des Schwimmens gegen die Strömung, um die Stickstoffsättigung des Gewebes durch den doppelten Mechanismus der kardiorespiratorischen Anpassung zu erhöhen; um die Energieversorgung zu gewährleisten, wird einerseits die Gewebeperfusion erhöht und andererseits der Atemrhythmus beschleunigt, was zu einer Erhöhung der gelösten Stickstoffmenge führt. Die Mehrheit der Tabellen für das Sporttauchen sind aber für eine „mittlere" Anstrengung entwickelt, ohne daß deren Umfang in Zahlen ausgedrückt wäre. Dies würde sowieso nichts nützen, da die Stickstoffsättigung nach einer Anstrengung nicht von der Schwere der geleisteten Arbeit, sondern vom physische Leistungsvermögen jedes Tauchers abhängt. Die Möglichkeit einer Übersättigung durch Anstrengung während des Tauchens ist also sehr schwer abzuschätzen.
– Nach dem Tauchen und mindestens eininhalb Stunden nach dem Austauchen ist die „physiologische" Blasenentgasung am stärksten. Daher kann man sich leicht vorstellen, daß eine körperliche Übung während dieser Zeit, zum Beispiel Schwimmen an der Oberfläche, um das Boot zu erreichen, die Gewebeperfusion erhöht und somit die Entsättigung beschleunigt, aber auch den Stickstoffandrang in Blasenform in der Lunge vermehrt – weshalb das Risiko des Überlaufens des Filters, das um so größer ist, da die Muskelanspannungen die Entstehung von Gaskernen begünstigt haben, was zu einer noch stärkeren Entgasung in Blasenform führt (um die Blasenmenge durch Dopplereffekt besser festzustellen, bittet man im allgemeinen den Taucher, fünf Kniebeugen zu machen).
– Insgesamt steht fest, daß in den Stunden nach dem Tauchgang körperliche Betätigung die unbeweglichen Blasen mobilisieren kann.

☐ *Die Rolle der Hyperkapnie*
Welche Rolle die Hyperkapnie (Vermehrung der Alkalireserven des Blutes) spielt, die mit der Arbeit beim Tauchen einhergeht, ist umstritten.
Klassischerweise wird zugegeben, daß sie den Dekompressionsunfall begünstigt, und manche Autoren haben die Hypothese geäußert, daß Mikroblasen aus Kohlensäuregas den Ausgangspunkt für die Entstehung und Entwicklung der Stickstoffblasen bilden könnten. Es scheint dennoch, daß die Hyperventilation und die periphere Gefäßerweiterung, die durch eine erhöhte CO_2-Spannung im Blut entsteht (die ihrerseits bei Nichtbelastung von der Erhöhung des Partialdrucks des Alveolen-CO_2 erzeugt wird), die Stickstoffausscheidung bei der Dekompression verbessern. Im Rahmen des Sporttauchens ist die Hyperkapnie jedoch endogen und beruht auf einer intensiven körperlichen Anstrengung. Es ist also sehr schwer zu unterscheiden, ob die Hyperkapnie der begünstigende Faktor ist oder ob es nicht eher die physiologischen Veränderungen nach einer Anstrengung sind, die Überzahl an Gaskernen durch Muskelreibungen inbegriffen, die für die Blasenentgasung verantwortlich sind? Die beiden Mechanismen schließen sich nicht aus, und im Endeffekt kann man den Einfluß der Hyperkapnie durch Anstrengung bei der Entstehung eines Dekompressionsunfalls unter Einhalten des Austauchverfahrens erklären, indem man die beiden Gedankengänge zu einem einzigen Schema zusammenfügt (Abb. 8.7).
Dazu kommt, daß die Hyperventilation, ohne daß es unbedingt zu einem Atemstillstand kommt, schnell Angst auslöst: Streßhormone werden freigesetzt, die Gefäßwiderstände erhöhen sich wie auch die Plättchenklebrigkeit. Die ursprüngliche Hyperventilation wandelt sich in eine oberflächliche Polypnoe, die das Ausscheiden des Stickstoffs nicht erleichtert. Diese Situation löst den Unfall aus. Im allgemeinen erzeugen alle Streßsituationen, die einen Überschuß an Katecholamin freisetzen, ein günstiges Terrain für die Entstehung der Blasen.

Medizin und Tauchen

□ *Die Bedeutung der Kälte*
Man darf sie sicher nicht außer acht lassen. In seinem Kampf gegen die Auskühlung erhöht der Taucher einerseits seine Katecholaminsekretion, andererseits begrenzt er seine Verluste durch periphere Gefäßverengung.
Für den Gesamtorganismus bedeutet dies eine Verminderung der Diffusion, also eine Störung der Entsättigungsvorgänge, daher Unfallrisiko. Jedoch sind bestimmte Organe wie das Innenohr besonders gefährdet. Sein terminaltypischer Kreislauf ist wenig gegen die thermischen Variationen der Umgebung geschützt, und es ist sicher, daß einige kochleovestibuläre Unfälle, die sich durch den Verlust der Hörkraft und/oder ein Schwindelsyndrom bemerkbar machen, einem Gefäßkrampf im kochleovestibulären Arteriensystem zuzuschreiben sind.

□ *Die Tiefe und die Dauer des Tauchgangs*
Unter den mit dem Tauchen zusammenhängenden Faktoren behält der immer Gültigkeit, daß ein Tauchgang unter 30 Metern Tiefe und/oder von sehr langer Dauer, ein sogenannter sättigender Tauchgang, immer mehr Risiken mit sich bringt. Das eingegangene Risiko hängt teilweise von der Sicherheit ab, die von den Tauchtabellen gewährleistet wird. Durch deren Perfektionierung müßte dieses Risiko verringert werden können. Im Endeffekt aber, wie zuverlässig die Tauchtabelle auch ist, bleibt die obere Grenze der Entsättigungsfähigkeit ein entscheidender Sicherheitsfaktor der benutzten Tabelle. Das bedeutet, daß ein schlechter physiologischer Zustand den entscheidenden begünstigenden Faktor für das Eintreten eines Unfalls darstellt, viel mehr als das erreichte Sättigungsniveau.

□ *Die Wiederholungstauchgänge*
Aus denselben Gründen betrachtet man aufeinanderfolgende Wiederholungstauchgänge als begünstigende Faktoren. Hinzu kommt, daß diese Tauchgangart die Blasen, die nach dem vorhergehenden Tauchgang entstanden sind, umverteilt und die unbeweglichen Blasen mobilisieren kann, was das Unfallrisiko erhöht. Wir haben bei der Betrachtung des Blasenphänomens auch gesehen, wie Blasen bei wiederholten Tiefenvariationen im Lauf desselben Tauchgangs den Lungenfilter überwinden können. Diese aneinanderfolgenden Hin- und Herbewegungen vom Grund zur Oberfläche sind offensichtlich eine wirkliche Gefahr.
Am Ende dieses Abschnittes stellen wir fest, daß eine gewisse Zahl von ursächlichen Faktoren leicht zu beherrschen ist. Die Vorbeugung des Dekompressionsunfalls geht sicherlich über das Einhalten der Austauchregeln, aber nach unserer Meinung muß eine genügende, sogar eine vertiefte Kenntnis der Physik und der Physiologie des Tauchens jedem erlauben, einerseits seine eigenen Grenzen festzustellen, andererseits zu verstehen, daß das Tauchen nicht ohne Risiko ist... kontrollierbares Risiko, je nachdem, welchen Spielraum sich der Taucher zugesteht.

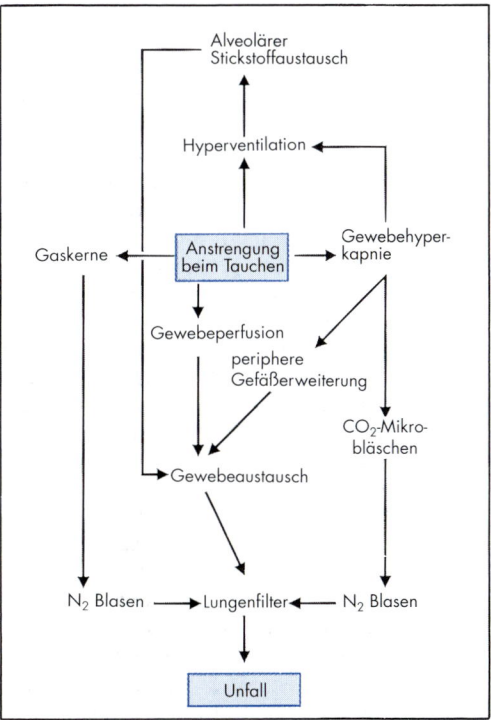

8.7 *Auswirkung der Anstrengung in der Entstehung des Unfalls*

Die Symptome

UNFALL TYP I

Es sind Unfälle, die fast alle Taucher als harmlos betrachten, was richtig für die „Flöhe" ist, weniger für die „bends"; sie können aber auch einen schwereren Unfall des neurologisch medullären Typus ankündigen. Die Untersuchung dieser Unfallopfer muß besonders sorgfältig sein, dem kleinsten senso-motorischen Mangel oder der kleinsten Reflexstörung muß nachgegangen werden. Im allgemeinen aber bewegt diese Pathologie, außer bei sehr schmerzhaften bends, den Taucher nicht dazu, sich untersuchen zu lassen.

Die Hautunfälle

Die „Flöhe", die sich durch einen lokalen Juckreiz bemerkbar machen, manchmal mit einer Marmorierung der Haut verbunden, betreffen meistens die oberen Gliedmaßen, den Thorax und das Abdomen, oder sie sind generalisiert. Sie sind die Ausnahme beim Sporttauchen, bei den Tauchern im trockenen Milieu aber gut bekannt. Sie werden von der Entgasung in den Kapillaren oder im subkutanen Fett verursacht. Ihre Entstehung wird durch die kältebedingte Gefäßverengung, die typisch für die Dekompression in einer Überdruckkammer ist, begünstigt.
Umschriebene Rötungen der Haut erkennt man an ihrer Form des Ausschlags vom Typ Nesselsucht. Sie betreffen meistens die Lendengegend. Schuld ist eine schlechte lokale Entsättigung, die meistens von einer vorübergehenden mechanischen Störung verursacht wird. Sie sind beim Sporttauchen selten.

Die osteo-arthro-muskulären Unfälle

Die „bends" sind die klassischen Unfälle des Berufstauchers, jedoch auch beim Sporttaucher keine Ausnahme. Sie betreffen ein oder mehrere Gelenke, die während des Tauchgangs gearbeitet haben. Sie werden von einem stechenden ständigen Schmerz vom Typ Zerquetschen oder Zerreißen begleitet und sind hauptsächlich an den Schultern, den Knien oder den Hüften zu spüren.
Dieser Schmerz, gegen den Schmerzmittel unwirksam sind, tritt normalerweise in den Stunden nach dem Austritt aus dem Wasser auf, aber auch früheres Erscheinen ist nicht selten. Das aktive oder passive Bewegen des Gelenks steigert den Schmerz, der meist zu einer funktionellen Bewegungsunfähigkeit führt. Ohne Behandlung entwickeln sich Knochenschäden durch aseptische Nekrose.

UNFALL TYP II

Die Labyrinthunfälle

Lange als hypothetisch betrachtet, ist ihre Existenz heute klar festgestellt. Es gibt aber immer noch Kontroversen, was ihre Pathophysiologie betrifft. Da das Innenohr von einem Terminalsystem durchblutet ist, kann ein Gasembolus die Arterien- oder Venenvaskularisierung blockieren und eine lokale Anoxie verursachen. Bei der Entsättigung kann eine Blase auch in den Labyrinthflüssigkeiten freigesetzt werden. Diese Blasenentgasung verursacht eine Kompression oder eine Zerstörung der endolabyrinthischen Strukturen.
Die Kälte und die Gefäßverengung, die sie einleitet, begünstigen das Eintreten dieses Unfalls, und obwohl er meistens gleich nach dem Austauchen geschieht, kann er auch während des Aufstiegs passieren.
Das Krankheitsbild wird kennzeichnet von:
– anfallsweisem Drehschwindel, dem Hauptsymptom; er wird durch Stellungsveränderung des Kopfes verstärkt;
– einem instabilen und trunkenen Gang, wenn die aufrechte Haltung überhaupt möglich ist;
– manchmal einem Sausen oder Pfeifen in den Ohren, oder gar einer Hypoakusis;
– einer Kette von funktionellen Anzeichen, Übelkeit, unstillbares Erbrechen während der Schwindelanfälle.
Man muß diese Symptome kennen und sie auseinanderhalten von sekundären Schwindelanfällen nach einem Barotrauma des Innenohrs, oder bei einer Kleinhirnläsion im Rahmen eines neurologischen Gehirnunfalls, von Schwindel bei Blutdruckschwankungen und bei Seekrankheit.
Da wir später wieder daraufkommen werden (siehe später „die barotraumatischen Unfälle des Ohr"), hier in Kürze einige Elemente, die eine Diagnose erleichtern:

☐ *keine Schmerzen bei der Befragung,*
☐ *normale Trommelfelle bei der Otoskopie,*
☐ *die Umstände des Auftretens des Schwindelsyndroms*: im Gegensatz zur Seekrankheit,

Medizin und Tauchen

die schnell vergeht, dauern die Schwindelanfälle durch Vestibulum- oder Kleinhirnläsion fort und verschlechtern sich manchmal sogar mit der Zeit.

Die neurologischen Unfälle

☐ *Die Rückenmarkunfälle*
Sie sind unter den Dekompressionsunfällen leider die häufigsten, und endgültige Krankheitsfolgen sind nicht selten.
In der pathophysiologischen Theorie, die zur Zeit von allen Autoren akzeptiert und durch Versuche bestätigt wird, wird die venöse Ursache bevorzugt. Die Verstopfung des rechten Venensystems durch Blasen verringert den Blutfluß und verursacht einen venösen Stau im Drainagesystem des Rückenmarks. Dieser Stau bremst die Entgasung und begünstigt die Entwicklung von Blasen direkt im medullären Venensystem oder im Mark, wodurch das Ödem und die Interstitiumblutungen zu erklären sind. Diese Pathophysiologie macht einerseits den Verlauf dieser Rückenmarkunfälle und andererseits die Schwierigkeit verständlich, gut systematisierte Läsionsbilder zu beschreiben. Die Läsionen können sich auf die ganze Länge des Rückenmarks verteilen, weshalb viele neurologische Bilder beschrieben werden können.
Im allgemeinen muß jede neurologische Erscheinung, von welcher Art und an welcher Stelle auch immer, einen neurologischen Dekompressionsunfall befürchten lassen. Klassischerweise stellt sich die Symptomatologie nach und nach in den ersten fünf bis dreißig Minuten ein, manchmal aber auch erst Stunden nach dem Verlassen des Wassers. Ein plötzliches Auftreten beim Aufstieg ist jedoch keine Ausnahme, und in diesem Fall spürt der Taucher den klassischen Schmerz in den Lenden oder im oberen Rücken, zwischen den Schulterblättern, wie einen Messerstich.
Die ersten Alarmzeichen, die vor den motorischen und/oder sensitiven Mangelerscheinungen auftreten, sind:
– eine im Verhältnis zur Anstrengung oder zur normalerweise empfundenen, sehr große, anomale Müdigkeit. Diese oft anzutreffende Asthenie zeigt sich früh;
– ein Ameisengefühl, Prickeln in den unteren Gliedmaßen; je nach dem Sitz des Schadens können diese Anzeichen auch in den oberen Gliedmaßen zu spüren sein.
Mit der Zeit verstärken sich diese sensitiven Anzeichen, und man kann eine Hypo-, sogar eine Anästhesie beim Berühren und beim Stechen feststellen. Die motorischen Zeichen verstärken sich: vom einfachen Taubheits- und Versteifungsgefühl eines Glieds entwickelt sich das Erscheinungsbild zu einer Monoplegie oder noch schlimmer zu einer mehr oder weniger totalen Tetraplegie. Manchmal tritt die Paraplegie sehr plötzlich ein und ist von Anfang an stark ausgeprägt, wie beim Krankheitsbild einer Rückenmarkdurchtrennung. Aber selbst wenn kein klares motorisches Defizit festzustellen ist und die Dysästhesie (Kribbeln etc.) anhält, also weder eine positive noch eine negative Entwicklung zu erkennen ist, darf die Diagnose eines medullären Unfalls nicht verworfen werden. Die Restdurchblutung, die noch funktioniert, reicht manchmal aus, um zeitweise die Anoxie auszugleichen. Dennoch hat die Dekompressionskrankheit, das heißt die Kette der biologischen Störungen, insbesondere der Blutgerinnungsvorgänge, inzwischen Zeit genug, sich einzurichten, und kann schlimmste Folgen nach sich ziehen wie z.B. eine Phlebitis der perimedullären Venen, die zum Absterben des Rückenmarks führen kann.
Diese anscheinend harmlosen Bilder sind heimtückisch. Die therapeutische Rekompression wird verschoben, da die kleinen Alarmzeichen zu Beginn vernachlässigt werden. In diesen schwierigen Fällen reicht die angewandte Behandlung manchmal nicht aus, um den lokalen Kreislauf wieder durchlässig zu machen; daher die manchmal endgültigen Krankheitsfolgen.
Die Schädigungen der Schließmuskeln, die sich wegen des Sitzes der medullären Läsion ergeben, zeigen sich erst später, wenn die Harnblase voll ist und ein unwiderstehlicher Drang gespürt wird, dem nicht Folge geleistet werden kann. Die Unfähigkeit, Wasser zu lassen, kann am Anfang das einzige Anzeichen eines neurologisch medullären, im allgemeinen schweren Krankheitsbilds sein, dessen klinische Erscheinung spät erfolgt.

☐ *Die zerebralen Unfälle*
Diese Unfälle sind gekennzeichnet durch eine sehr reiche, manchmal unauffällige neurologische Symptomatologie, die mit der Wanderung von Gasembolen in den Halsschlagadern oder den Adern der Wirbelsäule zusammenhängt. Das bedeutet, daß einige der klinischen Anzeichen dem Krankheitsbild des Lungenüberdrucks sehr ähneln. Diese Ähnlichkeit kann sogar die Differentialdiagnose erschweren, um so

mehr, da beide Pathologien manchmal zusammentreffen. In der Praxis muß das Auftreten von neurologischen Symptomen, die auf eine Hirnschädigung hindeuten, immer zu der Vermutung führen, daß ein reiner oder mit einem Dekompressionsunfall kombinierter Lungenüberdruck vorliegt.

Die Pathophysiologie dieser Luftembolisierung außerhalb jeglichen Lungenüberdrucks rührt von mehreren Mechanismen her.

Den Fall des „blow up" lassen wir beiseite, da wir später auf ihn eingehen werden, um zum Beispiel einen Tauchgang zu betrachten, bei dem das Dekompressionsverfahren beachtet wurde. Dies, um daran zu erinnern, daß sich dieser Unfalltypus auch bei Beachtung der Tabellen ereignen kann. Wir haben gesehen, daß während dieser Tauchphase (siehe vorher die Entwicklung der Blasen in „Physiopathologie der Dekompressionsunfälle") symptomlose venöse Blasen entstehen. Diese Blasen, die normalerweise von der Lunge filtriert werden, können sich im rechten präkapillaren System anhäufen und unter günstigen hämodynamischen Umständen zur Öffnung von intrapulmonalen oder intrakardialen arterio-venösen Verbindungen führen und somit den Blasen erlauben, das arterielle System zu erreichen und mit Vorliebe in die zerebrale Vaskulisierung zu gelangen. Dieser Übertritt kann nur geschehen, wenn der Lungenfilter durch den Umfang des Blasenvorkommens überlastet ist. „Shunts" werden durch den arteriellen Überdruck in der Lunge geöffnet, verursacht von der Blase als Hindernis. Wir nehmen also einen Tauchgang an, der zu einer umfangreichen Entgasung führt (tiefer und/oder langer Tauchgang). Aber dieser Übertritt der Blasen durch die intrapulmonalen oder intrakardialen Verbindungen – wir haben es schon erklärt – kann auch durch atypische Manöver begünstigt werden, wie das Valsalva-Manöver oder das Aufblasen der Weste mit dem Mund beim Auftauchen, und dies unabhängig vom Umfang der Blasenentgasung. Der von diesem Manöver erzeugte venöse Überdruck genügt, um die Rechts/links-Verbindungen zu öffnen.

Die klinischen Symptome hängen vom betroffenen vaskulären Bereich ab, aber wegen des Reichtums der vaskulären Ersatzkreisläufe im Gehirn ist die Prognose bei zerebralen neurologischen Unfällen günstiger als bei medullären Unfällen.

Einige zerebrale Unfälle sehen aus wie ein vorübergehender ischämischer Unfall. Die ursprünglichen, mehr oder weniger umfangreichen Mangelerscheinungen bilden sich spontan und manchmal vollkommen zurück, da die vaskulären Anastomosen ihre Ersatzfunktion erfüllt haben. Diese günstige Entwicklung bedeutet aber nicht, daß der Gasembolus verschwunden ist. Er kann sehr gut in einer Arterie festsitzen und, da es keine fortdauernden Anzeichen gibt, die das Unfallopfer dazu führen könnten, einen Arzt aufzusuchen, wird sich die Dekompressionskrankheit heimtückisch ausbreiten. Insbesondere wird ein Gehirnödem auf Grund einer Ischämie und einer Verletzung langsam entstehen und sich erst spät, manchmal mehr als 12 Stunden nach dem ursprünglichen Unfall, bemerkbar machen. Gewisse Symptome zeigen dennoch eindeutig einen Befall der Hirnfunktionen. Es kann sich um sehr deutliche Zeichen, wie Bewußtlosigkeit, Zuckungen und klare sensorische Symptome wie vorübergehende Blindheit handeln oder um diskrete Erscheinungen: Hypoakusis, Sehstörungen vom Typ Verschwommenheit oder Einengung des Gesichtsfelds, Akkommodations- oder Sprachschwierigkeiten, Schwindelanfälle. Mehr oder weniger umfangreiche sensitive und motorische Störungen (Hemi-, sogar Paraplegie) oder solche, die überwiegend in den unteren Gliedmaßen sitzen, deuten auf eine Teilischämie eines vaskulären Territoriums hin und begleiten die vorher beschriebenen Symptome.

Die Atemstörungen oder „chokes"
Dieses Krankheitsbild ist die direkte Folge des massiven Andrangs von Blasen im Lungenkreislauf, wenn der gesättigte Alveolenfilter diese Blasen nicht mehr ausscheiden kann.
Dieses Bild, das sich in der Statistik nur bei 1 % der Dekompressionsunfälle zeigt, kommt ganz bestimmt häufiger vor, aber da seine Auswirkungen mehr oder minder gut vertragen werden, macht sich der Taucher nur dann Sorgen, wenn sie nicht verschwinden.
In der Symptomatologie kommen nebeneinander Dyspnoe, ein trockener retrosternaler Husten, ein Druckgefühl im Thorax und, wenn der Bläschenstau umfangreich ist, eine Zyanose vor, die allerdings nur bei einer sorgfältigen Untersuchung entdeckt und eventuell durch die Analyse der Blutgase bestätigt wird. Diese Anzeichen sowie eine sehr ausgeprägte Asthenie und die im allgemeinen zugegebenen Angstzustände müssen den Taucher alarmieren, denn diese Erscheinungen stellen ein dreifaches Problem dar:

– die sofortige Gefahr von einer plötzlichen hämodynamischen Schwäche mit Kollaps, gefolgt von einem Schockzustand und Atemnot, verursacht von einem akuten Lungenödem von läsionnellem Typus;
– die Entwicklung: diese Chokes lassen, wenn sie nicht schnell durch Rekompression, die immer notwendig ist, behandelt werden, das Auftreten eines Gehirnunfalls durch Öffnung von Rechts/links-shunts befürchten (dieser Mechanismus wurde schon beschrieben);
– die diagnostische Verwechslung mit einem ausheilenden fokussierten Lungenüberdruck, das heißt einer Lungenüberdehnung ohne Alveolenriß.

Die Dekompressionskrankheit
Es handelt sich um eine klinische Form, die selten allein auftritt und die sich nur durch biologische Störungen bemerkbar macht: Hämokonzentration durch Hypovolämie, entzündliches Syndrom, Blutgerinnungsstörungen.
Diese Dekompressionskrankheit, deren Ursprung sich bei der Grenzmembran Blase/Plasma befindet, kann ein erstes biologisches Stadium sein vor dem Erscheinen einer zuerst banalen klinischen Äußerung: der Asthenie. Aber sie kann sich auch zu den Atemstörungen des „chokes", einem Blutunterdruck und einem Kollaps entwickeln.
Im schlimmsten Fall und nach einer manchmal langen (mehr als 6 Stunden) klinischen Latenz, läßt sich das Auftreten von neurologischen, sich langsam einstellenden Mangelerscheinungen beobachten, die sich oft der Behandlung widersetzen. Die von der Blase verursachten Gerinnungsphänomene, die Hämokonzentration, das „sludge", alles biologische Erscheinungen der nicht behandelten Dekokrankheit, waren Vorbereiter einer dramatischen Komplikation: der Thrombophlebitis des Rückenmarks, von der die epiduralen Gefäße und wegen ihres aufsteigenden, extensiven Charakters die venösen Sinus der Schädelbasis betroffen sein können, das heißt, daß auch bei einer einfachen Asthenie eine sorfältige klinische Beobachtung notwendig ist.

Der „blow up"
Der Begriff „blow up" wurde schon am Anfang der Geschichte des Tauchens benützt, um die Folgen eines sehr schnellen, nicht kontrollierten Auftauchens zu bezeichnen, das seine Ursache in einem übertriebenen Aufblasen des trockenen Anzugs der Helmtaucher hatte. Dieser Unfall, der von einer konstanten Beschleunigung beim Auftauchen herrührt, kann heute bei Tauchern, die mit einem Trockenanzug mit variablem Volumen oder einer Sicherheitsweste ausgerüstet sind, bei einer Panne oder schlechter Benutzung des Ablaßsystems geschehen. Eine solche akute Form des Dekompressionsunfalls wird durch sein Gefährlichkeitspotential gekennzeichnet. Die Entsättigung ist unregelmäßig, die Entgasung massiv, und sie betrifft alle Gewebe, auch das arterielle Blut.
Den Umfang dieser Entgasung kann man erkennen an der Beschaffenheit der klinischen Anzeichen. Wenn der Tod nicht augenblicklich durch Lungenüberdruck und/oder damit verbundenes Ertrinken eintritt, ist das Bild beeindruckend und deutet auf eine massive Gehirnischämie hin. Es ist ein Koma, oft mit lokalen oder allgemeinen Zuckungen, schlaffe Quadriplegie. Der Verschluß des vertebrobasilären Stamms ist verantwortlich für eine Dysfunktion der Atem- und Herzfunktionen. Das Risiko eines kardiorespiratorischen Versagens jenseits aller therapeutischen Möglichkeiten ist dann sehr hoch.

ZUSAMMENFASSUNG

Obwohl weltweit die Zahl der Personen, die mit autonomen Geräten in ihrer Freizeit tauchen, ständig steigt, scheint es als ob die Erhöhung der Tauchunfälle, die diese Entwicklung natürlicherweise begleitet, sich zur Zeit stabilisiert hat. Allerdings gibt es keine wirklich verläßlichen Statistiken. Doch läßt sich der Einfluß der technischen Aus- und Weiterbildung durch die Vereine und Tauchschulen erkennen, aber auch eine bessere Kenntnis seitens der Taucher, was Risikofaktoren und begünstigende Umstände angeht, die die Pathologie, die wir beschrieben haben, verursachen. Da die Hauptunfallursache die menschliche Dysfunktion ist, gelten folgende Vorbeugungsmaßnahmen, um die Zahl der Unfälle zu verringern:
– Es muß definiert werden, was unter risikolosem Verhalten zu verstehen ist, und die Taucher müssen zu gefahrlosem Verhalten angehalten werden.

DIE ENTWICKLUNG EINER TAUCHTABELLE

Während seines Aufenthalts im Wasser erträgt der Taucher Druckveränderungen und atmet während einer gewissen Zeit Luft, deren Umgebungsdruck höher ist als der athmosphärische Druck. Komplexe Bewegungen der verschiedenen Luftkomponenten neigen dazu, ein Gleichgewicht zwischen Alveolengas, im Blut gelösten Gas und im Gewebe gelösten Gas herzustellen.

Stickstoff, der Sauerstoffverdünner in der Luft, ist von diesen Bewegungen besonders betroffen. Im Gegensatz zum Sauerstoff oder zum Kohlendioxid, die durch den Zellmetabolismus entweder verbraucht oder ausgeschieden werden, wird der Stickstoff, im physiologischen Sinn ein Inertgas, nicht umgesetzt.

Beim Aufstieg diffundiert das im Blut gelöste Gas in die Alveolen, da der Stickstoffpartialdruck dort absinkt. Die Spannung des im Gewebe gelösten Stickstoffs wird größer als die des Blutes, und die Gewebe entsättigen sich ins Blut, d. h. sie geben nach und nach die im Vergleich zum atmosphärischen Druck zu große gelöste Gasmenge wieder ab. Dieser während des Aufenthalts im Überdruck gespeicherte Überschuß wird von den Geweben in Richtung Alveolen ausgeschieden, in gelöster oder in Gasform, nämlich den Blasen, oder beides zusammen. Diese Entsättigung kann dennoch nicht auf einmal geschehen und stellt die Grenze des Tauchens dar. Erinnern wir uns an den berühmten Satz der in den Gruben unter Preßluft arbeitenden Arbeiter, den uns Pol und Watell 1846 überliefert haben: „...man zahlt erst am Ausgang". Die Autoren dieser Zeit rieten schon damals den Ingenieuren, „mit großer Vernunft alle notwendigen Vorsichtsmaßnahmen zu treffen, um eine genügend langsame Dekompression sicherzustellen". Paul Bert schlägt 1878 die erste „Tabelle" vor in Form einer „schonenden Dekompression (12 Minuten pro bar)". Er rät auch dazu, die Taucher, wenn sie aus großen Tiefen zurückkommen, zum Beispiel 30 Meter, „gut eine Viertelstunde bei der Hälfte der Strecke anhalten zu lassen" und „sie gleich nach der Rückkehr an die Luft Sauerstoff atmen zu lassen, ohne auf Unfallanzeichen zu warten."

Der Überschuß an Inertgas muß also nach einem besonderen Verfahren ausgeschieden werden, nach der Tauchtabelle, die es einem dem Überdruck ausgelieferten Menschen erlaubt, wieder in den atmosphärischen Druck zu gelangen, ohne klinisch pathologische Erscheinungen. Diese Tabellen haben nicht das Ziel, die Entstehung von Blasen zu verhindern, sondern zu vermeiden, daß diese Blasen einen Unfall verursachen; denn die „lautlosen" Blasen, die vom Lungenfilter ausgeschieden werden, sind bei jeder Dekompression ein unvermeidbares Phänomen.

In diesem Teil des Kapitels wollen wir nur aufzeigen, wie die Tabellen entwickelt werden, welche Grenzen die angewendeten Verfahren haben und welche Garantien man erwarten kann. Jeder Taucher muß in der Lage sein, sich eine Meinung zu bilden, und muß Auswahlkriterien zur Verfügung haben.

Entwicklung einer Dekompressionstabelle

Jede Tauchtabelle ist ein Programm, das von der Austauchgeschwindigkeit und den Dekostufen bestimmt wird; diese Parameter wirken auf die Gewebeentsättigung und erlauben dem Organismus, die Dekompression zu ertragen. Um ihre Grenzen festzuhalten, muß man die Transportvorgänge und die Mechanismen berücksichtigen, die den Stickstoffaustausch zwischen den verschiedenen Geweben des Organismus beherrschen.

TRANSPORT UND AUSTAUSCH DES STICKSTOFFS IM ORGANISMUS

Die biophysikalischen Grundlagen

Sie betreffen die Vorgänge der Lösung von Gasen in Flüssigkeiten. Nach dem Henryschen Gesetz steigt die Menge des in einer Flüssigkeit gelösten Gases proportional zum Druck. Bei konstantem Druck verläuft diese vom Lösungskoeffizienten des Gases abhängige Lösung nicht auf einmal. Sie hängt von der Zeit ab und folgt einer Exponentialkurve, die durch ihre Halbwertszeit festgelegt wird, d. h. die Zeit, die notwendig ist, um die Hälfte der Sättigung zu erreichen. Das Gas tendiert zu einem Gleichgewicht, das dem Sättigungszustand der Flüssigkeit durch das Gas entspricht. Das gelöste Gas übt dann in der Flüssigkeit einen Teil- oder Partialdruck aus (Spannung des gelösten Gases), der dem in der Gasphase entspricht.

Dieses Phänomen ist umkehrbar, wenn der Druck absinkt; es entspricht dann der Entsättigung, die sich nach dem Diffusionsgesetz der gelösten Gase richtet.

Es ist also jederzeit möglich, den Spannungswert des gelösten Gases zu errechnen, wenn man den Wert der Druckveränderungen des Gases im Kontakt mit einer Flüssigkeit und die Halbwertszeit der Sättigung dieser Flüssigkeit kennt.

Die Sache wird komplizierter, wenn es mehrere Flüssigkeiten sind: unter diesen Bedingungen hängt die Lösung des Gases in jeder Flüssigkeit von deren jeweiligen physiko-chemischen Eigenschaften ab.

Dies ist im menschlichen Organismus der Fall, den man sich wie eine Ansammlung von Zellen vorstellen sollte, deren Hauptbestandteil Wasser ist. Diese Zellen bilden Gewebe von verschiedener Festigkeit, von flüssig (Blut) bis fest (Knochen). Betrachtet man ihr Verhalten gegenüber den Gasen, scheint es logisch, sie wie Flüssigkeiten mit unterschiedlichen Eigenschaften zu betrachten, die man unter dem abstrakten Begriff „Kompartimente" erfaßt.

Bei der Erhöhung des Umgebungsdrucks während des Abtauchens löst sich nach und nach der Stickstoff nach der Gleichung von Haldane in diesen Kompartimenten. Die unterschiedliche Sättigungsgeschwindigkeit dort hängt von ihrer Halbwertszeit ab. Wenn dagegen der Umgebungsdruck sinkt, sinkt auch die Spannung des gelösten Stickstoffs in den verschiedenen Kompartimenten nach einer *entgegengesetzten, aber* der vorigen Sättigungskurve *nicht symmetrischen* Entsättigungskurve.

Bei der Rückkehr des Tauchers an die Oberfläche bedingt die Auftauchgeschwindigkeit die Veränderung des Umgebungsdrucks, der sich wesentlich schneller verändert als die Spannung des in den Geweben gelösten Gases; man sagt, daß der Organismus in diesem Zustand übersättigt ist.

Man kennzeichnet die Übersättigung jedes Kompartiments durch das Verhältnis der Spannung des gelösten Inertgases zum barometrischen Umgebungsdruck. Wird ein gewisser Wert dieses Verhältnisses (der Koeffizient der kritischen Übersättigung) überschritten, gibt es das Risiko eines Dekompressionsunfalls. Die Tauchtabellen haben alle ein gemeinsames Ziel: den Wert dieses Übersättigungskoeffizienten des Inertgases (Stickstoff für das Tauchen mit Preßluft) für alle Gewebe des Organismus unter einer gewissen Schwelle zu halten. Darüber würde die normale Entgasung pathologisch werden. Jedesmal, wenn der Sättigungsgrad eines Kompartiments es erfordert, wird eine Dekostufe eingehalten, um diesem Kompartiment zu erlauben, sich zu entsättigen und unter den kritischen Wert des Übersättigungskoeffizienten zu kommen. Dieses Austauchprofil stellt zwangsläufig einen Kompromiß zwischen zwei Zwängen dar:
– das Überschreiten der kritischen Übersättigungsschwelle des Hauptkompartimentes zu vermeiden,
– die Zusatzlast an Inertgas in den anderen Kompartimenten zu begrenzen.

Die Zuverlässigkeit einer Tabelle hängt teilweise von der Definition dieser aus verschiedenen Geweben bestehenden Kompartimente ab, die aber durch ihre Eigenschaften, ihren Fettreichtum und ihre Durchblutung dieselben Halbwertszeiten und Übersättigungskoeffizienten besitzen. Die Zahl dieser Kompartimente und die zu berücksichtigenden Halbwertszeiten festzulegen (die kürzeste, die längste und ihre Staffelung) sind auch Auswahlfaktoren, die für die Sicherheit der Tabelle maßgeblich sind.

Die physiologischen Grundlagen

Das Blut ist das Transportmittel, das den Kontakt zwischen dem geatmeten Inertgas und den verschiedenen Geweben des Körpers herstellt. Alle Auflösungsphänomene im Gewebe sind zunächst von der Durchblutung abhängig. Das gelöste Gas diffundiert von den Kapillaren in die Zellen. Die Gasmenge, die in die verschiedenen Territorien des Organismus transportiert wird, hängt also vom Gefäßreichtum und von den Diffusionsmechanismen ab, die einen Gasdruckausgleich herstellen.

Man hat lange angenommen, daß während des Gleichgewichtszustands die Spannung des im Blut gelösten Stickstoffs in der Lunge dem Stickstoffteildruck in den Alveolen entspricht. In Wirklichkeit hatte man dabei die Kreislaufshunts des Lungenkreislaufs nicht berücksichtigt, die beim Austausch durch die Alveolen-Kappillaren-Membrane eine Inhomogenität schaffen, so daß die Spannung des im Blut gelösten Stickstoffs seinem Teildruck in den Alveolen nicht entspricht.

Diese arterio-venösen Shunts findet man auch in dem durchbluteten Gewebe, so daß die Spannung des gelösten Stickstoffs im Gewebe seinem Teildruck in den Alveolen nicht gleicht. Hinzu kommt, daß der Organismus keine Anordnung von hermetischen Kompartimenten ist. Man darf die Bedeutung des Diffusionsaustauschs in der flüssigen Phase, der von einem Kompartiment zum anderen stattfindet, nicht unberücksichtigt lassen. Ihn zu quantifizieren ist dennoch nicht möglich: wie könnte man die Diffusionskoeffizienten und die Austauschflächen festlegen? Dennoch, auch wenn der Diffusionsmechanismus des gelösten Stickstoffs in gut durchbluteten menschlichen Geweben beim Austausch Blut–Gewebe so schnell geschieht, daß man ihn nicht berücksichtigen muß, gibt es doch wenig durchblutete Gewebe (z. B. Fett-, Knorpelgewebe), bei denen die Diffusionsvorgänge wahrscheinlich bei der Stickstoffübertragung eine beherrschende Rolle spielen.

Bei der Dekompression komplizieren sich diese zuerst einfachen Phänomene wegen des Vorhandenseins von infraklinischen, sogenannten lautlosen Blasen. Zum Austausch in flüssiger Phase kommt ein Diffusionsaustausch auf Höhe der Grenzmembran Blase–Flüssigkeit hinzu. Die Entsättigung der neutralen Gase im Gewebe und der Übertritt dieses Gases durch die alveolo-kapilläre Membran werden also wegen dieser Entgasung in Blasenform komplexer, denn sie behindert den Diffusionsaustausch zwischen den Geweben sowie zwischen Gewebe und Flüssigkeit. Schließlich muß man den Diffusionsaustausch berücksichtigen, der in Gegenrichtung auf allen vaskulären Strecken abläuft, auf denen Arterien und Venen verwachsen sind.

Insgesamt können, auch wenn die Gewebeperfusion ein wichtiger Faktor für den Stickstofftransport und -austausch ist, die Diffusionsphänomene nicht ganz beiseite geschoben werden. Selbstverständlich wirken sich sämtliche Änderungen der Perfusion oder der Diffusionsvorgänge, aus welcher Ursache auch immer, auf den Transport und die Ausscheidung des in den Geweben enthaltenen Stickstoffs aus.

Die „Flöhe", die oft nach Scheinlufttauchgängen in Überdruckkammern gemeldet werden, sind ein Beispiel für die Bedeutung des Durchblutungsfaktors für ein bestimmtes Territorium. In der Praxis steigt die umgebende Temperatur, während die Kammer unter Druck gesetzt wird, und die periphere Vasodilatation, die sie einleitet, erhöht die Menge des zirkulierenden Blutes, also die Menge des gelösten Gases, das in das Hautgewebe diffundiert. Im Gegensatz dazu sinkt bei der Dekompression die Temperatur der Umgebung. Dieser thermische Gradient verursacht eine Vasokonstriktion, und der Blutfluß in der Haut reicht dann nicht mehr aus, um eine normale Ausscheidung der während des Aufenthalts unter Druck gelösten Gase zu gewährleisten. Mikroblasen entwickeln sich im Hautgewebe, die diesen Juckreiz, „Flöhe" genannt, verursachen.

Man muß also auch die großen Funktionen des Organismus berücksichtigen, die an dem Austausch des Inertgases beteiligt sind und durch die Tauchbedingungen verändert werden. Durch die Kälte, den Streß, die körperliche Aktivität etc., aber auch durch den physiologischen Zustand des Tauchers: das Alter, das Geschlecht, die Ermüdung etc.

Zusammenfassung

Der Anspruch einer Tabelle liegt darin, die Gasaustauschvorgänge während der Dekompression theoretisch aufzuzeigen: die Gesamtheit der mathematischen Gleichungen hat zum Ziel, die Entwicklung der Spannung des in den verschiedenen Gewebeabteilen gelösten Stickstoffs vorauszusagen im Verhältnis zur Zeit, zum Umgebungsdruck, zu den physikalisch-chemischen Eigenschaften des Inertgases (zum Beispiel dem Auflösungskoeffizienten), aber auch zu den abstrakten, aber für die Berechnungen notwendigen Erfahrungsparametern (den Kompartimenten, dem kritische Übersättigungskoeffizienten).

Tatsächlich können die ausgewählten mathematischen Ergebnisse wegen der Komplexität der Austauschmechanismen, von denen sich einige unserer Kenntnis entziehen, nur eine Annäherung sein. Die physikalischen Gesetze sind sicher universell, ihre biologische Anwendung aber hängt von physiologischen Veränderlichkeiten ab. Will man die Wirklichkeit dieser letzteren so genau wie möglich erfahren und alle bekannten Phänomene hinzuziehen, geben auch komplizierte mathematische Formeln, die man mit gewaltigen Rechenvorgängen lösen kann, die letzte Wahrheit dieser Phänomene nicht wieder.

Bei der Erstellung einer Dekompressionstabelle stützt man sich also eher auf eine Methode als auf ein Modell, das auf die vorher beschriebenen Phänomenen basiert. Bei dieser Methode formuliert man vereinfachende Hypothesen, von denen man jetzt weiß, daß sie zwar vereinfachend, aber trotzdem für die Entwicklung des Profils notwendig sind.

Unter diesen Bedingungen ist es nicht verwunderlich, wenn einerseits so viele Tabellen existieren, da die ausgewählten Hypothesen und

Medizin und Tauchen

somit die übernommenen Lösungen von einem Autor zum anderen differieren, und andererseits alle Tabellen immer wieder von neuem angepaßt werden müssen.

DIE RECHNERISCHEN ANNÄHERUNGSWERTE

Die physiologischen Vereinfachungen

Die bei den Sättigungs- und Entsättigungsphänomenen mitwirkenden physiologischen Faktoren sind bei Tauchern aus folgenden Gründen nicht gleich:
– Die Eigenschaften des Gewebes, in dem das Inertgas sich auflöst, hängen vom Alter, von der Verfettung, von Krankheiten ab.
– Die Blutperfusion des Gewebes ist vor allem von den hämodynamischen Bedingungen abhängig aber auch von der kardio-vaskulären Anpassungsfähigkeit an die Anstrengung.
– Die Gasmenge, die von der gelösten Form im Gewebe zur Gasphase in den Alveolen zurückwechseln kann, ist abhängig vom Atemrhythmus, also von der körperlichen Verfassung, von der Anstrengung, usw.

Unter diesen Bedingungen versteht man, daß die individuellen Eigenschaften und Werte der Kompartimente, der Halbwertszeiten, der Übersättigungskoeffizienten von einem Taucher zum anderen verschieden sind. Im Idealfall, und wenn man die individuellen Variationen berücksichtigt, bräuchte man logischerweise so viele Parameterkombinationen, also Tabellen, wie Taucher. Noch dazu würden die Veränderungen jedes einzelnen Subjekts verlangen, daß man diese Tabellenangaben zusätzlich den normalen Variationen im Lauf des Lebens anpaßt.

In Wirklichkeit hängt die Zuverlässigkeit einer Dekompressionstabelle für die festgelegte Benutzergruppe von dieser durchschnittlichen Schätzung ungewisser, physiologisch veränderlicher Größen ab, mehr als von den mathematischen Berechnungen.

Die Autoren nehmen an, daß das Dekompressionsprofil eine Standardperson anspricht, deren physiologische Funktionen unter statischen Verhältnissen geschätzt werden. Die körperliche Aktivität während des Tauchens verursacht keine größeren Veränderungen im Atem- und im allgemeinen Kreislaufbereich oder bei der Gewebediffusion, die konstant bleibt. Alle Störungen, die vom Tauchen und allgemein von seinen Bedingungen verursacht werden, wie Druck auf die Körperoberfläche durch den Anzug oder die eventuell von der Kälte erzeugte periphere Vasokonstriktion, werden nicht berücksichtigt. Der Gradient des hydrostatischen Drucks, der für die Interstitiumflüssigkeiten des Organismus zugunsten des fließenden Volumens neu verteilt, wird außer acht gelassen. Wichtige physiologische Faktoren, wie der Bluttransfer auf kardiovaskulärer Ebene unter dem Einfluß der relativen intrathorakalen Depression, wenn der Taucher in senkrechter Haltung ist, oder das Wasserdefizit nach dem Auftauchen, das auf die Diuresesteigerung zurückzuführen ist, werden gänzlich ignoriert.

Die biophysischen Vereinfachungen

Die entwickelten Modelle hängen von den gewählten Schätzungen ab.

□ *Das Modell der „begrenzenden Perfusion"* hat die Entwicklung der ersten Dekompressionstabellen erlaubt. In dieser von Haldane vorgestellten Theorie wird angenommen, daß allein die Vaskularisation sich auf die Sättigungs- und Entsättigungsphänomene auswirkt. Der Ort der Gasdiffusion wird als unwesentlich betrachtet wegen des Kapillarenreichtums der Gewebe, was zu folgenden Hypothesen führt:
– Vor dem Tauchen ist die Spannung des Inertgases in allen Geweben im Gleichgewicht mit dem Teildruck dieses Gases in der Luft, die unter atmosphärischem Druck geatmet wird.
– Beim Austritt aus der Lunge sind der Stickstoffteildruck in der Alveolenluft und die Spannung dieses Gases im Arterienblut im Gleichgewicht.
– Beim Austritt aus einem Kompartiment ist die Spannung des gelösten Stickstoffs im Blut und im Kompartiment im Gleichgewicht.
– Das Gesetz der Stickstofflösung im Organismus unter dem Einfluß eines positiven Unterschieds zwischen seinem Teildruck in der geatmeten Luft und seiner Spannung im Gewebe ist dasselbe wie das Ausscheidungsgesetz dieses Gases unter dem Einfluß eines negativen Unterschieds.

Diese Druckvariation des im Kompartiment gelösten Stickstoffs ist abhängig vom Gradient der Spannung Blut/Kompartiment, vom Perfusionsgrad dieses Kompartiments und von den Lösungskoeffizienten des Gases im Blut und im Kompartiment. Was zu der wohlbekannten Haldaneformel führt:

$$P = P_0 + (P_1 - P_0)(1 - e^{-kt}),$$

wobei P = Stickstoffspannung im Blut, welches das Kompartiment verläßt,

P_0 = Stickstoffspannung im Abteil im Moment
t = 0,
P_1 = Stickstoffspannung im Blut, das in das Abteil eintritt,
k = Konstante, die vom Perfusionsgrad abhängt, der für das Abteil spezifisch ist.

In diesem Modell wird eine normale Dekompression nicht von Blasen begleitet. Sie erscheinen nur, wenn der kritische Übersättigungskoeffizient eines Kompartiments überschritten wird. Dieser Koeffizient wird als konstant für ein bestimmtes Kompartiment betrachtet, während die Erfahrung gezeigt hat, daß, auch wenn er für eine bestimmte Tiefe und eine bestimmte Dauer sicher ist, er für größere Tiefen oder längere Aufenthalte gefährlich werden kann.

Diese Hypothesen, die die Rolle der Blasen im Austausch Blut–Gewebe nicht berücksichtigen und annehmen, daß alle Kompartimente parallel zueinander liegen und kein Diffusionsaustausch zwischen ihnen stattfinden kann, sind ungenügend, wenn man die vorher beschriebenen physiologischen Grundlagen betrachtet. Sie haben dennoch die Entwicklung der Gers-Tabellen der nationalen Marine und der US Navy gefördert.

☐ *Das Modell des Gastransports durch Diffusion* führt die Tatsache ein, daß der Stickstoffaustausch durch die Kinetik der Diffusion dieses Gases in den als nicht homogen betrachteten Kompartimenten behindert ist.

Das physikalische Gesetz der Gasdiffusion kann nur zum Preis von extremen Vereinfachungen in der Physiologie angewendet werden und stößt dann auf anatomische Überlegungen: Wie kann man sich im einfachsten Fall vorstellen, daß der Organismus aus parallelen Reihen von Kapillaren besteht, die durch eine Gewebeschicht getrennt sind? Die Näherung, die annimmt, daß die Diffusion das Inertgas radial von und zu den Kapillaren transportiert (Krogh-Zylinder), kommt wohl der anatomischen Wirklichkeit näher, jedoch um den Preis einer Komplikation der in homogenen Medien vergleichsweise einfachen Ausdrücke des von Fick'schen Gesetzes, welches die Diffusion beschreibt.

☐ *Das auf mathematischen Gleichungen, die die Stabilität einer Blase definieren, basierende Modell* erlaubt die Tatsache, daß jede Dekompression von einer Entgasung in Blasenform begleitet wird, in die Berechnungen einzufügen. Das schwierige Problem, was hierzu gelöst werden muß, ist die Berechnung des Gastransportes durch Diffusion, zwischen den als vorhanden angenommenen Blasen und der als (begrenztes) Reservoir angesehenen Umgebung. Experimentelle Erfahrungen erlauben den Schluß, daß Symptome einer Dekompressionskrankheit dann zu erwarten sind, wenn die Blasen ein bestimmtes kritisches Volumen überschreiten. Dekompressionsregeln müßten aus diesen Berechnungen so abgeleitet werden, daß diese kritischen Volumina nicht erreicht werden. Eine weitere Schwierigkeit besteht darin, auch jene Diffusionsbarrieren zu berücksichtigen, die der fibrino-proteinöse Kokon bedingt, mit der Gasblasen als Folge der Blutgerinnung (nach intra- und interindividuell recht verschiedenen Zeiten) umhüllt werden.

Diese Überlegungen zeigen die Kompliziertheit des Problems, das sich beim Stickstofftransport im Organismus stellt und das die zwei Vorgänge der Diffusion und der Perfusion gleichzeitig benötigt. Die gemischten Modelle, die das Vorhandensein von Blasen berücksichtigen, nähern sich eher der Realität.

Dennoch geben diese Näherungen, zu denen uns die Vielfalt der Vorgänge bei Gasdiffusion und Blasenbildung im Körper zwingt, die wahren Abläufe im Körper nur so unvollkommen wieder, daß ein vorläufiger Verzicht auf notwendig mathematisch sehr komplizierte, „beschreibende" Modelle heute für viele Fachleute akzeptabel erscheint. Aussichtsreicher erscheint die Bestimmung der bewußt wenigen freien Parameter einfach gehaltener Modelle durch statistische Analyse eines sehr großen empirischen Datenmaterials. In dieser „mutmaßenden" Methode, die in Frankreich von J.-P. Imbert mit den neuen COMEX-Tabellen, die auch vom französischen Arbeitsministerium anerkannt wurden, wieder aufgenommen wurde, wird auf das sehr große Datenmaterial einer weltweit tätigen Firma für kommerzielle Taucheinsätze zurückgegriffen. Solche aus Berufstauchprofilen und deren Häufigkeit von Dekompressionskrankheiten abgeleiteten Tabellen sind sowohl bezüglich der als noch hinnehmbar erachteten Restrisiken, aber auch bezüglich des Tabellengebrauchs auf die Berufstauchwelt zugeschnitten: Eine Tabelle, die nicht von (Sport-)Tauchern unter Wasser, sondern von der Einsatzleitung an Bord zu konsultieren ist, kann durchaus ein Buch mit je einer eigenen Tabelle für verschiedene Oberflächenpausen sein.

Medizin und Tauchen

Tabellen für Sporttaucher müssen, um größtmögliche Sicherheit ohne inakzeptable Einschränkungen zu gewährleisten, auf die beim Sporttauchen üblichen Verhaltensweisen zugeschnitten sein. Gegenüber dem schlauchversorgten Berufstaucher, der im allgemeinen während des größten Teils der Bodenzeit in derselben Tiefe arbeitet („Rechteckprofil"), führt der Sporttaucher nur einen begrenzten Luftvorrat mit sich und taucht in ständig wechselnde Tiefen. Bezüglich des Restrisikos einer Dekompressionskrankheit muß einerseits bedacht werden, daß beim sportlichen Tauchen nicht, wie im Berufsbereich, Behandlungsmöglichkeiten rasch zugänglich sind, andererseits taucht der Sporttaucher ja eigenverantwortlich zum Vergnügen und nicht als Angestellter einer Firma. Diese Gesichtspunkte hat Dr. Max Hahn den von ihm entwickelten Tabellen „DECO'92" zugrunde gelegt und dazu vom umfangreichen Material verschiedener Druckkammerzentren und neuartigen Risikobewertungsalgorithmen des US-Marinemedizinischen Forschungsinstitutes Gebrauch gemacht. Diese Tabellen sind im deutschsprachigen Raum sehr verbreitet und erlangen in der jetzt vorliegenden Version 2 und als Tabellen für Mischgase und für halbgeschlossene Kreislauf-Tauchgeräte international immer mehr Bedeutung.

Einschätzung der Sicherheit einer Dekompressionstabelle

Alle bisherigen Betrachtungen erlauben die Auswahl von den Rechenparametern eines Dekompressionsprofils.
Die Zahl der Abteile ist nicht begrenzt und kann Kompartimente mit einer Halbwertszeit von 3 bis 4 Minuten bis sehr langsame Kompartimente mit einer Halbwertszeit von 120 Minuten und mehr einschließen. Ihre Auswahl wird nur von der Sorge der Autoren bestimmt, Halbwertszeiten, die eine bedeutende Rolle spielen, zu berücksichtigen. Man erhöht nicht die Sicherheit der Tabelle, indem man viele Kompartimente benützt. Außerdem kann die Zahl der für die Berechnung nützlichen Kompartimente mit der Tiefe und der Dauer des Tauchgangs variieren.
Der Wert des Übersättigungskoeffizienten, der für die Dekompression maßgeblich ist, oder seiner Varianten, wie die „M-Werte" von Workman, kann als konstant oder veränderlich je nach Tiefe, Dauer, sogar nach der Tiefe der Dekostufen ausgewählt werden. Wenn er klein ist, führt die erhaltene Tabelle zu langen Dekompressionszeiten. Die Tabelle ist natürlich „sicher"; wenn er zu groß ist, bringt die Dekompression Risiken, die nur statistisch geschätzt werden können.
Die Austauchgeschwindigkeit muß so schnell wie möglich sein, damit die Kompartimente mit langen Halbwertszeiten sich nicht weiter sättigen. Ihr werden aber dennoch vom Übersättigungskoeffizienten der Kompartimente mit kurzen Halbwertszeiten Grenzen gesetzt.
Diese Rechenelemente sind empirisch und müssen durch Erfahrung kontrolliert werden. Ist die Tabelle angenommen, muß sie für die ausgewählte Population für gültig erklärt werden.

DIE ERPROBUNG EINER TABELLE

Diese Versuchsetappe ist wichtig sowohl für die gesamte Aufstellung einer Tabelle als auch für die Korrekturen durch Veränderung der Rechenparameter. Sie erlaubt es, durch menschliche Erprobung an Freiwilligen die Zahlenergebnisse zu testen, die man durch die angewandten Rechenprogramme bekommen hat.
Einige von den jetzigen Tabellen wurden an Versuchspersonen getestet, die Druck- und Zeitbedingungen wie bei einem wirklichen Tauchgang unterlagen. Um rigoros zu sein und so wenig Risiken wie möglich einzugehen, werden diese Tauchgänge in Überdruckkammern durchgeführt, zuerst an der Luft, dann im Wasser, bei einer Anzahl von Personen zuerst in Ruhelage, dann bei der Arbeit, die groß genug ist, damit die Beobachtungen aussagekräftig sind.
Obwohl es nicht notwendig ist, alle Dauer/Tiefe-Kombinationen der Tabelle zu testen, bedeutet diese Einstellung eine Vielzahl an Tauchgängen. Jede Kombination Tiefe/Dauer, die einen Zwischenfall verursacht hat, muß mit anderen Parametern erneut berechnet werden. Die übrigen werden angenommen, aber nicht als zuverlässig erklärt.
Durch die Ultraschallmethoden mit Doppler-Effekt konnte die experimentelle Technik verbessert werden, um Blasen aufzuspüren. Es ist allerdings nicht notwendig, bis zum Dekompressionsunfall des Probanden zu gehen, da schon ein hohes Blasenvorkommen als pathogen betrachtet wird. Dennoch, von einem bestimmten Sicherheitsniveau an, wenn die Ausgangswerte

von einer schon getesteten Tabelle stammen, kann man annehmen, daß ein gegenüber dem Stammprofil verlängertes Profil, die Taucher, die es probieren, nicht vor vermehrte Risiken stellt. Aus diesem Grund kann das Experimentieren direkt unter den Bedingungen vor sich gehen, unter denen die Tabelle benutzt wird.

DIE GÜLTIGKEITSERKLÄRUNG EINER TABELLE

Die Gültigkeitserklärung eines Profils geht über das Aufstellen einer Datengrundlage mit dem Sammeln der für die statistische Optimierung der Rechenparameter notwendigen Informationen hinaus. Von einem bestimmten Perfektionspunkt an kann nur eine große Zahl von Tauchgängen den Voraussagewert einer Tabelle bestimmen.
Wenn das Risiko eines Unfalls unter Beachtung des Verfahrens annehmbar, d. h. statistisch gesehen klein genug ist, werden die Parameter der Rechenmethode als gültig für die Benutzerpopulation erklärt, bis man die Situation aufgrund von neuen Informationen in der Datengrundlage neu einschätzen muß. Dieses Risiko wird durch das Verhältnis der „normalen" Tauchgänge, die einen Unfall verursacht haben, zur Anzahl der durchgeführten Tauchgänge festgelegt. Das Problem dieser Gültigkeitserklärung liegt im Sammeln von Informationen und in den notwendigen Zeitspannen, die nötig sind, um ein Datenvolumen zu bekommen, das ausreicht, um aussagekräftig verwendbar zu sein.
Diese Methoden führten in den vergangenen Jahren zu einer verfeinerten Abschätzung des Restrisikos, dessen kritische Bewertung in modernen Tabellenwerken für das Sporttauchen die Tauchsicherheit immer stärker als zentrales Anliegen herausstellt.

Besondere Probleme

Einige besondere Tauchbedingungen können die Erstellung einer Tabelle erschweren.

WIEDERHOLUNGSTAUCHGÄNGE

Die Entwicklung einer Tabelle für Wiederholungstauchgänge muß den Gasrest berücksichtigen, der sich während des vorhergehenden Tauchgangs im Organismus gelöst hat. Eine der Methoden besteht darin, die Zeitspanne festzulegen, nach der das längste Kompartiment vollkommen entsättigt ist. In den neuen Tabellen z. B. der französischen Marine MN 90 wurde diese Zeitspanne auf 8 Stunden 30 Minuten für das Kompartiment mit einer 120minütigen Periode festgelegt.
Wenn der zweite Tauchgang vorher stattfindet, muß man zu seiner Dauer einen Zuschlag hinzurechnen, mit dem man die Restsättigung berücksichtigen kann. Es ist die Zeit, die man in der Tiefe des zweiten Tauchgangs hätte verbringen müssen, um dieselbe Stickstoffspannung in dem Kompartiment mit der 120minütigen Periode zu erreichen.
Die sogenannte Methode „des ungünstigsten Falls", die vom Arzt Dr. Fructus für die Tabellen des französischen Arbeitsministeriums 1974 entwickelt wurde, nimmt an, daß nach dem ersten Tauchgang alle Gewebe bei der Ankunft an der Oberfläche ihre maximale Sättigung haben. Der für die Sicherheit gewonnene Vorteil ist, da die zweite Dekompression unabhängig vom ersten Tauchgang ist, dennoch nicht ohne Nachteil: Die Dekompressionsdauer ist für kurze Intervalle nicht optimiert.
Das Prinzip dieser Methode wurde von Imbert für die Entwicklung der Tabelle Comex 86 für Wiederholungstauchgänge wiederaufgenommen. Es wird angenommen, daß das Kompartiment mit der 120minütigen Halbwertszeit seine maximale Sättigung bei der Ankunft an der Oberfläche nach dem ersten Tauchgang hat, was zu Dekompressionszeiten führt, die für die langen Intervalle den Zeiten der Wiederholungstabellen des französischen Arbeitsministeriums (Verordnung 1974) entsprechen und für die kurzen Intervallen denen der Wiederholungstabellen MN 90.
In den im deutschsprachigen Raum verwendeten, von Dr. Max Hahn erstellten Tabellen „DECO 92", wurde die Ersttauchgangstabelle entsprechend der zugrunde liegenden Restrisi-

Medizin und Tauchen

kobewertungen verhältnismäßig konservativ gestaltet, aber nur eine mäßige Verzögerung der Entsättigung im Wiederholungssystem mit eingerechnet. Dies erkennt man daran, daß die Zuschlagzeiten erst langsam, später schneller abnehmen.

Eine Wiederholung der Tauchgänge kann nur auf Kosten der Sicherheit geschehen. Jeder Wiederholungstauchgang wird mit nur teilweise entsättigtem Gewebe durchgeführt, aber auch mit einem unterschiedlich großen Blasenvorkommen, dessen Verhalten, je mehr Tauchgänge stattfinden, nicht vorausgesagt werden kann. Man weiß nur, daß diese Blasen auf die Mechanismen der Gewebeentgasung einwirken, indem sie die Diffusionsmechanismen begrenzen. Ebenso ist es wahrscheinlich, daß Blasen, die sich am Ende der Diffusionsausscheidung durch die alveolo-kapillaren Membrane befinden, im Lauf dieser Wiederholungstauchgänge wieder in den großen Kreislauf gelangen.

TAUCHEN IN HÖHENLAGE

Die sicherste Lösung für diesen Fall wäre, eine Tabellenreihe für verschiedene Höhen zu entwickeln und zu testen; neben anderen hat das der Schweizer Professor Bühlmann gemacht. Die Annäherungsmethode erlaubt dank eines Korrekturkoeffizienten, der das Verhältnis der barometrischen Druckverhältnisse Meereshöhe/Seehöhe wiedergibt, die normalen Tabellen für ihre Verwendung auf Seehöhe umzustellen. Auch diese Bergsee-Tabellen wurden durch die Anwendung der den „DECO 92" zugrunde liegenden Algorithmen und Korrekturkoeffizienten auf den neuesten Stand der Dekompressionsforschung gebracht.

AUFSTIEG IN GRÖSSERE HÖHEN NACH DEM TAUCHEN

Der Endwert des Übersättigungskoeffizienten und im allgemeinen die Restsättigung der verschiedenen Kompartimente des Organismus, wie sie in den Tauchtabellen vorgesehen ist, nimmt an, daß die Person nach dem Austauchen keiner weiteren Veränderung des Umgebungsdrucks ausgesetzt sein wird. Wenn dies dennoch der Fall ist, kann der Restwert der Stickstoffmenge so hoch sein, daß das erneute Sinken des Drucks eine pathologische Blasenentgasung verursacht. Eine geringe Höhensteigerung, auch mit Landverkehrsmitteln, wie das Fahren auf einem Bergpaß, kann ausreichen, um einen Dekompressionsunfall auszulösen. Um das zu verstehen, müssen wir daran denken, daß eine Steigerung von 4 000 Metern eine Veränderung von 320 Millibar bedeutet, also 3,15 Meter Wasser, was dem Druckunterschied zwischen der Oberfläche und der letzten Dekostufe in den Tauchtabellen entspricht. Diese auch für Wartezeiten bis zum Rückflug wichtigen Angaben sind ebenfalls in den Wiederlungstabellen der „DECO 92" erfaßt.

ENTSÄTTIGUNG MIT SAUERSTOFF

Um die Dekompressionszeit zu verkürzen, kann man die Taucher während der Dekostufen reinen Sauerstoff atmen lassen; man muß aber im Limit des physiologisch zumutbaren Sauerstoffteildrucks bleiben. In diesem Fall, wenn man sich auf die Rechenmethode von Haldane bezieht, wird die mathematische Formel
$P = P_0 + (P_1 - P_0)(1 - e^{-kt})$ zu:
$P = P_0 \cdot e^{-kt}$, da P_1 (Stickstoffteildruck in der geatmeten Mischung) gleich null ist.

Die Autoren sind dennoch geteilter Meinung, was die physiologischen Vorteile der Anwendung von hohem Sauerstoffteildruck während der Dekompression betrifft. Durch die Vasokonstriktion, die sie auslöst, verändert die Hyperoxämie die Hämodynamik, also die Perfusion der Gewebe und somit die von der Stickstoffausscheidung abhängige Perfusionskomponente. Grundlegende Untersuchungen haben gezeigt, daß sich die Periode der besser durchbluteten Gewebe bei einer Sauerstoffdekompression verdoppeln kann.

Der Umfang solcher Veränderungen ist schwer zu schätzen und bringt zusätzliche Ungenauigkeiten. Bevor man eine Tabelle für eine derartige Dekompression vorlegen kann, muß sie erst ausführlich erprobt werden. Zur Zeit wird in einem empirischen Verfahren geraten, die Dauer der Dekostufe mit Luftatmung um ein Drittel zu reduzieren. Das Atmen von reinem Sauerstoff an der Oberfläche ist nur von Interesse, wenn man die Menge des Reststickstoffs im Organismus des Tauchers zwischen zwei aufeinanderfolgenden Tauchgängen reduzieren will. Auch wenn die Feststellung der Stickstoffspannung im Gewebe einfach ist, muß man die vasokonstriktorischen Eigenschaften des Sauerstoffs berücksichtigen.

ZUSAMMENFASSUNG

Nach unserem jetzigen Wissensstand betrachtet man manche Tauchunfälle auch nach Beachtung der Tabelle als unvermeidlich. Die Entwicklung der Biomathematik hat es bislang nicht erlaubt, ein Modell des Stickstofftransports im Organismus zu erstellen, das alle Phänomene berücksichtigt. Man muß sich also mit dem Gedanken abfinden, daß alle Tabellen ein Restrisiko beinhalten. Die Optimierung der Parameter, die zu ihrer Aufstellung herangezogen wurden, mit welcher Berechnungsmethode auch immer, muß es ermöglichen, dieses Risiko auf sein niedrigstes Niveau zu reduzieren.

Aufgrund der annähernd geschätzten Werte, die notwendig sind, um die Verfahren bei der größtmöglichen Zahl von Tauchern anwenden zu können, sind die aktuellen Tabellen eher tolerant. Dies kann die Phantasie ermutigen oder ihr im Gegenteil solche Angst einjagen, daß viele Taucher inzwischen ihre funktionelle Unversehrtheit lieber „Rechnern als Tauchhilfe" oder anderen Computern anvertrauen. Diese Rechner, die immer mehr verfeinert werden und denen immer komplexere Statistikmethoden und entsprechende mathematische Modelle zugrunde liegen, werden schon in wenigen Jahren eine den meisten Tabellen überlegene Perfektion erreicht haben.

Medizin und Tauchen

DER LUNGENÜBERDRUCK

Der Lungenüberdruck ist sicherlich der schwerste Unfall im autonomen Tauchen; dieses Barotrauma läßt dem Sporttaucher im allgemeinen wenig Überlebenschancen.
Es ist also wichtig, diesen Unfall gut zu kennen. Klassischerweise wird dieses Syndrom als ein mechanischer Unfall bewertet, der durch die Veränderung des Gasvolumens in der Lunge beim Auftauchen verursacht wird. Er kann schon in geringer Tiefe und nach minimalen Druckveränderungen passieren. Dies erklärt einerseits, daß er der typische Anfängerunfall ist, und andererseits, daß er relativ oft passiert: nach der Statistik 10 bis 16 % der Unfälle beim Gerätetauchen.

Die Mechanismen

DER PHYSIKALISCHE MECHANISMUS

Er ist einfach, gut bekannt und die Ursache aller Störungen: beim Aufstieg wird das normale Ausfließen der Luft im Luftbaum verhindert. Wir werden die Ursachen später sehen, wegen ihrer Konsequenzen auf die Vorbeugungsmaßnahmen.
Von diesem Moment an erklärt das Boyle-Mariottesche Gesetz, das sich nur bei geschlossenen Hohlräumen genau anwenden läßt, den Vorgang: wegen der Unmöglichkeit des Ausatmens ändert sich die Gasmasse in der Lunge beim Auftauchen nicht. Sie bleibt proportional zum höchst erreichten hydrostatischen Druck. Weil der Umgebungsdruck aber sinkt, wird das Gasvolumen in der Lunge durch diese überschüssige Gasmenge vergrößert.
Die Folgen auf das Lungenparenchym sind klar. Es gibt zuerst eine entweder lokalisierte oder allgemeine Überdehnung der Alveolen, die die Grenze der Dehnfähigkeit erreichen kann. So lange sie unterhalb dieser Grenze bleibt, handelt es sich um eine einfache Überdehnung der Alveolenwände, die von einem Überdruck in den Alveolen begleitet wird. Sinkt aber der hydrostatische Druck weiter, ist die Dehnfähigkeit überschritten, und es gibt ein barotraumatisches Zerreißen. Man nimmt an, daß dieser Riß bei einem Druckgradienten von 250 bis 300 mm Quecksilber, und sogar bei 120 mm Quecksilber stattfindet, wenn das beschriebene Phänomen auf ein forciertes Einatmen folgt, was bei manchen Übungen oft beobachtet wird, insbesondere das Austauchen ohne Mundstück. Man kann also an einem Lungenüberdruckunfall nach einem banalen Training im Schwimmbad in 1,20 Meter Wassertiefe sterben!
Die Schwelle des Reißwiderstands der Alveolen erklärt auch, daß Tauchtiefen, die in mehr als 3 Metern Tiefe führen, die Sicherheit sehr gefährden. Diese Überdehnung mit Überdruck, später das Zerreißen der Alveolen, lösen hämodynamische und gasförmige Phänomene aus, die Ursache der Kette der klinischen Anzeichen sind.

DAS HÄMODYNAMISCHE PHÄNOMEN

Es ist direkt mit der mechanischen Wirkung des Überdrucks in den Alveolen verbunden, ist konstant und mehr oder weniger deutlich, auch wenn auf klinischer Ebene seine Symptome zweitrangig sind.
Es erklärt sich durch den „Armbindeneffekt", wenn der Überdruck im Brustkorb sich auf den kapillaren Kreislauf in der Lunge und den venösen Rücklauf auswirkt: Diese Bremse bleibt nicht ohne Folgen.

Bei der kardio-vaskulären Hämodynamik
Die Behinderung des Lungenkreislaufs ist die Ursache einer Überlastung mit Ausdehnung des rechten Herzens, aber vor allem einer Störung des venösen Rückkreislaufs, also eines Blutstaus in den Bauchorganen und einer schlechten Auffüllung des linken Herzens.
Anzeichen sind eine Bradykardie und ein Blutunterdruck, der teilweise durch die regulierenden Reflexmechanismen aufgefangen wird. Neigt dennoch der arterielle Druck in der Lunge dazu, den peripheren arteriellen Druck auszugleichen, können sich Unfälle durch Leerlaufen der Herzpumpe ereignen.

Bei der Lungenfunktion
Die Veränderungen des Kreislaufs und der Belüftung verringern den alveolo-kapillaren Gasaustausch. Es bleibt also nicht nur bei einer Hypoxie, die von der Verkleinerung des Verhältnisses Belüftung/Perfusion verursacht wird, und ihrer möglichen direkten Auswirkun-

gen auf das Phänomen der Gewebeentsättigung nach einem Tauchgang, bei dem die verschiedenen Kompartimente eine Gasmasse nach dem Henryschen Gesetz gespeichert haben. Man kann sich leicht vorstellen, daß der Lungenüberdruck zusammen mit der Erhöhung des Drucks in den Alveolen die Wirksamkeit des Gasaustausches beeinträchtigen und zur Verschlimmerung der Gewebeübersättigung durch das Nichtausscheiden der gelösten Gase führen kann.

Beim Austausch der Inertgase

Der Venenüberdruck wirkt sich auf das venöse Drainagesystem des Gewebes aufwärts aus, insbesondere auf das Azygossystem, das den Rückenmarkkreislauf aufnimmt. Die Folge ist ein Stau in den peri- und epiduralen Venen. Bei der Hypothese eines Sättigungstauchgangs trägt die verlangsamte medulläre Entgasung auch zur lokalen Übersättigung bei, was die Ursache von Blasenbildung mitten im Rückenmark sein kann. Diese Mechanismen sind Randphänomene des Lungenüberdrucks, die einen gleichzeitigen Dekompressionsunfall begünstigen. Sie können aber auch ganz allein einige Mischformen neurologischer Krankheitsbilder erklären (Gehirn und Rückenmark).

DAS GASPHÄNOMEN

Es ist der Ausgangspunkt der Schäden, die von den Tauchern am meisten gefürchtet und die am bekanntesten sind, denn dieses tragische Krankheitsbild wird im allgemeinen gut beschrieben. Seine Ursache, das haben wir gerade festgestellt, ist aber nicht einseitig.

Klassischerweise ist das Gasphänomen mit einem Alveolenriß und einem Zerreißen der Lungengefäße verbunden. Es findet also ein Gasübertritt statt. Das Gas strömt unter Druck in die Lungenvenen, um bis zum rechten Herz zu gelangen und den großen Kreislauf zu erreichen mit einer Embolisierung aller Organe im Endkreilauf, die Koronargefäße inbegriffen – deshalb die Möglichkeit eines Herzinfarkts –, aber meistens im Gehirnkreislauf. Die große Gasmenge, die die Herzkammer erreicht, verringert die Wirksamkeit der Herzsystolen und beschleunigt das Leerlaufen der Pumpe, das schon durch den „Armbindeneffekt" begonnen hatte. Diese Ausdehnung der Herzkammer durch Luft ist wahrscheinlich eine häufige Todesursache, bevor die Luft überhaupt in den Hirngefäßen angekommen ist.

Zielscheibe der Gasembolen ist die rechte Gehirnhälfte wegen der hohen Lage des Kopfes und der privilegierten anatomischen Lage der rechten Arteria carotis communis auf dem Aortenbogen. Da der Ersatzkreislauf des Gehirns wegen der Anastomosen des Circulus arteriosus cerebri gut entwickelt ist, werden kleine Blasen gut vertragen und verursachen nur vorübergehende ischämische Erscheinungen. Nur größere Blasen oder Gasembolen, die massenhaft in den Gehirnkreislauf einbrechen, können Ursache eines größeren anhaltenden neurologischen Unfalls sein. Dieser große Embolustyp, der das gesamte Arteriennetz verschließt, kann jedoch während des Aufstiegs durch Überdehnung entstehen, wenn der hydrostatische Druck absinkt. Luft wird auch in die Höhlen neben der Einbruchstelle austreten: in den Pleuralspalt, das Mediastinum, das Bauchfell und in die subkutanen Räume.

Aber der Gasübertritt in die Lungenvenen kann auch ohne Zerreißen durch die alveolären Interzellularräume stattfinden. Dafür müssen zwei Bedingungen zusammentreffen: eine maximale Überdehnung der Alveolen und ein ausreichender alveolo-kapillarer Druckgradient. Der Lungenüberdruck ist also die erste Ursache dieser Kette von Umständen. Es ist sehr wahrscheinlich, daß sehr viele neurologische Gehirnunfälle die Folge dieses Mechanismus sind, also eines Lungenüberdrucks ohne unerkannten Einbruch.

Schließlich werden die Gewebe, da dieser Unfall nach einem Sättigungstauchgang und einem schnellen Aufstieg passieren kann, sich nicht normal entsättigen: die massive Entgasung, die von dieser sogenannten explosiven Dekompression verursacht wird, trägt zur Verschlimmerung des Blasenphänomens bei. Diese Formen, bei denen Lungenüberdruck, Dekompressionsunfall und „chokes" zusammenkommen, sind im allgemeinen tödlich. Zusammenfassend kann man die Folge der Mechanismen wie folgt beschreiben:
– Zuerst tritt ein Lungenüberdruck durch Blockierung des Ausatmens ein, ohne Zerreißen der Alveolen, aber mit der Möglichkeit einer Gasembolie durch Überdehnung und vor allem mit der hämodynamischen Nachwirkung des venösen Überdrucks und ihren Folgen.

Medizin und Tauchen

- Wenn die Dehnfähigkeit überschritten ist, führt es zu einem Lungenriß mit Gaseinbruch in den großen Kreislauf und die Nachbargewebe, der durch die Veränderungen des intrathorakalen Drucks verstärkt wird. Der Knebeleffekt und seine Nachwirkungen verschlimmern die Lage.

Die Schäden

Die Art der Schäden, welche zu den beschriebenen Krankheitsbildern führen, rührt einerseits vom Blasenphänomen her, andererseits von ihren Erscheinungsmechanismen.

☐ *Die Blasenschäden*
Sie sind die direkte Folge der arteriellen Gasembolien und Druckveränderungen, sind also ischämischer Natur durch Unterbrechung des Blutkreislaufs und barotraumatisch durch Überdehnung der vaskulären Gasembolen während des Aufstiegs. Diese Überdehnung ist verantwortlich für die großen Blasen, die wegen ihrer Muffenform und ihrer Größe ziemlich stabil sind; an der Stelle, wo sie sich eingenistet haben, dehnen sie das vaskuläre Endothel und zerreißen es. Die Vergrößerung des Blasenvolumens ist verantwortlich für das Zerdrücken und Zerreißen des Nervengewebes. Das Zerreißen der Gefäße läßt einen Trombus entstehen, der selbst wieder einen Verschluß verursacht.

☐ *Die Schäden ohne Blaseneinwirkung*
Es sind die Verletzungen, die dem Lungenüberdruck selbst zuzuschreiben sind und von der Stelle des Bruchs und den begleitenden hämodynamischen Veränderungen abhängen.
Es handelt sich auch um biologische und humorale Folgen des Blasenphänomens. Ihr Ursprung ist im Grenzbereich Blase/Plasma zu suchen, insbesondere in einer Erhöhung der vaskulären Durchlässigkeit in den wenigen Minuten, die auf die arterielle Gasembolie folgen.

Die Ausprägung der Symptome und die Schnelligkeit ihres Auftretens hängt von **der Schwere der Schäden** ab, die wiederum von drei Faktoren abhängig ist:
- von den Austrittswegen und den Nachbargeweben, die von dem Trauma berührt werden;
- vom Umfang der Gewebe- und Parenchymrisse;
- vom Gasvolumen, das in die Gefäße und Nachbargewebe eintritt. Es hängt von der Menge des Alveolengases im Moment der Blockierung, der Art der Läsion (Überdehnung oder Bruch) und gegebenenfalls von der Tiefe ab, in der es sich ereignet. Je tiefer, um so ungünstiger wird sich die Gasmenge, die ununterbrochen durch die Gefäß- und Geweberisse austritt, auf die Prognose auswirken, und um so mehr werden sich die Gasembolen ausdehnen und neurologische Schäden anrichten.

Die Ursachen

Wir werden uns nicht zu lange damit aufhalten; sie sind den Tauchern im allgemeinen gut bekannt. Die Ursache des Unfalls ist eine lokale oder generelle Sperre der Ausatmung, man unterscheidet zwei verschiedene Ursachentypen.

Die Unfälle durch Blockierung der Atmung
Sie werden von einem Hindernis in den oberen Atemwegen verursacht. Grund ist im allgemeinen ein technischer Fehler – dies sind die häufigsten Fälle.
Die Blockierung kann freiwillig oder unfreiwillig geschehen.
- Freiwillig: dies ist der Fall bei dem Taucher, der Apnoen beim Austauchen praktiziert, entweder aus Angst vor Luftmangel, oder um Luft zu sparen, oder bei einem, der ein Valsalva-Manöver beim Auftauchen durchgeführt hat. Erinnern wir uns daran, daß dieses Manöver beim Auftauchen nichts nützt und darüber hinaus besonders gefährlich sein kann. Es wirkt nicht nur bei der Entstehung einer Gasembolie durch Überdruck mit, sondern erzeugt auch einen Überdruck des venösen Systems, der abgesehen vom „Knebeleffekt" ausreichen kann, um arterio-kapillare Alveolenshunts zu öffnen und Entgasungsblasen durch den Lungenfilter dringen zu lassen.
- Unfreiwillig: durch Stimmritzenkrampf, der bei Panik gewöhnliche Unfallursache bei Anfängern ist, oder bei Wassereintritt in die Schleimhaut der oberen Atemwege. Theoretisch dürfte dieser Stimmritzenkrampf beim Sporttaucher weder nach einer Hyperoxie - oder Epilepsiekrise, noch nach einer Ohnmacht eintreten.
Der Faustschlag in den Oberbauch, den der Tauchlehrer seinem Schüler verabreicht, um

ihn beim Aufstieg zum Ausatmen zu zwingen, hat manchmal die gegensätzliche Wirkung, daß er nämlich eine Atemblockierung durch Zwerchfellkrampf verursacht.
Eine unentdeckte Laryngozele, ein embryonales Residuum, das oft wegen der Schwierigkeit, es festzustellen, als befürchtete Kontraindikation des Tauchens betrachtet wird, kann beim Auftauchen ein Gasvolumen einsperren. Dieses Gas wird, indem es sich ausdehnt, die oberen Atemwege durch pneumatischen Druck verschließen.

Die Unfälle ohne Atemblockierung

Ein niedrigsitzendes Hindernis auf dem Atembaum bremst das Ausleeren eines Lungenabteils. Der betroffene Taucher hat den Eindruck, daß das Ausatmen während des Aufstiegs normal war; es scheint kein technischer Fehler vorzuliegen.
Diese Art von Unfällen rührt von Lungenkrankheiten her, die in allen Fällen die Menge der ausgeatmeten Luft beim Auftauchen verringern. Es kann eine akut fortschreitende Krankheit sein, wie ein Lungeninfekt, oder eine chronische Pneumopathie, wie die chronische Bronchitis. Diese Krankheiten sind die Ursache für die Klappenbronchien. Ein Schleimpfropf in einer Bronchie oder einer Bronchiole behindert die Entleerung. Beim Asthmatiker begünstigen die Umgebungsbedingungen das Auslösen der Krise: der Bronchienkrampf ist das Atemhindernis. Folgeerscheinungen eincr Lungenkrankheit wie ein tuberkulöser Knoten oder verkalkte Ganglien können eine Bronchie zusammendrücken und einen schnellen Luftaustritt beim Auftauchen verhindern. Schließlich sind zerbrechliche Parenchymzonen mit verminderter Dehnfähigkeit wie Emphysemblasen oder Lungenverwachsungen Schwachpunkte, die bei der kleinsten Überdehnung reißen können.

Klinische Zusammenfassung

Die Symptome eines Tauchunfalls durch Lungenüberdehnung sind sehr verschieden. Manche Krankheitsbilder werden wegen der Unauffälligkeit der Erscheinungen übersehen, und nur ihr Fortdauern wird den Kranken dazu bringen, sich mehr oder minder spät untersuchen zu lassen; andere Bilder sind von Anfang an sehr ausgeprägt.

Das klassische Bild

Nach den Statistiken trifft es bei 40 bis 50 % der Lungenüberdruckunfälle zu. Die Symptome erscheinen schnell, beim Austritt aus dem Wasser; manchmal deuten sie sich schon beim Auftauchen an. Die Person ist blaß, mehr oder minder verängstigt, zyanotisch, die Atmung ist oberflächig, schnaufend, der Puls verlangsamt. Wenn das Opfer bei Bewußtsein ist, beschreibt es ein Seitenstechen oder einen stechenden Schmerz im Brustkorb, der seine Atmung hindert. Blutiger Auswurf tritt zusammen mit Husten auf, und man kann einen mit Blut gemischten Schaum in den Mundwinkeln beobachten. Alle diese Merkmale sind charakteristisch für den Pneumothorax (Abb. 8.8).
Der Zustand verschlechtert sich sehr schnell. Es treten ein kardio-vaskulärer Kollaps und sensitive, motorische und sensorische, neurologische Mangelerscheinungen auf. Das Opfer fällt, begleitet von Zuckungen, zunächst oft in eine Ohnmacht. Wenn das Bewußtsein wieder erlangt wird, bleibt ein Verwirrungszustand. Im Fall eines subkutanen Emphysem ist auch eine Schwellung des Halses und des Gesichts, die unter den Fingern knistert, festzustellen.
In dieser mehr oder minder akuten Form, in der einer der besagten Mechanismen das Bild be-

8.8 *Röntgenaufnahme des Thorax von vorne. Totaler rechter Pneumothorax mit Lungenhilusretraktion und Pneumoperikard.*

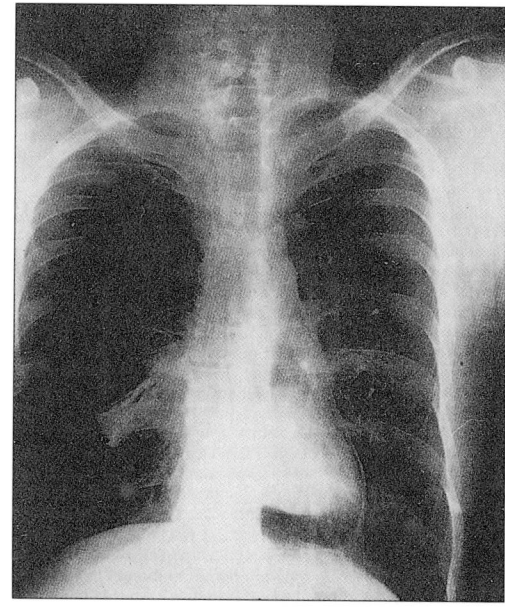

herrschen kann, stützt sich die Diagnose auf die Lungen- und Geweberißsymptome, die funktionelle Prognose auf die neurologische Symptomen. Die hämodynamischen Symptome werden für eine sofortige Lebensprognose entscheidend sein.

Wenn der von der Gasemulsion der rechten Herzhälfte begünstigte hämodynamische Schock überwunden wird, läßt sich an der Schwere der neurologischen Symptome ablesen, wie groß der Umfang des Gasübertritts war.

Die Formen mit überwiegenden neurologischen Zeichen

Bei diesem Opfertyp ist die symptomatische Trilogie unvollständig. Die funktionellen pulmonalen Symptome sind vorhanden, aber weniger ausgeprägt, und keines erlaubt es, auf den ersten Blick an einen Riß des Lungenparenchyms zu denken. Die hämodynamischen Anzeichen sind unbeständig, und nur die zerebralen ischämischen Erscheinungen sind zuverlässige Zeugen für das Vorhandensein einer arteriellen Gasembolie.

Diese klinischen Formen, die schwierig zu diagnostizieren sind, müssen von den Dekompressionsunfällen durch massive Entgasung unterschieden werden, und oft kann man nur durch eine sorgfältige Analyse der Bedingungen des Tauchgangs den Unterschied entdecken.

Der fokalisierte ausheilende Lungenüberdruck

Dies sind Formen, die wahrscheinlich öfter vorkommen, als allgemein angenommen wird. Sie werden vom Taucher nicht wahrgenommen, weil sie nicht auffällig sind. Ihre Zahl wird sicherlich unterschätzt. Kennzeichen sind pulmonale Symptome, die relativ unauffällig sind, weshalb manchmal Zweifel am Vorhandensein eines Risses aufkommen.

Im allgemeinen wird ein anhaltender retrosternaler Schmerz angegeben, dessen Intensität beim tiefen Einatmen erhöht wird. Dieses Manöver löst Husten aus, und bei genauer Befragung stellt sich manchmal heraus, daß am Ende des Tauchgangs ein blutiger Auswurf zu verzeichnen war. Beim Abhören kann man manchmal Anzeichen feststellen, sehr oft jedoch gibt es gar keine stethoskopische Symptome, und das Röntgenbild der Lunge zeigt überhaupt nichts.

Wenn es einen Riß gab, dann ist er sehr lokal. An Hand der beschriebenen pulmonalen Symptome kann man dennoch behaupten, daß eine Lungenüberdehnung stattgefunden hat.

Das Fehlen objektiver neurologischer Symptome bedeutet nicht unbedingt, daß es keine zerebrale Luftembolie gegeben hat. Die Gasembolen sind nur klinisch unsichtbar; das Elektroenzephalogramm wird sie in manchen Fällen enthüllen.

Die komplizierten Formen

Manche Unfälle sind sehr schnell tödlich. Der Tod tritt sofort nach dem Austauchen ein oder während des Abtransports des Opfers. Er tritt ein durch ein Herz-Lungenversagen, verursacht durch eine überakute Lungenausdehnung, gepaart mit einem Dekompressionsunfall durch massive Entgasung nach einem zu schnellen Aufstieg.

Zum Herzstillstand kann es, außer durch Leerlaufen, wegen einer breiten myokardialen Infarktbildung nach einer Koranarembolisierung und/oder wegen des Gaseinbruchs in den zerebralen Kreislauf kommen. Oft ertrinkt der Taucher auch, und nur eine frühzeitige medizinische Wiederbelebung, gepaart mit einer therapeutischen Rekompression in der Druckkammer, kann die Opfer dieser dramatischen Art von Unfällen retten.

Beim Anblick der beschriebenen Krankheitsbilder kann man die Prognose der Lungenüberdruckunfälle mit dem Gesetz des „Alles oder Nichts" zusammenfassen: entweder stirbt das Unfallopfer in den Minuten, die seinem Austritt aus dem Wasser folgen, oder es überlebt. In diesem Fall kann man optimistisch sein, solange die kardio-respiratorische Funktion erhalten wird, auch wenn die angefangene Therapie unbedeutend erscheint angesichts der Schwere und Kompliziertheit der klinischen Anzeichen.

DIE BAROTRAUMATISCHEN UNFÄLLE DES OHRS

Das Ohr ist ein besonders gefährdetes Organ beim Tauchen; die aurikulären Probleme sind zahlreich und sehr unterschiedlich. Häufig treten barotraumatische Schädigungen auf. Die Schäden, die beim Abstieg durch Erhöhung des hydrostatischen Drucks geschehen und das Mittelohr betreffen, sind den Tauchern gut bekannt. Seltener sind die Barotraumen des Innenohrs, des neuro-sensorischen Organs. Sie sind aber wegen ihrer manchmal endgültigen Folgeerscheinungen gefährlich; man darf sie nicht übersehen, und der Mechanismus ihrer Entstehung muß gut bekannt sein.

Manchmal treffen beide Schädigungsarten zusammen in einer Mischform, die dann von besonderer Schwere ist, wobei die überwiegende Schädigung des Mittelohrs sehr oft das Bild beherrscht, nicht genug beängstigend, um einen Spezialisten aufzusuchen. Aber eine Barotitis des Mittelohrs kann eine Verletzung des Innenohrs überdecken, und nur eine frühzeitige, genaue Prognose ermöglicht eine wirksame Behandlung und erhält die zukünftige Funktion des Innenohrs.

Jeder Tauchgang kann, solange er mit einer Druckveränderung verbunden ist, diese Barotraumen des Ohrs verursachen. Je nach Tauchverfahren wird sich die eine Art der Schädigung eher zeigen als die andere.

Barotraumen des Mittelohrs

Es sind bei weitem die häufigsten und es handelt sich, wenn man die gewöhnliche Definition des Barotraumas anwendet, um einen akuten Unfall mechanischer Herkunft, verursacht durch die Druckveränderungen während des Tauchens.

URSACHEN UND MECHANISMEN

Starrwandige Körperhöhlen wie das Mittelohr können Druckveränderungen nur widerstehen, wenn ihr äußerer Teil durch das Zusammenspiel der Öffnungen (Abb. 8.9) im Druckausgleich mit der Umgebung bleibt.

Es ist also wichtig, daß der Umgebungsdruck, der im äußeren Gehörgang herrscht, durch denselben Druck in der Paukenhöhle ausgeglichen wird, damit der Druck auf beiden Seiten des Trommelfells im Gleichgewicht ist.
Für diesen Druckausgleich sind zwei Bedingungen notwendig:
– die Durchlässigkeit des äußeren Gehörgangs;
– die gute Öffnung der Eustachischen Röhre, des mit Schleimhaut ausgekleideten Kanals, der die Paukenhöhle mit dem Rachenraum verbindet.

Die Barotraumen des Mittelohrs sind also die Folge einer nicht ausgeglichenen Druckveränderung, wegen des Verschlusses des äußeren Gehörgangs oder der Eustachischen Röhre.
Normalerweise kann die Barotitis des Mittelohrs nur beim Abstieg auftreten, also in der Kompressionsphase.

Der Einfluß der Richtung der Druckdifferenzen

Unter normalen physiologischen Bedingungen sind die Wände der Eustachischen Röhre zusammengedrückt und öffnen sich nur bei bestimmten Manövern (Gähnen, Schlucken). Sie üben einen Zug auf die Pterygiummuskeln aus oder erzeugen einen Überdruck im Rachenraum, der den Durchtritt erzwingt (Manöver von Valsalva).
Wenn beim Abtauchen die Durchlässigkeit nicht erreicht wird – wegen einer chronischen oder vorübergehenden Tubenverstopfung durch einen Infekt der oberen Atemwege oder weil das Ausgleichmanöver nicht korrekt durchgeführt wurde –, kann die Luft vom Kavum nicht in die Paukenhöhle strömen. Die Wände der Eustachischen Röhre sind gegeneinandergedrückt, und wenn ein Druckgradient von 80 bis 100 mb in der Tubenenge erreicht wird, wird das Ostium unüberwindbar geschlossen. Die Luft kann nicht mehr in die Paukenhöhle eindringen, das Trommelfell wölbt sich nach innen. Dieses Ungleichgewicht wird in einer Zone zwischen 100 bis 200 mb (1 bis 2 Meter) durch die natürliche Elastizität des Trommelfells ausgeglichen. Wird der Abstieg fortgesetzt, kommt es zum Abstiegsbarotrauma inneren Ursprungs, das zu Schädigungen des Mittelohrs mit ihren begleitenden klinischen Anzeichen führt.
Bei dieser Läsion setzt sofort mit der Blockierung ein richtiger Teufelskreis ein, der sich selbst in Gang hält: Es bildet sich ein Schleimhautödem, das die Blockierung verstärkt, dann

Medizin und Tauchen

ein Transsudat (nichtentzündlicher Erguß in Körperhöhlen). Wenn der Abstieg sehr langsam verläuft, kann das Transsudat zeitweise das Ungleichgewicht ausgleichen. Ist die Kompression aber schnell, wie es beim Tauchen normalerweise der Fall ist, treten Blutungen auf und die Perforation des Trommelfells wird bei einem Überdruck von 400 bis 700 mb (4 bis 7 Meter) die Folge sein.

Dieser Mechanismus kann auch für Schädigungen des Mittelohrs verantwortlich sein. Dies sei kurz erklärt, wir gehen später noch genauer darauf ein (siehe unter „Die verletzlichen Veränderungen"); das nach innen gewölbte Trommelfell leitet den äußeren Überdruck über die Gehörknöchelchen an die labyrinthischen Strukturen weiter.

Wenn der äußere Gehörgang durch einen Ceruminalpfropf, einen Fremdkörper oder ein Osteom verschlossen ist, ist die äußere Seite des Trommelfells nicht mehr dem Umgebungsdruck ausgesetzt, während die Luft wie üblich durch die Eustachische Röhre in die Paukenhöhle gelangt. Es gibt also einen Druckausgleich der Höhle mit der Umgebung, aber nicht mit dem äußeren Gehörgang; deshalb wölbt sich das Trommelfell von innen nach außen: Dies sind die Barotraumen des Abstiegs äußerer Herkunft.

Die Barotitis des Mittelohrs ereignet sich also in der Kompressionsphase. Im allgemeinen wird dieser Unfall von einem Tubenverschluß ausgelöst, der eine Höhle, die sonst im Ausgleich mit dem Kavum steht, in eine geschlossene Lufthöhle verwandelt, die dem Boyle-Mariotte'schen Gesetz (PxV = Konstant) unterliegt. Dennoch kann man eine Barotitis beim Aufstieg nicht ganz ausschließen.

In dieser Phase des Tauchgangs steigt der Druck im Mittelohr durch Gasausdehnung. Ein passiver Ausfluß gelangt durch die Eustachische Röhre, sobald der Überdruck in der Paukenhöhle 20 mb erreicht, außer wenn die Tubenenge geschlossen ist. Eine durch ihre Anatomie oder einen Schleimpfropf teilweise undurchlässige Eustachische Röhre kann man in Richtung Kavum-Paukenhöhle durch das Manöver von Valsalva beim Abstieg aufsprengen, beim Aufstieg dagegen bleibt sie undurchlässig. Der Überdruck in der Paukenhöhle kann so eine Verletzung des Mittelohrs verursachen, die allerdings selten allein auftritt, da sich gleichzeitig Symptome einer Schädigung des Innenohrs zeigen; wir werden wieder darauf zurückkommen.

Der Einfluß der Tauchbedingungen

Barotraumen sind die Folge des Boyle-Mariotte'schen Gesetzes und müssen bei großen Druckveränderungen befürchtet werden, das heißt am ehesten in der 0 bis 15-Meter-Zone. Das Unfallrisiko ist für alle Taucharten gleich. Anfänger oder Gelegenheitstaucher sind, wegen des Mangels an Erfahrung oder Training, gefährdeter als erfahrene Taucher.

Auch für den Apnoetaucher ist das Risiko größer. Die Kompressionsgeschwindigkeit ist schneller als beim Tauchen mit einem Gerät. Der Apnoetaucher ist zeitlich eingeschränkt und will sehr schnell auf den Grund gelangen. Dabei vernachlässigt er oft die Ausgleichsmanöver. Noch dazu ist diese Tauchart meist mit Wiederholungstauchgängen verbunden. Die Ermüdung der Muskeln um das Zäpfchen, das Schleimhautödem sowie die Gewöhnung an den Schmerz sind begünstigende Faktoren für das Barotrauma.

KLINISCHE SYMPTOME

Im allgemeinen zeigt das Krankheitsbild gleichzeitig mehrere, je nach Umfang des Barotraumas mehr oder minder schwere Symptome.

Der Schmerz reicht von der einfachen Störung mit einem Gefühl des Drucks auf das Trommelfell, wenn die Überdehnung schwach ist, bis zum stechenden, heftigen Schmerz mit Ausstrahlung in die Mastoiden und die Schläfengegend, wenn die Einziehung des Trommelfells stark und schnell ist.

Die Hörminderung wird nicht immer bemerkt

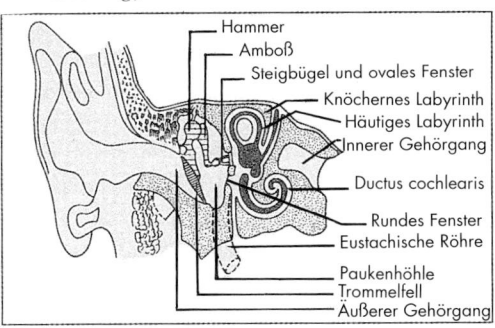

8.9 *Anatomie des Ohrs (Schematische Darstellung).*

325

und vom Eindruck begleitet, als sei das Ohr verstopft. Ohrensausen mit tiefer Klangfarbe zeugen von einer gleichzeitigen Schädigung des Innenohrs, ebenso wie die Schwindel, die bei der reinen Barotitis des Mittelohrs schwach und flüchtig sind. Ohrblutungen sind selten. Treten sie auf, weisen sie auf eine Trommelfellperforation hin.

Die Otoskopie wird über die Diagnose entscheiden, die Untersuchung aber darf sich auf keinen Fall auf diese Prüfung beschränken.

Die Untersuchung des Trommelfells zeigt verschiedene Aspekte. Die verschiedenen Stadien der Barotitis faßt die Klassifizierung von Haines und Harris zusammen.

Stadium I: Blutstau im oberen Teil des Trommelfells mit Injektion in den Hammergriff und die Schrapnellsche Membrane.

Stadium II: Trommelfell gleichförmig kongestiv, eingezogen, nicht beweglich.

Stadium III: kongestives Trommelfell mit Intestitiumblutungen, seröser Erguß mit Blasen in der Paukenhöhle.

Stadium IV: gewölbtes Trommelfell, violettrot; die Paukenhöhle ist voll Blut, es ist das Stadium des Hämotympanums.

Stadium V: Trommelfellriß; am Anfang der Perforation läßt die Ohrblutung das Tromelfell, das rosa wird, schnell abschwellen. Die Otoskopie stellt zu dieser Zeit entweder einen deutlich sichtbaren Riß oder eine stecknadelgroße, manchmal schwer zu entdeckende Durchlöcherung fest.

Nach dem Stimmgabeltest, mit dem der Schwerhörigkeitstypus bestimmt wird, muß die Audiometrie systematisch sein. Nur sie kann feststellen, ob die Schwerhörigkeit vorübergehend ist. Sie kann ein Barotrauma des Innenohrs mit Sicherheit ausschließen und den Grad der Hörminderung festlegen.

Auf funktioneller Ebene gefährliche Läsionen sind Barotiten im Stadium III und IV. Im allgemeinen ist ihre Entwicklung günstig, wenn sie gut behandelt werden; entzündliche Komplikationen sind selten. Aber sie können chronisch werden, wenn es eine Superinfektion gibt, oder wenn der Taucher vor seiner vollkommenen Genesung wieder taucht.

Mit Hilfe der Otoskopie ist es möglich, die Folgeerscheinungen der Mittelohrläsionen zu beobachten:
– trockene Trommelfellperforation oder, im Gegenteil, mittlere chronische superentzündete Otitis;
– eingezogenes Trommelfell, verdickt und wenig beweglich. In diesem Fall handelt es sich um die Myringosklerose mit Fibrose der Gehörknöchelchen;
– vernarbtes Trommelfell, dessen Aussehen an eine seröse fibroadhäsive Otitis erinnert.

Auch wiederholte barotraumatische Unfälle können die beiden letzten Zustände entstehen lassen, die nach und nach zur Taubheit führen und bei trainierten Tauchern das Aufkommen von Barotraumen des Innenohrs begünstigen.

Barotraumen des Innenohrs

Auch wenn sie zehnmal weniger häufig als die des Mittelohrs vorkommen, muß man sich vor ihnen in acht nehmen, denn sie können manchmal das Leben des Tauchers (Risiko des Ertrinkens), aber immer die Zukunft seines Gehörs und seines Gleichgewichtssinns gefährden. In der Praxis können Läsionen des Innenohrs entweder die Gehörschnecke treffen, was sich durch Taubheit bemerkbar macht, oder das Vestibulum, was eine Schwindelkrise verursacht, oder es kann auch beides zugleich treffen. Am häufigsten sind kochleäre Schädigungen, die schwersten aber und die auf sozialer und eventuell professioneller Ebene am meisten hinderlichen sind die vestibulären Folgeerscheinungen. Nur eine frühe Diagnose, die über die Therapie entscheiden wird, kann die funktionelle Prognose günstig beeinflussen.

Wir werden hier nur auf die direkte Wirkung des Drucks, auf seinen mechanischen Aspekt, eingehen, seine indirekte Wirkung auf die biophysikalischen Prozesse der Stickstoffsättigung und -entsättigung wird anderswo untersucht. Beim Aufstieg oder nach dem Tauchgang kann das Innenohr Gegenstand eines Dekompressionsunfalls sein, der in ein neurologisches Gesamtbild paßt, oder ganz unabhängig bleibt und sich durch eine mehr oder minder schwere Hypoakusie, manchmal begleitet von großem Drehschwindel, der aber auch allein auftreten kann, bemerkbar macht.

Um klar zu differenzieren, werden wir diese Barotraumen nach den Umständen ihres Austretens und den Tauchbedingungen untersuchen und dabei die vorübergehenden Erscheinungen von den cochleovestibulären Läsionen unterscheiden.

DIE VORÜBERGEHENDEN FUNKTIONELLEN SCHÄDIGUNGEN

Kochleäre Schädigungen

Dabei handelt es sich um die nach Wiederholungstauchgängen in Apnoe beobachtete umkehrbare Hypoakusie, die sich durch die Physiologie des Ohrs erklären läßt. Um die Cochlea vor den aufeinanderfolgenden Druckveränderungen zu schützen, wird die Impedanz des tympano-ossikulären Systems erhöht; die Übertragung findet wegen der höheren Schwelle der Luftleitung kaum noch statt; die Knochenleitung ist unversehrt.

Diese Hörminderung kann je nach betroffener Frequenz 30 bis 40 Decibel erreichen. Sie wird beim Gerätetauchen beobachtet, wenn das Ohr einem intensiven und langanhaltenden Geräusch ausgesetzt wird (Unterwasserarbeiten).

Vestibuläre Schädigungen

Beim Gerätetauchen oder beim Freitauchen ist vorübergehender Schwindel die Folge eines Druckmechanismus. Es kann eine Druckdifferenz zwischen den beiden Trommelfellhöhlen geben. Dieser Schwindel (nach Lundgren) wird durch einen schlechten Druckausgleich der Paukenhöhle ausgelöst, verursacht von einer partiellen Dysfunktion der Ohrtube. Es folgt ein Druckungleichgewicht zwischen den Flüssigkeiten des Labyrinths und daher eine asymmetrische Stimulation der vestibulären Empfänger. Die Schwindelerscheinungen, die sich daraufhin zeigen, lassen nach, sobald ein normaler und symmetrischer Druck im Labyrinth erreicht wird.

Dieser Schwindel kann beim Abtauchen eintreten, und in diesem Fall durch das Valsalva-Manöver, das das Druckungleichgewicht erhöht, nur verschlechtert werden. Im allgemeinen wird aber entweder der Tauchgang wegen der Ohrenschmerzen unterbrochen, oder das Valsalva-Manöver erlaubt es, die Durchlässigkeit der Tube und somit das Druckgleichgewicht vor der Erscheinung des Schwindels wiederherzustellen. Beim Aufstieg dagegen kann nur der relative Überdruck der Paukenhöhle die undurchlässige Eustachische Röhre in Richtung Höhle-Kavum öffnen. Diese vorübergehenden Schwindel sind also meistens beim Auftauchen zu verzeichnen und sind im allgemeinen die Folge von Ausgleichsschwierigkeiten beim Abstieg.

Sie erschweren eine differenzierte Diagnose, ein Problem, das nur eine sorgfältig durchgeführte klinische Untersuchung lösen kann.

Man muß sie vom Schwindel durch asymmetrische thermische Stimulation beim Eintritt von kaltem Wasser in die äußeren Gehörgänge unterscheiden. Diese Asymmetrie wird von einem einseitigen Hindernis (Propf, Osteome) oder einer Trommelfellperforation verursacht. Das Wasser ist in direktem Kontakt mit den ovalen und runden Fenstern. Im allgemeinen treten sie sogleich beim Abtauchen auf.

Auch stellungsabhängige Schwindel oder solche vaskulärer zervikaler Herkunft, die nicht direkt im Zusammenhang mit dem Tauchen sind, müssen ausgeschlossen werden. Es handelt sich um ein plötzliches Absinken des Blutflusses im vertebro-basilären System, wenn der Hals überstreckt wird. Dies kann der Fall sein bei einem Taucher, der beim Aufsteigen die Oberfläche anschaut. Man muß daran denken, wenn man sich einem unerklärlichen Schwindel gegenübersieht.

Schließlich ist der vorübergehende Charakter dieses Schwindelgefühls, das sehr kurz ist, manchmal aber auch einige Minuten dauern kann, eines der klinischen Elemente, die man berücksichtigen muß, um folgende Diagnosen auszuschließen:
– Dekompressionsunfall des Innenohrs, wenn sich der Schwindel während des Aufstiegs eingestellt hat;
– Barotitis des Innenohrs, wenn das Schwindelgefühl gleichzeitig mit den Schädigungen eingetreten ist, die beim Abtauchen passieren, und die wir jetzt untersuchen werden.

DIE LÄSIONELLEN VERÄNDERUNGEN

Diese Schäden mechanischer Herkunft sind mit einer plötzlichen Drucksteigerung der Flüssigkeiten des Innenohrs verbunden, was erklärt, daß man sie beim Abstieg beobachtet und zwar sehr oft, aber nicht nur, bei Apnoetauchgängen. Diese Drucksteigerung hängt oft mit einem Barotrauma des Mittelohrs zusammen, das zum Innenohr weitergeleitet wurde. Es ist das gemischte Barotrauma, das man in 50 % der Fälle antrifft, vor dem man sich in acht nehmen soll und das eine vollständige otorhinolaryngologische Untersuchung erfordert, denn „ein Barotrauma kann ein anderes verstecken". Manchmal jedoch handelt es sich um ein direktes Barotrauma des neuro-sensorischen Organs des Innenohrs, ohne daß irgendwelche klinische Anzeichen einer gleichzeitigen Schädigung des Mittelohrs zu beobachten sind.

Die Mechanismen
Der häufigste ist der Kolbenschlag des Steigbügels in das ovale Fenster. Diese echte stapedo-vestibuläre „Verrenkung" passiert im allgemeinen bei einem Apnoetauchgang oder beim Gerätetauchen, wenn der erfahrene Taucher sehr schnell eine Tiefe von 10–20 Meter erreicht.

In beiden Fällen ist der Mechanismus gut bekannt: Der Taucher hat keine Zeit oder kein Bedürfnis, seine Trommelfelle auszugleichen. Der Ausgleich geschieht gewöhnlich durch wiederholtes Schlucken oder schnelles Zusammenziehen des Gaumensegels (freiwilliges Tubenklaffen). Eine zeitweilige Tubenundurchlässigkeit kann schon den Druckausgleich verhindern; der „alte", trainierte Taucher spürt den Schmerz nicht oder überwindet ihn. Die stabilen, wenig empfindlichen oder durch ihre Überdehnbarkeit nachgebenden Trommelfelle zerreißen nicht. Der äußere Überdruck wird über das tympano-ossikuläre System zum Innenohr weitergeleitet, d. h. zu den labyrinthischen Flüssigkeiten.

Beim Anfänger setzt zusätzlich ein Barotrauma der tympano-ossikulären Strukturen ein. Der Schmerz der Barotitis zwingt zur Unterbrechung des Abstiegs, aber das Hineinschießen des Steigbügels in das ovale Fenster schädigt durch die Druckwelle die Cochlea oder das Vestibulum. Eine gleichzeitige Verletzung der Cochlea und des Vestibulums ist seltener.

Der zweite Mechanismus, mit dem man diese Unfälle erklären kann, ist die Drucksteigerung im perilymphatischen Territorium des Innenohrlabyrinths, die in die Endolymphe des membranösen Labyrinths weitergeleitet wird.

Dieser Überdruck kommt von:
– der Übersteigerung der vorher beschriebenen Prozesse;
– dem Weiterleiten der Drucksteigerung der zerebrospinalen Flüssigkeit durch die Cochlea zum perilymphatischen Territorium. Diese wird durch die Kompression oder wiederholte, heftige Valsalva-Manöver wegen der Schwierigkeiten beim Druckausgleich verursacht;
– dem Überdruck der Paukenhöhle, der zu den Fenstern der flüssigen Räume geleitet wird. Diese Läsion kann auch durch Wiederholung von unpassenden Valsalva-Manövern geschehen, wenn der äußere Gehörgang geschlossen ist. Erinnern wir uns an den Mechanismus. Die Luft dringt durch die normalerweise durchlässige Eustachische Röhre in die Paukenhöhle, der Umgebungsdruck aber erreicht nicht die Außenseite des Trommelfells. Es gibt einen Druckausgleich zwischen der Höhle und dem Kavum, aber nicht mit dem äußeren Gehörgang. Das Trommelfell wölbt sich von innen nach außen, weshalb man mit dem Valsalva-Manöver auszugleichen versucht.

Der Überdruck der mit Flüssigkeiten gefüllten Kompartimente des Innenohrs wird durch die Sogwirkung des Unterdrucks in der Paukenhöhle auf Höhe des runden Fensters verschlimmert, wenn der Druckausgleich wegen der Undurchlässigkeit der Eustachischen Röhre schwierig ist. Er hat zwei mögliche Konsequenzen:
– den Bruch eines oder mehrerer Elemente des Cochleakanals, insbesondere auf Höhe der Reissnermembrane (Barotrauma der Cochlea);
– den Bruch der Fenster, insbesondere des runden Fensters mit perilymphatischer Fistel (kochleäres und vestibuläres Barotrauma).

Diese Verletzung tritt vor allem beim erfahrenen Taucher auf, der Schwierigkeiten beim Druckausgleich hatte. Sie zeigt eine schwere kochleäre und vestibuläre Symptomatologie.

Die klinischen Anzeichen
Sie hängen vom Läsionstypus ab.

☐ *Die reine stapedo-vestibuläre Luxation* äußert sich wegen der Entzündungserscheinungen in einer kochleären Taubheit mit Beeinträchtigung des gesamten audiometrischen Feldes. Ihre Entwicklung ist fortschreitend und trügerisch und verläuft in zwei Phasen. Wenn die Person, meist ein erfahrener Apnoetaucher, sich früh untersuchen läßt, erzählt er, daß er kurz nach dem Austauchen ein Füllegefühl ohne Schmerz, Geräusche oder Taubheit im Ohr verspürt hat. Die Otoskopie ist absolut normal: Das Trommelfell ist trocken, es gibt keinen Ausfluß und das Audiogramm liegt genau auf den früheren Kurven.

In der Realität ist das Krankheitsbild so nichtssagend und wenig beunruhigend, daß der Betroffene in diesem Stadium selten zur Untersuchung kommt. Man sieht ihn eher 24 bis 48 Stunden nach dem besagten Tauchgang, wegen einer Taubheit, die sich nach und nach verschlechtert. Die Otoskopie ist normal, das Audiogramm jedoch zeigt eine Wahrnehmungshypoakusie, die das gesamte Hörfeld betrifft, aber eine gute Prognose erlaubt.

Beim Anfänger oder wenig trainierten Taucher

Medizin und Tauchen

wird die Befragung vor der Untersuchung folgendes zutage bringen: Schwierigkeiten beim Druckausgleich, funktionelle Anzeichen einer Barotitis und eine allmähliche Verschlechterung der Taubheit. Die Otoskopie zeigt eine Barotitis des Mittelohrs.

☐ *Die Druckwelle mit Riß des Cochleakanals* zeigt sich in Form eines meist isolierten Barotraumas der Cochlea, das manchmal von vorübergehenden vestibulären Störungen begleitet wird.
Die Störungen treten auf beim Eintauchen oder nach dem Auftauchen: manchmal Otalgien, Taubheitsgefühl, heftige Ohrgeräusche, Drehschwindel. Die Untersuchung zeigt eine begleitende Barotitis oder ein rein kochleäres Barotrauma und das Fehlen einer Labyrinthschädigung.
Das Audiogramm stützt die Diagnose, indem es je nach Umfang der Zerstörung des Cortischen Organs ein Gehördefizit bei allen Frequenzen des Gehörfelds oder nur bei den hohen Frequenzen ab 2000 Hertz ermittelt. Die Hypoakusie ist vom Wahrnehmungstypus, wenn es sich um ein rein kochleäres Barotrauma handelt. Es ist eine Wahrnehmungs- und Leitungsakusie bei begleitender Barotitis.

☐ *Der Riß des runden Fensters* ist die Ursache gravierender kochleovestibulärer Störungen und hinterläßt schwere Folgeerscheinungen. Man findet dieselben Symptome wie vorher, aber die vestibulären Störungen sind anhaltend und beherrschen die Szene. Es sind starke Drehschwindel, durch die Kopfstellung beeinflußt oder nicht, begleitet von Übelkeit und Brechreiz, die den Gang instabil, trunken oder unmöglich machen. Diese Schwindelgefühle werden durch die Valsalva-Manöver, die der Betroffene automatisch durchführt, verschlimmert.
Die Erscheinungsumstände erlauben eine Diagnose, die durch eine HNO-Untersuchung, insbesondere des Vestibulums, bestätigt wird.

Entwicklung

Klassischerweise stellt man die kochleären Läsionen, die eine gute Prognose erlauben, den vestibulären Läsionen gegenüber, die nur schlecht zu prognostizieren sind.

☐ *Die kochleären Läsionen*, wie sie auch entstanden sein mögen, reagieren gut auf eine frühe Behandlung. In manchen Fällen können sie aber endgültige Folgeerscheinungen vom Typus Hörminderung in den hohen Frequenzen, selten im gesamten Feld, hinterlassen. Bei Riß einer Membran ist die Taubheit meist endgültig.
Die Ohrgeräusche gehen schlechter zurück; sie entwickeln sich über mehrere Jahre und sind die häufigsten Folgeerscheinungen.

☐ *Die vestibulären Läsionen* nach einem Barotrauma des Innenohrs sind meistens endgültig. Es stellt sich eine Hypo-, manchmal sogar eine Areflexie ein. Mit der Zeit kompensieren die anderen beim Gleichgewichtssinn mitwirkenden Mechanismen das vorhandene Defizit.
Die Störungen machen sich dann nur noch bei plötzlichen Kopfbewegungen bemerkbar, bleiben aber unverändert in diesem Stadium.

ZUSAMMENFASSUNG

Die ätiopathogenetischen Mechanismen der Barotraumen des Ohrs sind heute gut bekannt. Dadurch ist es möglich, Vorbeugungsmaßnahmen einzuführen. Die beste ist die hartnäckige Information der Akteure, denn die Beachtung der Tauchregel ist ausschließlich Sache der TaucherInnen. Die medizinischen Untersuchungen müssen außerdem besonders streng sein, was die funktionelle Seite der HNO-Sphäre betrifft.
Um abzuschließen, möchten wir noch daran erinnern, daß, auch wenn die Barotraumen des Mittel- und Innenohrs nicht unbedingt der Preis für das Tauchen sind, dennoch ein langjähriges Praktizieren dieser Aktivität die Ursache von wiederholten, klinisch nicht relevanten Mikrotraumen zu sein scheint, die allmählich die kochleovestibulären Funktionen beschädigen können. Die jährliche medizinische Überwachung hat unter anderem zum Ziel, die Anfänge einer Hypoakusie und von Gleichgewichtsstörungen zu suchen. Sind solche ermittelt, sollte die Praxis des Tauchens, ob Frei- oder Gerätetauchen, in Frage gestellt werden.

ERSTE HILFSMASS-NAHMEN BEI TAUCHUNFÄLLEN MIT AUTONOMEM GERÄT

In den letzten Jahren hat man bewiesen, daß die Prognose der Tauchunfälle durch eine Gasembolie oder einen Dekompressionsunfall sehr von einer frühzeitigen Therapie abhängt. Die Chancen einer vollkommenen Genesung sowie die Schwere der Folgeerscheinungen hängen von der Zeitspanne zwischen dem Auftreten der ersten Symptome und der therapeutischen Rekompression ab, die die wesentliche und unersetzliche Behandlungsphase darstellt. Dennoch hängt die Schwere der Unfälle sehr oft auch von den ersten Maßnahmen vor Ort ab. Manchmal müssen sie darauf zielen, das Leben zu erhalten, aber im allgemeinen und je nach der Zeitspanne, in der die ersten Beteiligten eingreifen können, wird die sofortige Therapie ein Kampf sein:
– gegen die Entwicklung der Entgasung und die Etablierung der Dekompressionskrankheit, wenn man im ersten Stadium der Blasenbildung handelt, wo sie noch rund sind und den Kreislauf nur verlangsamen;
– gegen die Entwicklung der Entgasung, gegen die direkte Einwirkung der Blasen und gegen die Auswirkung der Dekompressionskrankheit, wenn man während der Organisationsphase eingreift. In diesem Stadium verschmelzen die Blasen zu großen Gashaufen, die sich weiter vergrößern. Der Gefäßverschluß wird vollständig und ist für die ischämische Pathologie verantwortlich, die sich allmählich verschlechtert.

Diese pathophysiologischen Grundlagen bestimmen die Art der Notfalltherapie.
Andererseits ist jeder theoretisch davon überzeugt, daß die Frühzeitigkeit der Diagnose über die Schwere des ursprünglichen Krankheitsbildes mit seinen mehr oder minder nicht umkehrbaren Läsionen und über die Schnelligkeit der therapeutischen Rekompression entscheidet. Eine effiziente Behandlung des Tauchunfallopfers fängt mit dieser Erkenntnisphase der Anfangssymptome an.

Den Unfall erkennen

Die Erfahrung zeigt, daß die gravierenden Unfälle in ihren überakuten Formen (Dekompressionsunfall durch massive Entgasung nach einem panischen Aufstieg ohne Dekostufen, Lungenüberdruck in seiner klinischen, pulmonären und/oder neurologischen Form) beängstigend und beeindruckend genug sind, um die lebensrettenden Maßnahmen, denn darum handelt es sich, einzuleiten. Diese zum Glück seltenen Fälle, in denen alles versucht wird, um das Leben zu erhalten, stechen ab vom Dilettantismus, den man manchmal bei in ihrer Anfangsform weniger schweren Unfällen antrifft und der die funktionelle Prognose gefährdet. Die mögliche Entwicklung eines Unfalls ist schwer vorherzusagen.

Die Analyse der Unfallumstände zeigt, daß die verunglückten Taucher zu oft den ersten klinischen Erscheinungen wenig Beachtung schenken, obwohl diese sich in 60 % der Fälle – und dies gilt für alle Unfälle – bald nach dem Austauchen, sogar schon bei der Dekostufe zeigen, und in 86 % der Fälle in den dreißig Minuten, die der Rückkehr an die Oberfläche folgen (nach einer epidemiologischen Studie über 362 Unfälle in den Jahren 1987–88, J. Wolkiewiez). Bei der Mehrheit der klinischen Situationen haben diese Taucher, wenn sie anfangen, sich über die Bedeutung anormaler Anzeichen nach einem manchmal technisch einwandfreien Tauchgang Gedanken zu machen, den Betreuer schon verlassen, der in der Lage gewesen wäre, die den Umständen entsprechenden Maßnahmen einzuleiten.

Man muß zugeben, daß es sich um Nachlässigkeit handelt, sogar um Unkenntnis der Tauchpathologie. Es ist also unbedingt notwendig, daran zu erinnern, daß die Symptomatologie von dem vom Blasenphänomen und seinen Folgen betroffenen Gewebe abhängt (deshalb manchmal die späten Dekompensationssymptome), daß die Anzeichen manchmal typisch, aber für den unerfahrenen Taucher meist schwer zu erkennen sind. Die schwersten Unfälle vom Typ II können mit einer harmlosen Symptomatologie anfangen.

Wir haben schon vorher gesagt – ohne daß es notwendig ist, die Unterschiede in den Krankheitsbildern noch einmal hervorzuheben –, daß einige neurologisch medullären Unfälle sich nur in großer Müdigkeit mit Angstzuständen, Unwohlsein und für die Anstrengung des Tauchgangs unverhältnismäßig großen Er-

Medizin und Tauchen

schöpfung ausdrücken. Diese Müdigkeit, deren Bedeutung der Taucher wegen eines schon vorher vorhandenen Astheniezustands heruntergespielt, läßt das Eintreten eines schweren Krankheitsbildes befürchten, denn die ersten deutlichen Anzeichen (Kribbeln, Juckreiz, Taubheit) zeigen sich manchmal erst mehrere Stunden später. Dieses anfangs harmlose Erscheinungsbild ist nicht besorgniserregend, weshalb sich schwer umkehrbare medulläre Schädigungen bilden können. Experimentelle Untersuchungen (Wolkiewiez) haben gezeigt, daß in der Stunde nach dem Dekompressionsunfall Blasen in den epiduralen Venen auftreten, die in Blutgerinseln eingeschlossen sind. In derselben Zeit kann man histologische Anzeichen einer venösen Erweichung des Rückenmarks beobachtet.

Erinnern wir an dieser Stelle an einige wichtige Punkte.

☐ Auch kleinere Unfälle vom Typ I müssen ernstgenommen werden, denn sie können einen Unfall mit verspäteten klinischen Erscheinungen ankündigen.

☐ Die medullären Unfälle mit brutalem Anfang (Messerstichschmerz, Gürtelschmerz), das schnelle Auftreten in der Stunde nach dem Austauchen, sogar bei den Dekostufen, von sensitiven (Ameisenkribbeln in den Gliedern, Stich-, Verbrennungsgefühl) und motorischen Anzeichen (schwere Beine, Schwächegefühl, das den Taucher zwingt, sich hinzusetzen, plötzlicher Sturz, weil man nicht mehr stehen kann) – alles Erscheinungen, die eine mehr oder minder vollständige Paraplegie, in manchen Fällen sogar eine Quadriplegie anzeigen – sind nicht die häufigsten Fälle.

☐ Die neurologischen, zerebralen Unfälle sind von einer auffälligen Anfangssymptomatologie gekennzeichnet, die von der betroffenen Körperregion und dem Umfang des wandernden Gasembolus abhängt. Klassischerweise handelt es sich um motorische, oft massive und ausgedehnte Störungen (Mono-, Hemi-, gar Quadriplegie) und um ein sensitives Defizit vom Typ Anästhesie. Diese Symptome sind manchmal mit einer Ohnmacht verbunden, die den zerebralen Ursprung der Störungen unterstreicht. Mehr oder minder ausgebreitete Reizkrampfanfälle werden leider manchmal mit Spasmophilie- oder Tetaniekrisen verwechselt. In manchen klinischen Formen stellt man bei der Anamnese lokalisierte, spontan regressive, sensorische Anzeichen fest (flüchtige Amaurose, Verengung des Gesichtsfelds, Sprach-

störungen), nachdem sich sekundär das neurologische Bild eines zerebralen ischämischen Unfalls ergeben hat. Auch einfache Kopfschmerzen müssen berücksichtigt werden. Sie können vom langsamen und allmählichen Entstehen eines Gehirnödems verursacht werden und das erste Anzeichen eines neurologischen Syndroms sein. Wenn sie allein erscheinen, dauern sie mehrere Tage, bis zur spontanen Regression dieses Ödems.

☐ Die von Blasen verursachten, labyrinthischen Unfälle können auch falsche Eindrücke vermitteln. Das Eintreten eines vestibulären Syndroms mit Schwindel und Übelkeit gleich nach dem Austauchen, Anzeichen, die das Bild beherrschen, wird zu oft mit einer einfachen Seekrankheit verwechselt. Eine gleichzeitige Taubheit kann zur Diagnose führen, aber sie wird oft nicht bemerkt oder nicht gesucht, denn der Verunglückte zieht die Möglichkeit eines kochleovestibulären Unfalls überhaupt nicht in Betracht.

Die isolierte Taubheit ist noch heimtückischer. Sie muß immer eine sorgfältige HNO-Untersuchung veranlassen, denn im manchen Fällen hängt die funktionelle Prognose des betroffenen Ohrs von der Genauigkeit der Diagnose und der Therapie ab, die dem ätiopathogenetischen Zustand angepaßt werden soll. Eine Barotitis des Mittelohrs kann eine Schädigung des Innenohrs verdecken.

Insbesondere der Anfänger muß über die unterschiedlichen möglichen Störungen und über die Möglichkeit eines Unfalls informiert werden, der nicht nur beim Austauchen, sondern auch *in den Stunden nach einem technisch einwandfreien Tauchgang* passieren kann.

Wir können mit folgendem Grundsatz zusammenfassen: **Jede abnormale Erscheinung nach einem Tauchgang muß, bis das Gegenteil bewiesen ist, als das Anfangssignal eines Tauchunfalls betrachtet werden.** Das heißt, daß ein Spezialist gefragt werden muß, der eine Unfalldiagnose entkräftet oder bestätigt, ohne auf ein unverdächtiges Krankheitsbild zu warten. Beim kleinsten Zweifel müssen die Rettungsmaßnahmen, die allen Unfalltypen gemeinsam sind, eingeleitet werden.

Die sofortige Behandlung

Welches Verhalten müssen der Verunglückte oder seine Begleiter vor der Behandlung im Krankenhaus oder jeder medizinischen Versorgung vor Ort einhalten, sobald die ersten Symptome eines Tauchunfalls erkannt oder erahnt werden?

Vor jeder Protokollbeschreibung müssen wir an die drei Grundregeln erinnern, die man unabhängig vom Ort oder den Umständen anwenden und so gut wie die ersten Unfallanzeichen kennen muß:
– Ein Tauchunfall ist ein Notfall, unabhängig von der Schwere der Anfangssymptome.
– Das Verschwinden der Symptome, spontan oder unter Sauerstofftherapie, ist eine Falle: die Alarmzeichen sind entschärft, aber die Krankheit entwickelt sich weiter. Diese günstige Entwicklung darf die medizinische Behandlung nicht verzögern.
– Die funktionelle Prognose hängt in erster Linie von der Schnelligkeit ab, mit der eine therapeutische Rekompression, verbunden mit dem Einatmen einer überdosierten Sauerstoffmischung oder reinen Sauerstoffs, begonnen werden kann. **Wenn vor Ort keine Druckkammer zur Verfügung steht, darf man keine Zeit verlieren, um effektiv zu helfen und Hilfe zu rufen, vor allem, um das Unfallopfer schnell und richtig abzutransportieren.**

HILFEN

Die einzuleitenden Maßnahmen müssen einfach anzuwenden, gerechtfertigt und für den Verunglückten nicht schädlich sein, und sie müssen ihre Wirksamkeit schon bewiesen haben. Die drei Punkte dieses Verhaltens werden einstimmig anerkannt, nur ihre Auslegung ist manchmal noch umstritten.

Einfache und vielseitige Hilfsmaßnahmen
– Weil die Maßnahme einfach zu merken und anzuwenden sein muß, ohne daß man in einem Lexikon nachschlagen muß, das man vielleicht – oder auch nicht – im Laderaum findet (wenn ein derartiges Lexikon, was zu bezweifeln ist, überhaupt im Tauchboot vorhanden ist, vor allem, wenn es sich um ein Schlauchboot handelt).
– Weil sie nicht anders sein kann; bei diesem Stadium der nichtmedizinischen Versorgung muß sie universell sein, für welchen Unfalltyp auch immer.
– Weil man diese Hilfen ohne medizinische Verordnung anwenden können muß.

Gerechtfertigte und unschädliche Hilfsmaßnahmen
Erinnern wir daran, was die Behandlung in diesem Strandstadium versucht: Es handelt sich darum, die Lebensfunktionen durch geeignete Maßnahmen zu sichern und zu kämpfen gegen:
– die Entgasung, die das Blasenphänomen erhält, wenn es sich um Embolien handelt, die gleichzeitig mit der Dekompression entstanden sind;
– die Verschlechterung der mechanischen Auswirkungen der Blasen, insbesondere die Anoxie;
– das Entstehen, gar die Weiterentwicklung der Dekompressionskrankheit.

Der erste, vollkommen geregelte Punkt (Einführung eines Güdeltubus und Maßnahmen der Herz-Lungen-Wiederbelebung) betrifft die dramatischen Unfälle. Die Prognose solcher Krankheitsbilder ist leider sehr düster, manchmal, noch am Ort des Tauchens, sehr schnell tödlich. Die Verhaltensmaßnahmen sind einfach. Es handelt sich vor allem um ein Reanimationsproblem; man muß die Lebensfunktionen sichern, das andere ist eine zweitrangige Sorge. Bei einem derartigen Erscheinungsbild, das sich von einem klassischen Herz-Atem-Syndrom nicht unterscheidet, müssen die Begleiter ihr Können beweisen.

In den anderen, weniger beängstigenden, manchmal irreführenden Situationen muß man versuchen, die mechanischen Auswirkungen der Blase zu reduzieren. Dies geschieht vor allem mit der Rekompression, aber auch mit der gleichzeitigen Überdruck-Hyperoxie. Im Rahmen des Sporttauchens kann diese notwendige Maßnahme meistens nicht durchgeführt werden, da vor Ort keine Druckkammer vorhanden ist. Dennoch, auch wenn die Inhalierung von reinem oder gemischtem Sauerstoff bei der Rekompression das Ziel hat, durch die Steigerung des Sauerstoffpartialdrucks im Gewebe gegen die Gewebeanoxie zu kämpfen, zielt man mit ihr auch darauf ab, die Blasen verschwinden zu lassen. Eine überdosierte Sauerstoffmischung oder reinen Sauerstoff atmen zu lassen, heißt eine Mischung zu verabreichen, die wenig oder kein Inertgas enthält. Die Gradientsteigerung des Partialdrucks des Inertgases zwischen der Blase und der Alveole, die daraus resultiert, be-

günstigt seine Diffusion und seine Ausscheidung mit den ausgeatmeten Gasen.
Während die Überdruck-Hyperoxie eine maximale Wirkung auf diesen Vorgang ausübt, trägt die Hyperoxie unter normalem Druck (die Inhalierung von O$_2$ in einer Menge von mindestens 8 Litern pro Minute und unter atmosphärischem Druck erhöht den Sauerstoffteildruck in den Alveolen von 100 bis 673 mm Hg) teilweise und schon von diesem Stadium an dazu bei, den Durchmesser der Blasen zu reduzieren, die noch nicht in angehäuften Plättchen eingehüllt sind, was unvermeidlicherweise die Geschwindigkeit der Diffusion- und Sauerstoff-Stickstoffaustauschvorgänge reduziert.
Andererseits trägt die Hyperoxie unter normalem Druck dazu bei, die „Verfettung" der Blase zu verhindern, indem sie die Ausscheidung des Stickstoffs aus dem Organismus begünstigt. Wir haben gesehen, daß eine ausgebildete Blase sich nur vergrößern kann, indem sie das lösende, umgebende Gas „pumpt". „Wäscht" man aus den verschiedenen Kompartimenten den Stickstoff aus, so erleichtert man die Resorbierung der Blasen.
Die Hyperoxie unter normalem Druck hat außerdem den Vorteil, die ischämischen Gewebe zu oxygenieren. Unter atmosphärischem Druck, wenn das geatmete Gas Luft ist, ist das Hämoglobin – Transportprotein und Sauerstoffreserve – schon fast gesättigt. Der an das Hämoglobin gebundene Sauerstoff entspricht etwa 19,7 Volumen/100 ml Blut, während der im Plasma gelöste Sauerstoff nur 0,3 Volumen/100 ml Blut ausmacht. Aber dieser Bruchteil gelösten Sauerstoffs ist physiologisch der wichtigste, wenn auch quantitativ der kleinste.
Die Atmung von reinem Sauerstoff bei atmosphärischem Druck wird erlauben, diese Menge gelösten Sauerstoffs entsprechend dem Henryschen Gesetz zu erhöhen, da der alveoläre Sauerstoffpartialdruck steigt; der an das Hämoglobin gebundene Sauerstoff steigt auf 20 Volumen/100 ml Blut, der gelöste Sauerstoff auf 2,086 Volumen/100 ml Blut. Indem man die Quantität des gelösten Sauerstoffs erhöht, erhöht man auch die für den Zellmetabolismus verwendbare Sauerstoffmenge, auch wenn der Blutfluß verlangsamt ist.
Das allerwichtigste aber ist die Erhöhung des Sauerstoffpartialdrucks im arteriellen Blut (Pa_{O_2}). Unter normalen physiologischen Bedingungen der Normoxie (d. h. 21 % Sauerstoff in der bei atmosphärischem Standarddruck von 760 mm Hg geatmeten Luft) gilt: $Pa_{O_2} = 92$ mm Hg. Die Hyperoxie unter normalem Druck erhöht diesen Wert auf 520 mm Hg. Dank eines höheren Gradienten des Sauerstoffteildrucks zwischen arteriellem Blut und Gewebe wird das Diffusionsphänomen im Gewebe, das von diesem Gradient abhängt, stark beschleunigt.
Insgesamt wirken sich die Erhöhung der Sauerstoffmenge im Arterienblut und die Steigerung des Pa_{O_2} auf den hypoxischen Schmerz der vom Blasenphänomen betroffenen Bereiche aus. Er wird teilweise durch das Verabreichen reinen Sauerstoffs unter atmosphärischem Druck reduziert.
Die Blutgefäßerweiterer, die Medikamente, die die Verformbarkeit der Erythrozyten verbessern, tragen nur zu einer Verbesserung der Gewebeoxygenierung bei. In diesem Stadium aber, und wenn man das Schicksal dieser oral verabreichten Medikamente berücksichtigt, zählt ihre Wirkung wenig gegenüber der gewaltigen physiologischen Effizienz des Sauerstoffs.

Welcher Platz gebührt der nassen Rekompression bei diesen Hilfsmaßnahmen?
Mit Luft durchgeführt an einem Beroffenen bei Bewußtsein, der aber Unfallsymptome zeigt, bleibt diese empirische und nicht festgelegte Methode ein akrobatischer Vorgang, der von allen Autoren verurteilt wird.
Abgesehen von der für eine effizientere Behandlung verlorenen Zeit ist dieses erneute Eintauchen nichts anderes als ein Wiederholungstauchgang für einen Organismus in der Entsättigungsphase und ganz sicherlich im Streß. Der Druck muß hoch genug sein, um eine spürbare Minderung des Blasenvolumens zu erwirken. Noch dazu werden die Gewebe wieder gesättigt und das Risiko einer Verschlechterung der Störungen durch Wanderung der Blasen, die sich wegen der Verkleinerung ihres Volumens gelöst oder während der Dekompression gebildet haben, ist sehr groß. Außerdem hängt alles vom Entwicklungsstadium der Blasen ab. Wenn das Wiedereintauchen sphärische Blasen angreift, ist es eher ihr Durchmesser als ihr Volumen, der den Blutfluß behindert. Aber die Reduzierung des Durchmessers einer sphärischen Blase ist nur proportional zur Kubikwurzel der Drucksteigerung: Bei 8 bar (70 m) wird das Volumen um 87 % reduziert, der Durchmesser aber nur um 50 %.
Wenn man sich im Stadium der Gasmuffen befindet, kann die Volumenreduzierung nur auf Kosten der Länge geschehen. Dies kann zwar

kollaterale Kapillaren frei machen, aber nicht das durch den Gashaufen verstopfte Gefäß. Diese Praxis hat also eine illusorische Wirkung; auch wenn man nur die positiven Ergebnisse betrachtet, muß man auf diese Methode doch verzichten.

Das Fortschreiten der Dekompressionskrankheit zu verhindern, ist das zweite Ziel. Die Blutplättchenaggregation ist eine ihrer Komponenten und die Zielscheibe der Azetylsalizylsäure (Aspirin), die man so früh wie möglich in aktiver Dosis (500 mg Maximum) nehmen sollte. Ihre systematische Verabreichung, ohne medizinische Verordnung, darf wegen der Risiken einer Unverträglichkeit bei manchen Patienten dennoch in Frage gestellt werden. Dieser Punkt muß also vor der Verabreichung geklärt werden.

Die Verbesserung der rheologischen Bedingungen, die durch die Dekompressionskrankheit und die mit dem Tauchen verbundene physiologische Dehydratation gestört sind, geschieht einfach durch das Trinken von stillem Wasser (mindestens 1 Liter); dies ist eine einfache Maßnahme, die zu oft vergessen wird.

Medikamente, von denen man sich eine Wirkung erhoffen kann, gehören in das Gebiet der medizinischen Verordnung. Da diese Dekompressionskrankheit sich nur einrichtet und entwickelt, wenn eine pathologische Blasenbildung stattgefunden hat, gibt es Grund genug, dem Verunglückten zu raten, sich so bald wie möglich untersuchen zu lassen. Diese – falls der Verunglückte bei Bewußtsein ist – leicht zu verwendende Hilfe (O_2 + Aspirin + Getränk) stimmt überein mit den pathophysiologischen Daten des Dekompressions- oder des Lungenüberdruckunfalls. Sie wird seit langem angewendet und hat ihre Wirksamkeit schon so bewiesen, daß viele Patienten dadurch beruhigt waren. Diese einfachen Gesten haben wahrscheinlich einigen Unfallopfern geholfen, die dank einer günstigen Entwicklung keine Fachbehandlung benötigt haben. Für sie ist alles gut gegangen, aber dieses Verhalten ist dennoch nicht ohne Risiko. Auch wenn im Augenblick alles in Ordnung scheint, ist es dennoch ungünstig, einfach darauf zu warten, wie sich der Zustand nach der Regression entwickeln wird.

Einerseits ist diese Behandlung offensichtlich ungenügend, um die Gashaufen und die gleichzeitige Dekokrankheit verschwinden zu lassen. Auch in Anbetracht der spektakulären klinischen Besserung, die manchmal mit dieser Maßnahme erreicht wird, ist es dennoch unmöglich zu sagen, wie die Situation sich sekundär entwickeln wird. Ein spätes Wiederauftreten und eine Verschlechterung der Läsionen ist immer möglich. Andererseits hat die Physiologie ihre Toleranzgrenzen. Die Erfahrung zeigt, daß ein unachtsam behandelter Unfall sich manchmal schon beim nächsten Tauchgang rächt!

Man darf sich also nicht mit diesen Maßnahmen begnügen und die Einleitung wirksamerer Maßnahmen verzögern.

Eine wirksame Hilfe: die medizinische Betreuung vor der Krankenhauseinweisung

Berufstaucher (Bauarbeiter, Armee etc.), ausgerüstet am Tauchort mit einer Rekompressionskammer, haben das absolute therapeutische Mittel zur Verfügung. Einstimmig werden die Rekompression zusammen mit der Sauerstofftherapie als die beiden einzigen unbestrittenen Maßnahmen anerkannt, die, wenn sie sofort durchgeführt werden, die funktionelle Genesung in praktisch 100 % der Fälle garantieren.

In den Strukturen des Sporttauchens fehlt die Kammer aber fast immer. Die Therapie vor der Einlieferung ins Krankenhaus muß daher, um die Schutzmaßnahmen zu vervollständigen, sobald wie möglich begonnen werden, mit dem Ziel, die Entwicklung der Krankheit zu verhindern oder zu verzögern und die noch intakten Gewebe vor einer Erweiterung der Läsionen zu schützen.

Diese seit vielen Jahren allgemein empfohlene Therapie hat sich manchmal bewährt, indem sie die Symptomatologie entweder verbessert oder zurückgebildet hat. Dabei handelt es sich aber nicht um eine Heilung, sondern um ein entschärftes Krankheitsbild, das trotzdem mit der therapeutischen Rekompression behandelt werden soll.

Die täuschenden Rückbildungen unterstreichen die Wichtigkeit der ersten klinischen Untersuchung, die schnell, aber sorgfältig sein soll. Ihre Schlußfolgerungen sowie die Gesamtheit der Daten (erste klinische Anzeichen, Parameter des betroffenen Tauchgangs etc.) werden die Behandlung im Krankenhaus beeinflussen.

Die frühe Durchführung dieser Notbehandlung verbindet:
– die Korrektur des Plasmadefizits durch Auffüllen der Gefäße mit makromolekularen Lösungen;

Medizin und Tauchen

– die Vorbeugung der Gerinnungsvorgänge durch aggregationsverhindernde, gar gerinnungshemmende Mittel;
– die Verabreichung von Medikamenten mit rheologischem Ziel, die die Verformbarkeit der Erythrozyten verbessern, entzündungshemmende, gar antiödematöse, gefäßerweiternde Mittel... mit der Verabreichung von Sauerstoff unter normalem Druck.

Diese Behandlung kann aber leider nur in einer Notdienststelle durchgeführt werden; die Ärzte, die manchmal in ihrer Praxis wegen harmlos erscheinender Vorzeichen, die sich einige Stunden nach dem Tauchgang gezeigt haben, aufgesucht werden, sind oft ratlos angesichts der Dürftigkeit und Unscheinbarkeit der Pathologie, da der Taucher selbst den Zusammenhang nicht erkennt und nicht einmal daran denkt, die Möglichkeit eines spät eintretenden Dekompressionsunfalls zu erwähnen.

ALARMIEREN

Beim jetzigen Zustand der Krankenhausaufnahme bei dieser Art von ganz besonderen Notfällen (ideal ist ein ständiger medizinischer, telefonischer Bereitschaftsdienst wie der amerikanische Diving Alert Network, der auf diese Probleme spezialisiert ist und nach den Prinzipien von Tele-Assistenz wirksam beraten kann) scheint es logisch, sich vor jedem Tauchen zu erkundigen:
– Wo ist in der Gegend eine Druckkammer verfügbar?
– Gibt es die Möglichkeit, den zuständigen Notdienst zu alarmieren?

Beim geringsten ätiologischen Zweifel an einer mehr oder minder aussagekräftigen Symptomatologie kann ein Rat gegeben, ein Verhalten, eventuell unter medizinischer Kontrolle, empfohlen werden, eine medizinische Beobachtung oder ein Abtransport zur nächsten Druckeinrichtung angefordert werden.

Die Alarmierung der notwendigen Stellen sofort nach dem Auftreten der ersten verdächtigen Anzeichen und vor jeder schleichenden Verschlechterung kann die Aufnahme verbessern und die Zeitspanne bis zu einer eventuellen therapeutischen Rekompression verkleinern. Ist eine Rekompressionskammer weit entfernt oder fehlt sie gänzlich, darf der sanitäre Abtransport auf keinen Fall verspätet durchgeführt werden. Ein Aufschieben würde die Konsequenzen zusätzlich verschlechtern. Man muß den Notdiensten die Möglichkeit geben, die verfügbaren Mittel so gut wie möglich einzusetzen, indem man sie frühzeitig alarmiert. Es gibt zwar keine absolute Regel, und es kommt auf die Umstände an, aber bei Entfernungen von unter 200 km bis zur Druckkammer wird man den vollausgerüsteten Krankenwagen dem Hubschrauber vorziehen (denn für diese Entfernung ist der Zeitgewinn gering), außer es handelt sich um ein hügeliges Terrain mit Pässen, oder wenn das Straßennetz durch seine Gestaltung oder den Verkehr ungünstig ist. Sonst ist der Hubschrauber, der in niedriger Höhe fliegt (idealerweise unter 100 Meter), die bevorzugte Lösung. Wenn die Entfernung wirklich sehr groß ist, oder bei Nachtflug, kann ein Flugzeug, das in der Kabine den Druck des Bodens behält, benutzt werden. Im allgemeinen wird man gemäß der Dringlichkeit der Rekompression, die nach den bei der Alarmierung angegebenen Auskünften festgelegt wird, die schnellste Art des Abtransports wählen.

Perspektiven – Zusammenfassung

Alle Autoren sind sich einig. Die Qualität der Ergebnisse der Krankenhausbehandlung hängt teilweise ab von:
- der frühen Durchführung der Hilfsmaßnahmen, insbesondere der schnellen Inhalierung von Sauerstoff;
- der Zeitspanne bis zur medizinischen Behandlung, zum sanitären Abtransport, zur therapeutischen Rekompression in Verbindung mit der Überdruck-Oxigenierung;
- und selbstverständlich von der Wirksamkeit der Krankenhausbehandlung.

Wenn der Prozentsatz der Betroffenen mit mehr oder minder behindernden Folgeerscheinungen kleiner werden soll, müssen zwangsläufig diese Faktoren verbessert werden. Die Frage ist, ob es möglich ist, die Bedingungen der Anfangsbehandlung dieser Patienten zu verbessern, und wenn ja, mit welchen Mitteln.

Die beiden ersten Punkte sind eng miteinander verbunden und hängen sicherlich von der Schnelligkeit der Alarmierung, also von der Fähigkeit des Verunglückten ab, die ersten Anzeichen des Tauchunfalls zu erkennen, wie wenig gravierend sie auch sind.

Dazu und angesichts der akuten Gefahr müssen alle genau wissen, wie sie sich zu verhalten haben. Selbstverständlich bei der Durchführung der sofortigen Hilfe, aber vor allem bei der Frage, **wen und wie man alarmieren soll**. Dieses Problem muß in jeder Gegend gemäß den gegebenen Möglichkeiten bedacht werden. Unter dieser Bedingung werden die medizinische Behandlung und der Abtransport optimal sein. Dazu muß jeder Mitwirkende daran denken, daß die Zeitspanne bis zur Rekompression mit Überdruck-Oxigenierung über die Ausdehnung der Läsionen entscheidet.

Um die medizinische Behandlung am Ufer (oder noch auf dem Boot) zu verbessern, kann die Anwendung einer beweglichen, tragbaren, meist Zweimann-Transportkammer in Betracht gezogen werden. In Frankreich ist die nationale Marine der Meinung, daß die Rekompression frühzeitig am Tauchort und unter einem wirksamen Druck (4 bar) geschehen soll und daß sie wegen einer technischen medizinischen Maßnahme, die auch in der Kammer durchgeführt werden könnte, nicht verschoben werden sollte. Daher wurden Zweimann-Transportkammern entwickelt, die die ersten Pflegemaßnahmen bis zur Behandlung in einer stationären Großkammer ermöglichen.

Medizin und Tauchen

Diese Lösung wurde auch in anderen Ländern gewählt mit:
- dem TRRC (*transportable recompression rescue chamber*) in Israel, die in den Tauchgegenden des Roten Meers oder des östlichen Mittelmeers den Einsatz der Standardbehandlungstabellen (Luftkompression, O_2 mit Maske) vor dem Abtransport mit dem Hubschrauber zu den Großkammern von Eilat und Haifa ermöglicht;
- in der Schweiz die Zweimann-Kammer, die in Zürich steht und von Swiss Air Rescue angewendet wird: Transport mit Hubschrauber oder Lear Jet für die großen Entfernungen;
- der TUP (*transfer under pressure rescue chamber*) mit Sitz in Aberdeen (Schottland), der den Abtransport eines verunglückten gesättigten Tauchers vom Ort *offshore* zu einer Großkammer auf dem Festland in Europa ermöglicht.

Die größeren Sicherheitsanstrengungen haben weltweit zu einem relativ dichten Versorgungsnetz mit Kammern geführt, so daß vor allem auch die großen Tauchsportdestinationen, die Malediven, das Rote Meer, die Karibik, das Mittelmeer, aber auch unsere Binnengebiete in die Notversorgung mit eingebunden sind.

In allen Fälle dennoch, wenn Flugmittel benutzt werden, handelt es sich um schwere Maschinen wegen der Sperrigkeit der Kammer.

Im Rahmen des autonomen Sporttauchens entwickelt sich heute eine andere, leichtere Lösung, die die Möglichkeiten der Notdienste berücksichtigt: Es handelt sich um Rekompressionskammern aus biegsamem, synthetischem Material, die in ihrer jetzigen Version innere Drucke von 300 mb – 2 relativen bar aushalten können. Mit Luft aufgepumpt und einer Sauerstoff-Inhalationseinheit mit Rückschlagventil ausgerüstet, ist diese Kammerart keine therapeutische Einheit, sondern nur ein Notdiensttransportmittel: Die Kammer kommt zum Patienten und erlaubt die Durchführung der bestmöglichen frühzeitigen Überdruck-Oxigenotherapie ($P_{I_{O_2}}$ = 1,3 bis 3 bar).

Diese Kammerart hat auch den Vorteil, einen Transport mit konstantem Druck in einem nicht bodendruckkonstantem Flugzeug bei einer Höhe über die sonst maximalen 300 Meter zu erlauben. Ihre Anwendung bleibt dennoch eine medizinische Entscheidung und betrifft Patienten bei Bewußtsein, deren kardiorespiratorischen Lebensfunktionen nicht gefährdet sind. Die Anwesenheit eines Arztes erlaubt die Weiterführung der medizinischen Behandlung und die klinische Beobachtung.

Diese Methode des Transports in der Druckkammer kann nur günstiger sein als ein Transport mit Sauerstoff unter normalem Druck (im Bestfall $P_{I_{O_2}}$ = 1 bar), wie es heutzutage praktiziert wird. Aber das Risiko, bei der Aufnahme in der Spezialabteilung vollkommen entschärfte Krankheitsbilder zu beobachten, zwingt zu einer engen Zusammenarbeit mit den Ärzten, die diese Patienten zuerst untersucht haben. Bei der Wahl der therapeutischen Tabelle im Krankenhaus darf die Schwere der anfänglichen Symptomatologie nicht ignoriert werden. Die Genesungen unter Überdruck-Oxigenierung sind wahrscheinlich nur das Zeichen einer guten Prognose.

Der Beweis der Wirksamkeit und der Bedeutung dieses Hilfsmittels bei den Abtransportvorgängen muß aber noch gebracht werden.

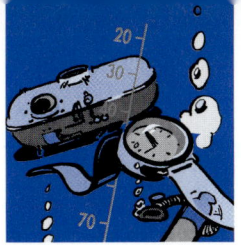

9. DEKOMPRESSIONSTABELLEN

Überlegungen zur Auswahl einer Tauchtabelle

Ein Tauchgang setzt sich aus vier aufeinanderfolgenden Phasen zusammen: abtauchen, auf dem Grund bleiben, auftauchen und an der Oberfläche auf den nächsten Tauchgang warten.

Die beiden ersten sind für einen gut ausgebildeten Taucher praktisch gefahrlos und stellen die angenehme Seite eines Unterwasserausflugs dar. Die dritte dagegen ist die wirklich gefährliche Phase, unabhängig davon, ob der Taucher erfahren ist oder nicht; sie beeinflußt auch den Verlauf der zu oft vergessenen vierten Phase, des „Nachtauchens" (Oberflächenpause).

Das Austauchen ist die bei weitem problematischste Etappe unserer Aktivität. Alles wäre wunderbar, müßte man nicht zur Oberfläche zurück!

Es kommt einem so vor, als wollte die Natur dafür bezahlt werden, ihre versteckten Seiten zu entblößen.

Während des Aufstiegs und nach dem Tauchgang bezahlt man wie beim Poker, wenn man die Karten sehen will. Geht man allerdings an diese Aktivität vernünftig und überlegt heran, ist Tauchen kein Pokerspiel und schon gar kein Russisches Roulette.

Tauchen bringt ein gewisses Risiko mit sich, das ist schon richtig. Jeder Taucher muß sich dessen bewußt sein, denn nur so kann er die Risiken verringern und sogar fast ganz ausschließen... man muß es aber wirklich wollen.

Ziel dieses Überblicks ist es, die Austauchverfahren, die zur Zeit angeboten werden, zu analysieren, damit der Taucher eine vernünftige Entscheidung für eine oder mehrere Methoden treffen kann.

Bei einem so weitreichenden Thema muß man sich zuerst über die Ursache der Unfälle, die dem Taucher zustoßen können, wenn er zur Oberfläche aufsteigt, Gedanken machen.

Was geschieht also so Außergewöhnliches während des Aufstiegs? Um das zu verstehen, ist es wichtig, sich einige der physikalisch-chemischen Eigenschaften der Gase und Flüssigkeiten ins Gedächtnis zu rufen, die relevant werden, wenn diese miteinander in Berührung kommen.

DER TAUCHER IST EIN UNTERWASSERMENSCH

Während des Tauchens atmet der Taucher Druckluft: warum?

Der Mensch atmet im allgemeinen Luft, oder er hat gute Gründe, es nicht zu tun. Der Sporttaucher seinerseits atmet Luft, die auf denselben Druck gepreßt ist, wie der Umgebungsdruck an der Stelle, wo er sich befindet.
Erinnern wir uns zunächst, daß der atmosphärische Druck an der Wasseroberfläche des Meeres etwa 1 bar beträgt (1,013 bar genau für den Standarddruck). Wenn der Taucher hinunterschwimmt, lastet auf ihm nicht nur der atmosphärische Druck, sondern auch der Druck des Wassers, der ungefähr um 1 bar pro 10 Meter Wassertiefe steigt. Dies ist der hydrostatische Druck. Die Summe des atmosphärischen und des hydrostatischen Drucks nennt man absoluter Druck oder Umgebungsdruck. Diesen Druck spürt der Taucher, wenn er abtaucht.
So erträgt ein Taucher, der sich in 10 Metern Tiefe befindet, einen Druck von 2 bar (atmosphärischer Druck von 1 bar und hydrostatischer Druck von 10 Metern Wasser, also auch 1 bar). Ohne es zu merken, ist er ständig einer Kraft von ungeahnter Größe ausgesetzt.
Man kann dies schnell mit einer Rechnung beweisen (Abb. 9.1).
Nehmen wir einen Taucher, dessen Körperoberfläche etwa 2 m² beträgt, also 20 000 cm². Ein Druck von 2 bar entspricht in etwa einer Kraft von 2 N/cm².

Rechnen wir es: Auf den Taucher wirkt eine Kraft $F = 2 \times 20\,000$ N/cm² $\times$ cm² $= 40\,000$ N, d. h. er muß sich einer Belastung von 40 Tonnen widersetzen, die auf die ganze Fläche seines Körpers verteilt ist!
Wenn man von diesem gewaltigen Gewicht nicht zusammengedrückt werden will, ist es ratsam, unkomprimierbar zu sein.
Zum Glück besteht der Mensch hauptsächlich aus festen Stoffen und Flüssigkeiten, die diese Eigenschaft besitzen. Allein die Körperhöhlen, die Gas enthalten, wie die Lunge, das Mittelohr, die Stirnhöhlen und der Verdauungstrakt können zusammengedrückt werden. Um diese Unannehmlichkeit zu vermeiden, müssen die Gase, die sich in diesen Höhlen befinden, unbedingt auf den Umgebungsdruck gebracht werden.
Dies bedeutet, daß der Taucher, wenn er unter Wasser überleben und nicht von der gewaltigen Kraft, die auf ihm lastet, in einen Pfannkuchen verwandelt werden will, keine andere Möglichkeit hat als Luft zu atmen, die auf Umgebungsdruck[1] gepreßt wurde. Diese Aufgabe übernimmt der Atemregler.

Wenn die Luft gepreßt ist, gibt es ein Problem mit dem Stickstoff: die Blasen

Die Luft, die der Taucher atmet, ob sie gepreßt ist oder nicht, hat immer in etwa dieselbe Zusammensetzung. Es ist eine Mischung aus mehreren Gasen. Die beiden wichtigsten sind Stickstoff und Sauerstoff. Bei einem bestimmten Druck besteht ein Liter Luft ungefähr aus 0,8 Liter Stickstoff und 0,2 Liter Sauerstoff.
Sauerstoff ist zum Leben unentbehrlich. Er wird vom Organismus zur Energiegewinnung eingesetzt.
Stickstoff wird dagegen nicht vom Organismus umgesetzt, er spielt hauptsächlich die Rolle des inerten Trägergases.
An den sehr dünnen Wänden der Lungenbläschen geschieht ein Austausch zwischen den im Blut gelösten Gasen und den Gasen der Lunge (Abb. 9.2).

Dieses Phänomen läßt sich erklären als ein Stoffaustausch zwischen einer Flüssigkeit und einem Gas, wenn man beide in Kontakt bringt. Wie bei zwei guten Nachbarn schenkt jeder dem anderen einige Elemente:

9.1

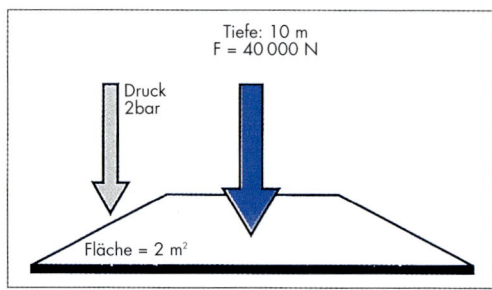

– Das Gas gibt Moleküle ab, die von der Flüssigkeit angenommen werden. Man sagt, daß ein Teil des Gases sich in der Flüssigkeit löst;
– In der Gegenrichtung gibt die Flüssigkeit Moleküle ab, die in das Gas in Form von Dampf übertreten, was dem Phänomen der Verdampfung entspricht.

Wenn also Luft und Wasser sich berühren, lösen sich Stickstoff und Sauerstoff im Wasser, während flüssiges Wasser in Dampfform entweicht: der Wasserdampf.

Verschiedene Beispiele aus dem täglichen Leben untermalen diese Behauptungen. Fische können nur deshalb im Wasser leben, weil Sauerstoff im Wasser gelöst ist. Deshalb verrosten auch Eisenteile im Wasser[2]. Nur weil Wasser bei Umgebungstemperatur verdampft, kann der Taucher seinen Anzug zwischen zwei Tauchgängen trocknen lassen.

Den Gasaustausch in der Lunge kann man wie folgt zusammenfassen:
– Lösung des Sauerstoffs im Blut erlaubt damit die Versorgung des Gewebes mit seinem Treibstoff (dem Sauerstoff) – und eventuell auch mit Stickstoff;
– Anreicherung der Lungenluft mit Wasserdampf und Kohlendioxid; dies gestattet dem Organismus, sich zu reinigen, indem er seine Verbrennungsabfälle ausscheidet.

Was geschieht nun, wenn der Taucher Druckluft atmet? Durch die Membrane der Alveolen wird Druckluft in Kontakt mit der Flüssigkeit Blut gebracht. Der Druck des Gases bewirkt zweierlei Veränderungen des Austauschprozesses; die Menge des gelösten Gases nimmt zu, während die Wassermenge, die sich in der Luft befindet, abnimmt.

Druckluft ist trockener als entspannte Luft. Während der Kompression verliert die Luft ihr Wasser, das in flüssiger Form ausgeschieden wird (Kondensat).

Wenn ein Taucher tief taucht, lösen sich, da der Druck der geatmeten Luft immer höher wird, in seinem Blut und so in seinem gesamten Organismus Stickstoff- und Sauerstoffmengen, die viel größer sind als an der Oberfläche. Solange der Taucher abtaucht oder in derselben Tiefe bleibt, ist alles in Ordnung.

Das Problem stellt sich beim Auftauchen, wenn der Umgebungsdruck abnimmt. Bei diesem Vorgang muß das vorher beschriebene Phänomen in der Gegenrichtung stattfinden. Der Sauerstoff ist nicht problematisch, denn er wird umgesetzt. Dagegen möchte der im Organismus gelöste Stickstoff unbedingt seine Gas-

form wiedererlangen. Wenn diese Umwandlung erst an den Wänden der Lungenbläschen geschieht, geht alles gut, und das Phänomen ist das Gegenstück des vorhin beschriebenen. Findet diese Umwandlung aber weit von der Lunge entfernt statt, entstehen Blasen im Organismus. Wir beschäftigen uns mit dem Problem, wie diese Blasen sich während des Auftauchens entwickeln werden. Man weiß, daß sie dazu neigen, größer zu werden, wenn der Umgebungsdruck sinkt, und dies ganz besonders in der Nähe der Wasseroberfläche (dort sind die Druckveränderungen am größten).

Blasen in seinem Organismus zu haben, ist an sich nicht besonders schlimm. Es hängt von der Art und der Größe der Blasen ab.

Man muß bedenken, daß verschiedene Kreislaufhindernisse, wie Verengungen, Gefäßabzweigungen und Klappenbewegungen bei einem normalen Menschen auch an der Oberfläche Wasserdampfblasen durch Hohlsogeffekte erzeugen. Diese Blasen sind sehr kurzlebig. Das Vorhandensein von Blasen im Organismus ist also keine außergewöhnliche Situation, es ist sogar ein normaler Zustand.

Das Sinken des Umgebungsdrucks während des Auftauchens bewirkt, daß der gelöste Stickstoff sich zwangsläufig in seine Gasform zurückverwandelt und Gasblasen erzeugt, die dieses Mal aus Stickstoff und Wasserdampf bestehen. Wie vorher ist auch diese Situation nicht schlimm, solange die Blasen klein genug sind, um bis zum Lungenfilter transportiert zu werden, wo sie ausgeschieden werden, ohne den Blutkreislauf zu stören. Dagegen können die Blasen den Blutfluß hindern und ihn sogar blockieren, wenn sie größer werden. Es handelt sich dann um einen Dekompressionsunfall.

9.2

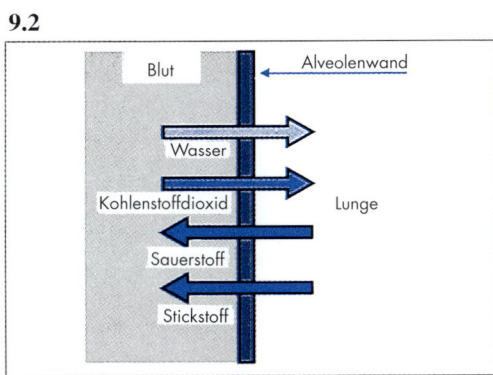

Um diese dramatische Entwicklung zu vermeiden, ist es absolut notwendig, Austauchverfahren zur Verfügung zu haben: die Tauchtabellen. Wie wir später sehen werden, ist deren Ziel nicht, die Entstehung von Blasen im Organismus zu vermeiden, denn dies ist nicht möglich, sondern deren Entwicklung zu kontrollieren und – so gut es geht – zu lenken.

Es ist wichtig, sich bewußt zu machen, daß das Auftauchen ein Risiko darstellt (...trotzdem weniger als unten zu bleiben). Wer sich für das Tauchen entscheidet, muß deshalb auch ein Risiko in Kauf nehmen. Für jeden wird sich die Frage stellen, wie weit zu gehen er bereit ist, nur um Spaß zu haben.

Wir werden zeigen, daß die Risiken beim Auftauchen von den Dekompressionstabellen abhängen und daß diese nicht alle gleichwertig sind. Es ist also wichtig, daß jeder sich entscheidet, nachdem er ihre Vor- und die Nachteile eingehend studiert hat.

Zu diesem Zweck muß man darüber diskutieren und die Methode verstehen, mit der sie entwickelt werden – wenn auch nur in groben Zügen.

WIE WIRD EINE TAUCHTABELLE ENTWICKELT?

Die „Population" der Taucher und ihr Verhalten

In diesem Buch ist das Kapitel des Arztes Dr. Grandjean (Medizin und Tauchen) zu lesen, in dem das Abenteuer des Stickstoffs im Organismus beschrieben wird.

Wir werden ganz einfach die Philosophie seiner Darstellung übernehmen und sie für Herrn Maier, 45 Jahre, 1,65 m, 87 kg, eindeutig bewegungsarm, anwenden. Schauen wir uns den Tauchgang von Herrn Maier an.

Beim Abtauchen löst sich der Stickstoff in das Blut von Herrn Maier. Im Organismus wird er über den Blutkreislauf in seine Gewebe verteilt. Er wird je nach Dauer des Tauchgangs durch die Zellmembranen von Herrn Maier zirkulieren.

Würde man jetzt Herrn Maier auf dem Altar der Wissenschaft opfern und den in jedem Kubikmillimeter seines Körpers vorhandenen Stickstoff analysieren, hätte man sicherlich eine bemerkenswerte Kenntnis der Art und Weise, wie Herr Maier den Stickstoff gelöst hat..., aber überhaupt keine ernsthaften Informationen über die Art und Weise, wie Fräulein Schulz, 23 Jahre, 50 kg, große Sportlerin, den Stickstoff während des selben Tauchgangs gelöst hat... und das ist das Problem.

Die Morphologie des Tauchers, sein Alter und seine äußerst schwankende körperliche Verfassung, sind Parameter, die unendlich variieren. Man ist niemals in der Lage, einen Vorgang der Stickstoffauflösung zu beschreiben oder genau zu definieren, der der Wirklichkeit entspricht und allgemein genug ist, um für jeden Taucher zu gelten. Dies um so mehr, als die Phänomene der Gastransporte in Flüssigkeiten, Gels oder physiologischen Feststoffen extrem kompliziert und weit davon entfernt sind, von den Forschern vollkommen verstanden und berechenbar zu sein.

Man kann die Auflösung des Stickstoffs im Organismus eines Tauchers überhaupt nicht genau beschreiben, also noch weniger die Entsättigung mit dem Erscheinen der Blasen und ihrer Entwicklung. Diese Phänomene sind noch

Dekompressionstabellen

schwerer zu verstehen als die vorhergehenden. Dies bedeutet, daß es nur wenig Hoffnung gibt, eines Tages das Verhalten des einzelnen Tauchers beim Auftauchen aufgrund mikroskopischer Untersuchungen zu beschreiben, die angeblich die Bewegungen des Stickstoffs in den physiologischen Geweben des Organismus genau erklären können. Was für Herrn Maier am Montag zutreffend wäre, würde für denselben Herrn Maier am Dienstag nicht mehr und selbstverständlich auch nicht für Fräulein Schulz am Freitag gelten.

Wie also kann man das Problem lösen? Man kann eine Ahnung davon bekommen, wenn man die Art und Weise beobachtet, wie die ersten Austauchverfahren entwickelt wurden.

Alles hat mit einer experimentellen Beobachtung begonnen, die man mit folgendem Satz zusammenfassen kann: Seit der Zeit, in der Helmtaucher in großen Tiefen arbeiteten, gab es bei den Tauchern Unfälle beim Auftauchen oder in den Stunden danach. Trotz seiner scheinbaren Harmlosigkeit ist dieser Satz grundlegend, denn er behauptet, daß man bei der Population der Taucher ein allgemeines Verhalten beobachten konnte, das zu Symptomen eines Unfalls führte.

Es bedeutet, daß es durchaus möglich ist, Verhaltensregeln zu definieren, die typisch für eine Gruppe sind, wenn man genügend Personen zusammenfaßt, um eine „Population" zu bilden. Auch wenn jede Person ihre eigenen physiologischen Merkmale besitzt. Dies ist wichtig für unser Problem, da es somit erlaubt ist, die Dekompression der Taucher nicht mehr bei jedem einzelnen zu beobachten, sondern in ihrer Allgemeinheit und für die gesamte Gruppe der Taucher.

Wie wir später sehen werden, hat diese Sichtweise den großen Vorteil, daß man den Einzelmenschen beiseitelassen und allgemeine Lösungen anbieten kann. Dagegen hat sie den großen Nachteil, daß es nicht zu vermeiden ist, daß bestimmte Individuen stark von der Norm abweichen und Verhalten zeigen, die mit denen der betrachteten Gruppe nicht übereinstimmen.

Es ist also bei dieser Betrachtensweise wichtig, die Begriffe genau zu definieren:
– **Population**: bezeichnet hier eine ganz bestimmte Personengruppe, nämlich Taucher (und keine Kellner).
– **Verhalten**: bedeutet, daß man eine genaue Beobachtung durchgeführt hat über die Reaktionen (schwere, leichte Unfälle, kein Unfall, Vorhandensein von beweglichen Blasen etc.) der ausgewählten Population bei bestimmten Bedingungen (Dauer, Tiefe, Tauchbedingungen, Austauchgeschwindigkeit etc.).

Der Begriff Verhalten ist von dem der Population nicht zu trennen.

Nach der Beobachtung, daß bei der Population der Taucher Dekompressionsunfälle beim Auftauchen vorkamen, versuchten die damaligen Wissenschaftler zuerst die Ursache des Problems zu entdecken. Schon sehr früh, gegen 1850, ahnte man, daß der Stickstoff, der sich beim Einatmen von Druckluft im Organismus löst, die Ursache des Dekompressionsunfalls ist. Als diese Phase des reinen Erkennens durchschritten war, begann man, praktische Vorschläge zu machen, um den Unfall zu vermeiden, d. h. man entwickelte Austauchverfahren.

So riet Paul Bert 1878, sehr langsam zur Oberfläche aufzusteigen, mit einer Geschwindigkeit von 12 Minuten für 1 bar, und einige Jahre später, 1900, schlugen Heller, Mager und Schrotter eine noch langsamere regelmäßige Austauchgeschwindigkeit von 0,5 m/min vor. Man hatte das Stadium der wissenschaftlichen Hypothesen erreicht. Diese Verfahren wurden bei der in Betracht kommenden Population angewendet und man stellte fest (Verhalten), daß es gut funktionierte. Die Zahl der Unfälle nahm ab. Unter Beachtung dieser Regel schafften Hill und Greenwood Tauchgänge bis 50 Meter, ohne Probleme zu bekommen. Man hatte so am Anfang des 20. Jahrhunderts eine gute Austauchtechnik für die Helmtaucher zur Verfügung, die ihnen körperliche Unversehrtheit sicherte.

Verhaltensuntersuchung

Es ist offensichtlich, daß sich seit dieser Zeit die Anhängerschaft der Taucher sehr vergrößert hat und vor allem differenzierter geworden ist. Es gibt nicht mehr nur eine kleine Gemeinschaft von Helmtauchern, sondern mehrere Populationen von Gerätetauchern. Die Taucher der nationalen Marine haben spezielle Ziele und werden danach ausgesucht. Sie bilden eine homogene Population von sportlichen, gut trainierten jungen Männern, deren körperliche und psychische Eigenschaften von denen der Freizeittaucher sehr abweichen können: junge, weniger junge, bewegungsarme, sportliche Männer und Frauen usw. Es ist also ganz normal, daß man heute verschiedene Tabellen im Handel findet,

343

die für sehr verschiedene Populationen gedacht sind. Man darf sich nur nicht verunsichern lassen, und jeder sollte sich selbst gut einschätzen. Schauen wir uns jetzt an, immer noch vereinfacht, wie man dem Studium des Verhaltens einer Population anfängt.

Nehmen wir an, diese Population steht fest. Man muß dann ein Versuchsprogramm erstellen, das dieser Population eine Reihe von bestimmten Zwängen auferlegt (Tauchgänge unter bestimmten Bedingungen), und die Reaktionen beobachten (Unfälle, bewegliche Blasen etc.).

Man kann in Versuchung kommen, die gesamte ausgewählte Population zu nehmen, sie bis zu einer bestimmten Tiefe während einer bestimmten Dauer tauchen zu lassen, sie nach irgendeinem Verfahren auftauchen zu lassen und zu beobachten, was passiert. Stellen wir uns vor, es gibt 90 % Unfälle. Dieses Ergebnis erlaubt es zu behaupten, daß man mit diesem Verfahren die besten Chancen hat, einen Dekompressionsunfall bei einem Taucher zu verursachen, der dieselben Eigenschaften zeigt wie die ausgewählte Population. So hat man das Verhalten einer Population gegenüber einem bestimmten Verhalten beschrieben. Nichts zwingt aber zu der Annahme, daß man mit einer anderen Population dasselbe Ergebnis erreicht hätte. In Anbetracht dieses Mißerfolgs kann man noch einmal mit derselben Population einen Tauchgang mit derselben Dauer und in derselben Tiefe durchführen, aber ein anderes Austauchverfahren benutzen. Nehmen wir an, es ereignen sich nur noch 10 % Unfälle. Dies ist nicht ausgezeichnet, aber es ist besser. Das Problem ist: Ist es gut genug?

Für manche Taucher, die diesen Risikofaktor akzeptieren, um tauchen zu können, mag es annehmbar sein, für andere nicht. Man findet sich wieder vor dem Problem der individuellen Entscheidung. Für einige werden diese Tabellen gut sein, für andere nicht.

Nehmen wir an, dieses Ergebnis wurde als ungenügend bewertet. Derselbe Versuch wird wiederholt, erneut mit einem anderen Verfahren; stellen wir uns vor, daß man dieses Mal 1 % erreicht. Dies ist noch besser, aber das Problem bleibt: Ist es gut genug?

Man muß also folgendes festhalten: *Es gibt keine gute und keine schlechte Tabelle, es gibt nur Tabellen, die einen gewissen Risikoprozentsatz für eine bestimmte Population enthalten. Jedes Verfahren bedeutet für den, der es befolgt, ein gewisses Maß an Risiko, so klein es auch ist.* Man muß sich dessen bewußt sein und es akzeptieren, oder man sollte sich eine andere Aktivität suchen. Es gibt überhaupt keine absolut sichere Tabelle, dies ist absolut sicher!

Manche Verfahren bringen zwar mehr Sicherheit als andere, aber auch größere Einschränkungen (Begrenzung der Tiefe und der Dauer zum Beispiel). Es ist also Sache des einzelnen, sich für eine bestimmte Tabelle zu entscheiden oder, im Grenzfall, überhaupt keine zu berücksichtigen, je nachdem welche Risiken man auf sich zu nehmen bereit ist.

So betrachtet, ist das Verhalten einer bestimmten Population auf technischer Ebene schwer zu untersuchen. Man wird in der Praxis nicht die gesamte ausgewählte Population in allen Tiefen und jeder Zeitspanne testen können, besonders wenn sie umfangreich ist (zum Beispiel alle Freizeittaucher).

Was man vernünftigerweise schaffen kann, ist eine Testreihe bei einer typischen Gruppe für nur einige ausgesuchte Zeitspannen und Tiefen. So wird man in die Lage versetzt, das Verhalten einer Teilpopulation gegenüber einigen Tauchsituationen zu beschreiben. Man wird also das Verhalten eines Teils auf die gesamte Population umlegen. Dafür braucht man allgemeine Regeln, in deren Rahmen man die Ergebnisse einordnen kann.

Zwangsläufig wird man also ein Verhaltensmodell beschreiben müssen. So wurden bis jetzt die meisten Tauchtabellen aufgestellt und berechnet.

Eine andere zur Zeit weit verbreitete Methode nimmt die vorher beschriebene Situation wieder auf und behandelt die Population in ihrer Gesamtheit. Man besitzt in der Tat für einige Bereiche (Militär-, Berufstauchen etc.) Berichte über Tausende von Tauchgängen, in unterschiedlicher Tiefe und Dauer. Wenn man die eventuellen Unfälle registriert, hat man eine Zusammenstellung von experimentellen Tatsachen, mit der man die Glaubwürdigkeit der Verfahren für alle Tiefen, Zeitspannen und für eine bestimmte Population prüfen kann. Es ist später möglich, das benutzte Verfahren zu ändern, um gefährliche Zonen zu vermeiden, ohne einem bestimmte Modell zu folgen. So wurden die letzten Tabellen geändert, die die Comex benutzt und die als Grundlage für die Tabellen des französischen Arbeitsministeriums von 1992 dienen. Es handelt sich dabei hauptsächlich um statistische Tabellen.

Das Verhaltensmodell

Wie gerade erwähnt, stehen dem Tabellentheoretiker aufgrund der Versuchsergebnisse Daten zur Verfügung, die ihm erlauben, das Verhalten einer Testpopulation für bestimmte einheitliche Werte der Dauer-Tiefe zu beschreiben.

Er muß jetzt in der Lage sein, das Verhalten der gesamten Population in nicht getesteten Situationen vorherzusagen.

Das folgende Beispiel verdeutlicht seinen Denkansatz. Nehmen wir an, er hat folgende Ergebnisse zur Verfügung:
– Bei einem Tauchgang von 10 Minuten in 30 Meter Tiefe beobachtet er, daß bei einem Auftauchen mit einer Geschwindigkeit von 15 Metern pro Minute ohne Pause keine Unfälle geschehen.
– Bei einem Tauchgang von 30 Minuten in 30 Meter Tiefe stellt er fest, daß man zum Beispiel 10 Minuten Pause in 3 Meter Tiefe halten muß, damit es keinen Unfall gibt.

Das Problem ist jetzt, das mögliche Verhalten des Tauchers bei 15, 20 und 25 Minuten in derselben Tiefe aufgrund allein dieser zwei Daten vorauszusagen. Dafür muß er ein Verhältnis zwischen Dauer und Tiefe finden, mit dem er das berechnen kann. Wenn die Rechnung steht, muß sich die Vorhersage bei den Versuchen als richtig erweisen. Bei dieser Berechnung versucht man, das Verhalten des Tauchers mit einer mathematischen Gleichung zu beschreiben und, wenn eine einzige nicht ausreicht, mit einer Gleichungsreihe, die Dauer und Tiefe miteinander verbindet.

So baut man ein Verhaltensmodell.

Es ist offensichtlich, daß, je größer die Zahl der experimentellen Daten ist, die als Grundlage für das Studium zur Verfügung stehen, oder anders gesagt, je besser man das Verhalten der ausgewählten Population kennt, um so zuverlässiger ist das Verhaltensmodell; es wird aber dadurch weniger notwendig, denn es ist dann möglich, das Verhalten der Population auf Grund einer statistischen Analyse zu beschreiben.

Wenn die Datengrundlage dagegen spärlich und unzusammenhängend ist, weil das Verhalten der Taucherpopulation weniger gut bekannt ist, wird das Modell unentbehrlich sein; aber die Tabelle wird nicht so genau und zuverlässig sein. Es ist in diesem Fall besonders notwendig, die Verfahren durch Versuche vor Ort zu bestätigen. Der Praktikant wird also für den Fortschritt der Wissenschaft als Versuchskaninchen dienen. So haben alle Forschungen über Austauchverfahren angefangen. Uns kommen die Versuche unserer Vorgänger seit fast einem Jahrhundert zugute. Es sei ihnen gedankt!

In diesem Rahmen versteht man besser, daß Dekompressionunfälle auch bei Austauchvorgängen geschehen können, bei denen die Angaben der Tauchtabelle für eine bestimmte Population respektiert wurden (unverdiente Unfälle). Eines der besten Beispiele dafür sind die von der französischen Marine 1965 vorgeschlagenen Tabellen (Tabelle GERS 65). Diese legten das Verhalten der Militärpopulation im Bereich zwischen 30 bis 40 Metern nicht genau dar, in dem man Unfälle feststellte, obwohl die Verfahren der Tabelle beachtet wurden. Aufgrund der Unfallberichte hat die französische Marine die Parameter ihres Modells geändert.

Zusammenfassend kann man sagen, daß der voraussagende Wert einer Tabelle nichts damit zu tun hat, wie sie berechnet wurde, sondern damit, wie gut man das Verhalten der Population kennt, die man beschreiben möchte. Wurde diese Etappe nicht korrekt durchgeführt, so wird das beste mathematische Verfahren nur diese mangelhafte Information wiedergeben können, und die Tabelle wird nicht zuverlässig sein.

Obwohl man dazu neigt, die Modell-Methode durch die moderne statistische Annäherung zu ersetzen, wenn man eine umfangreiche Datengrundlage zur Verfügung hat, kann sie nicht ganz abgeschafft werden. Durch statistische Verfahren läßt sich die Zuverlässigkeit einer Tabelle optimieren, sie betrifft aber nur erlebte, registrierte und analysierte Situationen. Die Benutzung eines Modells verfolgt ein anderes Ziel: die neuen Tauchsituationen für eine besondere Population vorauszusagen. Beide Annäherungen ergänzen sich also vollkommen. Sie schließen sich nicht gegenseitig aus.

Die Parameter des Modells

Die Verhaltensmodelle sind mehr oder minder verfeinert, sie benutzen aber im großen und ganzen dieselben Annäherungen. Wir werden also die Prinzipien und nicht die Einzelheiten der Berechnung jeder Tabelle beschreiben; sonst würde das ganze Buch nicht ausreichen. Wir bereits erläutert, nimmt man an, daß am Anfang Daten zur Verfügung stehen, mit denen man das Verhalten einer Population bei einer bestimmten Anzahl von durch das Wertepaar

Tiefe /Dauer charakterisierten Tauchgängen definieren kann. Anders ausgedrückt, man hat das Verhalten eines fiktiven Tauchers zur Verfügung, der für die gesamte Population repräsentativ ist. Unser Ziel ist jetzt, Regeln festzulegen, mit denen man das Verhalten dieses fiktiven Tauchers bei nicht geprüften Tiefen und Dauer voraussagen kann.

Wir haben gesehen, daß es beim Stand unserer Kenntnisse utopisch wäre zu versuchen, allgemeine Regeln zu finden, die das durchschnittliche Verhalten einer Population beschreiben, nur aufgrund der Untersuchung der Reaktionen eines Individuums gegenüber Stickstoff. Was macht man also? Man benutzt eine sehr pragmatische Annäherung, die die Wissenschaftler gut kennen, wenn sie vor einer experimentellen Tatsache stehen, die zu schwierig erscheint; in einer ersten Phase versucht man überhaupt nicht, das Phänomen zu erklären, sondern nur mathematische Modelle zu finden, mit denen man es beschreiben und vor allem seine Entwicklung voraussagen kann. Man arbeitet auf der Ebene der phänomenologischen Beschreibung.

Im gegenwärtigen Fall müssen wir das Verhalten des fiktiven Tauchers beschreiben. Was heißt das? Wir müssen eine oder mehrere mathematische Gleichungen (einen Algorithmus) finden, mit deren Hilfe die Tiefe und Dauer verbunden und ein Austauchverfahren **errechnet** werden kann.

Von diesem Punkt an ist für den Wissenschaftler alles erlaubt. Es ist überhaupt nicht notwendig, daß das gewählte Verhaltensmodell einen Zusammenhang mit der experimentellen Wirklichkeit aufweist, d. h. mit der Auflösung des Stickstoffs im Gewebe. Man könnte genauso gut ein elektrisches Modell benutzen, basierend auf Kapazitäten, Widerstand, Scheinwiderstand, oder ein mechanisches Modell, basierend auf durchlässige Wände, ein thermodynamisches, indem man den Taucher wie eine Einheit aus Wärmeaustauschern behandelt, oder sogar ein rein mathematisches Modell auf der Basis von Veränderlichkeitsfunktionen (Analogmodell). Dies soll heißen, daß man den Parametern des Modells keinen zu großen physischen Wert beimessen sollte. Sie sind nicht da, um die Wirklichkeit der Auflösung des Stickstoffs im Organismus wiederzugeben, sondern nur um die Errechnung von Austauchverfahren zu ermöglichen.

Die Mehrheit der Tabellen wurde dennoch aufgrund von Modellen berechnet, die versuchten, sich nicht zu weit von der physischen Wirklichkeit des Tauchens zu begeben, d. h. die Wert darauf gelegt haben, die Parameter zu berücksichtigen, die möglicherweise bei der Beschreibung des Phänomens der Auflösung des Stickstoffs im Organismus eine Rolle spielen. Es handelt sich dabei eher um ein historisches Erbe als um eine rein phänomenologische Annäherung. Wir werden diese verschiedenen physikalisch-chemischen Parameter analysieren.

DIE LÖSLICHKEIT VON GASEN IN FLÜSSIGKEITEN

Im folgenden Kapitel wird in einem Exkurs auf den theoretischen Unterbau der Dekotabellen in Form des Henryschen Gesetzes näher eingegangen. Dies mag zwar dem speziell Interessierten vorbehalten bleiben, soll jedoch nicht unterschlagen werden.

Grundlage aller Ausführungen sind die Lösungseigenschaften von Gasen in einer Flüssigkeit.

Der Gleichgewichtzustand zwischen Gas und in einer Flüssigkeit gelöstem Gas: das Gesetz von Henry

Verschiedene Ereignisse im täglichen Leben machen das Phänomen der Lösung von Gasen in Flüssigkeiten und seine Folgen leicht begreiflich. Wenn man eine Flasche Champagner öffnet, kann jeder feststellen, daß die Flüssigkeit unter Druck steht. Wenn man den Champagner von seinem ursprünglichen Druck – in der geschlossenen Flasche – zum atmosphärischen Druck zurückbringt, befreit man einen Teil des in der Flüssigkeit gelösten Gases in Form von Blasen. Der Champagner zeigt dann einen „Dekompressionsunfall".

Die folgenden Versuche erlauben es, dieses Phänomen zu quantifizieren. Es kann auf zwei verschiedene Weisen vorgenommen werden. Nehmen wir an, wir schließen ein Flüssigkeitsvolumen V, zum Beispiel 1 Liter Wasser frei von gelöstem Gas, in einem mit einem beweglichen Kolben geschlossenen Zylinder ein (Abb. 9.3).

Lösung bei konstantem Druck

Wir bringen eine Gasmischung, zum Beispiel Sauerstoff und Stickstoff, mit einem Gesamtdruck P über eine Wasserfläche. Nehmen wir den Fall an, bei dem der Druck beibehalten wird und das Verhältnis der Gase in der Mischung variiert (Abb. 9.4).
Man vereinbart, den Prozentsatz des Stickstoffvolumens in der Mischung mit X_{N_2} zu notieren (die Wirkung des Wasserdampfs wird außer acht gelassen).
Der Stickstoffpartialdruck im Gas beträgt:
$P_{N_2} = X_{N_2} P$.
Bei einer bestimmten Zusammensetzung des Gases läßt man das System ins Gleichgewicht kommen. Durch irgendein Analysverfahren ermittelt man die im Wasser gelöste Stickstoffmenge (Q_{N_2}), die dem Teildruck P_{N_2} entspricht. Man wiederholt das Verfahren bei stets gleichbleibendem Gesamtdruck, aber mit verschiedenen Zusammensetzungen der Gasmischung (veränderlicher P_{N_2}) vom reinen Sauerstoff ($X_{N_2} = 0$) bis zum reinen Stickstoff ($X_{N_2} = 1$).
Die Wertpaare (P_{N_2}, Q_{N_2}) werden notiert.
Wenn man die Punkte, die diese Paare darstellen, auf ein Diagramm überträgt, wobei man den Stickstoffteildruck im Verhältnis zu der gelösten Stickstoffmenge im selben Wasservolumen (bei konstantem Gesamtdruck) aufzeichnet, erhält man eine Gerade, die durch den Ausgangspunkt geht (Abb. 9.5).

Bringt man also ein Gas unter einem bestimmten Druck in Kontakt mit einer bestimmten Flüssigkeitsmenge, entsteht ein Zustand, in dem der Gasdruck proportional zur gelösten Gasmenge ist. Man wird sagen, daß in diesem Zustand die Flüssigkeit mit Gas gesättigt ist

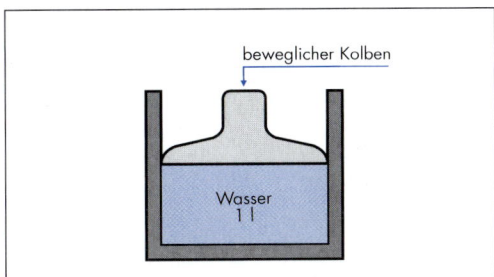

9.3

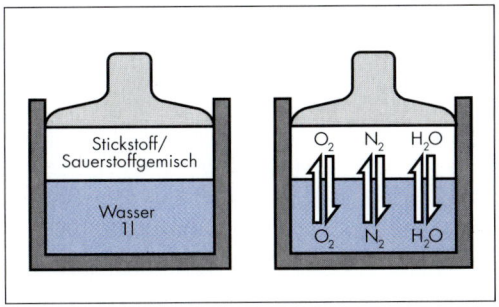

9.4

und daß sich ein Gleichgewichtszustand zwischen gelöstem und umgebendem Gas gebildet hat.
Dieses experimentelle Gesetz wird durch folgende Formel ausgedrückt:

$$P_{N_2} = K \times \frac{Q_{N_2}}{V} = K \times C$$

– Das Verhältnis Q_{N_2}/V stellt die gelöste Gasmenge dar, geteilt durch das Flüssigkeitsvolumen. Man nennt diese Größe die Konzentration C des Stickstoffs im Wasser.
– K ist eine Konstante, deren Wert von den Eigenschaften des Gases (hier Stickstoff), der Flüssigkeit und vom Gesamtdruck abhängt. Sie heißt Henrysche Konstante. Diese Beziehung des Verhältnisses wird in den Tauchbüchern meistens Henrysches Gesetz genannt und kann wie folgt ausgedrückt werden:
Wenn man ein Gas und eine Flüssigkeit in Kontakt bringt, entwickelt sich das System bis zu einem Gleichgewichtszustand, in dem die Konzentration des in der Flüssigkeit gelösten Gases proportional zu dem Teildruck des Gases im Kontakt mit der Flüssigkeit ist.

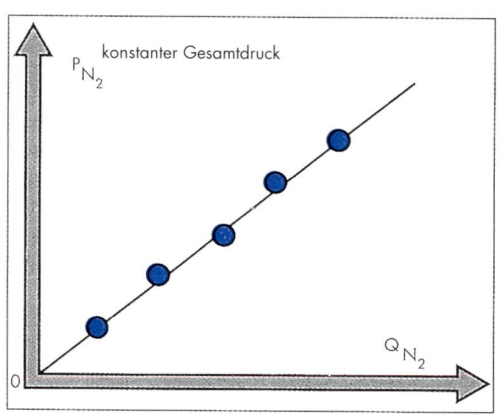

9.5

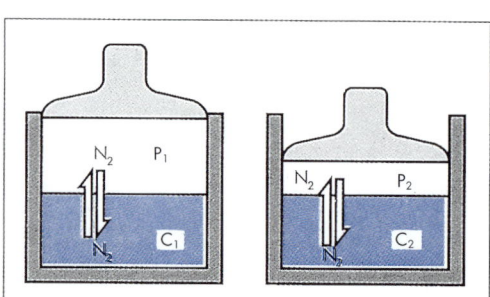

9.6

Diese Art von isobarem Gleichgewicht entwickelt sich besonders oft, wenn der Taucher ein anderes Gas als Luft atmet, zum Beispiel reinen Sauerstoff oder einfach mit Sauerstoff angereicherte Luft nach einem Unfall.

LÖSUNG DES STICKSTOFFS BEI VARIABLEM DRUCK

Die verschiedenen Beispiele des täglichen Lebens, die wir gerade erwähnt haben, hängen mit einer anderen Seite der Lösung von Gasen zusammen, die eine Veränderung des Gesamtdrucks voraussetzt.
Nehmen wir an, daß sich zum Beispiel über Wasser reiner Stickstoff ($P_{N_2} = P$) befindet, dessen Gesamtdruck P durch die Stellung des Kolbens festgelegt wird. Dieser Druck wird um so größer, je weiter der Kolben nach unten gleitet. Im folgenden Beispiel ist P_2 größer als P_1.
Man führt mehrere Versuche unter verschiedenen Druckverhältnissen durch und wartet jedesmal, bis das Gleichgewicht herstellt ist.
Das Henrysche Gesetz wird für den Gesamtdruck P_1 angewendet, und man kann schreiben:

$$P_1 = K_{P_1} \times C_1$$

Die Henrysche Konstante ist proportional zum Druck P_1, sowie der Stickstoffkonzentration. Für den Druck P_2 kann man ebenfalls das Henrysche Gesetz anwenden:

$$P_2 = K_{P_2} \times C_2$$

Wie man sieht, kann man die Konzentration des beim Druck P_2 gelösten Stickstoffs im Verhältnis zu der Konzentration bei P_1 ausrechnen.
Wenn man die beiden letzten Gleichungen zueinander in ein Verhältnis setzt, bekommt man:

$$\frac{P_1}{P_2} = \frac{K_{P_1} \times C_1}{K_{P_2} \times C_2}$$

also:

$$C_2 = \frac{P_2 \times K_{P_1}}{P_1 \times K_{P_2}} \times C_1$$

Wenn die Druckveränderungen gering sind (etwa in der Größe von einigen bar), stellt man fest, daß der Wert der Henryschen Konstante sich nur wenig ändert und daß man einen Annäherungswert festlegen kann:

$$K_{P_1} = K_{P_2} = K$$

Das bedeutet, daß durch das Verhältnisgesetz der Wert der Konzentrationen des gelösten

Stickstoffs mit dem Druck des Gases in Kontakt mit der Flüssigkeit zusammenhängt:

$$C_2 = \frac{P_2}{P_1} \times C_1$$

und man wird akzeptieren, daß das isobare Gesetz (bei konstantem Druck):

$$P_{N_2} = K \times C$$

auch bei Druckveränderungen anwendbar ist.
Im Rahmen des Sporttauchens wird man also das Henrysche Gesetz für eine Entwicklung bei konstantem oder bei variablem Druck auf dieselbe Weise schreiben. Der Begriff Konzentration ist praktisch, um die in einem Volumen einer bestimmten Flüssigkeit enthaltene Gasmenge zu bezeichnen, er hat jedoch den Nachteil, viele Rechnungen komplizierter zu machen, weil er eine andere Einheit als den Druck einführt. Aus diesem Grund wird man an Stelle der Konzentration eine ihr proportionnale Größe einführen: die **Spannung**, die in der Druckeinheit ausgedrückt wird.
Die Spannung eines Gases in einer Flüssigkeit wird als das Produkt aus der Henryschen Konstante und der Konzentration des gelösten Gases[3] bezeichnet. In dem angeführten Beispiel:

$$T_{N_2} = K \times C$$

Wir stellen fest, daß der Spannungswert von der Eigenart der Flüssigkeit mittels der Henryschen Konstante abhängt und nicht nur von der Gaskonzentration.
Diese Formulierung ist interessant, denn sie erlaubt, auf sehr einfache Weise, die Richtung des Gasaustausches zwischen einer Flüssigkeit und einem Gas klar auszudrücken (Abb. 9.7).
Im Gleichgewicht ist der Stickstoffteildruck gleich dem Produkt der Stickstoffkonzentration mit der Henryschen Konstante ($P_{N_2} = K \times C$).
Daraus resultiert, daß der Stickstoffteildruck gleich seiner Spannung ist ($P_{N_2} = T_{N_2} = K \times C$). So hat man eine Gleichgewichtsbedingung für das System.
Man wird sagen, daß die Flüssigkeit gasgesättigt ist, wenn der Gasteildruck gleich seiner Spannung ist.
$P_{N_2} = T_{N_2}$ oder $P_{N_2} - T_{N_2} = 0$: Gleichgewicht
Wird diese Gleichheit nicht erreicht, besteht ein Ungleichgewichtszustand, der zwei Ursachen haben kann.
– Die Flüssigkeit hat ihren Sättigungszustand noch nicht erreicht. Dies passiert, wenn man eine Flüssigkeit mit einem Gas in Kontakt bringt. Die Auflösung des Gases ist kein augenblickliches Phänomen. Während der Herstellung des Gleichgewichts ist die Konzentration des gelösten Gases niedriger als seine Konzentration bei der Sättigung. Daraus resultiert, daß die Spannung des Gases niedriger als sein Teildruck ist.
Man hat so eine Grundlage zur Verfügung, mit der man die Tatsache ausdrücken kann, daß die Flüssigkeit noch nicht gesättigt ist. Man sagt, daß die Flüssigkeit untersättigt ist. Man hat also:
$P_{N_2} > T_{N_2}$ oder $P_{N_2} - T_{N_2} > 0$: Ungleichgewicht, die Flüssigkeit ist untersättigt.
In diesem Fall entwickelt sich das System weiter, indem es das Gas löst.
– Der zweite Fall tritt ein, wenn man den Gasteildruck reduziert bei einem System, das den Gleichgewichtszustand erreicht hatte. Man hat wieder einen Zustand des Ungleichgewichts, aber die Konzentration des Gases in der Flüssigkeit ist höher geworden als die, die dem Sättigungsgleichgewicht für diesen neuen Druck entspricht.
Bei diesem Vorgang wird die Spannung des Gases höher als sein Teildruck. Man sagt, daß die Flüssigkeit übersättigt ist. Es gilt also:
$P_{N_2} < T_{N_2}$ oder $P_{N_2} - T_{N_2} < 0$: Ungleichgewicht, die Flüssigkeit ist übersättigt.
In diesem Fall entwickelt sich das System weiter, indem es sich vom Gas befreit. Halten wir also fest, daß das Zeichen des Unterschieds $P_{N_2} - T_{N_2}$ es erlaubt, die Richtung des Austausches zwischen Gas und Flüssigkeit vorauszusagen, was besonders wichtig ist, um den Austausch in der Lunge darzustellen.

Das Gleichgewicht eines in zwei Flüssigkeiten gelösten Gases: der Verteilungskoeffizient

Das beschriebene Phänomen des Austausches zwischen einem Gas und einer Flüssigkeit findet sich in einer sehr ähnlichen Form wieder,

9.7
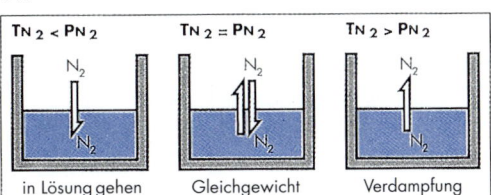

wenn man zwei Flüssigkeiten in Kontakt bringt, die nicht dieselbe Gasspannung haben. Dies passiert in der Praxis in zwei sich berührenden physiologischen Geweben, wenn eines in der Nähe einer Stickstoffquelle (zum Beispiel das Blut in Kontakt mit der Lunge) eine hohe Stickstoffspannung hat, das andere sich weiter entfernt befindet (zum Beispiel ein vom Blut gespültes Gewebe), dessen Stickstoffspannung deshalb geringer ist. Der im ersten Gewebe gelöste Stickstoff drängt durch Diffusion in das zweite. Man sagt, daß das Gas sich zwischen beiden Flüssigkeiten verteilt.

Achtung: In diesem Fall ist das System nicht unbedingt gasgesättigt. Es handelt sich einfach um die Verteilung einer bestimmten Gasmenge zwischen zwei Milieus. Dieses System entwickelt sich ebenfalls in Richtung eines Gleichgewichtszustands.

Dieser Gleichgewichtszustand tritt in ähnlicher Form auf wie der vorige, es kommen aber nur Spannungen ins Spiel, da es kein Gasstadium gibt.

Man sagt, daß das aus den beiden sich berührenden Flüssigkeiten bestehende System bei einem gegebenen Druck im Gleichgewicht ist, wenn das Gas dieselbe Spannung in beiden Flüssigkeiten hat (Abb. 9.8). Für den Stickstoff im Gleichgewicht zwischen den zwei Flüssigkeiten L_1 und L_2:

$T_{L_1} = T_{L_2}$ oder $T_{L_1} - T_{L_2} = 0$: Gleichgewicht.

Dieser Zustand setzt selbstverständlich nicht voraus, daß die Stickstoffkonzentrationen, also die gelösten Gasmengen in beiden Flüssigkeiten gleich sind. Erinnern wir uns daran, daß in der angegebenen Spannung die Henrysche Konstante mitwirkt, deren Wert von der betrachteten Flüssigkeit abhängt.

9.8

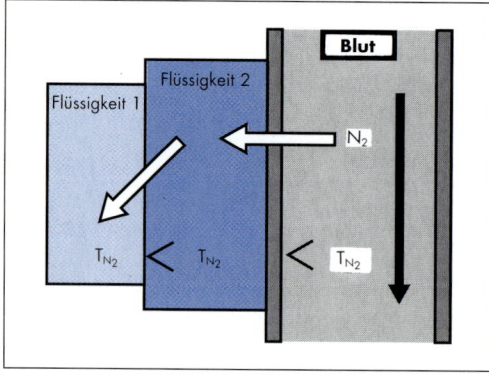

Also wird man schreiben:
- in der Flüssigkeit L_1 : $T_{L_1} = K_{L_1} \times C_{L_1}$,
- in der Flüssigkeit L_2 : $T_{L_2} = K_{L_2} \times C_{L_2}$,

wobei C_{L_1} und C_{L_2} jeweils die Stickstoffkonzentrationen in den Flüssigkeiten L_1 und L_2 sind.

Der Gleichgewichtszustand wird dargestellt mit $T_{L_1} = T_{L_2}$, also

$$C_{L_2} = \frac{K_{L_1}}{K_{L_2}} \times C_{L_1} = K_P \times C_{L_1}$$

Im Gleichgewicht sind die Gaskonzentrationen in beiden Flüssigkeiten proportional. K_P ist die Verteilungskonstante. Sie ist gleich dem Verhältnis der Henryschen Konstante des Gases in beiden Flüssigkeiten.

Man sieht also, daß im Gleichgewichtszustand die gelösten Gasmengen in beiden Geweben je nach Beschaffenheit verschieden sein können. Stickstoff ist in der Tat viel löslicher in einer organischen Flüssigkeit wie Öl oder Fett als im Wasser. Genau dasselbe geschieht im Organismus des Tauchers, in dem die gelösten Stickstoffmengen in den verschiedenen physiologischen Geweben sehr unterschiedlich sind.

Wie vorher können die Ungleichgewichtszustände mit den Spannungsunterschieden des Gases in beiden Flüssigkeiten erklärt werden. Eine Flüssigkeit, deren Gasspannung größer als die einer anderen ist, wird sich so verhalten, daß sie Gas an die Flüssigkeit, deren Spannung (T) niedriger ist, abgibt:

$T_{L_1} > T_{L_2}$ oder $T_{L_1} - T_{L_2} > 0$: Ungleichgewicht.

Gelöstes Gas fließt vom Gewebe L_1 zu Gewebe L_2, bis die Spannung wieder gleich ist.

Diese erste Annäherung an die Phänomene, die die Auflösung der Gase in Flüssigkeiten begleiten, hat auch dazu gedient, die Richtung des Gasaustauschs zwischen den beiden Stoffen, Gas/Flüssigkeit oder Flüssigkeit/Flüssigkeit zu definieren. Es wird jedoch nichts darüber gesagt, mit welcher Geschwindigkeit dieser Austausch abläuft.

Kinetischer Aspekt des Austausches: Austauschgeschwindigkeit

Wir haben gerade gesehen, daß der Unterschied zwischen dem Teildruck des Gases und seiner Spannung bei einem Austausch Gas/gelöstes Gas oder der Unterschied zwischen zwei Spannungen bei einem Austausch zwischen zwei Flüssigkeiten die Richtung der Bewegung des

Gases zwischen den zwei Stoffen bestimmt.
Der Unterschied $T_{(L1, N_2)} - T_{(L2, N_2)} = \Delta T$ erscheint also als eine Kraft, die je nach ihrem mathematischen Zeichen eine Bewegung des Gases in die eine oder in die andere Richtung bedeutet.
Wir müssen uns jetzt Gedanken machen über die Geschwindigkeit, mit der dieser Austausch stattfindet, und über die eventuellen Beziehungen zwischen der Geschwindigkeit und der für dieses Phänomen ursächlichen Kraft. Dafür ist es interessant, eine einfache Analogie zu benutzen, nämlich die eines Wasserlaufs. Stellen wir uns zunächst eine Quelle in einer bestimmten Höhe (H_q) vor. Der Wasserlauf fließt in Richtung Meer (Richtung der Verwandlung), weil die Höhe des Meeres (H_m) geringer ist als die der Quelle. Der Unterschied zwischen der Höhe der Quelle und der des Meeres $H_q - H_m > 0$ bestimmt die Richtung des Gewässerflusses. Man hat noch nie einen Wasserlauf gesehen, der vom Meer zur Quelle fließt.
Diese erste Bemerkung betrifft den Gleichgewichtszustand des Systems und man sieht, daß der Vergleich mit der Spannung für ein Gas interessant ist. Es gäbe keinen Fluß, wenn die Höhe des Meeres gleich der der Quelle wäre.
Bei $H_q - H_m = 0$ haben wir einen Gleichgewichtszustand.
Erlaubt uns diese erste Beobachtung auch den Zustand des Wasserlaufs und insbesondere seine Strömung zu beschreiben? Sicherlich nicht! Es fehlt uns ein wichtiges Element, nämlich die Entfernung l zwischen der Quelle und dem Meer.
Jeder weiß, daß die Strömung (Geschwindigkeit) des Wasserlaufs sehr schwach ist, wenn diese Entfernung groß ist, und daß man darin in einer Barke faulenzen und in aller Ruhe angeln kann. Wenn im Gegenteil die Entfernung zwischen Quelle und Meer (oder zwischen zwei Stellen des Wasserlaufs) kleiner ist, wird die Strömung stärker sein. Man wird sagen, daß das Gefälle des Wasserlaufs größer ist. Wenn man diese Entfernung noch verringert, erhält man einen Wildwasserbach, im Grenzfall einen Wasserfall, in den man sich lieber nicht wagen sollte (Abb. 9.9).
So sieht man, daß der Grundparameter das Gefälle ist, obwohl der Höhenunterschied $\Delta H = H_q - H_m$ auch wichtig ist. Durch das Gefälle wird die Richtung des Flusses bestimmt, mit ihm kann man die Geschwindigkeit beschreiben. Das Verhältnis wird dargestellt mit:

$$\frac{\Delta H}{l}$$

Für zwei sehr nahe Punkte des Wasserlaufs kann man das Gefälle **Höhengradient** nennen.
Man darf also die Begriffe nicht verwechseln:
– *Unterschied*, der es nur erlaubt, die Richtung der Bewegung zu bestimmen;
– *Gradient*, der es erlaubt, die Geschwindigkeit, mit der sie stattfindet, zu schätzen.
Man kann diese Analogie genauso für den Austausch eines Gases benutzen.
Der Unterschied ΔT gibt die Richtung an, in der die Bewegung des Gases stattfindet; mit dem Spannungsgradienten bestimmen wir ihre Geschwindigkeit.
Wir müssen diesen letzten Begriff genauer definieren, um unser Problem zu lösen. Dafür ist es unbedingt notwendig, einen Gasaustausch in Höhe der Lungenwände schematisch darzustellen. Nehmen wir an, daß das Blut und die Luft durch eine Alveolenwand von einer Dicke l getrennt sind (Abb. 9.10). Wir werden eine Phase beschreiben, in der das Blut Stickstoff löst.
Der Gasteildruck in der Alveole, den wir als konstant annehmen, ist P_{N_2} (es ist die Stickstoffquelle).

9.9

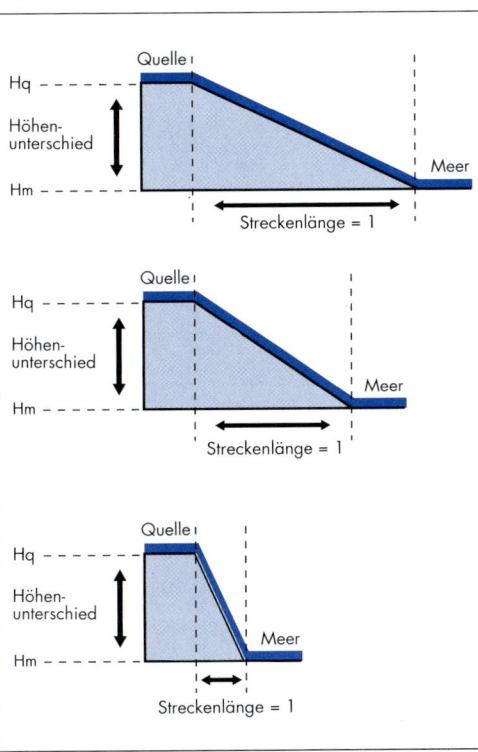

Beim Ausgangspunkt t = 0 ist die Stickstoffspannung im Blut $T^°_{N_2}$ so, daß $T^°_{N_2} < P^°_{N_2}$ ist. Das Blut wird sich mit Stickstoff anreichern mit der Folge, daß die Stickstoffspannung zunimmt.
In einem beliebigen Moment (t) ist die Stickstoffspannung im Blut $T^°_{N_2}$. Nach einer sehr langen Zeit, wenn das Gleichgewicht erreicht ist, wird sie gleich dem Stickstoffteildruck in der Lunge sein. Der Spannungsgradient durch die Membranwand ist

$$\frac{P_{N_2} - T_{N_2}}{l}$$

Diese Größe bestimmt die Eintritts- oder Austrittsgeschwindigkeit des Gases.

9.10

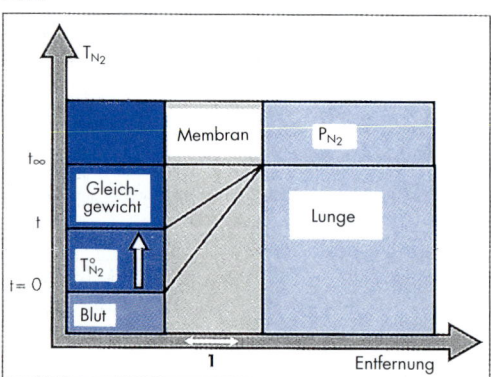

9.11

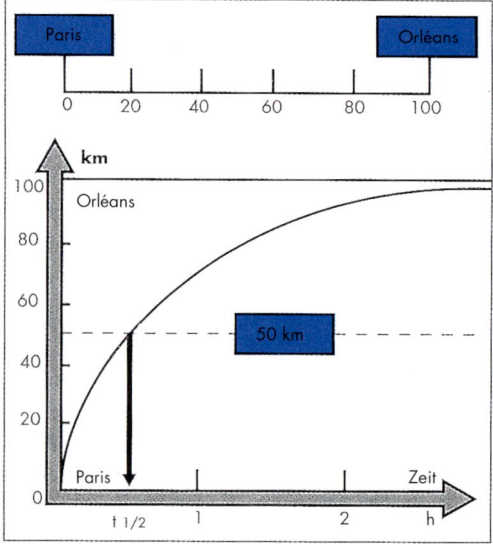

Wie für den Wasserlauf werden wir schreiben, daß die Fließgeschwindigkeit (v) des Stickstoffs zwischen der Lunge und dem Blut direkt proportional zum Gradient ist:

$$v = k \times \frac{P_{N_2} - T_{N_2}}{l} = k \times \frac{\Delta T}{l}$$

Die Verhältniskonstante k drückt eine gewisse Anzahl von geometrischen (Wandfläche, Blutvolumen) und physikalisch-chemischen (Löslichkeit des Gases in der Membran, Diffusionskoeffizient des Stickstoffs) Parametern des Systems aus. Mit ihrer Größe wird die mehr oder weniger hohe Geschwindigkeit, mit der der Austausch stattfindet, bestimmt.
Man sieht also, daß:
– die Auflösungsgeschwindigkeit um so höher ist, je höher der Spannungsgradient ist;
– für einen gegebenen Unterschied ΔT die Diffusionsgeschwindigkeit um so höher ist, je dünner die Alveolenwand ist;
– für eine bestimmte Membranstärke die Geschwindigkeit direkt von dem Unterschied ΔT abhängt. Je größer er ist, um so höher ist die Austauschgeschwindigkeit. Wenn man das Gas mit der Flüssigkeit ($T^°_{N_2}$) in Kontakt bringt, ist der Spannungsgradient am höchsten. Dasselbe gilt für die Geschwindigkeit.
Während die Flüssigkeit sich mit Gas anreichert, erhöht sich die Stickstoffspannung im Blut, und die Gradientintensität nimmt ab, ebenso wie die Austauschgeschwindigkeit. In der Nähe des Gleichgewichts ist die Austauschgeschwindigkeit ebenso wie der Gradient fast null. Man hat es also mit einem Austauschphänomen zu tun, bei dem die Geschwindigkeit um so langsamer wird, je mehr man sich dem Gleichgewicht nähert.
Auch hier kann man mit einer Analogie arbeiten, um die Bedeutung dieser Eigenschaft zu verstehen. Nehmen wir zwei Städte, Paris und Orléans, die 100 km entfernt liegen. Stellen wir uns einen exzentrischen Autofahrer vor, der von Paris nach Orléans fahren und dabei seine Geschwindigkeit der verbleibenden Entfernung anpassen will (Abb. 9.11). Am Anfang hat er 100 km zu fahren, und nach seiner Logik fährt er 100 km/h. In 90 km Entfernung von Orléans wird seine Geschwindigkeit 90 km/h betragen, dann in 50 km Entfernung 50 km/h und so weiter.
Mit diesem Vergleich kann man den Vorgang der Lösung des Gases durch die Alveolenwand deutlich machen. Die Geschwindigkeit des Autofahrers nimmt in dem Maße ab, je näher er

seinem Ziel kommt. Seine Höchstgeschwindigkeit hatte er am Ausgangspunkt in Paris.
Wenn man den vorigen Versuch weiterführt, sieht man, daß in einer Entfernung von 10 km vor Orléans seine Geschwindigkeit nur noch 10 km/h beträgt, in 1 km dann 1 km/h und in 1 m entsprechend 1 m/h.... Der Autofahrer wird nie während seines kurzen Lebens in Orléans ankommen. So ist es mit der Gaslösung.
Aufgrund der Verbindung zwischen Geschwindigkeit und Gradient kann man die Gleichung der Stickstoffspannungsveränderung in der Flüssigkeit im Verhältnis zu der Zeit festlegen. Wir führen sie nur zur Information an:

$$T_{N_2} = P_{N_2} - (P_{N_2} - T^°_{N_2})\, e^{-kt}$$

Wenn der Wert k bestimmt ist, kann man die Werte T_{N_2} für verschiedene Zeiten berechnen. Die Werte von T_{N_2} sind auf der unteren Abbildung (Abb. 9.12) im Verhältnis zur Zeit angegeben.
Es ist wichtig, eine Vorstellung der Stickstoffspannungsveränderungen im Verhältnis zur Zeit mit einem einfachen und leicht zu beschaffenden Parameter zu bekommen. Aus diesem Grund wird die vorige Gleichung von der Zeit bestimmt, die notwendig ist, um die Hälfte der Spannungsänderung zwischen dem Ausgangs- und dem Endpunkt zu erreichen. Im jetzigen Fall sucht man die Zeit, die notwendig ist, um von der Anfangsspannung T_N zur Spannung

$$T_{N_2} = T^°_{N_2} + \frac{P^°_{N_2} - T^°_{N_2}}{2} = \frac{P^°_{N_2} + T^°_{N_2}}{2}$$

zu kommen.

Man vereinbart, dieser Zeit den Namen „Periode" zu geben, und wir werden sie mit $t_{1/2}$ notieren. Die Periode ist an die Konstante k mit der Gleichung: $t_{1/2} = \frac{L_{N_2}}{k}$ gebunden.

Mit dieser Gleichung kann man die Stickstoffspannung im Verhältnis zur Zeit in einer Flüssigkeit, die in Kontakt mit einem Gas steht, ausrechnen, wenn man den Wert $t_{1/2}$ zur Verfügung hat. Diese kinetischen Gesetze gelten auch für die Austauschgeschwindigkeit zwischen zwei Geweben; auch die Stickstoffspannung eines Gewebes im Verhältnis zur Zeit kann man ausrechnen. Man hat also ein ausgezeichnetes Mittel zur Verfügung, um den Lösungszustand des Stickstoffs in einer Flüssigkeit in Kontakt mit einem Gas zu beschreiben, aber auch in verschiedenen Flüssigkeiten in Kontakt miteinander. Auf der Grundlage dieser Gleichung basieren fast alle Tabellenmodelle.
Um das Verhalten des fiktiven Tauchers wiederzugeben, stellt man sich vor, daß er aus einer gewissen Anzahl von Flüssigkeiten besteht, die wir „Abteile" nennen und die alle den vorigen Gleichungen entsprechen und verschiedene Perioden haben. Der Tabellentheoretiker kann ihm also, je nach Laune, Notwendigkeit oder Rechnungsmitteln, so viele „Abteile" zuschreiben, wie er möchte. Ihre Anzahl schwankt in den aktuellen Tabellen zwischen zehn und zwanzig. Ein von PADI (Professional Association of Diving Instructors) für die Forschung eingesetztes Modell benutzt mehr als tausend solcher Abteile. In Wirklichkeit ist die Zahl der in der Tabelle verwendeten Gewebe kein Kriterium für die Qualität. Wichtig ist die genaue Kenntnis des Verhaltens der Population. Am Ende dieser kurzen Abhandlung ist zu erkennen, daß die mathematischen Mittel zur Verfügung stehen, ein Modell zu entwerfen, das die Stickstofflösung in einem fiktiven Taucher wiedergeben kann. Das Problem, das sich jetzt stellt, betrifft den Gegenvorgang: Er besteht für das Gas darin, vom Zustand der Lösung zurück in den Gaszustand zu gelangen, wenn der Umgebungsdruck beim Auftauchen abnimmt.

Die Verdampfungsgeschwindigkeit

Nehmen wir an, daß der Taucher auftaucht. Der Umgebungsdruck sowie der Stickstoffteildruck nehmen gleichzeitig ab. Man sieht sich in Wirklichkeit zwei Phänomenen gegenüber, deren

9.12

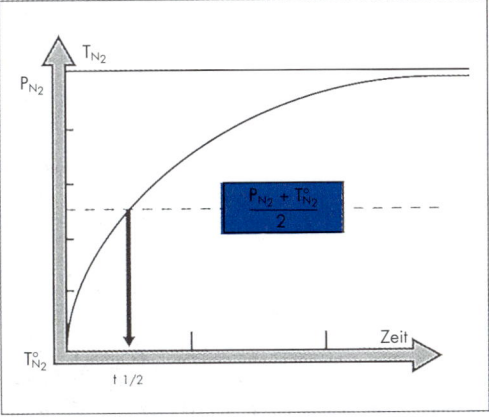

Folgen nicht gleich sind, weshalb es wichtig ist, sie getrennt voneinander zu behandeln.

ABNEHMEN DES STICKSTOFF-TEILDRUCKS IN DER LUNGE BEI KONSTANTEM DRUCK

Wir haben gesehen, daß man den Stickstoffteildruck in der Lunge bei konstantem Gesamtdruck absenken kann, wenn man die relative Stickstoffmenge in der geatmeten Mischung reduziert. Es ist genau das, was passiert, wenn man an der Oberfläche oder bei der Dekostufe Sauerstoff einatmet. Kann dieses Verfahren Stickstoff in den Geweben freisetzen?

Wenn wir das vorige Beispiel wieder verwenden und eine Senkung des Stickstoffteildrucks bei gleichbleibendem Gesamtdruck in der Lunge erzwingen, verursacht man ein chemisches Ungleichgewicht, indem man das Vorzeichen der Gradienten – also des Gasaustausches – umkehrt. Die Moleküle des gelösten Stickstoffs treten in der Lunge vom Blut ins Lungengas über und von den verschiedenen Geweben ins Blut (Abb. 9.13).

9.13

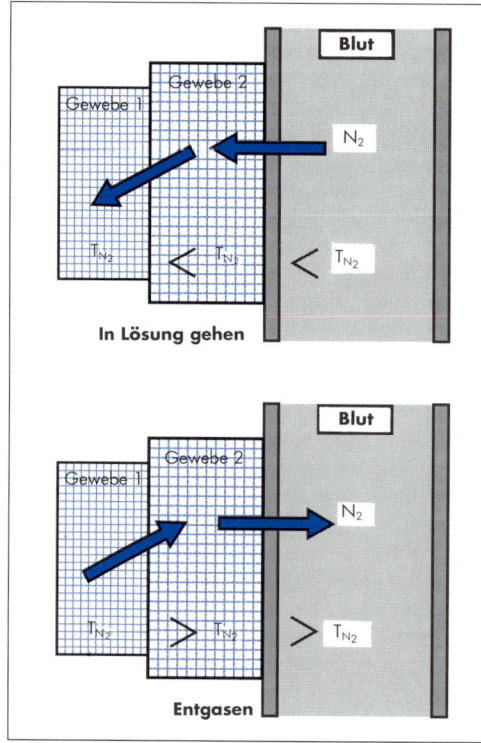

Die Verringerung des Stickstoffteildrucks hatte nun zur Folge, daß die gesamte zur Verfügung stehende Stickstoffmenge reduziert und dadurch eine Bewegung der Gase verursacht wurde, um das Stickstoffdefizit in der Lunge zu beheben. Somit muß das System ein Defizit verwalten.

Es entwickelt sich durch Diffusion, und es gibt keinen Grund für das gelöste Gas, seine Gasform an anderer Stelle wieder anzunehmen als in der Lunge, welche der Sitz des Gas / gelösten Gas-Gleichgewichts ist. Wenn es so passiert, kann man annehmen, daß der Verdampfungsvorgang sich mit denselben mathematischen Gleichungen beschreiben läßt wie die Auflösung. In diesem Fall wird man feststellen, daß das Verdampfungsphänomen symmetrisch zur Auflösung verläuft. Für die Erstellung vieler Tabellen geht man diesen Weg.

ABSINKEN DES GESAMTDRUCKS

In der Realität enspricht der vorige Fall nicht genau dem, was uns beschäftigt. In der Tat wird beim Auftauchen das Sinken des Stickstoffteildrucks durch das Sinken des absoluten Drucks verursacht und nicht durch eine Reduzierung des Stickstoffprozentsatzes im geatmeten Gas. Zum Problem des chemischen Ungleichgewichts kommt also ein physiologisches Ungleichgewicht hinzu. Das Henrysche Gesetz zeigt, daß das gelöste Gas dazu neigt, sich in seinen Gaszustand zurückzuverwandeln, wenn der Gesamtdruck sinkt. Im Gegensatz zum vorigen Fall muß das System dieses Mal einen Gasüberschuß verwalten. Es kann auf zwei extrem verschiedene Arten geschehen:

– Das überflüssige Gas wird durch Diffusion ausgeschieden; das in den Geweben gelöste Gas verwandelt sich in der Lunge in Gas zurück. Dies ist der Idealfall, den man sich wünscht.

– Das überflüssige Gas wird freigesetzt, um auf der Stelle seinen Gleichgewichtszustand wieder zu erlangen. Dies führt zum gefürchteten Entstehen von Blasen im Gewebe.

Dieser Gasüberschuß kann auch eine Mischform annehmen. Die Flüssigkeit hat die Möglichkeit, einen unstabilen Gleichgewichtszustand zu entwickeln, in dem sie übersättigt ist und Mikrobläschen entstehen. Dies ist der Zustand, den man beherrschen will. Die Übersättigung der Flüssigkeit wird durch Diffusion in der Lunge beseitigt, und solange der Durchmesser der Mikrobläschen klein genug ist, werden sie den Blutfluß nicht behindern.

Der Spielraum ist klein
Damit die Dekompression wirksam ist, muß die Geschwindigkeit des Gastransports durch die Alveolenwand relativ groß sein; das bedeutet, daß man hohe Spannungsgradienten braucht. Dies kann nur dadurch erreicht werden, daß hoch genug aufgetaucht wird, damit der Gesamtdruck abnimmt und der Stickstoffteildruck in der Lunge absinkt. Aber dieses Verfahren ist gefährlich, denn man manövriert sich zwangsläufig in eine Situation, in der sich das gelöste Gas in seinen Gaszustand zurückentwickelt. Man muß also aufpassen, daß die Mikrogasbläschen, die sich unvermeidlicherweise bilden, sich nicht in echte Blasen verwandeln. Darin steckt die Schwierigkeit. Will man eine sichere Dekompression, muß man unendlich langsam auftauchen, was in der Realität nicht möglich ist. Um entgasen zu können, muß man sich weit vom Gleichgewichtszustand entfernen, was zwangsläufig zur Bläschenbildung in der Flüssigkeit führt. Je weiter man sich vom Gleichgewichtszustand entfernt, je höher die Übergangsgeschwindigkeit des Gases, um so mehr riskiert man eine unkontrollierbare Entgasung. Diese Grenzspannungen werden in Form von Koeffizienten dargestellt, die je nach Tabellen verschieden sind. Für die nationale Marine in Frankreich drückt sich dieser Grenzwert in Form eines Koeffizienten von Risikoübersättigung (Sc) aus, der von der Tiefe unabhängig ist. Für viele andere Verfahren zeigt er sich in Form eines kritischen Unterschieds, dessen Wert mit der Tiefe variiert. Selbstverständlich ist die Annahme einer Verdampfung, die symmetrisch der Lösung wäre, eine rein mathematische Annahme, die nicht unbedingt die Realität des Verdampfungsphänomens beschreibt. In Wirklichkeit ist es klar, daß das Vorhandensein von Blasen in einer Flüssigkeit das Diffusionssystem erheblich stört, und es gibt keinen physiologischen Grund für die Behauptung, die Verdampfung folge demselben Gesetz und den selben Parametern wie die Lösung. Einige Modelle benutzen deshalb asymmetrische Gesetze.

Der Dekompressionsunfall und seine Folgen
Stellen wir uns vor, daß sich eine Blase bildet und mitten in der Flüssigkeit größer wird (Abb. 9.14). Diese Entwicklung entspricht einer Rückkehr der Flüssigkeit zum Gleichgewichtszustand. Die Flüssigkeit entsättigt sich, um dem Henryschen Gesetz zu entsprechen, der Stickstoffteildruck der Blase paßt sich grob dem Umgebungsdruck an. Dies hat die Folge:
– daß die umgebenden Gewebe, die noch in einem Zustand der Übersättigung sind, dazu neigen, dieses Gewebe mit Stickstoff zu versorgen und die Blase noch größer zu machen;
– daß das Gewebe, da es im Gleichgewicht ist, keinen Grund mehr hat, sich durch Diffusion zu entsättigen. Das bedeutet, daß die Blase, die sich gebildet hat, keine Möglichkeit hat, spontan ihr Volumen zu reduzieren. Um dieses System in Bewegung zu bringen, ist es notwendig den Stickstoffteildruck im geatmeten Gas zu senken, um sich wiederum in einen Zustand des Ungleichgewichts zu bringen sowie den Gesamtdruck zu erhöhen, damit der Stickstoff in der Blase so weit wie möglich aufgelöst wird (Gesetz von Henry). Deshalb wird bei einem Dekompressionsunfall empfohlen, den Taucher sofort Sauerstoff atmen zu lassen und ihn so schnell wie möglich wieder zu komprimieren. Bei einem Taucher, der einen Dekompressionsunfall hat, sind einige Gewebe wieder im Gleichgewicht. Dies erklärt zudem die Tatsache, daß, sobald ein Dekompressionsunfall stattfindet, die in den Tabellen beschriebenen Austauchverfahren keinen Sinn mehr haben, denn das Verhalten eines verunglückten Tauchers ist nicht normal und paßt nicht mehr in das typische Verhalten der allgemeinen Taucherpopulation. Diese Bemerkung ist wichtig, denn es kann sein, daß die Folgen einer Entgasung sich nicht sogleich nach einem Tauchgang bemerkbar machen, sondern erst mit Verspätung auftreten – bei einem späteren Tauchgang, dem zweiten des Tages beispielsweise.

Die Parameter der Tabelle

In der Mehrheit der Tabellen wird man versuchen, das Verhalten der ausgewählten Population durch ein mathematisches Modell zu beschreiben, das auf folgendem basiert:
– der Auftauchgeschwindigkeit: Dieser Parameter wird für die Definition des Verhaltens der Population verwendet;
– einer gewissen Zahl von Flüssigkeiten, die dem Henryschen Gesetz gehorchen und deren Gaslösung einem exponentiellen Gesetz folgt, wie wir es beschrieben haben;
– einem Verdampfungsgesetz, das symmetrisch zum vorhergehenden sein kann;

– Grenzspannungswerten für die verschiedenen Flüssigkeiten, die man – will man die Entgasung vermeiden – nicht überschreiten darf. Diese Grenzwerte sind der Ursprung der Dekostufen.

Alle diese Parameter und die Art, wie sie zusammengehören, ermöglichen es, den Berechnungsalgorithmus der Tabellen festzulegen. Der Algorithmus ist richtig, wenn er es erlaubt, zunächst das Verhalten der für die Versuche ausgewählten Population wiederzugeben und wenn er ihr Verhalten ausreichend voraussagt für Zeiten und Tiefen, die noch nicht getestet wurden. Nur durch praktische Anwendung kann man die Zuverlässigkeit der Tabellen beurteilen.

Was die Art und Weise angeht, wie die Tabellen aufgestellt werden, so muß zusammenfassend daran erinnert werden, daß diese das allgemeine Verhalten einer bestimmten Population in mathematischer Form wiedergeben. Das Modell ist an sich nicht wichtig – weder für den Taucher noch für den Tauchlehrer. Eine Tauchtabelle ist vor allem experimentiell. Es ist wahr, daß irgend jemand aufgrund eines Modelles Austauchtabellen berechnen kann – aber für wen werden sie gültig sein? Welches Verhalten welcher Population wird sich den mathematischen Vorstellungen des Autors anpassen? Man darf in dieser Sache das Ziel nicht verwechseln: Es ist die Mathematik, die der Erfahrung dient und nicht umgekehrt. Hier also ein Rat an alle Taucher: Wenn Sie eine Tabelle ausgewählt haben, folgen Sie Ihr genau, ohne die geringste Änderung vorzunehmen. Wir werden uns jetzt mit den meist benutzten Austauchmethoden befassen.

Es bleibt hier noch zu ergänzen, daß heute moderne Computerprogramme und leistungsstarke Rechner eine viel umfassendere Datenmenge in allen Fällen zur Risikoberücksichtigung und -begrenzung bearbeiten können, als dies noch vor wenigen Jahren möglich war.

Zusätzliche Entwicklungen bei allen Kreislaufgeräten und angewandten Gasgemischen erzwingen integrierte Lösungen von Austauschtabellen, die jederzeit einen Wechsel von einem zum anderen Gerätetyp ermöglichen.

Auch fortschreitende medizinische Erkenntnisse werden ihren Niederschlag in den immer breiter entwickelten Tauchtabellen finden. Deshalb verlieren die in diesem Buch abgebildeten Tabellen jedoch nicht ihre Gültigkeit, sondern sie werden im obigen Sinne fortgeschrieben.

9.14

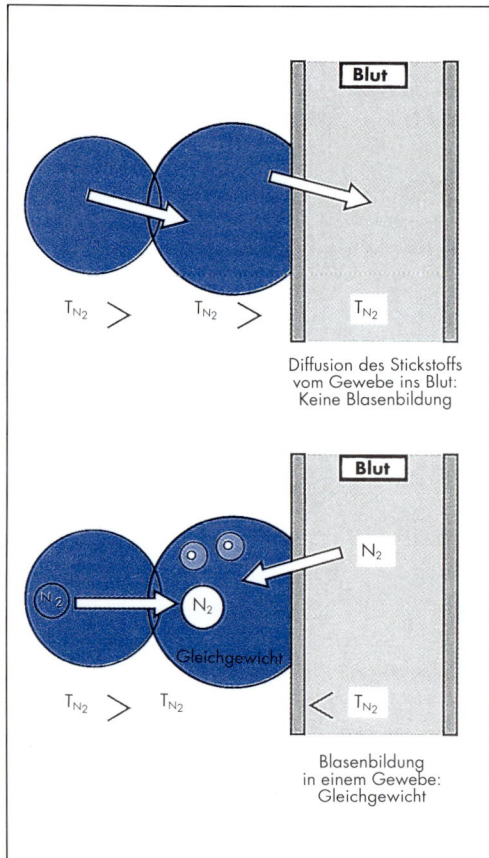

Diffusion des Stickstoffs vom Gewebe ins Blut: Keine Blasenbildung

Blasenbildung in einem Gewebe: Gleichgewicht

Dekompressionstabellen

WELCHE TABELLEN STEHEN HEUTE ZUR VERFÜGUNG?

In professionellen Organisationen, die Teilnehmer verschiedener Herkunft aufnehmen, ist es nicht selten, daß innerhalb einer Gruppe Taucher mit vier oder fünf verschiedenen Austauchtabellen zusammentreffen.

Zu Beginn wollen wir die allererste Tauchtabelle vorstellen, die wir J.-S. Haldanne verdanken. Nach den Arbeiten von Bert, Heller, Mager und Schrotter hatte man Anfang des Jahrhunderts relativ sichere Methoden zur Verfügung, um die Helmtaucher wieder hochzuholen. Ihr Hauptnachteil waren jedoch die sehr langen Austauchzeiten, die die Effizienz der Arbeiten unter Wasser beeinträchtigten. Dies war besonders bei der militärischen Anwendung hinderlich.

Die Royal Navy gab bei Haldanne eine Untersuchung über die Dekompression von Tauchern in Auftrag, mit dem Ziel, eine Dekompressionstabelle zu erstellen, die leicht anwendbar und sicher war, zugleich aber vernünftige Austauchzeiten brachte. Haldanne und seine Mitarbeiter Boycott und Damant veröffentlichten 1908 eine Arbeit über „das Vorbeugen der Dekompressionskrankheit".

Sie schlugen Tabellen für Druckluft atmende Taucher bis maximal 61 Meter Tiefe vor, basierend auf dem bereits erwähnten Diffusionsmodell. Getestet wurde dessen Zuverlässigkeit an Ratten, Mäusen, Kaninchen und 85 Ziegen beiderlei Geschlechts von 10 bis 30 kg. Die Versuchsintervalle der Ziegentests, die auf den Menschen übertragen wurden betrugen 5, 10, 20, 40 und 75 Minuten. Man wird diese Intervalle später in vielen Tabellen wiederfinden. Der Hauptbeitrag Haldannes bleibt jedoch die Prägung des Begriffes der Dekompressionsstufen. Früher erfolgte das Austauchen extrem langsam und gleichmäßig, ein Verfahren, bei dem sich die bisher noch nicht gesättigten Gewebe weiter mit Stickstoff anreicherten, ohne jedoch eine anachistische Entgasung zu verursachen. Um dieses Problem zu umgehen und trotzdem das Verfahren zu beschleunigen, schlug Haldanne vor, bis in die Tiefe aufzusteigen, die der Hälfte des maximal erreichten Drucks entsprach, um einen hohen Spannungsgradienten zu bewirken. Dadurch wird der Stickstoff leichter ausgeschieden, ohne Blasen zu verursachen. Somit war die Tiefe der ersten Dekostufe festgelegt. Die weitere Dekompression verlief so, daß die Stickstoffsättigung in jedem Körperteil niedriger als der doppelte Umgebungsdruck blieb. Nachdem die erste Tabelle erstellt war, wurde sie von A.Y. Catto und Leutnant Damant bei Unterwasserarbeiten getestet.

Im folgenden wollen wir einige gängige Tabellen vorstellen, ohne jedoch zu sehr ins Detail zu gehen. Lediglich die in Deutschland gültige Tabelle DECO '92 soll genauer beschrieben werden.

DECO '92

Die in Deutschland derzeit gültigen Tabellen DECO '92 (Tabelle 9.1) wurden von Dr. Max Hahn aufgrund einer Risikoanalyse der früher verwendeten Bühlmann-Hahn-Tabellen neu berechnet. Trotz der Integration neuester Ergebnisse der Dekompressionsforschung beinhaltet diese – wie jede andere Tabelle – ein gewisses Restrisiko, da es ein für alle Menschen gültiges Berechnungsmodell nicht geben kann. Da die Dekompression auch vom Außendruck abhängt, unterscheidet man zwischen

– Dekompressionstabellen für Meere und Gewässer bis 700 m über NN
– Dekompressionstabellen für Gewässer über 700 m bis 1500 m über NN (Bergseetabelle).

Die Bergseetabelle wird auch bei Tauchgängen erforderlich, die zwar im Meer erfolgen, wo anschließend aber beispielsweise bei der Heimreise ein Paß überquert werden muß.

Bevor das Arbeiten mit der Tabelle erklärt wird, seien die wichtigsten Begriffe definiert.
– **Abtauchzeit:** die Uhrzeit, zu der mit dem Abtauchen begonnen wird (Einstellung des Zeitrings der Uhr; Computer starten automatisch bei ca. 1 m Tiefe).
– **Abtauchgeschwindigkeit:** Sie wird mit ca. 30 m/min angenommen bzw. so schnell es der Druckausgleich zuläßt.
– **Tiefe:** Die maximale Tiefe, die während eines Tauchgangs – wenn auch nur kurz – erreicht wird.
– **Grundzeit:** Es ist die Zeit vom Beginn des Abtauchvorgangs bis zu dem Moment, an dem mit dem Auftauchen begonnen wird. Die Auftauchgeschwindigkeit muß dabei etwa 10 m/min betragen; wird langsamer aufgetaucht, muß die ganze Auftauchzeit bis zur ersten Dekostufe mit zur Grundzeit dazu gerechnet werden.

- **Auftauchgeschwindigkeit:** Sie beträgt im Mittel etwa 10 m/min. Aus größerer Tiefe kann bis ca. 20 m Tiefe schneller aufgetaucht werden (neuere Computer rechnen mit 20 m/min), im 10-m-Bereich sollte die Geschwindigkeit niedriger sein (etwa 6 m/min).
- **Nullzeit:** ist die Zeit, die ein Taucher auf einer bestimmten Tiefe bleiben kann, ohne Dekopausen beim Auftauchen einlegen zu müssen. Sie hängt ab von der Tiefe, Höhenlage des Gewässers, körperlicher Anstrengung und eventuell vorausgegangenen Tauchgängen.
- **Sicherheitsstop:** Es sollte generell ein Sicherheitsstop von drei Minuten auf drei Metern eingelegt werden (auch bei nicht dekopflichtigen Tauchgängen).
- **Dekompressionspausen:** Pausen beim Aufstieg, die auf 3, 6, oder 9 m eingelegt werden müssen, wenn die Nullzeit überschritten wurde.
- **Auftauchzeit:** die Uhrzeit, zu der die Oberfläche wieder erreicht wird.
- **Wiederholungsgruppen:** Der Buchstabe der Gruppe beinhaltet die Angabe über die Höhe der Übersättigung der Körpergewebe mit Stickstoff am Ende des Tauchgangs und beeinflußt die Dauer weiterer Tauchgänge bzw. die Wartezeit bis zu einem Flug.
- **Tauchzeit:** Gesamtdauer eines Tauchgangs.
- **Oberflächenpause:** die Zeit zwischen zwei Tauchgängen innerhalb von 24 Stunden. Ist die Oberflächenpause kürzer als in der Tabelle angegeben, wird ein Folgetauchgang zum vorherigen dazugezählt, als hätte keine Pause stattgefunden.
- **Wiederholungstauchgang:** ein Tauchgang, bei dem nach Tabelle ein Zeitzuschlag zur Grundzeit erforderlich ist. Werden mehrere Wiederholungstauchgänge hintereinander nach Tabelle gemacht, summiert sich die Restsättigung, und das Risiko eines Dekounfalls steigt.
- **Zeitzuschlag:** Zeitspannen, die in Abhängigkeit von der Wiederholungsgruppe und der Dauer der Oberflächenpause zur Grundzeit dazugerechnet werden müssen.
- **Austauchzeit:** Zeit des gesamten Aufstiegs inklusive Dekopausen.
- **Bergseetabelle:** Tabelle für Tauchgänge in Gewässern über 700 m Höhe (gilt auch, wenn nach dem Tauchgang eine größere Höhe aufgesucht wird, z. B. Paßüberquerung). Bei Tauchgängen in Höhen über 1500 m ü. NN sollten die entsprechenden Tabellen von Bühlmann verwendet werden.

In der ersten Spalte der nach Tiefen geordneten Tabelle sind die Tauchtiefen von 9 bis 63 m angegeben (3-m-Intervalle). Die jeweilige Tiefe gilt auch dann, wenn sie nur kurz aufgesucht wird. Ist die wahre Tauchtiefe nicht in der Tabelle enthalten, wird zur Sicherheit unter der nächst höheren Tiefenangabe abgelesen. Unmittelbar unter der Tiefenangabe ist die zugehörige Nullzeit vermerkt.

Spalte zwei enthält verschiedene Grundzeiten. Auch hier gilt: nächsthöhere Angabe wählen, wenn die wahre Grundzeit nicht in der Spalte vorhanden ist.

Bei kurzzeitig erhöhter Belastung während des Tauchgangs wird ebenfalls in der nächsthöheren Zeile abgelesen, bei dauerhafter Belastung muß die Grundzeit gar mit dem Faktor 1,5 multipliziert werden.

In den folgenden Spalten sind die erforderlichen Dekopausen dargestellt, die bei der jeweiligen Tiefe und der entsprechenden Grundzeit eingehalten werden müssen. Alle Zeiten innerhalb einer Grundzeitspalte müssen dabei addiert werden!

Die letzte Spalte schließlich enthält die sog. Wiederholungsgruppen, die ein Maß für die Übersättigung der Gewebe am Ende des Tauchgangs darstellen.

Diese Wiederholungsgruppen „G" bis „B" finden sich in der „Tabelle für Oberflächenpausen und Wiederholungstauchgänge" wieder.

zu Tabelle 9.1

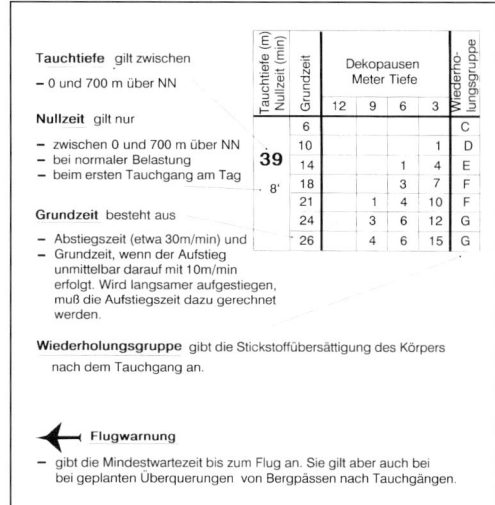

Tabelle 9.1
Austauchtabelle DECO '92 für 0-700 m ü. NN. Mit freundlicher Genehmigung des VDST e.V.

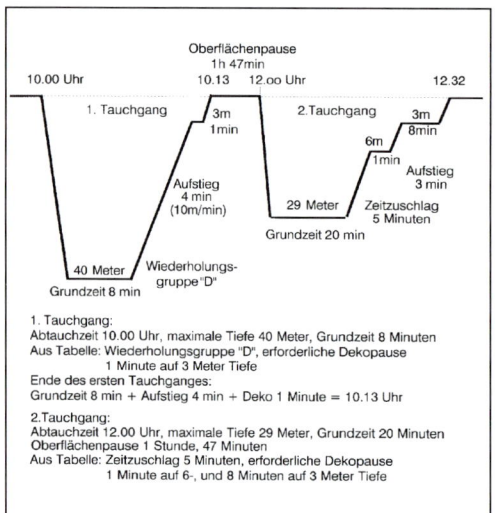

9.15 *Beispiel eines Tauchgangs mit Wiederholungstauchgang, berechnet nach der Austauchtabelle DECO '92.*

Dort sind in den Spalten nach rechts die jeweiligen Oberflächenintervalle aufgeführt, aus denen die tatsächliche Dauer der Oberflächenpause herausgesucht werden muß. Bei einer Pause von 45 Minuten beispielsweise wird der zwischen .30 und 1.00 gelegene Pfeil nach unten verfolgt. Dieser Pfeil weist die Spalte des Zeitzuschlags, der nun für die geplante Tiefe des Wiederholungstauchgangs herausgesucht werden kann. Ist die geplante Tiefe nicht in der Tabelle enthalten, wird in der Zeile der nächst geringeren (!) Tiefe abgelesen, da sich so zur Sicherheit ein längerer Zeitzuschlag ergibt.

Der Zeitzuschlag wird zur Ermittlung der Dekopausen der Grundzeit des Wiederholungstauchganges zugerechnet, da bereits zu Beginn des Tauchgangs das Gewebe noch mit Stickstoff gesättigt ist, als wäre man bereits die zugeschlagene Zeit auf der maximalen Tiefe.

Bei einer Oberflächenpause unter 15 Minuten zählt der Tauchgang voll zum ersten Tauchgang hinzu, als wäre dieser nicht unterbrochen worden.

Weiterhin ist in der, durch ein Flugzeug gekennzeichneten Spalte die erforderliche Wartezeit zu einem Flug entsprechend der Wiederholungsgruppen (und damit der Stickstoffrestsättigung) angegeben.

Abbildung 9.15 veranschaulicht die Tabellenbenutzung anhand eines Beispiels.

Die Tabellen der französischen Marine 1990

Sie sind die Nachfolge der Tabellen der GERS 1965 und wurden 1990 entwickelt, nachdem sich gezeigt hatte, daß die bis dahin verwendeten Tabellen in bestimmten Tiefen und Zeiträumen statistisch gesehen zu vermehrten Dekompressionsunfällen führten. Die Tabellen wurden entsprechend der Aufgabenstellung und Anforderung an Marinetaucher entwickelt. Auch setzen sie einen dem Militär entsprechenden physischen Trainingszustand und technischen Ausbildungsstand voraus, sind somit nicht für ein breites Publikum von Freizeittauchern gedacht. Die Koeffizienten von kritischer Übersättigung werden unabhängig von der Tiefe angenommen, was für die Tabelle der französischen Marine bezeichnend ist. Die Austauchgeschwindigkeit ist mit 17 m/min schnell, die maximal gestattete Tiefe 65 Meter.

Wir haben unten (Tabelle 9.2) die Sicherheitskurve bis 40 Meter aufgetragen.

Trotz vieler Bemühungen, eine einfache Darstellung zu finden (kreisförmige Tabelle, Register, um das Lesen zu erleichtern), bleibt die Benutzung dieser Tabelle schwierig, was zu Lese-, Rechen- und Auslegungsfehlern bei

Tabelle 9.2 *Sicherheitskurve (bis 40 m) der Tabellen der französischen Marine 1990.*

Tiefe in Metern	12	15	18	20	22	25	28	30	35	38	40
Dauer in Minuten	135	75	50	40	35	20	15	10	10	5	5

ihrer Anwendung führen kann. Diese Tabellen werden in vielen französischen Tauchgeschäften angeboten.

Die Tabellen des französischen Arbeitsministeriums 1992

Sie sind zur Zeit in Frankreich die neuesten. Datiert vom 15. Mai 1992 wurden sie am 26. Juni im *Journal officiel* (vergleichbar dem Bundesgesetzblatt) veröffentlicht.
Dies sind die offiziellen Tabellen, die alle angestellten Arbeiter, die in einer hyperbaren Atmosphäre arbeiten, nach der Arbeitsschutzverordnung Nr. 90-277 vom 28. März 1990 einhalten müssen. Sie wurden von der industriellen Tauchgesellschaft Comex entwickelt.
Diese Tabellen gelten für alle Berufstaucher, Tauchlehrer, angestellte Gruppenleiter, also auch deren Schüler, die mit ihnen tauchen. Sie betreffen folglich den größten Teil der französischen Tauchwelt.
Sie ersetzen die 1974 vom Arbeitsministerium für seine Gerätetaucher vorgeschriebenen Verfahren, nachdem diese an Unterwasserarbeitsplätzen getestet und jeder Tauchgang Gegenstand eines Berichts geworden war. Innerhalb einiger Jahre war so eine sehr umfangreiche Datenbank über die reellen Risiken zusammengetragen worden, die Gerätetaucher bei ihren Aktivitäten eingingen. Sie umfaßte fast alle Tiefen zwischen 0 und 60 Metern und eine sehr breit gefächerte Beschäftigungsdauer. Als man die mehr als 65 000 Berichte analysierte, stellte man fest, daß bestimmte Dauer- und Tiefenzonen sich als gefährlicher herausstellten, besonders bei längerer Aufenthaltsdauer.
Das Arbeitsministerium, das diesen Prozeß verfolgte, beauftragte die Comex, Tauchtabellen zu entwickeln, die auf eine Gruppe von Tauchern mit sehr verschiedenen Aktivitäten zutreffen würden, beispielsweise für alle Berufszweige, die ihrer Arbeit zum Teil in Druckluftatmosphäre nachgehen: Ozeanographen, Archäologen, Biologen, Fotografen, Kameraleute, Feuerwehrmänner usw. und selbstverständlich auch Tauchlehrer und Gruppenleiter.
Die angebotenen Tauchtabellen sprechen also ein sehr breites Publikum an, das sich in vielen Punkten mit dem Freizeittauchertyp deckt. Dabei wird man feststellen, daß die vorgeschlagenen Verfahren den Bühlmanntabellen sehr ähneln, welche für das Freizeittauchen typisch sind.

Die Tabellen sind auf 60 Meter begrenzt, die Austauchgeschwindigkeit muß zwischen 9 und 15 m/min liegen, und unter strengen Bedingungen lassen sie in Ausnahmefällen einen dritten Tauchgang zu. Die Benutzung der Tabellen ist relativ einfach, sie erfordern nur einfache Berechnungen und minimieren damit das Fehldeutungsrisiko. Ihre Benutzung ist auch für Bergseen möglich. Die Sicherheitskurve ist weiter unten angeführt (Tabelle 9.3)

Das Schweizer Verfahren: die Bühlmann-Tabellen

Es sind hauptsächlich Tabellen, die für eine breite Schicht der Freizeit- und Sporttaucher erstellt wurden.
1976 veröffentlichte Professor Bühlmann in der Schweiz als Ergebnis zahlreicher theoretischer und praktischer Arbeiten eine Tauchtabelle für Luftatmung (ZH-76), die das Tauchen bis in eine Höhe von 3 000 Meter gestatten sollte. Diese wurden in einer Überarbeitung, die den Ergebnissen neuerer Forschungen Rechnung trug, 1986 offiziell von der *Fédération suisse de sports subaquatiques* übernommen (ZH-L12).
Die Bühlmann-Tabellen sind Grundlage des Berechnungsverfahrens vieler Tauchcomputer. Die Berechnungen von Professor Bühlmann basieren auf einem symmetrischen Diffusionsmodell, mit veränderlichen Parametern, um einer breiten Schicht von Tauchern gerecht zu werden.
– Die Berechnung des Stickstoffteildrucks in der Lunge berücksichtigt das Vorhandensein von Wasserdampf.
– Das Modell berücksichtigt 16 Gewebetypen.
– Die Koeffizienten der kritischen Sättigung ändern sich mit dem Sättigungszustand der Gewebe.
– Die Austauchgeschwindigkeit liegt bei 10 m/min.
– Die Ungenauigkeit der Meßparameter, die beim Tauchen benutzt werden, wird berücksichtigt. Alle Tiefen wurden um einen Meter und weiterhin um 3 % heraufgesetzt.
Diese Tabellen galten als streng, weil sie langsame Austauchverfahren mit recht langen Dekostufen vorschreiben, um die Sicherheit zu erhöhen. Während beispielsweise die GERS-Tabellen von 1986 einen 30minütigen Tauchgang in 30 m Tiefe ohne Dekostufen erlaubten, schreiben die Bühlmann-Tabellen eine 3-

minütige Pause bei 6 m und 13 Minuten Stop bei 3 m vor. Wir haben unten (Tabelle 9.4) die Sicherheitskurve angegeben.

Trotz all dieser Vorsichtsmaßnahmen ist das Unfallrisiko nicht vollkommen ausgeschlossen. Prof. Bühlmann erwähnt in seiner Studie, daß bei Druckkammerversuchen mit 493 Tauchern 14mal Symptome einer ungenügenden Dekompression in Haut, Gelenken und Muskeln auftraten.

Nach 254 Tauchgängen in Bergseen auf 2 500 m ü. NN wurden jedoch keine Symptome festgestellt.

In Form einer blauen Plastikkarte ist die Tabelle praktisch zu handhaben, das Risiko eines Lesefehlers gering. Auf einer Seite befinden sich die Tabellen zur Tauchgangsberechnung, auf der anderen die Berechungselemente der Zuschläge, basierend auf der klassischen Methode der Buchstabengruppen.

Die Tabellen sind gültig bis 57 m Tiefe und können nach einer Untersuchung von Bühlmann über Wiederholungstauchgänge für bis zu drei Tauchgängen pro Tag benutzt werden.

Die PADI-Tabellen – Recreational Dive Planer (RDP)

Die Berechnung dieser Tabellen erfolgte auf der Grundlage eines Modells der US-Navy. Das Grundmodell ist klassisch und basiert auf einem symmetrischen Diffusionsmodell mit 14 Gewebstypen. Die Werte der veränderlichen Parameter, sowie die Zeitintervalle und kritischen Übersättigungskoeffizienten wurden experimentell bei 743 Kompressionen ermittelt. Die ursprünglich für die Benutzung im Meer entwickelten Tabellen wurden angepaßt, um sie bis zu einer Höhenlage von 3 000 m ü. NN verwenden zu können.

Die RDP-Tabelle ist auf 39 m begrenzt und die Austauchgeschwindigkeit mit 18 m/min sehr schnell. Wie bei den US-Navy-Tabellen werden die Zuschläge für Wiederholungstauchgänge mit Hilfe von Buchstabengruppen durchgeführt. Wie die Bühlmann-Tabellen werden sie als streng betrachtet, jedoch ist die Grundüberlegung, mit der die Tabelle entwickelt wurde, eine andere als bei den bisher beschriebenen.

Bei der Entwicklung der Tabelle war nicht Ziel, eine breite Palette von Tiefen und Tauchzeiten abzudecken. Die Leitidee war vielmehr, daß Tauchen mit einem Minimum an Risiken praktiziert werden muß, wenn es sich als Freizeitaktivität entwickeln soll. PADI gab bei spezialisierten Wissenschaftlern die Entwicklung einer Tabelle in Auftrag, die größte Sicherheit für den Taucher gewährleistet aber trotzdem kommerziellen Interessen gerecht wird.

Die Entwicklung der Tabellen verlief unter folgenden Hauptbedingungen:

– *Der Tauchgang muß unbedingt ohne Dekopflicht stattfinden.* Da ein Tauchgang, der auch nur eine kurze Dekopause erfordert, ein bestimmtes Risiko bedeutet, vereinfacht dieser Punkt das Problem der Tauchtabellen erheblich. Das Ziel ist nicht mehr die Festlegung einer Sicherheitskurve, die nicht überschritten werden darf.

– *Die Austauchgeschwindigkeit muß leicht einzuhalten sein.* Auch wenn viele Spezialisten sich einig sind, daß eine Austauchgeschwindigkeit von 10 m/min empfehlenswert ist, kann diese nur eingehalten werden, wenn an einer Ankerkette aufgetaucht wird. PADI entschied sich für die schnellere Austauchgeschwindigkeit der US Navy.

– *Die maximale Tauchtiefe beträgt 39 m.* Auch hierdurch werden Unfallrisiken minimiert.

– *Die Tabelle muß Wiederholungstauchgänge ermöglichen*, insbesondere mehr als 2 pro Tag, was sicherlich den kommerziellen Interessen der Tauchlehrer entgegenkommt.

Tabelle 9.3 *Sicherheitskurve der Tabellen des französichen Arbeitsministeriums 1992.*

Tiefe in Metern	12	15	18	24	27	30	33	36	39
Dauer in Minuten	165	80	50	25	20	15	12	10	8

Die Sicherheitskurve wird unten angegeben (Tabelle 9.5). Was die ehrgeizigen Dekompressionsverfahren betrifft, muß man zugeben, daß PADI Mut bewiesen und es geschafft hat, sehr beruhigende Tauchbedingungen für seine Lehrer und Schüler zu schaffen. Im Vergleich zu den jetzigen Gepflogenheiten werden wir ernsthaft in Betracht ziehen müssen, Dauer und Tiefe unserer Aktivitäten zu reduzieren.

Die RDP-Tabelle wird in verschiedenen Formen angeboten.
- Eine Unterwasserrechenscheibe erlaubt einerseits die Verfahren für einzelne Tauchgänge und andererseits die Wiederholungstauchgänge zu berechnen.
- Eine sehr ausgeklügelte Montage in Form von runden Scheiben ermöglicht es, Tauchverfahren zu bestimmen und einen Tauchgang auf verschiedenen Ebenen zu organisieren. Dadurch kann die Tauchzeit beträchtlich verlängert werden, wenn ein schneller Abstieg stattgefunden hat.

Für Personen, die mit diesen Tabellen tauchen wollen, ist es unbedingt notwendig, ihre Benutzung bei einem Tauchlehrer zu erlernen.

Die Tauchcomputer

Die Tauchcomputer sind vor einigen Jahren auf den von starkem Mißtrauen geprägten Markt gekommen. So wie sich die Tauchcomputer jedoch bis heute entwickelt haben, werden sie von vielen Lehrern und Tauchern als ein Hauptelement der Tauchsicherheit betrachtet. In einigen Jahren werden sie unsere guten, alten Tabellen ersetzen. Ihre Anwendung verlangt dennoch einige Vorsichtsmaßnahmen und erfordert, sich ihrer Grenzen genau bewußt zu sein. Was ist ein Computer? Es ist eine Gerät, das eine gewisse Zahl von Berechnungen aufgrund der Datenpaare Dauer / Tiefe nach einem Algorithmus durchführt, der zur Aufstellung der Tauchtabelle benutzt wurde. Er wird niemals ein Meßinstrument des wirklichen Sättigungszustands des Tauchers sein. Man kann in diesem Punkt zweierlei bemerken: Wenn die zugrunde liegende Tabelle nicht zuverlässig ist, wird auch der Computer keine guten Angaben machen. Der Computer gibt nur in den von der Tabelle selbst vorgeschriebenen Grenzen brauchbare Angaben. So sind die meisten Tabellen für zwei Tauchgänge pro Tag berechnet. Die Tatsache, daß der Computer für jeden weiteren Tauchgang neue Austauchverfahren errechnet, hat nichts zu bedeuten. Seine Angaben sind nach dem zweiten Tauchgang (höchstens drei nach den Bühlmann-Tabellen – aber mit großem Risiko) nicht mehr zu gebrauchen. Ebenso sind die meisten Tabellen so berechnet, daß die maximale Tiefe am Anfang des Tauchgangs erreicht wird. Sie sind im allgemeinen nicht für Auf-und-Ab-Tauchgänge (yoyo) geplant, bei denen der Taucher immer wieder herauf- und hinuntertaucht.

Was ist von den heutigen Computern zu halten?

Auf technischer Ebene
Die Ungenauigkeiten, die man in den letzten Jahren feststellen konnte, werden je nach Hersteller mehr oder weniger schnell behoben: Mängel an Genauigkeit bei der Anzeige der Tauchdauer (oft bis zu einer Minute), unleserliche Angaben insbesondere bei Dunkelheit – und vor allem knappe, unvollständige Gebrauchsanweisungen, die vor den Einschränkungen des Apparates nicht warnen. Die zuletzt im Handel erschienenen Geräte sind besonders zuverlässig; dennoch nehmen viele Taucher eine Uhr und einen Tiefenmesser zusätzlich mit – man kann nie wissen.

Tabelle 9.4 *Sicherheitskurve der Bühlmann-Tabellen.*

Tiefe in Metern	12	15	18	21	24	27	30	33	36	39
Dauer in Minuten	125	75	51	35	25	20	17	14	12	10

Auf theoretischer Ebene
In Wirklichkeit liegt das Hauptproblem darin, wie die Angaben in den meisten Computern verarbeitet werden.
Die Wertepaare Dauer / Tiefe werden während des Tauchens ständig ermittelt und in den Rechner eingespeichert. Das bedeutet, daß der Computer das Wertepaar, das ihm von seinem Druckmesser und seiner inneren Uhr übermittelt wird, mit Hilfe des ursprünglich festgelegten und für Tauchgänge von rechteckigem Typus (das heißt, die zu berücksichtigende Tiefe ist die maximal erreichte Tiefe) gültigen Algorithmus ständig verarbeitet. Der Rechner zieht das genaue Tauchprofil in Betracht. Dies hat zur Folge, daß die Austauchverfahren meist sehr verkürzt werden im Vergleich zu denen, die man mit der Tabelle direkt berechnen könnte (Abb. 9.16). Wir haben aber während der gesamten Analyse gesehen, daß die Erstellung von Austauchverfahren bei weitem keine exakte Wissenschaft ist. Verschiebt man die Grenzen der Anwendung eines theoretischen Modells, so führt das zwangsläufig zu einem höheren Risiko. Es ist nicht zu leugnen, daß man ein größeres Risiko in Kauf nimmt, zieht man die Angaben des Tauchcomputers denen der Tabelle, auf die sich der Rechenalgorithmus stützt, vor.

Bedeutet die Benutzung der Computer eine Gefahr?

Diese Frage ist nicht leicht zu beantworten. Es ist, als frage man nach der Gefahr, eine Gabel zu benutzen. Es kommt darauf an, ob der Benutzer damit umzugehen weiß. Bei Unachtsamkeit kann man sich auch mit der Gabel ein Auge ausstechen.
Die Benutzung des Computers erfordert das Bewußtsein um die eigenen Grenzen, um das Maß an Risiko, das man bereit ist einzugehen, sowie um die Grenzen des Computers selbst.
Bei Tauchern, die sich in guter körperlicher Verfassung befinden und ihren Sport unter guten Bedingungen und ohne übertriebene Müdigkeit ausüben, so daß man sagen kann, sie erfüllen die Kriterien der Testpopulation, die zur Erstellung der Tabelle herangezogen wurde, erscheint der Computer als ausgezeichnete Lösung, Austauchparameter festzulegen.
Es bedeutet aber auch, bei veränderten Bedingungen (Kälte, Müdigkeit, Strömung etc.) die Angaben des Computers mit Vorsicht zu genießen und Tabellen mit heranzuziehen.
Für den Tauchlehrer ist der Computer eine wertvolle Hilfe geworden, da er die Tauchgangsdaten speichert, auf die der Lehrer sich im Notfall stützen kann.
Der Tauchcomputer ist offensichtlich ein Hauptelement der Tauchausrüstung geworden, doch seine Benutzung bleibt heikel und setzt voraus, daß der Benutzer sich der Grenzen des Geräts bewußt ist.
Also nochmal: aufpassen mit dem Computer. Er kann unter keinen Umständen Auskunft über die Stickstoffsättigung eines fiktiven Tauchers geben, der einer Population angehört, die unter bestimmten Bedingungen taucht.

ZUSAMMENFASSUNG

Wie wir gesehen haben, gehören die Dekompressionsverfahren, die in den Tabellen angeboten werden, nicht zu den exakten Wissenschaften. Man kann also nicht verlangen, daß sie absolut zuverlässig sind und die Sicherheit eines Tauchers hundertprozentig garantieren.
Dies im Hinterkopf, sollte sich der Taucher einige Gedanken machen, wenn er seinen Tauchgang plant. Man darf nicht vergessen, daß ein Tauchgang geplant werden soll und nicht dem

Tabelle 9.5 *Sicherheitskurve der PADI-Tabellen*

Tiefe in Metern	10,5	12	15	18	21	24	27	30	33	36	39
Dauer in Minuten	190	130	80	55	40	30	25	20	15	12	10

Dekompressionstabellen

Zufall, dem Glück, der Tiefe, der Strömung oder der Laune des Gruppenleiters überlassen werden sollte.

- *Der erste Punkt*, zu dem man immer wieder zurückkehren sollte, ist der, daß die Tabelle für eine ganz bestimmte Population entwickelt wurde und daß man bessere Chancen hat, sich mit der Tabelle zurechtzufinden, die der Population entspricht, der man angehört. Die MN 90-Tabellen der franz. Marine zu benutzen, wenn man 45 Jahre, bewegungsarm, genauso breit wie hoch ist und als einzige sportliche Aktivität während des gesamten Jahres das Hantieren mit Messer und Gabel ausübt, ist nicht unbedingt richtig!

Während in Frankreich von Freizeittauchern bevorzugt die Tabellen des Arbeitsministeriums oder die Bühlmann-Tabellen verwendet werden, bevorzugt man in Deutschland die DECO'92 oder die PADI-Tabellen.

- *Der zweite Punkt* ergibt sich aus dem ersten. Auch wenn ein Taucher sich einer bestimmten Population zuordnet, gehört er nicht unbedingt dazu. Die Testpersonen, anhand derer die Tabellen erstellt wurden, waren Menschen in normaler Verfassung – weder besser noch schlechter in Form als sonst. Keine Tests wurden mit Tauchern durchgeführt, die gerade eine Nacht im Bus, im Zug oder sonstwo verbracht haben oder die bedenkenlos in 40 m Tiefe hinunterrasten, obwohl sie noch von der Sauferei des Vorabends benebelt waren...

Man muß sich im klaren sein, daß schlechte körperliche, aber auch psychische Verfassung eine Risiko für einen Dekounfall darstellt. Tauchen Sie nicht, wenn Sie müde sind oder nicht wirklich Lust dazu haben. Tauchen ist kein heiliges Amt. Manchmal ist durchaus eine kleine Siesta vorzuziehen, auch das kann große Befriedigung bringen.

- *Der dritte Punkt* betrifft den „Tauchnachmittag". Man darf nicht vergessen, daß der Taucher, wenn er aus dem Wasser steigt, noch nicht entsättigt ist. Der Stickstoffaustausch zwischen seinen Geweben und außen wird über den Lungenfilter noch mehrere Stunden andauern. Daher ist das Nachtauchen (Oberflächenpause) eine wichtige Phase der Dekompression, und einige Vorsichtsmaßregeln sollten beachtet werden.

Die Tabellen stellen selten das Verhalten einer Population in einer Tauchsituation dar, bei der entweder eine überschwengliche Aktivität oder gar keine Bewegung stattfindet. Nach dem Tauchen sollte man sich ähnlich verhalten: Vermeiden Sie sofort nach dem Ausstieg aus dem Wasser das ermüdende Volleyballspiel oder das verbissene Tennismatch, aber auch das Gegenteil, das mehrstündige Schläfchen. Nur eine normale Aktivität wird das problemlose Entsättigen erlauben.

Weiterhin sollten alle Fahrten, die mit einem Höhenunterschied und so mit Sinken des Umgebungsdrucks verbunden sind (Flüge, Bergtouren) ernsthaft überlegt werden. Alle Tabellen, die wir vorgestellt haben, behandeln dieses Problem.

- *Der vierte Punkt* betrifft die Auswahl der Tauchtabelle. Sie muß einfach in der Anwendung sein, damit Lese- und Verständnisfehler vermieden werden.

Taucher sind es gewöhnt, daß ihnen in Prüfungen Tabellenaufgaben gestellt werden, was den Eindruck erweckt, daß die Benutzung derselben Probleme bereitet. Es stimmt: Die Anwendung einiger Tabellen ist problematisch.... Daher sollte vernünftigerweise bei gleicher Qualität immer die Tabelle gewählt werden, die am leichtesten zu benutzen ist. Auch der Computer, vernünftig eingesetzt, stellt hier eine gute Lösung dar.

- *Der fünfte Punkt* betrifft die Beachtung der Verfahren. Die Tauchtabellen sind keine Recheninstrumente, sondern Verfahrensregister und dürfen nicht anders eingesetzt werden als in der Gebrauchsanweisung angegeben. So sind Tabellen, die auf zwei Tauchgänge am Tag ausgelegt sind, nicht geeignet, einen dritten damit durchzuführen. Wir wollen nicht über die Versuchung reden, in die manche kommen, Tabellen neu zu berechnen oder orginelle Verfahren zu erfinden, um schneller auszutauchen oder tiefer hinunterzusteigen. Oder beides. Jeder ist frei, Russisches Roulette zu spielen. Sein Sie mißtrauisch gegenüber Personen, die Ihnen phantastische Tabellen anbieten, mit deren Hilfe sie immer noch am Leben sind.

- *Der sechste Punkt* ist eine Frage, die jeder von uns irgendwann einmal beantworten muß: muß man unbedingt so tief oder so lange tauchen, damit es Freude macht? Mit anderen Worten, warum tauchen wir? Sicher ist, daß die Zonen, wo das Leben am intensivsten ist, nahe an der Oberfläche – im Flachwasser – liegen, wo das Risiko eines Dekounfalls am niedrigsten ist.

Das größte Problem der Taucher und auch der Tauchlehrer ist jedoch, daß sie unter Wasser nicht schauen und das Unterwasserleben nicht beobachten können. Was ist interessant am Tauchen, wenn nicht dieses faszinierende Leben unter Wasser, das wir uns nicht vorstellen konnten, bevor wir in der Lage waren, in diese Welt hinabzutauchen. Das Tauchen ist für viele eine rein sportliche Aktivität, für die es nur gilt, einen „Vierziger" oder „Sechziger" zu machen.

Das heißt nicht, das man die Tiefe ablehnen soll, wenn man entsprechend ausgebildet ist und es etwas zu sehen gibt, für das sich das Risiko lohnt. Denn hier liegt die Herausforderung: je tiefer man taucht, um so größer wird das Risiko und desto besser muß der Tauchgang vorbereitet werden. Vor jedem tiefen Tauchgang sollte sich der Taucher fragen: lohnt sich das, was ich sehen möchte, gemessen am Risiko, das ich auf mich nehmen?

Die Zukunft des Freizeittauchens wird sich in der Zone zwischen 0 und 20 m abspielen, wo das Risiko eines Dekounfalls minimal und die Freude riesig ist. Aber man wird diese Zonen schützen müssen, Flora und Fauna respektieren oder gar wiederherstellen müssen, wo sie verschwunden sind, sonst werden wir morgen Wüsten besichtigen.

Wenn die Zahl der Dekounfälle, vor allem in Deutschland und Frankreich, verringert werden soll, wird dies nicht durch eine Verbesserung der Dekompressionsverfahren zu erreichen sein, sondern nur durch eine radikale Einstellungsänderung der Taucher selbst. Es ist keine Schande, nicht tief zu tauchen. Vielmehr ist in vernünftiger Tauchdauer in aller Sicherheit viel zu sehen oder zu tun (Foto, Film, Beobachtungen). Und das ist letztendlich das Ziel des Tauchens.

Dies bedeutet auch, daß wir Taucher die Verwaltung des Unterwassererbes in die Hand nehmen und dafür kämpfen müssen, es zu bewahren.

Die Vorbeugung gegen Tauchunfälle geht Hand in Hand mit dem Schutz der Meere.

DANKSAGUNG

Ich möchte J.-C. Lepechon dafür danken, daß er mir seine umfangreichen bibliographischen Reichtümer zugänglich gemacht hat; auch für die fesselnde Unterhaltung, die wir über Tauchtabellen hatten, sowie J.-P. Imbert für die Dokumente, die er mir freundlicherweise zur Verfügung stellte.

Herrn Werner Scheyer danken wir für die Abstimmung auf die DECO '92-Tabellen.

NOTIZEN

[1] Wir werden im Rahmen dieses Kapitels die Untersuchungen nicht erwähnen, die durchgeführt wurden über die Möglichkeit von Tauchern, Flüssigkeit zu „atmen". Diese Möglichkeit existiert und wurde vielfach untersucht.

[2] Wasser ist wenig aggressiv gegenüber Eisen. Es ist hauptsächlich der im Wasser gelöste Sauerstoff, der Eisen oxidiert. Man hat festgestellt, daß metallische Wracks wie die Titanic, die in Tiefen liegen, in denen fast kein Sauerstoff vorhanden ist, wenig korrodieren. Dagegen kann jeder Taucher feststellen, daß metallische Strukturen nahe der Oberfläche vom umgebenden Meerwasser stark angegriffen werden.

[3] Achtung: Gasspannung gibt nicht den „Druck des Gases in der Flüssigkeit" wieder.

10. KINDER UND TAUCHEN

Der Gedanke, Kinder tauchen zu lassen, ist relativ neu in der kurzen Geschichte des Sporttauchens. Das autonome Tauchen wurde sehr lange hauptsächlich zu professionellen oder militärischen Zwecken gebraucht. Die offiziellen Lehrmethoden werden noch davon beeinflußt: Sie ermutigen die Suche nach Schwierigkeiten, die herkömmliche Praxis zeigt Gefallen an der Gefahr. Die Veränderung des Tauchens hin zum Freizeittauchen hat eine neue Kategorie von Interessenten angezogen: zunächst Frauen, die ursprünglich unter den Tauchern fast ganz fehlten, dann Kinder, aber auch Senioren und Behinderte. Die Zielvorstellungen dieser neuen Anhänger stehen ganz im Gegensatz zu den herrschenden Gewohnheiten: Diese Neueinsteiger möchten vor allem Spaß haben, eine Entwicklung, die man auch bei anderen Sportarten, wie Frauenfußball, antrifft.
Ein anderer Ausgangspunkt für das Kindertauchen sind sicherlich die „tauchenden Babys", die durch die Arbeiten von Guy Azémar und Jacques Vallet in den 70er und 80er Jahren populär wurden. Die Jugend- und Übungsleiter und die Schwimmlehrer der Clubs, die sehr junge Kinder aufnehmen, setzen eine große Vielfalt von pädagogischen und materiellen Mitteln ein (Abb. 10.1); sie sind mit der Zeit dazu übergegangen, in ihre Ausrüstung auch Tauchmaterial aufzunehmen: Flossen, Masken, Schnorchel, später auch Flaschen. In der Praxis bringen zahlreiche Vereine und Schulen regelmäßig Kindern das Tauchen bei. Diese sehr bereichernde Aktivität fördert gleichzeitig eine harmonische Entwicklung des Körpers und liefert umfangreiche Entdeckungs- und Studienmöglichkeiten.

Der Ursprung des Kindertauchens

Als die Menschen dank immer besser entwickelter Mittel immer länger und immer tiefer tauchen konnten, haben sie den Wunsch verspürt, ihre Begeisterung und Leidenschaft an Kinder weiterzugeben.
Alle Pioniere haben ihren Kindern schon im sehr zarten Alter, oft mit 3 oder 4 Jahren, eine erste Einführung angeboten, gefolgt von einer umfassenden Ausbildung. Viele dieser Kinder sind Nacheiferer und Nachfolger ihres Vaters geworden. Erstaunlicherweise hat lange Zeit niemand die Idee gehabt, diese Einführung an Kinder außerhalb der Familie weiterzugeben. Mit einer Ausnahme: Der Kommandant Le Prieur organisierte in den Jahren 1933-1937 sowohl im Mittelmeer bei Saint-Raphaël als auch in seinem „Club de sous l'eau" in den Pariser Schwimmbecken und im Aquarium des Trocadero Vorführungen und Trainingseinheiten.

10.1

Die Entwicklung des Vereinswesens

Erst mit der Gründung von Clubs und der Verbesserung des Materials haben sich Erwachsene um die jungen Altersklassen gekümmert, das heißt gegen Ende der 70er und vor allem Anfang der 80er Jahre. Das Hauptproblem für die ersten Vereine war die Tauchausrüstung. Am Anfang war praktisch keine Tauchausrüstung vorhanden, die für Kinder geeignet gewesen wäre. Es gab nur kleine Flossen und ein oder zwei Masken- und Schnorchelmodelle. Manche Lehrer haben Aluminiumflaschen aus Doppelflaschengeräten für Kinder umgerüstet; dies konnte aber nicht jeder. Andere haben kleine 4-Liter-Flaschen, die normalerweise für Rettungseinsätze auf Schiffen gedacht waren, für ihren Zweck entfremdet: Sie haben sie Kindern geschenkt, zu deren größter Freude. Tauchanzüge, die für Jugendliche gedacht und wirklich isotherm waren, sind erst Anfang der 80er Jahre erschienen (Abb. 10.2).

Die Vorreiter haben die warmen Gewässer der Tropen oder des Mittelmeers ausgenützt. Im Corail Club in Tahiti nimmt Henri Pouliquen seit sehr langer Zeit Kinder im Alter ab 4–5 Jahre. Er konnte den Widerstand seiner ersten Gegner brechen und sogar ihr Wohlwollen und ihre Mithilfe gewinnen, so daß er mehr als 7000 Tauchgänge von Kindern zwischen 4 und 12 Jahren unfallfrei durchführen konnte.

In Deutschland wurde bereits 1967 von Karl-Heinz Kerll der erste Entwurf einer VDST-Jugendordnung vorgelegt, auf dem nach der Verabschiedung durch die Mitgliederversammlung der Aufbau der VDST-Jugendabteilung erfolgte. Das erste mehrtägige VDST-Jugendtreffen fand im Jahre 1970 statt, das sich in Teilnehmerzahl und Ziel immer weiter entwickelte. 1995 führte es über 270 Teilnehmer zum deutsch-ägyptischen Jugendtreffen ans Rote Meer. Im gleichen Jahr konnte PADI beim Europäischen Pfadfindertreffen viele Kinder mit dem Sporttauchen bekannt machen. Schon 1976 begannen Werner Boch vom DUC Hamburg und der Sachabteilungsleiter UW-Wissenschaft und Forschung, Friedrich Naglschmid, Themen des Gewässerschutzes in den Tauchsport zu integrieren. Die Einrichtung des ersten UW-Jugendforschungslabors schuf die Voraussetzung für die erfolgreiche Teilnahme der Taucherjugend am Wettbewerb „Jugend forscht". Jean-Jacques Gauthier hat als erster ein Buch geschrieben, das sich speziell mit dem Thema Tauchen und Kinder beschäftigt. Zahlreiche Clubs sind seitdem in seine Fußstapfen getreten. Kindertauchen gehört inzwischen zum Grundangebot der Tauchsportvereine und Tauchbasen, das Sporttauchen selbst zum Wunschhobby von Millionen Kindern und Jugendlichen.

Die Einbindung in das Schulwesen

In derselben Zeit waren im Schulwesen einige Lehrer mit den verschiedensten Aufgabenstellungen innerhalb der schulischen Ausbildung sehr aktiv. Während das ABC-Tauchen schon lange innerhalb des Schwimmunterrichtes gelehrt wurde, gelang es 1978 Karl Heinz Kerll im neuen Curriculum „Schwimmen" des Kultusministeriums Nordrhein-Westfalens, Einheiten für das Sporttauchen einzubringen und die hierfür erforderlichen Abiturbedingungen festzulegen. Auch in anderen europäischen Ländern war man sehr aktiv, so auch Jean-Pierre Malamas, Sportlehrer am Gymnasium Fesch in Ajaccio (Korsika). Er hat das Tauchen in den Lehrplan jeder Klassen-Stufe eingebracht, von

10.2

der fünften Klasse bis zum Abitur. Unter Berücksichtigung der modernsten pädagogischen Prinzipien belebte er die Lehrmethoden des Tauchens, die bis dahin veraltet, wenig wirksam und routinemäßig waren.
Er ist der Autor mehrerer Werke. Yvette Tavernier, ebenfalls Sportlehrerin, hat mit ihren Kollegen aus der Biologie und anderen Fächern Ausbildungsprojekte durchgeführt, die die sechsten Klassen der Realschule Octave-Gréard dazu führten, in Camaret an der Atlantikküste, bei der Insel von Port-Cros im Mittelmeer und vor dem Sinaï an der ägyptischen Küste des Roten Meeres zu tauchen.
In Deutschland veröffentlichte Dr. Margit Vöge in ihrem Buch „Mit Reagenzglas und Tauchermaske" ihre Erfahrungen aus dem schulischen Bereich, während Dr. Willi Xylander und Dr. Friedrich Naglschmid die gewonnenen Erkenntnisse in ihrem Leitfaden „Gewässerbeobachtung – Gewässerschutz" für die Umwelterziehung und Jugendarbeit zusammenfaßten.
In seinem Grundwerk „Tauchen an Schulen und Hochschulen" gab Dr. Dietmar Lüchtenberg einen ersten vollständigen Überblick über die Aktivitäten zum Kindertauchen innerhalb der Bundesrepublik.

**Die Strukturierung:
ARPE und VDST-Jugend**

Um bei den nationalen Beispielen zu bleiben, . seien die Entwicklungen in Frankreich und Deutschland kurz zusammengefaßt.
In Frankreich blieben die Verantwortlichen der ersten Initiativen nicht lange allein. Im Januar 1985 wurde von den Tauchlehrergewerkschaften und den Verbänden ein Kolloquium mit dem Thema Kinder und Tauchen organisiert, das mehrere Ausbilder und Tauchlehrer während der Wassersportmesse in Paris zusammenführte.
Der CISN organisierte im Herbst 1985 ein Praktikum über den Tauchunterricht für Kinder. Bei dieser Gelegenheit wurde die Entscheidung getroffen, eine ständige Einrichtung zu schaffen: die Association de réflexion pour la plongée des enfants 1 (ARPE = Verein für Überlegungen für das Kindertauchen) wurde offiziell im März 1986 gegründet. René Beretz ist seit 1988 ihr Präsident.
Zu den ursprünglichen Zielen – Austausch von Forschungsergebnissen und Informationen – kommt bald eine regelmäßige Ausbildungs-,

Veröffentlichungs- und Werbetätigkeit hinzu. Das jedes Jahr im Herbst stattfindende Praktikum versammelt zwischen 30 und 40 Praktikanten um Referenten, die Tauch-, Sportlehrer und Sportforscher sind; praktische Stunden im Wasser mit Kindern veranschaulichen die Vorträge über Pädagogik, Material und Organisation.
Die ARPE veröffentlicht Vorträge und Studienberichte sowie Videokassetten, die für ihre Mitglieder erstellt wurden. Sie ist Initiatorin der Europäischen Tage des Kindertauchens, die 1991 gegründet wurden. Gleich im ersten Jahr kamen dabei 150 Kinder im Alter von 6 bis 16 Jahren sowie 60 Erwachsene fünf Tage lang in Banyuls-sur-Mer (Pyrénées Orientales) zusammen, um zu tauchen und Erfahrungen auszutauschen.
Diese Bewegung hat viel Erfolg in Frankreich und auch in anderen Ländern: in Belgien, der Schweiz, Italien und in Kanada. Sie ist noch unabhängig; offizielle Stellen ignorieren sie. Aber die sehr große Nachfrage seitens der Kinder, verstärkt durch zahlreiche Fernsehberichte, sowie die sehr ernsthafte Arbeit, die schon absolviert wurde, werden die letzte Zurückhaltung überwinden und die unausweichliche Entwicklung dieser erzieherischen Maßnahme sichern.
In Deutschland entwickelte sich das Kindertauchen innerhalb der Vorgaben des VDST, des Verbandes Deutscher Sporttaucher, der seit 1967 eine umfassende Jugendbetreuung aufgebaut hat. Er entwickelte zusammen mit den Tauchlehrern des Verbandes ein ausführliches Ausbildungs- und Trainingsprogramm und schuf mit seinen Schnorchelbrevets und Jugendtauchscheinen ein komplettes Jugendtauchsportprogramm, das Kinder vom achten Lebensjahr an in das brevetierte Tauchen integriert. Auch im Rahmen von Nichttauchsportverbänden wie der DLRG, dem DRK ebenso wie der Wasserwacht und dem Deutschen Schwimmverband wird Tauchen für Kinder und Jugendliche zur Motivation und Mitgliederwerbung, sowie zum Aufbau von Rettungstauchern betrieben.
Im Februar 1994 traf sich auf Einladung des Fachmagazins DIVEMASTER eine Expertenrunde, die verbandsübergreifend 10 goldene Regeln zur Gestaltung der Ausbildung für Kinder und Jugendliche verabschiedete.

KIND UND TAUCHEN

Von der Tat zur Phantasie

Was kann das Tauchen für ein Kind oder einen Jugendlichen bedeuten? Durch Bilder, Fernsehserien und Filme wird eine wunderbare Welt unter Wasser angepriesen, die erfüllt ist von Abenteuern und interessanten Naturerscheinungen. Hans Hass, Jacques Cousteau mit ihren Berichten trugen ebenso zu diesem Mythos bei wie Flipper, Mike Nelson, Seaquest und Free Willy. Sehr schnell bekommen die Kinder Lust, selbst zu tauchen, zu erleben, zu entdecken und durch eigene Erfahrungen die bisher gewonnenen Eindrücke zu ergänzen. Eine ganz andere Welt öffnet sich ihnen dann – mit weitreichenden Folgen.

Lehre und Empfindung

Diese wunderschönen Bilder selbst zu suchen bedeutet einen körperlichen Einsatz, der Zeit, Geduld und ein strenges Training erfordert. Ist also Tauchen ein Sport? In Wirklichkeit ist es eine sportliche Freizeit, die wie jede andere Sportart körperliches und technisches Training verlangt.

Diese freiwillig akzeptierte Disziplin kann und muß Vergnügen bereiten. Kinder lieben es, zu gleiten und zu streicheln, sie nehmen die unmöglichsten Stellungen ein. Man muß diese Vorliebe ausnützen, um Spiele und Übungen anzubieten, bei denen ihre Beweglichkeit sich voll entfalten kann, wobei kluge Anweisungen sie dazu bringen, sich nach und nach zu verbessern. Mit dem Spiel als Einstieg können Kinder das Tauchen nach ihrem eigenen Rhythmus lernen.

Nach den ersten Übungen finden die Kinder unter Wasser die Gefühle wieder, die sie beim Betrachten der Bilder am Fernseher empfunden hatten. Aber das körperliche Erleben wirklicher Landschaften und die Begegnung mit Fauna und Flora wecken neue Gefühle. All ihre Sinne sind wachsam; es gibt so viel zu sehen, aber auch zu hören in dieser angeblich schweigenden Welt. Über das körperliche Vergnügen hinaus werden ihre Entdeckungen den Wunsch verstärken, mehr kennen und verstehen zu lernen und dieses Bedürfnis in ihren Worten, Sprache, Zeichnungen, Bilder und Tönen auszudrücken.

Das Zusammentreffen der Lehrfächer

Die natürliche Neugier der Jugend findet in der Unterwasserumgebung und beim Tauchen genug Material, um sich auszutoben. Spaziergänge in Posidonienwiesen, in Braunalgenwäldern, entlang der Korallenriffe oder in den Polypenfeldern werden ihr Interesse für Flora und Fauna wecken. Beim Thema werden sie die Meeresnahrungskette entdecken und Stoff für Beobachtungen, Lektüren, Dia-Abende und Besichtigungen sammeln.

Wenn sie die von der Industrie, den Urlaubern oder den sonstigen Benutzern des Meeres verursachten Schäden bemerken, werden sie sehr schnell für Umweltschutz empfänglich und aktive Beschützer dieses Lebensraums. Sie wissen, wie man seine Fähigkeiten in den Dienst der Gesellschaft stellt; so haben sich die Schüler des Gymnasiums Fesch in den Jahren um 1985 in Ajaccio an den Arbeiten einer Gruppe beteiligt, die der Verschmutzung den Kampf angesagt hat.

Die Entdeckung eines antiken Gegenstandes, vielleicht sogar eines Wrackrests, kann Ausgangspunkt eines archäologischen Projekts werden, auch für Kinder. Es gibt mindestens einen Club in der Gegend von Marseille, der das praktiziert.

Außerdem bietet das Kennenlernen der natürlichen Umgebung, der Funktionen des menschlichen Körpers und der möglichen Risiken Stoff für lebhafte Diskussionen. Sofort stellen sich in der Praxis des Tauchens Fortschritte ein. Interesse am Material wird geweckt; Fragen führen zu einer Vertiefung der Ausbildung.

10.3

Kinder und Tauchen

Phantasie und Schöpferkraft

Einfachste Dinge oder Geschehnisse können ein Kind zum Träumen bringen. Wenn es ein so reiches Material wie die Welt der Meere und der Ozeane zur Verfügung hat, kennt seine Phantasie keine Grenzen mehr. Es will nur noch sich ausdrücken, das Meer voll ausleben.

Manche Erwachsene haben das sehr gut verstanden. Der Architekt Jacques Rougerie hat zum Beispiel Schiffe mit durchsichtigem Rumpf gebaut, um das Leben unter Wasser zu beobachten, aber auch Meereshäuser, konzipiert, um das Leben der Ozeane und ihre Nutzung durch den Menschen zu entdecken und zu verstehen. Océanopolis in Brest und Nausicaä in Boulogne-sur-Mer sind zwei gute Beispiele dafür. Im ersten kann man in die Meereswelt der Reede von Brest und der Irischen See eindringen, mit Hilfe einer Einheit besonders gelungener Aquarien. Neben dem erzieherischen Aspekt inszeniert das Nausicaä das Meeresleben in einer Atmosphäre von Tönen und Lichtern, die die Besucher in eine andere Welt versetzt. Die Kinder sind begeisterte Nutzer derartiger Einrichtungen, und wahrscheinlich profitieren sie am meisten davon. Man findet selbstverständlich Jacques Rougerie regelmäßig bei Unterwasserprojekten mit Kindern wieder.

Leider sind derartige Projekte und Anstrengungen in Deutschland nicht zu finden, da hier der Schwerpunkt eher in den sportlichen Aspekten des Tauchens liegt.

Von unseren französischen Nachbarn wissen wir aber auch, daß tauchende Kinder große Lust haben, sich zu äußern. Sie feiern, so oft sie Gelegenheit dazu haben: etwa Weihnachten unter Wasser, wobei sie einen eingetauchten Weihnachtsbaum dekorieren (Abb. 10.3), oder sie organisieren Shows.

Und warum sollte man nicht eine wirkliche künstlerische Ausdrucksform unter Wasser in Betracht ziehen, mit Zeichnungen, Malerei oder Musik? Erwachsene haben das schon erfolgreich probiert. Die vom Meer oder Tauchen inspirierten Zeichnungen verraten eine Öffnung zu einer vollkommen anderen Welt. Zeichnen oder Malen beim Tauchen verlangen ein bißchen Organisation und Material. Manche betreiben dies schon seit einiger Zeit.

Was die Unterwassermusik betrifft: Sie fängt mit den unter Wasser vorhandenen Geräuschen an, die die Elemente oder die Tiere, insbesondere die Wale, von sich geben. Sie können auch von Menschen an der Oberfläche erzeugt und unter Wasser wiedergegeben werden; hier wäre Michel Redolfi, der Komponist von Unterwasserkonzerten und der musikalischen Begleitung von Nausicaä zu erwähnen. Man kann auch Töne unter Wasser erzeugen; auch dabei stehen die Kinder an erster Stelle.

Angefangen mit der ersten eigenen Entdeckung gewinnen Kinder im Verlaufe der Jahre sehr leicht genaue Kenntnisse der Meeresumgebung. Jenseits der Nutzung für Tourismus-, Industrie- oder Ernährungszwecke begreifen sie die Lebensräume unter Wasser und ihre Bedeutung und können dies auch ausdrücken. Sie besitzen alle Trümpfe, um dieses immense Potential der Welt unter Wasser voll auszuschöpfen. Sie schützen diese Lebensquelle für die Zukunft.

Die psychomotorische Entwicklung des Kindes

Bevor man einem Kind eine körperliche oder geistige Beschäftigung anbietet, muß man seine Fähigkeiten in einem bestimmten Alter bedenken und sie während seiner Gesamtentwicklung verfolgen.

TAUCHEN UND WACHSTUM

Die erste Sorge betrifft das Wachstum. Man hat festgestellt, daß sich bei Kindern, die einen Leistungssport betreiben, das Wachstum verzögern kann. Aber in diesem Fall wird das Wachstum nur später abgeschlossen; nachher ist ihr Körperbau ihrer Altersstufe angemessen. Im Fall des Tauchens hat eine Studie, die im *Hôpital Cochin* unter der Leitung von Dr. Alain Duvallet in den Jahren 1982 bis 1985 an Kindern des

10.4

CISN Val-d'Oise durchgeführt wurde, gezeigt, daß die kontrollierte Praxis des Kindertauchens keinerlei negative Einflüsse auf ihr Wachstum oder ihren Gesundheitszustand mit sich bringt (siehe den Bericht des Kolloquiums von 1985). Wenn das Kind mit Spaß und vor allem sicher tauchen soll, muß es unbedingt Material benutzen, das seinem Körperbau und seinen physischen Fähigkeiten angepaßt ist. Das Volumen und das Gewicht der Flaschen, die Größe der Flossen, die Maske, der Schnorchel oder der Anzug führen immer wieder zu Problemen. Kinder, die sich gerade in einer Wachstumsphase befinden, wachsen oft in einer Tauchsaison, manchmal sogar mitten im Urlaub aus ihrer Ausrüstung heraus. Sie wachsen eben schubweise und daher nicht vorhersehbar.

Man muß auch die praktischen Verhaltensregeln sehr genau festlegen und sie den Möglichkeiten der jeweiligen Altersstufe anpassen. Insbesondere die Tauchlehrer, die vorwiegend mit Erwachsenen zu tun haben, müssen unbedingt mit den für Erwachsene geltenden Tiefen- und Dauergewohnheiten brechen.

DIE KÄLTE

Besondere Aufmerksamkeit muß dem Schutz des Kindes gegen Kälte gewidmet werden. Dies ist im Wasser besonders wichtig, denn der Wärmeverlust ist dort 25- bis 50mal größer als in der Luft. Je größer das Verhältnis zwischen Körperoberfläche und Gewicht eines Menschens ist, desto geringer wird sein Widerstand gegen Kälte. Beim Kind ist dieses Verhältnis viel ungünstiger als beim Erwachsenen: Das Kind ist wesentlich kälteempfindlicher als der Erwachsene. Der Prozentsatz an Fettmasse verbessert den Kältewiderstand und erklärt, warum Mädchen, bei denen dieser Prozentsatz höher ist, die Kälte besser aushalten als Jungen. Auch die ganz Kleinen müssen bei den ersten Tauchgängen im Schwimmbad gut geschützt werden: wenigstens durch ein T-Shirt oder eine Neoprenweste. Auch in den Meeren der europäischen Küsten ist ein guter isothermer Anzug in jedem Alter absolut notwendig. In tropischen Gewässern kann er durch einen Stoffanzug oder ein T-Shirt ersetzt werden, um die Haut gegen Schnitt- oder Stichwunden, aber auch gegen Sonnenbrand beim Schnorcheln zu schützen.

DIE MEDIZINISCHE UNTERSUCHUNG

Wie ein Erwachsener muß sich auch ein Kind, das taucht, regelmäßig einer medizinischen Untersuchung unterziehen, um Kontra-Indikationen auszuräumen. Zusätzlich zu den Punkten, die Taucher jeden Alters betreffen (Tauglichkeit und Krankheiten in früheren Jahren), müssen drei andere Kriterien geprüft werden:
– Die morphologische und psychologische Entwicklung des Kindes muß seiner Altersstufe entsprechen.
– Der HNO-Zustand muß gut sein; eine wiederholte Rhinopharyngitis kann Nebenhöhlen oder Ohrenentzündungen verursachen. Außerdem muß der Arzt jedes Kind, das zu Asthmakrisen neigt, besonders sorgfältig untersuchen und sich möglicherweise definitiv oder zeitweise gegen das Tauchen aussprechen.
– Herzgeräusche; sie kommen bei Kindern sehr häufig vor, werden meist sehr gut vertragen, müssen aber dennoch sorgfältig beobachtet werden.

Bei der Untersuchung müssen die Eltern das Kind begleiten, um die Auskünfte zu geben, die nur sie kennen, aber auch um eine Vorstellung der wirklichen Motivation des Kindes zu ermitteln. Sie helfen dem Arzt auch, sich ein Bild vom psychologischen Zustand des Kindes zu machen, eine unabdingbare Bedingung für die Praxis des Tauchens.

10.5

TAUCHEN UND DIE NATÜRLICHE ENTWICKLUNG DES KINDES

Das Kind erlebt während des Wachstums zahlreiche quantitative und qualitative Veränderungen. Der Lehrer muß deshalb Aktivitäten und Tauchformen anbieten, die der psychomotorischen Entwicklung des Kindes entsprechen.

Die ganz Kleinen (unter 9 Jahren)

Die psychische und physische Situation des Kindes (etwa zwischen 6 und 9 Jahren) erlaubt es ihm nicht, sich sehr lange auf eine Tätigkeit zu konzentrieren. Beim Training im Schwimmbad darf man also nicht zu lange bei derselben Übung bleiben und muß öfter andere Spiele vorschlagen. Durch immer neue Übungen sollen seine körperlichen Fähigkeiten entwickelt werden. Das Schwimmenlernen verläuft parallel zum Tauchenlernen; beide Wasserannäherungen ergänzen einander, und jede bringt ihre spezifischen Merkmale ein.

Das Tauchen der ganz Kleinen im Meer darf nur einzeln mit dem Lehrer und einer befähigten Begleitperson durchgeführt werden (Abb. 10.5). In diesem Alter muß man ganz besonders auf die Risiken durch Auskühlung und Ermüdung aufpassen. Die Tiefe muß sehr gering bleiben, vor allem solange das Kind noch unselbständig ist.

Die Mittelgroßen (von 9 Jahren bis zur Pubertät)

Dieses Alter wird von Kinderärzten und -psychologen oft die latente Phase genannt. In der Tat halten sich hier die morphologischen und physiologischen Veränderungen in Grenzen, und diese Stabilität erlaubt ein schnelles und wirksames Lernen. Es ist das Alter, in dem die Kinder über ihre ersten Entdeckungen schwärmen, leicht Freunde gewinnen und Tauchgänge in der Gruppe voll genießen.

Die Gruppe bewährt sich bestens; die Anweisungen des Lehrers werden schnell verstanden und befolgt. Die Kinder lernen, aufeinander aufzupassen, insbesondere bei der Apnoe. Sie werden schnell unabhängiger, können ein bißchen tiefer tauchen und werden gegen Kälte widerstandsfähiger.

Die Jugendlichen

In der Pubertät wird die Entwicklung der inneren Organe, der Lunge, des Herzens und des Kreislaufsystems von einer schnellen Zunahme der Größe und des Gewichts begleitet. Die Jugendlichen haben Schwierigkeiten, sich bei ihren Eltern oder in der Gesellschaft zurechtzufinden; Konflikte sind ziemlich häufig. Es ist das Alter der extremen Einstellungen und Gegensätze. Der Lehrer muß die Begeisterung dynamischer Jugendlicher auf feste Ziele hin lenken und die anderen dazu bringen, ihre Apathie zu überwinden. Von diesem Alter an profitieren die Jugendlichen von intensiveren und längeren Trainingseinheiten. Sie können länger und tiefer tauchen. Die Organisation von Lehrgängen um bestimmte Themen (Entdeckung einer Gegend, Kenntnis der Meeresumgebung, Urkundenprüfung) setzt neue Energien frei. Man muß die labileren Kinder der Gruppe ermutigen, aber auch die halsbrecherischen ausfindig machen und bremsen, da sie für sich und andere unnötige Risiken eingehen, was beim Tauchen zu Tragödien führen kann. Der Lehrer muß sich darauf konzentrieren, die gesamte Gruppe in die Verantwortung einzubinden.

DIE AUSRÜSTUNG

Das Kind braucht eine Ausrüstung, die ihm gut paßt, damit es das Tauchen unbehindert erlernen und sich ganz auf die Praxis des Tauchens konzentrieren kann. Eine zu schwere oder zu große Flasche, eine Maske, die Wasser durchläßt, ein schlecht angepaßter Anzug, der nicht gegen Kälte schützt, sind schwerwiegende Hindernisse für den Erfolg des Tauchgangs.
Material für Kinder zu entwickeln, heißt auch auf ihre Art und ihren Geschmack Rücksicht zu nehmen. Das Tauchmaterial für Kinder muß besonders strapazierfähig und ästhetisch sein.

Die Ausrüstung für das Freitauchen

Die Flossen
Das Erlernen einer wirksamen, das heißt, einer sparsamen und anhaltenden Flossenbewegung kann Jahre dauern für ein Kind, dessen Körperbau sich nach und nach entwickelt. Damit die Bewegungen seiner Beine auf das Blatt richtig übertragen werden, müssen die Flossen gut am Fuß halten. Man muß also unbedingt geschlossene Flossen benutzen.
Man könnte versucht sein, den Kindern offene Flossen mit verstellbaren Riemen anzubieten, um nicht so oft wechseln zu müssen, wenn der Fuß größer wird. Dieser Flossentyp führt aber zu einer schlechten Fußhaltung und somit zu einer schlechten Flossenbewegung.
Ein anderes Merkmal der Kinderflossen ist ihr leichtes Gewicht; eine schwere Flosse ist eine Behinderung für ein Kind, dessen Muskeln noch wenig entwickelt und dessen Bewegungen ungeschickt sind. Mehrere Hersteller bieten einfache, robuste Modelle in verschiedenen Farben an.

Die Maske
Am meisten stört ein Kind bei seinen ersten Tauchgängen das Eindringen von Wasser in seine Maske. Der richtige Sitz und damit die Dichtigkeit der Maske wird vom Gummi- oder Silikondichtrand gewährleistet, der sich auf das Gesicht drückt. Dieses ist bei einem Kind schmaler als bei einem Erwachsenen: Die Entfernung zwischen beiden Schläfen beträgt 11 bis 12 Zentimeter bei einem 8jährigen Kind, 14 bis 15 Zentimeter bei einem Erwachsenen. Beim Aussuchen der Maske muß man die Entfernung zwischen den Seiten des Dichtrands messen. Da die äußeren Maße manchmal täuschen können, muß man unbedingt die Maske leicht auf das Gesicht drücken und so die Paßgenauigkeit überprüfen (siehe Kapitel 5: Die Tauchausrüstung).
Kinder haben große Schwierigkeiten, ihre Maskenbänder richtig einzustellen. Es gibt inzwischen aber verbesserte Schnallensysteme. Sie müssen leicht zu regulieren sein für den Erwachsenen und schwer zu verstellen für das Kind. Dieses neigt dazu, das Kopfband zu eng zu ziehen, denn es glaubt, auf diese Weise eine bessere Abdichtung zu erreichen. Der Neoprenriemen, eine von einem Hersteller angebotene Neuigkeit, ist zweifellos eine entscheidende Verbesserung wegen seiner Schwimmfähigkeit, seiner einfachen Verstellbarkeit und Kennzeichnung. Das Angebot an Masken für kleine Gesichter wird von Jahr zu Jahr vielfältiger.

Der Schnorchel
Der Schnorchel für ein Kind muß, was Länge, Durchmesser und Mundstück betrifft, klein sein. Der Schnorchel vergrößert den Totraum des Tauchers. Die Lungenkapazität des Kindes ist natürlich geringer als die des Erwachsenen. Es kann also nur mit einem Schnorchel, der seinen Möglichkeiten entspricht, normal atmen. Ansonsten bestehen ernsthafte Risiken des Essoufflements.
Mehrere Modelle in verschiedenen Größen stehen zur Verfügung. Man muß aber auf die sehr deutlichen Größenunterschiede unter den verschiedenen Modellen achten. Bestimmte Modelle taugen nur für einen besonderen Körperbau; so gibt es eine große Spanne zwischen einem Schnorchel mit 60 bis 70 ml Innenvolumen und einem mit 150 bis 180 ml. Der erste paßt für ein 8jähriges Kind, mit dem zweiten kann sich ein Erwachsener ausrüsten. Wir wollen auch auf manche sogenannte odontologischen oder orthodontischen Mundstücke hinweisen, die für kleine Münder gut konzipiert sind und Zahnfleisch und Gaumen schonen.

Das Tauchgerät

Die Tauchflasche ist das Kernstück der Tauchausrüstung. Das Kind legt besonders viel Wert darauf, und man darf es nicht enttäuschen: ein an Gewicht und Handlichkeit gut angepaßtes Material ist absolut notwendig.

Die Flasche

Das erste Kriterium bei der Auswahl einer Preßluftflasche ist seine Handlichkeit. Die Flasche darf nicht tiefer reichen als das Gesäß des Kindes. Das zweite Kriterium ist das Scheingewicht der Flasche, ihr Gewicht im Wasser. Je nach Hersteller stellt man in der Praxis spürbare Unterschiede fest. Die eher leichteren Kinder (im allgemeinen die schlankeren) nehmen eine Flasche mit geringem Scheingewicht. Die molligeren Kinder, die leicht an der Oberfläche schwimmen, können eine Flasche mit höherem Scheingewicht vertragen. Sie erspart ihnen einen zu schweren Bleigürtel.

Die Hersteller bieten Flaschen mit verschiedenen Kapazitäten und Gewichten an.

Die kleinen 4-Liter-Flaschen, die man bis 200 bar füllen kann (also 0,8 m^3 Volumen), sind ursprünglich als Flaschen für schnelle Einsätze konzipiert worden, aber sie wurden schnell von jungen 8- bis 10jährigen Kindern verwendet. Für 10- bis 13jährige Kinder sind die 6-Liter-Flaschen, die man mit 200 bar (also 1,2 m^3 Volumen) füllen kann, konzipiert worden. Die 9-Liter-Flaschen, die man mit 176 bar (also 1,6 m^3 Volumen) füllt, werden von 14- bis 16jährigen Jugendlichen bevorzugt.

Der Druckminderer

Ein Druckminderer für Kinder muß leicht, stabil und einfach sein. Es ist zu bedenken, daß das Kind in geringer Tiefe taucht, der gewählte Druckminderer muß also im nahen Raum gut funktionieren (siehe weiter: Die Pädagogik). Die Größe des Mundstücks wird oft als ein wichtiger Faktor betrachtet. In der Praxis hat man festgestellt, daß ein kleines Mundstück mehr Probleme verursacht, als es Vorteile bringt. Der Mitteldruckschlauch, der die erste Stufe des auf der Flasche befestigten Druckminderers mit der zweiten Stufe verbindet, die im Mund festgehalten wird, ist etwa 70 Zentimeter lang und auf den Durchmesser eines Erwachsenenkopfes abgestimmt. Für den kleinen Kopfdurchmesser eines Kindes ist der Schlauch zu steif, so daß er dazu neigt, die zweite Stufe aus dem Mund zu reißen. Dieses Risiko ist bei einem kleinen Mundstück, das man schwer im Mund behalten kann, noch größer. Mit einem Mundstück für Erwachsene dagegen kann das Kind die zweite Stufe gut im Mund festhalten. Die odontologischen oder orthodontischen Mundstücke sind eine gute Lösung dieser Probleme. Das Gaumenbogen-Mundstück insbesondere hält praktisch von allein, ohne daß die Zähne fest zusammengedrückt werden müssen; die Kinder gewöhnen sich problemlos daran.

Läßt man ein Kind tauchen, muß man unbedingt ein Finimeter benutzen. Das Finimeter erlaubt dem Lehrer, den Luftverbrauch des Kindes zu überwachen und das Auftauchen rechtzeitig anzuordnen. Dieser Luftverbrauch hängt von sehr verschiedenen Parametern ab; nur ein sehr zuverlässiges Instrument, das man in jeder Situation befragen kann, ist in der Lage, die Sicherheit des Tauchgangs zu gewährleisten. Das Kind lernt schnell, das Manometer abzufragen und seinen Luftvorrat einzuteilen; es ist eine sehr wertvolle pädagogische Hilfe.

Erwähnen wir noch das gelegentlich an Flaschen montierte Reserveventil: Es warnt den Taucher, wenn sein Luftvorrat zu Ende geht, indem es das Einatmen erschwert, und zwingt ihn zu einem nicht sehr natürlichen Handgriff, um die Reserve zu ziehen. Dieses frühere Konzept ist durch den technologischen Fortschritt überholt und erhöht nicht die Sicherheit bei den Kindern, es bedeutet im Gegenteil eher ein Risiko. In der Praxis ist es besser, keine Reserve zu benutzen.

Die Tragevorrichtung

Für Kinder zwischen 5 und 7 Jahren paßt sogar die 4-Liter-Babyflasche größenmäßig nicht. Ein besonders erfindungsreicher französischer Hersteller bietet ein Geschirr an, das nur die Bänderung der Flasche beibehält. Mit einem 2 Meter langen Schlauch statt den üblichen 70 Zentimetern ist das Kind mit der Flasche des Tauchlehrers verbunden.

Mit einem Karabinerhaken ist die zweite Stufe an der Bebänderung des Kindes festgemacht. Das Kind ist mit dem Lehrer verbunden wie mit einer richtigen Nabelschnur (Abb. 10.6).

Die Gurte des Geschirrs sind sehr leicht zu verstellen. In den Bauchgurt kann man die für die Tarierung des Kindes notwendigen Bleigewichte schieben. So ist kein Bleigürtel mehr notwendig.

Der Narguilé

Französische Tauchlehrer verwenden für die Einführung des Kindes in das Tauchen gelegentlich einen anderen Apparat: den Narguilé. Dies ist ein langer, biegsamer Schlauch, der die erste Stufe, die sich an der Oberfläche befindet, mit der zweiten Stufe verbindet, die das Kind im Mund hält. Es ist ratsam, den Schlauch mit einem Gurt am Körper des Kindes festzubinden. Dieser sehr praktische Apparat erfordert jedoch besondere Vorsichtsmaßnahmen, die eine eigene Herstellung ausschließen; ein Rückschlagventil muß auf dem Niveau der zweiten Stufe angebracht sein, um schwerwiegende Störungen im Fall einer Versorgungsunterbrechung oder eines Schlauchrisses zu vermeiden.

Der Anzug

Hose und Jacke

Der Tauchanzug muß mit besonderer Sorgfalt ausgesucht werden. Erinnern wir uns, daß das Kind kälteempfindlicher ist als der Erwachsene. Das Kind muß einen Anzug haben, der seiner Größe gut angepaßt ist; seine Dicke muß der Wassertemperatur entsprechen. Ein schlecht sitzender Anzug ist eine Gefahrenquelle und führt nur zu Enttäuschungen und Mißerfolgen. Ein zu großer Anzug läßt das Wasser zirkulieren; in diesem Fall kühlt das Kind sehr schnell aus und kann seinen Tauchgang nicht genießen.

Was den Körperbau betrifft, ist das Kind kein kleiner Erwachsener; es hat spezielle Proportionen, die die Hersteller von Alltags- und Sportkleidung gut kennen. Die Tauchanzughersteller haben das allmählich auch verstanden.

Tauchanzüge, die sich für Tauchgänge in gemäßigten Gewässern eignen, bestehen aus zwei Teilen: schulterhohe Hose mit Hosenträgern und eine Jacke mit Kopfhaube (Abb. 10.7). Das

Kinder und Tauchen

Material sollte aus geschmeidigem Neoprenmaterial sein, wodurch das Anziehen junger, oft unerfahrener Taucher mit Hilfe erwachsener Begleiter erleichtert wird. Da Kinder nie besonders tief tauchen, sind die Druckwiderstandseigenschaften des Neopren nicht ausschlaggebend. Dagegen ist ein Reißverschluß unbedingt notwendig, sowohl für die Jacke wie für die Knöchel der Hose. Er kann auch bei den Manschetten der Jacke nützlich sein. Für warme, tropische Gewässer ist ein Combi geeignet, notfalls auch ein einfaches T-Shirt.

Handschuhe und Tauchstiefel
Das Auskühlen der Extremitäten verkürzt den Tauchgang im kalten Wasser. Handschuhe geben einen wirksamen Schutz, aber es gibt selten Neoprenhandschuhe in kleinen Größen im Handel. Man wird sich also mit Handschuhen, die für andere Zwecke gedacht sind – andere Sportarten, Gummihandschuhe usw. – begnügen müssen.
Genauso schützen Neoprenfüßlinge oder -tauchstiefel kleine Füße vor der Kälte und erlauben, auf Felsen zu laufen. Man findet im Handel kleine Füßlinge. Socken sind oft ein erster ausreichender Schutz. Man muß auch bedenken, daß die Dicke dieser Accessoirs größere Flossen notwendig macht.

Die Tarierweste
Die Tarierweste ist ein Ausrüstungsgegenstand, der für das kontrollierte Unterwasserschwimmen des Tauchers absolut notwendig ist. Sie kann sehr früh der Ausrüstung des jungen Tauchers beigefügt werden (Abb. 10.8). In jedem Fall muß sie sicher gehandhabt werden. Wird ein derartiges Material einem Kind anvertraut, muß es fähig sein, die Weste zu benutzen: ansonsten bleibt ihre Handhabung dem Lehrer vorbehalten. Kinder, die die Tarierweste noch nicht beherrschen, benützen und berühren sie nicht. Der Lehrer bläst die Weste auf, an der Oberfläche beim Warten vor dem Tauchgang oder bei der Rückkehr zur Oberfläche. Er kann auch, wenn notwendig, die Tarierung beim Tauchen ausgleichen und die Entlüftung beim Auftauchen betätigen. Der Jugendliche lernt es, diesen Ausrüstungsteil zu bedienen, um seine Tarierung ständig zu beherrschen.
Die Hersteller bieten Tarierwesten an, die sich an Einfallsreichtum übertreffen und sich so auch für kleine Körper eignen. Die Kinder können Westen nach ihrem Geschmack und ihrem Körperbau aussuchen.

10.7

10.8

Das Kleinmaterial

Der Bleigürtel
Die Tarierung eines Kindes ist mit einigen spezifischen Problemen verbunden. Für einen Kinderanzug braucht man fast genau soviel Neopren wie für einen Erwachsenenanzug. Ein Kind braucht also im Durchschnitt 3 bis 5 Kilogramm Blei, um im Wasser bei voller Ausrüstung austariert zu bleiben. Diese Masse wiegt schwer außerhalb des Wassers. Sie hängt an der Taille, und der Gürtel wird oft auf den Flossen wiederzufinden sein. Die Hüften eines Kindes sind nicht ausgeprägt; ein Baumwoll- oder Nylongürtel wird also leicht rutschen. Die beste Lösung ist ein elastischer Gürtel. Ein solcher wird seit Jahren von einem einzigen Hersteller im Handel angeboten.

Die Tasche
Kinder haben wenig Material, aber dennoch Probleme, es aufzuräumen und wiederzufinden. Eine Tasche ist also sehr nützlich. Der Handel bietet verschiedene Formen, angenehme Farben und den Kindern angepaßte Größen an. Besonders gut geeignet ist für Kinder der Rucksack. Man muß aber einen mit passender Größe finden.

Das Zubehör
Kinder und Jugendliche sind vom Zubehör des Lehrers sehr angetan: Sie wollen bald auch einen Tiefenmesser, eine Uhr und ein Messer haben. Man sollte den Nutzen dieser Accessoirs nicht unterschätzen, die beim jungen Menschen ein Bewußtsein für die Sicherheitsregeln beim Tauchen wecken können. Sie müssen stabil, schön, gut ablesbar und preisgünstig sein. Die Jugendlichen bevorzugen den elektronischen Tiefenmesser mit integriertem Zeitmesser und Thermometer. Es ist ein sehr gutes Zubehör, ganz auf der Welle heutigen Materials. Gute Taucheruhren, bunt und modisch, ziehen die Jüngeren an. Die Eltern schätzen ihren vernünftigen Preis.
Die Auswahl bei den Messern ist groß, aber keines ist speziell für Kinder entworfen. Die Jugendlichen wählen Anfängermodelle in vernünftiger Größe und zu einem angemessenen Preis.

DIE PÄDAGOGIK

Im Tauchunterricht für Kinder müssen die Aktivitäten Vorrang haben, die sich nach den Fähigkeiten des Kindes in den verschiedenen Entwicklungsstufen richten. In Frankreich haben zwei Lehrerkategorien originelle pädagogische Methoden und neue Praxisformen entwickelt: Sportlehrer, die im Rahmen der Schule arbeiten, und Tauchlehrer, die in speziell für Kinder gegründeten Vereinen unterrichten.
Der Sportunterricht ist im allgemeinen ein Gemeinschaftserlebnis: Tauchen im Verein oder in der Schule zu lernen, stärkt das Gruppengefühl (Abb. 10.9).
Eines der ersten Ziele ist es zu lernen, wie wichtig die gegenseitige Beobachtung ist, sowohl beim Freitauchen wie beim Gerätetauchen. Im Rahmen der Familie oder innerhalb von professionellen Einrichtungen ist Einzel-Unterricht möglich. Gewisse Aspekte der Aktivität kommen dabei aber nicht zum Tragen.
Kindern das Tauchen zu lehren ist kein Ziel für sich. Es ist ein Fach unter anderen Fächern, das man objektiv bewerten sollte. Die Kinder profitieren vom Reichtum, den die verschiedenen sich ergänzenden Gebiete mit sich bringen.

Zeit und Tiefe

Die dominierende Bedeutung der Tiefe gegenüber allen anderen Kriterien kommt von traditionellen Konzepten her, die von erwachsenen Tauchern und oft auch offiziellen Stellen noch verbreitet werden. Heute bekommt die Zeit, d. h. die Dauer des Tauchganges ihre wichtige Stellung wieder: Ein erfahrener Taucher zeichnet sich viel mehr durch die Zeit aus, die er unter Wasser verbracht hat, als durch die maximalen Tiefen, die er erreicht hat.
Jean-Pierre Malamas hat in seinem Werk „Tauchen lernen, ein Kinderspiel" den Begriff Raum eingeführt, der abgestimmt auf unsere Verhältnisse folgendermaßen definiert werden kann:
– naher Raum von 0 bis 5 Meter Tiefe,
– mittlerer Raum von 0 bis 20 Meter Tiefe,
– entfernter Raum ohne Dekostufen von 0 bis 40 Meter Tiefe,
– entfernter Raum mit Dekostufen von 0 bis 40 Meter in den Grenzen der offiziellen Tabellen.

Kinder und Tauchen

Was die Kinder betrifft, wird das Tauchen aus Gründen der Sicherheit und der Durchführbarkeit im flachen Wasser gelehrt. Einzig die nahen und mittleren Räume eignen sich für sie (siehe weiter bei Sicherheitsregeln).

Dieser Raumbegriff, der sogar in die offiziellen Texte des französischen Sportministeriums aufgenommen wurde, zeigt, daß nur die Bewegungszone des Tauchers wirklich wichtig ist. Die maximale Tiefe wird oft nur für sehr kurze Zeit erreicht; sie kommt lediglich für die Berechnung der Stufen in Betracht.

Wesentlich wichtiger ist die Zeit, die in der betreffenden Zone verbracht wird. Sie drückt die immer größere Erfahrung des jungen Tauchers aus. In seinem Tauchbuch am Ende des Kapitels über das Logbuch schlägt Jean-Pierre Malmas vor, die Summe der Stunden zu berechnen, die ein Kind in den verschiedenen Zonen verbracht hat. So würde das, was das Kind beim Tauchen erlebt hat, mit einem Blick zu sehen sein.

Grundprinzipien des Unterrichts

Übungen, wie das autonome Tauchgerät zu benutzen ist, fügen sich in einen weiteren Rahmen ein, in die Beherrschung der Wasserumgebung. Die Grundkenntnisse müssen besonders ausführlich gelernt werden: das Austarieren, das Atmen, die Fortbewegung, ähnlich den Lernschritten, die man beim Schwimmenlernen antrifft. Diese Grundprinzipien setzen die großen Linien der Übungsprogramme fest.

Kinder brauchen mehrere Jahre, um Fortschritte in diesen verschiedenen Bereichen zu machen. Die Ziele sind je nach Alter des Kindes und vor allem entsprechend seiner körperlichen Entwicklung sehr verschieden. Es nützt nichts, von einem Kind zu verlangen, daß es eine Übung ausführt, die es physiologisch gesehen noch nicht beherrschen kann. In diesem Zusammenhang möchten wir erwähnen, daß die Benutzung von Flossen, Maske und Schnorchel auch für den klassischen Schwimmunterricht eine wertvolle Hilfe darstellt, denn dieses Material hilft manchen Anfängern, die Probleme, die sie mit der Schwimmfähigkeit, dem Sehen und dem Atmen haben, zu überwinden.

Das Gleichgewicht

Verschiedene Arten des Gleichgewichts spielen bei den Bewegungen des Tauchers eine Rolle: das waagerechte und senkrechte Gleichgewicht an der Oberfläche, knapp unter der Oberfläche, das statische, das dynamische Gleichgewicht in einer Richtung oder bei Drehungen. Dem Lehrer stehen verschiedene Spiele und Übungen zur Verfügung, um die Beherrschung des Gleichgewichts zu verbessern, bei denen man Stellungen und Stützen im Wasser suchen und die Arbeit von Armen und Beinen trainieren kann.

Auf Strecken, die durch Bojen oder Unterwassermarkierungen gekennzeichnet sind, muß das Kind einem vorgegebenen Parcour folgen, sowohl an der Oberfläche, als auch unter Wasser oder beides. Dabei dürfen die Markierungen oder die Linie nicht berührt werden. Selbstverständlich werden die Schwierigkeiten den Fähigkeiten des Kindes angepaßt. Man steigert die Schwierigkeit, indem man vom Körper verschiedene Positionen verlangt, statische oder in der Bewegung: auf dem Rücken, spiralförmig, mit dem Kopf nach unten, usw. Schwimmende oder tarierte Gegenstände erweitern die Varia-

10.9

10.10

tionsmöglichkeiten (Abb. 10.10). Die Rollen nach vorne oder nach hinten, langsam oder schnell, einfach oder wiederholt, allein oder zu zweit zählen zu den beliebtesten spielerischen Übungen.

Die Beherrschung der Atmung trägt wesentlich dazu bei, das Gleichgewicht knapp unter der Oberfläche zu halten: durch Übung kann man es erlernen, allein durch das Atmen in einer konstanten Tiefe zu bleiben.

Die Atmung

Das Atemtraining steht bei allen Wassersportarten im Mittelpunkt des Unterrichts. Beim Tauchen wird durch den Umgang mit Schnorchel und Druckminderer das Atmen verändert; der Rhythmus wird verlangsamt und die Lungenkapazität vergrößert. Dies muß sehr langsam eingeübt werden, vor allem bei den Jüngsten.

Das Ausatmen kann man den Kindern spielerisch beibringen. Mit einem 30 Zentimeter langen Gartenschlauchstück kann man zum Beispiel den Lehrer vollspritzen oder einen Elefant spielen, der durch einen Fluß geht, oder auch Ballons oder Fallschirme unter Wasser aufblasen. Diese Spielformen gehen der Benutzung des Schnorchels voraus. Man vermeidet somit Ablehnung oder Blockierungen, die durch zu schwere Übungen verursacht werden.

Das Üben der Apnoe kann sehr früh begonnen werden. Kinder, die noch nicht sehr gut schwimmen können, verbringen oft mehr Zeit unter Wasser als an der Oberfläche. Man muß diese Neigung ausnützen und in Richtung sinnvoller Übungen lenken, bei denen man von Anfang an besonderen Wert auf strenge Sicherheitsregeln und bedingungslosen Gehorsam gegenüber diesen Vorschriften legen sollte. Bei Leistungserhebungen sollte man vorsichtig und bescheiden bleiben; zudem ist die Apnoe in Bewegung der statischen Apnoe, die schwer zu kontrollieren ist, vorzuziehen.

In diesem Zusammenhang ist es auch nützlich, das aktive kontrollierte Atmen zu üben. Die in der Lunge enthaltene Luft soll auf einer Unterwasserstrecke nach und nach herausgelassen werden. Die Variationen sind unendlich: Kontrolle des Volumens der Blasen, Kontrolle der Ausatmungsgeschwindigkeit, zusammenhängendes oder unterbrochenes Ausatmen... Eine gut kontrollierte Atmung erlaubt später eine bessere Beherrschung des Unterwassergleichgewichts.

Der Begriff Luftmangel muß besonders behandelt werden, wobei pädagogische Situationen der Ausgangspunkt sein können: Man kennzeichnet an der Oberfläche eine Start- und eine oder mehrere Auftauchzonen. Die Rückkehr an die Oberfläche muß unter allen Umständen innerhalb der Auftauchzonen geschehen.

Die Fortbewegung

Die Arbeit an der Fortbewegung beginnt mit der Gewöhnung an die Flossen und geht weiter mit dem Üben der Flossenbewegungen in allen Variationen: Bauch-, Rücken- oder Seitenlage an der Oberfläche, unter Wasser in Apnoe, unter Wasser mit Gerät, mit einer einzigen Flosse, auf langen Strecken mit regelmäßigem Rhythmus oder mit periodischen Beschleunigungen, auf kurzen Strecken mit schnellem Rhythmus, usw. Es läßt sich immer ein Vorwand finden: Wettkämpfe, Staffeln, Fangen, Schatzsuche usw.

Sobald der Körperbau und die physiologische Entwicklung des Kindes es erlauben, kann man mit der Ausdauerarbeit beginnen: größere Strecken und längere Schwimmzeiten. Diese Arbeit bringt ab der Vor-Pubertät, also mit ungefähr 11–12 Jahren, gute Ergebnisse.

Training im Schwimmbad

Die Arbeit in Schwimmbecken oder künstlichen Becken bringt viele pädagogische Vorteile: Sie ermöglicht es, mehrere Parameter zu kontrollieren: Wassertemperatur, Tiefe, Wasserbewegungen, Anhaltepunkte. Das Kind kann in einer geschützten, ruhigen und nahen Umgebung in das Tauchen eingeführt werden.

Aber um Leben und Motivation in ein Schwimmbad zu bringen, kommt man nicht umhin, es mit pädagogischem Material zu bereichern: Reifen waagerecht an der Oberfläche oder senkrecht unter Wasser, tarierte oder schwimmende Gegenstände in verschiedenen Formen und Farben, Tunnels, Seile, Baukastenspiele, Brettchen zum Zeichnen (Abb. 10.11).

Alle Bedingungen sind gegeben, um spielerische Situationen zu gestalten, die man je nach Niveau oder Fortschritt, nach der Phantasie der Lehrer und der Kinder variieren kann.

Für die verrücktesten Ideen braucht man einige Mittel, gute Freunde und eine effiziente Zusammenarbeit mit der Schwimmbaddirektion: ein Unterseeboot aus nassen Tauchertaschen zusammengestellt, eine auf dem Grund des Beckens festgemachte Plexiglasblase, eine Unterwassertonanlage sind schon von einigen eingesetzt worden.

Kinder und Tauchen

Ein Unterricht in kleinen Lernschritten

Jeder Unterricht muß Rücksicht auf die Fähigkeiten der Schüler nehmen. Einem Kind das Tauchen beizubringen bedeutet, es bei seiner Beherrschung des Wasserelements zu begleiten und sich seiner psychomotorischen Entwicklung anzupassen. Der Unterricht muß seine körperlichen, geistigen und gefühlsmäßigen Entwicklungen berücksichtigen.

Im Schwimmbad bietet man Kindern einen spielerischen Unterricht an, wobei der Rhythmus, die Dauer und die Abwechslung die Aufmerksamkeit fesseln sollen. Für die kleinen 6- bis 8jährigen genügt eine Übungseinheit von 30 bis 45 Minuten pro Woche. In der Altersstufe von 9 bis 12 Jahren bringen zwei 45minütige Unterrichtseinheiten pro Woche gute Ergebnisse; bei dieser Dauer kann man ein effizientes Programm entwickeln, das Freude macht. Im Vergleich dazu ist eine Unterrichtseinheit von 90 Minuten pro Woche nicht so wirksam, denn nach einer Stunde zeigen sich erste Ermüdungserscheinungen und Überdruß. Für Jugendliche sind zwei einstündige Trainingseinheiten pro Woche von Vorteil.

Man darf allerdings nicht vergessen, daß das Training im Schwimmbad nur ein Mittel ist; das endgültige Ziel ist das Tauchen im Meer. In jeder Phase des Unterrichts muß man den Kindern Tauchgänge im Meer anbieten können, wo sie sich einer Wasserumgebung in ihren gewaltigen Ausmaßen gegenüber sehen. Das Tauchen im Meer ist in jeder Entwicklungsstufe, auch bei sehr kleinen Kindern unter guten Sicherheitsbedingungen möglich und macht den Kindern Spaß. Der Lehrer muß nur die Mittel dazu finden.

Bei Jugendlichen, die im Schwimmbad trainieren, trägt ein sportlicheres Training auf der Grundlage von Schwimmübungen mit Flossen, Apnoen, sportlichen Spielen und Tauchtechniken dazu bei, die Motivation zu erhalten und gleichzeitig die physischen Fähigkeiten zu steigern. In diesem Alter (etwa ab 10 Jahre), aber auf keinen Fall früher, kann man mit Gewinn die ersten offiziellen Tauchabzeichen angehen. Diese für Erwachsene entwickelten Abzeichen sind für jüngere Kinder ungeeignet. Manche Verbände, wie der VDST und die über die CMAS zusammengeschlossenen befreundeten Verbände, haben spezielle Diplome für Kinder und Jugendliche entworfen, und die Erfahrungen zeigen, daß diese Brevetstufen gerne abgelegt und als Beweis der eigenen Leistungsfähigkeit aufgenommen werden.

Spiel und Training

Für einen Erzieher bedeutet das Unterrichten von Kindern eine Verantwortung, bei der er zusätzlich zu seinen pädagogischen Qualitäten auf Disziplin achten und zudem Beobachtungsgabe und methodisches Vorgehen, aber auch Phantasie beweisen muß. Es muß sein Bestreben sein, die Motivation der Kinder während einer ganzen Unterrichtsstunde oder einer Trainingssaison aufrechtzuerhalten. Es ist seine Aufgabe, eine Folge von Übungen und vor allem von Spielen festzulegen, die die Aufmerksamkeit des Kindes fesseln; er muß so oft wie nötig variieren, um das Interesse zu erhalten. Wiederholungen sind bei jedem Training notwendig; man muß sie aber gekonnt immer wieder durch kleine Variationen verändern, so daß die Anforderungen auf natürliche Weise gesteigert werden können.

Bei Kindern bis etwa 13 Jahren verpackt man besser jedes pädagogische Anliegen in eine Spielform (Abb. 10.12). Später können sich Spiele, die schon mehr Struktur und Regeln erfordern, mit intensiveren sportlichen Übungen abwechseln. Man entwirft ein Erziehungsspiel, das ein genaues Ziel und Regeln hat und dessen Abwicklung und Dauer kontrolliert wird. Eine gewisse Flexibilität kann man erlauben, sie sogar begünstigen, wenn man die persönlichen Erlebnisse des Kindes durch verstärkte Empfindungen steigern will. Aber nicht jedes Spiel ist erzieherisch; jeder unnütze oder gewalttä-

10.11

tige Zeitvertreib, der gefährlich werden kann, muß strikt unterbunden werden. Dagegen kann man sogar in die Erholungsphasen einen pädagogischen Aspekt einfließen lassen.

Der Spiel-Begriff hat auch seine Berechtigung selbst bei der Ausübung des Tauchsports. Der Trainierende wird in der natürlichen Umgebung mit sich ändernden Bedingungen konfrontiert, deren Konstellationen schlecht vorhersehbar sind. Der Übende muß sich daran gewöhnen, sich schnell an neue und unerwartete Situationen anzupassen. Das ständige Wiederholen immer gleicher Übungen kann nur stereotype, sture Antworten auf immer gleichbleibende Situationen hervorrufen. Spiele dagegen schaffen durch verschiedene unerwartete Situationen Automatismen, wirksame Reaktionen auf immer neue Situationen. Man kann diese Komponente noch mehr betonen, indem man die Spielregeln ständig variiert.

DIE PRAKTISCHE ORGANISATION DES KINDERTAUCHENS

Neue Schüler, neue Forderungen. Kinder tauchen mit ihren eigenen Vorstellungen. Die Begleiter müssen einen Ausgleich finden zwischen Interesse und Vergnügen an dieser Aktivität und der bestmöglichen Sicherheit.

Das Tauchgelände aussuchen

Gut ausgewählte natürliche Orte

Kinder bis zu 10 Jahren tauchen hauptsächlich im nahen Raum, bis zu 16 Jahren im mittleren Raum. Bei der Suche nach dem Tauchgelände muß man originell denken; kleine Meeresgründe mit einem intensiven Unterwasserleben sind besonders geeignet. Diese Plätze, die erwachsene Taucher vernachlässigen, findet man nah am Ufer. Sie vereinigen die Vorteile des Lichts und der Wärme mit denen der Sicherheit. Ob man einen felsigen oder grasbewachsenen, einen mit Algen bedeckten Boden oder einen Sandstrand auswählt, hängt von dem bequemen Eintauchen, der Wetterlage oder dem Vertrauen der Kinder ab. Der Sandstrand ist für die Kleinsten und die Anfänger ein Ort, der Sicherheit vermittelt. Die felsigen Zonen werden sie später erforschen, wenn sie sich sicherer fühlen und von sich aus etwas Neues und Abenteuerliches suchen werden (Abb. 10.13).

Zugang zu den Tauchstellen

Den kleinen Kindern muß beim Anziehen geholfen werden. Begleitende Erwachsene haben mit derartigen Aufgaben vor und nach dem Tauchen viel zu tun. Im Wasser werden sie von den Tauchlehrern abgelöst. Für 6- bis 9jährige ist ein leichter Zugang unbedingt notwendig. Man wird im allgemeinen kein Boot benutzen, sondern von einem Strand oder besser von einer felsigen Bucht aus starten, wo man direkt ins Wasser gehen kann.

Bei 10- bis 12jährigen kann man kleine, niedrige Boote benutzen: Aluminiumbarken oder Schlauchboote. Es ist besser, nur Kinder an Bord zu haben, damit die Gruppe einheitlich bleibt, gut funktioniert und von sperrigen und egoistischen Erwachsenen nicht gestört wird. Man sollte große Boote vermeiden, die für Er-

10.12

Kinder und Tauchen

wachsene gedacht sind; sie können für die Kinder eine Gefahr bedeuten, das Eintauchen von Bord aus ist zu schwierig, und sie sind zu überwältigend für sie.

Die Sicherheitsregeln

Kindern das Tauchen zu lehren heißt, sie den Reichtum des Meeres in den ersten Metern unter der Oberfläche entdecken zu lassen und ihnen dabei die vollkommenste Sicherheit zu garantieren.

Dafür muß man sehr strenge Regeln mit sehr großem Sicherheitsspielraum aufstellen unter Berücksichtigung aller in Frage kommenden Parameter: Tiefe und Dauer des Tauchgangs, Anzahl und Ausbildung der Begleitung.

10.13

Kinder und Tauchtabellen

Die offiziellen Tauchtabellen wurden für Erwachsene festgelegt. Kein einziger Parameter berücksichtigt die physiologischen Eigenschaften eines Kindes. Läßt man Kinder tauchen, darf man auf keinen Fall Alters- und Reifekriterien außer acht lassen; Tauchgänge mit Dekostufen sind absolut zu verbieten. Die Vorreiter des Kindertauchens haben derartige Tabellen erstellt (Tabelle 10.1). Taucht ein Jugendlicher zweimal am Tag, muß der zweite Tauchgang kürzer sein als der erste.

10.14

Alter	Tiefe	Dauer	Anzahl der Tauchgänge pro Tag
6–8 Jahre	2–3 m	10 min	1
9–10 Jahre	3–5 m	15 min	1
11–12 Jahre	5–8 m	20 min	1
13–14 Jahre	8–10 m	25 min	1
15–16 Jahre vor der Pubertät nach der Pubertät	15 m 15–20 m	30 min 30 min	1 2

Tabelle 10.1 *Beispiel einer Tauchtabelle für Kinder (wie sie von der CISN-Kindertauchgruppe von Val-d'Oise verwendet wird).*

Der Tauchlehrer und das Kind
Bis etwa 8–9 Jahren tauchen Kinder grundsätzlich allein mit einem Lehrer (Abb. 10.14). Ihre Schwäche, ihre Ängste, aber auch ihr Übermut erfordern vom Erwachsenen viel Aufmerksamkeit. Dies gilt auch für ältere Kinder, die zum ersten Mal tauchen. Wenn Fortschritte zu erkennen sind, kann man eine Gruppe mit zwei oder drei Kindern bilden. Dies ist aber nur möglich, wenn man sich der Gewandtheit der Kinder absolut sicher ist und die Sicherheitsregeln gut beachtet, insbesondere was die Tiefe und die Dauer der Tauchgänge betrifft.

Gesetzliche Regelung

Kinder, die tauchen, sind oft in Gruppen organisiert. Die Richtlinien des Kindertauchens lehnen sich an die Vorschriften an, welche für die Praxis des Tauchens und die Arbeit mit Kindergruppen gelten.
Wenn eine Familie ihr Kind irgendeiner Organisation anvertraut, trägt diese die Verantwortung bis zu dem Moment, in dem das Kind seiner Familie wiedergegeben wird. Dies gilt für eine Trainingsstunde im Schwimmbad genauso wie für eine Lehrgangswoche am Meer. In diesem Fall besteht das Personal neben den Tauchlehrern notwendigerweise auch aus Ferienlagerassistenten.

Die Betreuungsregeln
Die derzeit gültigen Vorschriften sehen für die Betreuung eines Tauchanfängers ohne Abzeichen mindestens einen Übungsleiter, Jugendleiter oder Tauchlehrer entsprechender Qualifikation vor. Genauso ist das Mindestdiplom des Tauchleiters festgelegt: Erkundigen Sie sich hier nach den Grundvoraussetzungen der Organisation, der Sie Ihr Kind zur Ausbildung anvertrauen. Mehr Einzelheiten sind im Kapitel 11 zu finden.
Zu bedenken ist, daß die Ausbildung der Tauchlehrer weder die Betreuung noch den Unterricht der Kinder beinhaltet. Eine der wenigen Ausbildungen dieser Art wird von Verbänden wie dem VDST e.V. in der Jugendleiterausbildung, der DLRG und dem DRK angeboten. Allerdings bemühen sich auch die anderen Organisationen und kommerziellen Anbieter um entsprechend kindgerechte Angebote. PADI z. B. beteiligt sich seit 1995 an einer internationalen „underprivileged Kids-Action", die vor allem sozial schwachen Kindern zugute kommen soll.

Immer noch gilt allerdings ganz allgemein, daß das Kindertauchen erst in den Anfängen steckt und die Betreuungsdiplome häufig noch vollkommen ungenügend sind, weil zu sehr auf Erwachsene bezogen sind. Man muß auf jeden Fall versuchen, eine Betreuung anzubieten, die in ihrem Umfang in diesem speziellen Gebiet weit über das gesetzliche Minimum hinausreicht.

Kinder und Lehrgang
In allen Ländern sind die Bestimmungen für die Leitung von Kindergruppen unterschiedlich. Allerdings gilt ganz allgemein, daß die Eltern am besten schriftlich über den Ablauf des Kurses informiert sind und zu den Ferienplänen ihre schriftliche Zustimmung gegeben haben. In Deutschland kennen wir die Aufsichts- und Fürsorgepflicht und müssen unser Verhalten an Begriffen wie fahrlässig oder grob fahrlässig messen lassen, wenn es im Falle eines Unfalls um Haftungen geht. Am besten lassen Sie sich hier von der Jugendabteilung des VDST e.V. beraten, der über seine Jugend- und Übungsleiter in das System des Deutschen Sportbundes eingebunden ist.
In Frankreich müssen Gruppen von mehr als 5 Kindern, die mehr als fünf Nächte in einem Ferienlager verbringen, angemeldet werden. Eine Voranmeldung ist bei einem Aufenthalt in einem schon zugelassenen Ferienzentrum nicht notwendig. Die Betreuung muß von Ausbildern gewährleistet werden, die den *BAFA* (das Befähigungszeugnis für die Ausbilderfunktion) vorweisen können; die Gruppe muß von einem diplomierten Ferienlagerleiter betreut werden, der das *BAFD* besitzt (Befähigungszeugnis für die Leiterfunktion). Um sich anzumelden und sich über die Regeln und eventuelle Vergünstigungen zu vergewissern, ist es ratsam, sich an die Direktion des Departements zu wenden, in der die betreffende Organsiation tätig ist.
Während eines mehrtägigen Lehrgangs verbringen die Kinder mehr Zeit mit verschiedenen Gruppenaktivitäten als mit dem Tauchen. Eine Erweiterung der Tauchaktivität muß eingeplant werden: Besichtigungen von Aquarien, Studien der auf dem Meeresgrund gesammelten Muster, Kennenlernen der während des Tauchens entdeckten Tiere mit Hilfe von Büchern oder Tafeln, Probeaufnahmen von Plankton und mikroskopisches Beobachten.
Tauchunterricht schließt das Kennenlernen des Meeres und aller damit verbundenen Aktivitäten ein: ein Boot ankern, fahren, ein Echolot oder eine Sonde benutzen, ein Boot warten –

all das motiviert Jugendliche. Der Tauchlehrer kann also eine wichtige Rolle spielen, vor allem, wenn seine Zuständigkeit über die Betreuung des Tauchens hinausgeht.
Mit Hilfe von spezialisierten Betreuern können auch Fotografie-, Archäologie- und Malprojekte angegangen werden.
Die Ausbilder müssen das Gruppenleben organisieren. Sie legen ein Aktionsprogramm um und außerhalb des Tauchens fest, dem Alter, den Wetterbedingungen und dem Ort angepaßt. Spaziergänge, Besichtigungen, Wanderungen sind die Unternehmungen, die man am leichtesten organisieren kann. Sportliche Spiele, vor allem mit einem Ball, finden auf der Stelle Zustimmung bei den Kindern.
Bei schlechtem Wetter muß man Beschäftigungen im Haus planen: Handarbeiten (man muß an das Material gedacht haben), Spiele, Videofilme. Die Organisation einer Feier hat immer viel Erfolg und mobilisiert gemeinsame Energien.
Für Disziplin zu sorgen ist besonders notwendig und manchmal heikel, vor allem bei Jugendlichen. Die Nachtruhe stellt oft ein besonders schwieriges Problem dar. In manchen Fällen muß man es auf eine Kraftprobe ankommen lassen.

Die Strukturen

Die Gelegenheiten, Kinder tauchen zu lassen, werden immer zahlreicher; außerhalb des zwangsweise engen und oft nicht sehr günstigen Familienkreises bieten Schul-, Vereins- oder Berufsorganisationen verschiedene Möglichkeiten.

Die Schule

Der Sportunterricht in der Schule bietet sehr großen Abwechslungsreichtum von der Grund- und Realschule über das Gymnasium bis zur Universität. Die Einführung neuer Sportarten hängt meist vom persönlichen Interesse eines Sportlehrers ab. Da die einzelne Schule im allgemeinen nicht über die materiellen und finanziellen Mittel verfügt, um einen derartigen Unterricht unabhängig zu gestalten, sichert sie sich für das Material und die Betreuung die Zusammenarbeit mit einer außerschulischen Einrichtung, oft mit einem Verein.
In Frankreich spielt die organisierte Kinder- und Jugendbetreuung eine viel größere Rolle als in Deutschland. Mit seinen Ferienlagern an den vielen Küsten bieten sich zudem weit mehr Gelegenheiten zum Tauchen als in Deutschland, Österreich und der Schweiz. Gerade deshalb sollte man durchaus einen Blick über die Grenze wagen, um zu sehen, was alles machbar ist.
In der Grundschule organisieren motivierte Volksschullehrer entweder einmalige Einführungen im Schwimmbad oder im Meer – im Rahmen eines Schnupperkurses. Der Erfolg derartiger Initiativen hängt ab von der Motivation der Ausbildender und der Unterstützung durch die Behörde: durch den Schuldirektor, den pädagogischen Berater, den Schulrat. Aufnahmezentren für Schnupperkurse findet man an den französischen Küsten, z.B. in Camaret (Finistère), auf der Insel Groix (Morbihan), in Banyuls (Pyrénées-Orientales) und Porquerolles (Var) werden solche Kurse angeboten. Regelmäßiges Tauchen ist in einigen Realschulen und Gymnasien Frankreichs möglich. In der Realschule und am Gymnasium Fesch in Ajaccio in Korsika gibt es eine „Tauchklasse" in der ersten Stufe, die zwei Einführungsstunden pro Woche und monatlich einen Ausflug ans Meer vorsieht. In der zweiten Stufe bietet die Klasse drei Tauchunterrichtsstunden pro Woche an. Beim Abitur kann Tauchen als Wahlfach gewählt werden: die Abschlußprüfung besteht aus einem Aufsatz und einer praktischen Prüfung im Tauchen. Der dortige Schulsportverein bietet auch im Rahmen der *nationalen Union des Schulsports* am Mittwochnachmittag Tauchstunden an zur Fortsetzung dieser Aktivitäten. Das Gymnasium von Moûtiers in Savoyen bietet ebenfalls gut organisierte Tauchaktivitäten an.
In Deutschland bemühen sich die Landesverbände des VDST e.V. um entsprechende Lehrplanmöglichkeiten und können Ihnen sicher bei der Organisation von entsprechenden Kursen über ihre regionalen Vereine behilflich sein. An manchen Orten bieten auch die Tauchsportgeschäfte entsprechende Ausbildungen oder Ausbildungshilfen an. In Österreich und der Schweiz wenden Sie sich bitte an die nationalen Tauchsportverbände.
In Projekten können Kinder sich zahlreiche Träume verwirklichen (Abb. 10.15). Es gab und gibt Projekte und Projektwochen, z. B. im Rahmen der Um- und Neugestaltunggestaltung der Schulzeit. Oft fängt das Tauchen mit der Benützung des zur Förderung des Schwimmunterrichts vorgesehenen Materials an. Es entwickelt sich auch in Verbindung mit den verschiedensten Fächern: Sport- und Leibeserzie-

10.15

10.16

hung, Physik, Biologie, Geschichte, Erdkunde, Kunstunterricht, Französisch.

Die Vereine

Die auf freiwilliger Basis organisierten Vereine sind neben den kommerziellen Angeboten der Tauchsportgeschäfte das Herzstück des Unterrichts und der Praxis des Tauchens in Deutschland, Österreich und der Schweiz.

Die meisten sind den nationalen Tauchsportverbänden angeschlossen, oder es sind Tauchsportgruppen innerhalb anderer Organisationen wie der DLRG, dem DRK, dem Deutschen Schwimmverband oder der Wasserwacht. Vereine mit einer Kinderabteilung sind noch nicht sehr zahlreich: Beim VDST ist es erst etwa jeder 3. Verein. Vereine, die nur für Kinder gedacht sind, gibt es bei uns derzeit nicht.

Ein auf Kinder ausgerichteter Verein müßte grundverschieden zu einem Verein sein, der nur Erwachsene betreut. Die Verwaltung dieser Klubs muß von den Eltern übernommen werden, in Zusammenarbeit mit Tauchlehrern, Übungs- und Jugendleitern, die auf den Unterricht für Kinder und die damit zusammenhängende Verantwortung gut vorbereitet sind.

Ein Klub im Inneren des Landes muß für das Training im Schwimmbad versuchen, einen Zeitabschnitt am Ende des Nachmittags zu bekommen, auf jeden Fall nicht zu spät am Abend. Er muß über Tauchmaterial verfügen, das der ausgewählten Altersstufe angepaßt ist. Pädagogisches Material muß zur Verfügung stehen. Entweder ist es vom Schwimmbad zu bekommen, oder es muß besorgt werden.

Aufenthalte und Lehrgänge an Seen oder gar am Meer erfordern schließlich besondere Aufmerksamkeit; sie sollten eine der Hauptkomponenten eines solchen Vereinslebens darstellen. In einigen Jugendgruppen der Erwachsenenvereine sind diese Ziele allerdings schon weitgehend realisiert.

Die professionellen Organisationen

Die Anhänger des Freizeitsports werden immer anspruchsvoller, vermögender, weniger flexibel und verlangen maßgeschneiderte Angebote. Professionelle Tauchorganisationen sind deshalb im Aufschwung und passen sich der neuen Situation an. In ihrer Zuwendung an Kinder sind sie noch sehr zurückhaltend und können nur besser werden.

Andererseits haben die großen Organisationen unter ihnen, wie z. B. PADI Europa, diesen sich neu erschließenden Markt erkannt und bieten

Kinder und Tauchen

bei Großveranstaltungen wie dem europäischen Pfadfindertreffen Schnupperkurse und Einstiegsmöglichkeiten in den Tauchsport.

Die Kinder und das Tauchen der Zukunft

Die Altersstufen, die Interesse am Tauchen zeigen, sind in den letzten zehn Jahren immer jünger geworden. In den Vereinen lag 1992 der Prozentsatz der Lizenzinhaber unter 16 Jahren, der vor 1980 kaum nennenswert war, weit über 10 %. Die Vereine kommen der Nachfrage nicht nach. Bei den Schnuppertagen, welche Vereine und Tauchschulen am Ende oder Anfang der Saison veranstalten, drängen sich Kinder und Jugendliche, um diese Tauchtaufe auszunützen, bei der sie ihre ersten Blasen im Schwimmbad loslassen werden. Die inzwischen von vielen Vereinen durchgeführten Aktionen können immer gleichbleibenden Erfolg vorweisen.

Abgesehen von diesen durch die Medien bekannten Vorzeigeobjekten behindern zahlreiche praktische Probleme den Übergang vom Traum zum wirklichen Lernen: fehlende materielle und finanzielle Mittel, fehlende Betreuung, Überfüllung der Schwimmbäder, meist ungünstig gelegene Trainingszeiten in den Schwimmbädern, Interesselosigkeit in den Verwaltungen, Mißtrauen der technisch Verantwortlichen, deren tiefste Überzeugungen, daß Tauchen ein Sport für wohlhabende Erwachsene sei, durcheinander gebracht werden. Die Ausbilder, die Lehrgänge mitmachen, die die Verbände jedes Jahr organisieren, bringen frisches Blut in die Organisationen. Oft werden sie am Anfang nicht sonderlich unterstützt; sie zerstreuen aber nach und nach die Bedenken und Vorurteile sowie die eingefleischten Gewohnheiten. Zusammen mit ihnen kommt oft Personal für Rahmenprogramme, das neue Aktivitäten für die Kinder und Jugendlichen entwickelt.

Heute hat man anerkannt, daß die Praxis des Tauchens mit ihren Regeln, ihren Methoden, ihrer Organisation und ihrem Material für die Kinder eine Aktivität des Aufwachsens und der körperlichen Entwicklung darstellt, die ihnen sehr viel bringt (Abb. 10.16).

Die Kinder haben das Recht, die Welt unter Wasser zu genießen, ihren Reichtum zu entdecken und zu schützen, für sich und für ihre Nachkommen. Die Erwachsenen müssen ihnen die Möglichkeit dazu geben.

Wichtige Adressen:

VDST-Jugend
Verband Deutscher Sporttaucher e.V.
Tannenstr. 25
D–64546 Mörfelden Walldorf

Deutsche Lebensrettungsgesellschaft
Im Niedernfeld 2
D–31542 Bad Nenndorf

Barakuda International Aquanautic-Club (BARAKUDA)
Borbecker Str. 238
D–45355 Essen

SSI
Otto-Hahn-Str. 1c
D–69190 Walldorf

PADI EU Services AG
Oberwilerstr. 3
CH–8442 Hettlingen

Schweizer Unterwasser-Sport-Verband
SUSV
Pavillonweg 3
CH–3012 Bern

Tauchsportverband Österreich
Buchengasse 117/24 oder Erlachgasse 36–40
A–1100 Wien

Verband Internationaler
Tauchschulen e.V. (VIT)
Schlierseestr. 5
D–81541 München

Fachverband Europäischer Tauchlehrer (FST)
Karl Dorfner
Linkstr. 106
D–80933 München

Verband Europäischer Tauchlehrer (VETL)
Willi Hackelsberger
Urnenring 14
D–93309 Kelheim

Verband Deutscher Tauchlehrer e.V. (VDTL)
Moislinger Allee 8
D–23558 Lübeck

Wasserwacht im DRK
Friedrich-Ebert-Allee 71
53113 Bonn

11. TAUCHEN UND RECHT

Die internationale Seerechtskonvention der Vereinten Nationen regelt die juristischen Fragen in den internationalen Gewässern außerhalb der Hoheitsgebiete einzelner Staaten.
Doch Sporttaucher werden in den selteneren Fällen auf hoher See – außerhalb der sogenannten 12-Meilen-Zone – tauchen. Vielmehr spielt sich die Sporttaucherei innerhalb der Küstengewässer bzw. in Binnengewässsern ab. Das heißt, die Taucher befinden sich in der Regel im Geltungsbereich nationalen Rechts.
Für die Küstengewässer ebenso wie für die Binnengewässer gilt in Deutschland das Wasserhaushaltsgesetz, das in den einzelnen Bundesländern durch die jeweiligen Landeswassergesetze ergänzt wird.
Für die Befahrung der Gewässer, beispielsweise mit dem Tauchboot, gelten in unseren Küstengewässern die Kollisionsverhütungsregeln (KVR), die Seeschiffahrtsstraßen-Ordnung bzw. die Schiffahrt-Ordnung Emsmündung. Für unsere Binnengewässer gilt im wesentlichen die Binnenschiffahrtsstraßen-Ordnung für Bundeswasserstraßen bzw. spezielle Regelungen für die einzelnen Landesgewässer (z. B. Bodensee).
Im folgenden sollen einige rechtliche Aspekte behandelt werden, die für den normalen Sporttaucher relevant sind. Für Berufstaucher, Forschungstaucher oder beispielsweise Taucher der Feuerwehr gibt es weitergehende oder anderslautende Regelungen, auf die hier nicht eingegangen werden soll.
Auch die DLRG, die Wasserwacht und das Deutsche Rote Kreuz haben eigene, ihren Aufgabenbereichen entsprechende Regelungen. Ihre Ausbildung entspricht im wesentlichen den Stufen der DTSA/CMAS-Brevetierung, wobei im Rettungstauchen Leinenzwang besteht (siehe Äquivalenzlisten).

RECHTLICHE GRUNDLAGEN DES TAUCHENS IN DEUTSCHLAND

Bis vor einigen Jahren waren es nur wenige, die an sonnigen Tagen in unseren heimischen Gewässern untertauchten. Doch seit Anfang der 90er Jahre erlebte der Tauchsport einen boomartigen Wandel vom Hobby einiger weniger „Extremisten" hin zum Breitensport. Wie bei allen Sportarten, bei denen die Natur in Anspruch genommen wird (Klettern, Skifahren etc.), gilt auch hier: Die Masse macht's. Der stetig steigende Freizeitdruck auf unsere ohnehin schon belasteten Gewässer mußte zwangsläufig zum Konflikt zwischen den zahlreichen Wassersportfraktionen untereinander und mit den Belangen des Naturschutzes andererseits führen. In den einzelnen Bundesländern sind die Regelungen, nach denen das Tauchen gestattet ist, bzw. die Verfahren, nach denen es geregelt wird, unterschiedlich. In zahlreichen Gewässern ist das Tauchen inzwischen explizit verboten oder stark eingeschränkt, ein Zustand, der nicht zuletzt auf das Rowdytum einzelner zurückzuführen ist. Die Einhaltung der „10 Goldenen Regeln des Tauchsports" (Abb. 11.1) und das Bewußtsein eines jeden Tauchers, daß der Erhalt der Natur die Voraussetzung seines eigenen Hobbys darstellt, sollten dazu beitragen, die vielschichtigen Interessen an den einzelnen Gewässern zu koordinieren und langfristig intelligente Lösungen zu finden.

Ist Tauchen genehmigungspflichtig?

Nach geltender Rechtsauffassung ist Tauchen nur dann als Wassersport wie etwa Segeln, Kanufahren oder Eislaufen zu verstehen, wenn kein Atemgerät verwendet wird, also nur mit ABC-Ausrüstung getaucht wird („Schnorcheltauchen").

Bei der Frage, ob in einem Gewässer getaucht werden darf oder nicht, ist das Wasserhaushaltsgesetz (WHG) die entscheidende Gesetzesgrundlage. Regelungen der einzelnen Bundesländer in ihren Landeswassergesetzen ergänzen das Bundesgesetz, das sowohl für oberirdische Gewässer und Grundwasser wie auch für die Küstengewässer gilt.

Unter einem oberirdischen Gewässer ist das „ständig oder zeitweilig in Betten fließende oder aus Quellen wild abfließende Wasser" zu verstehen. Ein Küstengewässer definiert sich nach WHG als „das Meer zwischen der Küstenlinie bei mittlerem Hochwasser oder der seewärtigen Begrenzung der oberirdischen Gewässer und der seewärtigen Begrenzung des Küstenmeeres".

Das Wasserhaushaltsgesetz regelt den auf das Preußische Wasserrecht zurückgehenden sogenannten „Gemeingebrauch" oberirdischer Gewässer, indem es jedermann das Baden, Waschen, Schöpfen mit Handgefäßen, Tränken, Schwemmen, Befahren mit kleinen Fahrzeugen ohne eigenen Antrieb und das Eislaufen gestattet.

1. Sporttaucher zerstören keine Ufergürtel
2. Sporttaucher dringen nicht in Schilfgürtel ein
3. Sporttaucher schützen Brut- und Nistplätze
4. Sporttaucher schützen Laich- und Ruheplätze
5. Sporttaucher benützen vorhandene Wege und Stege
6. Sporttaucher schweben im Wasser und wühlen keinen Schlamm auf
7. Sporttaucher beschädigen keine Unterwasserpflanzen
8. Sporttaucher befolgen die Naturschutzbestimmungen
9. Sporttaucher halten Auto und Kompressoren fern vom Gewässer
10. Sporttaucher halten Gewässer und Uferzonen sauber

11.1 *Die zehn goldenen Verhaltenstips für Sporttaucher in Deutschland*

Tauchen und Recht

Ob das Tauchen – mit Atemgerät – nun dem Baden gleichgestellt werden darf und damit unter den Gemeingebrauch eines Gewässers fällt, oder ob es sich um eine genehmigungspflichtige Gewässerbenutzung handelt, hängt von der Auslegung im jeweiligen Landesgesetz ab. Bei der Benutzung eines Gewässers schreibt das WHG eine behördliche Erlaubnis bzw. Bewilligung vor, d. h. Gewässerbenutzungen sind verboten, sofern keine anderslautende Erlaubnis oder Bewilligung vorliegt.

Da das Tauchen, zumindest in dem Maße, wie das Sporttauchen heute betrieben wird, eine sehr junge Sportart ist, fand es bei der Gesetzesfestlegung der Wasserhaushaltsgesetze der meisten Bundesländer noch keine Berücksichtigung.

Die meisten Behörden und Verbände neigen dazu, die Gesetztestexte sehr restriktiv auszulegen, d. h. was nicht ausdrücklich im Gesetz erlaubt ist, ist verboten. In der überwiegenden Zahl der Bundesländer fällt das Tauchen mit Atemgerät nicht mehr unter den Begriff des Badens und wird somit genehmigungspflichtig.

Über das Kuratorium Sport und Natur, den Zusammenschluß der naturnutzenden Sportarten, versuchen daher die Vertreter des Verbands Deutscher Sporttaucher e.V., und des Förderkreises Sporttauchen e.V. dem Tauchsport die erforderlichen Freiräume für die Erhaltung von Tauchgewässern zu schaffen.

Dies ist sehr wichtig, da alle lokalen Auseinandersetzungen bislang dem Sporttauchen mehr geschadet als genutzt haben.

Die jeweiligen Landesverbände, Interessengemeinschaften und gewerblichen Anbieter versuchen im Rahmen der Ländervorschriften zu praktikablen Lösungen für alle Sporttaucher zu kommen. So erarbeitete beispielsweise der Württembergische Landesverband für den Tauchsport (WLT) Nutzungskonzepte für Seen, die die ökologischen Belange ebenso berücksichtigen wie die Anliegen der unterschiedlichen Nutzer.

Rechtslage in den einzelnen Bundesländern

Da alle Regelungen stetigen Fortschreibungen unterworfen sind bzw. sich die gängige Handhabung der gesetzlichen Regelungen mit der Zunahme des Taucheraufkommens in den letzten Jahren verändert hat, muß sich jeder Taucher vor einem Tauchgang vergewissern, ob in diesem Gewässer getaucht werden darf.

Taucher, die unbedacht handeln, schaden somit allen Sporttauchern, da jede Zuwiderhandlung ein willkommener Anlaß sein wird, das Tauchen weiter einzuschränken.

In Privatseen ist Tauchen mit Einwilligung des Besitzers stets gestattet, bei den Gewässern der öffentlichen Hand unterscheiden sich die Regelungen der einzelnen Bundesländer erheblich.

Baden-Württemberg:
Der Gemeingebrauch umfaßt nach § 26 des WHG auch das Tauchen mit Atemgerät und Scheinwerfer.

Sofern es jedoch zu Nutzungskonflikten kommt, können die Wasserbehörden oder die Ortspolizeibehörden die Ausübung des Gemeingebrauchs (und damit auch des Tauchens) regeln, beschränken oder auch ganz verbieten. Dies ist für einige Gewässer in Baden-Württemberg der Fall, in denen es aufgrund der Vielzahl der Nutzer zu Konflikten kam.

Generell besteht Nachttauchverbot in allen Gewässern Baden-Württembergs.

Bayern:
Sporttauchen gilt nicht als gemeingebräuchliche Gewässernutzung. Um zu vermeiden, daß jeder Tauchgang einer Genehmigung bedarf, regeln die Kreisverwaltungsbehörden den Tauchbetrieb ihrer Gewässer durch sogenannte Allgemeinverfügungen. Diese auf 3 Jahre befristeten Regelungen legen das Tauchen in den einzelnen Gewässern fest.

Berlin:
Sporttauchen gilt nicht als gemeingebräuchliche Gewässernutzung. Genehmigungen werden in der Regel jedoch problemlos erteilt.

Brandenburg:
Tauchen mit Atemgerät wird als erlaubnispflichtige Gewässerbenutzung gesehen, die auf Antrag genehmigt werden muß.

Bremen:
Nach dem Bremischen WHG ist Tauchen im Rahmen des Gemeingebrauchs in stehenden Gewässern der Stadtgemeinde zugelassen.

Hamburg:
Das Sporttauchen mit Gerät bedarf einer besonderen wasserrechtlichen Genehmigung durch die zuständige Wasserbehörde.

Hessen:
Tauchen wird als Sondernutzung eines Gewässers interpretiert und bedarf damit der ausdrücklichen Genehmigung des Eigentümers (privat, Gemeinde, Bund, Land).

Mecklenburg-Vorpommern:
Sporttauchen gilt nicht als gemeingebräuchliche Gewässernutzung. Wasserbehördliche Genehmigungen können global erteilt werden an Vereine, Betreiber von Sport-, Freizeit- und Fremdenverkehrseinrichtungen.

Niedersachsen:
Sporttauchen gilt nicht als gemeingebräuchliche Gewässernutzung und muß somit genehmigt werden.

Nordrhein-Westfalen:
Sporttauchen mit Atemgerät gilt nicht als gemeingebräuchliche Gewässernutzung, ist also genehmigungspflichtig.

Rheinland-Pfalz:
Sporttauchen gilt nicht als gemeingebräuchliche Gewässernutzung, es muß von der zuständigen Wasserbehörde gestattet werden und ist de facto nur noch in Privatseen möglich. Die Vereine des Landestauchsportverbandes haben Genehmigungen für einzelne Gewässer.

Saarland:
Sporttauchen gilt nicht als gemeingebräuchliche Gewässernutzung und ist genehmigungspflichtig.

Sachsen:
Nach gängigem Verständnis des Staatsministeriums in Sachsen ist Tauchen eine Form des Gemeingebrauchs. Tauchgänge sollten jedoch mit dem Landestauchsportverband bzw. den zuständigen Landratsämtern abgeklärt werden.

Sachsen-Anhalt:
Sachsen-Anhalt ist das einzige Bundesland, das den Tauchsport ausdrücklich in seiner Gemeingebrauchsbestimmung des WHG (WG LSA vom 31.8.93) nennt.

Schleswig-Holstein:
Sporttauchen gilt nicht als gemeingebräuchliche Gewässernutzung außer in den Küstengewässern. Die Küstengewässer dürfen im Rahmen des Gemeingebrauchs zum Baden, Wasser- und Eissport benutzt werden. Zum Wassersport in diesem Sinne zählt ausdrücklich auch das Tauchen mit Atemgerät.

Thüringen:
Sporttauchen gilt nicht als gemeingebräuchliche Gewässernutzung.

Tauchverbote bzw. -reglementierungen

Aufgrund der wachsenden Anzahl von Sporttauchern in den letzten Jahren, der gestiegenen Zahl von Tauchgängen pro Taucher und den immer wieder auftretenden Konflikten zwischen Naturschutz, Tauchern, Anglern, Badegästen, Surfern etc. wurden in einigen Bundesländern Tauchverbote für bestimmte Gewässer ausgesprochen bzw. werden keine Genehmigungen mehr erteilt.

Neben generellen Verboten existieren Reglementierungen, die das Nachttauchen untersagen oder den Tauchbetrieb auf bestimmte Tageszeiten begrenzen. Diese lokalen Reglementierungen können bei der jeweiligen Gemeinde, bei den Tauchsportverbänden oder den lokalen Tauchschulen erfragt werden.

Sollten Sie selbst in irgendeiner Form von Tauchverboten oder Beschränkungen betroffen sein, wenden Sie sich an den zuständigen Landestauchsportverband (Adressen im Anhang an das Kapitel), wo Sie die erforderlichen Informationen und Unterstützungen erhalten. Vermeiden Sie den direkten Gang zur Behörde, sondern versichern Sie sich vielmehr, daß sie gemeinsam mit den anderen Sporttauchern agieren.

Die Regelungen in unseren Nachbarländern bezüglich Tauchverboten sind unterschiedlich. Oberösterreich bietet beispielsweise mit der einem Skipaß ähnlichen DIVE CARD die Möglichkeit, gegen eine bestimmte Jahresgebühr die Tauchgewässer zu nutzen.

Tauchen und Recht

TECHNISCHE SICHERHEITSBESTIMMUNGEN

Der Transport von Druckgasbehältern (Gefahrgutverordnung)

Der Transport von Druckgasbehältern, sprich Druckluftflaschen, gehört zum alltäglichen Geschäft eines Tauchers. Da gewährleistet sein muß, daß der Transport gefährlicher Güter ohne Gefahr für die Beteiligten sowie die Allgemeinheit vonstatten geht, unterliegt auch der Transport von Tauchflaschen gesetzlichen Bestimmungen. So wurde die Beförderung von Druckgasbehältern auf Straßen in der *Gefahrgutverordnung Straße*, kurz GGVS, geregelt.
Nach der GGVS und der ADR (Unterzeichnungsprotokoll zum europäischen Übereinkommen über die internationale Beförderung gefährlicher Güter auf der Straße) werden Tauchflaschen als gefährliche Güter der Gefahrenklasse 2 eingestuft.
In der *4. Straßen-Gefahrgutänderungsordnung* wurden mit Wirkung vom 24.4.93 die Bestimmungen festgelegt, die für den Taucher für Transport und Kennzeichnung von Druckluftflaschen, Sauerstoffflaschen sowie Rettungswesten und Sigalmitteln von Bedeutung sind. Diese Bestimmungen gelten auch für „leere" Flaschen. Erst ab einem Fülldruck unter 2 bar unterliegen sie nicht mehr den Vorschriften des GGVS und ADR.

Kennzeichnung
Tauchflaschen müssen gekennzeichnet sein als „Gasgemisch Gefahrenklasse 2 Ziffer 2", was durch den entsprechenden Aufkleber geschieht (grünes, auf der Spitze stehendes Quadrat mit einer Flasche in der oberen und der Ziffer 2 in der unteren Hälfte; Abb. 11.2).
Eine Sauerstoffflasche (z. B. im Erste-Hilfe-Koffer) trägt zusätzlich den Aufkleber eines gelben auf der Spitze stehenden Quadrats mit schwarzer Flamme in der oberen Hälfte.

Transport
Die Flaschen müssen während des Transports so verstaut sein, daß sie nicht verrutschen können, wobei beliebig ist, ob die Flaschen in Längs- oder Querrichtung zum Fahrzeug transportiert werden. Auch der stehende Transport ist gestattet – allerdings nur, wenn entsprechende Halterungen vorhanden sind.
Das Rauchen sowie der Umgang mit offenem Feuer ist im Fahrzeug und in seiner unmittelbaren Umgebung verboten. Auch muß das Fahrzeug während des Transports ausreichend belüftet werden.
Eine spezielle Ausrüstung oder Kennzeichnung des Fahrzeugs ist unterhalb der zulässigen Höchstmenge von 1000 kg nicht erforderlich.
Wichtig ist auch noch, daß die Flaschen während des Transports mit einer Schutzkappe

11.2 *Kennzeichnung von Tauchflaschen (= Gefahrenklasse 2, Ziffer 2)*

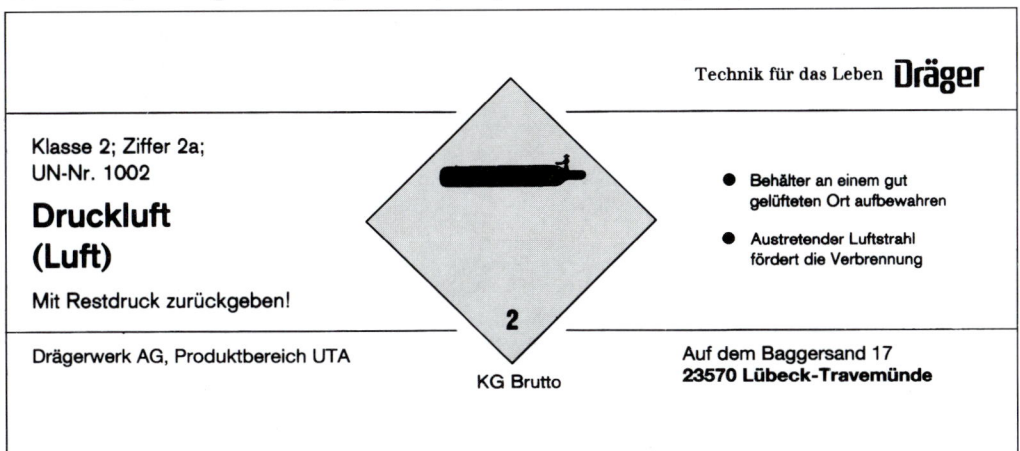

oder einem Schutzkragen versehen sein müssen, die das Ventil vor mechanischer Beschädigung schützen. Erfolgt der Transport in einer Schutzkiste, darf auf die Kappen verzichtet werden.

Beim Transport der Flaschen innerhalb Deutschlands darf auf Beförderungspapiere verzichtet werden (bei weniger als 1000 kg Gesamtbruttomasse). Bei grenzüberschreitendem Verkehr jedoch muß immer das Beförderungspapier mitgeführt werden.

Transport gefährlicher Güter im Flugzeug
Auch wenn wahrscheinlich die wenigsten Taucher auf die Idee kommen dürften, ihre Tauchflasche im Flugzeug mitzunehmen, sei hier erwähnt, daß (nach ICAO-Vorschrift) nur leere Druckgasbehälter mit einem Restdruck von nicht mehr als 2,8 bar im Reisegepäck zulässig sind.

Anders sieht es aus bei kleinen Druckgasbehältern mit Sauerstoff für medizinische Zwecke, wie die Systeme von WENOLL, Ambu, Dräger oder DAN. Diese dürfen mit Erlaubnis der Fluggesellschaft im Passagiergepäck mitgenommen werden.

Verboten ist weiterhin die Mitnahme von Signalpistolen und -munition, Unterwasserfackeln oder ähnlichem. Auch Unterwasser-Handlampen dürfen nur im Gepäck sein, wenn entweder die Trockenbatterien oder die Glühbirne getrennt von der Lampe transportiert werden (Brandgefahr durch Selbsteinschalten).

Der Flaschen-TÜV (Technische Regeln Druckgas)
In der Gefahrgutverordnung wird eine regelmäßige Prüfung von Druckluft- und Sauerstoffflaschen gefordert. Gemäß der Druckbehälterverordnung und den TRG (Technische Regeln Druckgas) muß diese Prüfung alle 2 Jahre bei Stahlflaschen und alle 6 Jahre bei Aluminiumflaschen erfolgen. Nur eine Flasche mit gültigem Prüfstempel (Abb. 11.3) darf gefüllt werden (benutzt werden darf sie nach Ablauf der Prüffrist, aber nicht wieder gefüllt werden).

Produkthaftung
Nach der Rechtsvorschrift für Produkthaftung haftet ein Hersteller unabhängig vom Verschulden für einen Schaden, der durch Fehler seines Produkts verursacht wurde. Die Beweislast liegt auf seiten des Herstellers, der beweisen muß, daß sein Produkt die nötige Sicherheit bietet. Ein Geschädigter muß lediglich den ursächlichen Zusammenhang zwischen Fehler und Schaden nachweisen.

Die Produkthaftung geht verloren, sobald nichtautorisierte Veränderungen vorgenommen werden – wenn beispielsweise Atemregler selbst auseinandergenommen werden.

11.3 *Prüfstempel im Flaschenhals einer Tauchflasche (aus DIVEMASTER 2/94)*

Tauchen und Recht

VERSICHERUNGEN

Unfallversicherung

Im Rahmen einer allgemeinen Unfallversicherung ist das Tauchen mitversichert, sofern es nicht im Haupt- oder Nebenberuf oder als entgeltliche Nebenbeschäftigung ausgeübt wird. In letzterem Fall besteht Schutz durch die gesetzliche Unfallversicherung bzw. durch zusätzliche Versicherungen, die verschiedene Tauchverbände anbieten.

Für den privaten Taucher tritt dessen allgemeine (private) Unfallversicherung in Kraft, wenn dem Versicherten ein Unfall zustößt. Ein solcher definiert sich als „ein plötzlich, von außen auf seinen Körper einwirkendes Ereignis, durch das der Versicherte unfreiwillig eine Gesundheitsschädigung erleidet". Hierbei ist die Plötzlichkeit und Unvorhersehbarkeit ganz entscheidend – Unfälle, die beispielsweise auf Trunkenheit zurückgehen, sind nicht versichert.

Das Problem der Unfallversicherung beim Tauchen ist, daß Situationen auftreten, die nicht oder nur schwerlich unter dem Begriff „Unfall" einzuordnen sind. Kommt es beispielsweise zu einem Unfall durch einen Tiefenrausch oder Sauerstoffmangel, da der Betreffende zu tief oder zu lange getaucht ist, wäre dies kein „Unfall" im obigen Sinne. Auch die tauchtypischen Gesundheitsschäden sind grundsätzlich keine Unfälle im versicherungstechnischen Sinne.

Um zu garantieren, daß ein Versicherungsschutz für tauchtypische Gesundheitsschäden (z. B. Dekompressionskrankheit, Barotraumata) besteht, bieten einige Unfallversicherungen eine entsprechende Deckungserweiterung an.

Doch selbst dieser erweiterte Versicherungsschutz greift nicht, wenn beispielsweise die Richtlinien für das sportliche Tauchen des Verbands Deutscher Sporttaucher (VDST), des für Sporttauchen in Deutschland anerkannten Fachverbands, nicht beachtet wurden.

Mitglieder von Vereinen des Verbands Deutscher Sporttaucher beispielsweise sind sowohl bei Vereins- wie auch bei Einzelunternehmungen über den Verband versichert. Tauchtypische Gesundheitsschäden sind hier ebenso versichert wie der Ertrinkungs- bzw. Erstickungstod unter Wasser. Allerdings verliert auch hier den Versicherungsschutz, wer alleine taucht!

Im Gegensatz zu Deutschland, wo das Pflichtversicherungs-System Kosten relativ sicher trägt, erfolgt in anderen Ländern eine medizinische Versorgung oder der Krankentransport erst nach vorheriger Bezahlung.

DAN

DAN heißt „Divers Alert Network" und ist eine gemeinnützige, weltweit operierende Organisation mit einem Netz internationaler tauchmedizinischer Experten, Druckkammerbehandlungszentren und medizinischer Rettungsorganisationen. DAN-Mitglieder sind über ihre Mitgliedsnummer bei allen Tauchunfällen versichert, wobei DAN die Transportkosten weltweit und in unbeschränkter Höhe übernimmt. Auch Kosten für eine stationäre Behandlung und Druckkammer-Therapie werden weltweit im Rahmen bestimmter Sockelbeträge übernommen. Darüber hinaus steht den Tauchern eine 24-Stunden-Tauchunfallberatung zur Verfügung.

Auslandsreise-Krankenversicherung

Selbst innerhalb Europas, wo Sozialabkommen zwischen den Ländern bestehen, müssen teilweise die Behandlungskosten, trotz Versicherung in einer gesetzlichen Krankenkasse, selbst bezahlt werden. Da die Krankenkasse nach dem offiziellen Satz des Reiselands abrechnet, trägt der Versicherte darüberliegende Beträge unter Umständen selbst. Um diese Differenz aufzufangen, muß eine Krankenversicherung für Auslandsreisen abgeschlossen werden.

Es empfiehlt sich weiterhin, diese Versicherung mit einer Rückholversicherung zu kombinieren, wobei darauf zu achten ist, daß diese beispielsweise den Transport in eine Dekokammer auch wirklich garantiert. Vor Abschluß einer weiteren Versicherung sei jedem geraten, zuerst die bereits bestehenden Versicherungen abzuklopfen, um unnötige Überversicherung zu vermeiden, aber auch sicher gehen zu können, alle Eventualitäten abgedeckt zu haben.

Haftpflichtversicherung

Auch im Bereich der Haftpflichtversicherung besteht in der Regel Schutz über die Vereine der Tauchsportverbände. Allerdings schließt diese Versicherung meist Haftungsansprüche von Personen ein und desselben Vereins gegeneinander aus. In den meisten Fällen jedoch, in denen Haftungsansprüche gegeneinander geltend gemacht werden, handelt es sich um Vereinskameraden. Daher sollte jeder klären, inwieweit seine eigene private Haftpflichtversicherung z. B. für Personenschäden haftet und inwieweit das für etwaige Tauchunfälle ausreichend ist.

Strafrechtliche Verantwortung beim Tauchen

Daß auch das Tauchen und alle damit verbundenen Situationen, beispielsweise ein Tauchunfall, den strafrechtlichen ebenso wie den zivilrechtlichen Verantwortlichkeiten unterliegen, ist selbstverständlich.

Das Strafgesetzbuch (StGB) regelt die Definition von Straftaten (z. B. Körperverletzung, fahrlässige Tötung etc.) ebenso wie die Frage, wann beispielsweise Strafbarkeit durch Unterlassen oder eine Verletzung der Sorgfaltspflicht vorliegt. Gerade wer als Ausbilder oder Gruppenleiter Verantwortung für andere Taucher trägt, sollte sich mit dieser Thematik näher vertraut machen, um zu verhindern, unvermittelt in eine Situation zu geraten, in der man strafrechtlich verantwortlich wird.

In diesem Zusammenhang sollte beispielsweise das richtige Verhalten nach einem Tauchunfall erwähnt werden. Hier besteht Verpflichtung, Name, Adresse und Geburtsdatum des Verunfallten sowie Daten zum Tauchgang, die für die Behandlung in der Dekompressionskammer notwendig sind, zu nennen. Wird dieser Verpflichtung nicht nachgekommen, liegt unterlassene Hilfeleistung vor.

Auch wer mit Kindern taucht, sollte sich der erhöhten Verantwortung und Aufsichtspflicht bewußt sein (siehe Kapitel Kindertauchen).

Grundsätzlich sollte im Falle eines Falles, besonders bei Zwischenfällen im Ausland, schnellstmöglich ein Anwalt eingeschaltet werden. Eine private Rechtsschutzversicherung ist sicherlich zu empfehlen.

Rechtliche Lage bei Tauchreiseveranstaltungen

Es soll hier nicht näher auf die vielfältigen Bestimmungen im Reiserecht eingegangen werden. Auf einen wichtigen Punkt sei jedoch verwiesen: Jeder, der z. B. für seinen Tauchverein oder eine andere Gruppe eine Reise organisiert, muß sich genauestens informieren, ob er damit nicht zum Reiseveranstalter wird. Denn nicht nur wer gewerbsmäßig Reisen veranstaltet, gilt als Reiseveranstalter, sondern bereits jeder, der mindestens zwei Leistungen zu einem Preis zusammenfaßt (z. B. Busfahrt, Unterbringung und Verpflegung) und beispielsweise im Vereinsblatt zu einem Preis ankündigt.

Bei Mängeln können so plötzlich auf den unfreiwilligen Reiseveranstalter immense Kosten und Regreßansprüche zukommen.

NATURSCHUTZRECHT

Tauchen ist ein Sport, der in und mit der Natur stattfindet. Allein dies sollte für jeden Sporttaucher schon Grund genug sein, seinen „Tauch-Lebensraum" respektvoll zu behandeln und sich für dessen Schutz und Erhaltung stark zu machen.

Je mehr Gewässer zum Tauchen nicht mehr freigegeben werden, je stärker konzentriert sich der Tauchsport auf die verbleibenden Möglichkeiten, wodurch wiederum das Konfliktpotential erhöht wird. In Landschaftsschutzgebieten, Naturschutzgebieten, Nationalparken und Biosphärenreservaten werden Räume geschaffen, in denen der Natur Vorrang eingeräumt werden soll. In diesen Gebieten sollen nicht nur besondere Lebensräume erhalten werden, sondern sie sollen helfen, das Aussterben vieler bedrohter Pflanzen- und Tierarten zu verhindern.

Tauchen in Naturschutzgebieten und Nationalparken

Wie bereits erwähnt, ist Tauchen in der überwiegenden Zahl der Bundesländer nicht in den Gemeingebrauch eines Gewässers nach dem Wasserhaushaltsgesetz eingeschlossen und somit ohnehin genehmigungspflichtig.

In Naturschutzgebieten und Nationalparken ist das Tauchen grundsätzlich verboten. Nach dem Bundesnaturschutzgesetz sind alle Handlungen, die zu einer Zerstörung, Beschädigung oder Veränderung des Naturschutzgebietes führen können, verboten. Dies schließt bereits das Verlassen der Wege oder das Baden ein. Verstöße werden als Ordnungswidrigkeit gewertet und schließen entsprechende Bußgelder ein.

Beschränkte Ausnahmegenehmigungen werden beispielsweise für wissenschaftliche Zwecke von den jeweils zuständigen Naturschutzbehörden oder Nationalparkverwaltungen erteilt.

Artenschutz

Nach dem Bundesnaturschutzgesetz ist es verboten, „wildlebende Tiere mutwillig zu beunruhigen oder ohne vernünftigen Grund zu fangen, verletzen oder zu töten". Auch Pflanzen dürfen

Tauchen und Recht

nicht ohne Grund ausgerissen werden. Bei geschützen Arten ist es generell strikt untersagt, diese zu fangen, zu töten, ihre Nist- oder Brutstätten zu zerstören oder Pflanzen zu entnehmen. Artenschutz beginnt für den Taucher also schon beim Einstieg in ein Gewässer, wo darauf geachtet werden muß, nicht unnötig Ufervegetation zu zerstören. Daß unter Wasser keine Tiere gefangen und getötet werden dürfen (Harpunierverbot!), folgt aus dem Artenschutzgesetz. Es ist aber auch darauf zu achten, daß die Tiere z. B. nicht beim Laichen gestört werden oder unnötig aus ihrem Unterschlupf aufgescheucht werden. Ergänzt wird das Bundesnaturschutzgesetz durch das Washingtoner Artenschutzübereinkommen. In diesem ist unter anderem geregelt, mit welchen Arten gehandelt werden darf und mit welchen nicht. Daß auch beim Urlaub im Mittelmeer oder im Korallenriff jeder Taucher nach den Regeln des Natur- und Artenschutzes handeln sollte, versteht sich eigentlich von selbst. Tiere und Pflanzen zu belästigen, zu töten oder ihren Lebensraum zu zerstören ist überall auf der Welt eines Tauchers, der das Leben unter Wasser genießen möchte, nicht nur unwürdig, sondern fast immer verboten.

Wer beispielsweise nach dem Urlaub am Korallenriff Pflanzen oder Tiere im Gepäck hat, die im Anhang I des Washingtoner Artenschutzübereinkommens (WA) gelistet sind, macht sich strafbar. Drastische Geld- und auch Freiheitsstrafen drohen dem Besitzer – von der Beschlagnahmung des „Mitbringsels" durch den Zoll abgesehen. Dies trifft auch für Teile oder Produkte aus solchen Tieren zu, wie etwa Schildpattprodukte oder Elfenbeinschnitzereien.

Unter den Anhang II des WA fallen zum Beispiel alle Arten von Steinkorallen, Feuerkorallen, schwarze Korallen oder „beliebte" Weichtiere wie die Fechterschnecken oder die Riesenmuscheln. Arten, die unter Anhang II des WA vermerkt sind, dürfen nur mit gültigen Papieren, den sogenannten CITES-Papieren, gehandelt werden. Wer solche Arten – egal wo – erwirbt, muß die gültigen CITES-Papiere des Ausfuhrlandes dazu haben, eine Bestätigung beispielsweise des Souvenirhändlers genügt nicht.

Wissenschaftliches Tauchen

Für wissenschaftliche Untersuchungen unter Wasser, z. B. zur Erfassung von Flora und Fauna, werden bei den zuständigen Umweltbehörden Sondergenehmigungen beantragt, die eine Entnahme von unter Schutz stehenden Arten gestatten.

Neben den Forschungstauchern der Universitäten, die an wenigen Instituten in Deutschland speziell ausgebildet werden (z. B. Biologische Anstalt Helgoland, Universitäten Kiel oder Rostock,) gibt es die Association of Research Diving Biologists (ARDB), die sich aus Tauchern zusammensetzt, die in der Limnologie und Meeresbiologie tätig sind. Auf dem Gebiet der archäologischen Forschung unter Wasser arbeiten die Taucher der Deutschen Gesellschaft für Unterwasserarchäologie e.V. (DEGUWA).

Unterwasserjagd

In der Bundesrepublik ist die Jagd unter Wasser mit der Harpune verboten. In den meisten anderen europäischen Ländern wird Harpunieren, soweit es nicht verboten ist, doch von den Tauchsportverbänden in ihren Statuten abgelehnt.

ÄQUIVALENZ DER BREVETS DER EINZELNEN VERBÄNDE

In der Bundesrepublik Deutschland bieten ca. 20 Verbände und Unternehmen Tauchausbildungen an. Um die verschiedenen Brevetierungssysteme und ihre Vergleichbarkeit untereinander darzustellen, wurde das System des Verbands Deutscher Sporttaucher und dessen Kompatibilität mit den Systemen anderer Verbände ausgewählt.

Im folgenden sind in zwei Tabellen die Äquivalenzlisten des VDST zu anderen Tauchsportverbänden angegeben.

Die Äquivalenzliste I (Tab. 11.1) gibt an, welche Brevetstufen anderer Tauchsportverbände insoweit zu den DTSA/CMAS-Brevetstufen äquivalent sind, daß der Taucher nach Vorliegen der weiteren Voraussetzungen laut VDST-DTSA-Ordnung mit der nächst höheren Brevetstufe beginnen kann. CMAS-Brevets anderer nationaler CMAS-Verbände werden als gleichwertig zu den entsprechenden DTSA/CMAS-Brevets anerkannt. Die Äquivalenzliste bedeutet jedoch nicht, daß die aufgeführten Brevetstufen anderer Verbände als VDST/CMAS-Brevet anerkannt oder auf VDST/DTSA-Stufe umgeschrieben werden.

Äquivalenzliste II (Tab. 11.2) hingegen gibt an, welche Brevetstufen anderer Tauchsportverbände vollständig zu den DTSA/CMAS äquivalent sind. Die aufgeführten Verbände nehmen also entweder selbst VDST/CMAS-Brevets ab, oder die Brevets können problemlos umgeschrieben werden.

Wichtige Anschriften

Die Landestauchsportverbände des Verbands Deutscher Sporttaucher

– Badischer TSV:	Zum Schwarzenberg 47 78476 Allensbach
– Bayerischer LTV:	Georg-Brauchle-Ring 93 Haus des Sports 80992 München
– LTV Berlin:	Haus des Sports III Storkower Straße 118 10407 Berlin
– LTSV Brandenburg:	Cottbuser Str. 54a 03172 Guben
– LV Bremen:	Eteler Straße 53 27299 Langwedel
– Hamburger TSB:	Schäferkampallee 1 20537 Hamburg
– Hessischer TSV:	C.-v.-Weinbergstraße 4 60320 Frankfurt
– LTV Mecklenburg-Vorpommern:	Gerüstbauerring 22/0103 18109 Rostock
– TL Niedersachsen:	Wolfgang-Bochert-Str. 30 38239 Salzgitter
– LV Nordrhein-Westfalen:	Fr.-Alfred-Str. 25 47226 Duisburg
– LV Rheinland-Pfalz:	Postfach 515 55529 Bad Kreuznach
– Saarländischer TSB:	Kaiser-Wilhelm-Str. 1 66740 Saarlouis
– LV Sachsen:	Mainzer Str./Schwimmhalle 04109 Leipzig
– LTV Sachsen-Anhalt:	Harzburger Str. 28 38871 Ilsenburg
– TLV Schleswig-Holstein:	Jahnstraße 1A 23617 Stockelsdorf
– LTV Thüringen:	Goethestr. 56 07973 Greiz
– Württembergischer LV für Tauchsport:	Richard-Wagner-Str. 1 73098 Rechberghausen

Weitere Anschriften:

Verband Internationaler Tauchschulen e.V. (VIT), Schlierseestr. 5
D-81541 München

Barakuda International Aquanautic Club (BARAKUDA), Borbecker Str. 238
D-45355 Essen

Fachverband Europäischer Tauchlehrer (FST)
Karl Dorfner, Linkstr. 106
D-80933 München

Verband Europäischer Tauchlehrer (VETL)
Willi Hackelsberg, Urnenring 14
D-93309 Kehlheim

Tauchsportverband Österreich (TSVÖ), Erlachgasse 36-40
A-1100 Wien

Schweizer Unterwasser-Sport Verband (SUSV), Pavillonweg 3
CH-3012 Bern

Wasserwacht im DRK, Friedrich-Ebert-Allee 71
53113 Bonn

Deutsche Lebensrettungsgesellschaft (DLRG), Im Niederfeld 2
31542 Bad Nenndorf

National Association of Underwater Instructors (NAUI), Herrnrother Str. 39
D-63303 Hettlingen

Verband Deutscher Tauchlehrer (VDTL), Moislinger Allee 8
D-23558 Lübeck

Diving Instructor World Association – Europe Office (DIWA), PO Box 390
CH-4012 Basel

Professional Diving Instructor Corporation (PDIC), PO Box 3633
Scanton, Pennsylvania 18505, USA

Scuba Schools International (SSI), Von-Braun-Str. 30a
D-68775 Ketsch

Österreichischer Berufstaucherverband (ÖBV), Spöckweg 10
D-76646 Bruchsal

Association of Reseach Diving Biologists (ARDB), Dr. Franz Brümmer
Zoologisches Institut, Universität Stuttgart
Pfaffenwaldring 57, D-70550 Stuttgart

Deutsche Gesellschaft zur Förderung der Unterwasserarchäologie (DEGUWA)
Hetzelsdorfstr. 33, D-91362 Pretzfeld

Vereinigung Deutscher Forschungstaucher
Thomas Meyer, Kruppallee 27, 24146 Kiel

Verband	Voraussetzung für DTSA Bronze (anstelle Grundtauchschein)	Voraussetzung für DTSA Silber (anstelle DTSA Bronze)	Voraussetzung für DTSA Gold (anstelle DTSA Silber)
NAUI	kein entspr. Brevet	Open Water Diver I	Advanced SCUBA Diver und VDST-Spezialkurs „Orientierung", HLW-Kurs und insges. 50 TG
PADI	kein entspr. Brevet	Open Water Diver	Advanced Open Water Diver und VDST-Spezialkurs „Orientierung" oder PADI UW-Navigator und HLW-Kurs oder PADI First Aid-Kurs und insges. 50 TG
VDTL	VDTL-Grundkurs	Elementar*	VDTL**
DIVA	Basic Diver	Open Water Scuba Diver	Master Scuba Diver und VDST-Spezialkurs „Orientierung" und insges. 50 TG
PDIC	kein entspr. Brevet	Open Water Diver	Advanced Open Water Diver und VDST-Spezialkurs „Orientierung", HLW-Kurs und insges. 50 TG
UDI	kein entspr. Brevet	Open Water Diver und insges. 6 Tauchgänge	Advanced Open Water Diver und VDST-Spezialkurs „Orientierung", HLW-Kurs und insges. 50 TG
SSI	kein entspr. Brevet	Open Water Diver	Advanced Open Water Diver und SSI-Spezialkurs „Navigation" oder VDST-Spezialkurs „Orientierung", HLW-Kurs und insges. 50 TG
ÖBV	Brevet* (ein Stern)	Brevet** (ÖBV Bronze)	Brevet *** (ÖBV Silber) und ÖBV-Spezialkurs „Orientierung", HLW-Kurs

Tabelle 11.1 *VDST Äquivalenzliste I (Stand Januar 1996)*

Verband	dem Grundtauchschein entsprechend	DTSA-Bronze/ CMAS* entsprechend	DTSA Silber/ CMAS** entsprechend
VIT	nimmt Grundtauchschein ab	nimmt DTSA-Bronze ab	nimmt DTSA-Silber ab
Barakuda	nimmt Grundtauchschein ab	nimmt DTSA-Bronze ab	nimmt DTSA-Silber ab
FST	nimmt Grundtauchschein ab	nimmt DTSA-Bronze ab	nimmt DTSA-Silber ab
VETL	nimmt Grundtauchschein ab	nimmt DTSA-Bronze ab	nimmt DTSA-Silber ab
TSVÖ	TSVÖ-Pool Diver	TSVÖ-Grundstufe (CMAS*)	TSVÖ-Fortgeschrittenenstufe (CMAS**)
SUSV	SUSV Elementar Diver	SUSV-Tauchbrevet*	SUSV-Tauchbrevet**
Wasserwacht	entfällt	Rettungstaucher	in Vorbereitung
DLRG	entfällt	DLRG-Gerätetauchgrundschein bzw. Rettungstaucher	in Vorbereitung

Tabelle 11.2 *Äquivalenzliste II – Umschreibungsliste (Stand Januar 1996)*

Titel der französischen Originalausgabe
ENCYCLOPEDIE DE LA PLONGEE

Autoren der Originalausgabe unter der Leitung von Jean-Pierre Malamas:

Kapitel 1
Daniella Mattei

Kapitel 2
Michel Tavernier und Jacqueline Grouard

Kapitel 3
Patrice Pomey und Patrick Grandjean

Kapitel 4
Alain Couté und Nicolas Bailly

Kapitel 5
Brigitte Hamaide und Jean-Pierre Malamas

Kapitel 6
Yvette und Michel Tavernier

Kapitel 7
Jean-Pierre Malamas

Kapitel 8
Bruno Grandjean

Kapitel 9
Pierre Letellier

Kapitel 10
René Beretz

Kapitel 11
Jean-Pierre Beurier

BILDNACHWEIS

Airdif (6.20, 6.21) – Y. Basq (3.10, 3.11) – R. Beretz Bocquet/CDPA (3.1, 3.5, 3.6, 3.7, 3.8, 3.9) – L. Bonnamour (3.14) – Champelovier/CNRAS (3.2, 3.3, 3.4) – CISN – M. de Sermoise (S. 246, 1) – P. Ducret – A. Fusch – Y. Lanceau (6.6) – V. Ledoux (6.26) – Minolta (6.19) – Nikon (6.24, 6.38) – Pein (S. 255, 1) – C. Petron (6.1, 6.2) – E. Rieth (3.12, 3.13) – Sony (6.28) – Y. Tavernier (6.4, 6.17, 6.18, 6.22, 6.23, 6.25, 6.27, 6.29, 6.30; S. 246, 2, 3, 4, 5, 6, 7, 8; S. 247, 1, 2, 3, 4, 5, 6, 7, 8; 6.31, 6.32, 6.33, 6.34, 6.36, 6.39; S. 255, 2, 3, 4, 5, 6, 7, 8; 6.43)

FARBTAFELN

Archäologie

CNRS/Centre C. Jullian (III 3, IV 1, 2) – DRASM (I 2; II 3) – DRASM/Marine Nationale (II 1) – P. Énault (III 2) – Y. Gladu (I 1; II 2) – F. Osada (III 1)

Biologie

N. Bailly – A. Couté – A. Carantec (XI 5) – C. Carré (II 2) – Y. Tavernier (VIII 2; X 1, 2; XIV 3, 5)

Unterwasseraufnahmen

K. Amsler (VII 3; VIII 3) – F. di Meglio (VII 1, 2) – Y. Gladu (IV 2, 3) – F. le Guen (II 4; V 4) – L. Leguere (V 1) – C. Lusardi (II 1; III 8; VI 1) – J. M. Miles (VI 2) – M. Portelli (I 1) – L. Pozzoli (XII 3) – B. Rothan (II 3; IV 5) – G. Soury (XII 2) – Y. Tavernier (II 2; III 1, 2, 3, 4, 5, 6, 7; IV 1, 4, 6, 7, 8; V 2, 3; VI 3, 4; IX 1 bis 18; X 1 bis 8; XI 1 bis 8; XII 1, 4) – M. Valentine (VIII 1, 2, 4)

Spezialeffekte:
Bargy Image, Paris (IX; X; XI)

LITERATURVERZEICHNIS

Kapitel 1, Tauchen im Laufe der Zeit

Foëx, Jean-Albert: Der Unterwassermensch, Schwabenverlag, 1966.
Jung, Michael: Hans Hass –
Ein Leben lang auf Expedition,
Verlag S. Naglschmid, 1994.
Kerll, K.-H.: Chronik des Verbandes Dt. Sporttaucher, Buchservice Naglschmid, 1994.
Kerll, K.-H.: CMAS-Handbuch,
Verlag S. Naglschmid, 1988.

Kapitel 3, Meeresarchäologie

Börker, Chr. (Hrsg.): In Poseidons Reich, Archäologie unter Wasser, Sonderheft Antike Welt (1995/96).
Hofmann, G.: Versunkene Welten (1985).
Unesco (Hrsg.): Unterwasserarchäologie, ein neuer Forschungszweig (1973).

Kapitel 3, Binnengewässer-Archäologie

Billamboz, A./Schlichtherbe, H.: Pfahlbauten – Urgeschichtliche Ufer- und Moorsiedlungen, Kleine Schriften zur Kenntnis der Vorgeschichte Südwestdeutschlands I (1984).
Schlichtherle, H./Wahlster, B.: Archäologie in Seen und Mooren – den Pfahlbauten auf der Spur (1986) – Mit weiteren literarischen Hinweisen.

Kapitel 4, Meeresbiologie

Campbell, A. C.: Was lebt im Mittelmeer? Franckh'sche Verlagshandlung, Stuttgart 1983.
DeHaas, W. & F. Knorr: Was lebt im Meer an Europas Küsten? Albert Müller Verlag AG, Zürich/Stuttgart/Wien 1990.
Drebes, G.: Marines Phytoplankton. Georg Thieme Verlag, Stuttgart 1874.
Ebersoldt, M. & F.: Unterwasserwelt des Mittelmeeres, Birkhäuser Verlag, Basel/Boston/Stuttgart 1985.
Fechter, R., J. Grau & J. Reichholf: Lebensraum Küste. Mosaik Verlag GmbH, München 1987.
Fischer et al.: Mediterranee et mer noir I.: Vegetaux et invertebres. FAO,
Rome 1987. –: Mediterranee et mer noir II.: Vertebres. FAO, Rome 1987.
Göthel, H.: Farbatlas Mittelmeerfauna, Niedere Tiere und Fische.
Verlag Eugen Ulmer, Stuttgart 1992.
Grzimek, B. (Hrsg.): Grzimeks Tierleben. Enzyklopädie des Tierreichs in 13 Bänden. Deutscher Taschenbuch Verlag, München 1979.
Moosleitner, H. & R. Patzner:
Unterwasserführer Mittelmeer, Niedere Tiere. Delius Klasing/Edition Naglschmid, Stuttgart 1995.
Nachtigall, W.: Tiere und Pflanzen an Mittelmeerküsten. BLV, München 1983.
Patzner, R. & H. Moosleitner:
Unterwasserführer Mittelmeer, Fische. Delius Klasing/Edition Naglschmid, Stuttgart 1995.
Riedl, R.: Biologie der Meereshöhlen. Verlag Paul Parey, Hamburg und Berlin 1966.
–: Fauna und Flora des Mittelmeeres. Verlag Paul Parey, Hamburg und Berlin 1983.
–: Die Gärten des Poseidon. Verlag Carl Ueberreuter, Wien 1989.
Sauer, F.: Strand + Küste. BLV Verlagsgesellschaft, München/Zürich/Wien, 1980.
Schmekel, L. & A. Portmann:
Opisthobranchia des Mittelmeeres. Springer Verlag, Berlin/Heidelberg/
New York 1982.
Steiner, H.: Beobachtungen an Niederen Tieren des Mittelmeeres.
Landbuch-Verlag GmbH, Hannover 1983.
Terofal, F.: Meeresfische.
Mosaik Verlag GmbH, München 1986.
Valentin, C.: Faszinierende Unterwasserwelt des Mittelmeeres. Verlag Paul Parey, Hamburg und Berlin. Pacini Editore,
Pisa und Rom 1986.
Wendel, K. H.: Meerestiere, Meerespflanzen. Busse, Herford 1971.

Literaturverzeichnis

Kapitel 6, Die Unterwasseraufnahme

Frei, Herbert: Nikonoshandbuch,
Delius Klasing/Edition Naglschmid,
Bielefeld 1995.
– Motormarinehandbuch,
Delius Klasing/
Edition Naglschmid, Bielefeld 1996.
– Blitzlichtfotografie unter Wasser,
Verlag Stephanie Naglschmid, Stuttgart,
2. Aufl. 1994.
Rödiger, Arnd: Makrofotografie unter
Wasser, Verlag Stephanie Naglschmid,
Stuttgart 1989.
– Tauchsportseminar Nah- und Makrofotografie, Delius Klasing/Edition Naglschmid,
Bielefeld 1996.
Scheffel, Manfred: Sonderbrevet
Unterwasserfotografie,
Delius Klasing/Edition Naglschmid,
Bielefeld, 2. Aufl. 1995.
Scholz, Manfred: Unterwasservideo,
Delius Klasing/Edition Naglschmid,
Bielefeld 1995.
Tillmanns, Urs: Fotolexikon,
Verlag Photographie AG, Schaffhausen 1991.
Vielmuth, Ulrich: Lexikon für Videofilmer,
Dumont Taschenbücher 1990.

Kapitel 10, Kinder und Tauchen

DIVEMASTER WORKSHOP:
Tauchausbildung für Anfänger. MTi-Press,
Stuttgart 1996.
Hoffmann, Uwe: Tauchen mit Kindern und
Jugendlichen in DIVEMASTER 1/94,
Seite 55–59.
Humberg, Bernd: Marktübersicht –
Kindertauchausrüstungen in
DIVEMASTER 3/94, Seite 55–56.
Lüchtenberg, Dietmar: Tauchen an Schulen
und Hochschulen. Verlag Stephanie
Naglschmid, Stuttgart 1991.
Bezug DIVEMASTER über Buchservice
Naglschmid, Rotebühlstr. 87a, 70178 Stuttgart.

Kapitel 11, Tauchen und Recht

Bartmann: Taucher-Handbuch,
13. Ergänzungslieferung 3/95, ecomed.
– Naturschutzrecht, Naturschutzgesetze des
Bundes und der Länder, 6. Auflage, dtv (1993).
Roggenbach, H. J.: Tauchmedizinische
Fortbildung Band 3, Verlag S. Naglschmid (1995).
Bauer, A. & Pütsch, M.: Artenschutz
und Sporttaucherei, DIVEMASTER 3/95.

Delius Klasing
EDITION NAGLSCHMID

Tauchreiseführer

Einen umfassenden Überblick über Flora und Fauna der Tauchreviere bietet diese Reihe in Text und Bild. Man findet Informationen über Tauchbasen und ihre Ausrüstung, Tips für herrliche Tauchgänge und Hinweise zu Ausflügen an Land.

HERBERT FREI
Salzkammergut
176 S., 119 Farbfotos u. 23 Abb.
ISBN 3-89594-012-7

DIETMAR PASCHKE
Spanien – Costa Brava
120 S., 63 Farbfotos u. 62 Abb.
ISBN 3-925342-54-0

ARND RÖDIGER
Malta
mit Gozo und Comino
80 S., 28 Farbfotos u. 22 Abb.
ISBN 3-927913-75-8

FRANZ BRÜMMER/
WERNER BAUMEISTER
Frankreich – Korsika
104 S., 70 Farbfotos u. 20 Abb.
ISBN 3-927913-23-5

MARGOT UND FRANZ EBERSOLDT
**Frankreich –
Die Inseln von Hyères**
128 S., 51 Farbfotos u. 36 Abb.
ISBN 3-927913-24-3

HEINZ KÄSINGER
Italien – Sardinien
96 S., 52 Farbfotos u. 22 Abb.
ISBN 3-925342-58-3

HERBERT FREI
Österreich – Kärnten
128 S., 56 Farbfotos
ISBN 3-925342-94-X

PETER SCHMID/
CLAUDIA KREUTZER-SCHMID
Sinai
128 S., 57 Farbfotos u. 19 Abb.
ISBN 3-89594-012-7

MICHAEL JUNG
Bonaire
160 S., 48 Farbfotos u. 19 Abb.
ISBN 3-89594-004-6

FALK WIELAND
**Ostdeutschland –
Der Norden**
144 S., 104 Farbfotos u. 31 Abb.
ISBN 3-927913-42-1

FALK WIELAND
**Ostdeutschland –
Der Süden**
144 S., 87 Farbfotos u. 34 Abb.
ISBN 3-927913-43-X

FRED DEMBNY
Puerto Rico
144 S., 76 Farbfotos u. 2 Abb.
ISBN 3-89594-003-8

MATTHIAS BERGBAUER/
MANUELA KIRSCHNER
Korfu
104 S., 67 Farbfotos u. 2 Abb.
ISBN 3-89594-007-0

HERBERT FREI
Steiermark
100 S., 63 Farbfotos
ISBN 3-89594-006-2

M. BERGBAUER/M. KIRSCHNER/
H. GÖBEL
**Rotes Meer – Ägyptische
Festlandsküste**
180 S., 88 Farbfotos u. 27 Karten
ISBN 3-89594-009-7

WERNER BAUMEISTER
Florida
136 S., 80 Farbfotos u. 5 Karten
ISBN 3-89594-010-0

DIETMAR REIMER/DIETER BRITZ
Curaçao
120 S., 60 meist farb. Abb.
ISBN 3-89594-011-9

FRANZ BRÜMMER/ISABEL KOCH
Giglio
120 S., 60 meist farb. Abb.
ISBN 3-89594-035-6

FRIEDRICH NAGLSCHMID
Tauchbasen der Welt
Mit über 4000 Adressen
Internationales Adressbuch für Sporttaucher. 528 S.
ISBN 3-89594-019-4

Unterwasserführer

In jeweils mehr als 200 postkartengroßen Biotopaufnahmen zeigen die Unterwasserführer das Leben in Meeren und Seen. Als Bestimmungsbücher (dt.-engl.) für Laien ebenso geeignet wie als Nachschlagewerk für Experten.

PETER SCHMID/DIETMAR PASCHKE
**Rotes Meer –
Niedere Tiere**
172 S., 116 farb. Biotopaufn.
ISBN 3-89594-022-4

HELMUT DEBELIUS
Rotes Meer – Fische
176 S., 180 farb. Biotopaufn.
ISBN 3-89594-021-6

PETER NAHKE/PETER WIRTZ
Malediven – Fische
168 S., 168 farb. Biotopaufnahmen, 8 Abb.
ISBN 3-89594-033-X

HORST MOOSLEITNER/
ROBERT PATZNER
**Mittelmeer –
Niedere Tiere**
216 S., 215 farb. Biotopaufnahm., 30 Abb.
ISBN 3-89594-000-3

PETER WIRTZ/PETER NAHKE
Karibik – Fische
176 S., 168 farb. Biotopaufnahm., 3 Abb.
ISBN 3-927913-26-X

HORST MOOSLEITNER/
ROBERT PATZNER
Mittelmeer – Fische
160 S., 163 farb. Biotopaufnahm., 10 Abb.
ISBN 3-89594-001-1

BERND HUMBERG
Europäische Binnengewässer
200 S., 151 Farbfotos u. 5 Abb.
ISBN 3-927913-44-8

PETER WIRTZ
**Madeira/Kanaren/
Azoren – Fische**
160 S., 12 Farbfotos u. 2 Abb.
ISBN 3-927913-29-4

PETER WIRTZ
Madeira/Kanaren/ Azoren – Niedere Tiere
248 S., 301 farb. Biotopaufn. u. 5 Abb.
ISBN 3-89594-014-3

BERND HUMBERG
Karibik – Niedere Tiere
240 S., 220 farb. Biotopaufnahm., 7 Abb.
ISBN 3-89594-013-5

HELMUT GÖTHEL
Malediven – Niedere Tiere
272 S., 320 farb. Biotopaufnahm. u. 6. Abb.
ISBN 3-89594-015-1

Tauchsport-Sonderbrevets
Die kursbegleitende Reihe zur offiziellen Ausbildung von Sporttauchern läßt jeden Taucher seine Ausbildung nach seinen eigenen Interessen gestalten. Die Themen sind entsprechend dem praxisorientierten Unterricht aufbereitet.

W. SCHEYER/G. NEUMANN
Orientierung
64 S., 26 Abb.
ISBN 3-89594-024-0

MANFRED SCHEFFEL
Unterwasserfotografie
80 S., 18 Abb.
ISBN 3-89594-027-5

W. ARBOGAST/N. LEIST/ L. NEVERMANN/W. XYLANDER
Gewässeruntersuchung
64 S., 42 Abb.
ISBN 3-89594-018-6

W. XYLANDER/F. BRÜMMER
Süßwasserbiologie
64 S., 26 Abb., 6 Tabellen
ISBN 3-89594-017-8

NORBERT ZANKER/WILLI WELSLAU
Tauchsicherheit – Tauchrettung
96 S., 19 Zeichn.
ISBN 3-89594-032-1

M. WALDHAUSER/W. SCHEYER
Nachttauchen
64 S., 16 Abb.
ISBN 3-89594-025-9

WERNER SCHEYER/HANS HEIN
Strömungstauchen
64 S., 25 Zeichn.
ISBN 3-927913-17-0

TH. KROMP/W. SCHEYER
Trockentauchen
64 S., 14 Abb.
ISBN 3-89594-031-3

W. SCHEYER/J. GORNY
Suchen und Bergen
64 S., 21 Abb.
ISBN 3-89594-030-5

W. SCHEYER/M. WEDEGÄRTNER
Wracktauchen
64 S., 22 Abb.
ISBN 3-89594-028-3

M. BERGBAUER/M. KIRSCHNER
Höhlentauchen
64 S., 18 Abb.
ISBN 3-89594-026-7

Tauchsport-Seminare
Die Themenbände der Seminar-Reihe dienen Tauchern als freiwillige Zusatzausbildung mit praktischen Anleitungshilfen zu den verschiedenen Spezialgebieten des Tauchsports.

HOLGER GÖBEL/ALEX DELLIN
Bergseetauchen
64 S., 19 Zeichn.
ISBN 3-89594-038-0

ARND RÖDIGER
Nah- und Makrofotografie
60 S., 19 Zeichn.
ISBN 3-89594-039-9

W. SCHEYER/G. NEUMANN
Eistauchen
64 S., 19 Abb.
ISBN 3-89594-023-2

WERNER SCHEYER
Kompressor
64 S., 26 Abb.
ISBN 3-89594-029-1

CASPAR B. DISCH
Flußtauchen
64 S., 20 Zeichn.
ISBN 3-89594-008-9

WERNER SCHEYER/ MATTHIAS BERGBAUER
Seemannschaft
72 S., 21 Zeichn.
ISBN 3-927913-74-X

Bildbände

WILLIAM GRAY
Koralleninseln und ihre Riffe
William Gray zeigt die Biotopsysteme der Erde, die ökologische Vernetzung von Korallenpolypen bis hin zu Meeressäugern und dokumentiert das vielschichtige Zusammenspiel der Tiere und Pflanzen.
192 S., 147 Farbfotos u. 74 Zeichn.
ISBN 3-7688-0918-8

NEVILLE COLEMAN
Australien
Einmalig schöne Aufnahmen der tropischen Meere und Sachtexte informieren über die Niederen Tiere und Fische der Riffgebiete Australiens.
168 S., 171 Farbfotos u. Karten
ISBN 3-7688-0915-3

MONIQUE WALKER
Malediven
Tauchen – Sehen – Erleben
Brillante Fotos, grafische Aquarelle und systematische Texte stellen die fantastische, farbenprächtige Unterwasserwelt des Korallenriffs vor.
184 S., 250 farb. Abb. u. 52 farb. Illustrationen
ISBN 3-927913-66-9

STEVEN WEINBERG
Das Leben im Ozean
Alle wesentlichen Bereiche der Meeresbiologie, die wichtigsten Arten und Phänomene sind umfassend fotografisch dargestellt und ausführlich dokumentiert.
192 S., 149 Farb- u. 14 S/W-Fotos
ISBN 3-7688-0914-5

Delius Klasing
EDITION NAGLSCHMID

Unterwasserfotografie

HERBERT FREI
Motormarine-Handbuch
Ein vollständiger Überblick über die vielen Einsatzmöglichkeiten des weltweit verbreiteten Systems und des Zubehörs von der Funktion über Anwendung und Pflege bis hin zu anspruchsvoller Technik.
168 S., 95 farb. Abb.
ISBN 3-89594-042-9

HERBERT FREI
Nikonos Handbuch
Von der Funktion über Anwendung und Pflege bis hin zur anspruchsvollen Fototechnik, illustriert durch viele Aufnahmen.
168 S., 97 Farbfotos
ISBN 3-89594-002-X

HERBERT FREI
Blitzlichtfotografie unter Wasser
Praxisgerechte Anleitung zum erfolgreichen Einsatz von Unterwasserblitzlichtgeräten für jeden Kameratyp.
128 S., 58 Farbfotos u. 10 Abb.
ISBN 3-927913-72-3

ARND RÖDIGER
Makrofotografie unter Wasser
Ausschnittbestimmung und Belichtung von Ganz-Nah-Aufnahmen. Mit vielen schönen, beispielhaften Farbfotos.
112 S., 62 Farbfotos u. 28 Abb.
ISBN 3-925342-09-5

MANFRED SCHOLZ
Unterwasservideo
Eine praktische Anleitung
Alles, was man für die Praxis mit den verschiedensten Fabrikaten wissen muß.
200 S., 106 Farbfotos u. 90 Zeichnungen
ISBN 3-7688-0916-1

Praxis

MICHAEL JUNG
Hans Hass – Ein Leben lang auf Expedition
Eine Biografie voller persönlicher Texte, Tagebuchaufzeichnungen und bisher unveröffentlichter Fotodokumente.
336 S., 76 Abb.
ISBN 3-927913-63-4

PETER SCHMID
Gefahr erkannt – Gefahr gebannt
100 Tips für Ihre Sicherheit am Meer
104 S., 51 Farbfotos u. 23 Abb.
ISBN 3-925342-44-3

REG VALLINTINE
Tauchen lernen
leicht – schnell – gründlich
Sicherheits- und praxisorientierter Grundkurs bis zu den ersten Freitauchgängen.
96 S., 280 farb. Abb.
ISBN 3-7688-0823-8

WERNER SCHEYER
Flaschen – Ventile – Reserveschaltungen
Technik und Funktion
132 S., 68 Zeichn.
ISBN 3-927913-08-1

WERNER SCHEYER
Lungenautomat
Technik und Funktion der Atemregler
144 S., 70 Zeichn.
ISBN 3-927913-52-9

DR. ROBERT A. PATZNER
Meeresbiologie
Anleitung zu praktischen Arbeiten
Anleitungen für Beobachtungen und Experimente der Meeresforschung, Verhalten und Morphologie von Meerestieren.
172 S., 58 Zeichn.
ISBN 3-927913-57-5

GEORG HÖGEL
Deutsches Tauchsportabzeichen
DTSA Bronze
80 S., 60 Zeichn.
ISBN 3-927913-55-3

H. J. ROGGENBACH (HRSG.)
Tauchmedizinische Fortbildung Bd. 2
Für Tauchausbilder und Sportärzte.
232 S., 92 Abb.
ISBN 3-927913-70-7

H. J. ROGGENBACH (HRSG.)
Tauchmedizinische Fortbildung Bd. 3
Grundlagen der Notfallmedizin und wissenschaftliche Erkenntnisse.
200 S., 48 Abb.
ISBN 3-927913-93-6

JOHN LIPPMANN/STAN BUGG
Handbuch Tauchunfälle
Maßnahmen für die Tauchsicherheit; Prävention und Erste Hilfe. Mit wichtigen Notfalladressen. Wasserfeste Ausstattung.
72 S., 7 Abb. u. 3 Tab.
ISBN 3-89594-005-4

Logbuch für Taucher
Zur Dokumentation aller wichtigen Daten sowie Begleit- und Prüfungsbestätigungen, mit Freiräumen für persönliche Eindrücke.
64 Seiten
ISBN 3-89594-044-5

ENGELBERT HILLEN
Der sichere Tauchgang
Für den schnellen Sicherheitscheck: Tabellen und Checklisten für unterschiedlichste Tauchsituationen.
64 S., 40 S/W-Grafiken u. Tab.
ISBN 3-89594-043-7